suhrkamp

Günter Eich, geboren am 1. Februar 1907 in Lebus an der Oder, starb am 20. 12. 1972 in Salzburg. Sein Werk wurde vielfach ausgezeichnet. Lyrik: *Abgelegene Gehöfte* 1948 (Neuauflage 1968); *Botschaften des Regens* 1955; *Zu den Akten* 1964; *Anlässe und Steingärten* 1966. Prosa: *Maulwürfe* 1968; *Ein Tibeter in meinem Büro* 1970; *Gesammelte Maulwürfe* 1972. Hörspielsammlungen: *Träume* 1953; *Stimmen* 1958; *In anderen Sprachen* 1964. *Unter Wasser/ Böhmische Schneider.* Zwei Marionettenspiele 1964. *Günter Eich. Ein Lesebuch* 1972; *Gesammelte Werke in vier Bänden* 1973.

Der Band enthält die berühmtesten Hörspiele Günter Eichs. Diese Spiele, »Welten aus Sprache«, sind zwischen 1950 und 1964 entstanden. Während Kritiker die Sendung des Hörspiels *Träume* im Jahre 1951 die »Geburtsstunde der notwendigen Herausforderung des Publikums durch das Hörspiel« genannt haben, während das Spiel *Die Andere und ich* Traum und Wirklichkeit auf eine Weise verbindet, die nicht anders als genau zu nennen ist, arbeitet Eich in seinem monologischen Stück *Man bittet zu läuten* souverän mit dem abgenutzten Sprachmaterial des alltäglichen Geredes.

»Seine Hörspiele haben in Deutschland nicht ihresgleichen. Sie sind durch und durch dichterisch, das heißt: sie nehmen teil an dem Versuch der Dichtung, die Welt ›objektiv aufzudecken‹ (E. R. Curtius): durch Bild und Inbild, durch das Wort, das zum Geheimnis führt. Unter den Funkspielautoren ist Eich der kompromißloseste. Er hat es weder sich noch seinen Hörern jemals leichtgemacht. Und doch ist es ihm gelungen, mit jedem seiner Stücke neue Hörerkreise anzusprechen, zu gewinnen. Er hat den Beweis erbracht, daß es auch in unseren Tagen möglich ist, mit dem dichterischen Wort in die Breite zu wirken.«   (Heinz Piontek)

Günter Eich
Fünfzehn Hörspiele

Suhrkamp

suhrkamp taschenbuch 120
Erste Auflage 1973
© dieser Ausgabe Suhrkamp Verlag Frankfurt
am Main 1966. Suhrkamp Taschenbuch Verlag.
Alle Rechte vorbehalten, insbesondere das des
öffentlichen Vortrags, der Übertragung durch
Rundfunk und Fernsehen sowie der Über-
setzung, auch einzelner Teile. Druck: Nomos
Verlagsgesellschaft, Baden-Baden. Printed in
Germany. Umschlag nach Entwürfen von
Willy Fleckhaus und Rolf Staudt.

8 9 10 11 12 – 94 93 92 91

Inhalt

Geh nicht nach El Kuwehd! (1950) 7

Träume (1950) 53

Sabeth (1951) 89

Die Andere und ich (1951) 123

Blick auf Venedig (1952, 1960) 161

Der Tiger Jussuf (1952, 1959) 201

Meine sieben jungen Freunde (1952, 1960) 238

Die Mädchen aus Viterbo (1952, 1958) 270

Das Jahr Lazertis (1953, 1958) 314

Zinngeschrei (1955) 354

Die Stunde des Huflattichs (1956, 1959) 399

Die Brandung vor Setúbal (1957) 444

Allah hat hundert Namen (1957) 481

Festianus, Märtyrer (1958) 524

Man bittet zu läuten (1964) 564

Geh nicht nach El Kuwehd!

Stimmen

*Mohallab, ein Kaufmann · Welid, sein Diener · Jezid · Eine
Magd · Räuber Omar · Trug, seine Schwester · Saad, Fürst der
Parsen · Schirin, sein Weib · Okba, der Henker*

Im Freien vor El Kuwehd

MOHALLAB *ruft:* Welid!

WELID *entfernter:* Herr!

MOHALLAB Reite mit mir voraus!

WELID *näher:* Herr, Ihr seid ungeduldig. Die Tiere sind schwer
beladen.

MOHALLAB Ich treibe sie nicht an. Aber meine Sehnsucht schleicht
nicht auf Kamelsfüßen.

WELID Fünf Tagereisen nur bis Damaskus.

MOHALLAB Erst von El Kuwehd aus! Du rechnest ungenau, Welid. Deswegen auch bist du nicht mehr geworden als mein
Diener.

WELID Ich wünsche mir nichts anderes. Das Rechnen sei bei Euch
– Ihr seid der Kaufmann.

MOHALLAB Bin ich knauserig, Welid?

WELID Nicht mit Piastern, aber mit der Zeit.

MOHALLAB Nicht mit Piastern, aber mit der Zeit, das ist wahr.
Noch fünf Nachtlager in schmutzigen Herbergen, noch fünf
Kerben im Bambusstock, noch fünfmal fünf der Ruf des Muez-
zin, fünfmal fünf das Antlitz nach Mekka, – aber was kümmert mich diese Zahl, stünde dahinter nicht – was, Welid?

WELID Fatime.

MOHALLAB Fatime. Ja. Sprich von Fatime!

WELID Herr, sie wird Eure Frau werden, nicht meine.

MOHALLAB Sprich, als wär sie deine Geliebte, Welid. Ihr Haar –

WELID – ist dunkel wie die mondlose Nacht –

MOHALLAB Warum sprechen nicht alle von ihr? Ich dürste danach, von ihr zu hören.

WELID Ihr Auge setzt in Flammen, wen sie anblickt.

MOHALLAB Mehr!

WELID Ihre Brauen sind gebogen wie das Horn des Mondes. Ihre Wangen sind samten wie der Pfirsich.

MOHALLAB Du liebst sie, Welid!

WELID Herr –

MOHALLAB Sage, daß du sie liebst!

WELID Ich liebe sie.

MOHALLAB Gut. Aber wer wird sie besitzen?

WELID Mohallab, der Kaufmann.

MOHALLAB Alle lieben Fatime, aber ich werde sie besitzen. Sprich weiter!

WELID Sie gleicht der Gazelle an Wuchs. Ihre Worte sind lieblich, ihr Mund –

MOHALLAB Still – den Mund kenne nur ich. Aber sag dieses, Welid: Was führen wir aus Indien heim?

WELID Die Kamele sind beladen mit Seide, mit Teppichen, mit Häuten, mit Gewürz.

MOHALLAB Und alles –

WELID Für Fatime.

MOHALLAB Alles für Fatime.

WELID Oh, Herr, Ihr schwärmt. Wann käme Fatime in die Speicher?

MOHALLAB Du Nüchterner!

WELID Und gehören die Waren nicht Eurem Schwager Hassan und Euch?

MOHALLAB Und du wirfst mir vor, daß ich rechne, Welid! Hätte ich die Reise gemacht, wenn Fatime nicht wäre? Hätte ich Gewinn gehäuft, wäre sie nicht mein Ziel?

WELID Gut, daß wir bald nach Damaskus kommen! Müßte ich Euch noch länger täglich sagen, daß ich Fatime liebe, – am Ende liebte ich sie wirklich.

MOHALLAB Ich befehle dir, sie zu lieben, Welid! Beneideter Besitz ist köstlicher.

WELID *abgewendet:* Herr, ich sehe El Kuwehd.

MOHALLAB Die Hütten dort im Tal?

WELID Es ist größer, als es von hier sich ansieht.

MOHALLAB Halt an, Welid!

WELID Was ist Euch, Herr?

MOHALLAB Ich habe diese Häuser schon einmal gesehen.

WELID Ihr sagtet, Ihr wärt noch nie in El Kuwehd gewesen.

MOHALLAB Nie.

WELID Mancher Ort sieht ähnlich aus. Es ist nichts Besonderes daran: Häuser, Gärten, Dattelhaine –

MOHALLAB Es waren diese Häuser, diese Gärten, diese Palmen, die ich gesehen habe.

WELID Jeder kennt das: Das Gefühl, man hätte etwas schon einmal gesehen, einen Augenblick schon einmal erlebt.

MOHALLAB Ich sage nicht, daß es etwas Besonderes sei. Reiten wir weiter!

JEZID *sich nähernd:* Erbarmen, Herr, Erbarmen!

WELID Ein Bettler.

JEZID Allah möge Euch schützen! Seht meine Krücken, die Lumpen, die eiternden Schwären! Allah schütze Eure Wohlgestalt und die Eures Weibes! Er schütze Euern Reichtum und Eure Reise!

MOHALLAB Halt an, Welid! Da!

Klirrend fallen Münzen zur Erde.

JEZID Herr, Ihr warft mir drei Piaster zu! Ich küsse Euren Steigbügel, ich küsse die Knie Eures Kamels.

MOHALLAB Weiter!

JEZID Halt, Kaufmann!

MOHALLAB Was fällst du mir in die Zügel?

JEZID Es ist um deinetwillen, Kaufmann.

WELID Gebt ihm die Peitsche. Er verträgt die Piaster nicht.

JEZID Hört nicht auf ihn, Herr, hört auf mich!

MOHALLAB Was siehst du mich so an, Zerlumpter? Wo sah ich deine Augen schon?

JEZID Nirgends, Herr, und überall.

MOHALLAB Geh, dein Blick macht mich traurig!

JEZID Ich gehe, aber höre noch dies, Kaufmann: Wenn du Mohallab bist, geh nicht nach El Kuwehd!

MOHALLAB Woher kennst du mich? Warum soll ich nicht nach El Kuwehd gehen?

JEZID *sich entfernend:* Lebt wohl, Herr! Allah möge Euch schützen!

WELID Nun, Herr? Zögert Ihr, weiterzureiten?

MOHALLAB Nein.

WELID Also nach El Kuwehd?

MOHALLAB Sollte ich eines Bettlers wegen umkehren?

Auf der Straße in El Kuwehd

Man hört immer näher das Hämmern einer Schmiede.

WELID Warum haltet Ihr, Herr? Die Karawanserei ist am anderen Ende von El Kuwehd.

MOHALLAB Die Schmiede, Welid!

WELID Ich dächte, solche hätten wir in Damaskus genug.

MOHALLAB *nachdenklich:* Dieser Augenblick war schon einmal. Wir beide, unsere Kamele anhaltend, auf der schmutzigen Straße von El Kuwehd. Ein räudiger Hund, demütig und feige vor uns im Staub, der Bazar und sein Geschwätz, das Rot eines Teppichs, der aus einem Fenster hängt, und die Schmiede –

WELID Warum die Schmiede?

MOHALLAB Ja, dieser Augenblick war schon einmal, und er erfüllt mich mit Trauer.

WELID Der Bettler vor der Stadt sei verflucht! Seine Worte sind wie Widerhaken. Wie kann man sie herausziehen aus Eurem Herzen?

MOHALLAB Es war nicht der Bettler. Er sprach nur aus, was mir auf der Zunge lag. Welid, die Schmiede! Und das Hämmern ist mein eigener Herzschlag. Gleich wird etwas geschehen, wovor ich Angst habe, Welid!

WELID *lachend:* Ich sage Euch, Herr, es ist nichts als der Bettler.

MOHALLAB Ich muß an Fatime denken, das half mir immer! *Als besinne er sich mühsam:* Ihr Haar – ihr Hals – ihr Mund – ach – Er seufzt.

WELID Was, Herr?

MOHALLAB Auch ihr Bild hat einen Schatten, – ich kann mich nicht deutlich auf sie besinnen, – hilf mir, Welid!

WELID Das ist leicht, Herr, denn seht die Verschleierte dort, – sie ist von Fatimes Gestalt.

MOHALLAB Ja –

WELID Sie scheint auf uns zu blicken.

MOHALLAB Sie dreht sich um und geht fort.

WELID Doch vorher winkte sie. Es ist ein Mädchen, das Euch gefällig sein möchte, Herr.

MOHALLAB Merkwürdig, – das ist Fatimes Schritt. Komm, laß uns sehen, wohin sie geht.

WELID Herr, was kümmert Euch die Dirne?

MOHALLAB *entfernter:* Komm!

Das Hämmern der Schmiede klingt ferner, Stimmengeräusche des Bazars kommen näher.

MOHALLAB Sie ist verschwunden.

WELID Laßt sie, Herr! Reiten wir in die Herberge!

MOHALLAB Warum sagte der Bettler, ich solle nicht nach El Kuwehd gehen?

WELID Verscheucht Eure Trübsal! Immer half Euch die Erinnerung an Fatime! Versucht es auch heute!

MOHALLAB Ich erinnere mich nicht.

WELID Ihr Haar ist dunkel wie die mondlose Nacht. Ihr Auge setzt in Flammen, wen sie anblickt, ihre Brauen sind gebogen wie das Horn des Mondes, ihre Wangen samten wie der Pfirsich. Sie gleicht der Gazelle an Wuchs –

MOHALLAB Halt ein, Welid! *Nach einer Pause:* War die Verschleierte nicht Fatime?

Die Geräusche der Straße werden lauter, verschwinden dann.

Zimmer bei Omar

JEZID Hundertzwanzig Kamele. Geladen sind Seide, Teppiche, Häute, Gewürz.

OMAR Bewaffnete?

JEZID Ungefähr fünfzig.

TRUG Ich winkte Mohallab, und er folgte mir.

OMAR Schweig!

JEZID Die Kamele sind entladen, Mohallab und Welid in der Herberge.

OMAR Die Bewaffneten?

JEZID Bei den Kamelen.

TRUG Mohallab gefällt mir. Er hat traurige Augen, das liebe ich.

OMAR Schweig! Seine Augen werden noch trauriger werden.

TRUG Aber nicht durch mich, Omar.

OMAR Auch durch dich, Trug, – Lockvögel enttäuschen.

TRUG Meinst du?

OMAR Ich werde dafür sorgen, daß du ihn enttäuschst

TRUG *lacht.*

OMAR Du rufst uns, indem die Kerze verlöscht wird.

JEZID Ich warnte ihn, nach El Kuwehd zu gehen.

OMAR Du warntest ihn?

JEZID Er schenkte mir drei Piaster.

OMAR Jezid, für drei Piaster wirfst du zehntausend hin?

JEZID Wir werden sie leichter bekommen, denn meine Warnung verwirrte ihn. Dir fehlt es an Einbildungskraft, Omar.

OMAR Und dir?

JEZID An den Muskeln. Ich bin zu alt. Aber mir ist mein Kopf lieber.

OMAR Nun halt ein mit deinem Geschwätz!

TRUG Wir müssen beide schweigen, Jezid!

OMAR Wir haben Wichtigeres zu tun. *Er klatscht in die Hände.*

TRUG Warum rufst du die Magd?

OMAR Willst du Mohallab um Mitternacht wecken lassen?

TRUG Mir wäre es recht.

Eine Tür geht.

MAGD Herr, Ihr riefet nach mir.

OMAR Geh jetzt zu Mohallab!

Karawanserei

MOHALLAB Man hört die Schmiede bis hierher, Welid, – dabei ist sie weit entfernt.

WELID Es ist Abend, Herr, und es schlägt kein Hammer mehr.

MOHALLAB Das ist schlimm. Die Nacht wird mir laut. Hörst du die Ratten pfeifen?

WELID Sie pfeifen in jeder Herberge, Ihr bemerktet es nie.

MOHALLAB Ich sage dir ja, daß es schlimm ist. *Pause*

WELID Wollt Ihr schlafen gehen, Herr?

MOHALLAB Nein. Die Spinnen weben noch. In den Ritzen wachen die Skorpione. Welid, ich werde nie nach Damaskus kommen!

WELID Allah beschütze Euch, Herr! Welche Gedanken suchen Euch heim?

MOHALLAB Kennst du mich als Träumer, Welid?

WELID Ja, wenn Ihr an Fatime dachtet.

MOHALLAB Still, sprich nicht von Fatime, sie ist in der Nähe, sie hört uns vielleicht. *Flüsternd:* Sie ist in der Nähe, aber ihr Haar ist nicht mehr schwarz wie die Nacht, der Mond ihrer Brauen ging unter, Welid, und der Pfirsich verfault, – ihr Kopf ein beinerner Schädel, mein Welid, leere Augenhöhlen, fleischlos, – aber du wirst sie anders sehen und wirst sie lieben.

WELID Herr, Ihr fiebert.

MOHALLAB Wahrscheinlich. Aber sag, ob du mich als Träumer kennst.

WELID Ihr seid kühl, Herr, und rechnet gut.

MOHALLAB Sehe ich Gespenster? Bin ich feige?

WELID Nein.

MOHALLAB Sahst du mich unentschlossen, weibisch?

WELID Nie.

MOHALLAB Das alles bin ich jetzt, seit heute, seit ich von den Hügeln herab El Kuwehd sah.

WELID Der Bettler!

MOHALLAB Nicht der Bettler. Ich!

WELID Ihr seid einmal hier gewesen, ohne es zu wissen. Als Kind vielleicht. Das kommt wieder mit dem Flügel einer Lerche, mit einem Ton, mit einem Geruch.

MOHALLAB *lacht.*

WELID Warum lacht Ihr?

MOHALLAB Du bläst die Berge an und meinst, sie sollen fallen.

WELID Ach Herr, ich werfe eher einen Stein nach dem Schatten.

MOHALLAB Ist das besser?

WELID Nein. Aber wohin soll ich werfen?

MOHALLAB Ich hatte Fatime für meine Träume, so brauchten sie in meinem Leben keinen anderen Platz. Aber in El Kuwehd ist kein Platz für Fatime.

WELID Herr, so wollen wir aufbrechen, jetzt, – in der Nacht! Die Kamele sind getränkt. Wir reiten ein paar Stunden und lagern am Wege, wie wir es oft getan haben.

MOHALLAB Nein.

WELID Kommt, Herr, ich sehe, das ist kein Ort für Euch.

MOHALLAB Welid, es ist zu spät.

WELID Zu spät? Seid Ihr nicht frei zu tun, was Euch beliebt?

MOHALLAB Du hörst es nicht, Welid, wie die Kette geschmiedet wird. Sie wird immer fester.

WELID Ihr seid krank, Herr.

MOHALLAB Die Gesunden durchschauen die Welt nicht.

WELID In einer Stunde ist alles aufbruchbereit.

MOHALLAB Es ist zu spät. Höre doch!

Man hört draußen Schritte sich nähern.

WELID Schritte.

Es klopft.

MOHALLAB Tritt herein!

Die Tür wird geöffnet.

WELID Was willst du, Weib? Wer bist du?

MAGD Ich komme zu Mohallab, dem Kaufmann. Seid Ihrs?

MOHALLAB Ich bins. Wer schickt dich?

MAGD Meine Herrin.

MOHALLAB Sie heißt Fatime.

MAGD Sie winkte Euch, Herr.

WELID Wir kennen sie nicht.

MOHALLAB Ich kenne sie.

MAGD Ihr kennt sie, Kaufmann Mohallab.

WELID Was wünscht deine Herrin?

MAGD Nichts von Mohallabs Diener.

MOHALLAB Was wünscht deine Herrin?

MAGD Mohallab, der Kaufmann, möge mir folgen, daß ich ihn zu meiner Herrin führe.

WELID Mohallab ist krank. Er kann nicht kommen.

Pause

Ist dir das nicht Antwort genug? Was wartest du? Geh!

MOHALLAB Ich gehe mit dir.

MAGD Meine Herrin kennt die Arznei für Eure Krankheit, Mohallab.

WELID Geht nicht, Herr, geht nicht!

MOHALLAB Erwarte meine Nachricht, Welid!

WELID Ich erwarte Euch selbst.

MOHALLAB Leb wohl, Welid!

WELID Allah möge Euch schützen, Herr!

MOHALLAB Allah schützt, wen er will.

MAGD *triumphierend:* Ich gehe Euch voran, ich zeige Euch den Weg!

Sie gehen hinaus.

Nächtliche Straße und bei Trug

MOHALLAB Wo ist der Mond?

MAGD Es ist Neumond, Herr.

MOHALLAB Schlechte Zeit, um aus dem Hause zu gehen.

MAGD Gute Zeit für die Liebe! *Sie kichert.*

MOHALLAB Liebe? Erwartest du, daß ich in diesen Gassen an Liebe denke?

MAGD Wohlriechend sind sie nicht, Herr, – aber ich führe Euch in ein schönes Haus. Ein ambraduftendes Lager – *Sie kichert.*

MOHALLAB Mich ekelt dein Lachen, Kupplerin.

MAGD Räucherkerzen, wenn Ihr wollt. Weiche Teppiche.

MOHALLAB Schweig!

MAGD Aber Ihr gingt mit mir.

MOHALLAB Mich treibt das gleiche, was die Hunde heulen läßt.

MAGD Das dachte ich mir.

MOHALLAB Was dachtest du?

MAGD Wenn es nicht die Wollust ist, ist es die Angst.

MOHALLAB *murmelt:* Es muß noch etwas anderes sein! Die Erinnerung. Die Nicht-Erinnerung, das was auf der Zunge schwebt und nicht über die Lippen will.

MAGD Ein Zauberwort, wie? Trug wird Euch die Lippen lösen. *Sie kichert.*

MOHALLAB Trug?

MAGD So heißt meine Herrin.

MOHALLAB Es ist nicht m e i n e Herrin.

MAGD Kam Euch dieser Gedanke? Dann ist sie es. *Sie kichert.*

MOHALLAB Nein.

MAGD Habt Ihr Angst?

MOHALLAB Ich vergaß den Dolch nicht.

MAGD Den Dolch?

MOHALLAB Was bleibst du stehen? Sind wir angelangt?

MAGD Nein, aber mich verwundert es, daß du meintest, eine Waffe zu brauchen.

MOHALLAB Verwundert dich das? Dann tat ich recht.

MAGD Um die Ecke hier.

MOHALLAB Und wenn ich zurückginge?

MAGD Hört nicht die Reden meines zahnlosen Maules! Ihr geht nicht zu mir, sondern zu Trug.

MOHALLAB Ich bin gewiß, daß ich ein anderes Ziel habe.

MAGD Welches denn, Herr?

MOHALLAB Welches? Ich weiß nur, daß ich es habe.

MAGD So kommt, hier die Stufen hinauf! Hier ist unser Ziel! *Sie kichert.* Hier durch die Tür! Trug ist vollkommenen Leibes, Herr. Ich führe Euch zur Vollkommenheit.
Man hört die Schritte der beiden über Treppen und durch Gänge. Sie halten an. Ein Vorhang wird mit metallischem Klirren zurückgezogen.

MAGD Herrin, ich bringe Euch Euren Gast!

TRUG Gut, laß uns allein.
Pause, während der man draußen Schritte sich entfernen hört.
Ich grüße dich, Mohallab.

MOHALLAB Ich grüße dich, Trug.

TRUG Komm näher.

MOHALLAB Tu deinen Schleier ab, Trug, daß ich dein Gesicht sehe!

TRUG *mit leisem Lachen:* Du wirst enttäuscht sein.

Pause

Nun? Was schaust du mich so prüfend an?

MOHALLAB Ich kenne dich nicht.

TRUG Woher auch?

MOHALLAB Ich erwartete aber, dich zu kennen.

TRUG *lachend:* Weil ich dich rufen ließ?

MOHALLAB Nein, – nicht dich zu kennen, aber mich auf dich zu besinnen.

TRUG Ich bin kein Geist, Mohallab. Sieh her, ich habe Hände, Haut, Hals – warum ziehst du deine Hand zurück?

MOHALLAB Deine Haut verbrennt mich.

TRUG Laß dich verbrennen!

MOHALLAB Verbrennt mich, wie mich Eis verbrennt.

TRUG Eis ist selten in unserm Land. Ich kenne es nicht. Du bist weit gereist.

MOHALLAB Du bist wie Eis, weil ich fürchte, daß irgendwo in dir die Erinnerung lauert. Ich ahne, daß die Erinnerung schrecklich ist.

TRUG *lächelnd:* Mohallab!

MOHALLAB Aber vielleicht bin ich deswegen nach El Kuwehd gekommen.

TRUG Ja, deswegen.

MOHALLAB Ich fiebere. Ich weiß nicht, ob es mein Leib ist. Ich würde ihn verachten dafür.

TRUG Willst du essen, trinken?

MOHALLAB Nichts.

TRUG Komm näher, Mohallab, setz dich zu mir!

MOHALLAB Wundert es dich nicht, daß ich kam?

TRUG Wundert es dich nicht, daß ich dich rief?

MOHALLAB Ich hörte den Hammer in der Schmiede, ich hörte das Geheul der Hunde, ich hörte Welid, meinen Diener. Alles warnte mich, aber es stieß mich auch fort --

TRUG Zu mir.

MOHALLAB Aus dem Sicheren fort.

TRUG Aber warum?

MOHALLAB Warum?

TRUG Weil du ahntest, daß ich schön bin? Weil ich dir winkte? Sag ja!

MOHALLAB Nein.

TRUG Lüg wenigstens!

MOHALLAB In Persien erlebte ich ein Erdbeben. Kennst du das, wenn die Erde nicht mehr sicher ist, auf der du stehst?

TRUG Meine Erde ist sicher.

MOHALLAB Ich müßte wissen, wer es dir eingab, mir zu winken.

TRUG *schnell:* Niemand.

MOHALLAB Niemand, aber wer ist das?

TRUG Es war eine Laune, – weil du mir gefielst. Der Hauch Allahs, wenn du willst.

MOHALLAB Der Hauch Allahs, – und das sagst du so hin.

TRUG Ich winkte dir aus dem gleichen Grunde, aus dem du kamst.

MOHALLAB Dann müßtest du nachdenken, woher du mich kennst.

TRUG Vielleicht kenne ich dich.

MOHALLAB Woher?

TRUG Aus meinem Traum.

MOHALLAB Ich muß mehr von dir wissen, – dann werde ich den Schlüssel finden.

TRUG Ach, nichts wissen, Mohallab! Ich will nicht, daß du etwas weißt. Mein Mund, meine Haut, mein Haar ist da für dich. Das ist genug.

MOHALLAB Ich will wissen, in wessen Leben ich gehöre, Trug. In El Kuwehd begriff ich, daß ich zu sicher war. Nie vordem war ich hier. Oder eben doch?

TRUG Jetzt gehörst du in mein Leben.

MOHALLAB Wann kamst du nach El Kuwehd?

TRUG Frage nicht, Mohallab! *Leise:* Ich möchte nicht lügen.

MOHALLAB Warum müßtest du lügen?

TRUG Ich müßte. Laß es damit genug sein.

MOHALLAB Was in dir ist, ohne daß du es weißt, das muß ich dir entreißen.

TRUG Ich fürchte mich vor dir, Mohallab.

MOHALLAB Wir fürchten uns voreinander.

TRUG Ich wollte, daß du anders bei mir wärst.

MOHALLAB Ich bin nicht gekommen, um dich zu lieben, Trug.

TRUG Wie kannst du anders etwas erfahren?

MOHALLAB Lügst du dann weniger?

TRUG Und wenn es das nun wäre: Daß ich lüge?

MOHALLAB Sprich weiter!

TRUG Ich spreche schon zuviel.

MOHALLAB Das wäre es also: Daß du lügst!

TRUG Vergiß, was ich sagte.

MOHALLAB Ich nahm diesen Dolch mit zu dir, weil die Nacht finster war. Hier ist Licht, aber es ist noch finsterer.

TRUG *ängstlich:* Nein, nicht den Dolch!
Mohallab wirft den Dolch von sich, daß er klirrend zu Boden fällt.

MOHALLAB Ich werfe ihn von mir. Sieh, ich bin wehrlos. Jetzt kannst du alles sagen.

TRUG Wie soll ich dir sagen, was ich nicht weiß, Mohallab?

MOHALLAB Umschlinge mich nicht mit deinen Armen. Sei barmherzig.

TRUG Still! Ich weiß, wie ich es dir sagen kann. Wenn du mich umarmst, wirst du alles wissen. Nein, geh nicht fort! Mohallab, die Zeit ist kurz.

MOHALLAB Die Zeit ist kurz? Begann nicht eben erst die Nacht?

TRUG Sie vergeht schnell.

MOHALLAB Aber hör, was ich dir sage: Du mußt sterben, wenn du dein Geheimnis nicht preisgibst!

TRUG Ja, dann laß mich sterben. Lösche die Kerze, Mohallab!
Mohallab bläst die Kerze aus.

TRUG Hier meine Hand, – mein Mund –

OMAR *laut:* Mohallab!

TRUG *seufzend:* Es ist zu spät.

OMAR Herein mit den Fackeln!
Man hört Schritte und das Brennen der Fackeln.

MOHALLAB Was bedeutet das, Trug?

OMAR Es bedeutet, Mohallab, – daß ich deinen Dolch aufhob und in meinen Gürtel tat.

MOHALLAB Wer bist du?

OMAR Fessle ihn!

MOHALLAB Hunde! *Er wehrt sich, stöhnt, wird überwältigt.*

OMAR Warum wehrst du dich, Dummkopf, – willst du gegen zwanzig kämpfen?

MOHALLAB Wußtest du das, Trug?

TRUG Ich wußte es. Deswegen ließ ich dich rufen.

MOHALLAB *lachend:* Freilich, du sagtest ja, daß du lügst.

TRUG Ich log, aber ich war auch ehrlich, Mohallab.

MOHALLAB Was wollt ihr?

TRUG Geld.

MOHALLAB Ich habe kein Geld.

OMAR Du mußt das nicht so wörtlich nehmen. Du kamst mit einer Karawane.

MOHALLAB Ich kann über die Waren nicht allein verfügen.

OMAR *ironisch mitleidig:* Oh – oh – Mohallab – darüber machen wir uns keine Gedanken.

MOHALLAB Warum habt ihr die Karawane nicht überfallen?

OMAR Wir hoffen, daß es so einfacher geht. Wir sind nicht dafür, ein besonderes Aufsehen zu erregen. Hast du dich inzwischen beruhigt?

Pause

Ich würde dann nämlich vorschlagen, deine Fesseln zu lösen. Ich möchte mich freundschaftlich mit dir unterhalten und einigen.

MOHALLAB Das Angebot deiner Freundschaft rührt mich.

OMAR Danke! – Löst ihm die Fesseln!

MOHALLAB Ein schlichter Hinterhalt. Mich beruhigt diese Räuberei.

OMAR Nicht wahr, ein ehrlicher Räuber ist beruhigender als eine ungewisse Zukunft. Wir werden uns prächtig verstehen.

TRUG Du bist schnell zu beruhigen, Mohallab.

MOHALLAB Enttäuscht dich das?

TRUG Ja.

OMAR Ich schlage vor, daß du auf diesem Teppich Platz nimmst, Mohallab. Trug wird etwas entfernter von dir sein als vorher. Aber was schadet das? Sie hat keine Geheimnisse mehr für dich.

MOHALLAB Auch du rückst weit ab. Hast du Angst? Mit zwei Dolchen im Gürtel!

OMAR Zwei Wächter hinter dir. Einer rechts, einer links.

MOHALLAB Vier Bewaffnete für einen Kaufmann? Zuviel Ehre.

OMAR Wir wissen, was sich für einen hohen Besuch schickt. Sitzest du bequem?

MOHALLAB Du bist sehr gütig.

OMAR Es täte mir leid, wenn dich die Fesseln gedrückt hätten. Eine Salbe gefällig?

MOHALLAB Du überschüttest mich mit Wohltaten. Aber ich fühle mich gut, ich brauche nichts.

OMAR Keinen Kuchen? Keinen Becher Kamelmilch?

MOHALLAB Fang endlich an!

OMAR Also beginnen wir! *Er seufzt.*

MOHALLAB Nun?

OMAR Versteh, daß ich das so lange hinauszögere wie möglich. Ich bin ein fein empfindender Mensch. Ich bin nicht so geeignet für das Geschäftsleben wie du. Ich liebe Verse.

MOHALLAB Ah!

OMAR Höre!
Gewöhne deine Hände,
zu geben Spend um Spende,
so gibst du leicht am Ende
dein Leben selber auf.

MOHALLAB Ein guter Rat.

OMAR Nicht wahr? Hariri schrieb ihn im dreißigsten Jahre seines Lebens.

MOHALLAB Es ist immer erfreulich, mit gebildeten Menschen zusammenzutreffen.

OMAR Ganz meinerseits. Was ich aber damit sagen wollte, Mohallab: Im dreißigsten Lebensjahre also dachte Hariri an sein Ende. Die Lehre, die man daraus ziehen kann, ist offenbar diese: Man soll frühzeitig an das Ende denken. Wie alt bist du, Mohallab?

MOHALLAB Alt genug also, um an das Ende zu denken.

OMAR Ich sehe, du verstehst es, die Verse für das Leben anzuwenden. Höre Hariri nun weiter:
Begnüge dich mit Kleinem und sei dankbar!
Genügsamkeit vergrößert kleine Späne.
Vermeide Gier! Der Geier ist verachtet,
unedel die gefräßige Hyäne!

Dein Kleid, zerrissen seis, nur deine Seele
sei fleckenlos wie das Gewand der Schwäne!

MOHALLAB Diesmal offenbar schrieb Hariri für dich.

OMAR Nicht doch! Solche Sätze, die Gold wert sind, beanspruchen wir nicht für uns, – wir verschenken sie an unsere Gäste.

MOHALLAB Ah, bist du mein Gastfreund?

OMAR Sitzest du nicht auf weichem Teppich? Boten wir dir nicht Kuchen und Kamelmilch?

MOHALLAB Und die Fessel.

OMAR Warum sprichst du nicht weise, Mohallab? Warum erinnerst du mich an den Schatten, der unsere Freundschaft trübte?

MOHALLAB *ungeduldig:* Also gut, – ich bin dein Gast.

OMAR Und wirst es noch lange bleiben, hoffe ich.

MOHALLAB Wie lange?

OMAR Du fragst so ungeduldig, hast du etwas Eiliges vor?

MOHALLAB Leider eine dringliche Reise nach Damaskus.

OMAR Unmöglich, Mohallab, daß du so schnell von uns scheidest. Trug wäre untröstlich. Trug!

TRUG Ich wäre untröstlich.

MOHALLAB Mir geht es ebenso.

OMAR Wirklich? Oh das freut mich.

MOHALLAB Aber ich weiß nicht, wie ich die Reise aufschieben soll.

OMAR Oh, mach dir deswegen keine Sorge, das wissen wir.

MOHALLAB Wie?

OMAR Indem du deinem Diener, – Welid heißt er wohl? – ein tüchtiger Mensch, nicht wahr?

MOHALLAB Gewiß.

OMAR Um so besser wird er deine Befehle ausführen.

MOHALLAB D e i n e Befehle!

OMAR Sprich weise, Mohallab, – denk an unsere Freundschaft!

MOHALLAB Welche Befehle also?

OMAR Nun, ich dachte, daß wir vielleicht deine Kamele in Obhut nehmen. Wir behandeln sie gut, und auch den Waren geschieht kein Schaden.

MOHALLAB Alles, was ich für Fatime kaufte, – ein halbes Vermögen!

OMAR Ein halbes Vermögen nur? Wie viele verloren das ganze!
Denk an Hariri: Begnüge dich mit Kleinem und sei dankbar!

MOHALLAB Nein.

OMAR Warum gibst du nicht freiwillig, was du doch verlierst!

MOHALLAB Verliere ich es?

OMAR Etwas verlierst du auf jeden Fall. Entweder die Kamele
und deine Waren oder –

MOHALLAB Oder?

OMAR Aber Mohallab, hast du die Lehre Hariris schon vergessen?
So gibst du leicht am Ende
dein Leben selber auf.

MOHALLAB Gib mir einen Tag Bedenkzeit.

OMAR Oh, leider müssen wir El Kuwehd noch heute nacht verlassen, – du wirst nicht gern mit uns gehen wollen.

MOHALLAB Sprachst du nicht von der Hoffnung, mich noch lange
als deinen Gast zu sehen?

OMAR Es ist nicht weise, den Freund auf Widersprüche zu stoßen. *Plötzlich hart:* Soll ich dich wieder fesseln lassen? Du
kannst auch das haben.

TRUG Ruhig, Omar! Mohallab verweigert uns nichts.

MOHALLAB Ich bin in deiner Hand. Es sei also.

OMAR Mohallab, mein lieber Freund, mein Blutsbruder!

MOHALLAB Was also soll geschehen?

OMAR Bringt Tinte und Feder! – Du wirst einen Brief an Welid
schreiben, daß er die Kamele mit den Waren hierherführt, daß
er die Begleitmannschaft entlohnt und entläßt, und daß du
ihm dann weitere Befehle geben wirst.

MOHALLAB Und kein Wort der Erklärung dabei?

OMAR Wir wollen Welid nicht unnütz in Aufregung stürzen.
Diener sind nicht verpflichtet, die Gemütsbewegungen ihrer
Herren zu teilen.

TRUG Den Boten!

OMAR Hast du geschrieben?

MOHALLAB »– ohne Verzug hierher zu führen.«

OMAR Ohne Verzug ist gut. Du überbietest mich in der Wahr-
nehmung meines Vorteils.

MOHALLAB Es ist der meine. Ich will frei sein.

OMAR Gestatte, daß ich das lese!

MOHALLAB Freunde haben keine Geheimnisse voreinander.

OMAR Du bist ein Schatz an Weisheit. Ich werde davon lernen.

MOHALLAB Ich fürchte, ich bin nicht immer weise.

OMAR Und nun fort mit dem Brief!

Die Schritte eines Mannes entfernen sich.

OMAR Wie wäre es nun, Mohallab, wenn du dich etwas ausruhtest? Es wird einige Stunden dauern, bis die Kamele hier sind. Ich weise dir ein Gemach an, wo du schlafen kannst, zum mindesten bist du allein. Und du weißt ja, daß manches Gute aus dem Alleinsein kommt.

MOHALLAB Laß mich dorthin führen.

Vor der Karawanserei

WELID Kenne ich dich nicht?

JEZID Woher?

WELID Vor der Stadt begegnete uns ein Bettler. Er war räudig und hinkte, aber er sah dir ähnlich.

JEZID Willst du einen räudigen Bettler in mir sehen?

WELID Ich sehe in dir, was du bist.

JEZID Dann wärst du Allah gleich.

WELID Fertig die Kamele?

JEZID Du siehst doch, es ist alles bereit.

WELID Wohin geht der Weg?

JEZID Wohin ich dich führe.

WELID Ich glaube euch allen nicht, aber es ist die Schrift Mohallabs.

Zimmer bei Omar

Eine Tür geht.

OMAR Verzeih, Mohallab, daß ich deinen Schlaf störe.

MOHALLAB Ich schlief nicht.

OMAR Du hörtest gewiß von draußen, daß die Tiere ankamen, und den Lärm der Treiber.

MOHALLAB Ist alles fertig?

OMAR Beinahe. Und Welid wartet auf deine Befehle.

MOHALLAB So laß mich zu ihm.

OMAR Du beklagtest dich vorhin, daß wir dich nicht einluden, länger unser Gast zu sein. Ich habe es mir überlegt. Du kannst bleiben.

MOHALLAB Was soll das heißen? Du versprachst, mich frei zu lassen. Hältst du so dein Wort?

OMAR Mohallab, wir sehnen uns danach, deiner Weisheit noch länger teilhaftig zu bleiben, Trug sowohl wie ich. Trug ist übrigens meine Schwester, – wußtest du das? Sie ist niemandes Weib.

MOHALLAB Es ist mir gleichgültig.

OMAR Schade, sie liebt dich so sehr. Wir würden uns beide freuen, wenn du bliebest.

MOHALLAB Nein.

OMAR Ich sagte dir schon einmal: Warum gibst du nicht freiwillig, was du doch geben mußt? Wie willst du gehen, wenn ich es nicht will?

MOHALLAB Dein Wort!

OMAR Das Wort eines Banditen gilt nicht viel.

MOHALLAB Wie lange also?

OMAR Bis Welid zurück ist.

MOHALLAB Zurück? Woher zurück?

OMAR Von Damaskus. Woher sonst?

MOHALLAB Sprich genauer, Omar!

OMAR Verlorst du nicht mit der Karawane ein halbes Vermögen?

MOHALLAB Das sagte ich und so ist es.

OMAR Nun fehlt uns noch die andere Hälfte, Mohallab. Ich dachte, daß Welid sie uns bringt. Wenn er sie gebracht hat, müßten wir dich freilich schweren Herzens mit ihm ziehen lassen.

MOHALLAB Als Bettler.

OMAR
Vertrau du der verhüllten Hand,
die keinen führt nach seiner Wahl.

Und sei auf Wechsel stets gefaßt,
denn Wechsel heißt das Weltschicksal.

MOHALLAB Immer wieder Hariri.

OMAR

Harr aus im Leid, bis ihm zu weichen
der heißt, der ihm zu nahn befahl.

MOHALLAB Ein immer brauchbarer Dichter.

OMAR Sagen wir: Zehntausend Piaster.

MOHALLAB Eine hübsche runde Summe.

OMAR Nicht wahr?

MOHALLAB Und wer soll sie aufbringen?

OMAR Ich hörte, du habest mit Hassan, deinem Freund, ein Handelshaus in Damaskus. Seine Schwester solle deine Frau werden. Man wird, um seinen Schwager vom Tode zu retten, zehntausend lumpige Piaster übrig haben. Ich nehme an, dein Anteil am Geschäft ist viel größer.

MOHALLAB Kleiner.

OMAR Dann müßte die Differenz auf Pietät gebucht werden. Jedenfalls dachte ich, lieber Mohallab, Freund und Blutsbruder, du schriebest einen Brief, den Welid nach Damaskus bringt. *Er klatscht in die Hände und ruft:* Tinte, Papier!

MOHALLAB Ich möchte Welid sprechen.

OMAR Oh, das ist nicht nötig, er macht das alles recht und zu deiner Zufriedenheit. Ich sage ihm genau Bescheid, wohin er das Geld bringen soll. Und dann, lieber Mohallab, schreibe an Hassan auch, du wärest Räubern in die Hände gefallen. Vielleicht macht das die Sache eiliger. Es ist zwar eine Lüge –

MOHALLAB – aber Allah wird die Lüge verzeihen.

OMAR Du weißt meine Worte, bevor sie die Lippen verlassen. Ja, es ist wie du sagst, und zudem nehmen wir es dir nicht krumm, wenn du uns mit einem so häßlichen Wort benennst – wo wir doch deine zärtlich besorgten Gastgeber sind. – Oh, ich sehe, du schreibst schon, – wirklich, du bist weise, Mohallab!

Vorm Zelt

JEZID Was klagst du, Mohallab? Ich sagte dir: Geh nicht nach El Kuwehd!

MOHALLAB Einen Monat ist Welid unterwegs. Vielleicht findet er uns nicht.

JEZID Er findet uns.

MOHALLAB Wo sind wir jetzt?

JEZID Ich weiß es nicht. Wir kommen so viel umher. Ich behalte die Namen schlecht.

MOHALLAB Ich vermute, daß wir nicht weit vom Euphrat sind.

JEZID Möglich.

MOHALLAB Wenn du auch Namen nicht weißt, du weißt mehr als die andern. Was begegnete mir in El Kuwehd?

JEZID Bemerktest du es nicht?

MOHALLAB Nur eine Gefangenschaft, eine Erpressung?

JEZID Genügt dir das nicht?

MOHALLAB War es nicht mehr, Jezid?

JEZID Du sahst ins Tal, es ging abwärts. Vielleicht erwartete dich die Armut.

MOHALLAB Die Armut gewiß.

JEZID Betrübe dich deswegen nicht. Ich werde dir die drei Piaster schenken, die du mir einst zuwarfst.

MOHALLAB Danke.

JEZID Es gibt immer mehrere Wörter für das gleiche. Suche dir für Armut ein anderes aus!

MOHALLAB Eines, das mir besser schmeckt?

JEZID Die meisten leihen sich ihr Dasein, und daß sie es eines Tages zurückgeben müssen, verwundert sie.

MOHALLAB So werde ich das sein, was ich wirklich bin?

JEZID Wenn du das erreichst, bist du reich.

MOHALLAB Ich werde nach Damaskus zurückkehren. Hassan und Fatime werden mir helfen, und wenn Allah mir gewogen ist, habe ich den Verlust in einigen Jahren wieder wettgemacht.

JEZID *lacht.*

MOHALLAB Warum lachst du, Jezid?

JEZID Dann wärst du umsonst nach El Kuwehd gegangen.

MOHALLAB Umsonst? Für zwanzigtausend Piaster.

JEZID Wenn du es nach Piastern zählen kannst, war es billig. Aber ich fürchte, Mohallab, du kommst nicht so billig davon.

MOHALLAB Wie meinst du das?

JEZID Du mußt noch etwas bezahlen, wofür keine Piaster genommen werden.

MOHALLAB Was also, Jezid?

JEZID Ich weiß es nicht. Aber ich habe eine Ahnung, daß es sein müßte.

MOHALLAB Woher kommt sie dir?

JEZID Ich lese sie aus deinem Gesicht. Du betäubst dich mit Hoffnungen.

MOHALLAB Sei still! Ich glaube dir nicht.

JEZID Das tatest du schon einmal. *Abgewendet:* Sieh dort, drei Reiter!

MOHALLAB Zwei Reiter. Es sind Omar und Trug.

JEZID Und ein leeres Pferd. Welid ist nicht dabei.

MOHALLAB Hast du Welid erwartet? Ich erwarte nur meine Freiheit.

JEZID Meinst du, daß sie mit diesen Reitern käme?
Pferde nähern sich und halten an.

JEZID Ein Pferd ohne Reiter?

OMAR *mürrisch:* Wir haben Welid nicht gesehen.

MOHALLAB Er kam nicht?

OMAR Er muß wohl gekommen sein. In der Herberge gab man uns einen Brief.

TRUG Wir suchten Welid, aber wir fanden ihn nicht.

JEZID Und das Geld?

OMAR Gib Mohallab den Brief. Er soll ihn lesen.

MOHALLAB Er ist sehr kurz.

OMAR Nicht wahr? Und schrecklich für dich, Mohallab.

MOHALLAB *erregt:* Ich muß nach Damaskus.

JEZID Gib mir den Brief.

MOHALLAB Da.

TRUG Es tut uns leid, Mohallab.

OMAR Aber nicht Mohallabs wegen. Wir brechen auf. Bereite alles vor, Jezid.

JEZID Ich gehe.

MOHALLAB Ich muß nach Damaskus. Gib mir ein Pferd oder ein Kamel, Omar!

OMAR *lachend:* Ein Pferd oder ein Kamel, – hörst du das, Trug?

TRUG Gib es ihm.

OMAR Und vielleicht noch zehntausend Piaster, wie? Du hast liebenswürdige Schwäger, Mohallab. Wie hieß der Brief? »Zehntausend Piaster ist uns Mohallab nicht wert.« Und meinst du nun, mir wärest du ein Pferd oder ein Kamel wert?

MOHALLAB Ich bitte dich darum, Omar! Ich muß wissen, ob ich Fatime so wenig wert bin.

OMAR Meinst du, sie wisse nichts von dem Brief?

MOHALLAB Ich kann es nicht glauben.

OMAR Du tust mir leid, Mohallab, aber ich selbst tue mir noch mehr leid. Zehntausend Piaster habe ich durch dich verloren.

MOHALLAB Durch mich verloren? Omar, du scherzest.

OMAR Ich habe damit gerechnet und komme nun in Schwierigkeiten.

MOHALLAB Wenn du so rechnest, habe ich die ganze Welt verloren.

OMAR Und deswegen bist du nun auch in Schwierigkeiten.

TRUG Er kann nicht zu Fuß durch die Wüste gehen.

OMAR Er braucht nicht zu gehen, er kann reiten.

MOHALLAB Dank, Omar!

OMAR Nicht wahr, soviel Großmut hattest du nicht erwartet.

TRUG Nimm das Pferd, das für Welid bestimmt war.

OMAR Ja, das kann er nehmen.

MOHALLAB Ich breche sogleich auf. Sag mir den Weg!

OMAR Du brauchst ihn nicht zu wissen. Wir reiten ja mit dir.

MOHALLAB Ihr wollt nach Damaskus?

OMAR Damaskus? Keineswegs. Wir reiten nach Basra.

MOHALLAB Ich weiß nicht, wo ich bin. Muß ich nach Basra, um nach Damaskus zu kommen?

OMAR Das ist die entgegengesetzte Richtung. Aber du mußt nach Basra.

MOHALLAB Heißt das, daß du mich nicht freiläßt?

OMAR Du bist ein schlechter Ersatz für zehntausend Piaster, aber man wird sehen, was du wert bist.

Markt von Basra

WELID Was kostet der Weiße?

JEZID Zehntausend Piaster, Herr.

WELID Wer zahlt zehntausend Piaster für einen Sklaven!

JEZID Er ist weiß.

WELID Schwarze sind weniger stolz und arbeiten williger.

JEZID Er ist sehr gut. Zeige deine Muskeln, Mohallab! Beuge den
Arm!

WELID Ich will seine Zähne sehen.

JEZID Tu den Mund auf, Mohallab! Schaut seine prächtigen Zähne an, Herr! Geht nur nahe heran, er beißt nicht.

WELID *leise:* Erkennt Ihr mich? Ich bin Welid!

JEZID Was sagt Ihr?

WELID Ich sage, die Zähne sind gut, aber er ist schon ungefähr
dreißig Jahre alt. *Leise:* Ich habe nur achttausend.

JEZID Dreißig Jahre ist kein Alter. Dreh dich um, Mohallab!
Schaut seinen kräftigen Rücken!

WELID Laßt ihn gehen.

JEZID Geh, Mohallab!

WELID Er hinkt.

JEZID Mit einer fünfzig Pfund schweren Eisenkugel am Bein
hinkt jeder.

WELID Sein Haar ist an den Schläfen grau.

JEZID Wir haben es nicht gefärbt. Hier macht Ihr einen ehrlichen
Kauf. Kauft woanders einen mit gefärbten Haaren, wenn
Euch das lieber ist.

WELID Fünftausend.

JEZID Er kann reiten und mit dem Dolch umgehen.

WELID Es ist schlecht, wenn ein Sklave seinen Herrn erdolchen
und davonreiten kann.

JEZID Er ist stark und arbeitet gern, außerdem ist er klug.

WELID Für zehntausend Piaster müßte er weise sein. Fünftausend!

JEZID Man kann ihn als Verwalter gebrauchen. Er kann schreiben und rechnen, versteht es, zu kaufen und zu verkaufen,
und kann gut mit Menschen umgehen.

WELID Mich wundert, daß er Sklave ist, wenn er alles kann.

JEZID Unglückliche Schicksalsschläge. Mohallab, schreibe mit dem Finger in die Luft: El Kuwehd!

WELID Hast du ihm das eingelernt?

JEZID Wenn siebzehn Kamele mit Seide beladen sind, zweihundertdreißig Piaster der Ballen, welchen Wert tragen sie, Mohallab?

MOHALLAB 3910 Piaster.

WELID Ah, er kann auch sprechen! Ich dachte, er wäre stumm.

JEZID Es ist ein Zeichen von Klugheit, wenig zu sprechen.

WELID Fünftausend Piaster.

JEZID Zehntausend.

WELID Sechstausend.

JEZID Zehntausend.

WELID Siebentausend.

JEZID Zehntausend.

WELID Achttausend.

JEZID Zehntausend.

WELID Bedenke: Achttausend Piaster für einen einzigen Sklaven. Dafür bekomme ich vier schwarze.

JEZID Er ist weiß.

WELID Dann geh zum Teufel!

JEZID Ich werde ihn von Euch grüßen, Herr!

WELID *leise:* Ich verkaufe die Kamele. Ich komme wieder.

JEZID Was sagte er?

MOHALLAB Er sagte, er würde einen schwarzen kaufen.

JEZID Daran tut er recht.

MOHALLAB Warum hast du mich nicht für achttausend verkauft? Niemand zahlt zehntausend Piaster für mich.

JEZID Er trug einen falschen Bart. Ich hatte Mißtrauen gegen ihn.

MOHALLAB Was kümmert dich ein falscher Bart, wenn er achttausend Piaster zahlt.

JEZID Bei einem anderen hätte ich vielleicht dreitausend gesagt. Aber ich sah ihm an, daß er dir nicht wohlgesinnt war.

MOHALLAB Oh, Jezid, du sollst den Vorteil Omars wahrnehmen, nicht meinen.

JEZID Ich möchte, daß du in gute Hände kommst, Mohallab.

MOHALLAB Und betrügst dafür Omar.

JEZID Ja.

MOHALLAB Ich danke dir das nicht, Jezid.

JEZID Ich bin dir zugetan, Mohallab, und frage nicht nach Dank.

MOHALLAB Ich hasse dich deswegen.

JEZID Das zerstört nicht meine Zuneigung.

MOHALLAB Oh, Jezid!

SAAD *herantretend:* Was kostet der Sklave?

MOHALLAB Verkauf mich nicht an ihn, Jezid!

JEZID Ein Weißer, Herr. Zeig deine Muskeln, Mohallab! Er kann schreiben und rechnen und ist sehr erfahren im Handel. Er ist klug und stark. Zeig deine Zähne, Mohallab!

SAAD Wie alt?

JEZID Fünfundzwanzig, Herr.

MOHALLAB Dreißig.

JEZID Still, Hundesohn!

SAAD Was kostet er?

MOHALLAB Verkauf mich nicht, Jezid!

JEZID Dreitausend, Herr.

MOHALLAB Herr, ich bin nichts wert, ich hinke, ich kann nicht schreiben, ich kann nicht rechnen, ich bin dumm!

JEZID Er lügt, weil er bei mir bleiben will. *Halblaut:* Tölpel! Ich sehe doch, daß dies der Richtige für dich ist!

SAAD Ich kaufe ihn.

MOHALLAB Verkauf mich nicht, Jezid!

JEZID Dreitausend Piaster.

SAAD Er heißt Mohallab?

JEZID Mohallab, ja. Vierhundert, fünfhundert, sechshundert –

SAAD Fürchte dich nicht, Mohallab! Ich bin Saad, der Fürst der Parsen. Du wirst es gut bei mir haben.

MOHALLAB Ich fürchte nicht Euch, Herr, sondern die Zukunft.

SAAD Möchtest du lieber in die Vergangenheit gehen?

MOHALLAB Ja, denn ich kenne sie.

JEZID Herr, er hat keine Vergangenheit mehr. Zweitausendeinhundert, -zweihundert.

SAAD Löse ihm die Kette!

JEZID Achthundert, neunhundert, dreitausend. Gut, Herr, Allah beschütze Euch!

SAAD Er beschütze auch dich.

JEZID Leb wohl, Mohallab, mein Sohn!

MOHALLAB Jezid!

SAAD Komm mit mir, Mohallab!

MOHALLAB *entfernter:* Ich danke dir nicht, Jezid!

JEZID Allah schütze dich dennoch! *Leise:* Aber Allah schützt, wen er will. *Wieder laut:* Ich habe schwer zu tragen. Dreitausend Piaster wiegen soviel wie eine Sklavenfessel. *Sich mühend:* Oh –

WELID *herankommend:* Fremder, wo ist der Sklave? Ich will ihn kaufen.

JEZID Für Zehntausend?

WELID Neuntausend, mehr brachte ich nicht zusammen.

JEZID Ich sagte dir, daß das zu wenig ist für ein so prächtiges Stück.

WELID Gib ihn für neuntausend! Wo ist er?

JEZID Such ihn, dann bekommst du ihn umsonst. Leb wohl, Welid!

Saal in Saads Palast

Lärmende Stimmen nähern sich draußen.

SAAD Wer kommt, Schirin?

SCHIRIN Ich hörte den Namen Mohallab aus dem Geschrei.
Die Tür wird geöffnet. Der Lärm bleibt noch einen Augenblick, endet dann plötzlich.

OKBA Wir fanden ihn drei Tagereisen von hier am Fluß. Er hielt sich im Schilf versteckt.

SCHIRIN *leise:* Er ist blaß und abgemagert.

OKBA Soll ich ihn henken, Herr?

SAAD Nichts sollst du. Geh jetzt hinaus!
Schritte entfernen sich. Die Tür wird geschlossen.
Hebe den Kopf, Mohallab, und sieh mich an.
Pause
Ist es dir schlecht bei mir gegangen, Mohallab?

MOHALLAB Nein, Herr.

SAAD Hast du gehungert, gedürstet?

MOHALLAB Herr, ich war nicht glücklich.

SAAD Habe ich dir nicht die Aufsicht gegeben über die Sklaven meines Hauses? Was willst du noch mehr, da du doch selber Sklave bist?

MOHALLAB Herr, ich bin frei geboren.

SAAD Niemand ist frei geboren. Auch ich kann eines Tages Sklave sein.

MOHALLAB Und ich niemals frei?

SAAD Es schmerzt mich, Mohallab, daß du nicht zufrieden bist in meinem Hause. Denn sieh, ich bin dir zugetan. Eines Tages werde ich dich freilassen.

MOHALLAB Wann, Herr?

SAAD Wenn du nicht mehr ungeduldig bist.

MOHALLAB Dann ist es zu spät, Herr.

SAAD Wie lange bist du bei mir?

MOHALLAB Drei Monate, Herr.

SAAD Ist das viel?

MOHALLAB Wenig für den, der keine Wünsche hat.

SAAD Höre, was ich dir sage, und widersprich nicht!

MOHALLAB Ich höre, Herr, und widerspreche nicht.

SAAD Dein Leben gehört mir und ist verwirkt, da du geflohen bist. Ich bin dir gnädig, und also darfst du am Leben bleiben.

MOHALLAB Ich danke Euch, Herr.

SAAD Hast du mir zwanzig Jahre treu gedient, so wirst du frei sein.

MOHALLAB *zögernd:* Ich danke Euch, Herr.

SAAD Noch einmal vertraue ich dir die Aufsicht über meine Sklaven an. Darüber hinaus wirst du bestellt werden als der Hüter der heiligen Flamme im Tempel.

MOHALLAB Ich danke Euch, Herr.

SAAD So bist du mehr geworden durch deine Flucht. *Mit erhobener Stimme:* Aber glaube nicht, Mohallab, daß meine Langmut unendlich ist. Okba, mein Henker, hat wenig zu tun in meinem Lande. Er quält mich seit langem um ein Todesurteil. Er wird es mit Genuß vollstrecken, Mohallab. Hüte dich also!

MOHALLAB Ja, Herr.

SAAD Du darfst mir die Hand küssen zum Zeichen meiner Gnade! Und nun geh!

Garten

Eine Flöte klingt entfernt.

SCHIRIN Mohallab!

MOHALLAB Herrin!

SCHIRIN Was träumst du?

MOHALLAB Ich horche auf die Flöte.

SCHIRIN Verstehst du ihre Sprache?

MOHALLAB Ich möchte sie verstehen. Ich bin gewiß, daß sie mir etwas zusingt.

SCHIRIN Ich verstehe sie. Der sie bläst, ist glücklich.

MOHALLAB Das ist kein Lied für mich.

SCHIRIN Für dich. Das Glück hat viele Gestalten. Aber du kennst nur eine. Du bist blind.

MOHALLAB Blind?

SCHIRIN Warum bist du geflohen, Mohallab! Wie konntest du mir das antun!

MOHALLAB Euch, Herrin? Ich verletzte nicht Euch.

SCHIRIN Mich am meisten, Mohallab.

MOHALLAB Verzeiht, Herrin, – ich kann mich nicht länger verweilen. Ich muß in den Tempel.

SCHIRIN Noch einen Augenblick, Mohallab, für deine Fürstin.

MOHALLAB Ich höre.

SCHIRIN Mohallab, du bist Sklave in diesem Haus. Ich kann über dich gebieten wie Saad.
Leise: Dennoch bist du mein Gebieter, und ich bin deine Sklavin.

MOHALLAB Herrin!

SCHIRIN Still! Widersprich mir nicht! Ich will, daß du mein Gebieter bist, ich befehle es dir!
Pause
Ich bin aus königlichem Geschlecht, Mohallab! Du kennst meinen Stolz nicht! Er besteht auch darin, daß ich mich tiefer demütigen kann als andere.

MOHALLAB Herrin, es gibt hier keinen Menschen, den ich so achte wie Euch!

SCHIRIN *sanft:* Du sollst mich nicht achten. Du sollst mich lieben.

MOHALLAB Ihr seid die Gemahlin meines Herrn!

SCHIRIN Still davon! Sage mir, ob ich häßlich bin.

MOHALLAB Der müßte lügen, der das sagen wollte.

SCHIRIN Mohallab, ich liebte dich vom ersten Augenblick an. Gefällt dir mein Mund, gefällt dir mein Haar?

MOHALLAB Es gefällt mir!

SCHIRIN Danke, mein Gebieter!

MOHALLAB Ich muß fort, Herrin.

SCHIRIN Küsse mich!

MOHALLAB Herrin, Euch küssen?

SCHIRIN Küsse mich!

MOHALLAB Wir sind im Garten, es ist heller Tag.

SCHIRIN Ich sage, du sollst mich küssen!

Die Flöte klingt näher.

SCHIRIN Nun, sah uns jemand?

MOHALLAB Ich hoffe nicht, Herrin!

SCHIRIN Heute abend aber, an dieser Stelle, Mohallab – hörst du!

MOHALLAB Ich höre, Herrin.

SCHIRIN – mußt du mich noch fester küssen, Mohallab!

MOHALLAB Es kommt jemand.

SCHIRIN Ich gehe.

Das Flötenspiel ist inzwischen noch näher gekommen.

MOHALLAB He, Flötenspieler, Bettler! Was bläst du für ein Lied? Hinaus aus dem Garten des Fürsten!

Das Flötenspiel bricht plötzlich ab.

WELID Kennt Ihr das Lied nicht, Herr?

MOHALLAB Ich bin kein Herr, ich bin Sklave.

WELID Ein Damaszener Lied, Mohallab!

MOHALLAB Welid!

WELID Ja, Herr!

MOHALLAB Woher, Welid? Bringst du gute Botschaft?

WELID Ich kam zu spät auf den Markt von Basra. Und ich suchte Euch vergebens.

MOHALLAB Sagte dir Jezid nicht, wer mich gekauft hatte?

WELID Er schwieg, der Teufel.

MOHALLAB Ich hoffe, es war Bosheit von ihm.

WELID Ich ritt kreuz und quer durch die Wüste, von Mossul bis

Hadramaut. Endlich fand ich Eure Spur. Über Damaskus folgte ich Euch hierher. Ich hatte Pferde und Geld. Aber eine Tagereise von hier wurde ich überfallen. Ein Unglück, Herr, denn nun bin ich als Bettler bei Euch. Wie kommen wir nach Damaskus ohne Geld, ohne Wegzehrung, ohne Pferd oder Kamel, ohne Waffen?

MOHALLAB Und warum, meinst du, sollte ich nach Damaskus?

WELID Wollt Ihr nicht, Herr?

MOHALLAB Und der Brief?

WELID Oh, Herr, wir schrieben ihn doch nur, weil wir meinten, Omar würde Euch laufen lassen, wenn er kein Lösegeld bekäme.

MOHALLAB Es war schlecht gerechnet, aber du gibst mir das Leben wieder, Welid. Was sagt Fatime?

WELID Fatime, – Herr, ich erzähle Euch später von Fatime. Denken wir erst daran, wie wir nach Damaskus kommen.

MOHALLAB Damaskus, – oh dies Wort zu hören! Fatime –

WELID Ohne Geld nach Damaskus!

MOHALLAB Betteln wir wie die wandernden Derwische! Es ist alles gleich, – nur nach Damaskus!

WELID Herr, wir können nicht zu Fuß durch die Wüste und über die Gebirge gehen.

MOHALLAB Laß mich nachdenken.

WELID Das einzige, was ich noch habe, ist ein Dolch.

MOHALLAB Ich habe einen Gedanken, Welid. Er ist schändlich, aber es ist ein Gedanke.

WELID Er müßte viel einbringen. Damaskus ist weit.

MOHALLAB Findest du heute ein Essen und ein Nachtquartier?

WELID Das finde ich immer.

MOHALLAB So komm morgen früh wieder hierher. Vielleicht habe ich eine Möglichkeit, Geld zu finden.

Schirins Zimmer

Schirin summt eine Melodie. Es klopft vielmals hintereinander ganz leise, gleichsam mit dem Fingernagel. Schirin hält inne und öffnet die Tür.
Sie flüstern.

SCHIRIN Mohallab!

MOHALLAB Schirin!

SCHIRIN Du kommst in mein Zimmer? Unvorsichtiger!
Sie schließt die Tür.

MOHALLAB Verzeih, der Tag wurde mir zu lang ohne dich.

SCHIRIN Mir war er länger. Sieh, eben steckte ich mir eine Rose ins Haar, um zu dir zu kommen, und die Dämmerung ist doch noch weit!

MOHALLAB Ich brenne, Schirin!

SCHIRIN Still! Wenn uns jemand hört!

MOHALLAB Verriegle die Tür!
Der Riegel wird vorgeschoben.

Vorm Haus des Henkers

Welids Flötenspiel, sich nähernd.

OKBA Still mit dem Gedudel! Vor diesem Hause gibt es keine Musik. Geh mit verhülltem Angesicht vorbei!
Das Flötenspiel endet.

WELID Warum?

OKBA Es ist das Haus des Henkers.

WELID Bist du der Henker?

OKBA Ich bin es.

WELID So werden deine Schwerter die schärfsten sein.

OKBA Ich schleife sie selbst. *Er läßt wie zur Probe den Schleifstein sich drehen und hält eine Klinge daran, – beendet dies Spiel aber sogleich wieder.*

WELID Ein armer Wanderer, Herr Henker, bittet um eine Gabe.

OKBA Es ist schlechte Zeit für unsereinen. Unser Fürst hat nicht die rechte Freude an der Todesangst, wie sie ein guter Herrscher haben müßte. Die Stricke vermodern, und die Schneiden rosten. Scher dich zum Teufel! Ich habe kein Geld!

WELID Kein Geld begehrte ich, Herr Henker. Schleift mir diesen Dolch umsonst!

OKBA *entzückt:* Ja, gib her! *Er beginnt zu schleifen.* Eine Damaszener Klinge. Sie wird funkeln wie Diamanten. Aber es gehört Blut darauf, rot wie Rubin. Welch Geschmeide!
Das Geräusch des Schleifsteins verklingt.

Zimmer mit geöffneten Fenstern

SCHIRIN Die Nachtigall –

MOHALLAB Mein Herz schlägt lauter! Schirin, geh mit mir fort!

SCHIRIN Wohin?

MOHALLAB Dahin, wo ich kein Sklave bin, wo ich dich lieben darf, wo du niemandes Weib bist! Laß uns fliehen, Schirin!

SCHIRIN Mohallab, auf die Flucht steht der Tod für dich.

MOHALLAB Ich fürchte ihn nicht, wenn du bei mir bist. Zwei Tagereisen, dann sind wir außer Landes.

SCHIRIN Ich soll Saad verlassen?

MOHALLAB Liebst du ihn mehr als mich?

SCHIRIN Du kommst vor allen.

MOHALLAB Flieh mit mir, Schirin!

SCHIRIN Oh, Mohallab –

MOHALLAB Hast du Angst?

SCHIRIN Nein.

MOHALLAB Mit dir leben, Schirin, irgendwo, wo uns niemand kennt –

SCHIRIN Versucher, du zauberischer –

MOHALLAB – wo wir glücklich sein können –

SCHIRIN Wenn ich nun ja sagte?

MOHALLAB Tu es!

SCHIRIN Aber wovon leben wir?

MOHALLAB *lächelnd:* Ich werde auf den Märkten Märchen erzählen.

SCHIRIN Still, du Märchenerzähler! Ich habe doch meine Juwelen.

MOHALLAB *hastig:* Ich besorge Pferde. Für morgen abend.

SCHIRIN So schnell? Ganz ohne Bedenkzeit?

MOHALLAB Die Zeit läßt zweifeln, Schirin.

SCHIRIN Ich gehe mit dir. In diesem Kästchen ist mein Schmuck. Geh sparsam damit um!

MOHALLAB Das willst du mir anvertrauen?

SCHIRIN Wunderts dich, daß ich dir vertraue?

MOHALLAB Ich bin ein Sklave.

SCHIRIN Mein König!

Nachts vorm Garten

Hufgetrappel, im Schritt sich nähernd. Es hält an.

MOHALLAB *halblaut rufend:* Welid!

SCHIRIN Nach wem rufst du, Mohallab?

MOHALLAB Da bist du, Schirin!

SCHIRIN Bereit, entführt zu werden, mein Gebieter. Aber du riefst nicht nach mir.

MOHALLAB Ein Roßknecht ritt mit mir. Aber er ist verschwunden. Es war ein Angsthase, er fürchtete die Nacht.

SCHIRIN Ich fürchte sie nicht. Welches ist mein Pferd?

MOHALLAB Steig noch nicht auf!

SCHIRIN Warum nicht?

MOHALLAB Vergaßest du nichts?

SCHIRIN Wenn du Mantel, Gewand und Schuh meinst, so vergaß ich nichts. Auch eine Kapsel mit Gift nahm ich mit.

MOHALLAB Gift?

SCHIRIN Ein Tropfen aus tausend Kräutern gepreßt. Eh mich das, was ich vergaß, wieder einfängt –

MOHALLAB Still davon!

SCHIRIN *lacht leise.*

MOHALLAB Mich dürstet. Brich ein paar Äpfel im Garten, während ich die Sättel richte.

SCHIRIN Wir kommen durch hundert Gärten, Mohallab.

MOHALLAB Ich möchte sie aus diesem, Schirin, – verstehst du das nicht?

SCHIRIN Von dem Baum, unter dem du mich küßtest? *Sich entfernend:* Ich gehe, Mohallab.

MOHALLAB Such die schönsten! *Zu sich:* Fort jetzt, fort!

WELID *halblaut rufend:* Mohallab!

MOHALLAB Welid! Da bist du endlich! Ist alles bereit?

WELID Alles.

MOHALLAB Du kamst spät. Beinahe hätte ich mit Schirin reiten müssen anstatt mit dir. Auf! Und schnell fort!

Klappern der Pferdehufe, das sich entfernt.

SCHIRIN *entfernt, halblaut:* Mohallab! *Näher:* Mohallab! *Ganz nahe:* Hörte ich nicht Pferde? *Pause. Dann leise:* Mohallab? – Oh – schicktest du mich dafür fort?

Auf der Flucht

Hufgetrappel.

WELID Schont die Pferde, Mohallab!

MOHALLAB Wir brauchen einen Vorsprung.

WELID Niemand verfolgt uns.

MOHALLAB Weiter, weiter, die Nacht durch! Ich fürchte Schirins Nähe.

WELID Ihre Rache?

MOHALLAB Nein, aber mein Gesicht ist rot vor Scham. Gepriesen sei die Finsternis der Nacht, die es noch verbirgt. Nur fort, weiter, fort von meiner Schande!

Der Hufschlag entfernt sich und verklingt.

Bei geöffneten Fenstern

Entfernt kräht ein Hahn.

SCHIRIN Hörst du den Hahn krähen, Mohallab? Sieh, ich kann zu dir sprechen, als wärest du hier, – und liegt doch die Nacht zwischen uns wie ein schwarzes Gebirge, und jeder Augenblick, wo der Huf deines Pferdes erklingt, ist eine neue Felswand von Trennung, unübersteigbar, endgültiger mit jeder Stunde, – Mohallab, Mohallab! Und dennoch bist du hier, immer näher bei mir, und nie konnte ich so zu dir sprechen wie jetzt. Du kamst aus der einen Einsamkeit und reitest in die andere, – jeder Kuß macht dich fremder, jede Umarmung ärmer, – ich grüße dich, wie eine Klippe ihren Adler grüßt, der davonfliegt, seine Schwingen werden unsichtbar in der eisigen Ferne; wo seine Kralle ruhte, löst sich ein Stein und fällt in die Tiefe, das ist alles, und die Wälder bemerkten es nicht. Dorthin gelüstet es dich, nach den Wohnungen der Menschen, nach dem warmen Fell der Tiere, nach der tröstlichen Sprache des Windes im Geäst, ebenso wie es mich gelüstet. Höre nicht auf dein Herz und verstopfe mit Wachs deine Ohren, – denn nie wirst du das erreichen, was du ersehnst, nicht hier und nicht in Damaskus. Aber reite weiter, Mohallab, kehre nie zurück! Deine Einsamkeit verdoppelt die meine, ich ertrüge sie nicht mehr.

Dumpfe Paukenschläge, entfernt.

Jetzt! Jetzt haben sie entdeckt, daß du fort bist.

Noch andere Pauken, fern und nah, werden angeschlagen. Stille

Zimmer im Palast

OKBA Herr, ich bringe ihn zurück, tot oder lebendig.

SAAD Lebendig, Okba, lebendig! Hüte ihn wie deinen Augapfel!

OKBA Sehr wohl, Herr, – es ist auch besser, einen Lebendigen zu henken als einen Toten.

SAAD Keine Spuren?

OKBA Es heißt, zwei unbekannte Reiter hätten gestern abend in Eile das Palastviertel verlassen.

SAAD Zwei?

OKBA Vielleicht hat ihn der Teufel geholt.

Freies Gelände

Hufschlag, im Schritt, nähert sich und bleibt zu hören.

MOHALLAB Wie viele Tagereisen bis Damaskus, Welid?

WELID Ungefähr zwanzig.

MOHALLAB Das ist viel.

WELID Ein Jahr kann wenig sein und ein Augenblick viel. Was wissen wir also, was zwanzig Tage sind. Wir müssen auf der Hut sein.

MOHALLAB Wir können nicht wissen, was uns zustößt, Welid, – wir könnten unversehens getrennt werden –

WELID Was meint Ihr damit, Kaufmann Mohallab?

MOHALLAB Nimm diesen Beutel. Ich habe die Juwelen geteilt.

WELID Gut, ich nehme sie, um nach Damaskus zu kommen.

MOHALLAB Wozu sonst?

WELID Ich bin Euch ungern dankbar, Mohallab.

MOHALLAB Du mußt mir nicht dankbar sein, aber warum bist du es ungern?

WELID Erlaßt mir die Antwort.

MOHALLAB Dankbar muß ich sein, Welid, – du kamst durch Wüsten und über Berge zu mir, du warst treu.

WELID Ich war nicht treu, Mohallab.

MOHALLAB Was ist dann Treue?

WELID Es ist besser, wir schweigen darüber, bis wir in Damaskus sind.

MOHALLAB Du machst mir Unruhe und willst schweigen?

WELID So höre denn, Kaufmann Mohallab: Wenn wir nach Damaskus gekommen sind, werde ich dein Feind sein.

MOHALLAB Wenn du in Damaskus mein Feind bist, bist du es auch hier.

WELID Ja, ich bin es auch hier.

MOHALLAB *schmerzlich:* Welid!

WELID Ich bin nicht mehr dein Diener, Kaufmann Mohallab.

MOHALLAB Mußt du deswegen mein Feind sein? Oh, Welid –

WELID Höre also, was du erst in Damaskus erfahren solltest. Erinnerst du dich an den Brief?

MOHALLAB »Zehntausend Piaster ist uns Mohallab nicht wert.«

WELID Hassan schrieb ihn auf meinen Rat.

MOHALLAB Ich finde daran nichts Schlimmes. Du dachtest, Omar würde mich freilassen.

WELID Das sagte ich, Mohallab, aber ich dachte etwas anderes.

MOHALLAB Was dachtest du?

WELID Daß er dich töten würde.

MOHALLAB *erschrocken:* Welid!

WELID Soll ich dir den Beutel zurückgeben?

MOHALLAB Behalte ihn. Sprich weiter!

WELID Omar tötete dich nicht. Er verkaufte dich als Sklaven. Da befiel mich die Reue, und ich beschloß, dir zu helfen.

MOHALLAB Du bist besser, als du sagst, Welid. Jeder Mensch hat böse Wünsche.

WELID *heftig:* Denke nicht, daß ich gut bin! Erwarte nichts von mir! Ich wollte dir helfen, aber das sollte das letzte sein, was ich für dich tat. Ich wollte dich nach Damaskus geleiten und von da ab dein Feind sein. Nun bin ich es jetzt schon.

MOHALLAB *erst ein wenig, dann herzlich lachend:* Aber Welid, warum willst du durchaus mein Feind sein?

WELID Ich will es nicht, du willst es.

MOHALLAB Ich? Welid, du träumst.

WELID Höre nur weiter, Mohallab! Ich sagte dir, daß ich nicht mehr dein Diener bin.

MOHALLAB Du bist kein Skave. Ich kann dich nicht hindern, aus meinen Diensten zu gehen.

WELID Ich bin Kaufmann geworden.

MOHALLAB Ach, rechnest du jetzt besser?

WELID Ich hoffe es, Mohallab. Ich wurde Teilhaber Hassans, deines Schwagers.

MOHALLAB *erstaunt:* Ach –

WELID Dabei ist es ganz lächerlich zu sagen: Dein Schwager –

MOHALLAB *erschrocken:* Welid!

WELID Eine alte Gewohnheit von mir, eine Redensart, die nichts bedeutet.

MOHALLAB Welid, was ist mit Fatime?
Die Pferde halten.

WELID Faß mir nicht in die Zügel, Mohallab, das vertrage ich nicht. Ich habe gestern meinen Dolch schleifen lassen. Schau her! Und sieh dich vor, daß ich ihn nicht brauchen muß!

MOHALLAB Was ist mit Fatime?

WELID Willst du die Juwelen zurückhaben? Fatime wird mein Weib werden, Mohallab.

MOHALLAB Du bist schlimmer als Omar, – du verkauftest mich schlimmer!

WELID Sieh dich vor, Mohallab! Die Hand weg!

MOHALLAB Ich erwürge dich!

WELID Da!

MOHALLAB *schreit auf.*

WELID Du hast schlecht gerechnet, Kaufmann Mohallab.

MOHALLAB *sinkt stöhnend vom Pferd.*

WELID Willst du die Juwelen wiederhaben?

MOHALLAB *stöhnt.*

WELID Ich glaube, du brauchst sie nicht mehr. *Er sprengt mit seinem Pferd davon und ruft, entfernter:* Ich werde Fatime Grüße von dir ausrichten.

MOHALLAB *leise:* Welid, – hilf mir!

Der Hufschlag verklingt.

Wieder im Palast

OKBA Lebend sollte ich ihn bringen, Herr. Es ist nicht meine Schuld, daß er mehr tot als lebend ist. Konnte ich das wissen, als ich den Dolch schliff?

SAAD Sei nicht geschwätzig, Okba! Wie oft willst du das erzählen! Schafft ihn ins Gefängnis!

SCHIRIN Den Kranken ins Gefängnis?

SAAD Und ruft meinen Leibarzt zu ihm.

SCHIRIN Er muß gesund werden.

OKBA Wir tun alles, Herrin, aber gesund –?

SAAD Geht, verliert keine Zeit!

Schritte der Bahrenträger. Die Tür wird geöffnet und wieder geschlossen.

SCHIRIN Soll ich ihn pflegen, Saad?

SAAD Du? Er ist in guten Händen. Die Fürstin braucht einem Sklaven im Gefängnis nicht zu helfen, auch wenn er dreitausend Piaster wert ist.

SCHIRIN Sei nicht hart gegen ihn!

SAAD Man fand bei Mohallab ein Kästchen mit Juwelen. Sieh her!

SCHIRIN Es ist das meine.

SAAD Hast du gemerkt, daß es dir gestohlen wurde?

SCHIRIN Nein. Meinst du, er habe es gestohlen?

SAAD Wer sonst?

SCHIRIN Der andere, der ihn erstach.

SAAD Und warum nahm er die Juwelen nicht mit?

SCHIRIN Nimm an, Mohallab habe den Dieb bemerkt, habe ihm nachgesetzt, ihm das Kästchen entrissen, -- im Handgemenge trifft ihn der Dolch des andern –

SAAD Und der Dieb läßt das Kästchen bei dem Bewußtlosen liegen. Sieh nach, ob alles darin ist!

SCHIRIN Es fehlt ein Armreif, ein Halsgeschmeide, rubinene Ohrringe, die Gürtelschnalle –

SAAD Der Dieb hätte sich also nur die Hälfte genommen.

SCHIRIN Ach – ich weiß es ja nicht.

SAAD Wenn Mohallab noch einmal zum Leben erwacht, werden wir es wissen. Schirin, – ich wünschte, er erwachte nicht wieder!

Kerker

OKBA Die Salbe morgens und abends auf die Wunde. Oh, Mohallab, was muß ich mich mühen, dich zum Leben zu bringen, damit ich es dir nehmen kann! Mit Kamillentee die Lippen befeuchten! Seit drei Tagen die Lippen mit Kamillentee befeuchten. Was soll aus einem Menschen werden, wenn er nichts zu sich nimmt als die Feuchtigkeit der Kamille! Hungers zu sterben ist ein schrecklicher Tod. Mohallab, wach auf, iß etwas, und freue dich, daß du von m i r zum Tode befördert wirst. Mohallab, ich bin ein Meister meines Fachs, – glaube mir, daß der Hunger ein Stümper ist. – He? – Sagtest du was? – Er bewegt die Lippen. – Nein. – Oder doch? – Mohallab, du verstehst es, einen auf die Folter zu spannen. Du gäbest einen brauchbaren Gehilfen für mich ab.

MOHALLAB *leise:* Welid!

OKBA Wie? Du sprichst ja. Mohallab, Freund, liebster Freund, du sprichst ja. *Noch mehr außer sich:* Und du hast die Augen auf! – Am Ende schielst du deinen Freund Okba schon seit drei Tagen an und tust nur so, als wärst du halbtot! Und ich koche Kamillentee und beschmiere dich mit weißen und gelben Salben.

MOHALLAB Wo bin ich?

OKBA Das ist die richtige Frage für solche Fälle. Aber laß gut sein, sprechen wir nicht darüber, wo du bist. Es ist sehr einfach eingerichtet hier, sozusagen ärmlich. Aber Stroh hält warm. Warte nur, ich werde dafür sorgen, daß du bald da bist, wo es schöner ist als hier.

MOHALLAB Du bist Okba, der Henker.

OKBA Erkennst du mich? Oh, wie mich das freut! Laß dich umarmen, mein Freund! Wirklich, Mohallab, du bist mir der liebste von allen.

MOHALLAB Das habe ich schon öfter gehört.

OKBA Niemand meint es so ehrlich wie ich. *Lauernd:* Sag mir nur eines, Mohallab, sags mir ganz unter uns!

MOHALLAB Was?

OKBA Hast du der Fürstin die Juwelen gestohlen?

MOHALLAB Ja.

OKBA Laß dich umarmen, Mohallab!

Saal in Saads Palast

MOHALLAB *mit festerer und lauterer Stimme als eben:* Ja, Herr, ich habe sie gestohlen.

SAAD Mohallab, denke daran, daß es um dein Leben geht. Erinnere dich genau! Denke nach! Stahl sie vielleicht der andere?

MOHALLAB Welid? Nein.

SAAD Vielleicht fandest du sie?

MOHALLAB Gewiß fand ich sie, sonst hätte ich sie nicht genommen.

SAAD Keine Scherze, Mohallab! Vielleicht fandest du sie zufällig, ohne zu wissen, wem sie gehören.

MOHALLAB Ich wußte, daß sie der Fürstin gehören.

SCHIRIN Vielleicht gab sie dir jemand?

MOHALLAB Niemand gab sie mir, Herrin. Ich habe sie gestohlen.

SAAD Das ist schade, Mohallab. Okba!

OKBA Herr!

SAAD Geh mit ihm!

OKBA Ist es soweit, Herr?

SAAD Es ist soweit.

SCHIRIN Warte! – Saad, ich gab Mohallab das Kästchen.

SAAD Du?

SCHIRIN Ja.

SAAD Du gabst ihm die Juwelen?

SCHIRIN Damit er entfliehen könnte.

MOHALLAB Oh, Herr, die Fürstin ist gütig und voller Mitleid. Es tut ihr leid, daß ich sterben soll. Ich habe die Juwelen gestohlen.

SCHIRIN Wem glaubst du, der Fürstin oder dem Sklaven?

SAAD Ich glaube – ihm.

MOHALLAB Ich danke Euch, Herr. Komm, Okba!

SCHIRIN Wartet! – Saad, kennst du diese Kapsel?

SAAD Du nahmst sie aus meinem Schrank! Es ist Gift. Gib her!

SCHIRIN Sieh her, – und ich esse sie.

SAAD Schirin!

SCHIRIN Es ist noch Zeit zu sagen, was ich dir zu sagen habe. Wirst du mir nun glauben?

MOHALLAB Schirin!

SAAD Er ruft deinen Namen, Schirin.

SCHIRIN Ich gab ihm die Juwelen, weil ich ihn liebe und weil ich mit ihm fliehen wollte. Aber er ließ mich zurück. Er verschmähte mich, hörst du!

SAAD Schirin!

SCHIRIN Nein, halt mich nicht in deinem Arm, Saad! Ich liebe ihn, ihn, ihn, hörst du! Du hast keinen Grund mehr, ihn zu töten. Oh, Mohallab –

OKBA *flüsternd:* Jetzt stirbt sie.

SAAD Was steht ihr hier und gafft? Packt euch, sage ich, packt euch!

MOHALLAB Ja, Herr?

OKBA Soll ich ihn henken, Herr?

SAAD Bist du noch nicht unterwegs?

Die beiden gehen hinaus.

Im Freien und in der Karawanserei

MOHALLAB Wohin führst du mich?

OKBA Auf die Klippe des Schweigens.

MOHALLAB Ein beruhigender Name. Die Fessel schneidet mir in die Hand.

OKBA Das ist bald vorbei.

MOHALLAB Du hast recht.

OKBA Es geht ganz schnell, verstehst du, – ich gebe dir einen kleinen Stoß und du fällst zweihundert Klafter tief in die Schlucht.

MOHALLAB Mach es nur richtig.

OKBA Die meisten schreien nicht einmal. Wahrscheinlich verlieren sie gleich das Bewußtsein.

MOHALLAB Ich freue mich für dich, daß du endlich wieder etwas zu tun hast.

OKBA Ich danke dir, Mohallab. Du bist der erste, der mich versteht. Aber ich hoffe doch, jetzt werde ich wieder mehr Arbeit haben. Nachdem Schirin tot ist, wird der Fürst sich besinnen, wie man regieren muß.

MOHALLAB So stand dir die Fürstin im Wege?

OKBA Sie war zu sanft.

MOHALLAB Ja, sie war sehr sanft.

OKBA Wir sind angelangt.

MOHALLAB Man sieht weit ins Land von hier.

OKBA Nicht wahr? Es ist mein liebster Spaziergang. Andere gehen nicht gern hierher.

MOHALLAB Das glaube ich.

OKBA Hast du noch einen Wunsch?

MOHALLAB Nein, eigentlich nicht.

OKBA Ja – dann –

MOHALLAB Mir fällt etwas ein, Okba.

OKBA Erzähle es mir, Mohallab. Ich habe oft daran gedacht, mir eine Sammlung der letzten Gedanken anzulegen. Wie findest du das?

MOHALLAB Ich finde es gut.

OKBA Nicht wahr? Leider kann ich nicht schreiben, daran scheitert es.

MOHALLAB Manche meinen, der Tod sei ein Augenblick. Dabei dauert er manchmal ein ganzes Leben lang.

OKBA Oh, wenn ich schreiben könnte, Mohallab!

MOHALLAB Mein Tod begann in El Kuwehd. Der Bettler Jezid sagte: »Geh nicht nach El Kuwehd!« Aber er hatte eigentlich unrecht. Ich konnte ruhig dorthin gehen. Falsch war nur, daß ich der Magd folgte, die mich zu ihrer Herrin rief. Das hätte ich nicht tun dürfen, das war falsch. Oh, Okba, könnte ich den Augenblick noch einmal haben, ich täte es anders.

OKBA Nachher ist man immer klüger.

MOHALLAB Wenn sich dieser Augenblick wiederholte!

OKBA Mohallab!

MOHALLAB Ja?

OKBA *böse:* Jetzt stoße ich dich hinab!

MOHALLAB *schreit:* Nein!

Sein Schrei entfernt sich –
– und klingt in einem geschlossenen Raum wieder auf, sofort abbrechend.

WELID Was ist Euch, Herr?

MOHALLAB Welid!

WELID Warum schreit Ihr plötzlich?

MOHALLAB Ich glaubte, ich fiele.

WELID Herr, Ihr saßet ganz ruhig.

MOHALLAB Welid, wo bin ich?

WELID Vor zwei Stunden ritten wir in El Kuwehd ein. Wir sind
in der Herberge. Die Kamele sind abgehalftert und im Stall.

MOHALLAB Ah, ich glaube, ich habe geträumt.

WELID Herr, es war, als wäret Ihr einen Augenblick ohnmächtig
gewesen.

MOHALLAB Einen Augenblick? Oh, Welid, waren es nicht Monate, Jahre?

WELID Herr, Ihr fiebert.

MOHALLAB Was habe ich nur geträumt? Ich weiß nichts mehr. Wo
sind wir?

WELID In El Kuwehd, Herr.

MOHALLAB Erinnere mich weiter, Welid!

WELID Unsere Karawane kommt aus Indien. Die Kamele sind beladen mit Seide, mit Teppichen, mit Häuten, mit Gewürz.

MOHALLAB Und vorhin begegnete mir ein Bettler, der sagte:
»Geh nicht nach El Kuwehd!«

WELID *lachend:* Ja, das sagte der Narr. Seht Ihr, jetzt erinnert
Ihr Euch. Denkt an Damaskus!

MOHALLAB Ah – Fatime –

WELID Ihr Haar ist schwarz wie die mondlose Nacht –

MOHALLAB Schlug nicht ein Hammer in der Schmiede? Winkte
nicht eine Frau?

WELID Es war nicht Fatime, Herr. Fatimes Augenbrauen sind
gebogen wie das Horn des Mondes.

MOHALLAB Still von Fatime. In El Kuwehd ist kein Platz für sie.

WELID Der Bettler machte Euch Furcht, Herr. Wenn Euch dieser
Platz so verwirrt, so laßt uns aufbrechen.

MOHALLAB Aufbrechen? Wohin?

WELID Nach Damaskus.

MOHALLAB Ich werde nie nach Damaskus kommen.

WELID Laßt uns aufbrechen!

MOHALLAB Es ist zu spät, Welid. Hörst du die Schritte?

Man hört draußen Schritte sich nähern und anhalten.
Es klopft.
Tritt herein!
Eine Tür geht.
Wer bist du, Weib?

MAGD Meine Herrin bittet den Kaufmann Mohallab, zu ihr zu kommen.

MOHALLAB Wer ist deine Herrin?

MAGD Sie winkte Euch.

WELID Herr, eine Dirne.

MOHALLAB Ich gehe mit dir.

WELID Geht nicht, Herr, geht nicht!

MOHALLAB Leb wohl, Welid.

WELID Allah möge Euch schützen, Herr! Aber geht nicht!

MOHALLAB Allah schützt, wen er will. Ich gehe.

Träume

Stimmen

Der erste Traum: *Uralter · Uralte · Enkel · Frau · Kind.* Der
zweite Traum: *Mann · Frau · Herr · Dame · Kind.* Der dritte
Traum: *Vater · Mutter · Nachbarin · Bob · Elsie · Bürgermeister ·
Stimme.* Der vierte Traum: *Anton · Wassilij · Koch.* Der fünfte
Traum: *Mutter · Tochter · Bill · Ansager · Professor*

Ich beneide sie alle, die vergessen können,
die sich beruhigt schlafen legen und keine Träume haben.
Ich beneide mich selbst um die Augenblicke blinder Zufriedenheit
erreichtes Urlaubsziel, Nordseebad, Notre Dame,
roter Burgunder im Glas und der Tag des Gehaltsempfangs.
Im Grunde aber meine ich, daß auch das gute Gewissen
                                        nicht ausreicht,
und ich zweifle an der Güte des Schlafes, in dem wir uns
                                        alle wiegen.
Es gibt kein reines Glück mehr (– gab es das jemals? –),
und ich möchte den einen oder andern Schläfer aufwecken können
und ihm sagen, es ist gut so.

Fuhrest auch du einmal aus den Armen der Liebe auf,
weil ein Schrei dein Ohr traf, jener Schrei,
den unaufhörlich die Erde ausschreit und den du
für Geräusch des Regens sonst halten magst oder das
                                        Rauschen des Winds.
Sieh, was es gibt: Gefängnis und Folterung,
Blindheit und Lähmung, Tod in vieler Gestalt,
den körperlosen Schmerz und die Angst, die das Leben meint.

Die Seufzer aus vielen Mündern sammelt die Erde,
und in den Augen der Menschen, die du liebst, wohnt die
                                                    Bestürzung.
Alles, was geschieht, geht dich an.

Der erste Traum

In der Nacht vom 1. zum 2. August 1948 hatte der Schlossermeister
Wilhelm Schulz aus Rügenwalde in Hinterpommern, jetzt Gütersloh
in Westfalen, einen nicht sonderlich angenehmen Traum, den man in-
sofern nicht ernst nehmen muß, als der inzwischen verstorbene Schulz
nachweislich magenleidend war. Schlechte Träume kommen aus dem
Magen, der entweder zu voll oder zu leer ist.

Ein langsam fahrender Zug. Die Stimmen im Waggon.

URALTER Es war vier Uhr nachts, als sie uns aus den Betten holten. Die Standuhr schlug vier.

ENKEL Du erzählst immer dasselbe. Das ist langweilig, Großvater.

URALTER Aber wer war es, der uns holte?

ENKEL Vier Männer mit undurchdringlichen Gesichtern, nicht
wahr? So wärmst du uns deine Vergangenheit jeden Tag auf.
Sei still und schlaf!

URALTER Aber wer waren die Männer? Gehörten sie zur Polizei?
Sie trugen eine Uniform, die ich nicht kannte. Es war eigentlich keine Uniform, aber sie hatten alle vier die gleichen Anzüge.

URALTE Ich glaube bestimmt, daß es die Feuerwehr war.

URALTER Das sagst du immer. Aber warum sollte einen die
Feuerwehr nachts aus dem Bett holen und in einen Güterwagen sperren?

URALTE Es ist nicht merkwürdiger, als wenn es die Polizei gewesen wäre.

URALTER Mit der Zeit gewöhnt man sich daran. Das Leben, das
wir bis zu jenem Tag geführt hatten, war eigentlich viel merkwürdiger.

FRAU Weiß Gott, es muß ziemlich merkwürdig gewesen sein.

URALTER Am Ende ist das Dasein im Güterwagen das gewöhnliche?

URALTE Still, das darfst du nicht sagen.

FRAU Ja, seid still da! Dieses dumme Geschwätz! *Leiser:* Komm näher, Gustav, wärme mich.

ENKEL Ja.

URALTER Es ist kalt. Rück auch näher, Alte!

URALTE Ich tauge nicht mehr viel zum Wärmen.

URALTER Wie lange ist es her, daß wir unser Haus verlassen mußten? Wie lange ist es her, daß wir in diesem Wagen fahren?

URALTE Keine Uhr, kein Kalender, – aber die Kinder sind inzwischen groß geworden, und die Enkel sind groß geworden, und wenn es etwas heller ist –

URALTER Du meinst, wenn Tag draußen ist.

URALTE – wenn es etwas heller ist und ich dein Gesicht sehen kann, lese ich aus den Falten, daß du ein alter Mann bist und ich eine alte Frau.

URALTER Es sind sicher an die vierzig Jahre her.

URALTE Ja, so lange ungefähr. Leg deinen Kopf auf meinen Arm. Du liegst so hart.

URALTER Ja, danke.

URALTE Kannst du dich erinnern: Es gab etwas, was wir Himmel nannten und Bäume.

URALTER Hinter unserm Haus stieg der Weg etwas an bis zum Waldrand. Auf den Wiesen blühte im April der Löwenzahn.

URALTE Löwenzahn, – was du für merkwürdige Wörter gebrauchst!

URALTER Löwenzahn, erinnere dich doch, eine gelbe Blume, die Wiesen waren gelb davon, in den Stengelwänden war ein milchiger weißer Saft. Und wenn er abgeblüht war, saßen wollige weiße Kugeln auf den Stengeln, und der gefiederte Same flog davon, wenn man hineinblies.

URALTE Ich hatte das ganz vergessen, aber jetzt erinnere ich mich.

URALTER Und erinnerst du dich an die Ziege, die wir im Stall hatten?

URALTE Die weiß ich noch. Ich molk sie jeden Morgen.

URALTER Im Schlafzimmer stand der Kleiderschrank, und ich hatte einen dunkelblauen guten Anzug darin. Warum denke ich daran? Als ob der dunkelblaue Anzug das Wichtigste, das Beste gewesen wäre!

URALTE Was war das Beste?

URALTER Alles war gut, die Akazie vorm Haus und die Himbeeren am Zaun.

URALTE Das Beste war, daß wir glücklich waren.

URALTER Aber wir wußten es nicht.

URALTE Wie hieß die Blume, von der du vorhin sprachst, die gelbe?

URALTER Löwenzahn.

URALTE Löwenzahn, ja, ich erinnere mich.

Ein Kind beginnt zu weinen.

URALTE Was hat die Kleine?

FRAU Was hast du, Frieda?

KIND Sie sprechen immer von gelben Blumen.

ENKEL Sie sprechen immer von Sachen, die es nicht gibt.

KIND Ich möchte eine gelbe Blume haben.

ENKEL Das kommt von deinem Gerede, Großvater. Das Kind will eine gelbe Blume haben. Niemand von uns weiß, was das ist.

FRAU Es gibt keine gelben Blumen, mein Kind.

KIND Aber sie erzählen es immer.

FRAU Das sind Märchen, mein Kind.

KIND Märchen?

FRAU Märchen sind nicht wahr.

URALTER Das solltest du dem Kind nicht sagen. Es ist doch wahr.

ENKEL Dann zeig sie her, die gelbe Blume!

URALTER Ich kann sie nicht zeigen, das weißt du.

ENKEL Es ist also Lüge.

URALTER Muß es deswegen Lüge sein?

ENKEL Nicht nur die Kinder, uns alle machst du verrückt mit deinen Erzählungen. Wir wollen diese Märchen nicht kennen, wollen nicht wissen, was du dir Tag und Nacht zusammenträumst.

URALTER Es ist nicht geträumt. Es ist das Leben, das ich früher geführt habe. Stimmt das nicht, Alte?

URALTE Ja, es stimmt.

ENKEL Gleichgültig, ob es stimmt oder nicht, meinst du, wir werden glücklicher davon, wenn du uns erzählst, daß es einmal schöner war und daß es irgendwo schöner ist als bei uns? Daß es etwas geben soll, was du gelbe Blume nennst, und irgendwelche Wesen, die du Tiere nennst, und daß du auf etwas geschlafen hast, was du Bett nennst, und daß du etwas getrunken hast, was du Wein nennst? Alles Wörter, Wörter, – was sollen wir damit?

URALTER Man muß es wissen, man kann nicht aufwachsen ohne eine Ahnung von der wirklichen Welt.

ENKEL Es gibt keine andere Welt außer dieser hier.

URALTER Außer diesem Käfig, in dem wir leben? Außer diesem ewig rollenden Eisenbahnwagen?

ENKEL Einen schwachen Wechsel von Hell und Dunkel, sonst nichts.

URALTE Und dieser schwache Lichtschein, woher kommt er?

ENKEL Durch die Klappe, durch die man uns das Brot hereinschiebt.

URALTER Das schimmelige Brot.

ENKEL Brot ist immer schimmelig.

URALTER Weil du kein anderes kennst.

URALTE Nun hör zu, mein Enkel: Wer aber schiebt das Brot herein?

ENKEL Ich weiß es nicht.

URALTE Also gibt es doch etwas außer diesem Raum, wo wir sind.

ENKEL Gewiß: aber es wird nicht besser sein als hier.

URALTER Es ist besser.

ENKEL Wir wissen nichts davon und wollen keine Phantasien darüber hören. Das hier ist unsere Welt, in der leben wir. Sie besteht aus vier Wänden und Dunkelheit und rollt irgendwohin. Ich bin sicher, daß draußen nichts anderes ist als die gleichen dunklen Räume, die sich durch die Finsternis bewegen.

FRAU Er hat recht.

STIMMEN Ja, er hat recht.

FRAU Wir glauben nicht an die Welt, von der ihr immer redet. Ihr habt sie nur geträumt.

URALTER Haben wir nur geträumt, Alte?

URALTE Ich weiß nicht.

FRAU Schaut euch um: keine Spur von eurer Welt.

URALTER Wenn sie nun recht hätten? Mein Gott, es ist lange her. Vielleicht habe ich wirklich alles geträumt, den blauen Anzug, die Ziege, den Löwenzahn –

URALTE – und ich weiß das alles nur von dir –

URALTER Aber wie kamen wir in diesen Wagen? War es nicht vier Uhr nachts, als sie uns aus den Betten holten? Ja, die Standuhr schlug vier.

ENKEL Jetzt fängst du die Geschichte von vorn an, Großvater. *Das Kind beginnt wieder zu weinen.*

FRAU Was ist, mein Kind?

KIND Da, schaut doch, da, am Boden!

ENKEL Ein glühender, glänzender Stab. Aber – man kann ihn nicht anfassen. Er besteht aus nichts.

URALTER Ein Lichtstrahl. Irgendwo hat sich ein Loch in der Wand gebildet, und ein Sonnenstrahl fällt herein.

FRAU Ein Sonnenstrahl, was ist das?

URALTER Glaubt ihr mir jetzt, daß draußen etwas anderes ist als hier?

URALTE Wenn ein Loch in der Wand ist, müßte man hinausschauen können.

ENKEL Gut, ich schaue hinaus.

URALTE Was siehst du?

ENKEL Ich sehe Dinge, die ich nicht verstehe.

FRAU Beschreib sie.

ENKEL Ich weiß nicht, welche Wörter dazu gehören.

FRAU Warum schaust du nicht weiter hinaus?

ENKEL Nein, ich habe Angst.

FRAU Ist es nicht gut, was du siehst?

ENKEL Es ist fürchterlich.

URALTER Weil es neu ist.

ENKEL Wir wollen das Loch verschließen.

URALTER Wie? Wollt ihr die Welt nicht sehen, wie sie wirklich ist?

ENKEL Nein, ich habe Angst.

URALTER Laßt mich hinaussehen.

ENKEL Sieh hinaus, ob es die Welt ist, von der du immer sprichst.

Pause

URALTE Was siehst du?

URALTER Das ist die Welt draußen. Sie fährt vorbei.

URALTE Siehst du den Himmel, siehst du Bäume?

URALTER Ich sehe den Löwenzahn, die Wiesen sind gelb davon.
Da sind Berge und Wälder, – mein Gott!

ENKEL Kannst du das ertragen zu sehen?

URALTER Aber – *zögernd* – aber etwas ist anders.

FRAU Warum siehst du nicht mehr hinaus?

URALTER Die Menschen sind anders.

URALTE Was ist mit den Menschen?

URALTER Vielleicht täusche ich mich. Sieh du hinaus!

URALTE Ja.

Pause

URALTER Was siehst du?

URALTE *erschrocken:* Es sind keine Menschen mehr, wie wir sie
kannten.

URALTER Siehst du es auch?

URALTE Nein, ich will nicht mehr hinaussehen.
Flüsternd: Es sind Riesen, sie sind so groß wie die Bäume. Ich
habe Angst.

URALTER Wir wollen das Loch verschließen.

ENKEL Ja, wir wollen es verschließen. So.

FRAU Gott sei Dank, daß es wieder ist wie vorher.

URALTER Es ist nicht wie vorher.

URALTE Der Gedanke an die gelben Blumen macht mich frösteln.

URALTER An was können wir jetzt noch denken?

URALTE Die Erinnerungen machen mir Angst.

ENKEL Seid still! Merkt ihr nichts?

Pause

FRAU Was?
Das Kind fängt wieder an zu weinen.

URALTE Was hast du, Frieda?

ENKEL Merkt ihr es nicht? Etwas hat sich verändert.

URALTER Ja, die Welt draußen.

ENKEL Nein, hier bei uns.

Pause, während der man deutlich das Rollen der Räder hört.

FRAU Warum hast du geweint, mein Kind?

KIND Ich weiß nicht.

ENKEL Etwas hat sich verändert. Das Kind hat es gemerkt.

URALTE Ich weiß, was es ist. Spürt ihr es nicht?

FRAU *flüsternd:* Wir fahren schneller.

URALTE Ja, wir fahren schneller.

Pause

Das Rollen der Räder beschleunigt sich etwas.

URALTER Was kann das bedeuten?

FRAU Ich weiß nicht was, aber bestimmt nichts Gutes.

URALTER Ihr müßt herausfinden, ob die Geschwindigkeit nun so
bleibt.

ENKEL Oder?

URALTER Oder ob sie noch größer wird.

URALTE Horcht!

Pause

Das Rollen der Räder beschleunigt sich weiter.

URALTER *flüsternd:* Es wird immer schneller.

FRAU Ja, es wird immer schneller.

Das Rollen der Räder beschleunigt sich und wird lauter.

URALTER Ich glaube, es geschieht ein Unglück. Hilft uns denn
niemand?

ENKEL Wer?

*Das Zuggeräusch schwillt zu höchster Lautstärke an, entfernt sich
dann in großer Geschwindigkeit und verklingt immer ferner.*

*Denke daran, daß der Mensch des Menschen Feind ist
und daß er sinnt auf Vernichtung.
Denke daran immer, denke daran jetzt,
während eines Augenblicks im April,
unter diesem verhangenen Himmel,
während du das Wachstum als ein feines Knistern zu hören*

glaubst,

die Mägde Disteln stechen
unter dem Lerchenlied,
auch in diesem Augenblick denke daran!

Während du den Wein schmeckst in den Kellern von
Randersacker
oder Orangen pflückst in den Gärten von Alicante,
während du einschläfst im Hotel Miramar nahe dem Strand
von Taormina,
oder am Allerseelentage eine Kerze entzündest auf dem
Friedhof in Feuchtwangen,
während du als Fischer das Netz aufholst über der Doggerbank,
oder in Detroit eine Schraube vom Fließband nimmst,
während du Pflanzen setzt in den Reis-Terrassen von Szetschuan,
auf dem Maultier über die Anden reitest, –
denke daran!

Denke daran, wenn eine Hand dich zärtlich berührt,
denke daran in der Umarmung deiner Frau,
denke daran beim Lachen deines Kindes!

Denke daran, daß nach den großen Zerstörungen
jedermann beweisen wird, daß er unschuldig war.

Denke daran:
Nirgendwo auf der Landkarte liegt Korea und Bikini,
aber in deinem Herzen.
Denke daran, daß du schuld bist an allem Entsetzlichen,
das sich fern von dir abspielt –

Der zweite Traum

Am 5. November 1949 träumte die fünfzigjährige Tochter des Reishändlers Li Wen-Tschu in Tientsin einen Traum, der ohne Zweifel ein schlechtes Licht auf dieses alte Mädchen werfen könnte. Doch versichern ihre Eltern und Geschwister, daß sie eine gutmütige und harmlose Person sei. Vermutlich werden die angenehmen Träume dieser Welt von den Schurken geträumt.

Auf der Straße

FRAU Nummer 57b. Hier ist das Haus.

MANN Du hättest Tschang-du besser kämmen sollen. Er sieht nicht appetitlich aus. Putz ihm die Nase!

Schneuzen

KIND Müssen wir in dieses Haus, Mutter?

FRAU Ja, Tschang-du.

KIND Was wollen wir da?

FRAU Ach, nichts Besonderes.

MANN Bist du jetzt fertig mit dem Jungen?

FRAU Ja.

MANN Dann klingle ich.

Klingeln

KIND Das ist eine laute Klingel.

MANN Hast du keinen Kamm mitgenommen? Seine Haare sind unordentlich.

FRAU Ach, das ist jetzt gleich.

MANN Es ist keineswegs gleich.

KIND Ich kann ja draußen bleiben, Vater.

MANN Das fehlte gerade noch.

FRAU Es macht niemand auf.

KIND Nein, bitte nicht nochmal klingeln!

MANN Warum nicht?

KIND Die Klingel ist laut. Ich habe Angst.

MANN Das ist Unsinn.

FRAU Ich höre jemanden.

Die Tür wird geöffnet.

MANN Wir kommen wegen der Anzeige in der Zeitung.

DAME Wegen der Anzeige, so. Ist das das Kind?

FRAU Der Wind hat ihm das Haar zerzaust.

DAME Hm.

MANN Hoffentlich haben Sie noch Bedarf. Oder kommen wir zu spät?

DAME Er sieht bleich aus. Ist er blutarm?

KIND Komm hier weg, Mutter!

FRAU Er ist bleich, weil er Angst hat.

DAME Angst? Wieso? Weiß er etwas?

FRAU Nein.

DAME Also kommen Sie herein.

Alle treten ein. Die Tür wird geschlossen.

DAME Das ist mein Mann. Er ist krank. Hallo, Pi-gu!

HERR *schwach:* Ja?

DAME Hier sind Leute mit einem Kind.

HERR Ja.

DAME Ich schätze, er ist sechs Jahre alt.

FRAU Genau.

DAME Sieh ihn dir an, Pi-gu!

HERR Er soll näher kommen.

MANN Er heißt Tschang-du.

DAME Es ist ziemlich gleichgültig, wie er heißt.

KIND *bricht in Weinen aus.*

FRAU Was ist, Tschang-du?

KIND Der Herr hat so kalte Finger.

FRAU Hab dich nicht. Das ist die Krankheit.

KIND Ich will weg.

MANN Still jetzt!

KIND *schluchzt leiser.*

HERR Er ist bleich.

DAME Das sage ich auch.

MANN Er ist nicht blutarm.

HERR Wenn er blutarm ist, kann ich ihn nicht brauchen.

MANN Ich garantiere Ihnen dafür, daß er nicht blutarm ist.

DAME Es kommt vor allem auf das Blut an.

FRAU Freilich, das wissen wir. Es war in der Annonce gesagt.

DAME Das ist die neue Therapie, verstehen Sie.

FRAU Eine große Tat der Medizin, ein Segen für die Menschheit.

DAME Aber ich weiß nicht, ob der kleine Tschang-du geeignet ist.

MANN Meine Frau hat jedes Jahr ein Kind, manchmal Zwillinge. Sie sind alle für die neue Therapie verwendet worden.

FRAU Sechs Jahre ist das beste Alter.

MANN Wir liefern nur gesunde Kinder von erstklassiger Zucht. Hier, – ich habe Referenzen.

DAME Zeigen Sie! – Aha.

FRAU Zeig dem Herrn deinen Hals, Tschang-du!

KIND *schluchzend:* Ja.

HERR Hier ist die Schlagader, An-ling.

DAME Ja. Aber diesmal kann es das Mädchen machen.

HERR Versteht sie es?

DAME Natürlich.

HERR Ich halte nicht viel von Dienstmädchen. Aber wenn du meinst.

DAME Die Referenzen sind übrigens vorzüglich.

HERR Also meinetwegen.

DAME Wir müßten dann über den Preis sprechen.

MANN Dreitausend.

DAME Entschuldigen Sie, aber Sie sind verrückt.

MANN Soviel bekommt man sonst für Vier- und Fünfjährige. Wir haben die Ausgaben für ihn ein ganzes Jahr lang länger gehabt.

DAME Zweifünf. Wir können keine Überpreise zahlen.

MANN Nicht unter dreitausend. Ich habe feste Preise. Außerdem müssen Sie die ideellen Werte mit berechnen.

DAME Machen Sie sich nicht lächerlich.

FRAU Komm, Tschang-du, wir gehen.

KIND Ja, Mutter.

HERR Halt!

DAME Was ist, Pi-gu?

HERR Schreib den Scheck aus.

DAME Wenn du durchaus willst.

KIND Komm hier weg, Mutter!

FRAU Warte!

DAME Hier ist der Scheck.

MANN Danke. Sie werden zufrieden sein.

KIND Gehen wir jetzt?

FRAU Vater und ich gehen jetzt. Du bleibst ein bißchen hier.

KIND Ich will nicht hierbleiben.

FRAU Hab dich nicht. Hier ist es viel schöner als bei uns.

DAME Wollen Sie die Kleider gleich mitnehmen?

MANN Wir holen sie morgen ab. Wir würden Sie dann auch um eine Referenz bitten.

DAME Also gut. Auf Wiedersehen.

FRAU Auf Wiedersehen.

MANN Und vielen Dank.

FRAU Wir kommen gleich wieder, Tschang-du, wir wollen nur was einkaufen.

KIND *schluchzend:* Ja, Mutter.

MANN Nun komm endlich!

Mann und Frau gehen hinaus.

DAME Ich sage dem Mädchen Bescheid, daß sie alles vorbereitet.

HERR Ja, tu das, An-ling, ich habe gräßlichen Hunger.

DAME *sich entfernend:* Li-bai!

HERR Was siehst du mich so an, Tschang-du?

KIND Du bist so weiß im Gesicht.

HERR Nun, das wird sich hoffentlich bald ändern. Du, in der Küche haben wir eine Eisenbahn zum Spielen, eine elektrische.

KIND Ja?

HERR Spielst du gern Eisenbahn?

KIND Ja, furchtbar gern.

HERR Dann gehst du nachher zu Li-bai in die Küche und spielst da.

KIND Oh, ja.

Die Schritte der Dame nähern sich.

DAME Es ist alles fertig.

HERR Gott sei Dank. Ich bin schon sehr schwach. Der kleine Tschang-du will mit der Eisenbahn spielen.

DAME Mit der Eisenbahn?

HERR Ja, in der Küche.

Beide brechen in Gelächter aus.

KIND *beginnt ebenfalls zu lachen.*

DAME Geh jetzt dort hinein. Dort ist die Küche.

KIND Ja, Tante.

Er geht.

KIND *entfernt:* Da ist gar keine Eisenbahn.

DAME Geh jetzt dort hinein. Li-bai, machen Sie die Tür zu.
Die Tür wird geschlossen.
HERR Meinst du, daß Li-bai das richtig macht?
DAME Sie hat es in ihrer vorigen Stellung auch schon gemacht.
HERR Mir wäre es lieber gewesen, du hättest es selber gemacht.
DAME Wozu hätten wir ein Mädchen, wenn ich die Schmutzarbeit
selber tun sollte?
HERR Schließlich hängt meine Gesundheit davon ab.
DAME Entschuldige Liebling, aber ich bin in letzter Zeit so emp-
findlich geworden. Als ich neulich die Taube schlachten sollte,
fiel ich in Ohnmacht.
HERR Du solltest wenigstens dabei sein und sehen, daß alles rich-
tig gemacht wird.
DAME Wenn du das Blut getrunken hast, brät dir Li-bai das
Herz und die Leber.
HERR Verdammt lange dauert das.
*Tschang-dus Schreien in der Küche, das während des Folgen-
den verstummt.*
HERR *zornig:* Da! Hörst du! Sie hat ihn nicht richtig betäubt.
Und ich muß mir das anhören.
DAME Nun beruhige dich. Er ist schon still.
Die Tür wird geöffnet. Schritte nähern sich.
Siehst du, da ist die Schüssel mit dem Blut, es dampft noch.
Das wird dir gut tun.

In der Stunde X werde ich dennoch denken, daß die Erde
schön war.
Ich werde an die Freunde denken, an die Güte, die ein häßliches
Gesicht schön macht,
an die Liebe, die die Augen verzaubert.
Ich werde an den Hund denken, meinen Spielgefährten, als ich
ein Kind war,
an die blauen Lupinen der Samlandküste während eines
Ferienbesuchs,
ich werde noch einmal die langen Schatten der Tannen sehn auf
der Bauernschmied-Alm

und mit Emmy Gruber auf den Gederer gehn,
ich werde mich erinnern an die Vogelzüge über dem Flugplatz
von Märkisch-Friedland,
an den Geruch des Bierkellers im Gasthaus zum Hirschen,
das meinem Großvater gehörte,
an Holunder, Raps und Mohn, flüchtig gesehen von einem Zug-
fenster aus,
an das Erröten der vierzehnjährigen Gabriele Dembitza,
an die roten und grünen Lichter eines Flugzeugs, das unter dem
Sternbild der Cassiopeia dahinflog,
an den Tanz unter den Lampions des Quatorze Juillet,
an den Duft von Obst morgens an den Verkaufsständen vorm
Schloß in Celle,
ich werde denken an den Herzschlag der Eidechse, die mich
erblickt hat,
und an ein Gedicht im »Westöstlichen Diwan«, das mich tröstete.

Der dritte Traum

Von einer Stunde X, deren es bekanntlich sehr verschiedene geben kann, träumte am 27. April 1950 der Automechaniker Lewis Stone in Freetown, Queensland, Australien. Es darf beruhigend vermerkt werden, daß Stone sich derzeit der besten Gesundheit erfreut und seinen Traum längst vergessen hat.

Singen und Gelächter von Männer-, Frauen- und Kinderstim-
men. Als der Lärm einmal nachläßt, hört man die sich nähernde
Nachbarin.
NACHBARIN Hallo! He! Ihr! *Es wird still.*
VATER Was gibts, Nachbarin?
NACHBARIN *nahe:* Ihr lacht!
MUTTER Warum sollen wir nicht lachen?
VATER Wir sind glücklich.
NACHBARIN Wie könnt ihr das?
VATER Wir haben fünf Kinder und das tägliche Brot. Habt Ihr
    Sorgen, Nachbarin?

NACHBARIN Wißt ihr nicht, daß der Feind kommt?

VATER Der Feind?

NACHBARIN Man hat ihn auf der Straße von Sydney her gesehen.

MUTTER Es muß nicht sein, daß er hierher kommt.

NACHBARIN Wohin führt die Straße sonst?

MUTTER Es muß nicht sein, daß er in unser Haus kommt.

NACHBARIN Nein, vielleicht kommt er in meines, – und deswegen macht mich euer Lachen zornig. *Sich entfernend:* Lebt wohl und verschließt eure Türen. Gute Nacht.

VATER Das Tor ist verschlossen.

MUTTER Schau hinaus: Alle Lampen verlöscht.

VATER Wir wollen unsere auch auslöschen.

MUTTER Ja.

VATER So ist es besser.

MUTTER Wo bist du; Bob, wo bist du, Elsie?

BOB Hier.

ELSIE Hier.

VATER Vielleicht ist es nicht wahr. Wir hätten fragen sollen, wer ihn gesehen hat. Der Feind, – wer erkennt ihn schon!

BOB Ist jetzt Krieg, Mama?

MUTTER Es ist immer Krieg.

VATER Wir werden die Fenster aufmachen, aber die Vorhänge zuziehen.

Sie tun es.

VATER Wenn wir jetzt den Vorhang ein wenig beiseite tun, können wir hinausschauen.

MUTTER Es ist finster draußen, nichts zu sehen.

VATER Es ist Neumond.

MUTTER Und alles ist ganz still.

ELSIE Es ist nicht still, Mama. Ich höre etwas.

VATER Was hörst du?

ELSIE Ich weiß nicht, was es ist, aber ich höre etwas.

Man hört entfernt ein tappendes Geräusch, als nähere sich ein unförmiges Wesen.

MUTTER Was ist das?

VATER Schritte.

MUTTER So geht doch niemand.

VATER Still!

Die tappenden Schritte kommen näher.

ELSIE Es sind Schritte, Mama.

BOB Es kommt hierher.

Die Schritte kommen dröhnend nahe und halten an.

Das Folgende flüsternd gesprochen.

MUTTER Jetzt hält er an.

VATER Ganz nahe an unserm Haus.

MUTTER Es kann auch woanders sein. Der Schall täuscht. Sieh
hinaus!

VATER Ich sehe nichts. – *Pause*
Nein, ich sehe nichts, aber es ist wie ein grüner Schein in altem
Holz, wie der Schein nachts auf der Uhr.

MUTTER Still!

BOB Es bewegt sich.

Man hört drei nachdrückliche Schläge an das Hoftor.

VATER Er klopft bei uns.

MUTTER Nein, nicht bei uns.

VATER Bei uns.

MUTTER *aufschluchzend:* Nein.

VATER Still! Nicht weinen! Er darf uns nicht hören.

MUTTER Wir tun, als schliefen wir.

Drei Schläge wie vorher.

BOB Will er zu uns, Mama?

MUTTER Ja, er will ins Haus.

BOB Vielleicht denkt er, es ist niemand da, und er geht woanders
hin.

MUTTER Er geht nirgendwo anders hin als zu uns. Er hat uns
ausgewählt.

ELSIE Warum gerade uns?

MUTTER Ach Kind, – vielleicht weil wir glücklich waren.

ELSIE Mag er das nicht?

VATER Sprecht nicht so laut!

MUTTER Was werden wir tun?

Die Schläge wie vorher.

VATER Wir gehen durch den Hinterausgang hinaus. Schnell!

MUTTER Wir müssen etwas mitnehmen, Kleidung, Essen.

VATER Nichts! Du weißt, daß wir nichts mitnehmen dürfen. Er
merkt es.

Das Tor wird mit dumpfen Schlägen eingeschlagen.

VATER Er schlägt das Tor ein. Schnell fort!

MUTTER Kommt, Kinder!

VATER Hier hindurch!

MUTTER Seid ihr da? Bob, Elsie!

KINDER Hier, hier!

Die Stimmen entfernen sich währenddessen.
Nachdem das Tor eingefallen ist, nähern sich die mächtig stap-
fenden Schritte und halten an. – Stille.

Das Folgende im Freien.

BOB Wohin gehen wir, Mama?

MUTTER Ich weiß es nicht.

VATER Die Nachbarin wird uns aufnehmen. *Er ruft flüsternd:*
Hallo, Nachbarin!

NACHBARIN Kommt nur herein. Ich dachte mir schon, daß ihr
kommt.

Während des Folgenden geht das Geräusch in einen geschlos-
senen Raum über, – die Flüchtlinge treten ins Haus.

NACHBARIN Aber ich habe nicht soviel Betten. Ihr müßt auf dem
Boden schlafen.

VATER Das macht nichts.

MUTTER Kann man von Euch aus sehen, was er drüben tut?

NACHBARIN Er hat alle Lichter angezündet und scheint etwas zu
suchen.

VATER Wir haben nichts mitgenommen.

NACHBARIN Natürlich nicht.

ELSIE *leise:* Du, Bob!

BOB *ebenso:* Was?

ELSIE Ich habe was mitgenommen. Meine Puppe.

BOB Sei still, sag nichts.

MUTTER Daß er gerade uns gewählt hat!

NACHBARIN Das sind die Auszeichnungen, nach denen man nicht
verlangt.

VATER Ob wohl jemand schläft heute?

NACHBARIN Niemand.

VATER Oder alle, bei denen er nicht geklopft hat.

MUTTER Es wird schon langsam hell.

NACHBARIN Morgen wird alles seinen gewohnten Gang gehen.

VATER Außer bei uns.

NACHBARIN Habt ihr wirklich nichts mitgenommen?

MUTTER Nichts. Es war ja auch dunkel, wir hätten nichts finden können.

NACHBARIN Er sucht immer noch.

MUTTER Wie sieht er aus?

NACHBARIN Ein kleiner Mann, gar nichts Besonderes.

MUTTER Sein Gesicht?

NACHBARIN Ich habe es noch nicht gesehen.

VATER Laßt mich auch hinüberschauen.

NACHBARIN Er kommt ans Fenster. Er sieht hinaus.

VATER Ich sehe sein Gesicht. Er hat Augen, als wäre er blind.

NACHBARIN Er sieht hier herüber. Geht vom Fenster weg!

VATER Ich sehe, daß er blind ist, und dennoch machen mich seine Augen fürchten.

NACHBARIN Er schaut immer hier herüber. Er hat mich gesehen. Vielleicht muß ich ihn begrüßen? *Sie ruft hinaus:* Guten Morgen, Herr Nachbar!
Stille
Er antwortet nicht. Es fröstelt mich. Er schaut unverwandt herüber.

VATER Er ist blind.

MUTTER Herr Nachbar habt Ihr gesagt.

VATER Ihr habt Euch schnell umgestellt.

NACHBARIN Er schaut unverwandt herüber.

VATER Ihr habt uns schon abgeschrieben, nicht wahr?

NACHBARIN *ruft:* Ich begrüße Euch, Herr Nachbar.
Stille

VATER Er antwortet nicht. Vielleicht ist er auch taub und stumm.

NACHBARIN Er schaut unverwandt hierher. Ihr müßt fort.

MUTTER Fort? Warum?

VATER Wohin?

NACHBARIN Ihr müßt fort. Er will nicht, daß ihr hier seid.

MUTTER Seid nicht hartherzig, Nachbarin! Seht, das Kleine ist eben eingeschlafen.

NACHBARIN Fort, schnell fort!

VATER Kommt, wir gehen in ein anderes Haus.

MUTTER Kommt, Kinder!

Ihre Stimmen entfernen sich.

VATER Bob, Elsie!

KINDER Hier. Ich bin müde. Hier.

NACHBARIN *allein:* Jetzt sieht er nicht mehr herüber. Oh, ich weiß genau, daß er nicht blind ist. Er sieht besser als wir alle.

Pause

Das Folgende im Freien.

VATER Kommt, wir läuten hier. Der Bürgermeister war immer unser Freund. Er muß uns eine andere Wohnung geben.

Klingel.

Ein Fenster wird geöffnet.

BÜRGERMEISTER Was wollt ihr?

VATER Ihr wißt es, Bürgermeister. Wir mußten unser Haus verlassen.

BÜRGERMEISTER Geht weiter, ihr gehört nicht mehr zu uns.

VATER Aber –

BÜRGERMEISTER Nichts aber. Ihr habt kein Haus mehr in Free-town. Und ihr seid Diebe.

MUTTER Diebe?

BÜRGERMEISTER Trägt Elsie nicht ihre Puppe auf dem Arm?

MUTTER Die Puppe? Mein Gott, Elsie, hast du die Puppe mitge-nommen?

VATER Wir müssen sie zurückbringen.

BÜRGERMEISTER Zu spät. Ihr habt euch ins Unrecht gesetzt, und wir sind alle froh, daß ihr das getan habt. Ich bin euer Freund, ich rate euch, geht fort, ehe ihr verhaftet werdet. Kein Wort mehr!

Er schlägt das Fenster zu.

VATER Kommt, wir müssen weiter.

ELSIE Darf ich die Puppe mitnehmen?

MUTTER Nimm sie mit, mein Kind.

VATER Das dürfen wir nicht.

MUTTER Weil sie sie lieb hat.

VATER Nun gut, weil sie sie lieb hat.

MUTTER Wohin?

VATER Vielleicht nimmt uns ein anderer auf.

MUTTER Niemand nimmt uns auf.

VATER Hallo, Nachbar!

STIMME Zum Teufel, ich bin nicht dein Nachbar. Schert euch fort, landfremdes Gesindel!

VATER Sind wir nicht alle hier geboren?

STIMME Fort, fort! Denkt ihr, wir wollen uns euretwegen die Finger verbrennen?

VATER Kommt!

MUTTER Wir brauchen niemanden mehr zu fragen. Sie stehen alle hinter den Gardinen und sehen uns nach. Niemand ruft uns herein. Alle sind froh, wenn wir gehen.

VATER Sie haben alle Angst. Man darf es ihnen nicht übelnehmen.

MUTTER Nein, sie sind alle ebenso armselig wie wir.

VATER Wir haben unsere Kinder.

MUTTER Und Elsie ihre Puppe.

ELSIE Meine Puppe.

VATER Jetzt hören die Häuser auf. Gott sei Dank, wir kommen ins Freie. Es ist ganz hell.

MUTTER Und wohin gehen wir?

Es gibt Wegweiser an den Straßen,
leicht erkennbare Flußläufe,
Aussichtsgerüste an erhöhten Punkten,
Landkarten, auf denen die Seen blau eingezeichnet sind
und die Wälder grün,
– es ist leicht, sich zurechtzufinden auf der Erde.

Aber du, der du neben mir gehst, wie verborgen
ist mir die Landschaft deines Herzens!
Tappend im Nebel überkommt mich oft Furcht
vorm Dickicht und vorm verborgenen Abgrund.
Ich weiß, du willst nicht, daß man deine Gedanken durchwandre,
irreführen soll das Echo deiner Worte,
– Straßen, die kein Ziel haben,
ein Gebiet ohne Ausweg, verfalle Markierung.

Jedes Jahrhundert gibt uns neue Dinge zu verbergen,
ein Gelände, überwachsen dem neugierigen Auge der Liebe,
zugedeckt von Einsamkeit, dem immer dichteren Laub.

Der vierte Traum

Am 29. Dezember 1947 lag der Kartenzeichner Iwan Iwanowitsch Bo-
leslawski krank in seiner Wohnung in Moskau. Er hatte eine fiebrige
Grippe und schlief seit zwei Tagen mit kurzen Unterbrechungen. Er
träumte viel, meist von Ländern, die er nie gesehen hatte. Es ist natürlich möglich, daß er sie während der restlichen Jahre seines Lebens
noch zu sehen bekommt.

Im Freien

ANTON Mit unsern Trägern haben wir es gut getroffen, was
meinst du?

WASSILIJ Fünfzig Pfund ohne Murren.

ANTON Durch den Urwald, acht bis zehn Stunden.

WASSILIJ Treu und nicht teuer.

ANTON Aber der Koch? Wassilij, wie werden wir den Koch wieder los?

WASSILIJ Der Koch wäre schon recht, man brauchte nur sein
Grinsen abzuschießen.

KOCH Das Essen ist fertig.

ANTON Konservenfleisch.

WASSILIJ Und das? Frisches Gemüse?

KOCH Wächst hier überall. Sehr gut.

ANTON Sieht aus wie Porree.

WASSILIJ Und schmeckt wie Steinpilz.

ANTON Aber gut.

KOCH Sehr gut.

WASSILIJ Wo hast du kochen gelernt, Kongo?

KOCH Nie gelernt. Alles sieht aus wie Porree, schmeckt wie Steinpilz.

WASSILIJ Das sind Aussichten.

Etwas entfernt beginnt eine Signaltrommel, der im weiteren Umkreis andere folgen.

ANTON Trommeln, schon wieder.

KOCH Weil ihr jetzt eßt, weiße Herren.

ANTON Weil wir jetzt essen, hörst du das, Wassilij. Sie trommeln jedes Augenzwinkern weiter.

WASSILIJ Die ersten paar Tage sind wir interessant. Das legt sich.

ANTON Hoffentlich. Und warum hocken alle um uns herum? *In anderm Ton:* Und ihr? Habt ihr gegessen?

KOCH Schon gegessen. Alle.

WASSILIJ Porree? Steinpilz?

Der Koch kichert.

ANTON Ich möchte nicht interessant sein. Dreiundzwanzig Träger, ein Aufseher, ein Koch, macht fünfzig Augen, die einen anstarren. *Wütend:* He, ihr!

KOCH Noch Gemüse?

WASSILIJ Genug. Gut und sättigend.

ANTON Und jeder Bissen weitergemeldet. Das würzt.

WASSILIJ Da wäre mir Essig lieber. Komm, gehn wir ins Zelt.

ANTON Ja, eine Pfeife rauchen, die im nächsten Dorf nicht bekannt wird.

Im Zelt. Das Trommeln, etwas entfernter, dauert an.

ANTON Zelte aufbauen, Zelte abbrechen, lohnt sich das für eine Pfeifenlänge?

WASSILIJ Ja, Zeit sollten wir haben, lang wie ein Feldbett. Und wieso haben wir keine? Warum bleiben wir nicht hier, wo wir in den Schlaf getrommelt werden, unter einem Segeltuch, das man leicht zunähen könnte, wo wir, wo wir, wo wir –

ANTON Was?

WASSILIJ Ich habe vergessen, was ich sagen wollte.

ANTON *lacht.*

WASSILIJ Was tun wir hier, Anton? Wohin wollen wir?

ANTON *erheitert:* Hast du das auch vergessen?

WASSILIJ Völlig vergessen.

ANTON Das soll ein Scherz sein, nicht wahr?

WASSILIJ Ich frage dich, Anton, weil ich nicht mehr weiß, weshalb wir hier sind.

ANTON *bestürzt:* Du weißt nicht, weshalb wir hier sind?

WASSILIJ Nein, kein Grund zur Aufregung. Es ist bloß die Hitze. Eine Gedächtnisstörung. *Er lacht.* Es ist eher zum Lachen.

ANTON Oder auch nicht zum Lachen.

WASSILIJ Eine ganz kleine Lücke, eine kurze Blutleere im Gehirn, das geht vorüber. Wenn du mir nachhelfen könntest?

ANTON Freilich.

WASSILIJ Wenn du mir sagtest, wohin wir wollen.

ANTON *verwirrt:* Wohin wir wollen?

WASSILIJ Woher, wohin, wozu.

ANTON *nach kurzer Pause:* Eben wußte ich es noch.

WASSILIJ Eben wußtest du es noch?

ANTON Ja.

WASSILIJ Und weißt es nicht mehr? Du auch nicht?

ANTON Deine Vergeßlichkeit ist ansteckend.

WASSILIJ Oder es liegt an der Hitze, die für uns beide gleich ist.

ANTON Ja, die gleiche Hitze, das gleiche Zelt und der gleiche Tabak.

WASSILIJ Und das gleiche Gedächtnis. *Krampfhaft:* Na, keine Sorge, es kommt wieder. Was meinst du?

ANTON Einiges wissen wir. Zelt, Trommeln, Urwald.

WASSILIJ Das hilft uns weiter. Es kommt auf die logischen Schlüsse an.

ANTON Eine Expedition offensichtlich.

WASSILIJ Ja, eine Expedition. Woher, wohin, wozu.

ANTON Die Fragen stehen fest.

WASSILIJ Das beruhigt auch. Afrika ist es in jedem Fall.

ANTON Da nun aber alle Expeditionen das gleiche Ziel haben –

WASSILIJ Alle? Bist du sicher?

ANTON Alle Expeditionen suchen das Glück.

WASSILIJ Bezweifle ich. Jedenfalls ist es kein logischer Schluß.

ANTON Es gibt kein andres Ziel. Denke nach!

WASSILIJ Ich hatte an Meteorologie gedacht.

ANTON Längst überholt.

WASSILIJ Ach so.

ANTON Ergibt sich aus Zelt, Trommel und Urwald.

WASSILIJ Glück. Aber in welcher Gestalt?

ANTON Das eben fragen wir mit unserer Expedition.

WASSILIJ Und gerade hier!

ANTON Warum nicht hier?

WASSILIJ *entschieden:* Nein, ich glaube das alles nicht.

ANTON Wir wollen uns nicht streiten. Wir haben ja Tagebücher, Aufzeichnungen. Wir brauchen kein Gedächtnis.

WASSILIJ Schwarz auf weiß, du wirst sehen, daß ich recht habe.

ANTON Eine wasserdichte Mappe im Gepäck drei.

WASSILIJ Gut, daß du es noch weißt.

ANTON Sehen wir lieber gleich nach.

Im Freien

WASSILIJ Kongo allein? Wo sind die andern?

KOCH Alle fort.

ANTON Fort? Was soll das heißen?

KOCH Fort, davon, left, parti.

WASSILIJ Und unser Gepäck?

KOCH Auch fort.

ANTON Die wasserdichte Mappe im Gepäck drei?

KOCH Left, parti.

ANTON Gestohlen. Wir machen dich verantwortlich, Kongo.

WASSILIJ Und wie macht man ihn verantwortlich?

ANTON Unsere Instrumente, unsere Lebensmittel! Wir müssen ihnen nach.

WASSILIJ Ohne Waffen? Du, wir haben wenig Aussichten. *Er gähnt.* Am besten, wir bleiben hier. Wir haben noch das Zelt und zwei Feldbetten.

ANTON Und den Urwald und die Trommeln.

WASSILIJ Was ergibt sich daraus?
Er lacht.
Es kommt auf die logischen Schlüsse an.

ANTON Und du? Warum bist du geblieben?

KOCH Der Abwasch, weiße Herren.

ANTON Du machst dich lustig, Halunke.

KOCH Pflicht, devoir, duty. Alles befehlen die Trommeln.

WASSILIJ Die Trommeln? Hör zu, Kongo, du bist kein Halunke, du bist ein ehrlicher, du bist ein treuer Mensch, du bist unser Freund.

KOCH *unentschlossen:* Kann nicht bleiben.

WASSILIJ Du wirst uns alles erzählen, Freund Kongo, nicht wahr? Was trommeln sie jetzt?

KOCH Daß ich gehen soll.

WASSILIJ Aber sie verbieten dir nicht, uns alles zu erzählen.

KOCH Nein. Erinnert euch an das Essen!

ANTON Büchsenfleisch und Gemüse.

KOCH Das Gemüse war es.

ANTON Es schmeckte gut.

KOCH Eine Wurzel, wächst hier viel. Wer sie ißt, verliert das Gedächtnis.

ANTON Ich erinnere mich genau an den Geschmack.

KOCH Wie Steinpilz. Ihr werdet es vergessen.

WASSILIJ Weiter! Ein Mittel dagegen?

KOCH Weiß nicht.

WASSILIJ Was habt ihr mit uns vor?

KOCH Nichts. Es ergibt sich.

WASSILIJ Es ergibt sich? Bitte etwas deutlicher.

KOCH Wenn ihr am Leben bleibt, ist es gut, wenn nicht, ist es auch gut.

WASSILIJ Sehr freundlich.

Das Trommeln hört auf.

KOCH Lebt wohl, weiße Herren.

WASSILIJ Treu und nicht teuer.

Er lacht.

ANTON Und fragte ich dich nicht, wie wir den Koch wieder loswerden? Was folgt daraus?

WASSILIJ Ganz logisch: Daß es nicht schwer war, ihn loszuwerden.

ANTON Daß wir uns immer noch sehr gut erinnern. Wir haben also nicht das Gedächtnis verloren.

WASSILIJ Siehst du, es ist alles halb so schlimm. Wie heißt du?

ANTON Heißen?

WASSILIJ Ja, wie du heißt.

ANTON Ich weiß nicht.

WASSILIJ Ich werde dich Eins nennen und mich selber Zwei.

ANTON Ja, das ergibt sich.

WASSILIJ Mir ist so wohl, ganz leer, ganz ohne Mühe.

ANTON Fähig für jedes Leben, man braucht sich nur zu entscheiden und die Geburt kommt in Gang. Ein Glücksgefühl, alles noch vor der Gestalt, Kokon oder Dolde, es gibt so viele Möglichkeiten.

WASSILIJ Herrlich. Eine Expedition, die Erfolg hat.

ANTON Wo sind wir?

WASSILIJ Wo sollen wir sein: Wo wir immer waren.

ANTON Waren wir nicht früher woanders?

WASSILIJ Unsinn, wir waren immer hier. Das ist unser Haus.

ANTON Haus? Haus? Heißt es nicht Zelt?

WASSILIJ Gehört zu Afrika und wasserdicht, – alles Wörter, die ihren Sinn verlieren. Endlich.

ANTON Aber das ist nicht unser Haus. Wir müssen fort.

WASSILIJ Wir bleiben, heute, morgen, über, über, über. Wohin sollten wir?

ANTON Unser Ziel ist das Glück.

WASSILIJ *verächtlich:* Ziel, Glück, Afrika, wasserdicht. Das Glück ist hier.

ANTON Nein, anderswo. Ich gehe es suchen.

WASSILIJ Du Narr!

ANTON Leb wohl!

WASSILIJ Ich kann dich auch nicht halten.

ANTON *entfernter:* Hier geht es durch das Gestrüpp.

WASSILIJ *zuerst laut, dann zum Sprechen absinkend:* Ja, immer quer durch, zwischen Porree und Willensfreiheit, da liegt es dann irgendwo, das Kuckucksei. Narr, elender Narr!
Er gähnt.
Schlafen ist das Glück, Glück, Glück.
Pause.
Aber irgendwas fehlt noch, irgendwas war früher anders.

Die Trommeln beginnen leise und werden stärker.

WASSILIJ Ja, das ist es. Jetzt fehlt mir nichts mehr.

Die Trommeln in voller Lautstärke.

Die Griechen glaubten, die Sonne auf ihrer Fahrt über den Himmel riebe sich an ihrer Bahn und erzeuge so einen Ton, der unaufhörlich und ewig gleichbleibend und deshalb für unser Ohr nicht vernehmbar sei.

Wie viele solcher unhörbarer Laute leben um uns? Eines Tages werden sie zu vernehmen sein und unser Ohr mit Entsetzen erfüllen ...

Der fünfte Traum

... Frau Lucy Harrison, Richmond Avenue, New York, vernahm sie am 31. August 1950, als sie am Nachmittag über dem Ausbessern eines zerrissenen Rocksaumes eingeschlafen war.

TOCHTER Das ist das Wohnzimmer. Hier ist es am schönsten.

MUTTER Dieser herrliche Blick! Der Fluß mit den Dampfern, der Park drüben, die Hochhäuser, – mein Gott, ist das schön.

TOCHTER Ich freue mich so, Mama, daß du zu Besuch gekommen bist!

MUTTER Ich mußte endlich eure Wohnung sehen. Will mich ein bißchen freuen an eurem Glück. Das macht mich wieder jung, so jung wie damals, als ich selber in den Flitterwochen war.

TOCHTER Meine goldige Mama!

MUTTER Kind, hast du ein Glück! So eine gute Stellung, wie Bill sie hat, nicht wahr!

TOCHTER Ja, Bill verdient gut.

MUTTER Und er verwöhnt dich, das sieht man. Diese gemütliche Sofaecke, der Plattenspieler, – spielst du manchmal noch Klavier?

TOCHTER Ach, Mama, ich muß dir gestehen, ich bin schrecklich faul, seitdem wir den Fernsehempfänger haben, das Radio und den Plattenspieler.

MUTTER Das ist egal. Eine Virtuosin wärst du nicht geworden. Aber du spieltest ganz hübsch »Where is my rose of Waikiki?«. Wann kommt Bill aus dem Büro?

TOCHTER Ungefähr um fünf.

MUTTER Dann haben wir noch Zeit. *Mit erleichtertem Seufzen:* Ich setze mich hier ein bißchen hin. Mein Gott, ist das schön bei euch! Die Tischdecke ist apart.

TOCHTER Bill hat sie mir neulich mitgebracht.

MUTTER Neulich? Bei welcher Gelegenheit?

TOCHTER Nur so, – um mir eine Freude zu machen.

MUTTER Du hast einen guten Mann. *Plötzlich:* Sei mal still!

TOCHTER Was denn?

MUTTER Was ist das für ein Geräusch?
Pause, während der man ein leises, aber stetiges und eindringliches schabendes Geräusch vernimmt.

TOCHTER Ach, das ist weiter nichts, das ist der Lift.

MUTTER Ach so.

TOCHTER Hast du Hunger, Mama, oder willst du was trinken?

MUTTER Nein, bleib da, ich habe im Zug gegessen. Komm, setz dich neben mich.

TOCHTER Soll ich das Radio einschalten?

MUTTER Gar nichts sollst du, nur dich anschauen lassen. Ja, du siehst gut aus, – man sieht, daß du glücklich bist.

TOCHTER Ach, Mama –

MUTTER Na, was ist das? Tränen?

TOCHTER Nur weil ich mich freue.

MUTTER Lucy, mein kleines Mädchen.

TOCHTER So, jetzt ist es schon wieder gut.

MUTTER Euer Lift geht ja dauernd.

TOCHTER Ja, es ist ein großes Haus mit vielen Wohnungen.

MUTTER Das ist aber wirklich ein merkwürdiger Lift.

TOCHTER Wieso merkwürdig?

MUTTER Ich meine, das Geräusch ist merkwürdig.
Pause
Man hört das Geräusch wie vorher.

TOCHTER *mit erzwungenem Lachen:* Ach was, jetzt stelle ich das Radio an – der Lift scheint dich ganz nervös zu machen. *Sie schaltet das Radio ein.* Und jetzt gehe ich und mache eine Tasse Tee. Keine Widerrede! Ich muß sowieso in die Küche, für Bill das Essen richten.

MUTTER Wenn es durchaus sein muß.

Musik aus dem Radio.

MUTTER *rufend:* Lucy, hörst du?

TOCHTER *entfernt:* Was, Mama?

MUTTER Where is my rose of Waikiki!

TOCHTER *entfernt:* Na also, deine Lieblingsmelodie.

Die Mutter summt das Lied ein paar Takte lang mit, bricht plötzlich ab.

MUTTER Man hört den Lift sogar, wenn das Radio geht. Ich muß einmal nachsehen.

Sie geht hinaus.

TOCHTER *entfernt:* Was ist, Mama?

MUTTER *entfernt:* Ich will sehen, was mit dem Lift ist.

TOCHTER Laß doch, Mama!

MUTTER *entfernt:* Der Lift geht gar nicht. Er steht still. Und man hört das Geräusch trotzdem.

TOCHTER *gepreßt:* Dann ist es irgendein anderes Geräusch. Sei nicht nervös.

MUTTER Merkwürdig ist das schon.

TOCHTER Komm, geh ins Zimmer und hör auf die Musik.

MUTTER Du hast recht. Es ist albern, allzu feine Ohren zu haben.

Die Musik im Radio endet. Man hört den Ansager.

ANSAGER Sie hörten: Where is my rose of Waikiki. Damit ist unser Schallplattenkonzert beendet. Sie hören anschließend einen Vortrag.

MUTTER *vor sich hin:* Vortrag! Was Besseres wißt ihr wohl nicht?

ANSAGER Die genaue Zeit: Mit dem Gongschlag 17 Uhr.

Gong

Es spricht jetzt Professor Wilkinson über das Thema: »Die Termiten«.

PROFESSOR Es lebt sich nicht angenehm, wo es Termiten gibt. Die Insekten zernagen in unersättlichem Hunger schlechthin alles, und der Mensch ist machtlos gegen sie. Ihre Freßmethode ist um so unangenehmer, als man für gewöhnlich erst dann etwas von ihrer zerstörenden Tätigkeit bemerkt, wenn es zu spät ist. Die Termiten haben die Gewohnheit, alle Gegenstände von innen her auszuhöhlen und eine dünne Außenwand wie eine Haut stehen zu lassen, die freilich dann eines Tages wie Staub zerfällt. Da kann es geschehen, daß man sich abends in seinem Haus zur Ruhe legt, und am Morgen erwacht man im Freien, weil das Haus über Nacht zu Staub zerfallen ist.

MUTTER Hörst du das, Lucy? *Lachend:* Die Termiten zerfressen das Haus, und man erwacht im Freien.

TOCHTER *sich nähernd:* Schalte das aus, Mama!

Das Radio wird ausgeschaltet.

MUTTER Das war doch interessant.

TOCHTER *verzweifelt:* Nein, nein!

MUTTER Was hast du, Lucy? Du bist ja ganz bleich.

TOCHTER Ach nichts.

Pause

MUTTER *bestimmt:* Lucy, – du hast vorhin nicht aus Freude geweint.

TOCHTER Unsinn, Mama.

Pause, in der man das Geräusch verstärkt hört.

MUTTER Das sind die Termiten, die man hört.

TOCHTER Termiten fressen keinen Beton.

MUTTER Du willst es nicht zugeben. Lucy, mein Kind, nicht wahr, ich habe recht?

TOCHTER Ja, Mama.

Pause wie vorher.

MUTTER Ich verstehe euch nicht. Warum zieht ihr nicht aus?

TOCHTER Es hat keinen Zweck.

MUTTER Aber Lucy!

TOHTER Sie sind überall.

MUTTER Wie meinst du das?

TOCHTER Hast du noch nicht bemerkt, daß das gleiche Geräusch überall zu hören ist? In New York wie in Kalifornien, in Mexiko und Kanada.

MUTTER In Albanville gibt es keine Termiten, verlaß dich darauf. Mein Haus ist sicher.

TOCHTER Verlaß dich darauf: Sie nagen in deinem Hause ebenso wie hier.

MUTTER Das hätte schon jemand bemerkt. So ein Unsinn.

TOCHTER Wenn du es erst einmal gehört hast, hörst du es überall, in den Wohnungen und in der Untergrundbahn, in den Bäumen und im Getreide. Ich glaube, sie nagen auch unter der

Erde. Der Boden, auf dem wir stehen, ist noch eine dünne Haut, alles hat nur noch eine dünne Haut und ist innen hohl.

MUTTER Nein, so weit kann es noch nicht sein. Das ist eine Einbildung, Lucy.

TOCHTER Eine starke Erschütterung und alles fällt ein. Es hat lange kein Gewitter gegeben.

MUTTER Und du meinst, ein Gewitter –?

TOCHTER Ja.

MUTTER *mit dem krampfhaften Versuch zu lachen:* Mir kam es schon den ganzen Tag schwül vor. Mach das Fenster auf, Lucy!

TOCHTER Ja, Mama. *Sie öffnet das Fenster.*

MUTTER Nein, es ist nicht schwül draußen. Frische Luft, Gott sei Dank. Jetzt kann man doch wieder vernünftig denken. Also Lucy, es ist klar, ihr bleibt nicht hier. Ihr kommt mit nach Albanville, dann werden wir weiter sehen. Gleich wenn Bill kommt, werde ich mit ihm sprechen. Warum kommt er nicht? Es ist längst fünf.

TOCHTER Vielleicht ist es noch nicht fünf.

MUTTER Ich stelle das Radio an, ich will genaue Zeit haben. *Sie schaltet das Radio ein.* Wo genaue Zeit ist, ist Ordnung. Wo Ordnung ist, gibt es keine Geheimnisse.

Das Radio läuft langsam an.

TOCHTER Er spricht immer noch über die Termiten.

PROFESSOR So sagt ein Sprichwort der Ewe in Zentralafrika: »Die Termite zernagt Dinge, zernagt Gottes Dinge, aber sie zernagt nicht Gott.«

MUTTER Ist das der Schluß?

TOCHTER Wahrscheinlich.

ANSAGER Sie hörten einen Vortrag von Professor Wilkinson. Wir geben Ihnen jetzt die genaue Zeit. Mit dem Gongschlag ist es 17 Uhr 30.

Gong

MUTTER Halb sechs. Wo bleibt Bill?

TOCHTER Vielleicht ist auf einer anderen Station ein bißchen Musik. *Sie dreht am Radioapparat. Man hört verschiedene Stimmen und Musiken, bis eine Tanzmusik leise eingeschaltet bleibt.*

MUTTER *gähnend:* Wenn ich wüßte, daß er noch lange ausbleibt, würde ich mich ein bißchen hinlegen. Ich bin auf einmal schrecklich müde.

TOCHTER Natürlich, Mama, streck dich ein bißchen auf der Couch aus!

MUTTER Die lange Fahrt und die Aufregung jetzt, – mir ist ganz komisch.

TOCHTER Ja, schlaf ein bißchen. Ich mache das Essen weiter.

MUTTER Die Musik ist gut, richtig einschläfernd. Dann hört man auch dieses schreckliche Geräusch nicht so laut.

Pause, in der man die Musik hört.

Es klingelt. Das Radio klingt ganz entfernt, als jetzt – nahe – die Tür geöffnet wird.

TOCHTER Bill!

BILL Tag, Lucy.

TOCHTER Was ist denn! Warum bleibst du im Treppenhaus stehen?

BILL Geh in die Küche, Lucy!

TOCHTER Keinen Kuß, Bill?

BILL Nein, keinen Kuß heute. Faß mich nicht an. Ich bin betrunken. Laß mich vorbei, aber faß mich nicht an.

TOCHTER Du bist gar nicht betrunken, Bill. Ach, was hast du nur? Es ist alles schon so schrecklich.

BILL Komm herein.

Die Tür wird geschlossen.

TOCHTER Mama ist zu Besuch gekommen.

BILL Wo ist sie?

TOCHTER Hier im Zimmer –

Die Tür wird geöffnet, die Radiomusik klingt näher.

Sie schläft, sie ist müde von der Reise. Hast du Hunger?

BILL Nein.

TOCHTER Das Essen ist gleich fertig. Es gibt Kalbsleber.

BILL Ich will nichts.

TOCHTER Dein Lieblingsgericht!

BILL Ich habe keinen Hunger. Mama scheint sehr fest zu schlafen.

TOCHTER Ich mache das Essen fertig, und dann wecken wir sie.

BILL Ach, laß das Essen! Bleib einen Augenblick hier!

TOCHTER Ja.

BILL Du bist so schön, Lucy. Mein Gott, wie ich dich liebe!

TOCHTER *glücklich:* Ach Bill –

BILL Nein, bleib, faß mich nicht an. Ach Lucy, ich könnte heulen, weil du so schön bist. Vielleicht bist du gar nicht besonders schön, aber ich liebe alles an dir. Ich werde dich nie mehr küssen, Lucy.

TOCHTER Bill!

BILL Bleib auf deinem Stuhl sitzen! Sag mal, ist Mama plötzlich müde geworden? Ich meine: Hat man ihr vorher gar nicht angemerkt, daß sie müde war?

TOCHTER Sie sagte auf einmal, sie wollte sich hinlegen. Ich sollte sie wecken, wenn du kommst. Ich wecke sie jetzt.

BILL Du kannst sie nicht mehr wecken. Sie ist tot.

TOCHTER *schreit auf:* Bill! Was sagst du!

BILL Bleib sitzen! Rühr sie nicht an! Komm, sei vernünftig, ich habe nicht viel Zeit zu reden. Ich bin nämlich auch verdammt müde.

Knackendes Geräusch im Radio.

BILL Es kommt ein Gewitter. Man hört es im Radio.

TOCHTER Ich will fort, Bill, ich will fort.

BILL Wohin denn? – Stell das Radio ab, – das Knarren ist ekelhaft.

Das Radio wird ausgeschaltet.

Man hört das Geräusch der nagenden Termiten.

BILL Hörst du es?

TOCHTER *flüsternd:* Ich höre es. Ich will fort, Bill.

BILL Oh, bleib, bleib, Lucy, – laß mich nicht allein sterben.

TOCHTER Wir wollen nicht sterben, wir wollen leben.

BILL Ich werde sterben genau wie Mama.

TOCHTER Nein.

BILL Sie ist nicht mehr als eine dünne Haut, die zerfällt, wenn du sie anrührst.

TOCHTER Aber du, – du doch nicht!

BILL Ich auch. Ich merkte es unterwegs. Ich sah gerade auf die Uhr, es war 17 Uhr 30, da merkte ich es. Jetzt sitzen sie mir am Herzen. Es tut nicht weh, aber ich bin ganz ausgehöhlt. Wenn du mich anfaßt, zerfalle ich.

TOCHTER Bill!

BILL Nein, rühr mich nicht an. Ich bin grenzenlos müde. Es war
schön bei dir, es war schön, mit dir zu leben.

TOCHTER Bill!

Entfernter Donner

BILL Das Gewitter kommt näher. Das Haus wird zerfallen unter
dem Donner.

TOCHTER Aber du, – du doch nicht.

BILL Ich auch, Mama auch. Ach Lucy, – gute Nacht, Liebste, –
gute Nacht.

*Tochter schreit auf, während ein lauter, lang hinrollender Don-
ner zu vernehmen ist.*

Wacht auf, denn eure Träume sind schlecht!
Bleibt wach, weil das Entsetzliche näher kommt.

Auch zu dir kommt es, der weit entfernt wohnt von den Stätten,
*   wo Blut vergossen wird,*
auch zu dir und deinem Nachmittagsschlaf,
worin du ungern gestört wirst.
Wenn es heute nicht kommt, kommt es morgen,
aber sei gewiß.

»Oh, angenehmer Schlaf
auf den Kissen mit roten Blumen,
einem Weihnachtsgeschenk von Anita, woran sie drei Wochen
*   gestickt hat,*
oh, angenehmer Schlaf,
wenn der Braten fett war und das Gemüse zart.
Man denkt im Einschlummern an die Wochenschau von gestern
*   abend:*
Osterlämmer, erwachende Natur, Eröffnung der Spielbank in
*   Baden-Baden,*
Cambridge siegte gegen Oxford mit zweieinhalb Längen, –
das genügt, das Gehirn zu beschäftigen.

Oh, dieses weiche Kissen, Daunen aus erster Wahl!
Auf ihm vergißt man das Ärgerliche der Welt, jene Nachricht
zum Beispiel:
Die wegen Abtreibung Angeklagte sagte zu ihrer Verteidigung:
Die Frau, Mutter von sieben Kindern, kam zu mir mit einem
Säugling,
für den sie keine Windeln hatte und der
in Zeitungspapier gewickelt war.
Nun, das sind Angelegenheiten des Gerichtes, nicht unsre.
Man kann dagegen nichts tun, wenn einer etwas härter liegt
als der andere,
Und was kommen mag, unsere Enkel mögen es ausfechten.«

»Ah, du schläfst schon? Wache gut auf, mein Freund!
Schon läuft der Strom in den Umzäunungen, und die Posten
sind aufgestellt.«

Nein, schlaft nicht, während die Ordner der Welt geschäftig sind!
Seid mißtrauisch gegen ihre Macht, die sie vorgeben für euch
erwerben zu müssen!
Wacht darüber, daß eure Herzen nicht leer sind, wenn mit
der Leere eurer Herzen gerechnet wird!
Tut das Unnütze, singt die Lieder, die man aus eurem Mund
nicht erwartet!
Seid unbequem, seid Sand, nicht das Öl im Getriebe der Welt!

Sabeth

Stimmen

Therese Weisinger, Lehrerin · Ein Kind · Elisabeth Fortner, acht oder neun Jahre · Frau Fortner, Bäuerin · Bauer Josef Fortner · Knecht · Magd · Sabeth · Schulleiter Eginhard Woturba · Redakteur Reinicke · Sekretärin · Mann (Dr. Schlefink) · Frau (Frau Schlefink)

1. Kapitel

Die Erzählung der Lehrerin

LEHRERIN *Ich heiße Therese Weisinger und bin Lehrerin in Reiskirchen. Das eigentliche Dorf Reiskirchen besteht nur aus Kirche, Schulhaus und wenigen Bauerngehöften, doch gehören zahlreiche der umliegenden, weit verstreuten Einzelhöfe dazu, so daß die Klassen recht groß sind. Außer mir unterrichtet an der Schule noch der Schulleiter, Herr Eginhard Woturba.*

An einem Oktobertag des vorigen Jahres gab ich in der dritten Klasse Naturkunde-Unterricht. Ich hatte den Kleinen von den Zugvögeln erzählen wollen, wozu Beobachtungen, die wir während der vergangenen Wochen im Freien gemacht hatten, der Anlaß waren. Doch lenkten mich große Scharen von Krähen, die man durch das Fenster hindurch auf den Feldern sah, von meinem eigentlichen Thema ab. Das ist keine besonders weite Ablenkung, und ich will auch nicht behaupten, daß es mehr als ein Zufall gewesen sei. Immerhin war der Zufall bemerkenswert, denn mit ihm begannen die seltsamen Erlebnisse, die mich nicht nur in den nächsten Wochen beschäftigten, sondern mein ganzes Leben lang beschäftigen werden.

Ich bemerkte, während ich über die Klugheit der Rabenvögel sprach, eine ungewöhnliche Unruhe in einer Ecke der Klasse.

LEHRERIN Was habt ihr da hinten?

Stille

Wolltest du was, Ilse?

KIND *zögernd:* Nein –

LEHRERIN Aber?

KIND Fräulein, die Elisabeth sagt, es gäbe welche, die sprechen können.

LEHRERIN Was für welche?

KIND Krähen.

LEHRERIN Krähen, die sprechen können? Ja, das kann sein. Krähen sind so klug, daß sie in der Gefangenschaft hin und wieder ein paar Worte sprechen lernen. Besonders klug sind die Raben. Die sind viel größer als die Krähen, aber bei uns gibt es keine.

Sagtest du was, Elisabeth?

Stille

Warum antwortest du nicht?

ELISABETH Nein, ich habe nichts gesagt.

KIND Doch! Sie hat gesagt, bei uns gäbe es Raben, die könnten sprechen wie die Menschen.

LEHRERIN So ein Unsinn! Nein, das gibt es nicht. Hast du das wirklich gesagt, Elisabeth?

Stille

Hast es dir nur ausgedacht, nicht wahr?

ELISABETH Nein.

LEHRERIN *lachend:* Hast du sie etwa gesehen, solche Raben, und sprechen hören?

ELISABETH Ja.

Unruhe

LEHRERIN Still! Erzähl, wie sie aussehen, Elisabeth!

ELISABETH Schwarz und groß.

LEHRERIN Wie groß?

ELISABETH Ganz groß. So groß wie Sie, Fräulein. Nein, noch ein bißchen größer.

Unruhe und Gelächter.

LEHRERIN Still! Und wo hast du sie gesehen?

Stille

ELISABETH *schluchzend:* Es ist wahr.

LEHRERIN Aber Elisabeth, was hast du?
Draußen beginnen Glocken zu läuten.
So, ihr andern. Zwölf Uhr. Schluß für heute!
In den sich erhebenden Lärm: Elisabeth, du wartest noch einen Augenblick!
ELISABETH Ja, Fräulein.
Die lärmenden Kinder laufen hinaus. Es wird still.
LEHRERIN Warum hast du geweint, Elisabeth?
ELISABETH Weil ich es gesagt habe.
LEHRERIN Ja, Elisabeth, es ist wirklich nicht schön, wenn du so lügst.
ELISABETH Ich lüge nicht.
LEHRERIN Was werden dein Vater und deine Mutter sagen, wenn ich es ihnen erzähle!
ELISABETH Erzählen Sie nichts, Fräulein! Sie haben es mir verboten.
LEHRERIN Was verboten?
ELISABETH Daß ich was von dem Raben sage.
LEHRERIN Hast du die Geschichte schon öfter erzählt?
ELISABETH Noch nie.
LEHRERIN Warum verbieten sie es dann?
ELISABETH Ich habe es erzählt und habe Angst, Fräulein.
LEHRERIN Also sag: Was ist mit dem Raben?
ELISABETH *sehr selbstverständlich:* Abends, nach dem Engel des Herrn, kommt er zu uns in die Stube.
LEHRERIN Er kommt in die Stube! Aber Elisabeth! Wo kommt er her?
ELISABETH Ich weiß nicht. Ich glaube, aus dem Wald.
LEHRERIN Und wer macht die Tür auf?
ELISABETH Niemand. Er macht sie selbst auf.
LEHRERIN *ironisch:* Er kommt also in die Stube und dann spricht er, wie?
ELISABETH Ja.
LEHRERIN Was spricht er?
ELISABETH Ich weiß nicht.
LEHRERIN Hast du keine Angst vor ihm?
ELISABETH Nein, ich habe ihn lieb.
LEHRERIN *verwirrt, nachdenklich:* So, du hast ihn lieb. Ja, Elisabeth, – ja –

ELISABETH Fräulein, die andern sind schon weg. Darf ich jetzt gehen? Sonst muß ich allein –

LEHRERIN Ja, natürlich darfst du gehen.

ELISABETH Sagen Sie nichts zuhause?

LEHRERIN Bestimmt nicht.

ELISABETH Dankeschön, Fräulein.

LEHRERIN Auf Wiedersehen, Elisabeth.

LEHRERIN *Phantasievolle Kinder sind schwierig, weil sie zur Lüge neigen. Phantasie ist etwas sehr Schönes, aber gibt man nicht auf sie acht, so führt sie bei einem schwachen Charakter zur Verlogenheit. Ich nahm mir vor, ein Auge auf die kleine Elisabeth Fortner zu haben. Gelegentlich wollte ich auch einmal mit ihren Eltern sprechen. Der Fortnersche Hof liegt am weitesten von Reiskirchen entfernt, ungefähr eine Stunde Wegs und ganz in der Einöde. Das heißt, eigentlich liegt er wieder näher an der Welt als Reiskirchen selbst, denn geht man vom Hof aus etwa zehn Minuten weiter durch den Wald, so trifft man auf die Bundesstraße 299. Das ist freilich nur eine sehr lose Berührung mit der Welt. Vielleicht hört man an Regentagen die Lastautos oder einen Hupenklang von der Straße her bis zum Haus.*

Es war ungefähr eine Woche später, daß ich meinen täglichen Spaziergang in die Einöde richtete. Der Altweibersommer überzog mit seinem silbernen Gespinst die Felder. Es war ein heiterer Tag und, da ich im Dahinschlendern mein Leben überdachte, voller Schwermut.

Wie gut, daß ich heute ein Ziel hatte! Der Hof lag sehr still unter der schönen Herbstsonne. Kein Hund bellte mich an, keine Taube gurrte vorm Schlag, kein Huhn, das davonlief. Auch das Haus schien verlassen. Ich ging durch den fliesenbelegten kühlen Flur, doch in der Küche traf ich die Bäuerin.

LEHRERIN Frau Fortner!

BÄUERIN Oh, das Fräulein!

LEHRERIN Darf ich herein?

BÄUERIN Gewiß, gewiß! Hier ist es warm.

LEHRERIN Ja, es wird kühl draußen.

BÄUERIN Da, setzen Sie sich.

LEHRERIN Danke. Ich kam bloß vorbei und habe hereingeschaut.

BÄUERIN Ja, gewiß, freilich, das ist recht. *Sie wird in der Folge immer verlegener und sucht das zu verbergen.* Vielleicht ein Glas Milch gefällig?

LEHRERIN Nein, danke, Frau Fortner.

BÄUERIN Mein Mann ist auf dem Feld.

LEHRERIN Und Elisabeth?

BÄUERIN Elisabeth auch. Schade, daß sie nicht da ist, wo grade ihr Fräulein kommt. Sie mag Sie nämlich besonders gern.

LEHRERIN So – das habe ich nicht gedacht.

BÄUERIN Vielleicht – vielleicht haben Sie auch Lust, zu ihr aufs Feld zu gehen.

LEHRERIN Ich bleibe lieber ein bißchen sitzen und unterhalte mich mit Ihnen.

BÄUERIN Ja, ich meinte auch bloß.

LEHRERIN Mir ist Elisabeth auch recht lieb. Manchmal träumt sie ein bißchen.

BÄUERIN Vielleicht sollte ich aufs Feld gehen und sie rufen.

LEHRERIN Ach wo.

BÄUERIN Es wäre vielleicht besser.

LEHRERIN Was haben Sie, Frau Fortner? *Lachend:* Ich glaube, ich komme Ihnen ungelegen. Soll ich lieber wieder gehen?

BÄUERIN Ja. Ich meine, – entschuldigen Sie, Fräulein, – weil manches über uns geredet wird.

LEHRERIN Was redet man? Ich weiß nichts. Außerdem würde es mich nicht stören.

BÄUERIN Wenn es das Gerede allein wäre –

LEHRERIN Jetzt machen Sie mich neugierig.

BÄUERIN Man sagt, bei uns ginge der Teufel aus und ein.

LEHRERIN *lachend:* Der Teufel? Nein, Frau Fortner, das glaube ich nicht.

BÄUERIN Vielleicht glaubten Sie es, wenn –

LEHRERIN Wenn?

BÄUERIN Möchten Sie ihm gern begegnen? Ja, Fräulein, vielleicht ist es wirklich besser, wenn Sie gehen.

LEHRERIN Ja, gewiß Frau Fortner, wenn Sie meinen.

BÄUERIN Still!

LEHRERIN Was ist?

BÄUERIN Ach, es ist schon zu spät, Fräulein. Hören Sie nicht? Schritte!

Man hört ein Geräusch von den Steinfliesen des Flurs her.

LEHRERIN Schritte? Aber was für Schritte? Das ist kein Menschenschritt.

BÄUERIN Es ist Sabeth.

LEHRERIN Wer?

BÄUERIN Tun Sie die Augen zu, wenn Sie Angst haben!

Die Tür wird langsam und knarrend geöffnet.

LEHRERIN Nein, ich will es sehen. *Sie schreit plötzlich auf und verstummt dann.*

BÄUERIN Bleib draußen, Sabeth, sie fürchtet sich vor dir!

Die Tür wird wieder geschlossen.

LEHRERIN *Als ich aus der Ohnmacht wieder zu mir kam, sah ich das Gesicht der Bäuerin über mich gebeugt. Die Küche war leer, die schreckliche Erscheinung wieder verschwunden.*

LEHRERIN Mein Gott –

BÄUERIN Ich bin daran schuld, wußte ich doch, daß er kam. Er sagte es mir, kaum, daß Sie sich hingesetzt hatten.

LEHRERIN Wer sagte Ihnen was? Es war niemand da.

BÄUERIN Er war nicht da, aber er kann aus der Ferne sagen. Er hat nicht erwartet, jemand zu treffen. Aber er muß etwas Besonderes haben. Sonst kommt er erst, wenn es dunkel ist.

LEHRERIN Er kann es aus der Ferne sagen?

BÄUERIN Früher konnte er mehr. Jetzt ist er arm wie ein Bettler.

LEHRERIN Bin ich wach, Frau Fortner? Gleich wird der Wecker klingeln.

BÄUERIN Er wird nicht klingeln. Sie sind ganz wach.

LEHRERIN Aus der Ferne sagen? Wie kann er das?

BÄUERIN Weiß ichs? Aber er sagt es. Nicht mit Worten, aber man erfährt plötzlich, daß er kommt. Deshalb wollte ich, daß Sie fortgingen. Glauben Sie, daß es der Teufel ist?

LEHRERIN Ich weiß es nicht.

BÄUERIN Ich werde Ihnen alles erzählen.

2. Kapitel

Die Erzählung der Frau Fortner

BÄUERIN *Es ist im vorigen Winter gewesen, kurz nach Lichtmeß.
Es war alles noch weiß verschneit. An einem ganz gewöhnlichen Tag saßen wir beim Mittagessen.*

BÄUERIN Salat, Josef? Tu dir auf!

BAUER Ich hab rechtschaffen Hunger gehabt, als ich mich hin-
setzte. Aber jetzt – mir ist so, als hätte ich was vergessen.

BÄUERIN Vergessen?

BAUER Merkt ihr das nicht auch? Ich meine, ihr müßtet es auch
merken.

BÄUERIN Ich merke nichts.

BAUER Es müßte im Stall sein.

MAGD Beim Vieh ist alles getan.

BAUER Die Pferde?

KNECHT Ich habe nichts vergessen.

BAUER Nein, ich muß es selber sein. Den Pflug müßte man richten.

KNECHT Den Pflug? Das wäre nicht eilig, meine ich.

BÄUERIN Wenn du was vergessen hast, tust du es heute nachmittag. Nimm vom Fleisch!

BAUER *rückt den Stuhl zurück:* Es hat jemand gerufen.

BÄUERIN Hab nichts gehört.

MAGD Hab nichts gehört.

KNECHT Es hat niemand gerufen.

BAUER Hast du nichts gehört, Elisabeth?

ELISABETH Ja, Vater, ich habe es gehört.

BÄUERIN Was hast du gehört?

ELISABETH Ich – nein, nichts, glaube ich.

BAUER Ich habe was gehört, was nicht zu hören war.

BÄUERIN *läßt die Gabel klirrend fallen:* Das ist zum Fürchten,
Josef.

ELISABETH Es war zu hören wie eine Hand, die einen anfaßt.

BÄUERIN Wie eine Hand, die einen anfaßt?

BAUER Ja, eine Hand, die einen anfaßt.

BÄUERIN Heilige Mutter Gottes –

ELISABETH Es ist nicht zum Fürchten.

BAUER Ich muß gehen. *Er steht auf.*

ELISABETH Ich gehe mit dir, Vater.

BÄUERIN Wohin, Josef?

BAUER Das Pferd anschirren, glaube ich, den Pflug holen. Es hat gerufen.

Er geht mit Elisabeth hinaus.

KNECHT Ist er krank, der Bauer?

BÄUERIN Iß du und sei still!

MAGD Es ist finster am hellen Mittag.

BÄUERIN Dafür ist es Winter.

BÄUERIN *Ich versuchte es vor mir selber und vorm Gesinde zu verbergen, wie ich Angst hatte. Ich brachte keinen Bissen mehr hinunter und schaute mit klopfendem Herzen zum Fenster hinaus, was geschehen würde. Wir sahen den Bauern anspannen und mit Pflug und Pferd den Hof verlassen. Elisabeth ging mit ihm.*

BÄUERIN Wohin will er mit dem Pflug? Zur Schmiede?

KNECHT Der Pflug ist nicht entzwei.

MAGD Da, er lenkt in den Weg zum Feld ein.

BÄUERIN Zum Feld? Will er pflügen?

KNECHT Die Erde ist gefroren.

BÄUERIN Ich will ihm nach. *Sie geht hinaus.*

KNECHT Das schöne Rauchfleisch. So viel hatten wir nie.

MAGD Ich denke, wir essen erst zu Ende. Wir kommen früh genug.

KNECHT Willst du auch hinaus?

MAGD Der Bauer ist närrisch geworden. Ich will dabei sein.

KNECHT Albern bist du.

MAGD Siehst du, jetzt geht die Bäuerin hinaus. *Sie läßt plötzlich die Gabel fallen.*

KNECHT Was ist?

MAGD *flüsternd:* Schau zum Fenster hinaus!

KNECHT Ich sehe nichts.

MAGD Auf dem Dach vom Stall. Bekreuzige dich!

KNECHT Ein riesiger schwarzer Vogel, ein Rabe.

MAGD Heilige Maria, Mutter Gottes –

KNECHT Der Leibhaftige im schwarzen Rock. Jetzt fliegt er davon.

MAGD Schau nicht hin!

KNECHT Ich geh. Heute noch geh ich. Ich such mir einen andern
Platz.

MAGD Und ich. Heute noch sag ichs dem Bauern.

BÄUERIN *Inzwischen ging ich zum Hof hinaus und auf den Feld-
weg zu. Ich sah etwas wie einen Schatten auf dem Dachfirst
überm Stall. Aber ich achtete kaum darauf, denn was war das
schon gegen den Anblick der Felder, der mich mit Entsetzen
erfüllte. Ringsum im Schnee saßen und gingen riesige Raben,
vereinzelt und scharenweise. Aber sie beachteten mich nicht und
kamen auch nicht nahe zu mir. Und auf einmal wußte ich es,
daß sie mir nichts tun würden, und ich ging weiter, meinem
Mann und meinem Kinde nach. Und wie ich weiterging, geschah noch etwas viel Merkwürdigeres: Es war mir, als wäre
das alles immer so gewesen, als wären immer schon solche riesigen Vögel auf den Feldern gegangen und es wäre nichts
Neues für mich. Nein, es kam mir nicht nur so vor, sondern es
war wirklich so: Ich kannte diese Raben schon lange. Und wie
mir dies einfiel und ich mich daran erinnerte, kamen sie auch
näher zu mir heran und ich sah einem ins Auge. Er schaute
mich ernst an, und ich erinnerte mich, daß ich ihn kannte.
Nein, nicht ihn, aber sein Auge. Er öffnete den Schnabel, doch
kein Laut drang aus seiner Kehle. Es war, als bemühte er sich
zu sprechen, und zugleich war es, als bemühte nicht er sich,
sondern mir selber lag das Wort auf der Zunge, und ich konnte
es nicht sagen. Ich war nahe an einem großen Glück, so nahe
wie noch nie, aber nun auch gewiß, daß es unerreichbar war.
Ich sah den Bauern und Elisabeth nicht, die hinter einer An-
höhe verschwunden waren. Erst als ich gegen den Wald hin
kam, erblickte ich sie wieder. Der Bauer pflügte durch die
steinhart gefrorene Erde. Hinter ihm wuchs im Schnee das
schwarze Band der Furche. Auf dem Pflug saß einer der
schwarzen Vögel und sah auf die Schar nieder, wie sie in die
Erde schnitt. Ringsum gingen oder standen andere, und alle*

schienen dem Pflügen zuzuschauen. Ich versuchte, sie zu zählen, und kam auf ungefähr ein Dutzend. Aber auch zwischen den Stämmen des Waldes waren noch welche, und da alles in Bewegung war und sich gegeneinander verschob, war das Zählen schwer. Elisabeth stand mitten unter ihnen und lachte mir glücklich zu, als sie mich sah. Sie blickte zu den großen Vögeln empor und schaute ihnen aufmerksam in den Rachen, wenn einer den Schnabel gegen sie aufriß. Auch schien es sie keineswegs zu beunruhigen, wenn einer sie wie prüfend in den Zopf biß. Auch ich hatte keine Furcht um sie. Nein, wir waren alle ohne Furcht, und selbst das Pferd, sonst ein schwieriges Tier, verriet keinerlei Unruhe. Seltsam war auch, wenn inmitten dieser Seltsamkeiten noch etwas auffallen konnte, daß die großen Raben alle stumm waren, anders als die Krähen und Dohlen, denen sie doch glichen.

Am Ende der ersten Zeile stockte der Pflug, und als ich durch den Schnee näher stapfte, sah ich, daß die Schar in der harten Erde gebrochen war. Der Rabe, der auf dem Pflug gesessen hatte, war herabgehüpft und beugte sich zusammen mit dem Bauern über den Schaden, wobei er ihn schräg von der Seite ansah, als erwarte er eine Erklärung des Zwischenfalls. »Die Schar ist gebrochen«, sagte mein Mann, und wie er mich dabei anschaute, strahlte er über das ganze Gesicht, als berichte er mir etwas besonders Schönes. Ja, diese Raben, die so unversehens erschienen waren, hatten die Macht, Glück zu verbreiten. Daß uns der Pflug zerbrach, daß uns Knecht und Magd verließen, – es gab kein Unglück, keinen Kummer für uns! Und mußten wir gleich die seltsamsten Dinge tun, – es geriet uns alles wohl. Was wurde das für eine seltsame Wirtschaft auf unserem Hof! Wir leben sehr abgelegen, und deshalb bemerkte man es kaum, daß wir Dinge trieben, die in den Augen der Welt närrisch waren. Nicht nur in den Augen der Welt, auch in unseren eigenen. Aber wir konnten nichts dagegen tun, ein dunkler Zwang trieb uns, die Raben hatten Macht über uns und ließen uns Dinge tun, die kindisch oder lächerlich oder verrückt waren, aber dennoch, – wir waren glücklich dabei. Können Sie sich vorstellen, daß wir eines Tages das Klavier auf den Wagen luden und damit in den Wald fuhren? Eli-

sabeth mußte spielen, was sie gerade in der Klavierstunde gelernt hatte, und wir sangen dazu.

BAUER, BÄUERIN und ELISABETH *singen:*
Im Märzen der Bauer die Rößlein einspannt,
er pfleget und pflanzet all Bäume ins Land.
Er ackert, er egget, er pflüget und sät
und regt seine Hände gar früh und noch spät.

BÄUERIN: *Wir sangen für die Bäume, das Gras und die leere Luft. Von den Gästen im schwarzen Rock war nichts zu sehen. Anders als an dem Wintertage ihres Erscheinens bekamen wir sie nur noch wie scheue Waldvögel zu Gesicht, – ein dunkles Gefieder im Geäst, ein Flügelschlag in der Dämmerung. Nur Elisabeth ging näher mit ihnen um und gewöhnte schließlich einen der Raben ans Haus.*
Davon wird sie Ihnen selber erzählen.

3. Kapitel
Die Erzählung des Kindes Elisabeth

ELISABETH *Jeden Tag ging ich in den Wald, weil ich die Raben wiedersehen wollte. Aber ich fand sie nicht und dachte schon, sie wären fortgeflogen. Aber dann dachte ich auch, sie versteckten sich bloß vor mir und wollten mich necken. Mir kam es nämlich immer so vor, als stünden sie hinter den dicken Bäumen und säßen in den dunklen Fichtenkronen, wo man sie nicht sehen konnte. Solange noch Schnee lag, suchte ich nach den Spuren von ihren Füßen, die hätten doch groß und deutlich sein müssen, aber ich fand nie welche. Dann ging der Schnee weg, und ich wußte gar nicht mehr, wie ich sie suchen sollte. Eines Tages war ich weit gelaufen und war müde und setzte mich auf einen umgehauenen Baumstamm. Es war alles still und leer, und die Sonne schien, und ich schaute auf einen Strauch, der schon anfing, ein bißchen grün zu werden, und dachte, nun wollte ich nicht mehr nach den Raben suchen. Da*

merkte ich plötzlich, daß hinter dem Strauch ein Rabe stand,
und ich wunderte mich, daß ich ihn nicht gleich gesehen hatte.
Ich lief schnell zu ihm hin.

ELISABETH Guten Tag, Rabe! Ich habe euch schon so lange gesucht, wo seid ihr gewesen? Meine Eltern wundern sich auch,
daß ihr nicht mehr kommt. Habe ich dich schon gesehen? Ich
weiß nicht, ihr seht alle gleich aus.
Pause
Ich heiße Elisabeth.

SABETH *langsam und bemüht:* Sa – beth.

ELISABETH Du kannst sprechen!

SABETH Sabeth.

ELISABETH Nein, nicht Sabeth! Elisabeth!

SABETH Sabeth.

ELISABETH Sabeth! Jetzt werde ich dich Sabeth nennen. Willst
du so heißen?

SABETH Sabeth.

ELISABETH Wenn du es richtig gelernt hast, mußt du mich Elisabeth nennen. Du aber heißt Sabeth.

ELISABETH *Er hat schnell sprechen gelernt. Er spricht so wie wir,*
so als wenn er ein Mensch wäre. Aber eigentlich spricht er auch
wieder anders, denn er ist ja viel klüger als wir alle. Oft be-
greife ich seine Worte nicht, besonders seitdem er traurig ist.
Aber sonst ist er viel mehr ein Mensch als ein Rabe, ich wun-
dere mich manchmal, daß er schwarz ist und Federn hat. Jetzt
hilft er dem Vater wie ein Knecht, früher aber kam er ins
Haus. Damals wußte er Spiele, die er inzwischen verlernt hat.
Einmal durfte ich mit ihm fliegen. Wenn ich nur wüßte, wohin
wir damals geflogen sind! Ich erinnere mich noch gut. Es war
im Mai oder Juni. Ich war eines Tages über Mittag hinausge-
laufen in den Wald, um Sabeth zu suchen.

ELISABETH *kunstlos zu einer selbsterfundenen Melodie singend:*
Die Raben im Wald,
die Raben im Feld,
die Raben im Haus –

Sie ruft: Sabeth! Sabeth!

Echo

SABETH *entfernt, sich nähernd:* Elisabeth! Elisabeth!

ELISABETH Da bist du!

SABETH Wir wollen fliegen, Elisabeth.

ELISABETH Fliegen? Du kannst fliegen, aber ich nicht.

SABETH Faß meine Füße!

ELISABETH Ja.

SABETH Halte dich fest! Und gib acht: Bevor wir fliegen, rufe ich deinen Namen.

ELISABETH Warum?

SABETH Damit du nachher lachen kannst, Elisabeth. Ich möchte immer, daß du lachst. *Er ruft:* Elisabeth!

Flügelrauschen

ELISABETH Oh, jetzt fliegst du!

SABETH Wir beide fliegen. Hast du Angst?

ELISABETH Nein. Aber wo sind wir, Sabeth? Gleich waren die Felder und die Bäume weg. Wo sind wir, Sabeth?

SABETH Frag nicht! Was siehst du?

ELISABETH Nichts.

SABETH Gar nichts?

ELISABETH Ringsum ist es blau und dunkel. So blau und dunkel, daß es mich blendet.

SABETH So blau und dunkel ist die Ewigkeit, Elisabeth.

ELISABETH *So sprach er, und ich weiß nicht, was er damit meinte. Es war aber schön, durch die blendende Finsternis zu fliegen. Wir schwebten ganz still darin, und ich meinte, es vergingen Stunden.*

SABETH Wir wollen wieder zurück, Elisabeth.

ELISABETH Ja, Sabeth, wie du willst.

Flügelrauschen

ELISABETH Da sind die Bäume, die Felder.

SABETH Und plumps! die Erde. Nun horch!

Man hört im Echo die Rabenstimme.

SABETH – sabeth!

ELISABETH Was war das?

SABETH Das Echo. Ich sagte dir doch, ich wollte deinen Namen rufen!

ELISABETH *lachend:* Du lügst ja, Sabeth! Das ist doch so lange her!

SABETH Aber gefällt es dir nicht?

ELISABETH Sehr, lieber Rabe!

4. Kapitel

Die schlaflose Nacht der Lehrerin

LEHRERIN *Als ich an diesem Abend vom Fortnerhof ins Reiskirchner Schulhaus zurückkehrte, war ich so verwirrt von den unglaubwürdigen Erzählungen, daß ich kein anderes Bedürfnis hatte als zu schlafen und erst einmal alles zu vergessen. Am nächsten Morgen konnte man es aus der Erinnerung heraufholen und in eine vernünftige Ordnung bringen.*
Ich horchte, bevor ich in mein Zimmer ging, zur Wohnung des Schulleiters hinüber, aber dort war alles still. Wahrscheinlich war Herr Woturba in die Gastwirtschaft gegangen oder er scherzte mit der hübschen Magd des Krämers. Beides war schlimm, besonders das zweite. Doch lenkten mich heute andere Gedanken ab, und ich war nicht so traurig wie sonst an meinen einsamen Abenden. Ich ging, ohne gegessen zu haben, gleich ins Bett und löschte das Licht. Aber meine Hoffnung, ich würde gleich einschlafen, betrog mich. Die Unruhe, etwas versäumt zu haben, quälte mich. Was hatte ich versäumt? Es war nicht meine Schuld, daß ich erst heute von Sabeth erfahren hatte. Es war auch nicht meine Schuld, daß er mir nicht länger als einen Augenblick zu Gesicht gekommen war. Ich mußte morgen wieder zum Fortnerhof gehen und versuchen, den Raben zu sehen und mit ihm zu sprechen.
Viel schlimmer war das andere: daß ich ihn in einer Situation traf, die ihn wahrscheinlich uninteressanter machte, als er früher gewesen war. Von diesem Früheren mußte ich mehr erfahren, ich mußte ihn selbst danach fragen. Das hatten die Fort-

ners unbegreiflicherweise versäumt. Aber hatten sie es wirklich
versäumt? Vieles deutete darauf hin, daß Sabeth wohl das
Sprechen gelernt, aber die wichtigen Antworten vergessen
hatte. Man mußte von diesem kostbaren Wissen zu retten
suchen, was noch zu retten war. Nein, alles konnte noch nicht
verloren sein. Und ich rief mir ins Gedächtnis zurück, was
man mir über den furchtbaren Tag in Sabeths Leben erzählt
hatte. Eines Tages also kam er ins Haus zu Frau Fortner.

Die Tür öffnet sich knarrend.

BÄUERIN Sabeth?

SABETH Sie sind fort, hörst du, sie sind fort!

BÄUERIN Wer ist fort?

SABETH Die anderen.

BÄUERIN Die Raben?

SABETH Sie sind fort.

BÄUERIN Wieso sind sie fort? Wohin?

SABETH Ich weiß es nicht. Ich habe sie gesucht. Aber ich finde sie
nicht mehr.

BÄUERIN Sabeth, was redest du! Sie werden ein bißchen weiter
weg geflogen sein!

SABETH Dann wären sie nicht fort.

BÄUERIN Ich verstehe dich nicht. Das ist sicher nichts Neues für
dich. Du wirst sie schon öfter haben suchen müssen.

SABETH Ich habe sie nie suchen müssen. Auch wenn sie weit weg
waren, ich wußte immer, wo sie sind. Nein, tröste mich nicht.
Ich weiß, daß sie fort sind. Ich erkenne es ja eben daran, daß
ich sie suche. Ich suche sie nicht nur, weil sie fort sind, sondern
sie sind auch fort, weil ich sie suche. Ich habe keine Verbindung mehr mit ihnen, plötzlich ist alles abgerissen, und nun
fällt mir ein, daß ich sie suchen müßte. Oh, ich kannte dies
Wort nicht, jetzt lerne ich es: Suchen. Es ist ein trauriges und
vergebliches Wort, das ich gelernt habe.

BÄUERIN Du machst dir zuviel Gedanken, Sabeth. Sie werden
wiederkommen.

SABETH Das Furchtbare ist aber dies, daß sie vielleicht noch da
sind, und ich weiß es nicht.

BÄUERIN Wenn sie noch da sind, dann ist doch alles gut.

SABETH Und ich weiß es nicht. Ich kann nur über die Felder fliegen und über die Baumkronen und rufen: Brüder, wo
seid ihr? Ich habe nur noch den Schrei der Sprache, die ich
gelernt habe, aber sie vernehmen ihn nicht, sie haben andere
Ohren, und ich bin ihnen so unerreichbar geworden wie sie für
mich.

BÄUERIN Dann hast du Augen, scharfe Augen hast du.

SABETH Die schärfsten nützen mir nichts. Meine Brüder sind fort
und haben mich zurückgelassen, sie haben mich ausgestoßen,
ich bin wertlos für sie. Ich bin kein Rabe mehr, ich bin nichts.

BÄUERIN Oh, Sabeth, Sabeth, warum bist du kein Mensch!

SABETH Ich habe eure Sprache gelernt. Ich bin kein Rabe mehr
und bin kein Mensch geworden. Sieh, ich habe ein schwarzes
Gefieder und einen Schnabel und Krallenfüße. Das blieb mir
vom Raben. Aber ich habe noch etwas anderes und das habe
ich mit euch gemeinsam: Seit heute, seitdem ich gesucht habe,
habe ich Angst.

BÄUERIN Nein, Sabeth, hab keine Angst! Wenn deine Brüder
fort sind, bleibe bei uns. Wir lieben dich.

SABETH Lieben? Ja, ihr könnt lieben. Ich glaube, das hat mich
verführt, zu euch zu kommen. Oh, ihr armen herrlichen Menschen, die ihr lieben könnt!

LEHRERIN *Konnte man nach diesem Gespräch viel Hoffnung haben? Ich meinte eigentlich doch. Gut, die Verbindung war abgerissen, wie Sabeth sagte. Aber damit kennzeichnete er
schließlich nur seine eigene traurige Lage. Es war damit noch
nicht gesagt, daß es unmöglich geworden war, wissenschaftlich
Bedeutsames festzustellen. Die wichtigste Frage vor allem
mußte schleunigst beantwortet werden: Wo kamen die Raben
her? Waren es Bewohner anderer Welten, des Planeten Mars
zum Beispiel? Wenn es so oder ähnlich war, wie waren sie
dann hierher gekommen und warum? In welchem Milieu leb-
ten sie sonst? Hatten sie eine Kultur und welcher Art war sie?
Wie und warum übten sie ihre merkwürdigen Fähigkeiten aus?
Das alles mußte schleunigst erfragt werden, denn woher sollte
man wissen, ob nicht auch Sabeth eines Tages verschwinden
würde oder vor Kummer sterben? Vielleicht bekam ihm auch*

*das Klima auf die Dauer nicht und die Knechtsarbeit, die er
auf dem Fortnerhof verrichtete. Ich wurde recht ärgerlich auf
Fortners, daß sie sich so wenig um alles gekümmert hatten und
daß man eigentlich in der wissenschaftlichen Durchforschung
der Angelegenheit infolge ihrer Saumseligkeit noch ganz im
Anfang war. Und wie gesagt, es konnte sein, daß es schon zu
spät war. Die kleine Elisabeth hatte noch etwas berichtet, was
mir in dieser Hinsicht zu denken gab und dem Gedächtnis Sabeths kein gutes Zeugnis ausstellte. Sie war einige Tage, nachdem die andern Raben verschwunden waren, mit Sabeth im
Wald gewesen.*

ELISABETH Sabeth, ich möchte noch einmal fliegen.
SABETH Fliegen? Hast du Flügel?
ELISABETH Aber Sabeth! So wie wir schon einmal geflogen sind!
Wir beide!
SABETH Wir beide? Davon weiß ich nichts.
ELISABETH Ich hielt mich an deinen Füßen fest und du flogst.
SABETH Ich flog? Das wäre sehr unvorsichtig. Wenn du nun los-
ließest?
ELISABETH Ich lasse nicht los.
SABETH Du könntest schwindelig werden und nicht mehr wissen,
was du tust. Nein, ich hätte Angst um dich.
ELISABETH Ach tu es, Sabeth! Es war so lustig, wie du meinen
Namen in den Wald riefst, und als wir wieder zurückkamen,
hörten wir das Echo.
SABETH Was erzählst du für merkwürdige Sachen!
ELISABETH Aber Sabeth! Tu nicht, als wüßtest du das nicht! Erin-
nerst du dich auch nicht, wie es so blau und dunkel war, daß
es blendete?
SABETH Nein.
ELISABETH Daran denke ich oft. Ach tu es, Sabeth!
SABETH Wenn du durchaus willst.
ELISABETH Ich muß mich an deinen Füßen festhalten. So.
SABETH Und jetzt?
ELISABETH Jetzt mußt du »Elisabeth« in den Wald rufen.
SABETH *ruft:* Elisabeth!
Echo: Elisabeth!

ELISABETH Nein, du mußt gleich, wenn du gerufen hast, weg-
fliegen. Jetzt!

SABETH *ruft:* Elisabeth!

In das Flügelrauschen hinein tönt das Echo: Elisabeth!

ELISABETH Das war nichts, aber flieg weiter!

SABETH Du bist mir schwer.

ELISABETH Flieg in die Finsternis, die blendet! Oh, Sabeth, wo
ist sie?

SABETH Ich weiß nicht.

ELISABETH Ich habe Angst.

SABETH Ich auch. Warte, ich fliege hier auf den Fichtenast. Greif
ihn!

ELISABETH Ja, ich sitze.

SABETH Ich setze mich neben dich.

ELISABETH Oh, Sabeth, warum kommen wir nicht mehr höher
hinauf?

SABETH Waren wir höher?

ELISABETH Es muß sehr hoch gewesen sein. Man sah keine Bäume
mehr und keine Felder.

SABETH Ich weiß nichts davon.

LEHRERIN *Vielleicht war es wirklich für manches schon zu spät.
Anderseits war natürlich ein menschengroßer Rabe, der sprechen konnte, schon erstaunlich genug, auch wenn man über
seine Herkunft nicht mehr viel erfahren konnte. Ich nahm mir
vor, alles zu sammeln. Es bedeutete viel für mich, wenn ich die
eigentliche Entdeckerin der merkwürdigen Erscheinungen auf
dem Fortnerhof war. Ich würde meinen Bericht zuerst an eine
illustrierte Zeitung geben, mein Name würde gedruckt werden. Der Bericht könnte Aufsehen erregen, mit einem Schlage
wäre ich aus der Enge meiner Reiskirchner Umwelt herausge-
hoben und eine Persönlichkeit von allgemeinem Interesse. Aber
konnte ich das alles allein erreichen? Sollte ich nicht vielleicht
Herrn Eginhard Woturba, den Schulleiter, mit ins Vertrauen
ziehen? Ach, seinetwegen wollte ich doch mehr sein als ich
war, er sollte mich bemerken in der Menge, mich, die seit mehr
als einem Jahr neben ihm lebte und die ihn weniger zu interessieren schien als ein ferner Kontinent. Natürlich brauchte*

ich ihn, vor allem wegen der Fotografien. Ich hatte keinen Apparat und verstand auch nichts davon. Zuerst freilich muß- te ich noch soviel wie möglich selber erforschen, – ich mußte ihm von vornherein überlegen sein. Dann sollte er mitarbei- ten, und es war schon oft geschehen, daß aus einer solch engen Zusammenarbeit mehr entstanden war.

Gegen Mitternacht kehrte Woturba heim. Ich hörte seine Schritte. Mich floh der Schlaf noch immer. Schließlich stand ich auf und begann damit, alles aufzuschreiben, was ich heute er- lebt und erfahren hatte. Es war auch richtig das zu tun, bevor ich mit Sabeth selbst sprechen würde. Das nahm ich mir für den nächsten Tag vor.

5. Kapitel

Gespräch mit Sabeth

LEHRERIN Offen geagt habe ich mich in meinem Leben noch nie mit einem Raben unterhalten. Ich weiß infolgedessen nicht, ob ich Sie oder Du sagen muß.

SABETH Halten Sie es, wie Sie wollen.

LEHRERIN Ja, es ist vielleicht besser so. Mit Fortners stehen Sie ja schon länger in näheren Beziehungen, aber wir sind uns fremd. Außerdem sprechen Sie so vollkommen, daß ich immer denke, Sie wären ein verkleideter Mensch. Und kann man einen Men- schen ohne weiteres duzen?

SABETH Wie ein verkleideter Mensch komme ich Ihnen vor?

LEHRERIN Ja.

SABETH So fühle ich mich auch.

LEHRERIN Sehen Sie, da sind wir schon bei dem, was ich Sie fra- gen wollte. Sie müssen entschuldigen, daß ich neugierig bin, aber es ist alles so merkwürdig, wenigstens im ersten Augen- blick. Ich weiß auch nicht, ob Sie mir überhaupt antworten wollen.

SABETH Warum nicht? Ich habe keine Geheimnisse. Fragen Sie nur! Ich werde Ihnen ganz offen antworten und die Wahrheit sagen.

LEHRERIN Oh, das ist gut. So habe ich schon eine Sorge weniger. Hören Sie meine erste Frage: Von welcher Welt sind Sie gekommen?

SABETH Von welcher Welt? Das verstehe ich nicht.

LEHRERIN Nun, ich meine vom Mars oder von der Venus oder vom Mond?

SABETH Nein, von nirgends her. Das heißt, ich will nicht lügen. Vielleicht doch. Ich weiß es nicht.

LEHRERIN Sie wissen es nicht. Haben Sie es nie gewußt oder haben Sie es vergessen?

SABETH Auch das weiß ich nicht.

LEHRERIN Vielleicht haben Sie es nur vergessen. Können Sie nicht versuchen, sich zu erinnern?

SABETH Oh, ich versuche das alle Tage.

LEHRERIN Ohne Erfolg?

SABETH Ohne Erfolg.

LEHRERIN Vielleicht leiden Sie überhaupt unter Gedächtnisstörungen, wenn man es so nennen darf. Was meinen Sie, seit wann Sie es vergessen haben?

SABETH Ich weiß nicht, das heißt, ich glaube, seitdem mich die andern verlassen haben. Nein, das stimmt auch nicht. Ich glaube, es fing schon früher an.

LEHRERIN Aber wann?

SABETH Ich glaube, seitdem ich anfing zu sprechen.

LEHRERIN Ah!

SABETH Mit dem Augenblick, wo ich das erste Wort aussprach, begann ich ein Gedächtnis zu haben und begann zugleich zu vergessen. Zuerst nur langsam und nur Einzelnes. Aber als die andern fortflogen, vergaß ich alles.

LEHRERIN Sie sagen: Sie begannen, ein Gedächtnis zu haben, als Sie das erste Wort aussprachen. Vorher hatten Sie also kein Gedächtnis?

SABETH Nein, ich glaube nicht.

LEHRERIN Oh, das ist aber merkwürdig.

SABETH Ja, manchmal kommt es mir auch schon merkwürdig vor.

LEHRERIN Sie sagen: Als die andern fortflogen. Wissen Sie, daß sie fortgeflogen sind?

SABETH Sie haben recht. Ich habe mich ungenau ausgedrückt.

Aber ich denke schon wie die Menschen und meine, wenn Raben verschwinden, müßten sie geflogen sein.

LEHRERIN Sie meinen, sie könnten ebenso gut gegangen sein?

SABETH Ja, das ist möglich.

LEHRERIN Aha.

SABETH Aber ich glaube es nicht.

LEHRERIN Warum glauben Sie es nicht?

SABETH Ich habe ganz andere Vorstellungen von den Raben.

LEHRERIN Aber wie sollte sich ein Rabe anders fortbewegen? Er kann nur fliegen oder gehen.

SABETH Ja, das mag sein. Aber ich weiß nicht einmal genau, ob ich ein Rabe bin. Ich bin jetzt natürlich einer, aber ob ich einer war?

LEHRERIN Fortners haben Sie doch alle gesehen.

SABETH Gewiß, gewiß. Aber vielleicht kamen wir den Menschen nur wie Raben vor. Vielleicht ist das die Gestalt, in der wir ihnen sichtbar werden können. Oder vielleicht ist es eine der Gestalten.

LEHRERIN Verzeihen Sie, jetzt bin ich ein bißchen verwirrt.

SABETH Sie dürfen das auch nicht so wichtig nehmen, was ich sage. Möglicherweise ist es alles falsch. Ich denke nur in letzter Zeit viel nach, weil sich mein Leben jetzt in der Dunkelheit abspielt. Manchmal habe ich das Gefühl, daß sich die Dunkelheit für einen Augenblick erhellt. Manchmal, es ist allerdings selten.

LEHRERIN Und sind diese Augenblicke ganz zufällig?

SABETH Zufällig können sie nicht sein, wenn sie die Dunkelheit heller machen.

LEHRERIN Das ist alles nicht einfach für mich. Können Sie mir ein Beispiel sagen?

SABETH Neulich zum Beispiel sah ich einen Baum.

LEHRERIN Ja und?

SABETH Da war es so.

LEHRERIN Wie? Daß sich die Dunkelheit erhellte?

SABETH Ja.

LEHRERIN War etwas Besonderes an dem Baum?

SABETH Nein.

LEHRERIN War es eine Kiefer?

SABETH Eine Platane.

LEHRERIN Platanen sind hier nicht häufig.

SABETH Sie stehen als Chausseebäume an der Straße.

LEHRERIN Das ist wahr. Aber sagen Sie, was vor sich ging.

SABETH Nichts, oder auch sehr viel. Es durchfuhr mich wie ein Licht.

LEHRERIN Ja und?

SABETH Dann war es wieder weg. Es war ein jähes, großes Entzücken. Ich wußte alles.

LEHRERIN Ah – Sie wußten alles! Was wußten Sie?

SABETH Ich habe es im gleichen Augenblick vergessen.

LEHRERIN Mein Gott, so kommen wir nicht weiter. Ich bin durcheinander. Was wollte ich Sie noch fragen? Ja, – Sie meinen also, die Raben kämen nicht wieder?

SABETH Ich weiß es nicht. Ich weiß ja nicht einmal, ob sie fort sind. Aber daß ich es nicht weiß, das ist eigentlich das Zeichen, daß ich sie nicht wiedersehen werde.

LEHRERIN Was ist denn jetzt anders als vorher?

SABETH Daß ich sterben werde.

LEHRERIN Daß Sie sterben? Waren Sie vorher unsterblich?

SABETH Ich weiß es nicht. Ich habe das so herausgesagt, es kam mir sofort auf die Zunge. Aber wenn es mir so auffällt an meinem jetzigen Leben, dann war ich vielleicht früher wirklich unsterblich. Oh – ich muß darüber nachdenken.

LEHRERIN Ja, denken Sie darüber nach. Vielleicht fällt es Ihnen bis morgen ein.

SABETH Ich weiß nicht, ob einem die Unsterblichkeit bis morgen einfallen kann. Zudem macht mich das Nachdenken traurig.

LEHRERIN Weil Sie bemerken, daß Sie kein Rabe mehr sind?

SABETH Ja, ich bin nicht mehr, was ich bin. Ihr habt es gut.

LEHRERIN Oh, ich verstehe, daß Sie traurig sind.

SABETH Sagen Sie es Elisabeth nicht, daß ich traurig bin. Ich bemühe mich, es ihr nicht zu zeigen. Ich möchte gern, daß sie immer lacht. Aber ach – sie hat es gewiß längst bemerkt.

LEHRERIN *Nach diesem Gespräch wurde es mir klar, daß ich es allein nicht schaffen konnte. Dann aber bewog mich auch das Gefühl, es sei mit den Fotografien eilig, Woturba sogleich ins Vertrauen zu ziehen. Als ich ihm am nächsten Tage erzählte, worum es sich handelte, sah ich ihm an, daß er mich für irre hielt. Glücklicherweise hatte er die übliche Ansicht, nämlich die, daß man einem Irren nicht widersprechen solle, um keinen Anfall hervorzurufen. So versprach er mir in nachgiebigster Weise, mich zum Fortnerhof zu begleiten, den Fotoapparat mitzunehmen und Aufnahmen zu machen. Er wollte mir auch bei meinen Aufzeichnungen behilflich sein und nahm zunächst einmal das mit, was ich schon geschrieben hatte. Er wollte es, wie er sagte, vorm Einschlafen lesen. Mir war es recht, daß er sich vorm Einschlafen mit mir beschäftigen wollte. Besser, er hielt mich für wahnsinnig, als daß er mich übersah. Er würde seine Meinung ohnehin ändern müssen.*

6. Kapitel

Ein fotografiertes Gespräch

LEHRERIN *Als ich mit Eginhard Woturba das Schulhaus in Reiskirchen verließ, um zum Fortnerhof zu gehen, steckte er mir mein Manuskript zu, und indem er mich mit einem Lächeln ansah, das ich nicht zu deuten wußte, sagte er:*

WOTURBA Ich weiß nicht, was ich davon halten soll. Es klingt ganz überzeugend. Vielleicht sind Sie eine phantasievolle Schriftstellerin.

LEHRERIN Ich? Ach, ich bin nichts, – ein Fräulein Lehrer.

WOTURBA Vielleicht sind Sie auch verrückt. Entschuldigen Sie, daß ich das so direkt sage.

LEHRERIN Oh, ich verstehe Sie sehr gut. Es klingt wirklich alles etwas irre. Nun – Sie werden gleich sehen, ob ich nur phantasiert habe.

WOTURBA Sollte es wirklich einen solchen Raben geben, so werde ich jedenfalls nicht in Ohnmacht fallen, sondern so tun, als ginge ich täglich mit Geschöpfen seiner Art um.

LEHRERIN Dennoch: Vergessen Sie vor Erstaunen nicht das Fotografieren!

WOTURBA Ich habe drei Filme mitgenommen, das dürfte fürs erste reichen.

LEHRERIN Tun Sie es möglichst unauffällig. Ich weiß nicht, ob es ihm recht ist.

WOTURBA Sie tun wirklich schon, als wäre alles wahr. Und weiß Gott, mir kommt es auch allmählich selbstverständlich vor. Ich muß sogar gestehen, die Lektüre Ihrer Aufzeichnungen hat mich schon zu einer Theorie angeregt. *Er lacht.* Ein Zeichen für die Überzeugungskraft Ihres Stils.

LEHRERIN Sie machen sich lustig über mich.

WOTURBA Es gefällt mir, daß Sie nicht nach meiner Theorie fragen, sondern daß es Ihnen wichtiger ist, was ich über Sie denke.

LEHRERIN Welches ist denn Ihre Theorie?

WOTURBA *lachend:* Zu spät! Soll ich mich nicht lieber erst davon überzeugen, daß Sie wirklich nicht –

LEHRERIN – verrückt sind. Hoffentlich bin ich es nicht.

WOTURBA Ein wenig darf es natürlich ein jeder sein.

LEHRERIN *seufzend:* Ja, – meinen Sie?

WOTURBA Wie könnte man sonst diesen Weg gehen mit der ernsthaftesten Absicht, sich mit einem Raben zu unterhalten?

LEHRERIN Helfen Sie mir, daß ich nicht wieder die wichtigen Fragen vergesse.

SABETH Sie wünschten, Fräulein, daß ich nachdenke, wie denn wir Raben sterben.

LEHRERIN Oder ob Sie unsterblich wären.

SABETH Ich habe nachgedacht, aber nichts Gewisses gefunden.

LEHRERIN Nichts Gewisses, aber doch etwas?

SABETH Es sind Dinge, die Sie sich selber ausdenken könnten. Wirklich, alles, was Sie über mich denken könnten, ist nicht weniger richtig als was ich selber denke. So wenig weiß ich. Doch wenn ich die Dinge betrachte, die ich nun bei euch gesehen und gelernt habe, so kommen mir Bilder, die so überraschend sind, daß ich meine, es seien Erinnerungen. Tod, Liebe, Zeugung, Geburt, Unsterblichkeit, – ich finde zu all dem nichts recht Entsprechendes.

WOTURBA Verzeihen Sie, daß ich mich einmische. Ihr Dasein mitten unter uns ist so unbegreiflich, daß uns die Neugier und das Verlangen nach wissenschaftlicher Genauigkeit plagt.

SABETH Oh, war ich ungenau? Ich gebe mir alle Mühe.

WOTURBA Tod, Liebe, Unsterblichkeit, das sind vorerst recht ne-
belhafte Dinge. Wir sollten erst die Realia Ihrer Welt kennen,
also zum Beispiel nicht über die Liebe sprechen, sondern über
das Geschlecht.

SABETH Sie möchten wissen, ob wir auf Nestern sitzen und Eier
ausbrüten wie die Nebelkrähen.

WOTURBA Ja, zum Beispiel das.

SABETH Wenn ich es nur wüßte. Sie verlangen Genauigkeit, wo
ich selbst nur Vermutungen habe.

LEHRERIN Und was vermuten Sie?

SABETH Daß wir Raben geschlechtslos sind.

WOTURBA Geschlechtslos? Aber –

SABETH Ich sage Ihnen ja, daß es mir selbst merkwürdig vorkommt. Ich glaube, daß keiner von uns je gezeugt und geboren ist, von Eiern und Nestern, Männchen und Weibchen ganz
zu schweigen.

WOTURBA Eine geschlechtslose Welt? Wie paßt die Rabengestalt
dazu?

SABETH Ich sagte schon, daß ich nicht sicher bin, ob wir wirklich
Raben sind. Aber dies einmal vorausgesetzt, so weiß ich doch
nicht, ob wir mehrere Raben sind, zwanzig oder dreißig oder
hundert. Vielleicht sind wir nur einer.

LEHRERIN Wie? Dann wären Sie gar nicht Sabeth, also einer der
Raben, die hier gesehen wurden? Dann wären Sie: Alle Raben.

SABETH Diese Hoffnung ist mir zu verwegen.

LEHRERIN Aber ist es nicht möglich?

SABETH Alles, was Sie denken, ist möglich, warum nicht dieses?
Aber nehmen wir einmal an, wir wären mehrere. Zum mindesten muß es dann über diesem einzelnen Sein noch ein sehr
viel deutlicheres allgemeines Rabensein geben.

WOTURBA Ich verstehe: So wie der Termitenstamm vielleicht ein
Lebewesen ist, das sich in einzelne Individuen gespalten hat.

SABETH Das weiß ich nicht. Möglich. Ich bin keine Termite.

LEHRERIN Wenn Sie nicht wissen, ob Sie ein Rabe sind, so könnten Sie doch eine Termite sein.

SABETH Schade, daß ich kein Mensch bin, sonst würde ich Ihnen
für diese Bemerkung die Hand küssen. Vielleicht tut es Herr
Woturba für mich?

WOTURBA Gern.

SABETH Danke.

LEHRERIN Ich danke auch. Aber woher wissen Sie, daß Sie kein Mensch sind?

SABETH Sehen Sie nicht mein Rabenkleid?

WOTURBA Wir haben Sie unterbrochen. Sie meinten, die Raben hätten ein gemeinsames Sein, das stärker ist als ihr vereinzeltes?

SABETH Jedenfalls ist es mir, als gäbe es Augenblicke, wo sie nur noch e i n Rabe sind. Ich meine, daß dies ein sehr seltener und starker Augenblick ist, ein Augenblick, der das Feuer und die verzehrende Kraft eines Blitzes hat.

WOTURBA Und dann?

SABETH Dann sind wir wieder mehrere. Soll man es Tod nennen oder Geburt?

LEHRERIN Liebe, Unsterblichkeit.

SABETH Ja, vielleicht ist es das alles.

WOTURBA Welch schreckliches Dasein!

SABETH Ich ersehne es zurück. Oft war ich in letzter Zeit der Verzweiflung nahe. Aber ich habe ein wenig Hoffnung geschöpft, denn mir ist ein Gedanke gekommen, der tröstlich ist. Vielleicht war es mein Auftrag, unter euch zu leben und eure Sprache sprechen zu lernen, mein Auftrag also, zu vergessen.

WOTURBA Ein wissenschaftlicher Auftrag?

SABETH Ich weiß nicht, aus welchen Gründen er gegeben sein könnte. Ich weiß nicht, ob es da, wo ich herkomme, überhaupt Gründe gibt. Aber es wäre tröstlich anzunehmen, daß mir der Gedanke, ausgestoßen zu sein, nur aus der menschlichen Sprache kommt. Könnte es nicht ein Auftrag sein?

WOTURBA Sie fragen uns?

SABETH Sie könnten es ebenso wissen wie ich. Sprechen wir nicht die gleiche Sprache?

WOTURBA Daraus müssen Sie schließen, daß wir es ebenso nicht-wissen wie Sie.

SABETH Nun ist es aber ebenso eine Hoffnung wie eine Furcht. Denn so sehr ich mich auch danach sehne, in meine Welt zurückzukehren, so ist es mir doch schrecklich, die eure zu verlassen.

WOTURBA Wie? Sie hängen an dieser Welt, in der Sie nichts sind?
SABETH Ja. *Die Tür wird geöffnet.*
ELISABETH Sabeth? Darf ich hereinkommen?
SABETH Ich warte schon so lange auf dich, Elisabeth.
ELISABETH Bist du fröhlich, Sabeth?
SABETH Sehr, Elisabeth.
ELISABETH Dann bin ich auch froh.
SABETH Ich bin froh, weil du da bist.

7. Kapitel

Sabeths Tod

LEHRERIN *Im nebligen Dunkel des Novemberabends gingen wir
den Weg nach Reiskirchen zurück. Ich bin nachtblind und hatte
mich in Herrn Woturbas Arm gehängt. So ihm ganz nahe,
war es mir schwer, nur an Sabeth zu denken und Herrn Woturbas Ausführungen recht zu folgen, die er auf unserem Gang
durch die Nacht vortrug. Auch verwirrte es mich, daß er mich
beim Vornamen nannte.*

WOTURBA Ich dachte, es würde mir alles klar sein, wenn ich Sabeth gesehen hätte. Aber es ist ebenso unklar, als wäre er gar
nicht da.
LEHRERIN Nicht wahr, das hatten Sie erwartet, weil Sie mich
für eine hysterische Irre hielten!
WOTURBA Nicht doch, Therese. Aber ich glaubte, es handle sich
um eine Massensuggestion.
LEHRERIN Und das ist jetzt nicht mehr möglich?
WOTURBA Ich nehme es ungern an, denn dann wäre ich ihr selber unterlegen. Von welcher Person außerdem könnte sie ausgehen? Ich dachte natürlich an Sie, Therese, weil ich durch Ihren Bericht von der Sache erfuhr. Doch ich habe mich überzeugt,
daß Sie in der Angelegenheit nur am Rande stehen. Eigentlich
müßte es Elisabeth sein, niemand anderes. Aber sind es die
Gedanken eines neunjährigen Kindes, die Sabeth äußert? Nein,
um eine Suggestion kann es sich nicht handeln.

LEHRERIN Also ein okkulter Fall?

WOTURBA Einmal angenommen, daß es dergleichen wirklich gibt: Hier käme auch wieder nur Elisabeth als Medium in Betracht, und die gleichen Gründe sprechen dagegen. Sabeth ist kein Geschöpf aus Elisabeths Reich. Es gibt nur zwei Möglichkeiten: Entweder sind wir alle über Nacht verrückt geworden –

LEHRERIN Oder?

WOTURBA – oder Sabeth existiert wirklich.

LEHRERIN Ich zweifle nicht daran.

WOTURBA Aber woher kommt er? Was ist er für ein Wesen? Wir wissen noch immer nichts.

LEHRERIN Vielleicht ergibt sich etwas aus den Fotos.

WOTURBA Was sollte sich daraus ergeben? Nun jedenfalls bringe ich sie morgen zum Entwickeln.

LEHRERIN Wieviel haben Sie aufgenommen?

WOTURBA Zehn. Nummer eins: Sabeth, wie er zur Tür hereinkommt. Nummer zwei: Sabeth allein, sprechend. Nummer drei: Sabeth und Therese. Nummer vier mit Selbstauslöser: Sabeth und ich. Nummer fünf: Wir drei. Nummer sechs: Nochmals Sie beide. Nummer sieben, acht und neun: Sabeth und Elisabeth. Nummer zehn: Nochmals Sabeth allein.

LEHRERIN Ich werde meinen Bericht weiterschreiben. Wenn wir dann die Fotografien haben –

WOTURBA Ich kenne einen Redakteur. Ihm werde ich das alles schicken. Wir müssen freilich noch öfter mit Sabeth sprechen. Nur fehlt es an System in den Gesprächen. Ich will mir heute nacht ganz präzise Fragen notieren, die eine nach der anderen abgehandelt werden muß. Morgen gehen wir wieder zum Fortnerhof.

LEHRERIN *Zwar gingen wir am nächsten Tag zum Fortnerhof, aber inzwischen hatte sich vieles geändert und entschieden. Am Morgen fehlte Elisabeth in der Schule. Auf dem Katheder fand ich einen Zettel mit der ungelenken Aufschrift: »Sabeth ist tot«. Ich weiß nicht, ob er von Elisabeth stammte. Was war geschehen? Voller Unruhe machten wir uns, Eginhard und ich, am Nachmittag auf den Weg. Wir trafen diesmal Herrn Fortner an.*

BAUER Ja, er ist tot.

WOTURBA Wo ist er? Können wir ihn sehen?

BAUER Er ist nicht mehr da.

WOTURBA Haben Sie ihn fortgeschafft?

BAUER Nein, er ist einfach verschwunden.

WOTURBA Haben Sie keinen Verdacht, wer ihn fortgeschafft haben könnte?

BAUER Sie mißverstehen mich. Es war nie ein Leichnam da.

LEHRERIN Und er ist dennoch tot?

BAUER Es war gestern abend gegen neun. Wir saßen um den Tisch, meine Frau und ich und Elisabeth. Elisabeth war über ihren Schulaufgaben. Sabeth hatte ihr zuerst geholfen, dann war er an den Ofen gegangen. Er litt in letzter Zeit etwas unter der Herbstkälte. Meine Frau strickte, ich las die Zeitung. Es war ganz still, nur manchmal hörte man Elisabeths Feder auf dem Papier kratzen. Da sagte auf einmal Sabeth mit einer ganz anderen Stimme als sonst: »Elisabeth!« Er sagte es nicht laut, aber zugleich schrie er es, ja es war, als ob er sie um Hilfe riefe. Wir schauten alle auf und sahen ihn an. Wir sahen ihn an, und im gleichen Augenblick war er verschwunden.

LEHRERIN Lief er zur Tür hinaus?

BAUER Nein, an der Stelle, wo er gestanden hatte, war nichts mehr. Aber es war keine Tür und kein Fenster aufgegangen. Freilich war es eigentlich noch ein wenig anders. Gewiß, er war da und war im gleichen Augenblick weg, aber es war wiederum ein anderer Augenblick. Inzwischen war eine Ewigkeit vergangen.

WOTURBA Eine Ewigkeit?

BAUER Meine Frau drückte es so aus: Es war, wie wenn man erwacht und meint, man habe überhaupt nicht oder nur kurz geschlafen. Inzwischen aber ist die ganze Nacht vergangen.

WOTURBA Hat Elisabeth das auch gemerkt?

BAUER Elisabeth sagt, es war wie damals, als sie mit Sabeth in die blaue blendende Dunkelheit flog.

WOTURBA Ja, so muß es gewesen sein.

LEHRERIN Wieso müßte es so gewesen sein?

WOTURBA Ich meine, etwas begriffen zu haben. Man sollte Elisabeth befragen.

BAUER Das können Sie nicht.

LEHRERIN Wo ist sie?

BAUER Sie läuft durch den Wald und sucht ihn.

LEHRERIN Ja, sie läuft durch den Wald und sucht ihn. Tut sie nicht recht? Wer sagt euch, daß er tot ist?

BAUER Ja, er ist tot.

WOTURBA Man kann es so nennen, weil er nie wiederkommen wird. Aber tot? Nein, er ist nicht tot, er ist in sein anderes Leben zurückgekehrt, das keine Verbindung mit uns hat.

BAUER Ist das nicht das gleiche wie der Tod?

LEHRERIN *Im Walde, durch den der Weg nach Reiskirchen führt, hörten wir in der Dämmerung Elisabeths Stimme, die nach dem verlorenen Freunde rief. Aber nichts als das Echo antwortete ihr.*

ELISABETH *rufend:* Sabeth!
  Echo: Sabeth –
  Ruf: Sabeth!
  Echo: Sabeth –

LEHRERIN *Es war wie der Ruf der unabwendbaren Einsamkeit, und ich fühlte die Tränen in mir aufsteigen und drückte den Arm meines Begleiters fester.*
In den nächsten Tagen schrieben wir zusammen den Bericht fertig und stellten ein endgültiges Manuskript her, in das jetzt nur noch die Fotos eingefügt werden mußten. Leider hatten wir dann doch viele Änderungen, denn als die Fotos endlich kamen, sahen wir, daß etwas Merkwürdiges geschehen war.

WOTURBA Das erste Bild: Sabeth, der zur Tür hereinkommt. Was siehst du?

LEHRERIN Nichts.

WOTURBA Das ist übertrieben. Ich sehe die geöffnete Tür sehr deutlich. Es ist ein ausgezeichnetes, sehr scharfes Foto.

LEHRERIN Aber Sabeth ist nicht darauf.

WOTURBA Richtig. Aber sehen wir weiter. Bild zwei: Sabeth,

allein, sprechend. Man sieht sehr deutlich eine Kommode mit einer Glasschale darauf, in der offenbar Briefe liegen.

LEHRERIN Und von Sabeth keine Spur.

WOTURBA Bild drei: Sabeth und Therese. Ich finde, es ist ein gutes Bild von dir. Auf dem vierten bin ich dann.

LEHRERIN Auch eine gute Aufnahme.

WOTURBA Bild fünf: Wir beide.

LEHRERIN Und Sabeth? Ist er auf keinem einzigen?

WOTURBA Auf keinem.

LEHRERIN Und nun? Er war also gar nicht da!

WOTURBA Warum sollte er nicht dagewesen sein? Weil ihn der Fotoapparat nicht festhalten kann? Was besagt das schon? Er existierte so, daß es war, als ob er nicht existierte. Ich glaube, daß er in einer Welt lebte, in der die unsre als ein Teil enthalten ist. Deshalb ist er uns unerklärlich, deshalb erreichen ihn weder wir noch unsere Apparate. Haben wir nicht eine Ahnung davon in dem Rätselhaften und Schrecklichen, was wir Zeit nennen? Das ist der Rest, der sich in unserm Raum nicht einordnen läßt. Für Sabeth gab es keine Zeit in unserm Sinne. Er lebte darin wie wir im Raum. Er lebte in der Ewigkeit. Denke an Elisabeths Flug in die blaue blendende Dunkelheit, denke an diesen ewigen Augenblick, als Sabeth verschwand, denke auch an seine Ahnung, daß seine Rabengestalt nichts Absolutes war.

LEHRERIN Er wäre also vollkommen gewesen?

WOTURBA Wir wissen nicht, was es dort für Mängel gibt, wo wir schon Vollkommenheit sehen. Die Götter und Engel haben noch Gott über sich.

LEHRERIN Und was ist uns geschehen? Wir sind die, die einen Blick in jene andere Welt getan haben.

WOTURBA Dieser Blick wäre der Tod. Wir haben nur den Vorhang gesehen, der sie verbirgt.

LEHRERIN Und doch kommt es mir vor, als ziele alles auf diese Welt. Wo also ist sie, wo?

WOTURBA Überall. Wir sind selber darin. Wir wissen nichts und wir verstehen die Zeichen nicht, die uns bisweilen gegeben werden.

8. Kapitel

Ein Beweis für Sabeths Existenz

LEHRERIN *Einige Zeit später sandten wir das Manuskript mit den nichtssagenden Fotos an den Redakteur, den Eginhard kannte. Wir ahnten nicht, daß wir dadurch einer neuen Spur von Sabeths irdischem Dasein begegnen sollten.*

Büro

REDAKTEUR *diktierend:* Sehr geehrter Herr Woturba! Haben Sie Dank für Ihre freundliche Einsendung, die wir leider – Nein, halt!

SEKRETÄRIN Soll ich das Blatt herausnehmen?

REDAKTEUR Eine alberne Geschichte, mit der man nichts anfangen kann. Und diese Fotos! Aber trotzdem –

SEKRETÄRIN Vielleicht könnte man einen Raben hineinmontieren?

REDAKTEUR Aber woran erinnert mich das alles? Hat mir nicht irgend jemand was erzählt? Warten Sie, – es war Dr. Schlefink. Suchen Sie die Telefonnummer! Wie war das? Er war mit seiner Frau im Auto gefahren –

Fahrendes Auto

FRAU Was ist das dort vorn auf der Straße? Ein Kreisel?

MANN Ein meterhoher Kreisel? *Er bremst.* Das Ding wehte aufs Auto zu.

FRAU Wo ist es geblieben?

MANN Warte! *Er öffnet die Autotür.*

MANN Schau her, Elfriede, was hier vorm Kühler liegt!

FRAU Eine Feder? Das muß ein riesiger Vogel gewesen sein.

MANN War das nun der Kreisel?

FRAU Die Feder hat aufrecht auf dem Kiel gestanden und sich gedreht.

MANN Und was für ein Luftwirbel hat sie bewegt? Mir kommt es völlig windstill vor.

FRAU Aber sag, was das für ein Vogel ist!

MANN Ein Strauß.

FRAU Das ist keine Straußenfeder.

MANN Ein schwarzer Schwan.

FRAU Ein Riesenrabe würde ich sagen.

MANN Einen Vogel mit solchen Federn gibt es nicht. Wahrscheinlich ist es eine künstliche Feder.

FRAU Nein, sie ist nicht künstlich.

MANN Ist das alles nicht etwas merkwürdig?

FRAU Ein bißchen unheimlich. Ich habe das Gefühl, es stünde jemand hinter uns.

MANN Was?

FRAU Ein riesiger schwarzer Vogel. Er könnte mich packen und forttragen.

MANN Keine Halluzinationen! Es steht niemand hinter uns. Die Feder nehmen wir mit.

FRAU Muß das sein?

MANN So was läßt man nicht liegen.

FRAU Komm, laß uns weiterfahren!

MANN Einen Augenblick! Ich will mir lieber notieren, wo wir sie gefunden haben. Bundesstraße 299 bei Kilometer –

FRAU Da ist ein Stein: Sechzehn.

MANN Sechzehn. Und sonst? Felder, Wald nicht weit von der Straße. Platanen am Wegrand. Kein Gehöft zu sehen.

FRAU Vielleicht bringt uns das schwarze Ding Unglück?

MANN Es könnte auch Glück bringen. Wahrscheinlich keins von beiden.

Das Auto fährt ab.

REDAKTEUR *wählend:* 2 – 1 – 6 – 1 – 5

Telefongeräusche

FRAU *im Telefon:* Hier bei Dr. Schlefink.

REDAKTEUR Hier Reinicke. Guten Tag, Frau Schlefink.

FRAU Guten Tag, Herr Reinicke.

REDAKTEUR Eine Frage, Frau Schlefink! Ihr Mann hatte mir neulich von einer Vogelfeder erzählt, einer riesigen schwarzen Feder, die Sie auf der Straße gefunden haben.

FRAU Ja, gewiß. Das war ein bißchen sonderbar. Die Feder hängt als Wandschmuck hier im Zimmer. *In verändertem Ton:* Einen Augenblick – ja –

REDAKTEUR Was ist denn, Frau Schlefink?

FRAU Das ist aber merkwürdig. Vor einer Minute hing sie noch da.

REDAKTEUR Ist sie heruntergefallen?

FRAU Nein, es hängt etwas anderes an der Stelle.

REDAKTEUR Was denn?

FRAU Ein Platanenzweig. Die Blätter sind ganz frisch.

REDAKTEUR Ein Platanenzweig?

9. Kapitel

Epilog

LEHRERIN *Es ist Winter, wie damals, als Sabeth in unsere Gegend kam. Alles geht seinen gewohnten Gang, die Bauern sitzen auf ihren verschneiten Höfen, der Schnee fällt, die Bäume sind kahl. Die Kunde von den schwarzen Gästen ist nicht weit gedrungen. Hin und wieder heißt es, der Teufel sei gesehen worden, aber nur wenige wissen, woher das Gerücht stammt. Unser Bericht ist nirgends erschienen. Mir ist er freilich nicht mehr so wichtig. Mein Leben hat eine glückliche Wendung genommen. Vorerst bleibe ich noch im Schuldienst. Ich unterrichte gern, und Kinder sind mir lieb. Doch muß ich mir Mühe geben, nicht zu zeigen, daß mir Elisabeth die liebste ist. Sie macht mir viel Sorgen. Sie ist meistens unaufmerksam und ganz geistesabwesend. Oft in diesen Tagen, wo draußen der Schnee liegt, steht sie mitten während des Unterrichts von ihrem Platz auf und tritt ans Fenster. Ich sehe, wie sie in das neblige Weiß hineinschaut und auf einen Krähenschwarm, der sich irgendwo niedergelassen hat. Ich will das Kind nicht erschrecken und rufe es halblaut an:*
Elisabeth!
Und sie dreht sich um und sieht mich an, wild und traurig, wie nur Tiere blicken.

Die Andere und ich

Stimmen
John · Bob · Giovanni · Carlo · Vater · Herr · Antonio ·
Antonio als Kind · Umberto · Ellen · Lissy · Camilla · Mutter ·
Tante · Lidia · Filomena · Filomena als Kind

Raumlos
ELLEN Dr. Sedgewood, unser Hausarzt in Washington, findet, alle Ereignisse im menschlichen Leben seien auf diese oder jene Weise vom Wetter bestimmt. Wie leicht wäre es, die Geschichte von Camilla und mir als Beispiel zu nehmen. Wie leicht für ihn, zu behaupten, ich hätte von ihrem Dasein niemals erfahren, wenn es am 5. August 1951 kühler gewesen wäre. Aber ich frage ihn nicht. Vielleicht waren es auch wirklich nur die 95 Grad Fahrenheit, von denen alles abhing.
Jener Tag war ein Sonntag und übrigens mein einundvierzigster Geburtstag. Wir waren auf unserer Europareise, auf dem Weg von Venedig nach Florenz. Die Wochen vorher waren wir in Paris, an der Riviera und zuletzt am Lido gewesen. Ich hätte meinen Geburtstag gern noch am Lido gefeiert, aber John und die Kinder wollten weiter. John wollte die Uffizien sehen, und Bob und Lissy wollten ohnehin immer weiter. So waren wir also an diesem heißen Tag unterwegs. Wir hatten den Wagen offen, aber der Fahrtwind erfrischte uns wenig.

Im fahrenden Auto. Das Radio spielt.
ELLEN Wie heißt das hier?
JOHN Ferrara, Provinzhauptstadt, 140 000 Einwohner. Das Kastell und die Kathedrale haben einen Stern.

BOB Wir sollten nur besichtigen, was zwei Sterne hat.

LISSY Ja. Das macht die Reise einfacher.

JOHN Ich würde aber doch im Vorbeifahren –

BOB Der Steinkasten da drüben?

JOHN Ist schon das Kastell.

LISSY Stil Empire State Building.

JOHN Sehr entfernt.

BOB Aber viel niedriger.

ELLEN Hochhäuser haben sich ohnehin überlebt.

LISSY Mama übertreibt.

JOHN Die Burg der Familie d'Este. Ariost und Tasso haben hier
gedichtet.

LISSY Tasso? Nie gehört.

JOHN Weltliteratur.

LISSY So wie Shakespeare?

JOHN Mehr wie Milton. Aber alles italienisch.

LISSY Papas Bildung ist furchtbar. Wußtest du etwas von Ariost,
Mama?

ELLEN Ich möchte baden.

JOHN Und dies, meine Lieben, ist der Dom.

LISSY Sehr interessant.

BOB Im Vorbeifahren erträglich.

LISSY *gähnend:* Wenn man hält, wird alles furchtbar.

JOHN Die Fassade romanisch-lombardisch.

ELLEN Ich möchte baden.

LISSY Mama möchte baden.

JOHN Ein verständlicher Wunsch.

BOB Mama hat heute Geburtstag.

JOHN Dennoch unerfüllbar.

ELLEN Wieso unerfüllbar?

JOHN Wo dachtest du, meine Liebe?

LISSY Hier ist ein Springbrunnen!

BOB Lissys Scherze lassen erschreckend nach.

ELLEN Im Meer. Das Meer kann nicht weit sein.

LISSY Baden wäre nicht schlecht.

BOB Ja: warum müssen wir in dieser Hitze herumfahren?

ELLEN Ihr wolltet es.

JOHN Wir wollen nach Florenz.

BOB Müssen wir heute hinkommen?

ELLEN Halt an, John. Ich will auf der Karte nachsehen, ob wir hier nicht ans Meer fahren können.

Das Auto hält.

JOHN Diese Aufenthalte!

ELLEN Hier geht eine Straße ans Meer, John.

JOHN Ich will die Uffizien sehen.

ELLEN Nach Porto Garibaldi. Ungefähr fünfzig Kilometer.

BOB Vielleicht gibt es da einen Dom.

JOHN Es gibt sicher keinen Dom, und ich wette, daß es ein Drecknest ist.

ELLEN Die Straße führt mitten durch die Lagunen. Sicher sehr interessant!

LISSY Ja, Papa, fahren wir baden.

JOHN Wir hätten am Lido bleiben können.

ELLEN Sagte ich das nicht?

BOB Am Lido hat jeder Amerikaner schon gebadet, aber in Porto Garibaldi nicht.

JOHN Das wird seine Gründe haben. Aber wenn ihr wollt –

Das Auto fährt an und entfernt sich mit seiner Radiomusik.

Raumlos

ELLEN 35 Grad Celsius im Schatten und ein Gespräch mit Radiomusik – so nichtssagend, so unauffällig ging es vor sich, daß ich in ein anderes Leben fuhr. Kein bedeutungsvolles Zeichen, das mir das Schicksal gegeben hätte, kein Wort in unserm harmlosen Geschwätz, das mir wenigstens nachträglich hätte auffallen können. Camilla hat oft darüber nachgedacht – sie hatte ja über vierzig Jahre Zeit dazu – und es erfüllte sie mit einer Art von Genugtuung, daß gerade ich es war, die ans Meer fahren wollte, ich, die das alles letzten Endes allein anging. Denn die Kinder und selbst John, was haben sie anderes bemerkt, als daß ich beim Baden um ein Haar ertrunken wäre und daß ich mich ein paarmal unverständlich benahm und grundlos weinte?

Die Straße von Ferrara nach Porto Garibaldi hat in ihrem Anfang nichts Auffälliges. Sie ist gut unterhalten, führt zwischen Maisfeldern, Gärten und Wein durch das flache Land und passiert zwei Dörfer. Aber unversehens hört die Pflasterung auf und es beginnt ein holpriger Landweg. Gleichzeitig ändert sich die Landschaft. Die Vegetation wird dürftiger und schließlich scheint die trockene Erde nichts anderes mehr als dürre Grasbüschel hervorzubringen.

Ein erhöhter Deich neben dem Weg versperrte uns die Sicht, bis wir bemerkten, daß sich dahinter die öde Wasserfläche der Lagune verbarg. Merkwürdige Gerüste erschienen in der Ferne, Bagger wie wir beim Näherkommen feststellten. »Man versucht, Land zu gewinnen«, erklärte John, »sie füllen mit dem Schlick aus einem Lagunenarm einen andern auf.« Aber die Bagger standen sonntäglich still, und die verlassenen, in den blauen Himmel ragenden Eisengerüste erweckten das trübselige Gefühl, als habe man einen mutig begonnenen Plan als undurchführbar erkannt wieder aufgegeben. Noch dürftiger wurde der Pflanzenwuchs und in die immer zahlreicheren Wasserarme schoben sich die mit Schlick aufgefüllten Weidendämme finster und bedrohlich vor. Ein pestilenzartiger Geruch stieg aus der Lagune auf. Eine schwarze Landschaft des Todes und der Verwesung unter wolkenlosem, stahlblauem Himmel, und es sollte doch eine Landschaft der Hoffnung und des neuen Lebens sein. Vor uns lag das Städtchen Comacchio.

Wir fuhren außen in einiger Entfernung um den Ort herum, ein Wasserarm trennte uns von den finsteren schwarzen Mauern der Häuser. Schwarze Erde ohne Gras, zerrissene Wäsche, zum Trocknen aufgehängt, halbnackte spielende Kinder, die für einen Augenblick aufschauten und uns nachstarrten, ein Mann, der bis zu den Knien im Wasser stand und angelte.

Geräusch des Autos. Das Radio spielt. Allmählich werden Mövenschreie hörbar.

ELLEN John, wovon leben die Menschen?

JOHN Sie werden fischen, vermute ich.

ELLEN Und was haben sie sonst?

JOHN Was man überall hat.

ELLEN *beklommen:* Was man überall hat.

JOHN Alkohol, Liebe –

ELLEN In Comacchio.

JOHN Ich wäre auch lieber in den Uffizien.

ELLEN John, mein Lieber –

JOHN Was ist dir?

ELLEN Ich habe Angst.

JOHN Angst? Wovor?

ELLEN Vor uns.

JOHN Ich weiß nicht, Ellen –

ELLEN Sie leben in dieser Pest, und wir schauen ihnen zu.

LISSY Die Möven, Mama, sind hier genau so weiß wie anderswo.

Das Auto entfernt sich. Die Mövenschreie bleiben noch einen
Augenblick hörbar.

Raumlos

ELLEN Der Weg macht eine Biegung. Links führt eine Abzwei-
gung über eine Brücke in den Ort, rechts geht es weiter nach
Porto Garibaldi. Kurz vor der Brücke stand jenseits des Was-
sers eine alte Frau. Für einen Augenblick war es mir, als
schaute sie mich an und als wäre über die Entfernung hinweg
ihr Blick mir ganz nahe. Dann bog der Wagen um die Kurve.
Porto Garibaldi liegt noch etwa fünf Kilometer weiter. Ein
Kanal geht neben der Straße entlang. Glücklicherweise wird
nun die Welt wieder sich selbst ähnlich. Die Lagune tritt zurück, eine angenehme Brise weht von der Adria her bis ins
Land; und wenn man durch die Straßen des kleinen Ortes
Porto Garibaldi an den Strand fährt, erinnert einen nichts
mehr an die schwarze Pesterde von Comacchio.
Es ist ein bescheidenes Bad, aber an diesem Sonntagnachmittag
war es voller Menschen. Wir bekamen mit Mühe und Not Ka-
binen und waren alle froh, daß wir uns im Meerwasser erfrischen konnten.

Im Freien. Strand

BOB Ich hätte nicht mehr gedacht, Mama, daß hier das Meer
kommt. Aber es ist wirklich ganz normales Wasser und sogar
verhältnismäßig sauber. Soweit Meerwasser überhaupt sauber
ist.

ELLEN Wo sind Lissy und Papa?

BOB Da schwimmen sie!
ELLEN Draußen scheint eine Sandbank zu sein.
BOB Komm!

Raumlos

ELLEN Es war schön, das Wasser zu fühlen, es erfrischte sehr,
und ich schwamm hinter John, Bob und Lissy hinaus. Während ich so schwamm, fiel mir plötzlich die alte Frau ein. Wie
hatte sie mich angesehen? Teilnahmslos? Nein, eigentlich nicht.
Überrascht? Ja, auch überrascht, aber war es nicht zugleich
gewesen, als erwartete sie mich? Hatte sie mir nicht zugenickt?
Ich hätte mit ihr sprechen müssen, dachte ich, ich hätte ihr
wenigstens zunicken müssen oder ihr irgendein Zeichen geben.
Aber das ließ sich noch nachholen. Ich winkte John und den
Kindern zu, als könnten sie so verstehen, was ich vorhatte,
und schwamm ans Ufer zurück; ich ging in die Kabine, kleidete mich rasch an und machte mich auf den Weg. Ich ging zu
Fuß, ich fand es nicht richtig, im Auto in Comacchio anzukommen.
Mir war heiter und leicht zumute und der Weg verging mir
wie im Fluge. Ich erinnere mich nicht, jemandem begegnet zu
sein; und auch Comacchio schien menschenleer, als ich die
Brücke überschritt. Die Häuser sahen alle gleich armselig aus,
in eines davon trat ich ein. Ich hatte nicht das Gefühl, mich in
dem Haus zu irren. Meine Augen gewöhnten sich rasch an die
Finsternis. Ich befand mich in einer Küche, eine Frau stand am
Herd und sah mich mit einem etwas stumpfen Lächeln an. Im
ersten Augenblick meinte ich, die Alte zu erkennen, die ich
suchte, aber sie konnte es nicht sein, sie war viel jünger. Es
verwirrte mich, daß ich nun doch in das falsche Haus geraten
war. Was sollte ich dieser Fremden sagen? Wie sollte ich ihr
erklären, was ich wollte? Ja, was wollte ich überhaupt? Und
ich sagte mit einer Stimme, die mir selber fremd vorkam:

Im Haus

CAMILLA Ich suche jemanden.
MUTTER Ja?
CAMILLA Eine alte Frau.

MUTTER Eine alte Frau? Es gibt eine Menge alter Frauen in Comacchio.

CAMILLA Ich weiß ihren Namen nicht.

MUTTER Gibt es hier jemanden, den du nicht kennst?

CAMILLA Ich kenne niemanden hier.

MUTTER Was soll das heißen?

CAMILLA Sie stand draußen am Wasser, als wir mit dem Auto vorbeifuhren.

MUTTER *eindringlich:* Wer?

CAMILLA Sie sah mich an, als ob sie mich kennte.

MUTTER Sicher kennt sie dich.

CAMILLA Aber woher?

MUTTER Camilla, was ist dir?

CAMILLA Wer ist Camilla? Sie verwechseln mich.

Raumlos

ELLEN Sie sah mich verständnislos und bestürzt an. Sie kam ganz nahe auf mich zu, ergriff mich an beiden Armen und schaute mir ins Gesicht.

Im Haus

MUTTER Wer Camilla ist? Du bist Camilla, meine Tochter. Oder kennst du dich selber nicht mehr? Camilla, hörst du?

Raumlos

ELLEN Ich blickte über ihre Schultern in den kleinen, halb blinden Spiegel, der gegenüber an der Wand hing. Ein junges Mädchen sah mir daraus entgegen, schwarzhaarig, das Gesicht von der Sonne gebräunt, mit einem billigen Korallenschmuck um den Hals. Ich riß den Spiegel herunter.

Im Haus

CAMILLA Das bin ich nicht.

MUTTER Was soll das heißen, Camilla?

CAMILLA Das, was ich sagte.

MUTTER Du bist es nicht?

Der Spiegel fällt zu Boden und zerbricht.

CAMILLA *unbewegt:* Der schöne Spiegel.

MUTTER Woher sollen wir einen neuen nehmen?

CAMILLA Ich werde ihn ersetzen.

MUTTER Ersetzen? Wovon?

CAMILLA Ich bin Ellen Harland. Ich wohne in Washington, mein Mann ist Ministerialbeamter. Ich bin einundvierzig Jahre alt und habe zwei Kinder. Lissy ist achtzehn und Bob siebzehn. Wir machen eine Reise durch Europa. Ich bin nie in Comacchio gewesen. Ich bin ganz zufällig hierher gekommen. Mein Gott, ich habe Sie bestimmt noch nie gesehen.

MUTTER *vorsichtig:* Aber du siehst aus wie Camilla, du hast ihr Kleid an.

CAMILLA Ihr Kleid? *Entsetzt:* Dieses Kleid?

MUTTER Und ihren Schmuck.

CAMILLA Ihren Schmuck. *Sie bricht in Tränen aus.*

MUTTER Komm, setz dich einen Augenblick, mein Kind, es wird wieder vergehen. *Zärtlich:* Du bist ein böses Kind, Camilla, willst deine Mutter nicht mehr kennen.

Raumlos

ELLEN Sie strich mir mit der Hand über das Haar, und das tat mir wohl und tröstete mich. Ich hob das Gesicht und sah sie an. Ihr dunkles Haar war von grauen Fäden durchzogen und hing ihr in Strähnen in die Stirn. Sie war schmutzig, aber ihre braunen Augen sahen zärtlich auf mich. Plötzlich kam mir der Gedanke, daß sie recht haben könnte. Hieß ich nicht wirklich Camilla? War ich nicht wirklich ihre Tochter? Ellen Harland? Wer war Ellen Harland? Das hatte ich vielleicht nur geträumt.

Im Haus

MUTTER Ach Camilla, du machst mir oft Sorgen.

CAMILLA Sorgen?

MUTTER Ja.

CAMILLA Bin ich oft so verändert?

MUTTER Du bist es immer wieder.

CAMILLA Habe ich schon öfter etwas gesagt wie heute?

MUTTER Nein, noch nie. Wie hast du mich erschreckt, Kind!

CAMILLA *drängend:* Wie bin ich sonst? Wie bin ich, Mutter?

MUTTER Oft so, als wärst du nicht da. Du hörst nicht, du antwortest nicht, du schaust viele Stunden lang auf einen Fleck und gehst durch die Stadt wie eine Mondsüchtige.

CAMILLA Lachen sie über mich?

Da die Mutter nicht antwortet:

Sag es mir ruhig!

MUTTER Weißt du es nicht?

CAMILLA Ja, vielleicht weiß ich es. *Nachdenklich:* Aber könnte ich nicht auch ganz anders sein, wenn ich es nur wollte?

MUTTER Wenn du dich etwas mühtest, Camilla!

CAMILLA Ja.

MUTTER Wie sehr würde ich Gott danken. Wie glücklich könntest du mich machen.

CAMILLA Weshalb sollte ichs nicht?

MUTTER Eben noch dachte ich, so arg wie heute wär es nie gewesen. Aber jetzt ists mirs, als würde alles gut. Wie gut du sprichst, Camilla! Vernünftiger als ich selbst.

CAMILLA Oh nein! *Sie lacht.*

MUTTER Giovanni ist da.

CAMILLA Giovanni?

MUTTER Er sitzt mit dem Vater im Zimmer.

CAMILLA *angestrengt:* Giovanni mit dem Vater im Zimmer. Und was ist er? Was will er?

MUTTER Camilla, du weißt, was er will.

CAMILLA Weiß ich es?

MUTTER Alle andern in deinen Jahren –

CAMILLA Wenn es das ist.

MUTTER Findest du ihn zu alt? *Zögernd:* Aber ich weiß nicht, ob wir nicht froh sein müssen.

CAMILLA Ja.

MUTTER Er hat drei Boote, du hättest keine Not zu leiden. Und er ist kein schlechter Mensch.

CAMILLA Ja, Mama.

MUTTER Dein Vater und ich, wir wären froh, wenn wir dich glücklich und gut versorgt wüßten. Wir haben immer Angst um dich.

CAMILLA Ihr müßt keine Angst mehr haben.

MUTTER Wirst du nicht fortlaufen, wenn er dich fragt?

CAMILLA Bin ich fortgelaufen?

MUTTER Immer. Er sagte zuletzt, er käme nicht wieder. Nun ist er noch einmal gekommen. Sag ihm ja, Camilla!

CAMILLA Wenn du es willst, Mama.

MUTTER O Camilla, du bringst Segen über dich und über uns alle!

CAMILLA Soll ich jetzt hineingehen?

MUTTER Ja, geh hinein. *Sie öffnet die Tür.*

Raumlos

ELLEN Das alles kam mir wie ein Spiel vor. Ich stand auf den Brettern einer Bühne und bewegte mich. Ich brauchte nur hinter die Kulisse zu gehen und es war vorbei. Ich konnte mitspielen, was hatte ich zu fürchten?

In dem Zimmer saßen zwei Männer am Tisch, eine Flasche und Gläser mit Rotwein vor sich. Beide kamen mir ungefähr gleich alt vor, gegen fünfzig vielleicht. Der Gedanke, daß einer von ihnen mein Vater sein sollte, belustigte mich. Sie mußten dem Wein schon zugesprochen haben, ihre Gesichter waren erhitzt. Einer hatte die Jacke hinter sich über den Stuhl gehängt und den Hemdkragen geöffnet, er hatte ein rundes, gutmütiges Gesicht. Der andere war schmächtig, bartlos und fast kahl, auf seinem Kopf wuchsen noch einige Haare wie verdorrte Grasbüschel. Er war dunkel und ernst gekleidet. Beide standen auf, als ich eintrat. Der Hemdsärmelige zog eilig seine Jacke an und trat auf mich zu. Ich begriff, daß er mein Vater, Camillas Vater war.

Zimmer

VATER Camilla, unser Freund Giovanni Foscolo ist gekommen. Gib ihm die Hand zur Begrüßung.

CAMILLA Guten Tag, Herr Foscolo.

GIOVANNI Guten Tag, Camilla.

VATER Herr Foscolo ist deinetwegen gekommen. Er hat um deine Hand angehalten und ich habe ihm gesagt, daß er mir als Schwiegersohn willkommen sei. Du weißt, daß Herr Foscolo unser Freund und ein Mann von Ehre ist. Ich hoffe, du wirst dich als gehorsame Tochter zeigen und seinen Wunsch und den Wunsch deiner Eltern nicht mißachten. Herr Foscolo ist reich, wir sind arm. Er ist unser Wohltäter, wir sind seine Schuldner. Verstehst du das?

CAMILLA Ich verstehe es.

Raumlos

ELLEN Mein Vater sah mich nach diesen feierlichen Worten an, und mich ergriff das Mitleid vor seinem ängstlichen und bittenden Blick. Wenn er auch nicht mich bat, sondern Camilla, und nicht Camilla, sondern das Schicksal, so hing es doch von mir ab, die er für seine armselige beschränkte Tochter ansah, was das Schicksal für eine Antwort gab. Wahrscheinlich war er Herrn Foscolo verschuldet und ich konnte ihm helfen. Er schob mich zu dem Stuhl hin, auf dem er eben gesessen hatte, und sagte:

Zimmer

VATER Ich lasse euch jetzt allein, damit Herr Foscolo mit dir sprechen und du ihm antworten kannst. *Zögernd:* Ich verlasse mich auf dich. *Er geht hinaus.*

GIOVANNI Du hast gehört, Camilla, was dein Vater sagte. Und nun frage ich dich: Willst du zu mir kommen und meine Frau werden? Nein, antworte mir nicht gleich. Denke nach, damit du die richtige Antwort findest.

Raumlos

ELLEN Dies also war Giovanni Foscolo, der die törichte Camilla zur Frau wollte. Er war alt und nicht eben schön, sein hageres Gesicht war bleich und voller Falten. Ich vermutete, daß er magenleidend war. Er erinnerte mich an ein Pferd, ja, er hatte die ruhigen traurigen Augen eines Pferdes. Dies also war der mächtige Mann, der das Schicksal von Camillas Eltern in der Hand hielt. Ich fand ihn nicht weniger armselig und bemitleidenswert als sie. Fast überkam mich in diesem Augenblick ein Gefühl des Triumphes. Ich war ja nicht Camilla, ich war Ellen Harland, die Hemingway und Gide gelesen hatte, die Vorträge im Frauenklub hielt und mit dem methodistischen Bischof von Baltimore in Briefwechsel über theologische Fragen stand. Ich konnte hier alles zum Guten oder zum Bösen wenden, ich konnte das Rad drehen wie ich wollte, vorwärts oder zurück, langsam oder schnell, ich konnte diese Menschen glücklich oder unglücklich machen – wenn ich wieder in Porto Garibaldi ankam, war ich Ellen Harland und alles war für mich abgetan.

Zimmer

CAMILLA Habe ich jetzt lange genug nachgedacht?

GIOVANNI Es hängt von der Antwort ab, ob es lange genug war.

CAMILLA Ehe ich antworte, möchte ich selber noch etwas fragen.

GIOVANNI Dann frage.

CAMILLA Was schuldet dir mein Vater?

GIOVANNI Da kommt es auch auf deine Antwort an.

CAMILLA Mein Vater braucht ein besseres Boot.

GIOVANNI Ein besseres Boot?

CAMILLA Du hast drei, nicht wahr?

GIOVANNI Ja, ich habe drei.

CAMILLA Drei gute Boote.

GIOVANNI Drei gute Boote.

CAMILLA Genügte es nicht, wenn du zwei hättest?

GIOVANNI Auch du hättest dann nur zwei.

CAMILLA Das tut nichts.

GIOVANNI Du bist anders als sonst, Camilla.

CAMILLA Ja?

GIOVANNI Du bist nicht die Camilla, die ich kenne.

CAMILLA Willst du mich deshalb nicht mehr?

GIOVANNI Noch mehr als vorher.

CAMILLA Warum willst du mich, da ich doch das Gespött der Leute bin?

GIOVANNI Weil du schön bist und arm in allem. Meine Frau hat mir keine Kinder geboren. Ich bin allein, seitdem sie gestorben ist. Ich dachte, du könntest zugleich meine Frau und meine Tochter sein. Ich habe niemanden, der zärtlich zu mir ist. Ich dachte, du könntest es sein.

CAMILLA Du machst mir das Herz schwer, Giovanni Foscolo.

GIOVANNI Und du mir, Camilla. Du bist eine ganz andere heute.

CAMILLA Soll ich dann nicht antworten?

GIOVANNI Antworte mir. Auch wenn ich eines Tages sehen sollte –

CAMILLA Was?

GIOVANNI Nichts, Camilla.

CAMILLA Wegen des Bootes sorge dich nicht mehr.

GIOVANNI Ich sorge mich nicht. Dein Vater kann eins von meinen Booten nehmen. Hast du noch andere Fragen?

CAMILLA Ich hatte noch viele. Aber sie sind überflüssig geworden.

GIOVANNI Wie konnte ich mich so über dich täuschen, Camilla? Ich glaube, du bist klüger als wir alle.

CAMILLA Glaube das nicht! Es kann sein, daß ich morgen wieder alle Klugheit verloren habe.

GIOVANNI Möchtest du mir jetzt antworten?

CAMILLA Ja. Und meine Antwort heißt auch nicht anders.

GIOVANNI Ja, Camilla?

CAMILLA Bist du zufrieden?

GIOVANNI Ich bin sehr zufrieden. Glücklich bin ich. Aber ich wüßte gerne, ob du glücklich bist.

CAMILLA Ich wüßte es selber gerne, Giovanni. Laß mich jetzt gehen.

GIOVANNI Wohin willst du?

CAMILLA Ich komme gegen Abend zurück. Ich will nach Porto Garibaldi.

GIOVANNI Soll ich dich hinrudern? Oder soll ich den Wagen anspannen?

CAMILLA Ich möchte zu Fuß gehen und allein sein.

GIOVANNI Ja.

CAMILLA Dann leb wohl!

GIOVANNI Haben wir uns nicht verlobt, Camilla? Willst du mir keinen Kuß geben?

CAMILLA Heute nicht, Giovanni. Ich will es heute noch nicht. *Sie geht in die Küche.*

MUTTER Da bist du, Camilla!

CAMILLA Geht hinein, Giovanni wird euch alles sagen. Er erwartet euch.

Raumlos

ELLEN Ich ging den Weg nach Porto Garibaldi zurück. Es war schon spät am Nachmittag. Ich hatte ein etwas schlechtes Gewissen, daß nun das Leben Camillas durch mein Wort entschieden war. Ich, Ellen Harland, hätte Giovanni Foscolo nicht küssen mögen. Sein Atem roch nach Wein und Knoblauch, und seine schwarzen Zähne und feuchten Lippen flößten mir Grauen ein. Aber war es für Camilla nicht das beste, wenn sie ihn nahm? Er liebte sie und hatte ein schwermütiges und gutes Herz. Sie würde es gut bei ihm haben. Für die bescheidenen Maßstäbe von Comacchio war er ein wohlhabender Mann. Auch Camillas Vater und ihrer Mutter war geholfen, und alles in allem konnte ich wohl sagen, daß ich ein gutes Werk getan hatte.

Über diesen Gedanken hatte ich mich selbst ein wenig vergessen. Ich hatte ein dunkelrotes, zerschlissenes Kleid an und sah aus wie Camilla. Nun, das mußte jetzt rasch in Ordnung gebracht werden. Ich wußte nicht wie, aber ich zweifelte keinen Augenblick daran, daß sich in Porto Garibaldi alles von selbst lösen würde und ich wieder in meine gewohnte Gestalt, Ellen Harland, schlüpfen konnte. Ellen Harland, das war gottlob etwas Eindeutiges: 1910 geboren, heute, am 5. August 1951, einundvierzig Jahre alt geworden. Richtig, ich hatte heute Geburtstag und hatte ihn noch immer nicht gefeiert. Ich freute mich auf John, Bob und Lissy. Die Ungeduld ließ mich schneller gehen. Etwas atemlos erreichte ich die ersten Häuser.

Porto Garibaldi war, wie ich jetzt bemerkte, doch viel ärmlicher als es mir vor einigen Stunden erschienen war. Die Häuser waren eigentlich ebenso schmutzig und düster wie in Comacchio. Kein Auto war zu sehen, kaum ein Mensch. Offenbar war der Badebetrieb vom Nachmittag vorüber, es ging freilich auch schon auf den Abend zu. Ich lief zum Strand hinunter und suchte den Platz, wo wir unseren Wagen abgestellt hatten. Aber ich fand weder den Platz noch den Wagen, alles kam mir verändert vor. Ich sah überhaupt kein Auto. Ich blickte über den Strand nach John, Bob und Lissy aus, aber obwohl nur sehr wenige Leute zu sehen waren, sah ich sie nicht. Sollten sie ohne mich abgefahren sein? Vielleicht suchten sie mich? Es war unbedacht gewesen, daß ich mich ohne ein Wort von ihnen getrennt hatte.

Ich blickte mich unschlüssig um: Häuser, ein paar Boote, Badekabinen – was war es denn, das mir an all diesen Dingen so unheimlich vorkam? Irgendetwas war anders. Nein, nicht irgendetwas. Alles war anders. Nicht nur anders als das Porto Garibaldi, das ich vor wenigen Stunden gesehen hatte, nein, anders als überall, es war alles vom Grunde auf anders. Und ich hätte doch nicht sagen können, worin dieses Andere bestand. Ich hatte nur die Ahnung einer furchtbaren Gefahr, die mich umgab, eines Schreckens, der jetzt über mich hereinbrechen mußte. Und ich wußte zugleich, daß ich nicht fliehen konnte.

Ein Mann und eine Frau kamen die Straße entlang auf mich zu. Der Mann hatte einen kreisrunden niedrigen Strohhut auf dem Kopf, sein Jakett war aufgeknöpft und zeigte die bunt karierte Weste darunter. Er schwenkte einen Stock mit einem silbernen Knauf. Die Dame, die er mit großer Höflichkeit an seinem Arm führte, trug einen riesigen schwarzen Hut mit einer Reiherfeder, ihr schwarzes Gewand war eng geschnürt und berührte mit dem Saum den Erdboden. Ich starrte die beiden an und als sie dicht vor mir waren, faßte ich mir ein Herz und sprach sie an.

Im Freien

CAMILLA Verzeihen Sie, können Sie mir sagen, wie spät es ist?
HERR Es ist bald halb sieben.
CAMILLA *zögernd:* Und welches Datum wir heute schreiben?
HERR Welches Datum? Den fünften August.
CAMILLA Und das Jahr?
HERR Das Jahr neunzehnhundertundzehn. *Er beginnt zu lachen:* Verzeihen Sie mein Kind, aber das wird man selten gefragt.
CAMILLA Ich danke Ihnen sehr.
HERR Ich bitte.
CAMILLA Neunzehnhundertzehn. Der fünfte August neunzehnhundertzehn –

Raumlos

ELLEN Nun wußte ich, warum mir Porto Garibaldi so fremd vorkam. Waren nicht selbst das Meer und der Himmel anders? Die Sonne stand tief, bald würde dieser Tag vorbei sein, der 5. August 1910, dieser Tag, an dem in Cleveland in den Vereinigten

Staaten Mistress Maud Willing, die Frau des Bundesrichters Ernest Willing, von einem Mädchen entbunden wurde, das Ellen heißen sollte und in etwa zwanzig Jahren den Ministerialbeamten John Harland heiraten würde.

Cleveland lag schätzungsweise zehntausend Kilometer entfernt, das war weit. Comacchio aber war nahe. Ich schaute an mir hinab. Ich trug noch immer das rote, zerschlissene Kleid von Camilla und ich sah aus wie sie. Sah ich nur so aus?

Heute, am 5. August 1910, schrie in Cleveland ein Kind. Sie schrie, Ellen, die mir mein Leben stahl, die sich bequem einrichtete in ihrem bequemen Dasein und mich erbarmungslos zurückließ in der stinkenden Lagune von Comacchio. Ja, sie ließ mich in Comacchio zurück, denn wohin anders sollte ich jetzt gehen?

Einige Monate später heiratete ich Giovanni Foscolo und führte von nun an das Leben Camillas, ein Leben zwischen Salztonnen und Fischkadavern.

Pause

Im Freien. Geschrei von Möven

CAMILLA Ich hasse die Möven, Giovanni.

GIOVANNI Nützliche Tiere, sie vertilgen Abfälle.

CAMILLA Kann man nicht leben, wo es keine Abfälle gibt?

GIOVANNI Es gibt überall welche.

CAMILLA So möchte ich wenigstens dort sein, wo man sie nicht sieht.

GIOVANNI Was kennst du außer Comacchio?

CAMILLA Soviel, um zu wissen, daß die Welt überall anders ist als hier.

GIOVANNI Ich glaube, die Welt ist nur ein vergrößertes Comacchio.

CAMILLA Was kennst du außer Comacchio?

GIOVANNI Ich möchte, daß du glücklich bist, Camilla. Aber wärst du es anderswo?

CAMILLA Ja. Ich weiß einen Ort, wo ich es wäre. In Cleveland.

GIOVANNI *lachend:* Wo?

CAMILLA Cleveland, Nordamerika.

GIOVANNI Ich bin Fischer und wohne in Comacchio. Ich kann es nicht ändern.

CAMILLA Kannst du es nicht ändern? Sieh, wie die Aale zappeln, halb erstickt an der Luft. Sie tun mir leid. Sie verlangen nach dem Wasser –

GIOVANNI *ärgerlich:* Wie du nach Cleveland.

CAMILLA Wir sollten auswandern, Giovanni.

GIOVANNI Auswandern?

CAMILLA Wie viele wandern aus!

GIOVANNI Weil es ihnen schlecht geht. Aber wir? Geht es uns schlecht?

CAMILLA Ich will fort, Giovanni. Ich will fort.

GIOVANNI Wie stellst du dir das vor? Soll ich das Haus verkaufen?

CAMILLA Das Haus? Was liegt an dieser Hütte?

GIOVANNI Und die Boote.

CAMILLA Warum nicht die Boote?

GIOVANNI Was soll ich in Amerika? Ich habe nichts anderes gelernt als zu fischen.

CAMILLA Das kannst du auch drüben. Laß uns hier fortgehen!

GIOVANNI Das sind Launen, Camilla. Mach mich nicht ärgerlich.

Raumlos

ELLEN Aber ich lag ihm Tag um Tag in den Ohren damit, ich quälte ihn und ließ nicht ab. Und er, der mich über alles liebte und in seinem Herzen, das einsam und schwermütig war wie die Lagune, keinen andern Wunsch hegte, als mich glücklich zu sehen, er gab schließlich nach. Oh, ich hatte wohl gewußt, daß er nachgeben würde, daß er eines Tages auf meine Pläne eingehen mußte, wenn er es auch zuerst widerwillig tat. Denn wie sollte er sie begreifen? Hatte ich nicht Grund genug, zufrieden zu sein? Die Mädchen in Comacchio beneideten mich darum, daß Giovanni mich genommen hatte, Giovanni mit seinem Haus und seinen Booten. Ich aber wußte: wenn man an die Welt draußen dachte, war er nicht viel mehr als ein Bettler. Was ging er mich an? Was ging mich Comacchio an mit seinen elenden Straßen und seinem erbärmlichen Haff, über dem man das Meer vergessen konnte? Ich wollte das Leben zurückhaben, das mir gehörte, ich mußte wieder die werden, die ich wirklich war. Aber wie sollte ich das in Comacchio?

Weil ich es so wollte, begann Giovanni zu sparen und zu geizen. Er fuhr allein in einem Boot, ein Knecht, den wir noch hielten, allein im andern. Manchmal fuhr ich mit und half. Aber die Lire im Kasten wurden nur langsam mehr. Und dann kam der Krieg.

Carlo, der Knecht, der eben zwanzig wurde, mußte einrücken. Giovanni war zu alt, das war unser Glück. Wir verdienten gut während des Krieges. Nicht nur Giovanni und ich, mein Vater und selbst meine Mutter mußten mit ausfahren. Und wenn Carlo auf Urlaub kam, half er auch. Obwohl er bei Ravenna zuhause war, verbrachte er seinen Urlaub in Comacchio; das letzte Mal kurz vor Kriegsende. Es waren immer vierzehn Tage und er hatte nichts davon, er plagte sich für uns ab.

Im Hause. Eine Tür wird geöffnet.

CARLO Signora!

CAMILLA Carlo?

CARLO Ist Herr Foscolo nicht da? Ich wollte mich verabschieden.

CAMILLA Er muß gleich kommen. Fährst du nicht erst morgen?

CARLO Morgen früh.

CAMILLA Und verabschiedest dich heute schon?

CARLO Ich wollte mich von Ihnen verabschieden.

CAMILLA Von mir?

CARLO Signora, ich habe mich nie gewundert, daß mir nichts geschehen ist. Aber seit einiger Zeit wundere ich mich. Signora, wissen Sie, wohin ich fahre?

CAMILLA Ich bete immer, auch für dich. Dir wird nichts geschehen.

CARLO Vielleicht wäre es besser, wenn Sie mich aus Ihren Gebeten ließen, Signora.

CAMILLA Ich weiß nicht, was du redest.

CARLO Ich habe es lange genug für mich behalten. Wie lange bin ich hier? Sechs Jahre! Und haben Sie bemerkt, daß ich jeden Urlaub in Comacchio verbringe? Warum denn? Meine Eltern wohnen weit weg.

CAMILLA Ich habe nie darüber nachgedacht.

CARLO Alle haben darüber nachgedacht, nur Sie nicht. Herr Foscolo zum Beispiel, ich glaube, er hat oft darüber nachgedacht.

CAMILLA Ich verbiete dir solche Reden, Carlo.

CARLO Sie verbieten mir solche Reden! Sie leben in einer Welt, in der nichts an Sie kommt. Wo leben Sie nur? Wenn ich es wüßte! Sie haben kein Herz, Signora.

CAMILLA Wie wahr, Carlo! Du weißt nicht, wie wahr du sprichst. Jemand stiehlt mir mein Leben und verbraucht mich für sich. Wer weiß, wo mein Herz verbraucht wird!

CARLO Ich glaube, ich verstehe Sie, Signora. Er ist es, nicht wahr?

CAMILLA Wie du mich mißverstehst, Carlo!

CARLO Ja, das ist es. Ich komme nicht hinter Ihre Gedanken. Aber verlassen Sie sich darauf, eines Tages –

CAMILLA Ach, Carlo.

CARLO Ich denke nichts anderes mehr.

CAMILLA Und ich bitte dich: Komm nicht mehr nach Comacchio.

CARLO Sie bitten mich, zu sterben, Signora.

CAMILLA Zu sterben! Geh in dein Dorf, heirate ein junges Mädchen! Bin ich nicht fünf Jahre älter als du und die Frau eines andern? Und selbst, wenn es nicht wäre: Ich kann dich nicht brauchen. Ich will fort. Und du wärst eine Fessel mehr, die mich an Comacchio bände. Ich will nicht, ich will nicht –

Raumlos

ELLEN Carlo erfüllte meine Bitte nicht, das war von ihm wohl nicht anders zu erwarten gewesen. Ein Jahr später, als der Krieg vorbei war, kam er nach Comacchio zurück. Er fand Arbeit bei meinem Vater, denn Giovanni stellte ihn nicht mehr ein. Wie recht er hatte. Und wie nutzlos es war.

Zimmer

GIOVANNI Sprachst du nicht manchmal von einem Ort, der Cleveland heißt und in Amerika liegt?

CAMILLA Ich sprach davon, Giovanni.

GIOVANNI Hast du es vergessen?

CAMILLA Ich habe es nicht vergessen.

GIOVANNI Jetzt wäre es soweit.

CAMILLA Es wäre soweit?

GIOVANNI Das Geld könnte reichen.

CAMILLA Ja?

GIOVANNI Freut es dich nicht?

CAMILLA So viele Jahre habe ich darauf gewartet – es müßte mich eigentlich freuen, nicht wahr?

GIOVANNI Aber jetzt bliebst du lieber in Comacchio.

CAMILLA Ich habe mich daran gewöhnt. Ich sehe ein, daß es falsch wäre, wegzugehen, jetzt, wo wir so weit sind. Du wolltest bleiben – also bleiben wir.

GIOVANNI Ich möchte aber sehr gern fort, Camilla.

CAMILLA Du?

GIOVANNI Und ich möchte gern sehr weit fort. Amerika wäre schon recht.

CAMILLA In Amerika ist es nicht anders als hier.

GIOVANNI Sagst du das?

CAMILLA Ich kann nicht fort, Giovanni.

GIOVANNI Warum nicht?

CAMILLA Ich erwarte ein Kind. *Da Giovanni nichts antwortet:* Jetzt könnte ich dich fragen, ob es dich freut.

GIOVANNI Es freut mich, Camilla. Auch wenn es nicht mein Kind ist.

Raumlos

ELLEN Nein, ich wollte jetzt nicht fort. Ich konnte mich von Carlo nicht mehr trennen. Niemanden in Comacchio blieb das verborgen. Aber Giovanni sagte nichts weiter darüber. Und ich hätte auch nicht darauf geachtet.

Pause

Das Kind, das ich im neunundzwanzigsten Jahr meines Lebens bekam, war ein Knabe und wurde auf den Namen Antonio getauft. Giovanni war sehr zärtlich zu ihm und voller Güte zu mir. Wie oft dachte ich später an Giovanni. Er hatte mehr verdient als meine Gleichgültigkeit. Er starb sehr einsam, ehe Antonio ein Jahr alt wurde, so einsam, wie er sein ganzes Leben lang gewesen war.

Im Freien. Das Schreien der Möven

GIOVANNI Ist er eingeschlafen?

CAMILLA Ja, auf meinem Arm, er ist ein gutes Kind. Überallhin kann ich ihn nehmen.

GIOVANNI Bald wird er laufen. Mein Gott, es geht alles so schnell dahin! *Er lacht.* Gut, daß es schnell geht. Wenn er erst läuft, fährt er auch bald mit mir zum Fischen.

CAMILLA Sicher fährt er bald mit.

Der Bootsmotor wird angelassen.

GIOVANNI Müßt ihr schon ins Haus? Wenn ihr am Ufer bleibt, sehe ich euch noch eine Weile. Oder möchtest du nicht?

CAMILLA Doch, Giovanni.

GIOVANNI Der Wind wird ihm nicht schaden?

CAMILLA Nein. Der Wind wird ihm nicht schaden.

GIOVANNI Besser, wenn er früh daran gewöhnt wird!

CAMILLA Ja.

GIOVANNI Und besser, als wenn die Luft wie tot steht.

CAMILLA *nach einer Pause:* Bist du mir noch böse, Giovanni?

GIOVANNI Böse? Nein, Camilla.

Das Motorengeräusch entfernt sich.

Raumlos

ELLEN Wie oft tröstete es mich später, daß diese Worte das Letzte waren, was ich aus seinem Munde hörte. Er winkte lange und dann verschwand das Boot in der Ferne auf dem Kanal, und ich sah Giovanni nicht wieder. Einige Stunden danach nämlich setzte über der See ein heftiger Sturm ein, und als die Boote spät am Abend, einige erst in der Dunkelheit, zurückkehrten, fehlte Giovanni. Das Boot strandete am nächsten Tag schwer beschädigt an der Küste weiter südwärts. Von Giovanni fand sich keine Spur mehr.

Pause

Zimmer

VATER Ich sehe dich selten, meine Tochter.

CAMILLA Ich scheue die Menschen. Sie haben alle guten Rat für mich.

VATER Ich fürchte, auch ich möchte dir einen geben. Es hat sich vieles geändert, seit Giovanni tot ist.

CAMILLA Und seit heute hat sich noch mehr geändert.

VATER Ja, ich habe Carlo entlassen. Und du weißt auch, warum.

CAMILLA Ich will es nicht wissen.

VATER Du hältst dir die Augen zu.

CAMILLA Carlo wird für mich fahren.

VATER Für dich? Auf welchem Boot?

CAMILLA Auf Giovannis Boot.

VATER Das er mir gab. Du willst es zurück?

CAMILLA Ich will es zurück.

VATER Ja, das fürchtete ich. Nicht um meines Vorteils willen, Camilla, verstehe mich recht. Oder meintest du, ich hätte dich betrogen?

CAMILLA Nein.

VATER Ich kann dir das Boot nicht verweigern. *Nach einer Pause:* So fährt also Carlo weiter darauf, obwohl ich ihn entließ. Wenn man es recht bedenkt, hat sich nichts geändert.

CAMILLA Aber er fährt für mich.

VATER Wenn er fährt.

CAMILLA Er wird wieder fahren.

VATER Versprach er dir das? Bei mir fuhr er nicht oft. Das Wirtshaus war ihm schon lange lieber als die Lagune. Ich vermute, es ist ihm auch lieber als du.

CAMILLA Der gute Rat, Vater?

VATER Muß ich ihn noch aussprechen?

CAMILLA Nein. Carlo wird sein wie früher.

VATER Wirklich?

CAMILLA Wir werden heiraten.

VATER Das ist noch schlimmer, Camilla, als ich dachte.

Raumlos

ELLEN Ich war nicht blind. Ich sah wohl, daß Carlo sich verändert hatte. Aber weil ich die Ursache nicht herausfand, dachte ich, es würde sich alles wieder geben. Vielleicht helfe ich ihm, wenn ich bei ihm bleibe, sagte ich mir, und klammerte mich noch heftiger an ihn. Wollte er mich heiraten? Ich weiß es nicht. Vielleicht redete ich es ihm ein, und nach einiger Zeit hatte ich es erreicht. Aus der Ehe mit Carlo stammten noch drei Kinder. Umberto und die beiden Mädchen Lidia und Filomena. Mit Carlo aber wurde es nicht anders, und eines Tages wußte ich, daß ich nicht glücklich bei ihm geworden war.

Zimmer

CARLO Ich weiß nicht, wo das Geld hinkommt. Sag nicht, ich hätte es vertrunken, soviel kann man nicht vertrinken, wie Giovanni dir hinterlassen hat.

CAMILLA Nein?

CARLO Vergiß nicht, daß ich darüber zu verfügen habe.

CAMILLA Als ich dich kennenlernte, warst du siebzehn Jahre, beinahe ein Kind. Wie sanft du warst, hätte ich dich damals geliebt! Aber ich liebe dich heute.

CARLO Hättest du, hättest du! Aber du hast nicht. Hättest du mich lieber verflucht und mich umkommen lassen auf dem Monte Grappa oder im gelben Wasser der Piave. Aber du hast den Himmel für mich angestürmt. Wofür bin ich aufgespart?

CAMILLA Manchmal dachte ich: für mich.

CARLO Ich dachte es auch einmal.

CAMILLA Jetzt nicht mehr?

CARLO Ich möchte vergessen. Und dafür ist der Wein noch das beste.

CAMILLA Ich verstehe dich nicht.

CARLO Das ist gut so. Gut, daß du mich nicht verstehst. Ich liebe dich sehr, Camilla.

CAMILLA Dann laß uns fortgehen, Carlo, wohin immer! Amerika –

CARLO Aber meine Liebe flößt mir Entsetzen ein. Amerika? Ja, Amerika wäre gut. Morgen, wenn du willst!

CAMILLA Ich schreibe an das Konsulat.

CARLO Ja, schreib. Vielleicht wird alles besser, wenn wir hier fort sind.

CAMILLA Alles wird besser, Carlo.

CARLO Gib mir jetzt Geld.

CAMILLA Wofür?

CARLO Für soviel Gläser voll, um dir zu glauben.

CAMILLA Ich habe nur siebzig Lire.

CARLO Du lügst, aber gib sie mir. *Er öffnet die Tür. – Von der Tür her:* Ich weiß nicht, ob es sich noch lohnt, für mich zu beten. Oder meinst du? *Er geht hinaus und schließt die Tür hinter sich.*

Raumlos

ELLEN Ich schrieb an das Konsulat, und wenn Carlo gewollt hätte, wären wir vielleicht, wir und die Kinder, nach Amerika gekommen. Aber er sagte ja und kümmerte sich doch um nichts, wenn es darauf ankam, alles schien ihm gleichgültig zu sein. Und ich liebte ihn, ich hatte keine Macht über ihn.

Bei Giovanni war alles leichter gewesen. Oft befiel mich der Kummer darüber, wie schnell und wie leer die Jahre verflossen. Ich ging auf die Vierzig zu. Die Kinder wuchsen heran. Filomena, die Jüngste, war jetzt fast fünf, Antonio, der Älteste, fast elf Jahre.

Zimmer

ANTONIO Dies Holzscheit, Mutter, ist ein Schiff. Und hier? Was ist das?

CAMILLA Ich dachte, es wäre der Herd.

ANTONIO Es ist das Land Italien.

CAMILLA Ja. Ich hätte es wissen müssen.

ANTONIO Und das?

CAMILLA Ich bin jetzt müde, Antonio. Es ist wohl nicht der Tisch?

ANTONIO Es ist der Tisch. Aber ich spiele.

CAMILLA Vielleicht ist es das Land Amerika?

ANTONIO Siehst du, Mama, wie einfach alles ist! Das Schiff fährt von Italien nach Amerika.

CAMILLA Wie könnte es anders sein?

ANTONIO Und wer ist auf dem Schiff?

CAMILLA Der Kapitän, der Steuermann –

ANTONIO *ungeduldig:* Das meine ich nicht!

CAMILLA Viele Leute, die von Italien nach Amerika fahren wollen.

ANTONIO Du bist auf dem Schiff.

CAMILLA Ich?

ANTONIO Und ich.

CAMILLA Nur wir beide?

ANTONIO Der Vater will nicht mit.

CAMILLA Wie kommst du darauf?

ANTONIO Du hast es gesagt, Mama.

CAMILLA Das habe ich nie zu dir gesagt, Antonio.

ANTONIO Nicht zu mir! Zu dir selber hast du es gesagt!

CAMILLA Spreche ich mit mir selber?

ANTONIO Immer, Mama.

CAMILLA Dann werde ich es nicht mehr tun.

ANTONIO Weshalb nicht?

CAMILLA Spiel jetzt weiter, Antonio!

ANTONIO Ich kann das nicht allein spielen, du gehörst dazu. Wenn Vater nicht mitfahren will, lassen wir ihn hier.

CAMILLA Meinst du?

ANTONIO Ich fahre mit dir nach Amerika, wenn ich größer bin, Mama. Ich verspreche es dir.

CAMILLA Ich freue mich darauf, Antonio.

ANTONIO Aber du glaubst es mir nicht.

CAMILLA Ich glaube es dir.

ANTONIO Nicht wahr, man muß halten, was man verspricht?

CAMILLA Sage ich das auch, wenn ich mit mir selber spreche?

ANTONIO Ja.

CAMILLA *seufzend:* Es ist spät, Antonio. Geh schlafen!

Raumlos

ELLEN Meine Abende wurden immer gleichförmiger. Waren die Kinder zu Bett und schliefen, dann saß ich allein und wartete auf Carlo, der in einer der Kneipen von Comacchio meist eben- so allein saß wie ich zu Hause. Jedenfalls erzählte man mir, daß er sich abseits hielt und kaum an den Gesprächen teil- nahm. Er war jetzt fünfunddreißig, aber grauhaarig, und sah aus wie ein alter Mann. Ich horchte, wenn ich so saß, ob ich einen Schritt hörte oder ob die Tür ging. Oft täuschte mich der Wind, der an der Klinke rüttelte wie eine Hand. Es war ein- sam an diesen Abenden, und ich hatte Zeit, an vieles zu den- ken, an mein Leben, das nicht meines war und mich nicht losließ, ich wurde weder bei seinen Freuden noch bei seinen Leiden um mein Einverständnis gefragt, und die Hoffnung, ihm zu entrinnen, wurde immer geringer. Hoffte ich denn noch?

Zimmer

CARLO Du bist noch auf, Camilla?

CAMILLA So wunderst du dich jeden Abend.

CARLO Ich hoffe immer, ich werde dir gleichgültig.

CAMILLA Weil ich dir gleichgültig geworden bin?

CARLO Als ob meine Liebe etwas retten könnte. Ich habe sechs Jahre gebraucht, um sie dir zu erklären. Ich bin sehr langsam.

CAMILLA Ausdauernd.

CARLO Nicht wahr? Diesmal sind es zehn Jahre.

CAMILLA Zehn Jahre? Womit?

CARLO Weißt du es immer noch nicht?

CAMILLA Was, Carlo?

CARLO Ich versuche es dir seit zehn Jahren zu sagen. Aber vielleicht weißt du es längst, sagst nichts und hältst mich hin, und sitzt nur da –

CAMILLA Ich weiß nur, daß du trinkst, soviel weiß ich.

CARLO Wenn ich trinken würde, um zu trinken. Aber ich trinke, um zu überlegen, wie ichs dir sage.

CAMILLA Ich habe Angst, Carlo.

CARLO Weißt du es jetzt?

CAMILLA Nichts, aber ich habe Angst vor dem, was du sagen wirst.

CARLO Du wolltest es immer wissen.

CAMILLA Ich will nichts mehr wissen, Carlo. Behalt es für dich.

CARLO Ich habe Giovanni umgebracht.

CAMILLA *nach einer Pause, scheinbar ruhig:* Das ist nicht wahr, Carlo, er war allein im Boot. Der Sturm kam und er ist ertrunken.

CARLO Als der Sturm kam, war er längst tot. Ich warf ihn ins Meer und ließ sein Boot treiben.

CAMILLA Aber er war allein.

CARLO Es war nicht schwer, an sein Boot zu kommen und überzusteigen. Es war ruhige See.

CAMILLA Das ist alles nicht wahr.

CARLO Als ich zu ihm stieg, lächelte er und sagte: »Da bist du endlich!«

CAMILLA Sei jetzt still, Carlo!

CARLO »Da bist du endlich!« Weshalb sagte er das? Auch darüber denke ich seit zehn Jahren nach. Wartete er darauf? Ich glaube es, und ich glaube auch, er wollte nicht mehr leben, Camilla. Manchmal, wenn ich einen sehr guten Tag habe, denke ich mir, er selber hätte mir den Wunsch eingegeben, ihn umzubringen. Und dann wäre auch er selber schuld. Verstehst du?

CAMILLA Sag, daß es nicht wahr ist.

CARLO Es ist nicht wahr. Ich habe dir eine kleine Geschichte erzählt zur Unterhaltung. Und ich trinke nur, weil es mir schmeckt.

CAMILLA Ich habe zehn Jahre mit dir gelebt.

CARLO Länger.

CAMILLA Aber zehn Jahre danach.

CARLO Teilst du schon die Zeit? Dann glaubst du auch, daß es wahr ist. Von nun an wird es schwierig sein, mit dir zu leben, Camilla.

CAMILLA Ja.

CARLO Aber hab keine Sorge!

CAMILLA Wohin willst du?

CARLO *spöttisch:* Nach Amerika.

CAMILLA Amerika.

CARLO Dann leb wohl, Camilla.

CAMILLA Wohin –

CARLO Nirgendhin. Ich bin müde, ich möchte schlafen. Es ist warm draußen, ich werde im Boot schlafen, das ist das beste.

Raumlos

ELLEN Filomena war wach geworden und schrie, und als ich die Kleine beruhigt hatte und zurückkam, war Carlo fort. Nach einer Weile ging ich hinaus ans Boot, aber es war leer. Ich irrte mit meiner Laterne durch Comacchio und suchte und suchte Carlo. Alles war still und leer, und ich fand ihn nicht. Ich weckte meinen Vater, und wir suchten gemeinsam. In der Morgendämmerung fanden wir ihn, er hatte sich am Brückengeländer erhängt. Seine Füße hingen dicht über dem Wasser.

Pause

Dies geschah im Jahre 1930, im selben Jahr, wo in Cleveland Ellen Willing sich mit John Harland verheiratete. Sie vertauschte die behütete Welt ihres Elternhauses mit einer anderen nicht weniger behüteten Welt. Wie haßte ich sie, die mir alles stahl und mir von ihrem Leben nichts überließ als die Schmerzen. Nach Carlos Tod irrten meine Gedanken wieder öfter zu ihr.

Noch war etwas Geld da von dem, was Giovanni hinterlassen hatte. Außerdem besaß ich das kleine Haus und das Boot. Wenn ich das Boot verpachtete und bei meinem Vater etwas verdiente und wenn ich dazu sparsam war, würde es vielleicht reichen, für die Kinder und mich die Überfahrt zu bezahlen. Ich versuchte es noch einmal, es waren mühselige Jahre. Die Zeit ging schnell dahin. Ich merkte am Wachsen der Kinder, wie alt ich wurde. Antonio hatte keine Lust, Fischer zu werden. Als er sechzehn war, ließ ich ihn als Lehrling in die Lederfabrik von Ferrara gehen; er konnte bei einer Tante, der Schwester meiner Mutter unterkommen, die dort mit ihrem Mann einen Gemüseladen betrieb. Antonio war mein Liebling. Das Haus wurde leer ohne ihn. Aber über Sonntag wenigstens kam er nach Hause.

Er war fast drei Jahre in Ferrara. Zuletzt verdiente er schon so viel, daß ich ihm nichts mehr zugeben mußte, er begann auch sonntags auszubleiben. Oft vergingen Wochen, ehe er wieder mit uns an einem Tisch saß, aber er erzählte nicht viel.

Zimmer

CAMILLA Weißt du, daß du mir einmal versprochen hast, Antonio, mit mir auszuwandern?

ANTONIO Ja, ich weiß es.

UMBERTO Auswandern? Wohin?

ANTONIO Nach Amerika.

FILOMENA Ich möchte auch auswandern, Mama.

LIDIA Aber du bist zu klein, Filomena.

FILOMENA Mama, Lidia sagt, ich wäre zu klein. Ich bin zwölf Jahre. Mit zwölf Jahren!

CAMILLA Wir wandern zusammen aus. Alle.

UMBERTO Wirklich nach Amerika?

CAMILLA Oder denkst du nicht mehr daran, Antonio?

ANTONIO Doch, ich denke daran.

CAMILLA Wir haben bald genug gespart.

FILOMENA Wann fahren wir, Mama?

CAMILLA Ich meine immer, Antonio hätte keine Lust mehr.

ANTONIO Lust habe ich schon.

CAMILLA Aber?

ANTONIO Nein, nichts.

CAMILLA Du hast es versprochen, Antonio. Aber wenn du nicht mehr willst –

LIDIA Sicher kommt Antonio mit. Was soll er hier allein?

CAMILLA Allein? Man kann jemanden finden. Oder nicht?

ANTONIO Ich weiß nicht, Mutter.

Raumlos

ELLEN Ich merkte, daß Antonio nachdenklich wurde und sagte nichts mehr, ich behielt auch mein Lächeln für mich. Vielleicht aber dachte er damals schon an etwas ganz anderes als ich. Als er Monate später wieder einen Sonntag nach dem anderen ausblieb, fuhr ich nach Ferrara. Es war wohl nötig, daß ich einmal nach dem Rechten sah, wenn auch nichts Besonderes sich ereignet haben mochte. Man hätte mir sonst Nachricht gegeben. Es war ein warmer Tag, ich fand die Tante allein in ihrem Laden.

Halboffener Raum

CAMILLA Guten Morgen.

TANTE Camilla! Das ist ein seltener Besuch.

CAMILLA Ich wollte Antonio sehen.

TANTE Antonio?

CAMILLA Ist er nicht da? Aber es müßte schon Feierabend sein, nicht wahr?

TANTE Antonio, Camilla?

CAMILLA *verwundert:* Antonio.

TANTE Ist er nicht in Mailand?

CAMILLA In Mailand?

TANTE Ja.

CAMILLA Ich weiß nichts davon, daß er in Mailand ist.

TANTE Er hat da eine bessere Stellung. Vorigen Sonntag fuhr er zu euch. Er sagte, er käme nicht mehr hierher zurück, weil er dann gleich nach Mailand ginge.

CAMILLA Er war nicht in Comacchio.

TANTE Wo denn sonst?

CAMILLA Wo ist er in Mailand?

TANTE Ich habe ihn nicht gefragt, ich konnte auch nicht wissen –

CAMILLA Nein, du konntest nichts wissen.

TANTE Guter Gott! Aber komm herein, Camilla, iß etwas, trink etwas!

CAMILLA Ich möchte nicht, danke. Hat er nichts hiergelassen?

TANTE Nein, seine Sachen hat er mitgenommen. Ach Camilla, so schlimm wird es nicht sein. Er ist ein ordentlicher Mensch, ich kenne ihn. Er wird schreiben.

Raumlos

ELLEN Ich blieb zwei Tage in Ferrara, aber ich erfuhr weder in der Fabrik noch sonstwo etwas, was mir hätte auf die Spur helfen können. Antonio schien seine Abreise geheim gehalten zu haben, nur die Tante wußte davon, und ihr hatte er auch den Ort gesagt: Mailand. Ich mußte nach Mailand fahren, vielleicht fand ich ihn. Das dauerte freilich eine Woche, oder mehrere, es kostete Geld. Und konnte ich die Kinder so lange allein bei der Mutter lassen? Die Mutter war schon sehr alt.

Aber als ich nach Comacchio kam, war ich entschlossen zu fahren. Die Mutter würde es schon machen, und das Geld mußte ich von dem Ersparten nehmen. Die Kassette, worin ich es aufbewahrte, stammte noch von Giovanni. Damals stand sie ebenso wie heute auf dem Grunde der Wäschetruhe, bedeckt von Kinderkleidern, Strümpfen, Hemden und Bettlaken, die dringend der Ausbesserung bedurften. Seit mehr als zwanzig Jahren war das ein sicherer Platz gewesen, aber als ich jetzt den Schlüssel in die Kassette stecken wollte, merkte ich, daß ich sie nicht zu öffnen brauchte. Sie war erbrochen und leer. Es gab nur einen, der wußte, wo das Geld war, und ich begriff, daß es keinen Sinn hatte, nach Mailand zu reisen. Dort war Antonio nicht. Ich hätte ihn ebensogut in Palermo, Neapel oder Vicenza suchen können. Er war fort, mein liebstes Kind, und er hatte nicht nur mein Geld, er hatte alle meine Träume gestohlen.

Im Freien. Schrei der Möven

UMBERTO *von weitem:* Mama, Mama!

CAMILLA Ja, Umberto?

UMBERTO *nahe:* Was machst du hier draußen? Wir suchen dich.

CAMILLA Ich komme gleich.

UMBERTO Was hast du, Mama?

CAMILLA Der Wind ist heut so scharf, wie ich ihn selten kenne.

UMBERTO Ist etwas mit Antonio, Mama? Du hast uns nichts von Ferrara erzählt.

CAMILLA Er ist nach Mailand gegangen, er hat dort eine bessere, Arbeit gefunden. Mehr Lohn, verstehst du, und abends früher frei.

UMBERTO Weinst du deshalb?

CAMILLA Weil es so weit ist.

UMBERTO Ich gehe nie so weit von dir fort, Mama.

CAMILLA Sag das nicht, Umberto.

UMBERTO Ich verspreche es dir.

CAMILLA Du versprichst es?

UMBERTO Hab ich etwas Schlimmes gesagt?

CAMILLA Nein, Umberto.

Mövenschreie ausblenden.

Raumlos

ELLEN Es war nicht Umbertos Schuld und nicht sein Wille, daß er noch weiter von Comacchio wegkam, als Mailand entfernt ist. Im Jahre 1940, als wieder Krieg war, wurde er neunzehn Jahre alt. Er rückte zur Marine ein. Comacchio wurde leer und still, und leer und still wurde das Haus, wo ich wohnte. Auch Lidia und Filomena gingen fort. Sie arbeiteten in der gleichen Fabrik in Ferrara, wo auch Antonio gearbeitet hatte, und wohnten bei der Tante. Auch sie kamen manchmal sonntags nicht nach Hause, oder es kam nur eine von beiden. Ich tat während des Krieges, was ich mein Leben lang getan hatte: ich nahm Fische aus. Sie wanderten aus einem Kübel rechts durch meine Hände in einen Kübel links. Ich hatte keine schönen Hände. Und ich wartete. Auch das hatte ich mein Leben lang getan. Ich wartete auf Briefe, auf Schritte, auf das Knirschen eines Fahrrades vorm Hause. Am wenigsten wartete ich auf die Reise nach Amerika. Das Erwartete war geringer geworden, vielleicht könnte ich auch sagen: größer.

Pause

Eines Abends im Herbst hörte ich wirklich Schritte. Sie tappten ans Haus und verstummten vor der Tür. Ich horchte und rief.

Zimmer

CAMILLA Ist jemand draußen? *Stille – Sie steht auf und öffnet die Tür.* Ist jemand draußen?

ANTONIO *halblaut:* Ich bin es. Antonio.

CAMILLA *laut:* Antonio!

ANTONIO Still!

CAMILLA Was hast du?

ANTONIO Ich möchte hinein!

CAMILLA Ach Antonio, mein Sohn, mein lieber –

ANTONIO Mama! *Die Tür wird geschlossen.*

CAMILLA Wie siehst du aus? Uniform?

ANTONIO Es war eine. Nein, nicht ins Licht! Sind die Fenster verhängt? Mir war, als wäre jemand auf der Straße gewesen, als du die Tür aufmachtest. Es kann sein, daß sie mich suchen.

CAMILLA Wer sucht dich?

ANTONIO Ich bin desertiert, ich bin seit vier Tagen unterwegs.

CAMILLA Setz dich, Antonio, es ist noch Essen da. Gleich ist es warm!

ANTONIO Sie wissen natürlich, daß ich aus Comacchio bin.

CAMILLA Dann war es nicht klug von dir, daß du hierher gekommen bist.

ANTONIO Nein, klug war es nicht.

CAMILLA Und ich bin glücklich, Antonio.

ANTONIO Aber ich muß weiter. Hast du einen Anzug für mich, Mama?

CAMILLA Von dir ist noch einer da, und die von Umberto werden dir passen.

ANTONIO Von Umberto?

CAMILLA Hier ist eine Karte von ihm, aber sie ist schon drei Wochen alt. Er fährt zur See.

ANTONIO *liest:* »Du wirst jetzt lange nichts mehr von mir hören.«

CAMILLA Das Boot wird gerade vor einer Ausfahrt gewesen sein.

ANTONIO Ja. Vielleicht. *Er liest weiter:* »Sonst fehlt mir hier nichts. Wenn alles gut geht, bekomme ich bald Urlaub.«

CAMILLA Wenn alles gut geht, Antonio!

ANTONIO Und Lidia, Filomena?

CAMILLA Sie sind in Ferrara. Ich bin jetzt allein im Haus.

ANTONIO Damals, Mutter –

CAMILLA Iß, Antonio.

ANTONIO Damals –

CAMILLA Du mußt mir nichts erklären

ANTONIO Es war für ein Mädchen, aber es reichte nicht.

CAMILLA Wie dumm du redest.

ANTONIO Später war ich klüger.

CAMILLA Wirst du denn satt, Antonio?

ANTONIO Siehst du den Ring? Meine Frau heißt Maria.

CAMILLA Maria.

ANTONIO Hier ist auch ein Bild. *Er wirft die Gabel hin und springt auf.*

CAMILLA Was hast du?

ANTONIO Ich höre etwas. *Sie lauschen.*

CAMILLA Nichts.

ANTIONIO Ein Auto.

CAMILLA *lacht:* Es kommen öfter Autos nach Comacchio.

ANTONIO Besser, ich gehe aufs Boot! Den Anzug, Mutter!

CAMILLA Ja.

Das Auto nähert sich.

ANTONIO Ich merke es schon, wenn es mich angeht. Ich ziehe mich auf dem Boot um und komme zurück.

Das Auto fährt am Hause vorbei und hält etwas entfernter.

CAMILLA Sie fahren vorbei.

ANTONIO Weil sie das Haus nicht kennen. Aber sie halten. Und ich dachte, ich könnte schlafen! Leb wohl, Mama, es war ein kurzer Besuch. *Er lacht.* Nicht einmal die Spaghetti –

CAMILLA Du bist gleich wieder hier, Antonio.

Die Tür wird leise geöffnet und wieder geschlossen. Stille. Man hört nur Camillas Atemzüge. Dann fährt das Auto draußen zurück und hält vorm Haus.

Er hat recht gehabt, sie halten.

Stimmen vorm Haus. Es klopft an die Tür.

Ja?

Die Tür wird geöffnet.

Vater!

VATER Camilla, es sind Leute da, die Antonio suchen.

CAMILLA Antonio? *Sie lacht:* Soll Antonio hier sein?

VATER Ich habe auch gelacht.

Pause

Raumlos

ELLEN Eines Tages kam jemand, eine fremde Frau mit einem Kind, und ich nahm sie auf, denn es war Antonios Frau Maria und sein kleiner Sohn Giovanni. Antonio selbst aber lebte nicht mehr, er war zu den Partisanen gegangen und gefallen.

Die Gräber wurden mehr. Bald, nachdem ich von Antonios Tod erfahren hatte, starb meine Mutter. Mein Vater zog zu uns, wir rückten enger zusammen. Lidia und Filomena sah ich nur noch selten, sie wohnten auch nicht mehr bei den Verwandten, und wenn die Leute in Comacchio von ihnen sprachen, sprachen sie nichts Gutes. Eines Tages kam ein Brief mit der kurzen Nachricht, daß Umberto vermißt sei. Sein Boot war zu einer Fahrt ins östliche Mittelmeer ausgelaufen und nicht zurückgekehrt.

Im Hause

VATER Vermißt, Camilla, heißt nicht tot. Erinnere dich an Benedetto Petrone im vorigen Krieg.

CAMILLA Ich erinnere mich an Umberto. An sonst niemand.

VATER Benedetto war vermißt. Vermißt heißt, man weiß nichts von ihm. Man wußte nichts von Benedetto, und als der Krieg vorbei war, kam er nicht zurück und es kam auch kein Brief von ihm. So nahm man also an, er sei tot. Er war aber ganz lebendig, als er zurückkam nach fünf Jahren und eine Frau mitbrachte aus Deutschland und drei Kinder.

CAMILLA Und warum hat er nicht geschrieben?

VATER Ich weiß nicht. Vielleicht dachte er an niemand andern mehr als an seine Frau. Oder die Post ist nicht so gut in Deutschland.

CAMILLA Aber ein Unterseeboot im östlichen Mittelmeer? Ich mißtraue dem Wasser. Und dort liegt nicht Deutschland. Wohnen dort nicht die Heiden? Kannst du dir vorstellen, daß Umberto sich in eine Türkin verliebt?

VATER Weshalb nicht?

CAMILLA Vielleicht. Oh, ich wäre froh, wenn er in diesem Augenblick eine Türkin liebte.

VATER Ich glaube, die Türken haben schwarze Haut.

CAMILLA Das wäre mir gleich, ich würde sie in die Arme nehmen. Was reden wir für dummes Zeug?

VATER Es muß auch keine Türkin sein. Aber wenn der Krieg vorbei ist, wird Umberto schreiben. Oder kommen.

Raumlos

ELLEN Eines Tages hieß es, daß der Krieg vorbei sei. Nach und nach kamen die Männer, die Soldaten gewesen waren, zurück. Sie fuhren zum Fischen wie früher oder hatten Arbeit in Porto Garibaldi oder Ferrara. Manche kamen auch nicht zurück. Ihre Namen standen auf einer Tafel vor der Kirche. Auch Umbertos Name stand darauf. Aber was ging mich diese Tafel an? Lidia hatte sich in Ferrara verheiratet und betrieb mit ihrem Mann den Gemüseladen von Tante Clara, die auch gestorben war. Filomena kam mit einem Kind nach Comacchio zurück, sie war sehr hübsch, alle Männer liefen hinter ihr her. Es war schlimm, daß ihr fast alle gefielen. Nach einiger Zeit ging sie wieder nach Ferrara in die Fabrik. Ihre kleine Tochter, die meinen Namen trug, ließ sie bei uns. Das Haus war etwas zu eng für uns alle, und wir waren sehr arm. Die Boote waren morsch und nicht mehr brauchbar. Was daran noch zu verwenden war, war verkauft. Die Wracks lagen verfault halb unter Wasser. Mein Vater, der fast achtzig war, verdiente sich ein wenig Geld durch Netzflicken. Maria versorgte das Haus und die Kinder. Ich selber tat meine alte Arbeit und lebte zwischen Salz, Schuppen und Fischgedärm. Ich war sehr geübt, aber für uns alle reichte das Geld nicht, das ich verdiente. Sonntags kam Filomena, und Lidia und ihr Mann kamen manchmal, und wenn sie alle da waren, war das Haus voller Lachen und Geschwätz und Kinderlärm, und manchmal hatten wir Wein zu trinken. Ich lachte mit und trank mit, und zwischendurch dachte ich an Giovanni und Carlo, an Antonio und Umberto. – Ich wartete immer noch auf Umberto. Es kehrten hin und wieder junge Leute zurück, die längst totgeglaubt waren und deren

Namen schon auf Tafeln und Denkmälern gestanden hatten wie Umbertos Name.

Hinter dem Haus war der Platz, wo ich oft stand und Ausschau nach ihm hielt. Hier konnte ich die Straße sehen, die von Ferrara kam, im Bogen um Comacchio herumführte und nahe bei meinem Platz im rechten Winkel nach Porto Garibaldi abbog. Hier übersah ich die Straße und mein ganzes Leben. Drüben am Wasser hatte ich gestanden mit dem kleinen Antonio im Arm, als Giovanni zum letzten Male ausfuhr und mir zuwinkte. Links war die Brücke, wo vor vielen Jahren Carlo im Morgengrauen gehangen hatte. Hier hatten meine Kinder gespielt, und hier spielten jetzt meine Enkel. Hier schrien die Möven ihren heisern Schrei, der untrennbar zu meinem Leben gehörte.

Mövenschreie, die während des folgenden lauter oder leiser hörbar bleiben.

Eines Sonntags stand ich hier, als ein großes offenes Auto von Ferrara herkam. Es näherte sich rasch mit seiner Radiomusik, und ein Gefühl von Bangigkeit erfüllte mich, als ich es sah und hörte.

Man hört das Auto mit seiner Musik sich nähern.

Als es bei mir vorbeikam, nur durch das Wasser von mir getrennt, blickte mich eine Frau an, die darin saß, und ich erkannte sie.

Geräusche ausgeblendet. Das folgende wieder raumlos.

Ellen Harland fuhr dort vorüber, – ich hatte sie vergessen. In diesem Augenblick aber kam alles wieder. Ich selber war es ja, und mein Leben war es, das vorüberfuhr. Das Auto bog in die Kurve, ich machte einige Schritte, es war mir, als müßte ich fliegen können, als hinge noch einmal alles davon ab, sie zu erreichen. Ich fiel und fühlte das Wasser um mich steigen, es drang mir in Mund, Nase und Ohren und betäubte mich.

Pause

Im Freien
BOB Mutter!
JOHN Ellen!
ELLEN Was ist denn?

JOHN Leg dich einen Augenblick in den Sand. Wir bringen dich
dann in die Kabine.
ELLEN *verständnislos:* Ja. In die Kabine.
JOHN Es war leichtsinnig, bei dieser Hitze gleich ins Wasser zu
gehen. Ellen, hörst du? Ellen!
BOB Mutter!
ELLEN Wer seid ihr?
BOB *leiser:* Wer wir sind.
JOHN Ellen! Ellen Harland, John, Bob, Lissy.
ELLEN Washington.
JOHN Ja, meine Liebe!
ELLEN Ellen Harland.
BOB Weißt du es jetzt?
ELLEN Ich muß gleich aufbrechen.
JOHN Aufbrechen? Wohin?
ELLEN Nach Comacchio.
BOB Ja. Wohin sonst?
JOHN In die Kabine. Und dann ins Hotel. Wir nehmen Zimmer
hier.

Raumlos

ELLEN Am andern Tage war ich wieder ganz bei mir, bei Ellen
Harland. Ich lag im verdunkelten Zimmer. John, Bob und
Lissy waren baden gegangen, ich hörte noch ihre Stimmen vorm
Haus, die sich entfernten. Ich stand auf und schaute durch die
Vorhänge. Die Hoteltreppe und der Weg zum Strand lagen in
der Sonne. Dort gingen die Harlands, John, Bob und Lissy, ihr
Badezeug unterm Arm, alle drei groß und mager. Lissys hell-
blondes Haar, auf das sie so stolz war, leuchtete bis zu mir
herauf. Ich hätte sie gerne zurückgerufen, aber sie waren schon
zu weit. Mit jedem Schritt wurden sie mir fremder, und als
sie hinter den Badehütten verschwunden waren, überlief mich
ein Schauer von Angst. Mein Leben ging mit ihnen fort und
der Schlüssel einer Kabinentür drehte sich hinter ihm zu.
Ich kleidete mich an, wählte mir flache Schuhe aus, wie sie
für einen Fußweg besser geeignet sind, und verließ das Hotel
auf der Straße nach Comacchio. Es war warm, aber ich ging
schnell und brauchte nur eine knappe Stunde.

Ich ging über die Brücke und stieß die Tür des niedrigen Hauses auf. Filomena war in der Küche, sie stand am Herd, ihre kleine Tochter Camilla spielte auf dem Boden.

In der Küche
ELLEN Filomena?
FILOMENA Was wünschen Sie?
ELLEN Ich wollte, – Filomena!
FILOMENA Ich kenne Sie nicht.
ELLEN Du kennst mich nicht?
  Pause
  Aber ich kenne euch alle.
FILOMENA Uns alle?
ELLEN Mir wars, als hätte ich Stimmen von nebenan gehört: Lidia, Maria, den kleinen Giovanni.
FILOMENA Ja, sie sind alle da heute.
ELLEN Und wo ist Camilla?
FILOMENA Sie baut ein Dorf. Oder wird es ein Turm?
ELLEN Camilla, deine Mutter, meine ich.
FILOMENA Meine Mutter? Woher kennen Sie sie?
ELLEN Das ist eine längere Geschichte, Filomena. Von früher.
FILOMENA Von früher?
ELLEN Schon lange her.
FILOMENA In der Kammer, wenn Sie hineingehen möchten.
ELLEN Danke.
FILOMENA Sie hätten vielleicht früher kommen sollen.
ELLEN *seufzend:* Oh ja.

Raumlos
ELLEN Ich öffnete die Kammertür. Im Luftzug flackerten zwei Kerzen, die zu Füßen von Camilla brannten. Ich ging hinein und machte die Tür hinter mir zu. Wir waren allein.

Blick auf Venedig

Stimmen
Emilio · Benedetto · Anselmo · Hotelchef · Gaspara ·
Angelina · Sekretärin

Zimmer

BENEDETTO Ich habe gestern einen großen Gedanken gehabt.

EMILIO Du hast immer große Gedanken, Benedetto.

BENEDETTO Gewiß, aber der gestrige fiel mir besonders auf. Ich
saß am Rialto und die Gitarre war verstimmt. Puccini, zumal
auf einer verstimmten Gitarre, ist eigentlich unwiderstehlich,
aber ich hatte wenig Erfolg. Keine Münze klapperte in meinen
Teller. Ich schob die gelbe Armbinde deutlicher vor und legte
das Emailleschild »Bedauernswerter Blinder« neben mich auf
das Pflaster. Es regnete ganz leicht auf mich, auf die Gitarre
und auf das Papiergeld.

GASPARA Und jetzt hattest du einen großen Gedanken.

BENEDETTO Nicht so ungeduldig, Gaspara! Um ihn richtig würdigen zu können, muß man auch die historischen Umstände
kennen.

EMILIO Und das sind: Der Rialto, Puccini, ein leichter Regen.

BENEDETTO Plötzlich bemerkte ich, daß meine Opernfantasie das
einzige Geräusch auf der Welt war. Ich hielt inne. Es war einer
der seltenen Augenblicke, wo alles gleichzeitig schweigt, die
Blumenfrau und der Dampfer, die Schritte und die Glocken.
Ein Zufall, aber was sind schon Zufälle! Es konnten jetzt nur
zwei Dinge geschehen: Die Welt ging unter oder jemand schob
mir einen Scheck über eine Million Lire auf den Teller.

GASPARA Und welches von beiden –

EMILIO Da die Welt nicht untergegangen ist?

BENEDETTO Zu meiner Überraschung ergab sich noch eine dritte Möglichkeit: Ich hatte einen Gedanken.

EMILIO *bedauernd:* Oh –

BENEDETTO Der gut eine Million Lire wert ist.

GASPARA Sprich ihn aus!

BENEDETTO Geduld! Es ist keiner von den armseligen Gedanken, die sich in einem Satz ausdrücken lassen.

EMILIO *vergnügt:* Mit denen wäre der Tag schon nach dem Frühstück zu Ende.

BENEDETTO Ganz recht, Emilio. Nein, mein Gedanke braucht Vorworte, Schlaf, Fußnoten, Brot, Wein und Widerspruch, kurzum Monate.

GASPARA Und die Million, wann wäre die fällig?

EMILIO Eine Million, die du nicht bemerkst, Gaspara, alles in kleiner Münze, eine Sekunde auf die andere gelegt.

GASPARA Vielleicht verschieben wir die Besprechung auf heute abend? Ich glaube, es eilt nicht.

BENEDETTO Lieber gleich, wenigstens das allererste vom Vorwort.

GASPARA *seufzend:* Also.

BENEDETTO Es geht um die Stadt und um uns. Um die Weltstadt Venedig und drei bescheidene Blinde –

EMILIO Die auf eine Million warten.

BENEDETTO – drei bescheidene Blinde, Gaspara, Emilio, Benedetto. Keiner der Fremden, die nach Venedig kommen, beachtet uns.

EMILIO Wir rächen uns und beachten sie auch nicht.

GASPARA Ihr übertreibt. Sie werfen dir Geld in den Teller, Benedetto.

BENEDETTO Und Emilio vermittelt ihnen Telefongespräche. Aber kommt einer unsertwegen hierher?

EMILIO Das kann man schlecht von ihnen verlangen.

BENEDETTO *triumphierend:* Und gerade das ist mein großer Gedanke.

EMILIO Was?

BENEDETTO Sie sollen unsertwegen kommen.

GASPARA Unsertwegen?

EMILIO Benedetto hält uns für sehenswert.

BENEDETTO Ihr sprecht zu direkt, Freunde. Alles Große braucht Umwege. Laßt mich erläutern.

EMILIO *seufzend:* Den Anfang vom Vorwort.

BENEDETTO Venedig, die Königin der Meere. Aber nun sagt mir eins: Gibt es nicht Fremde, die vor San Marco zu gähnen anfangen und die Kuppel von Salute gerade noch als Tortenaufsatz ertragen können?

EMILIO Das bestreite ich.

GASPARA Nimm es als richtig an, damit es schneller geht.

BENEDETTO Oder ein Reiterdenkmal. Seit fünfhundert Jahren hebt Colleonis Pferd den linken Fuß. Das ist sehr langweilig.

EMILIO Willst du es ändern?

BENEDETTO Wenn wir nun behaupten, daß nicht das Sichtbare den Zauber Venedigs ausmacht, ja, daß wir Blinden, Gaspara, Emilio, Benedetto, daß wir ein Venedig zeigen könnten, das keiner kennt, eine Stadt aus Gerüchen und Wind –

EMILIO Es wäre ein großer Erfolg –

Gaspara gähnt.

BENEDETTO Ich denke an einen vervielfältigten Werbeprospekt.

EMILIO Die Geheimnisse der Echos und der Abwässer.

BENEDETTO Etwa so: Ein Blinder führt Sie und Sie sehen Venedig.

Gaspara kichert.

EMILIO Das sollte man gleich notieren.

BENEDETTO Nicht wahr?

Emilio schreibt auf der Maschine.

GASPARA *resigniert:* Ein Thema für lange Winterabende.

EMILIO »Und Sie sehen Venedig«. Ist die Formulierung endgültig?

BENEDETTO Sie kann nicht vorläufig genug sein.

EMILIO Hm.

BENEDETTO Der Prospekt muß ja die ganze Welt enthalten, die Wirtschaft und die Theologie, den Luftzug, der die Gardine bauscht, und den Geruch aus dem Neuen Kanal. Und vor allem das Gegenteil der Farben. *Zufrieden:* Ein erstes Dokument blinder Kultur. Mit dem unausgesprochenen Refrain: Der fünfte Sinn ist nicht bewiesen.

EMILIO Zuviel Theorie für einen Werbeprospekt.

GASPARA Und der Vorstand des Blindenvereins ist anderer Ansicht.

BENEDETTO *zornig:* Der Vorstand des Blindenvereins! Dieser Triumph, daß wir Maschine schreiben und Körbe flechten können! Ach Gaspara, Emilio –

EMILIO *mit freundlichem Spott:* Benedetto!

GASPARA *ungeduldig:* Genug! Ich will wissen, ob die Sonne scheint, ob ihr zum Abendbrot Fisch haben wollt oder gebackenen Käse, wer mir Kölnisch Wasser mitbringt –

BENEDETTO Ich bringe dir Blumen, Gaspara.

EMILIO Ich einen weißen Kamm, ins Haar zu stecken.

BENEDETTO *spöttisch:* Man spürt in den Fingern, wie weiß er ist.

EMILIO *ohne auf ihn zu achten:* Und was die Sonne betrifft – einen Augenblick!

GASPARA Die Vorsteherin der Frauenabteilung sagte neulich, es sei ein gelber Tag.

BENEDETTO Das sieht ihr ähnlich.

EMILIO Schreibt sie nicht auch Verse?

GASPARA Terzinen.

BENEDETTO Wie Dante. Unsere Oberen sind so feinsinnig.

EMILIO Dennoch, es ist ein gelber Tag.

BENEDETTO So?

EMILIO Leg die Hand auf das Fensterbrett. Es wärmt.

GASPARA *angestrengt:* Das also ist gelb.

BENEDETTO Ihr seid unverbesserlich. Glaubt ihr ernstlich, es gäbe Farben? Schon das Wort ist eine Bosheit.

EMILIO *fröhlich:* Ein Tag um zu singen.

BENEDETTO *mürrisch:* Um Terzinen zu dichten.

EMILIO Ein Tag um rücklings auf dem Wasser zu liegen.

BENEDETTO Ein Tag um alle Sehenden zu blenden. Ein glühendes Eisen oder ein beliebiger spitzer Gegenstand. Bei den Borgias war es ein glühendes Eisen.

GASPARA Ein Tag für Blumen und weiße Kämme.
Sie horcht. Hört ihr?

EMILIO Neun Uhr von Santa Teresa.

GASPARA Und dann kommt Sebastian und dann Nicolò.

BENEDETTO Während beim Erzengel Raffael die Glocke gesprungen ist. Solche Feinheiten kennen nur wir.

EMILIO Ein Grund, stolz zu sein, nicht wahr?

GASPARA Laßt dem Tag sein Gelb, den gewärmten Handrücken, ich bitte euch.

BENEDETTO Du bist unsere Farbe, Gaspara.

EMILIO Verdienst Veilchen und Azaleen.

BENEDETTO Und den fünfstimmigen Gesang der Glocken.
Er lacht.

EMILIO Und die Sprache der Fische.

GASPARA Das Kölnische Wasser laßt ihr aus.

BENEDETTO Du weißt, daß wir in der Größe des Flacons wetteifern. Emilio mit seinem gesicherten Monatseinkommen –

EMILIO Benedetto aber ungesichert und bei Wind und Regen.

BENEDETTO Emilio neben der Zentralheizung und im Sommer unter dem Ventilator.

EMILIO Übertreib nicht! Es ist ein gelber Tag. Auch am Rialto scheint die Sonne.

BENEDETTO Nun ist der Rialto nicht der beste Platz. Bei Sonne ist der Lido besser. Aber meine Meisterschaft auf der Gitarre, das Tremolo meines Baritons – *er streicht über die Saiten* – do, re, mi –

GASPARA Gib dir keine Mühe. Von uns hast du kein Mitleid zu erwarten.

EMILIO Besonders wenn du dein Repertoire nicht erweiterst.
Zu einem Lied, das Benedetto zu singen beginnt: Das sang meine Mutter vor vierzig Jahren, als ich auf ihren Knien saß.

BENEDETTO Die dunkle Brille und die gelbe Armbinde sind mein Repertoire.

GASPARA Sagtest du gelb, Benedetto? Glaubst du an Farben?

EMILIO Zur Ordnung! Es geht um einen Prospekt.

BENEDETTO Gewiß.

EMILIO Aber?

BENEDETTO Erwartest du, daß ich ihn in die Maschine diktiere?

EMILIO Wir sollten zu einem Text kommen.

BENEDETTO *Einige Gitarrentöne*

EMILIO *spöttisch:* Der Satz und der Druck werden auch einige Zeit brauchen.

BENEDETTO Das Diktieren höchstens zehn Minuten.

GASPARA Um so besser.

BENEDETTO Um so schlechter. Ich hatte gedacht, daß wir ein gutes Vierteljahr daraus machten, auch vier Monate.

GASPARA Ach?

BENEDETTO Es gibt darüber so viel zu reden. Zudem habe ich euch noch einen Gedanken vorenthalten – *Er bricht ab.*

GASPARA Welchen Gedanken?

BENEDETTO Nein, das braucht Zeit. Ich dachte, die Gespräche sollten uns wärmen, wenn es kalt ist, und unsere Abende erfrischen, wenn es an Wind fehlt.

EMILIO Das klingt verlockend. Die Schreibmaschine war also verfrüht.

GASPARA Und alles andere verspätet. Viertel zehn. Höchste Zeit für euch.

BENEDETTO An die Arbeit!

GASPARA Mein Entschluß für heute abend ist gefaßt. Es gibt gebackenen Käse.

BENEDETTO Und danach –

EMILIO Orangen?

BENEDETTO Unsinn. Wir beginnen die Liste.

GASPARA Welche Liste?

BENEDETTO Venezianische Impressionen. Sehenswürdigkeiten, von Blinden entdeckt.

EMILIO Heute abend?

BENEDETTO Besorg zwei Liter Rotwein, Gaspara.

EMILIO Rotwein?

BENEDETTO Oder ist dir weißer lieber?

EMILIO Heute abend wird es nicht gehen. Heute ist Dienstag, nicht wahr?

GASPARA Hast du etwas vor?

EMILIO Vetter Anselmo holt mich um halb zehn ab. Meine Reise nach Padua, ihr wißt schon.
Für einen Augenblick Schweigen.

BENEDETTO *bedrückt:* Die Reise nach Padua, ach so. Nein, dann geht es heute nicht.

GASPARA Und morgen auch nicht.

BENEDETTO Und wahrscheinlich überhaupt nicht mehr.

EMILIO Überhaupt nicht? Was soll das heißen? Es ist ja auch nicht sicher –

GASPARA *traurig:* Und der weiße Kamm, der glänzen sollte?

BENEDETTO Vor allem der gebackene Käse, Emilios Lieblings-gericht ohne Emilio. Wollen wirs auf meinen Geschmack än-dern? Wiener Schnitzel?

EMILIO Ich bleibe vierzehn Tage, höchstens drei Wochen.

GASPARA Und du hast Urlaub genommen?

EMILIO Ja.

BENEDETTO Du wirst noch packen müssen. Nimm meinen Koffer.

EMILIO Ich brauche eigentlich nichts.

BENEDETTO Also, leb wohl, Emilio.

EMILIO So eilig?

BENEDETTO Meine Gitarre, mein Stock, mein Teller.

EMILIO Leb wohl, Benedetto.

Benedetto geht durch den Hausflur, zur Tür hinaus und auf die Straße. Man hört eine Zeitlang noch seinen Stock.

EMILIO Oder soll ich doch ein paar Sachen mitnehmen?

GASPARA Seife, Zahnbürste, Schlafanzug.

EMILIO Ja.

GASPARA Wir hatten Padua vergessen. Du hast nie mehr davon gesprochen.

EMILIO Ich wußte es selber nicht.

GASPARA Seit wann weißt du es?

EMILIO Seit acht Tagen, ungefähr.

GASPARA Ungefähr.

EMILIO Schweigen war das Einfachste. Und dann sagte ich mir auch: Es ist alles so unbestimmt.

GASPARA Eine Operation jedenfalls.

EMILIO Mit ganz ungewissem Ausgang.

GASPARA Du hast nichts zu verlieren.

EMILIO Nein, blinder als ich bin kann ich nicht werden.

GASPARA Aber vielleicht sehend.

EMILIO Ja, vielleicht sehend.

GASPARA Es gäbe nur eins, warum ich sehen möchte. Früher war es anders, aber jetzt ist es nur noch eins.

EMILIO Liebe Gaspara.

GASPARA Etwas ganz Nebensächliches. Es ist mir, als hinge wun-der was davon ab. Neben der Haustür, links, ist ein feuchter Fleck in der Wand.

EMILIO Man könnte den Maurer rufen.

GASPARA Oder den Dachdecker oder den Installateur. Ein undichtes Rohr, ein schadhafter Dachziegel? An dieser Stelle stehe ich manchmal, wenn ich allein bin, und taste mit der Hand darüber. Ein Geheimnis, das alle andern mit einschließt.

EMILIO Und das vom Maurer zu lösen ist.

GASPARA Oder vom Dachdecker oder vom Installateur. Eine kleine Reparatur und meine einzige Möglichkeit wäre dahin. *Lachend:* Dahin vielleicht auch, wenn ich sehen könnte.

EMILIO *eifrig:* Nicht wahr, so sicher ist es nicht, daß man dabei etwas gewinnt?

GASPARA Versuchen mußt du es.

EMILIO Es ist eine Art von Pflicht. Und vielleicht wird alles einfacher für uns.

GASPARA Du wirst für uns sehen.

EMILIO Könnte das nicht sein? – *Es klopft an die Haustür.*

ANSELMO *draußen:* Emilio!

EMILIO Ich komme. *Zu Gaspara:* Vetter Anselmo.

GASPARA Pünktlich. Halb zehn von Santa Teresa.

EMILIO Dann schlägt Sebastian und dann Nicolò.

GASPARA Und die Glocke von Raffael ist gesprungen. Wirst du das vierzehn Tage lang behalten?

EMILIO Oder drei Wochen. Leicht.

Die Glocken nacheinander, dann zusammen und sehr laut. Plötzliche Stille.

Von ferne hört man Emilios Stock auf das Pflaster stoßen. Er kommt näher, hält an. Die Haustür wird geöffnet, Emilio geht über den Flur und in ein Zimmer.

GASPARA Emilio?

EMILIO Aus Padua zurück.

GASPARA Und? Ich hörte deinen Stock.

EMILIO Ich finde mich leichter zurecht, wenn ich die Augen zumache. Psychologisch normal, sagte der Oberarzt.

GASPARA Und du siehst? Was siehst du, Emilio?

EMILIO Alles, was meine Füße sehen. Am Verputz hätte ich das Haus nicht erkannt. Natürlich lernt man manches. Gaspara, wußtest du, daß Mohrrüben rot sind?

GASPARA Ja, das wußte ich. Manchmal spielen sie ins Gelbe.

EMILIO Nicht wahr, das haben wir alles gelernt? Aber es ist dann doch überraschend. Noch merkwürdiger ist der Salat. Er ist grün, Gaspara.

GASPARA Und spielt an manchen Stellen ins Weiße.

EMILIO Ich hätte den Geschmack eher violett genannt.

GASPARA Und Zitronen sind gelb. Aber sag mir, was gelb ist.

EMILIO Und spielt in die Enttäuschung.

GASPARA Dann sag noch, daß es sich nicht lohnt.

EMILIO Nein, das sage ich nicht. Aber es bleibt doch merkwürdig, wie wenig sich über das Gelb mitteilen läßt. Es ist gelb, – Schluß!

GASPARA Ach, das ist genug, wenn du es mir sagst. Jetzt siehst du zum ersten Mal das Zimmer.

EMILIO Was ist das? *Er schlägt eine Taste an und lacht:* Meine Schreibmaschine. Ich hatte es für einen Rhododendron gehalten. Das kommt davon, wenn man die Augen offen hält.

GASPARA Und zum ersten Mal mich. Setz dich endlich! Wo ist dein Koffer? Hast du Hunger?

EMILIO Von der Klinik habe ich noch zwei Äpfel mitbekommen.

GASPARA Sind rot, grün oder gelb.

EMILIO Es gibt auch braune.

GASPARA Davon können wir später sprechen.

EMILIO Wo ist Benedetto? Ich bin eigens über den Rialto gekommen, aber keine Spur von ihm, so fest ich auch die Augen zudrückte.

GASPARA Seine Gewerkschaft hat ihm jetzt den Lido zugewiesen, gleich am Landungssteg. Es ist eine Stelle, um wohlhabend zu werden.

EMILIO Ich werde jetzt auch mehr verdienen. In der Klinik habe ich lesen gelernt.

GASPARA Wie findest du das Zimmer?

EMILIO Ich bin ein Blinder, der sieht. Vieles verstehe ich nicht. Farbflecke, Linien, das meiste eine Art Tapete.

GASPARA Das meine ich nicht.

EMILIO Im Zug sah ich zum Fenster hinaus. Ich repetierte immer: Grün, Braun, Blau, Rot. Die ganze Welt eine Tapete, das begriff ich. Aber wie findet man sich in Tapeten zurecht? Vetter

Anselmo hat mehr Übung. Er sagte: Baum, Dach, Himmel, Kuh. Man hatte das Gefühl, daß er dabei gähnte.

GASPARA Also kannst du mir nichts über das Zimmer sagen?

EMILIO *ratlos:* Das Zimmer? Ich muß die Augen schließen.

GASPARA Nein, wenn du sie offen läßt! Aufgeräumt, sauber, Spinnweben, Schmutz, geschmackvoll oder nicht.

EMILIO *nachdenklich:* Geschmackvoll? Ich glaube, es ist alles in Ordnung.

GASPARA Die Tischdecke zum Beispiel.

EMILIO Laß mich sehen.

GASPARA Ein blasses Gelb, nicht wahr? Du hast sie mit mir ausgesucht.

EMILIO Es sind Querfäden darin, die dunkler sind.

GASPARA Und Benedetto war gekränkt.

EMILIO Eifersüchtig. Das hat sich inzwischen gelegt.

GASPARA Und über mich? Was könntest du über mich sagen?

EMILIO Komm näher!

GASPARA Ein Farbfleck? Eine Art Tapete?

EMILIO Noch näher!

GASPARA So wenig wie über eine Tischdecke. Ein blasses Gelb, das du nicht ausgesucht hast. Es fiel dir zu mit allen Querfäden.

EMILIO Es gibt nur dich.

GASPARA *ungeduldig:* Aber ich kenne Wörter, die ich gern über mich hören würde. Bin ich hübsch, Emilio?

EMILIO Sehr.

GASPARA Und es ist doch so, daß man mit einer dunklen Brille garnicht mehr auffällt.

EMILIO Überhaupt nicht. Alle Frauen tragen dunkle Brillen.

GASPARA Wahrscheinlich merkt man mir nichts an.

EMILIO Bestimmt nicht.

GASPARA Und vielleicht dreht sich mancher Mann nach mir um und denkt: Wer mag die hübsche junge Frau sein?

EMILIO Das tun sie sicherlich, und sie denken noch viel mehr.

GASPARA Besonders, wenn ich ohne Stock gehe. Stell dir vor, auf den Markt gehe ich manchmal ohne Stock.

EMILIO Das ist unvorsichtig. Du wirst jetzt immer mit mir gehen, wir gehen Arm in Arm.

GASPARA *glücklich:* Ja?

EMILIO Ich sehe immer deutlicher, wie hübsch du bist.

GASPARA Und dann gibt es jetzt die langen Schirme. Eine herrliche Mode. Ich tue so, als machte es mir gerade Spaß, mit dem
Schirm am Boden herumzufahren. Eine persönliche Note, die
man einer hübschen jungen Frau nicht übelnimmt. Und wenn
ich in jemanden hineinlaufe –

EMILIO Dann freut er sich höchstens.

GASPARA Ich lächle bloß.

EMILIO Das genügt.

GASPARA Ich bin froh, daß du mich siehst.

EMILIO Und ich bin froh, wieder hier zu sein: Der einzige Platz
auf der Welt, den ich verstehe. Mit oder ohne Augen. Bei Gaspara und bei mir selber.

GASPARA Und –

EMILIO Und?

GASPARA Und bei Benedetto.

EMILIO *etwas verstimmt:* Und bei Benedetto. Richtig, wir sind
zu dritt. Eine Art Blindenheim.

GASPARA Jetzt nicht mehr. Wir werden sogar eine Lampe anschaffen müssen.

EMILIO Es macht mir kein Vergnügen, daran zu denken. Am besten, wir lassen alles wie es ist. Wenigstens hier, bei uns.

GASPARA Wir haben inzwischen auch Veränderungen gehabt.

EMILIO Benedettos neuer Platz.

GASPARA Nein, ich meinte die Glocke von Raffael. Sie ist jetzt
ganz ausgefallen. Der Pfarrer sammelt für eine neue.

EMILIO Der Ton wird anders sein.

GASPARA Vermutlich.

EMILIO Und dann noch eine Lampe, und sich überlegen, ob der
Schirm rot, gelb oder weiß sein soll.

GASPARA Ärmster! Soviel Unglück auf einmal!

EMILIO Du mußt selbst sagen, daß die scheppernde Glocke von
Raffael ein Teil von unserem Leben war.

GASPARA Wie dein Stock, den wir nicht mehr lange hören werden.

EMILIO *verlegen:* Ja, gewiß. *Die Haustür geht.*

GASPARA Benedetto.

Benedetto tritt ein.

BENEDETTO Ein Glückstag erster Ordnung, Gaspara. *Er streicht die Saiten seiner Gitarre.* Drei Sonderfahrten. Belgische Touristen, Biennale, Wasserwirtschaftlicher Kongreß. *Er leert aus seinen Taschen das Geld auf den Tisch.* Was da so laut tut, Gaspara, sind nur die ordinären kleinen Zahlen. Die größeren benehmen sich besser, rascheln nur ganz diskret, knistern bescheiden, hundert und hundert und tausend, das liebe sanfte Papier. Man kommt gern mit ihm ins Gespräch, so wie heute. Übrigens gebe ich viel mehr als ich bekomme.

GASPARA Die Opernfantasien, nicht wahr? Dein Bariton.

BENEDETTO Nicht doch! Ich meine das Gefühl, daß man alles getan hat, was zu tun ist, und daß die Welt so bleiben kann wie sie ist.

GASPARA Wie ist sie denn?

BENEDETTO Und dieses Gefühl ist unbezahlbar. Das sagte ich einer älteren Dame, die für solche Gelegenheiten eine trockene Semmel im Handtäschchen hatte. Signora, sagte ich –

GASPARA Benedetto, wir haben Besuch.

BENEDETTO *streicht über die Gitarre:* Besuch?

EMILIO Besuch ist nicht das richtige Wort.

BENEDETTO Emilio! Emilio! Und kannst uns alle sehen? Zähl gleich das Geld! Bruderherz, wie ist es nun mit den Farben? Und das Ultraviolett und das Infrarot? Nicht wahr, die siehst du auch nicht? Wozu dann der ganze Aufwand?

EMILIO Benedetto, mein Lieber.

GASPARA Wie lange hast du gebraucht vom Lido hierher?

BENEDETTO Nicht so streng, Gaspara! Drei kurze Unterbrechungen, rot, weiß, rot, meine Fahne. Bei Luigi ein Leichenschmaus, eine sehr lustige Gesellschaft. Bei Giovanni eine Verlobung, auch lustig, trotz meiner Vorliebe für Paradoxe. Bei Antonio, – was war eigentlich bei Antonio? Nichts, ein Glas auf eigene Rechnung. Emilio, wir haben große Dinge zu besprechen.

EMILIO Den Werbeprospekt.

BENEDETTO Den auch. Und meine Sprachlehre.

EMILIO Sprachlehre?

BENEDETTO Du hörst richtig. Ich habe sie bisher nicht erwähnt, habe es in mir reifen lassen. Ich weiß nicht, ob du mich überhaupt verstehen wirst.

GASPARA Eine unfreundliche Einleitung für Emilio.

BENEDETTO Er kann sehen. Das versperrt den Blick für manches. *Verschmitzt:* Den Blick – sage ich. Das ist schon ein Beispiel, ein negatives.

EMILIO Aus deiner Sprachlehre?

BENEDETTO Langsam, langsam! Räumt erst das elende Geld beiseite! Emilio, übernimmst du jetzt die Finanzen?

GASPARA Ein Blinder, der sieht.

BENEDETTO Das wäre ein guter Zustand, aber hält er sich?

EMILIO Ich will mich bemühen.

BENEDETTO Die Sprachlehre also.

GASPARA Noch vor dem Abendbrot?

BENEDETTO Wenigstens den Grundgedanken. Er ist ganz einfach. Emilio, Gaspara, wir sprechen eine fremde Sprache, die Sprache der Sehenden.

GASPARA Wenn wir in der Mehrheit wären!

BENEDETTO Mit vier gesunden Sinnen schielen wir nach dem fünften. Schielen, – das ist wieder ein Beispiel.

EMILIO Ein negatives.

BENEDETTO Wir sollten endlich eine eigene Sprache erfinden, die Sprache der Blinden.

GASPARA Um die Welt noch schwieriger zu machen.

BENEDETTO Um überhaupt eine Welt zu versuchen. Macht es euch nicht melancholisch zu hören, daß die Ausstellung von Gemälden blinder Künstler ein großer Erfolg war?

GASPARA Und sie ist von der Kritik sehr beachtet worden.

BENEDETTO Und demnächst die Boxabteilung und das Kleinkaliberschießen. Ich wette, auch da erreichen wir um ein Haar den Durchschnitt.

GASPARA Das ist erfreulich.

BENEDETTO Und wenn es nicht so erfreulich wäre, wäre es trostlos. Kurzum, sagt mir etwas, was außer uns niemand kann.

EMILIO Da gibt es nichts.

GASPARA In den Ansprachen heißt es immer: – beweisen, daß wir vollwertige Mitglieder der menschlichen Gemeinschaft sind. Ist das nicht richtig? Die Vorsteherin der Frauenabteilung ermuntert uns außerdem zu dichten. Sie hat sich sagen lassen, daß ohnehin die Dichter für gewöhnlich beim Dichten die

Augen schließen. Viele Verse deuten darauf hin. Homer soll auch blind gewesen sein.

BENEDETTO Und damit ist alles bewiesen. Warum haben wir nicht den Mut, die Welt mit vier Sinnen zu begreifen?

EMILIO Leicht gesagt.

GASPARA Es ist alles so aufs Auge angelegt, die Treppen, die Kanäle und die Markthallen –

BENEDETTO Die einfachsten Voraussetzungen fehlen, und da – *Er lacht.*

GASPARA – die Markthallen, der Sternenhimmel und die Aeronautik.

EMILIO Und da? Was meintest du, Benedetto?

BENEDETTO Und da ist meine Sprachlehre ein erster Versuch. Sie füllt die Lücke zwischen der Göttlichen Komödie und dem Städtischen Kasino, zwischen dem Canal grande und unserer Fröhlichkeit, alle Lücken, die nie geschlossen werden.

EMILIO Wir lösen doch keine Geheimnisse, wir lassen höchstens welche aus.

BENEDETTO Das tun die andern auch.

EMILIO Allerdings ohne zu ahnen, wie der sechste Sinn aussieht, der ihnen fehlt.

BENEDETTO Aussieht.

EMILIO Wieder ein negatives Beispiel.

GASPARA Emilio ist nicht blind.

BENEDETTO Wir ernennen ihn zum Blinden ehrenhalber.

EMILIO Danke.

BENEDETTO Die Sammlung der negativen Beispiele ist logischerweise der erste Arbeitsgang. Ich stelle mir eine Kartothek vor, gleichmäßig geschnittene Pappen. Die Ordnung der Wörter alphabetisch, bei den Redewendungen wird es schwieriger sein.

EMILIO Die Diskussion darüber wird unsere Abende füllen.

GASPARA Wenn wir dann noch den Werbeprospekt dazurechnen, haben wir Stoff bis an unser Lebensende.

BENEDETTO Ich hoffe, du meinst das ohne Resignation.

GASPARA *resigniert:* Aus reiner Begeisterung.

BENEDETTO Dann ist zu fragen, was übersetzt werden muß, was man wegläßt, und wo Neuschöpfungen nötig sind.

EMILIO Alles auf gleichmäßig geschnittenen Pappen.

GASPARA Alphabetisch.

BENEDETTO Ist das nicht die Behaglichkeit selbst? Wie ein angenehm temperierter Ofen, während draußen ein nasser Schnee fällt. Das was für andere ein Schaukelstuhl ist oder die Katze auf dem Schoß.

GASPARA Es leuchtet mir immer mehr ein.

BENEDETTO Einleuchten, das notieren wir.

EMILIO Die gleichmäßig geschnittene Pappe fehlt.

GASPARA Nichts ist gemütlicher als eine Kartothek.

BENEDETTO Auch topographisch müßte manches geändert werden. Es ist überhaupt fraglich, ob Straßen und Plätze für uns gültig bleiben. Damit würden auch ihre Namen verschwinden. Es gibt Punkte in unserer Stadt, die besser definiert werden durch das Geräusch eines Schneidbrenners und durch die bestimmte akustische Entfernung von einer Werft. Wenn man noch die Schiffssignale einbeziehen könnte und die Windrichtungen, etwas von den Gesprächen, die darüber hingegangen sind, und die besondere Zusammenstellung von Kneipe, Sarggeschäft, Gemüseladen und Druckerei –

GASPARA Die Stelle kenne ich.

EMILIO Es geht mehr und mehr den Werbeprospekt an.

BENEDETTO Berührungspunkte gibt es viele, wenn man einsieht, daß die Welt eine blinde Welt ist.

GASPARA Kurzum, wir brauchen eine zweite Kartothek.

BENEDETTO Es könnte sich als Irrtum herausstellen, daß der Canal grande eine zusammenhängende Wasserstraße ist, während andererseits die Beziehungen zwischen dem Ghetto und dem Marinearsenal deutlich würden. Es fehlt überall an akustischen und an Geruchsaufzeichnungen.

GASPARA Dabei liegt es doch nahe, San Marco durch Taubenflügel zu definieren.

EMILIO Auch die Exkremente kann man nicht ganz weglassen.

BENEDETTO Weder hier noch anderswo. Hunde, liebende Kater, Bedürfnisanstalten, das ist nicht weniger wichtig als die architektonischen Einflüsse des Orients.

EMILIO Man könnte an einen neuen topographischen Atlas denken.

BENEDETTO Natürlich nicht in Buchform.

GASPARA Aber in welcher Form dann?

EMILIO Ja, in welcher Form dann?

BENEDETTO Ich bin dankbar für jedes neue Problem. Das beschäftigt uns wieder ein Viertel-, wenn nicht ein halbes Jahr. Und
möglicherweise ergeben sich aus jeder Frage wieder einige Un-
terfragen. Das macht das Leben kostbar. Ist es schon Abend?

EMILIO Es ist noch hell.

BENEDETTO Eine bestimmte Farbe?

EMILIO Keine bestimmte.

BENEDETTO Also infrarot. Da wir keine kennen, stehen uns alle
frei.

GASPARA Wenn Farben in deiner Sprachlehre noch erlaubt sind.

BENEDETTO Und von morgen ab ein fester Rhythmus, nicht wahr?

EMILIO Vom gelben Morgen über den roten Mittag zum violetten
Abend.

BENEDETTO Arbeit bis fünf und dann das Eigentliche.

GASPARA Mitten im Eigentlichen ein Abendbrot, wenn ihr gestattet.

BENEDETTO Und das Eigentliche bis tief in die grüne Nacht.

GASPARA Grün?

EMILIO Mich müßt ihr manchmal ausnehmen, wenn es in die grüne
Nacht geht. Das Hotel zur Lagune, vielmehr mein Chef –

BENEDETTO Nachtdienst, Schichtwechsel, ich weiß. Aber ein regel-
mäßiger Dienst wäre für unsere Forschungen besser. Du solltest mit deinem Chef reden. Sagtest du nicht, er sei ein
Menschenfreund?

EMILIO Er ist ein so entschiedener Menschenfreund, daß er vermutlich nicht mit sich reden läßt.

BENEDETTO Du mußt es versuchen. Schließlich bist du ein philan-
thropischer Fall.

Pause

Im Hotel zur Lagune

CHEF Das freut mich aber, Emilio. Das freut mich. Nimm die Brille
ab!

EMILIO Vermutlich kann ich bald ganz ohne Brille gehen. Es ist
nur für die Übergangszeit, für die Gewöhnung.

CHEF Prächtig, prächtig. Ja, die Universitätskliniken in Padua machen die erstaunlichsten Sachen. Es geht nichts über Padua. Ich bin auch aus Padua, das überzeugt mich am meisten. *Er lacht:* Wenn man dagegen an diese schreckliche Stadt denkt, in der wir leben müssen –

EMILIO Ich habe etwas für Venedig übrig, bin auch Venezianer.

CHEF Das überzeugt mich nicht.

EMILIO Ich bin über vierzig Jahre nicht aus Venedig hinausgekommen. Jetzt sehe ich es zum ersten Mal.

CHEF Zum ersten Mal? Ach so, ja natürlich. Herrlich, daß die Operation so gut gelungen ist. Aber schließlich kann man es von der Universitätsklinik in Padua erwarten. Mir war es klar, daß sie gelingen würde. Nein, kein gutes Wort für Venedig. Eine veraltete Anlage, unpraktisch, unhygienisch. Wer würde heute darauf verfallen, eine Stadt in ein stinkendes Wasser hineinzubauen? Als ich das Hotel übernahm, mußte auch der Name geändert werden. Aus lauter Zorn habe ich es »Zur Lagune« genannt. Die Eigenschaftswörter, die ich mir dazu dachte, mußte ich leider weglassen. Hast du schon einmal die toten Katzen gezählt, die im Canal grande treiben?

EMILIO Bisher habe ich sie noch nicht gesehen.

CHEF Du wirst sie sehen, dafür hat man in Padua gesorgt. Die öffnen uns die Augen. *Er lacht.*

EMILIO Bei manchen Dingen, die ich sehe, weiß ich noch nicht, was es ist. Das ist komisch.

CHEF Ertrunkene Katzen wirst du ja erkennen.

EMILIO Vorhin wollte ich in eine Anschlagtafel hineingehen, weil ich dachte, es sei der Eingang in einen Park.

CHEF *bricht in Gelächter aus:* Das ist gut.

EMILIO Es kommt alles auf die Gewöhnung an.

CHEF Und wie lange dauert es mit der Gewöhnung?

EMILIO Vierzehn Tage noch, sagten sie in Padua.

CHEF Vierzehn Tage, das ist die richtige Zeit.

EMILIO Für meine Arbeit hier ist es ja gleichgültig.

CHEF Aber für die Arbeit anderwärts nicht.

EMILIO Anderwärts?

CHEF Vierzehn Tage ist die richtige Zeit, um deinen Nachfolger einzuarbeiten.

EMILIO Nachfolger?

CHEF Das macht auch für dich alles leichter. Kein Nachtdienst in dieser Zeit.

EMILIO Ja, darum wollte ich Sie bitten.

CHEF Schon zugestanden.

EMILIO Aber ganz verstehe ich das nicht. Vierzehn Tage?

CHEF Sagten sie in Padua.

EMILIO Ein Mißverständnis. Ich meinte die Gewöhnung.

CHEF Und danach richten wir uns. Eine philanthropische Tradition des Hauses.

EMILIO Wie bitte?

CHEF In der Fernsprechvermittlung immer ein Blinder. Du mußt zugeben, Emilio, es ist keine Arbeit für einen gesunden Menschen.

EMILIO Keine Arbeit –? Das kommt mir so überraschend.

CHEF Überraschend? Wir haben fest damit gerechnet, daß du sehen wirst.

EMILIO Aber?

CHEF Du kannst doch jetzt alles machen. Die ganze Welt steht dir offen. Bessere Stellungen, mehr Geld. Du hast die Wahl, kannst in ein Büro gehen oder in die Schiffahrt, ins Bankwesen oder in den Journalismus. Was hattest du vor?

EMILIO Telefonvermittlung im Hotel zur Lagune.

CHEF Ernstlich? Damit würdest du einem Blinden sein Brot nehmen. Die Armen können ja nichts anderes lernen als Schreibmaschine schreiben, Körbe flechten und Telefon vermitteln. Du hingegen –

EMILIO Schreibmaschine, Körbe, Telefon, ich auch.

CHEF Und jetzt wie gesagt die ganze Welt.

EMILIO Dürfte ich nicht vielleicht –

CHEF Es ist ein Versprechen, das ich dem Blindenverein gegeben habe.

EMILIO Wenigstens bis ich etwas anderes habe.

CHEF Du findest es leicht.

EMILIO Ich bin nicht so sicher. Haben Sie etwas für mich?

CHEF Ich? In unserem kleinen Betrieb? Außerdem bist du ja noch vierzehn Tage hier. Keine Lebensangst, Emilio! Jetzt fängt alles erst an. Grün, blau, rot, – das lohnt sich doch, Emilio! Na also! Mut!

Anderer Raum

BENEDETTO Mut! Das sage ich auch. Verhungern werden wir nicht. Unser Tisch biegt sich, der Lido beliefert uns: Risotto, Salat, Käse und Bier.

GASPARA Schinken, Salami, Mineralwasser.

BENEDETTO Wir leben, als wären wir nicht nur blind sondern auch taubstumm.

EMILIO Fehlte uns der Kopf, wäre das Glück vollkommen.

BENEDETTO Du sagst es. Jedenfalls lohnt es sich nicht, über deine Zukunft ein Wort zu verlieren.

EMILIO Das eben fürchte ich. Es sieht plötzlich alles anders aus. So als hätte ich schon immer gesehen.

GASPARA *ängstlich:* Sieht das Zimmer anders aus?

EMILIO Das Zimmer am wenigsten. Aber die Stadt, das Wasser zum Beispiel. Nichts damit anzufangen. Der Chef sprach von toten Katzen. Das müssen die Löcher sein, die ich nicht verstehe. Und dann die Häuser, die Kirchen, die amtlichen Gebäude. Alles durchlöchert, und ich weiß nicht, wie sich das ändern soll.

BENEDETTO Man könnte auch fragen, warum.

EMILIO Alles von der Anstrengung erfüllt, gesehen zu werden.

GASPARA Das haben sie erreicht.

EMILIO Und die schrecklichen Tauben. Sanft und unauffällig gewöhnen sie uns an die Hölle.

BENEDETTO Unauffällig?

EMILIO Und die Gondeln, die nicht symmetrisch sind, und ein türkisches Kriegsschiff auf Besuch. Das alles nimmt einem die Möglichkeit, der Verzweiflung zu entgehen.

BENEDETTO *reibt sich entzückt die Hände:* Alles Stoff für die Fremdenführung. Aber auch ich war nicht müßig. Auf dem Heimweg habe ich wieder mit aller Kraft über die Formulierung nachgedacht. Hört zu und sagt, wie ihr das findet: Die unsichtbare Stadt, – Blinde führen Sie durch Venedig.

EMILIO Hm.

GASPARA Ich glaube, das ist auch noch nicht das Endgültige.

EMILIO Es lockt niemanden an.

GASPARA Schreckt eher ab.

EMILIO Und ist außerdem –

BENEDETTO Was?

EMILIO Ich wollte sagen, es ist außerdem ein ganz verdammter Unsinn.

BENEDETTO Aber du hast es nicht gesagt.

EMILIO Nein.

BENEDETTO Ich gebe zu, daß alle Städte unsichtbar sind. Aber es geht um den Fremdenverkehr, und darin sind wir in Venedig führend.

GASPARA Und Gondeln sind auch ein verdammter Unsinn. Gibt es welche?

EMILIO Zu amtlichen Tarifen und mit Windlichtern am Heck.

BENEDETTO Windlichter?

EMILIO Versteht mich recht: Ich sehe nichts, was weniger unsinnig wäre. Dazu lernt man sehen.

BENEDETTO Vielleicht bringen uns die Windlichter weiter. Ist es eine offene Flamme?

EMILIO Ich glaube. Oder eine Batterie mit einer kleinen Birne.

BENEDETTO Für das Feuer, das man sieht, und für das Feuer, das die Hand verbrennt, gibt es ein und dasselbe Wort. Stellt euch vor, für zwei so verschiedene Dinge! Das kennzeichnet die Lage.

EMILIO Nicht ganz. Es ergibt höchstens eine Fußnote in einer Sprachlehre, die nie geschrieben wird.

BENEDETTO Aber Emilio! Eine Kündigung und du wirfst dich dem Unglauben in die Arme. Dein Chef ist ein Achselzucken wert.

EMILIO Ganz anders sieht es aus und ist mühsamer zu ertragen als ein Windlicht, wenn ich an die Registraturen denke, daß wir alle einen Namen haben, Gaspara, Benedetto –

GASPARA Emilio –

EMILIO Und daß uns nicht nur der Himmel zählt.

Anderer Raum

SEKRETÄRIN Vorname?

EMILIO Emilio.

SEKRETÄRIN Vatersname?

EMILIO Ratazzi.

SEKRETÄRIN Mit zwei t?

EMILIO Mit einem.

SEKRETÄRIN Geboren?

EMILIO Am 4. Februar 1920.

SEKRETÄRIN Wohnung?

EMILIO Rughetta Bernardo 13.

SEKRETÄRIN Erlernter Beruf?

EMILIO Ich kann Maschine schreiben, bin Korbflechter und Telefonist.

SEKRETÄRIN Dann müßte ich drei Karteikarten anlegen.

EMILIO Ja, bitte.

SEKRETÄRIN Wir werden versuchen, Ihnen etwas zu vermitteln.

EMILIO Wie lange wird es dauern?

SEKRETÄRIN In manchen Fällen hat es nur vier Wochen gedauert.

EMILIO Vier Wochen?

SEKRETÄRIN Ich rate Ihnen, es auch anderswo zu versuchen. Sie
bekommen von uns Nachricht.

EMILIO Danke sehr.

Im folgenden wechselnde Räume.

EMILIO Emilio Ratazzi mit einem t.

EMILIO 4. Februar 1920.

EMILIO Rughetta Bernardo 13.

EMILIO Schreibmaschine.

EMILIO Korbflechter.

EMILIO Telefonist.

EMILIO Emilio.

EMILIO Schreibmaschine.

EMILIO Mit einem t.

EMILIO 1920.

EMILIO Rughetta Bernardo 13.

EMILIO Telefonist.

EMILIO Danke sehr.

EMILIO Vier Wochen.

EMILIO Korbflechter.

EMILIO Danke sehr.

Im Hotel zur Lagune

CHEF Abschied nehmen, Emilio?

EMILIO Im Dezember wären es zwanzig Jahre gewesen, Chef.

CHEF Ja, solche Jubiläen soll man vermeiden. Was hältst du von
deinem Nachfolger?

EMILIO Er ist gut.

CHEF Man braucht hin und wieder einen Nachfolger, um zu wissen, wie gut der Vorgänger war. *Er lacht:* Hübsche zwanzig Jahre, Emilio.

EMILIO Neunzehneinhalb.

CHEF Viele Erinnerungen, vieles gemeinsam.

EMILIO *abweisend:* Ich wollte mich verabschieden.

CHEF Der Giftmord auf Zimmer fünf.

EMILIO Ich hatte gerade Nachtdienst.

CHEF Der Hochstapler.

EMILIO Auch auf fünf.

CHEF Ja, es muß am Zimmer liegen. Dann der kalte Winter, als die Heizungen einfroren.

EMILIO Erinnerungen die Menge.

CHEF Und was wird nun sein?

EMILIO Ähnliches. Eine Rattenplage, ein gestohlenes Collier, eine Bratensoße auf Monsignores Soutane, die Klage über die Steuer und die Klage über die Leberstörungen.

CHEF Bei dir, Emilio! Was wird bei dir sein?

EMILIO Es geht alles wunderbar. Ich habe nicht gedacht, daß ich nach vierzehn Tagen schon so weit wäre.

CHEF Wo wirst du arbeiten?

EMILIO Ich bin überall eingetragen. Elfmal als Telefonist, viermal für Schreibmaschine, zweimal für Korbflechten. Ich bekomme sofort Nachricht.

CHEF Dann fehlt es an nichts.

EMILIO Siebzehn Karteikarten.

CHEF Das ist so gut wie sicher.

EMILIO Freilich. Allerdings will ich auch nicht das erste beste nehmen.

Anderer Raum

EMILIO Ein Beruf, an den ich nie gedacht habe, Benedetto.

BENEDETTO Man braucht eine dunkle Brille, einen Teller, – übrigens kann man auch einen Hut nehmen.

EMILIO Und einen dürftigen Anzug. Das habe ich alles.

BENEDETTO Man kann sagen, daß die Frage Teller oder Hut unsern Stand in zwei deutlich geschiedene Gruppen trennt. Es ergibt sich aus der Weltanschauung. Die Anhänger des Tellers weisen darauf hin, daß man ihn hört.

EMILIO Und die Anhänger des Hutes?

BENEDETTO Daß man ihn nicht hört.

EMILIO Der Hut ist mir plausibler.

BENEDETTO Ich vermutete schon, daß du ein Huttyp bist.

EMILIO Aber die Musik? Ich spiele kein Instrument. Soll ich singen?

BENEDETTO Nicht doch!

EMILIO Ich muß etwas bieten.

BENEDETTO Du bietest die Möglichkeit, sich von Mitleid überwältigen zu lassen. Das entbindet, wie ich las, seelische Kräfte. Fünfhundert bis tausend Lire sind für seelische Kräfte ein geringes Entgelt. Dennoch würde ich empfehlen, auch bei einer Lira schon Danke zu sagen. Du hast ja das Glück, daß du genau siehst, was in deinen Hut fällt. Zeige keine Erregung, wenn es ein Knopf ist. Sag danke auch für Briefmarke und Semmel.

Auf der Straße

EMILIO Danke.

EMILIO Danke.

EMILIO Danke.

Die Straßengeräusche klingen entfernter.

Zwei Stöcke, Schritte auf dem Pflaster. Die Haustür. Emilio und Benedetto treten ein.

BENEDETTO Ein Bankkonto muß her, Gaspara. *Er schüttet Geld auf den Tisch.*

EMILIO Ein Zinshaus auf dem Lido. *Ebenso.*

GASPARA Meine unvergleichlichen Männer!

BENEDETTO Nur untereinander zu vergleichen. *Er lacht.*

EMILIO *gereizt:* Aber das bis auf die Dezimale.

GASPARA Ich kenne mich kaum in den ganzen Zahlen aus.

BENEDETTO Wie soll man das deuten? Eine Schmeichelei? Was meinst du, Emilio?

EMILIO Keine Post, Gaspara?

GASPARA Nichts.

BENEDETTO Du könntest noch einmal hingehen, überall, zu den

siebzehn Karteiblättern. Wenn dich der heutige Versuch nicht überzeugt.

EMILIO In Venedig gibt es 3300 stellungslose Bürokräfte.

GASPARA Schreiben die alle 180 Anschläge in der Minute?

EMILIO Ich bin Anfänger und vierzig Jahre alt.

BENEDETTO Und die Korbflechterei? Da solltest du versuchen.

EMILIO 11 Stellungslose. Mit mir 12.

GASPARA Der Mann von unserer Gemüsefrau arbeitet in den chemischen Werken im Mestre. Sie stellen ungelernte Arbeiter ein.

BENEDETTO Wenn dich der heutige Versuch nicht überzeugt. Emilio, nimm Vernunft an! Was sind das alles für Themen? Personalakten, 180 Anschläge und ungelernte Arbeiter? Wieviel Monate sollen wir mit solchen Diskussionen hinbringen? Wir haben doch Wichtigeres vor. Wir dienen der Menschheit am besten, wenn wir den Werbeprospekt und die Sprachlehre weitertreiben.

GASPARA Wenn ich bei Benedetto nur wüßte, was er ernst meint.

BENEDETTO *vergnügt:* Jeder hat eine Methode, sich interessanter zu machen als er ist. Das ist jedenfalls meine. Aber hier ist der Fall einfach. Ich nehme es ernst. Die Ironie kommt erst durch die andern herein, die nicht begreifen, daß man es ernst nimmt. Sie begreifen auch nicht, daß man wirklich nicht sehen kann. Das halten sie für einen besonders gelungenen Scherz.

EMILIO Da habt ihr meinen Fall. Beruf: Blind. Das achtzehnte Karteiblatt.

BENEDETTO Und die Arbeit schon vermittelt, – was willst du? Nicht zuviel Ethik, Emilio, sonst fallen zu viele Berufe überhaupt aus und zu wenig Lire in deinen Hut.

EMILIO Das ist eine anarchistische Ansicht.

BENEDETTO Möglich. Die Ordnung, in die wir uns fügen sollen, ist nicht von Blinden erdacht.

EMILIO Du zählst mich noch dazu?

BENEDETTO Entschuldige, ich halte es für eine Ehre.

EMILIO Und die sehenden Augen hinter der schwarzen Brille, der offene Hut, das demütige Danke Danke, – gehört das mit zur Ehre?

BENEDETTO Ihm fehlt etwas, Gaspara, ihm fehlt etwas.

GASPARA Was du hast?

BENEDETTO Er ist kein Narr, das macht ihm alles schwierig. Emilio, Bruder!

EMILIO *unwirsch:* Ach was!

BENEDETTO Bruderherz, versuch es noch einige Zeit! Die Gewohnheit versüßt manches. Und unser Erwerb will doch mehr als sich selber. Wir haben Ideale.

EMILIO So?

BENEDETTO Zum Beispiel: Ist unsere Beschränkung auf den Wortschatz richtig? Müssen wir nicht auch die Syntax einbeziehen? Und schließlich habe ich einen so radikalen Gedanken, daß ich kaum wage, ihn auszusprechen.

EMILIO *mürrisch:* Laß ihn unausgesprochen.

BENEDETTO Versuch es noch einmal, Emilio!

EMILIO Was bleibt mir anderes übrig?

Auf der Straße

EMILIO Danke.

EMILIO Danke.

EMILIO Danke.

Die Straßengeräusche hören auf.

Zimmer wie vorher

GASPARA Nun?

EMILIO Die Einnahme war gut.

BENEDETTO Die Leute drängen sich um seinen Hut. Er ist ein Tenor unter den Bettlern.

EMILIO Und das ohne zu singen.

GASPARA Und sonst?

EMILIO Sonst alles unverändert.

BENEDETTO Es wird schon, es wird schon.

EMILIO Schlechter oder besser?

Auf der Straße

EMILIO Danke.

EMILIO Danke.

EMILIO Danke.

Die Straßengeräusche hören auf.

Emilio geht in Vetter Anselmos Haus.

EMILIO *ruft:* Anselmo, Vetter!

ANSELMO Emilio? Komm herein!

Emilio und Anselmo im gleichen Zimmer.

Siehst wohl aus, auf den ersten Blick.

EMILIO Auf den zweiten auch noch. Geh gleich zum dritten über!

ANSELMO Jedenfalls kannst du sehen, – ein Glück!

EMILIO Ein Glück, das die meisten haben, ohne daß sie glücklich sind.

ANSELMO Schlechter Tag heute, wie? Bleib zum Essen da. Angelina ist gerade einkaufen gegangen. Trink ein Bier, das beruhigt.

EMILIO Meine Einnahmen heute. *Er schüttet Geld auf den Tisch.*

ANSELMO Ganz gut. Sogar sehr gut. Und alles in kleiner Münze. Wo arbeitest du jetzt?

EMILIO Am Lido. Eine ganz gute Stellung. Aber ich gebe sie auf. Ich möchte gern in die chemischen Werke nach Mestre.

ANSELMO Die haben gerade zweihundert Arbeiter entlassen.

EMILIO So?

ANSELMO Ich würde in der Stellung bleiben, die du gerade hast.

EMILIO Das geht nicht.

ANSELMO Warum?

EMILIO Anselmo, habt ihr den Laden schon vermietet?

ANSELMO Noch immer nicht. Er liegt zu ungünstig und es ist kein Keller dabei.

EMILIO Ich werde ihn mieten.

ANSELMO *lachend:* Du?

EMILIO Das ist komisch, wie?

ANSELMO Womit willst du handeln? Käse? Oder Weißwaren? Hast du ein Betriebskapital?

EMILIO Betriebskapital? Ich will die Jalousie herunterziehen und schlafen.

ANSELMO *hört zu lachen auf:* Schlafen?

EMILIO Und es soll dunkel sein, keine Fenster, verstehst du? Ich bin nicht zuhause, ich existiere nicht.

ANSELMO *furchtsam:* Nein, das verstehe ich nicht. Trink ein Bier!

EMILIO Danke.

ANSELMO Angelina wird auch gleich kommen. Es gibt Spaghetti
wie immer.

EMILIO Ich esse Spaghetti gern.

ANSELMO Na ja. Jedenfalls ist der Gedanke daran beruhigend.
Teigwaren, in Wasser gekocht, weiß, kennt man auf der ganzen
Welt, man fühlt sich zur Menschheit gehörig, man ist in der
Überzahl. Wer Spaghetti ißt, dem kann nichts passieren. Und
dann hat man noch die Möglichkeit des Adels.

EMILIO *abwesend:* Was?

ANSELMO Der Adel durch die Zutaten: Tomaten, gehacktes Ei.
Angelina hat ein eigenes Rezept mit Kapern und Sardellen.

EMILIO Sicher sehr gut.

ANSELMO Und beruhigend, wie gesagt.

EMILIO Bist du aufgeregt, Anselmo?

ANSELMO Erschrocken, Vetter. Ist es nicht merkwürdig, daß ich
Polizist geworden bin? Ich erschrecke so leicht. Beim Nachtdienst habe ich bestimmte Angewohnheiten. Ich gehe ganz ge-
mächlich dahin, auf einmal drehe ich mich blitzschnell um.

EMILIO Und?

ANSELMO Nichts. Nur wegen der Sicherheit.

EMILIO Ach so. Dafür hast du ja auch die Pistole.

ANSELMO Ja, die habe ich.

EMILIO Das ist sie hier, wie?

ANSELMO Hände weg!

EMILIO Wie funktioniert das?

ANSELMO Den Sicherungshebel beiseite.

EMILIO Und dann?

ANSELMO Der Zeigefinger am Abzug. Peng, peng.

EMILIO Peng, peng.

ANSELMO Ganz einfach.

EMILIO Und dann fallen sie.

ANSELMO Wer?

EMILIO Die Gangster, die Diebe, die Mordbrenner.

ANSELMO *lacht:* Haufenweise, das ganze lichtscheue Gesindel.

EMILIO *lacht auch:* Das hinter verschlossenen Jalousien haust.

ANSELMO Dich meinte ich doch nicht.

EMILIO Natürlich nicht. Ich dachte, ihr laßt mir den Laden billiger? Mit Verwandtenrabatt?

ANSELMO Umsonst, solange wir niemanden finden. Willst du denn – hm, deine andere Wohnung ganz aufgeben?

EMILIO Das wollte ich.

ANSELMO Und was sagen Gaspara und Benedetto dazu?

EMILIO Das Haus ist ja winzig. Ein Vogelkäfig. Ganz gut, wenn einer auszieht.

ANSELMO Das sagt Gaspara?

EMILIO Nein, das sage ich.

ANSELMO Früher meintest du, je enger, je besser.

EMILIO Früher, ja. Früher war es die Welt. Ich kann da nicht mehr leben, Anselmo, ich kann nicht mehr blind sein. Früher war die Tischdecke aus Tausendundeiner Nacht, jetzt stammt sie aus dem Ausverkauf.

ANSELMO Ja, da ist alles billiger.

EMILIO Früher gab es keine Frau außer Gaspara.

ANSELMO *unruhig:* Und jetzt?

EMILIO Ich habe dich einmal gefragt, als ich noch blind war.

ANSELMO Hm.

EMILIO Du meintest, Gaspara sei ungewöhnlich hübsch.

ANSELMO Sagte ich das? Es stimmt doch, nicht wahr?

EMILIO Nein, es stimmt nicht.

ANSELMO Wie mans nimmt.

EMILIO Sie ist ungewöhnlich häßlich.

ANSELMO So groß sind die Unterschiede gar nicht.

EMILIO Ein Haar ohne Glanz, eine Haut ohne Farbe.

ANSELMO Wir sind auch nicht die Schönsten. Hat sie nicht ein gutes Herz?

EMILIO Das macht alles noch schlimmer.

ANSELMO Und Benedetto?

EMILIO Sein Wörterbuch macht Fortschritte.

ANSELMO Und noch kein Beruf? Immer noch Gitarre im Freien? Zustände!

EMILIO Wenn es m e i n Wörterbuch wäre!

ANSELMO Verlangt er das?

EMILIO *höhnisch:* Er hat auch ein gutes Herz.

ANSELMO Das dachte ich.

EMILIO Diese stilisierte Blindheit!

ANSELMO Sprich dich nur aus!

EMILIO Alles so gewaltsam. Dabei ist er nicht so sicher wie er tut. Er hatte eine vertrauliche Frage an mich.

ANSELMO *neugierig:* Was wars?

EMILIO Er war irgendwie auf die Vermutung gekommen, Esel könnten grün sein.

ANSELMO *kichernd:* Grün.

EMILIO *unwillig:* Kein Grund zu lachen. Du warst nie blind, du weißt nicht, was Farben sind.

ANSELMO Na.

EMILIO Warum könnten Esel nicht grün sein?

ANSELMO Vetter, ich versichere dir, sie sind nicht grün.

EMILIO *ärgerlich:* Ich weiß.

ANSELMO Sonst hätte ja Benedetto recht.

EMILIO *seufzend:* Nein, du hast recht.

ANSELMO Nicht immer, aber in dem Fall.

EMILIO *horch:* Angelina.

Angelina kommt herein.

ANSELMO Vetter Emilio ist da.

ANGELINA *erfreut:* Vetter Emilio! Laß dich anschauen!

EMILIO *lachend:* Ich sehe dich zum ersten Mal.

ANGELINA Siehst gut aus.

EMILIO Auf den ersten Blick.

ANGELINA Und ich?

EMILIO Ich wußte schon, daß du eine Schönheit bist.

ANGELINA Hörst du, Anselmo?

EMILIO Anselmo hat den Blick dafür.

ANGELINA So?

ANSELMO *geschmeichelt:* Wenn ich auch nur Polizist bin –

ANGELINA Ist das nichts?

ANSELMO Der Schönheitssinn ist mir angeboren.

ANGELINA *abschließend:* Es gibt Spaghetti. Du bleibst doch zum Essen, Emilio?

ANSELMO Nicht bloß zum Essen. Er bleibt überhaupt, er hat den Laden gemietet.

ANGELINA Den Laden?

ANSELMO Er will dort wohnen.

ANGELINA Wohnen?

ANSELMO Gaspara weiß von nichts.

ANGELINA Gaspara weiß nichts?

EMILIO Ich möchte auch bitten, falls man nach mir fragt –

ANGELINA *holt tief Atem:* Emilio, du hast recht. Das ging nicht so weiter.

ANSELMO *erstaunt:* Was?

EMILIO *in der Hoffnung, Angelina aufhalten zu können:* Ihr könntet sagen, man habe mir eine Stellung in Sizilien angeboten.

ANSELMO In Sizilien!

ANGELINA Eine Frau mit zwei Männern. In allen Läden spricht man davon.

EMILIO *verzweifelt:* Das wußte ich nicht.

ANGELINA Ein öffentliches Ärgernis, Andeutungen von der Kanzel herab.

ANSELMO Emilio geht nicht in die Kirche.

EMILIO Wir alle drei nicht.

ANGELINA Das macht es nicht besser.

EMILIO Das Haus gehört Gaspara. Darf sie keine Zimmer vermieten?

ANGELINA Es wird nicht beim Zimmervermieten geblieben sein.

ANSELMO Angelina!

ANGELINA Jedenfalls liegen drei Anzeigen vor.

EMILIO Ach?

ANGELINA Und wenn nicht das allgemeine Mitleid mitspielte, hätte die Polizei schon längst –

EMILIO Ist das wahr, Anselmo?

ANSELMO *ärgerlich:* Amtsgeheimnisse.

ANGELINA Schritte unternommen.

EMILIO *schwach:* Schritte unternommen. Das gehört in ein Wörterbuch.

ANGELINA In die Polizeiakten, Emilio, in die Zeitung, beinahe. An dir wäre alles hängen geblieben. Benedetto – der ist ja verrückt, den kann man für nichts verantwortlich machen. Wie der schon geht! Spricht auf der Straße mit sich selber. Gibt es eine Kneipe, die er ausläßt? Kein Sinn für Ordnung, kein Sinn für die Wirklichkeit. Und Gaspara, die Schlampe –

ANSELMO Angelina!

ANGELINA Die Fettflecke der vergangenen Woche auf dem Mantel –

EMILIO Ihr macht es mir schwer, ihr macht es mir furchtbar
schwer.

ANGELINA Keine Vorhänge und die Küche voll Spinnweben. Da
wird dir auch der Appetit vergangen ein.

ANSELMO Geh endlich und setz die Spaghetti auf!

ANGELINA Hört ihr?

*Sie horchen. Man hört draußen Benedettos Stock auf dem
Pflaster.*

ANSELMO Benedetto.

Emilio stöhnt.

ANGELINA Kannst es dir noch überlegen.

BENEDETTO *klopft an die Haustür:* Anselmo, Angelina?

ANGELINA *laut:* Ja?

BENEDETTO *draußen:* Ist Emilio da? Wir sind in Sorge um ihn.

ANSELMO *laut:* Emilio ist nicht da.

ANGELINA Kannst es dir noch überlegen.

BENEDETTO *draußen:* Wo mag er bloß sein?

EMILIO Ich –

ANSELMO Viel Zeit ist nicht mehr.

EMILIO Ich bleibe hier.

ANGELINA *laut:* Er war hier, ganz kurz, hat sich Geld geliehen
und ist in aller Eile zum Bahnhof.

ANSELMO *laut:* Keine Sorge, Benedetto!

ANGELINA *laut:* Eine Stellung in Sizilien, eine einmalige Gelegenheit.

BENEDETTO *draußen:* Sizilien?

ANSELMO *laut:* Palermo. Oder war es Catania?

ANGELINA *laut:* Bohrungen nach Erdöl.

ANSELMO *laut:* Es ging alles so schnell. Er schreibt euch.

BENEDETTO *draußen:* Er schreibt? Danke, Anselmo, danke, Angelina! Wir waren in Sorge um ihn. Gaspara ist ganz außer sich.
Gute Nacht.

ANGELINA *laut:* Gute Nacht, Benedetto.

Im Freien. Man hört Benedettos Stock auf dem Pflaster.
Pause

Anderer Raum

GASPARA Es war, als wenn ich sehen konnte, ich beugte mich über die Brüstung, ein Kahn fuhr unter der Brücke hindurch. Rot, dachte ich.

BENEDETTO Ein hölzernes Knarren, ein geringes Wasserrauschen an der Bordwand außen. Rot, meinst du?

GASPARA Nicht sogleich. Das Geräusch löste sich auf, ich konnte es einatmen. Was kann Farbe anders sein als eine Art von Atem?

BENEDETTO Schwingungen, Wellen, sagt die Physik. Und höchste Geschwindigkeit.

GASPARA Ich bin sicher, daß Angst dazu gehört. Ich faßte in die Markttasche, es war alles da, die Schlüssel und der Salat. Aber dann dachte ich, daß ich für das eingeatmete Rot nicht bezahlt hatte. Es mußte doch bemerkt werden, daß ein Rot fehlte. Ich ging nach Hause, so schnell ich konnte.

BENEDETTO In Wien soll es einen Professor geben, der Träume deutet.

GASPARA Bei uns zuhause hielt man von den Ägyptern mehr als von den Wienern. Es war auch kein Traum. Ich kam vom Markt zurück, vor drei Stunden.

BENEDETTO Und warum solltest du für das Rot bezahlen? Das wäre Emilios Sache. *Nachdenklich:* Ich hätte Anselmo genauer fragen müssen. Nach jedem Komma, nach jedem Gedankenstrich, nach der Geschwindigkeit der Sätze.

GASPARA Emilio war eilig.

BENEDETTO Ich auch, weil du weintest. Ich überlege, ob ich Verwandte in Sizilien habe. Mein Großvater war aus Messina. Er mochte mich übrigens nicht und machte meinen Eltern Vorwürfe, weil sie eine Mißgeburt gezeugt hätten. Es kränkt mich, daß Emilio gerade in die Heimat meines Großvaters gegangen ist. Und was hat er mit Erdöl, was hat er mit Bohrungen zu tun?

GASPARA Er wird schreiben.

BENEDETTO Ich möchte auch wissen, mit welchem Zug er gefahren ist. Morgen gehe ich aufs Reisebüro.

GASPARA Über Bologna und Florenz, nicht wahr? Ach Benedetto.

BENEDETTO Hat er den Mantel mit? Horch hinaus! Regnet es nicht?

GASPARA Das Radio im dritten Hause links.

BENEDETTO Näher zusammenrücken. Es ist kalt. Und einen Wein, der wärmt.

GASPARA Der Salat liegt noch im Korb.

BENEDETTO Und ist grün und spielt ins Weiße. Mich hungert nicht.

GASPARA Benedetto, Benedetto.

BENEDETTO Die Jahreszeit, die Zeit für Nebel. Über der Lagune liegt es wie Watte.

GASPARA Woher weißt du das?

BENEDETTO Alles gelesen. Die ganze Welt schriftlich. Bald habe ich sie durch.

GASPARA Wie Watte?

BENEDETTO Nur für Augen begreiflich.

GASPARA Ein Strich in deinem Wörterbuch.

BENEDETTO Deleatur. Aber was ist ein Wörterbuch ohne Emilio?

GASPARA Er wird schreiben, meinst du?

BENEDETTO Sagte Anselmo, sagte Angelina. Und ihnen wiederum hatte es Emilio gesagt.

GASPARA Und was sagst du?

BENEDETTO Bestimmt, ganz bestimmt.

GASPARA Und weißt du, was ich sage?

BENEDETTO Was du sagst, zählt nicht. Du siehst alles zu schwarz.

GASPARA Die einzige Farbe, die ich mir vorstellen kann.

BENEDETTO Und ein Rot, wenn du vom Markt kommst, unter der Brücke. Regnet es wirklich nicht?

GASPARA Der Nebel, der sich niederschlägt, die Watte.

BENEDETTO Eine passende Wetterlage für uns. Kein Rot mehr. Man atmet Wasser ein, das pure Wasser. Es rasselt in den Lungen, September, Oktober, November.

GASPARA Laß die Zeit noch schneller vergehen, Benedetto!

Pause

Emilio kommt, pfeifend und singend, in Anselmos Haus.

ANGELINA Erfolg gehabt, Emilio?

EMILIO Erfolg? Zur Zeit kein Bedarf. Wir geben Ihnen Nachricht. Keine Sorge, Sie sind auf fünf Karteiblättern verzeichnet. Wie alt sind Sie? Noch nie eine entsprechende Stellung gehabt? Und so weiter.

ANGELINA Und trotzdem vergnügt.

EMILIO Ich wußte nicht, daß ich vergnügt bin.

ANGELINA Du pfeifst und singst.

EMILIO Ich dachte eben an die Sterbenden in den Spitälern von Padua. Neben mir lag ein Epileptiker.

ANGELINA Ich glaube eher, du hast an Camilla gedacht.

EMILIO *erstaunt:* Camilla?

ANGELINA *singt ungeschickt:* Dein Herz und deine Augen! Das hörten wir doch neulich, nicht wahr?

EMILIO Dein Herz und deine Augen?

ANGELINA Hörten wir zusammen mit Camilla. Wie gefällt dir meine kleine Nichte?

EMILIO Deine kleine Nichte. Ein rotes Kleid, schwarze Augen, ein Anflug von Schnurrbart.

ANGELINA Sehr hübsch, und sie hat dir sehr gefallen. Meinst du, das merkte man nicht?

EMILIO Du merkst es sicher, Angelina.

ANGELINA Übrigens gefällst du ihr auch.

EMILIO So?

ANGELINA Du hast noch keine Übung im Bemerken. Deshalb sage ichs dir.

EMILIO Danke.

ANGELINA Wenn du nur erst eine Stellung hättest.

EMILIO *spöttisch:* Dann wäre auch mit Camilla alles einfacher.

ANGELINA Natürlich. Wie lange geht das schon?

EMILIO Mit Camilla?

ANGELINA Unsinn.

EMILIO Man sagte mir: Sechs Monate Geduld, und wir verschaffen Ihnen eine Bombenstellung.

ANGELINA Eine Bombenstellung?

EMILIO So drückte er sich aus. Es ist eine Art Abonnement. Monatlich zweitausend Lire Unkostenbeitrag. Und dann ein Aushilfsposten als Schiffskellner nach Triest.

ANGELINA Du bist doch schon fast ein Vierteljahr bei uns.

EMILIO August, September, Oktober. *Bedrückt:* Fast ein Vierteljahr. Keine Übung im Bemerken, nicht Camilla und nicht die Zeit. Wie hieß das? Deine Augen?

ANGELINA Dein Herz und deine Augen.

EMILIO Das schnürt einem die Kehle zu.

ANGELINA Wieso? *Sie summt die Melodie.* Hübsch, nicht wahr?

EMILIO So hübsch wie Camilla. Die Sechzehntel erinnern mich an ihren Schnurrbart.

ANGELINA Du bist abscheulich.

EMILIO Ich muß einmal Benedetto suchen gehen, ob es nicht in sein Repertoire gehört.

Er summt die Melodie, die von einer Gitarre aufgenommen wird.

Im Freien, Münzen klirren auf einen Teller.

BENEDETTO Danke.

BENEDETTO Danke.

BENEDETTO Danke.

EMILIO Gute Einnahmen, Benedetto? Auch im Herbst?

BENEDETTO *hört zu spielen auf:* Emilio!

EMILIO *lacht krampfhaft:* Aus Sizilien zurück.

BENEDETTO Emilio, Lieber, Emilio, Bruderherz! Lange bist du weggewesen, eine lange öde Zeit.

EMILIO Fast ein Vierteljahr.

BENEDETTO *kichernd:* Ölbohrungen, hörte ich.

EMILIO Und keins gefunden.

BENEDETTO Und keine Nachricht. Gaspara grämt sich. Komm, ich packe ein, gleich nach Hause.

EMILIO Nach Hause? Nicht gleich, Benedetto!

BENEDETTO Was denn sonst?

EMILIO Morgen.

BENEDETTO Und was ist heute?

EMILIO Ein astrologisch ungünstiger Tag.

BENEDETTO Ach?

EMILIO Für Krebsgeborene. Ich las es in Angelinas Hausfrauenzeitung. Donnerstag, Neumond und keine gute Windrichtung. *Er lacht.*

BENEDETTO Und Angelina?

EMILIO Genauer gesagt: Die Zeitung, die ich auch bei Angelina schon gesehen hatte. Wo fiel sie mir doch in die Hände? Ach ja, ich erinnere mich, im Wartesaal in Bologna.

BENEDETTO Ernstlich, Emilio, warum nicht heute?

EMILIO Ernstlich, Benedetto, eine Nachuntersuchung in Padua. Lange aufgeschoben.

BENEDETTO Ist das nicht auch aus der Hausfrauenzeitung? Ach Emilio, es ist heute der schönste Tag seit langem. Keiner kann günstiger sein.

EMILIO Es ist wegen der Augen, verstehst du?

BENEDETTO Dafür paßt ein Freitag mit Vollmond viel besser.

EMILIO Das starke Licht in Sizilien hat mich angestrengt.

BENEDETTO Was soll ich Gaspara sagen?

EMILIO Am besten –

BENEDETTO Ja?

EMILIO Am besten nichts.

BENEDETTO Das soll das beste sein?

EMILIO Oder ich erfinde größere Wartesäle, neue astrologische Verwicklungen und Superlative für das Licht in Sizilien.

BENEDETTO Du kannst jederzeit kommen. Gaspara kocht abends immer für drei.

EMILIO Nein, wartet nicht mehr mit dem Abendbrot auf mich.

BENEDETTO Heute nicht.

EMILIO Und morgen nicht.

BENEDETTO Und kein Prospekt und keine Sprachlehre? Wir könnten doch eine Lampe anschaffen, einen Spiegel und alles, was du brauchst. Wir haben die Zimmer weißen lassen, Emilio. Warst du denn die ganze Zeit in Venedig?

EMILIO Immer unterwegs von einem Karteiblatt zum andern. Ich kenne alle Personalbüros rings um die Lagune, ich duze mich mit den Pförtnern, und es gibt einige Dampfer, wo mich die Schaffner übersehen und kein Fahrgeld verlangen. Alle Leute sind so nett zu mir, daß ich sie umbringen könnte. Auch eine Frau ist schon ausgesucht, schwarz und rund. Eine einzige Stellung, und zweiunddreißig wären mir sicher. Nein, heute nicht und morgen nicht. Versuche, Gaspara klar zu machen, daß ich in den Rio Nuovo gefallen und ertrunken bin, ohne Aufsehen beerdigt vor sechs Wochen.

BENEDETTO Emilio! Emilio!

EMILIO *sich entfernend:* Bin schon fort, Benedetto, schon tot, schon beerdigt.

Pause

Emilio, während er Anselmos Haus betritt, summt das Lied wie vorher.

ANGELINA Na?

EMILIO Tatsächlich. Er spielt es auch.

ANGELINA Was?

EMILIO Benedetto auf der Gitarre. Dein Herz und deine Augen. Niemand kann so gut Gitarre spielen. Er ist nur faul. Könnte Karriere machen und uns alle miteinander ernähren.

ANGELINA Eine Überraschung, Emilio. Rate!

EMILIO Ravioli? Chinesische Schwalbennester? Grüne Nudeln?

ANGELINA Was dir wichtiger ist als das Essen.

EMILIO Mir ist nichts wichtiger.

ANGELINA Woran dein Herz hängt.

EMILIO Die Karteiblätter?

ANGELINA Ich habe Camilla eingeladen.

EMILIO Du errätst alles, bist eine Seele von Mensch.

Angelina lacht geschmeichelt.

Und Anselmo?

ANGELINA Schläft. Er hatte Nachtdienst.

EMILIO Ich will ihm Gesellschaft leisten.

Er geht in ein Zimmer.

Man hört Anselmo tief und gleichmäßig atmen.

EMILIO Was hältst du davon, Anselmo?

Anselmo atmet tief und gleichmäßig.

Zugegeben, alles zugegeben. Was mich verstört, ist ohne Bedeutung angesichts der Weltlage. Das kleine Ungemach des Einzelnen, und so weiter, sich dienend einordnen, – lies es nach in zehntausend Schulaufsätzen, geschrieben in allen Sprachen der Welt. Man hat Pflichten gegenüber der Stadt, der Provinz, dem Vaterland und der Menschheit. Wo kämen wir hin, wenn Melancholie ein Grund wäre, keine Steuern zu zahlen?

Anselmo atmet tief und gleichmäßig.

Das also ist klar. Dazu kommt die dünne Haut, die Unfähigkeit, Holz nachzulegen, wenn der Scheiterhaufen nicht brennt, kein Vergnügen daran, Enten zu schießen, und der unverzeihliche Mangel an Hochachtung vor Schwergewichtsboxern. Was ein Mann ist, der trinkt und vögelt, er weiß, wie man einen Whisky kippt und hat die richtigen Maßstäbe, um die Welt nach Sperma und Nasenpopel zu ordnen. Wir wollen in die Knie sinken, Anselmo, und die Vitalität anbeten.

Anselmo atmet tief und gleichmäßig.

Visagen über Beinen, die fest auf der Erde stehen, Fanfaren für den Erfolg, Kameraden, wir zwingen das Leben. Unsere Bilanz ist genehmigt, auch der Boss duldet keine Schwächlinge. Anselmo, wir wollen uns in die Hölle aufmachen und bei denen sein, die es nicht geschafft haben.

Anselmo atmet tief und gleichmäßig.

Ein Scherz, und du wirst mir verzeihen. Ich dachte an die Neumondnacht gestern, an deinen Gang durch die finsteren Gassen und wie oft du dich hast umdrehen müssen, blitzschnell. Anselmo, das macht dich fast würdig, mit mir zur Hölle zu fahren. In Schwarz kennst du dich aus. Es gibt Schattierungen, die keinen Zweifel mehr lassen. Der Regenbogen, die sieben Farben machen alles schwierig, da beginnt der Verdacht, es könnte sich lohnen. Aber die besseren Sachen scheinen außerhalb des Spektrums zu liegen. Hast du Einwände, Anselmo?

Anselmo atmet tief und gleichmäßig.

Ein Versuch also. Den Sicherungshebel beiseite und den Zeigefinger am Abzug. Peng, peng.

Ein Schuß. – Pause

Anderer Raum

ANSELMO Ich fuhr hoch. Du weißt ja, ich hatte Nachtdienst gehabt und war todmüde, schlief ganz fest.

EMILIO Und da sahst du mich in meinem Blute. Du hast es schon erzählt, Vetter.

ANSELMO Ich werde es vielleicht noch öfter erzählen. Aufregend genug war es. Und Angelina! Angelina schrie wie am Spieß. *Er bricht, in Erinnerungen daran, in ein kurzes Gelächter aus.* Entschuldige!

EMILIO Bitte, bitte. Angelina war sicherlich sehr komisch in diesem Moment.

ANSELMO Komisch?

EMILIO Oder ich war komisch.

ANSELMO Komisch war eigentlich nichts.

EMILIO Jedenfalls haben wir Glück gehabt.

ANSELMO Du und ich. Das Verfahren wegen der Dienstpistole ist niedergeschlagen.

EMILIO Gott sei Dank, es hätte mir noch die Hölle verdüstert.

ANSELMO Und gegen dich wird man wohl auch nichts unternehmen.

EMILIO War etwas in Aussicht?

ANSELMO Aneignung von Staatseigentum.

EMILIO Ist das schlimm?

ANSELMO Wir schaffen es schon. Ich habe mit meinem Reviervorsteher gesprochen. Wir behandeln den Fall so: –

EMILIO Später, Anselmo, später!

ANSELMO Wie lange mußt du im Spital bleiben?

EMILIO Nur noch vier Wochen. Es war ein Meisterschuß. Die Ärzte waren entzückt. Ich wurde herumgereicht. Zur rechten Schläfe hinein und zur linken hinaus. Ganz gut für einen Anfänger.

ANSELMO Ein Brief ist gekommen. Entschuldige, wir haben ihn einfach aufgemacht. Eine Stellung, Emilio!

EMILIO Was denn?

ANSELMO Lagerhalter in einem Geschäft für Schiffszubehör.

EMILIO Meinst du, daß ich das kann?

ANSELMO Warum nicht? Die Sache ist seriös, eine Lebensstellung.

EMILIO Da ist es ein Glück, daß ich nicht tot bin.

ANSELMO Ein Glück.

Sie lachen beide.

EMILIO Nur eine Schwierigkeit hat es.

ANSELMO Ach was!

EMILIO Wenn ich auch nicht tot bin –

Sie lachen beide.

EMILIO Wenn ich auch nicht tot bin, Vetter, ich bin blind, – der Schuß, verstehst du, – vollständig blind.

Pause

Im Freien. Benedetto und Emilio gehen durch die Gassen. Man hört ihre Stöcke auf dem Pflaster.

BENEDETTO Du wirst dich nicht mehr erinnern können, Emilio. Ich machte einmal eine Andeutung. Ich nannte es einen radikalen Gedanken.

EMILIO So hast du schon manches genannt.

BENEDETTO Eine menschliche Schwäche. Ich finde immer, daß meine Ideen die besten sind. Dabei hat zum Beispiel Gaspara viel bessere.

EMILIO Im Satzbau? In der Wortlehre?

BENEDETTO Wenn es darum geht, dich aus dem Spital zu holen. Aber auch in der Sprachlehre. Uns beschäftigt die Definition der Bäume.

EMILIO *uninteressiert:* Ach.

BENEDETTO Biologie und Botanik reichen natürlich nicht aus. Überall fehlt die Zeit. Mit Jahresring und Blätterwechsel ist es nicht getan.

EMILIO Bald wird es mich auch beschäftigen.

BENEDETTO Das hoffe ich.

EMILIO Wenn mich die Erinnerung an die Farben nicht unfähig macht. Die neu geweißten Stuben, – ich kann es gar nicht würdigen. Gott sei Dank, daß ihr die Lampen noch nicht gekauft habt.

BENEDETTO Und den Spiegel.

EMILIO Das habe ich euch erspart.

BENEDETTO *geheimnisvoll:* Mein Gedanke, Emilio, ist nämlich der –

EMILIO Jetzt müßten wir da sein.

BENEDETTO Eine ganz neue Sprache.

EMILIO Jetzt links.

BENEDETTO Hörst du?

EMILIO Eine ganz neue Sprache, ja. *Er öffnet die Haustür.*

BENEDETTO *triumphierend:* Zwischen Venezianisch und Suaheli.

EMILIO Darüber müssen wir ausführlich sprechen. Gaspara!

GASPARA Emilio!

BENEDETTO *schließt die Haustür:* Es riecht nach Poularde bis auf die Gasse hinaus. Was feiert ihr, werden die Leute fragen. Und wir werden sagen: Wir feiern eine Sprache, die es noch nicht gibt. Keine Sorge, Gaspara, keine Sorge, Emilio, wir werden sie finden. Meine Lieben, wir haben lange gemeinsame Abende vor uns.

Der Tiger Jussuf

Stimmen
*Jussuf · William · Anita · Richard Matthisson · Paula · Rimböck ·
Ottilie · Maximilian · Cortes*

JUSSUF *Ich möchte mich vorstellen, Hörer, aber wer bin ich? Ich
könnte nicht einmal sagen, daß die Stimme, die du vernimmst,
mit Sicherheit die meine sei.
Einiges spricht dafür, daß ich ein Tiger bin, genauer gesagt,
der Zirkustiger Jussuf. Aber nicht nur dir, auch mir kommt es
merkwürdig vor, daß ein Tiger in menschlicher Sprache soll
reden können. Nein, es ist ohne Zweifel so, daß auch viele andere Stimmen, die du hören wirst, die meinen sind; und daraus schließe ich, daß es nicht mit Sicherheit feststeht, wer ich
bin. Beispielsweise könnte ein Gespräch zwischen der Kunst-
reiterin Anita und dem Dompteur William durchaus von mir
geführt sein. Vielleicht mangelt es dem Ohr nur an Feinheit,
dergleichen wahrzunehmen. Hör zu!*

WILLIAM Ein kleines, aber ausgesuchtes Programm, Anita. Zwei
Seelöwen zum Anfang. Was hältst du von Seelöwen?
ANITA Ich kann sie nicht ausstehen.
WILLIAM Ach? Das wußte ich nicht.
ANITA *höhnisch:* Nein, das wußtest du nicht.
WILLIAM Seelöwen sind allgemein beliebt. Und an Elefanten ist
ja nicht zu denken. Du weißt, was ein Elefant heutzutage
kostet. Man muß klein anfangen.
ANITA Da wären Flöhe gut.
WILLIAM Flöhe?
ANITA Sind klein und kosten nichts.

WILLIAM Unter meinem Niveau. Wer mit Großkatzen arbeitet, geht nicht zu Flöhen über. Das mußt du einsehen.

ANITA Muß ich? Du bist so feinfühlig, wenns dich betrifft.

WILLIAM Nicht nur mich. Meine Nummer mit Jussuf soll nicht das Wichtigste sein.

ANITA Jussuf willst du auch mitnehmen?

WILLIAM In unsere Zukunft.

ANITA Eine Zukunft mit abgewetzten Krallen und ohne Eckzähne.

WILLIAM Du kränkst mich. So alt ist Jussuf nicht.

ANITA Jedenfalls stinkt er. Man müßte ihn wenigstens mit Lavendelseife waschen und mit Kölnisch Wasser nachreiben.

WILLIAM *dumm:* Mit was?

ANITA Lavendelseife, Kölnisch Wasser. Ach, William!

WILLIAM Bill hast du früher gesagt.

ANITA Und William sage ich heute. Weil du so feinfühlig bist. Ich könnte auch Willi sagen, Willi Schultze aus Bretleben am Kyffhäuser. Es ist so deprimierend: Schultze mit tz und Kyffhäuser mit y.

WILLIAM Ja, das stimmt.

ANITA Was stimmt?

WILLIAM tz und y. Aber sonst stimmt gar nichts.

ANITA *einlenkend:* Du mußt verstehen, Bill –

WILLIAM Ich verstehe.

ANITA Was sollte denn die Hauptsache sein? Nicht deine Nummer mit Jussuf?

WILLIAM *mit einem Rest von Hoffnung:* Du und die Pferde. Der Spitzentanz im Trab. Deine Füße. Die Kußhände ins Publikum.

ANITA Und hinter mir die Roßäpfel als Zugabe, die haben immer den meisten Applaus. Ach nein.

WILLIAM Nein? Siebzehntausend Mark Ersparnisse und Nein?

ANITA Siebzehntausend?

WILLIAM Wenn ich alles flüssig mache.

ANITA Mach es flüssig!

WILLIAM Und dann?

ANITA Bill, könntest du mir zweitausend Mark borgen?

WILLIAM Aber natürlich, Anita.

JUSSUF *Ja, ich könnte ebenso William wie Anita gewesen sein, vielleicht auch beide gleichzeitig. Ebenso geht es mir mit einem anderen Paar, dem Bäckermeister Matthisson und seiner Frau, damals, als sie am Bodensee in der Sommerfrische waren, an Frau Matthissons Geburtstag. Höre auch das!*

PAULA Richard!

RICHARD *verschlafen:* Was?

PAULA Der Mann auf dem Fünfmeterbrett. Sieh!

RICHARD Hm.

PAULA Jetzt springt er.

RICHARD Und?

PAULA Es sah gut aus.

RICHARD Ja?

PAULA Richard!

RICHARD Ja?

PAULA Ich darf mir etwas wünschen, weil ich Geburtstag habe.

RICHARD Gewiß, meine Liebe.

PAULA Spring vom Fünfmeterbrett!

RICHARD Ich? Ja – gewiß –

PAULA Ja?

RICHARD Du sollst dir etwas Besseres wünschen. Was hast du davon? Einen Strauß Rosen, oder wir könnten an den Vierwaldstätter See fahren.

PAULA Nur das eine: daß du vom Fünfmeterbrett springst.

RICHARD Natürlich könnte ich es. Aber es ist zu dumm. Ich habe einfach keine Lust.

PAULA Mein Geburtstagswunsch.

RICHARD Nein.

PAULA Schade, sehr schade. Soll ich dir sagen, warum du es nicht tust?

RICHARD Darum ging es, nicht wahr? Damit du es mir sagen konntest! Das war dein Geburtstagswunsch.

PAULA Weil du feige bist, feige, feige.

JUSSUF *Ja, auch diese beiden Stimmen könnten die meinen sein. Es ist nicht mit Sicherheit zu sagen. Und noch andere Stimmen kann ich dir vorführen, Hörer, die ich für meine halte. Das*

dritte Paar! Der Fabrikant Rimböck, Kommerzienrat, lang-
weilt sich am Abend in Gesellschaft seiner Frau Ottilie.

OTTILIE Wann hast du die Zeitung ausgelesen?

RIMBÖCK Ich lese sie nicht, Ottilie.

OTTILIE Dann leg sie weg.

RIMBÖCK Du mißverstehst mich. Ich muß durchaus hinein-
schauen.

OTTILIE Um mich zu kränken.

RIMBÖCK Um nicht zu lesen, Ottilie. Was wäre das Nichtlesen,
wenn ich nicht hineinschaute?

OTTILIE *bricht in Tränen aus.*

RIMBÖCK Weine nicht! Ich könnte auch behaupten, ich lese; es
kommt auf den Standpunkt an. Du meinst doch die kleinen
schwarzen Kringel, die man Buchstaben nennt?

OTTILIE Wie?

RIMBÖCK Sei versichert, daß du sie meinst. Aber die schaue ich
nicht an. Ich lese das Weiße drumherum.

OTTILIE Das Weiße?

RIMBÖCK Es ist schwierig, aber ich gebe die Hoffnung nicht auf,
etwas Mitteilenswertes zu finden.

OTTILIE Heute abend noch?

RIMBÖCK Geduld, Ottilie! Wir leben ja länger als einen Abend.

JUSSUF *Das genügt eigentlich. Es ist nicht nötig, daß wir die Da-*
men und Herren näher kennen lernen. Ich wollte nichts, als
dir sagen, daß ich etwas ratlos bin, wenn ich mich vorstellen
soll. Habe ich dich auch ratlos gemacht? Nun, unter uns: Nimm
das alles nicht zu ernst und denke nicht zuviel darüber nach.
Vermute nichts anderes als ein Spiel und belaß es dabei. Ich
sage dir ausdrücklich, daß es mir Freude macht, dich zu ver-
wirren, zu nasführen und zu belügen. Am besten fährst du,
wenn du bei allem vermutest, es sei gelogen.
Das ist ein Rat für dich, aber für mich selber kann ich wenig
damit anfangen. Immer wieder die Frage: Wer bin ich? Eines
Morgens erwache ich in einem fremden Zimmer, in einem
fremden Bett, neben einer fremden Frau. Es ist ein Schrank
da aus geflammtem Nußbaum, ein Waschbecken mit blinken-

den Nickelhähnen, eine Nachttischlampe, neben der Tür Licht-
schalter und Klingel und die Anweisungen der Verwaltung.
Preis des Zimmers als Doppelzimmer sechzehn Mark, Kurtaxe,
Bedienung, bei Nichteinnahme des Frühstücks erhöht sich der
Preis um zehn Prozent. Das ist gut, man liegt weich auf dieser
Matratze, aber wer bin ich? Vielleicht sollte man klingeln, ein-
mal dem Zimmermädchen, zweimal dem Kellner, und fragen,
wer man ist. Oder wer die Frau ist. Sie schläft, hat den Mund
leicht geöffnet, lächelt im Schlaf. Sie hat dunkles Haar, zarte
Haut. Soll ich sie wecken und fragen? Ich habe keine Erinne-
rungen, bin nie vorher gewesen, bin eben und neu geboren.
Wie klingt meine Stimme?

MAX Hallo, hallo, hallo, hallo, hallo.

JUSSUF *Eine ganz fremde Stimme. Ich kenne sie nicht. Leider*
weiß ich auch nicht, wie meine Stimme in Wirklichkeit klingen
müßte. Vielleicht ist diese hier die rechte. Das sind schwierige
Fragen für einen Neugeborenen.
Und ich stehe auf, die Welt zu ergründen. Eine Tür ist da, die
auf den Balkon führt. Ich trete hinaus. Ein dampfender Son-
nentag. Bäume, einen Abhang hinunter bis zu einem breiten
Fluß. Ein Felsklotz drüben. Vielleicht die Loreley?

MAX Dann wäre es der Rhein dort unten. Und die Trompete in
der Ferne?
Man hört einige herübergewehte Trompetenklänge »Behüt dich
Gott«.
Also bin ich in Säckingen. Das stimmt freilich geographisch
nicht ganz zusammen. Aber irgend etwas entsetzlich Deutsches
ist in mir. Wo bin ich? Wer bin ich?

ANITA *aus dem Zimmer:* Maximilian!

MAX Eine Stimme.

ANITA Maximilian!

MAX Die Frau im Zimmer.

ANITA Maximilian!

MAX Meint sie mich? Heiße ich Maximilian?

JUSSUF *Der Name kommt mir bekannt vor. Ganz nahe an dem Leben, das mir auf der Zunge schwebt und das ich nicht aussprechen kann.*

Wie vorher sind auch im folgenden die Stimmen von Max und Jussuf räumlich unterschieden.

MAX *geht in das Zimmer:* Ja, bitte?

JUSSUF *Eine unangenehme Situation. Wer ist die Frau? Und mein Schlafanzug erschwert eine geordnete Unterhaltung.*

ANITA Warst du auf dem Balkon?

JUSSUF *Eine Frage, die noch zu nichts verpflichtet.*

MAX Ja, ich war auf dem Balkon.

JUSSUF *Aber was nun?*

ANITA Wie ist das Wetter?

MAX Es wird ein schöner Tag. Fallender Nebel.

JUSSUF *Man sollte den Rhein erwähnen, um wenigstens die Geographie zu klären.*

MAX Eine hübsche Aussicht, direkt auf den Rhein.

JUSSUF *Das war gut.*

ANITA Du meinst, auf die Donau.

JUSSUF *Das überrascht mich.*

MAX Auf die Donau.

ANITA Du bist abwesend.

JUSSUF *Noch am Rhein, und der ist weit.*

MAX Moment, ich bin gleich da.

ANITA *lacht.*

JUSSUF *Warum lacht die Person?*

ANITA Sag mir Guten Morgen!

JUSSUF *Sie faßt es als Annäherung auf. Peinlich.*

MAX *forciert:* Guten Morgen.

ANITA Was hast du, Maximilian?

JUSSUF *Wieder dieser Name.*

MAX Was ich habe?

JUSSUF *Einen Ehering an der Hand. Sie trägt auch einen. Sollte etwa –? Es wäre entsetzlich.*

ANITA Du siehst mich an, als wenn ich dir fremd wäre.

JUSSUF *Wie soll ich sie anders ansehen? Die Geographie ist unergiebig. Eine Entscheidung erzwingen: Ottilie, Paula, Anita.*

MAX Guten Morgen, Anita.

ANITA *spitz:* Sagtest du schon.

JUSSUF *Anita scheint richtig zu sein.*

MAX Du reitest auf einem Apfelschimmel und wirfst mir Kußhände zu.

ANITA Das ist Gott sei Dank vorbei.

JUSSUF *Meine Ahnungen.*

MAX Vorbei?

ANITA Traurig deswegen?

MAX Was die Kußhände betrifft.

JUSSUF *Gelogen! Reine Höflichkeit. Wie bin ich nur an diese Person geraten? Offenbar verheiratet, offenbar eine Hochzeitsreise. Der Trompeter von Säckingen. Ich weiß nicht, was soll es
bedeuten. Und das alles an der Donau. Ich kann nur hoffen,
daß ich jemand bin, den die Geographie so wenig beunruhigt
wie das Personenstandsregister.*

MAX *schwermütig:* Was die Kußhände betrifft.

ANITA Nicht mehr nötig, keine Entfernungen mehr, du bist an
der Quelle.

JUSSUF *Brigach und Brege, und ich hatte die Hoffnung auf Grau-
bünden. Diese schamlosen Quellen, in Stein gefaßt und mit
neckischen Inschriften. Anita, die Quelle. Daneben Butterbrot-
papier und Limonadenflaschen. Offenbar bin ich jemand, dem
es auf nichts ankommt. Vorwärts, Maximilian, vorwärts!*

MAX Ich bin an der Quelle.

ANITA Küsse soviel du willst, trockene, feuchte und überall
hin.

JUSSUF *Das geht zu weit. Der Trauschein ist kein Paß für Scham-
losigkeiten. Man muß energisch sein.*

MAX Ich will dir ein Geständnis machen, Anita. Ich bin nicht
Maximilian, ich weiß nicht einmal, wer das ist. Ich bin Jussuf,
der Tiger.

ANITA *kichert.*

JUSSUF *Das war übereilt. Man braucht Umwege bis dahin.*

MAX Ich bin William, der Dompteur.

ANITA *kichert:* Dompteur!

MAX William.

ANITA Ist tot.

JUSSUF *Eigentlich kein Grund zum Lachen.*

MAX Tot oder nicht, ich bins.

JUSSUF *Daran ist etwas Wahres. Mir steigen Erinnerungen auf.*

MAX Der Käfig. Jussuf blinzelt mit seinen gelben Augen zu William hin, der mit Cortes vor den Stäben steht.

ANITA Wie weit weg das ist, Gott sei Dank!

MAX Ganz nahe, Anita.

ANITA Ich will nichts davon hören.

MAX Genau mußt du es hören, Anita!

WILLIAM Im Vertrauen, Cortes, ich habe die Absicht, Anita zu heiraten.

CORTES Ich weiß nicht, William, warum mein Ohr für Geständnisse so besonders geeignet ist. Ich bin Clown und von mürrischer Gemütsart, außerdem magenleidend. Fünf Kinder hängen mir am Fuß. Und was muß ich hören? Der Messerwerfer hat Schwierigkeiten mit der Religion, der Jongleur fühlt sich in seinem Hotelzimmer nicht wohl und die Frau Direktor nicht in der Welt. Der Pferdeknecht plant einen Bankeinbruch, du brauchst Anita, und Anita braucht einen Pelzmantel.

WILLIAM Sie hat ihn schon.

CORTES Gott sei Dank ein Kummer weniger.

WILLIAM Und ich habe keinen Kummer.

CORTES Sagtest du nicht, du wolltest sie heiraten? Nein, lieber William, sprich nicht weiter! Sowohl mein Blutdruck wie meine Herzkranzgefäße sind beklagenswert. Nicht einmal meine Haut erträgt so viel Gefühle. Du solltest dich mehr um Jussuf kümmern. Er gefällt mir nicht.

WILLIAM Jussuf? Ist ganz in Ordnung.

CORTES Er grübelt mir in letzter Zeit zuviel.

WILLIAM Der und grübeln! Wenn er sein Fleisch hat, ist er zufrieden. Natürlich ohne Knochen. Sein Gebiß läßt nach.

CORTES Vielleicht hat er Zahnschmerzen. Jedenfalls vermute ich, er kann noch ganz gut beißen.

JUSSUF Hörst du das, Jussuf?

Der Tiger brüllt.

WILLIAM Dein Auftritt, Cortes!

CORTES Um das noch zu sagen: Du kannst deine Nummer mit Jussuf ausfallen lassen, wenn du seelisch zu erregt bist.

WILLIAM *lacht:* Seelisch erregt!

CORTES Ein Pelzmantel, immerhin.

WILLIAM *stolz:* Polarfuchs. Und eine Gelegenheit. Siebzehnhundert Mark.

CORTES Ja, im Frühjahr sind sie billiger. Am besten, du meldest dich krank.

WILLIAM Krank? Ich sprühe Funken. Ich lebe zum ersten Mal.

CORTES Das meine ich.

Entfernte Musik. Beifall

MAX *Ich aber lag blinzelnd hinter den Gitterstäben und wartete. Denn ich war Jussuf, der Tiger. Entfernt hörte ich die krähende Stimme des Clowns Cortes und das Lachen der Menschen. Dann wurde es still. Das Gitter wurde hochgezogen, und ich lief durch den Laufgang in die Manege.*
Ich brüllte, wie es sich für diesen Augenblick gehört; William betrat den Käfig. Ich sprang, wie es sich ebenfalls gehört, auf meinen Schemel. Du kennst das Programm: Wilde Gebärden, Zähne und Krallen zeigen, Angst vor Peitsche und Stock, alle Künste mit Widerwillen getan, aber dem Menschen gehorsam. Wichtiger als der Sprung durch den brennenden Reifen ist die Gefahr. Du weißt das alles, es ist das Sichtbare, das jeder sehen, der Schauer auf der Haut, den jeder fühlen kann. Aber wahrscheinlich weißt du nicht, daß jede Vorführung ein Dialog ist, in einer Sprache geführt, die es nicht gibt, ein stummer Dialog, der auch den Beteiligten kaum bewußt ist. Man kann ihn allenfalls übersetzen; es ist schwierig, weil das Original fehlt, und beweist zudem die Unvollkommenheit aller Übersetzungen. Höre immerhin die Übersetzung des Gespräches, das William an jenem Abend mit mir führte, als du fort warst, Anita, als Cortes in einem Winkel die Fackeln bereit hielt, um halb zehn, vor dreiviertel vollem Haus, unterbrochen von Peitschenknall und ermunterndem Zuruf, begleitet von einer gleichsam ängstlichen Musik. Aber sie dringt nicht in unser Gespräch, wir führen es anderswo.

WILLIAM Guten Abend, Jussuf.

JUSSUF Guten Abend, William.

WILLIAM Wie fühlst du dich?

JUSSUF Danke, es geht. Ich habe heute an meine Mutter gedacht. Eine Erinnerung, die in der rechten Kinnlade hinten begann.

WILLIAM Rechts hinten? Eine Vermutung von Cortes, allerdings ohne Ortsangabe. Er sagt, du grübelst zuviel.

JUSSUF Zum Beispiel, daß ich einsam bin.

WILLIAM Auch rechts hinten?

JUSSUF Rechts oben, etwas weiter vorn.

WILLIAM Wir müssen anfangen, Jussuf.

JUSSUF Bitte.

Leise Musik. Peitschenknall. Beifall

JUSSUF Du bist nicht in Form, William. Schwing die Peitsche ruhiger!

WILLIAM Entschuldige, ich werde mir Mühe geben.

JUSSUF Und schau nicht zuviel ins Publikum.

WILLIAM Ich suche Anita. Sie scheint nicht da zu sein.

JUSSUF Aber immerhin Menschen genug. Dagegen habe ich nicht ein einziges Mal einen Tiger im Publikum gesehen. Warum nicht? Man wüßte, wozu man da ist.

WILLIAM Ein Beweis, wie schlecht es ist nachzudenken. Man kommt zwangsläufig auf unangenehme Fragen.

JUSSUF Und dann, William, fiel mir ein, ich weiß nicht, ob von rechts oben oder rechts unten: Es gibt hinter Käfig und Zirkus noch eine andere Welt.

WILLIAM So etwas sollte dir nicht einfallen. Wir müssen einen Zahnarzt bestellen.

JUSSUF Auch wenn ich hinter Gittern geboren bin, ist das ein Beweis, daß es nichts anderes gibt als Gitter? Wo ist zum Beispiel meine Mutter geboren?

WILLIAM Sprechen wir nicht davon.

JUSSUF Du machst es dir leicht.

WILLIAM Still jetzt! Weiter!

JUSSUF Ich werde knurren und dich anfauchen. Mir ist danach, und außerdem sieht es besser aus.

Fauchen des Tigers. Geraun und Schreie in der Menge. Peitschenknall.

WILLIAM Hopp!

Beifall

JUSSUF Ja, und daß ich gelb bin und gestreift. Warum bin ich gelb und gestreift?

WILLIAM Du mußt zugeben, daß es dir früher nie aufgefallen ist.

JUSSUF Und wozu habe ich Zähne? Wozu habe ich Krallen?

WILLIAM Zum Packen, zum Beißen.

JUSSUF Ist das alles? Mir scheint da ein Geheimnis zu stecken.

WILLIAM Schlechte Gedanken, Jussuf, und nicht nur schlecht. Es sind keine Gedanken, es sind Zahnschmerzen. Und selbst, wenn es Wahrheiten wären –

JUSSUF Es sind Wahrheiten.

WILLIAM Wenn man herausfindet, woher sie kommen, sind es keine mehr.

JUSSUF *erstaunt:* Ach?

WILLIAM Zumindest, wenn sie unangenehm sind.

JUSSUF Und bei den angenehmen?

WILLIAM Sucht man nicht.

JUSSUF *ratlos:* Wenn ich dich höre, William, bleibt mir wirklich nichts anderes als durch den Reifen zu springen.

WILLIAM Das wollte ich sagen.

Musik. Peitschenknall. Stille. Beifall

JUSSUF Bei alledem, William: Du dirigierst mich schlecht.

WILLIAM Es liegt daran, daß Anita nicht da ist.

JUSSUF Bei mir sagtest du Zahnschmerzen. Was soll ich davon halten? Soll ich tun, was i c h will?

WILLIAM Nein.

JUSSUF Ich fürchte mich auch davor. Wenn ich überhaupt etwas will, muß es mit meinen Erinnerungen zusammenhängen. Die Wahrheiten oben rechts und unten rechts, jedenfalls gelb gestreift und meine Mutter. Hilf mir, William, daß ich nicht tun muß, was ich will.

WILLIAM Ich habe dir bereits bewiesen, Jussuf, daß es auf der Welt nichts als Reifen gibt.

JUSSUF Von Anita abgesehen, die nicht da ist.

WILLIAM Und höchstens mich beweist.

JUSSUF Schweigen wir davon. Jedenfalls kann ich mehr als du denkst. Purzelbaum schlagen, die Musik dirigieren, Walzer tanzen.

WILLIAM Hör auf!

JUSSUF An der schönen blauen Donau?

WILLIAM Überzeugt mich nicht. Bleiben wir bei der Sache, ich bitte dich.

JUSSUF Alles was du willst, aber du mußt es mir sagen.

WILLIAM Auch eine höfliche Rebellion kann ich nicht zulassen. Ich dachte, wir wären Feunde.

JUSSUF Freunde, – meinetwegen! Aber einer muß es mir sagen; wenn nicht du, dann vielleicht meine Mutter.

WILLIAM Immer die alten Geschichten, die längst widerlegt sind!

JUSSUF Du zwingst mich also. William, wo ist meine Mutter geboren?

WILLIAM Im Dschungel, Jussuf, immer noch unter Freunden gesagt.

JUSSUF Dschungel, das ist also das Wort.

WILLIAM Das Gelbe in deinem Fell ist die Sonne, die schwarzen Streifen der Schatten des Rohrs.

JUSSUF So gesprächig, William? Und meine Zähne?

WILLIAM Es lohnt sich nicht, darüber zu reden.

JUSSUF *drohend:* Und meine Zähne, William?

Peitschenknall. Brüllen des Tigers. Ein Schrei, Williams Schrei, der sich vielstimmig im Publikum fortsetzt.

MAX *William brauchte nicht mehr zu antworten. Als ich sein Blut schmeckte, wußte ich alles, was ein Tiger zu wissen hat. Freilich war meine Tigerschaft im gleichen Augenblick gewonnen und verloren. Ich war nicht mehr Jussuf allein, ich war zugleich William geworden. Daß ich mich leblos vor mir selber liegen sah, empfand ich dabei als ungehörig, jedenfalls empfahl es sich, diese Situation schleunigst zu verlassen. Es war mir, genauer gesagt: William und mir, auch peinlich, soviel Aufregung hervorgerufen zu haben: Ein toter Dompteur im Käfig,*

schreiende Zuschauer, weinende Kinder, der alberne Cortes,
der eine Pechfackel zwischen die Gitterstäbe schob und mich
als Bestie beschimpfte, – nein, all dem waren meine Nerven nicht
gewachsen, und ich öffnete eilig die Tür des Käfigs und empfahl
mich.

Als man mich fliehen sah, verstärkte sich das Geschrei im
Zirkus. Mit wenigen Sätzen erreichte ich das Freie, die Nacht,
einige Dunkelheit zwischen den Laternen. Williams Ortskennt-
nis zusammen mit Jussufs Zahnschmerzen ergaben eine ent-
schlossene und fehlerlose Rückzugsroute. Auch kam mir die
Intelligenz der Nacht zu Hilfe, die einen öffentlichen Park her-
gerichtet hatte, ohne Laternen, mit dichten finsteren Gebüschen,
eigens, um mein helles Fell zu verbergen. Dankbar kauerte ich
mich nieder, in der Absicht, über die Ereignisse des Tages zu me-
ditieren, – da störten mich Stimmen auf. Eine davon gehörte
dir, Anita, die andere Maximilian. Die Wörter ich und mein
will ich vermeiden. Jussuf und Maximilian waren damals noch
gut auseinander zu halten.

ANITA Da, endlich ein Stern.

MAX Ja, es ist alles da: Ein Stern, das flüsternde Laub um uns.
Hörst du die Nachtigallen?

ANITA Es sind Frösche.

MAX Das kommt auf dasselbe heraus. Dazu der betäubende Blu-
menduft, Lindenblüte, Kamille, Pfefferminz, zwei Herzen im
gleichen Takt, ich brauche gar nicht zu sagen in welchem, es
wird alles unvergeßlich bleiben.

ANITA Wir passen zusammen. Du hast auch soviel Sinn für Stimmung.

MAX Ja, den habe ich. Kurzum, wollen wir gehen?

ANITA Wie?

MAX In meine hübsche kleine Wohnung, zwei Zimmer, Bad und
Kochnische.

ANITA Ich hatte dich auf sechs bis acht Zimmer geschätzt.

MAX Zweiunddreißig ohne zu prahlen. Aber es kommt mehr auf
die Freiheit an. Eltern sind neugierig.

ANITA Geschwister noch mehr.

MAX Ich habe keine.

ANITA *träumerisch:* Keine Geschwister? Wir waren zu Hause siebzehn. Wie ist es ohne?

MAX Das Erbe teilt sich nicht durch siebzehn.

ANITA Das ist der Unterschied.

MAX Ja.

ANITA Am Ende brauchst du gar nicht zu arbeiten?

MAX Ich bin Juniorchef in der Firma.

ANITA *seufzt.*

MAX Was hast du?

ANITA Es ist alles so schön. Der Abend, die Gespräche mit dir, man lernt sich immer besser kennen.

MAX Ich kenne noch zu wenig von dir.

ANITA Und dann die Frösche in der Ferne.

MAX Die besonders.

ANITA Vielleicht sind es auch Nachtigallen.

MAX Kaum zu unterscheiden. Jedenfalls ist alles sehr stimmungsvoll. Mein Jahreseinkommen – *Er unterbricht sich.*

ANITA Sprich nur weiter, ich höre deine Stimme so gern.

MAX Mir war es, als ob –

ANITA Was?

MAX Ein Rascheln im Gebüsch.

ANITA Und in diesem Augenblick? Nein, Maximilian, jetzt keine Unterbrechung mehr! Und wenn es der Fiskus selber ist, der lauert –

MAX Tote Posten aus der Bilanz.

ANITA Gespenster also. Sprich weiter, Geliebter. Für alle Fälle: mir ins Ohr. *Flüsternd:* Dein Jahreseinkommen?

MAX *ebenso:* Im Durchschnitt sechzigtausend.

ANITA *ebenso:* Netto?

MAX *ebenso:* Natürlich.

ANITA *strahlend:* Es sind doch Nachtigallen.

MAX Habe ich gleich gesagt. Aber –

ANITA Ich habe die besten Ohren. Nichts zu hören und nichts zu sehen. Außer – schau, Max!

MAX Wo?

ANITA Johanniskäfer.

MAX Die rascheln nicht.

ANITA Zwei nebeneinander. Wie Augen.

MAX Zwei Sterne, du und ich.

ANITA Wie schön du das sagst!

MAX Symbolisch für unsere Liebe.

ANITA Ganz symbolisch, Maximilian. Fang sie mir!

MAX Gern, wenn sie so lange stillhalten. *Er steht auf und geht zwei Schritte.*

Der Tiger faucht. Max und Anita schreien auf.

MAX *Schreiend liefen die beiden zur hell erleuchteten Straße hinüber. Sie hätten sich weniger beeilen müssen, es lag mir fern, ihnen gegenüber den Tiger herauszukehren; doch lasse ich mich, wie jedermann, nicht gern in die Augen fassen. Der Teil William in mir erwies sich nicht als gewalttätig sondern als elegisch leidend. Tränen strömten mir aus den Augen, die Max für Leuchtkäfer gehalten hatte, mein Schluchzen bewegte die Fliederbüsche, und als zu allem Überfluß ein zuerst feiner, dann immer gröber werdender Regen einsetzte, unter dem ich willenlos liegen blieb, geriet ich nach einigen Stunden in einen durchweichten und beklagenswerten Zustand, der auch für meinen hohlen Zahn ungünstig war.*

Unter diesen Umständen war es fast ein Glück zu nennen, daß die Jagd auf Jussuf den Tiger begann, eine systematische Aktion von Feuerwehr, Polizei, Scheinwerfern und Panzerwagen. Ich mußte mich wohl oder übel von meinen trüben Gedanken losreißen und beobachtete von meinem Parkversteck den Aufmarsch gegen mich. In einem günstigen Augenblick schlich ich davon, schlug einen Bogen und kam an der andern Parkseite noch unbemerkt an Häuser und Straßen heran, sprang über den Zaun einer Kohlenhandlung und wälzte mich kräftig im Brikettstaub, um mein Fell zu verdunkeln. Bis zur Unkenntlichkeit verschmiert verließ ich den Schuppen, schwang mich mit einem Satz über die Mauer und auf die Straße. Eine große Sehnsucht nach menschlicher Gesellschaft und nach menschlicher Gestalt ergriff mich. Ich schlich an den Häuserwänden entlang und suchte nach einer verwandten Seele. Endlich erblickte ich in einer Seitenstraße ein Licht. Es schien aus einem Keller zu kommen. Ich pirschte mich heran; es war eine kleine Bäckerei, der Meister zog eben die ersten Morgensemmeln aus dem Ofen.

RICHARD Guten Morgen, meine Semmeln, guten Morgen! Seid ihr alle da? Und wie fühlt ihr euch?

Ihr habt recht, nicht zu antworten. Es sind rhetorische Fragen, wenn ich an die Schöpferkraft denke, mit der ich an Mulde und Ofen getreten bin. Ich habe euch gewalkt, geknetet, gestäubt, und wenn ihr Religion hättet, kenntet ihr euch aus. Ich gebe euch keine Sünden mit, um euch zu strafen; ich bin ohne Zorn und Donner und lasse euch Vollkommenheit zuteil werden, die sphärische Harmonie zwischen Innen und Außen, zwischen Ober- und Unterhitze, zwischen Spröde und Nachgiebigkeit. Die Vollkommenheit, ihr Lieben, die mir fehlt. –

Einen Augenblick! Wie bin ich in diesen dornigen Satz geraten? Meine Beredsamkeit erschreckt mich. Die Semmeln dialektisch, und die Genesis im Ofenrohr, – nicht genug Kuchenbleche für die Zweifel der Rosinen und die Ketzerei des Streusels. Beschränkung ist der Rat der Weisen. In den Schrank mit Mehl und Erkenntnissen, und deckt sie gut zu! Damit das Salz endlich dumm werde und die Vollkommenheit vollkommen – genug, sela, amen.

Er seufzt. Denn es handelt sich um die Unvollkommenheit, um die Unterhitze, die mir fehlt. Die Nachwelt wird nichts Rühmendes über mich berichten, nicht einmal das Lokalblatt. Was begreifen sie, daß ich meine Seele in die Semmeln lege? Ich breche kein Herz, ich plündere keinen Tresor, ich begehe keinen Lustmord. Ich springe auch nicht vom Fünfmeterbrett. Aber wenn Paula findet, ich sei kein Mann, – je nun, vielleicht liegt es daran, daß sie keine Frau ist.

Der Tiger faucht.

Wie bitte? Ist da jemand?

JUSSUF Ich, Herr Bäckermeister, hinter dem Ofen in der Ecke.

RICHARD Suchen Sie Arbeit? Sind Sie Bäcker von Beruf?

JUSSUF Tiger, Herr Bäckermeister, von Beruf Tiger, und in der Tat ohne Arbeit.

RICHARD Tiger?

JUSSUF Lassen Sie Ihre Semmeln nicht anbrennen! Es riecht hier merkwürdig.

RICHARD Tiger?

JUSSUF Seien Sie nicht so erschrocken, es grenzt an Albernheit. Jussuf ist mein Name.

RICHARD Matthisson, Richard Matthisson.

JUSSUF Ich gebe zu, daß es zuerst meine Absicht war, Sie zu fressen.

RICHARD Mein Gott!

JUSSUF Ich habe es mir überlegt. Ich käme mit den Knochen nicht zurecht, bin augenblicklich zahnleidend.

RICHARD *jammernd:* Das heißt akut reizbar.

JUSSUF Ziemlich. Zudem hungrig.

RICHARD Das dachte ich mir.

JUSSUF Also los!

RICHARD Was?

JUSSUF Semmeln.

RICHARD Sechs? Acht? Ein Dutzend, wenn Sie wollen.

JUSSUF Zittern Sie nicht! Sie werfen alle daneben. Ein Tiger, der reden kann, läßt auch mit sich reden.

RICHARD Daran zweifle ich noch.

JUSSUF *kauend:* Ihre Semmeln sind miserabel. Ich verstehe nicht, warum die Menschen jeden Morgen eine solche teigige Masse in sich hineinschlingen. Diese hier ist völlig verbrannt. Allerdings nur außen. Innen hat sie die gleiche Gummikonsistenz wie die andern.

RICHARD Die Leute wollen es so. Aber Ihr Urteil ist mir sehr interessant.

JUSSUF So?

RICHARD Sie halten diese Semmeln also nicht für vollkommen?

JUSSUF Im Gegenteil.

RICHARD Das wirft ein ganz neues Licht auf die Religion.

JUSSUF *mürrisch:* Immerfort die letzten Dinge, wenn noch nicht einmal der Teig ausgebacken ist.

RICHARD *fährt fort:* Von meinem Innenleben ganz zu schweigen.

JUSSUF Auch nicht interessant.

RICHARD Beweise gegen Paula. Vielleicht ist gerade die Unvollkommenheit –

JUSSUF Kommen wir zur Sache.

RICHARD Zu welcher Sache?

JUSSUF Ich habe die Absicht, ein Mensch zu werden.

RICHARD O je!

JUSSUF *scharf:* Was meinen Sie damit?

RICHARD Ehrlich gesagt – Aber ich wollte Ihnen nicht widersprechen.

JUSSUF Es wäre zwecklos. Ich will ein Mensch werden.

RICHARD Bitte sehr.

JUSSUF Deshalb müssen Sie ein Tiger werden.

RICHARD Ich ein Tiger? Nein, danke. Bei aller Unvollkommenheit, ich wollte sagen Vollkommenheit –

JUSSUF Leider kann ich nicht lange darüber diskutieren. Wir tauschen jetzt einfach unsere Gestalt.

RICHARD Das nennen Sie einfach?

JUSSUF So.

RICHARD Oh – ooh – *Sein Stöhnen geht in das Fauchen des Tigers über.*

JUSSUF Jetzt sind Sie der Tiger in der Ecke.

RICHARD *fauchend:* Mein Gott.

JUSSUF Und ich bin der Bäcker Matthisson und ziehe die Semmeln aus dem Ofen. *Er tuts.* Wie fühlen Sie sich?

RICHARD Angebrannt wie meine heutigen Semmeln.

JUSSUF Und ich wie ein Sauerteig ohne Verwendung. Ist es das Übliche?

RICHARD An guten Tagen. Sonst wie eine Schabe, die ins Brot gebacken ist.

JUSSUF Das halte ich nicht lange aus.

RICHARD Ich auch nicht. Mir tut etwas weh.

JUSSUF Es sind nicht nur die Zähne, sondern auch der Magen. Denken Sie daran, was ich bei Ihnen essen mußte.

RICHARD Ich selbst esse nie Semmeln.

JUSSUF Alles für Anita.

RICHARD Und ich? Für wen habe ich Zahnschmerzen und Magendrücken? Für wen ein gelbes Fell?

JUSSUF Alles für Anita.

RICHARD Ein Irrtum. Die meinige heißt Paula. *Triumphierend:* Sie wird sich wundern.

JUSSUF Die Frage ist jetzt, wie ich als Bäckermeister zu Anita komme.

RICHARD Vielleicht eine Lieferung? Bessere Backware, wie wir sie im Laden haben? Eine Auswahlkollektion?

JUSSUF Mir fehlt die Adresse.

RICHARD Das ist eine Nachlässigkeit.

JUSSUF Es kam alles so plötzlich.

RICHARD Bei mir auch. Aber die Adresse habe ich. Außerdem brauche ich nicht zu Paula zu kommen. Hören Sie!

Schritte, die Treppe hinab.

RICHARD *flüsternd:* Sie kommt von selbst. Ich bleibe in der Ecke. Machen Sie es gut!

JUSSUF Kein Wort sprechen! Knurren, wenn ich den Einsatz gebe.

RICHARD Einsatz?

JUSSUF Kurzes Hüsteln beiseite. So! *Er hüstelt.*

RICHARD Gut!

PAULA *scharf:* Richard!

JUSSUF *schmelzend:* Liebling!

PAULA *giftig:* Larifari!

JUSSUF Daß du mich in der Backstube besuchst!

PAULA Keine Aussicht auf gutes Wetter. Sprich endlich wie ichs gewöhnt bin. Heraus mit den ranzigen Dummheiten!

JUSSUF *immer noch süß:* Hast du gut geschlafen?

PAULA Da ist die erste. Geschlafen! Bei diesem Lärm?

JUSSUF *gleichmütig:* Ich habe mich mit der Katze unterhalten.

PAULA Seit wann haben wir eine Katze?

JUSSUF *freundlich:* Seit heute.

PAULA Zugelaufen?

JUSSUF Ja.

PAULA Ich mag Katzen nicht. Das Tier wird abgeschafft.

JUSSUF *hüstelt.*

RICHARD *knurrt.*

PAULA Was war das?

JUSSUF Die Katze.

PAULA *unsicher:* Hört sich merkwürdig an.

JUSSUF *lockend:* Minz, Maunz!

PAULA *schreit auf.*

JUSSUF Ein hübsches Tier. So etwas hat nicht jeder.

PAULA *schwach:* Ziemlich ausgewachsen.

JUSSUF Vielleicht eine Funktionsstörung. Das gibt es.

PAULA Ein Kater, nicht wahr? Weibchen sind sanfter.

JUSSUF Auch nicht immer.

PAULA Er schnappt.

JUSSUF Nach der Semmel.

PAULA Da, schon läßt er sie fallen.

JUSSUF Kann ich ihm nicht verdenken. *Er hüstelt.*

RICHARD *knurrt.*

PAULA Wonach schnappt er jetzt? Richard, ich gehe.

JUSSUF Nicht doch, Liebling!

PAULA Warum hältst du mich fest?

JUSSUF Die Liebe, Paula. Du bist so selten hier.

PAULA Richard, laß mich los!

JUSSUF *hüstelt.*

RICHARD *knurrt.*

PAULA Ich weiß, was du vorhast. Ich soll ihm zum Fraße vorgeworfen werden.

RICHARD *stößt sein Tigergebrüll aus.*

PAULA *stöhnt, immer schwächer.*

RICHARD In Ohnmacht gefallen. Hätte ich sie fressen sollen?

JUSSUF Unterstehen Sie sich! Denken Sie daran, daß Ihnen schon die Semmeln nicht bekommen sind.

RICHARD Sie haben es großartig gemacht. Wollen wir nicht Freunde sein? Darf ich Ihnen das brüderliche Du anbieten?

JUSSUF Bitte sehr.

RICHARD Jussuf!

JUSSUF Richard!

PAULA *erwachend:* Richard!

RICHARD Die schöne Ohnmacht schon vorbei. Es ist alles so kurz im Leben.

JUSSUF Mir fehlt die Erfahrung.

RICHARD Profitiere von meiner. Ich berate dich jederzeit.

PAULA Richard!

JUSSUF Schnell in die Ecke.

PAULA Richard, o Richard!

JUSSUF Guten Morgen, meine Liebe.

PAULA Ein wüster Traum, Richard. Ich war in der Backstube –

JUSSUF Du bist in der Backstube.

PAULA *erstaunt:* Ach – Ja, tatsächlich.

JUSSUF Und?

PAULA Aber daß du ein Held wärst, Richard, – so weit kann die Wirklichkeit nicht gehen.

JUSSUF Ein Held?

PAULA Du bewegtest dich zwanglos unter wilden Tieren. *Sie lacht.*

JUSSUF Das ist komisch.

PAULA Sehr.

JUSSUF Wenn man bedenkt, daß ich nicht einmal vom Fünfmeterbrett springe.

PAULA Wenn man das bedenkt.

JUSSUF Dann war es ein schöner Traum.

PAULA *versonnen:* In gewisser Weise. Wenn man es in Metern mißt, waren es mehr als fünf.

JUSSUF Aber leider.

PAULA Leider. Die verruchte Wirklichkeit.

JUSSUF Die verruchte. *Er hüstelt.*

RICHARD *knurrt.*

PAULA *schreit auf.*

JUSSUF Du müßtest jetzt die Semmeln austragen.

PAULA Ich habe dich verkannt. Richard, du bist ein Held.

JUSSUF Eine Vokabel, daß ich mich übergeben könnte. Ich bin kein Held, ich will keiner sein. Ich bin Bäckermeister, und wenn dir das nicht genügt, will ich mit meiner Katze ein Gespräch führen.

PAULA Es genügt mir.

JUSSUF *galant:* Dann also, Frau Meisterin –

PAULA Die Semmeln austragen, ich eile. *Sie geht hastig die Treppe hinauf.*

RICHARD Fort, die Treppe hinauf und fort. Sie hat ein zartes Gemüt.

JUSSUF Eine Grenzsituation, Richard.

RICHARD Läßt dich mit einem Tiger allein.

JUSSUF Mich? Dich.

RICHARD Oder mich. Oder dich. Ich kenne mich nicht aus. Die Situation ist überhaupt – *Er kichert.*

JUSSUF Sei nicht albern, Richard.

RICHARD Mit einem Tiger verheiratet.

JUSSUF Ich weiß nicht, was es da zu lachen gibt.

RICHARD Hast du mich nicht abgehalten, sie zu fressen? Auf die Dauer kann ich nicht für mich bürgen. *Lauernd:* Und für dich auch nicht, Bäckermeister Jussuf.

JUSSUF Keine Dummheiten!

RICHARD Zumal ich Zahnschmerzen habe.

JUSSUF Stellvertretend. *Seufzend:* Ich glaube, ich bin falsch am Platz.

RICHARD Um Gottes willen! Laß alles wie es ist, und ich behalte gern die schlechten Zähne.

JUSSUF Ich komme hier nicht weiter.

RICHARD Die Adresse? Meine Erfahrungen, Jussuf, laß dir raten! Das Einwohnermeldeamt, oder die Erkenntnis, daß zwischen Paula und Anita keine entscheidenden Unterschiede bestehen.

JUSSUF Soviel Phantasie habe ich nicht.

RICHARD Ich gebe zu, daß meine immer den Hinteraufgang benutzt. Da, wo der Müll befördert wird und die Wahrheiten, die man nicht möchte. Du kommst aus einem romantischen Milieu.

JUSSUF *erstaunt:* Ach?

RICHARD Ein Kindermilieu, das traurig macht. *Sich ereifernd:* Lerne den Zynismus, Jussuf, und du wirst in der Welt Werte entdecken, wo keine sind. Du wirst fröhlich sein, wo die andern weinen. Du wirst aus allem das beste machen und so der Zersetzung entgegenwirken. Du wirst glücklich sein, und wer glücklich ist, dient der Menschheit.

JUSSUF Hohe Ziele, Richard. Aber ich hoffe, du bist mir nicht böse, wenn ich die Zahnschmerzen auf mich nehme.

RICHARD *mürrisch:* Du wieder Tiger und ich wieder Bäcker? Dir ist nicht zu helfen.

JUSSUF Du wieder Bäcker!

RICHARD *ächzend:* Ich bins.

JUSSUF Und ich wieder Tiger.

RICHARD Wenn du es nicht einsiehst.

JUSSUF Jetzt ist es geschehen.

RICHARD Ich hatte von einer Zukunft ohne Semmeln geträumt.

JUSSUF Verzeih mir.

RICHARD Ich kann dir nicht böse sein. Eine Zukunft mit Anita ist wahrscheinlich mehr.

JUSSUF Leb wohl!

RICHARD Wenn du mich brauchst, ich bin jederzeit da.

MAX *Ich trabte auf die Straße. Es war eine günstige Stunde, um unbemerkt fortzukommen, aber eine ungünstige, um gleichgestimmte Seelen zu suchen. In der beginnenden Dämmerung war nur Paula mit ihrem Semmelkorb unterwegs, eine Gestalt, die ich bestenfalls als Notunterkunft gewählt hätte. Ich fürchtete, ihr Herz wäre eine Kuckucksuhr. Mehr als einen Halbstundenschrei hätte ich nicht ertragen.*

Doch folgte ich ihren Wegmarkierungen, den Semmelsäcken an den Türen, um vielleicht einen günstigen Schlafplatz zu finden. Richards Weltkritik hatte mich seelisch und körperlich hergenommen; es war dringend, daß ich wieder zu mir selbst und meinen eigenen Zahnschmerzen kam.

Eine Backsteinvilla in einem parkähnlichen Garten schien mir geeignet. Ich sprang über die Hecke, kroch durch den Rhododendron und begab mich in den Keller. In halber Höhe schaute ein Fenster in den rückwärtigen Teil des Gartens. Eine Terrasse war da, Blumenbeete, ein Wasserbassin, Palmen in Kübeln, – mir gefiel das, vor allem in Verbindung mit dem Backstein, der ja Ordnungssinn voraussetzt. Befriedigt streckte ich mich auf den Briketts aus und schlummerte ein wenig.

Als ich erwachte, war draußen auf der Terrasse ein Frühstückstisch gedeckt, für zwei Personen, von denen ich allerdings nur eine sah, eine ältere Dame. Ich glaubte, von ihrem verschnittenen Jackenkleid auf einen geduldigen Charakter schließen zu können, und nahm deswegen ihre Gestalt an.

OTTILIE Noch eine Semmel?

RIMBÖCK Sie schmecken mir nicht. Wechsle den Bäcker!

OTTILIE Sie sind überall gleich.

RIMBÖCK Also nirgends schlechter. Das tröstet.

OTTILIE Steht etwas von dem Tiger in der Zeitung?

RIMBÖCK Man findet ihn nicht.

OTTILIE Dann hätten wir nicht im Garten frühstücken sollen.

RIMBÖCK Deine Idee.

OTTILIE So gefährlich wird es nicht sein. Das Tor ist verschlossen.

RIMBÖCK Und wer zwingt uns zu öffnen, wenn er klingelt? Was hast du da für ein Buch?

OTTILIE Ach, das ist nichts.

RIMBÖCK Es sieht aus wie ein Kassenbuch. Ich wußte nicht, daß du die Haushaltsausgaben notierst.

OTTILIE Nein, das tue ich nicht. Willst du deinen Kaffee nicht trinken?

RIMBÖCK Er schmeckt auch nicht gut. *Er trinkt.* Pfui Teufel!

OTTILIE Wenn du es durchaus wissen willst, es ist ein Kontokorrent.

RIMBÖCK Nein, ich will es nicht wissen.

OTTILIE Es ist ein Kontokorrent, das uns beide betrifft.

RIMBÖCK Habe ich Schulden bei dir?

OTTILIE Offen gesagt, habe ich das Buch mitgebracht, damit wir abrechnen können.

RIMBÖCK *lachend:* Du machst mich neugierig.

OTTILIE Ich kann dir nicht alles vorlesen, aber du wirst schon nach einigen Eintragungen sehen, worum es sich handelt.

RIMBÖCK Also bitte.

OTTILIE Die erste Eintragung ist vom 17. Mai 1922.

RIMBÖCK Vom 17. Mai 1922? Das ist ja dreißig Jahre her. Das ist ja –

OTTILIE Es ist fünf Tage nach unserer Hochzeit.

RIMBÖCK Und was hast du da notiert?

OTTILIE Es steht hier: »Gesagt, daß er mich des Geldes wegen geheiratet hätte und keine Spur von Liebe für mich empfände.«

RIMBÖCK *gezwungen lachend:* So? Habe ich das gesagt?

OTTILIE Ja.

RIMBÖCK Möglich. Ich habe vieles gesagt. Außerdem stimmt es. Ich gebe es offen zu. Und du, du hast das alles notiert?

OTTILIE Ja, ich habe das alles notiert.

RIMBÖCK *kichernd:* Dreißig Jahre lang.

OTTILIE Dreißig Jahre lang.

RIMBÖCK Da muß allerhand zusammen gekommen sein bis heute.

OTTILIE Bis heute.

RIMBÖCK Warum betonst du das?

OTTILIE Ich habe alle Posten des Kontokorrents nach einem bestimmten Punktsystem bewertet.

RIMBÖCK Ach!

OTTILIE Zum Beispiel, was ich dir eben vorgelesen habe.

RIMBÖCK Vom 17. Mai 1922?

OTTILIE Hundert Punkte.

RIMBÖCK Ist das nicht etwas zuviel für die Wahrheit?

OTTILIE Du kennst den Maßstab nicht. Hundert Punkte bedeuten
ein verhältnismäßig geringes Vergehen. Es gab welche bis zu
tausend Punkten.

RIMBÖCK So? Was denn zum Beispiel?

OTTILIE *blätternd:* Zum Beispiel: Am 10. November 1922.»Er
weckt mich nachts, erzählt mir, daß er soeben mit G.B. zusammen war, und erzählt mir, was alles an ihr schöner sei als an
mir. Mit Einzelheiten.«

RIMBÖCK Immerhin, auch das war die reine Wahrheit.

OTTILIE Oder am 5. März 1923.»G.B. mitgebracht. Ich mußte ihnen das Abendbrot und das Bett richten.«

RIMBÖCK Nun, liebe Ottilie, ich zweifle nicht daran, daß du da
auf eine ganz schöne Summe gekommen bist.

OTTILIE Bis heute.

RIMBÖCK Bis heute. Meinetwegen bis heute. Warum betonst du
das immer? Jedenfalls weiß ich, daß ich kein Engel war. Ich
habe dich nicht geliebt, ich habe dich behandelt wie – wie –

OTTILIE Erlassen wir uns den Vergleich. Aber er ist ohne Zweifel
richtig.

RIMBÖCK Also gut. Ich bin ein schlechter, ein widerwärtiger
Mensch, ein Sünder. Aber du? Bist du völlig rein? Völlig ma-
kellos?

OTTILIE Keineswegs. Es handelt sich ja um ein Kontokorrent. Ich
habe auch meine Schulden notiert.

RIMBÖCK Ach? Darf man davon etwas hören?

OTTILIE Aber freilich. Zum Beispiel: »1. Juni 1925. Ehebruch.«

RIMBÖCK Ach! Davon wußte ich nichts.

OTTILIE Nein.

RIMBÖCK Und wie hast du das gewertet?

OTTILIE Wie würdest du es werten?

RIMBÖCK Nach deinem System ungefähr mit 500 Punkten.

OTTILIE Ich hatte 1000 gerechnet. Außerdem 1000 dafür, daß ich es dir verschwieg. Hätte ich es dir gesagt, wären es ebenfalls 1000 gewesen. Du siehst, ich war nicht nachsichtig mit mir selber.

RIMBÖCK Du hast mich also betrogen.

OTTILIE Es war das einzige Mal.

RIMBÖCK Entschuldige dich nicht. Wir haben ja dein Kontokorrent.

OTTILIE Ganz recht. Wir brauchen nicht mehr von Tugend, schlechtem Gewissen oder Dummheit zu sprechen. Gut und Böse sind Zahlenwerte.

RIMBÖCK *matt:* Wie beruhigend.

OTTILIE Ich handelte immer so, daß du in der Schuld bliebst. Ich habe meine Punkte aufgespart bis heute.

RIMBÖCK Das also waren deine moralischen Grundsätze.

OTTILIE Ja, ich hatte welche.

RIMBÖCK Meine Glückwünsche dazu!

OTTILIE Später werden übrigens die Schuldposten kleiner, meist nur zehn bis fünfzig Punkte. Aber sie summieren sich. Willst du noch welche hören?

RIMBÖCK Nein, vielen Dank. Ich will nicht in der Vergangenheit wühlen. Offen gesagt, hatte ich auch von dir eine Spur von Abklärung und Nachsicht erwartet. Aber du führst ein Kontokorrent, bis heute. Pfui Teufel!

OTTILIE Daß ich ein Kontokorrent führe, habe ich mit 2000 Punkten bewertet. Ich habe es als das schlimmste in diesem Buch enthaltene Vergehen beurteilt. Ich sage dir, ich war nicht milde gegen mich. Nein, alles nach bestem Wissen und Gewissen. Dennoch: bis heute hast du genau 100000 Punkte erreicht. Ich selbst habe 58000 Punkte. Es bleibt ein Saldo von 42000 Punkten zu meinen Gunsten. Ich dachte, wir könnten heute einmal das Konto ausgleichen.

RIMBÖCK Mir ist ganz elend von dieser Geschichte. Wie willst du das ausgleichen?

OTTILIE Ist dir nicht wohl?

RIMBÖCK Nein, ich werde mich etwas hinlegen.

OTTILIE Warte noch einige Minuten. Du fragst, wie ich das ausgleichen wolle. 42000 Punkte sind nicht wenig. Ich möchte das Konto mit einem Schlage bereinigen, und nehme an, du bist damit einverstanden.

RIMBÖCK Mir ist es völlig egal. Ich lege mich hin.

OTTILIE Ich habe das Gift in deinem Kaffee mit 42000 Punkten bewertet.

RIMBÖCK Das Gift?

OTTILIE Du wolltest dich niederlegen. Ich würde dir raten, es bald zu tun.

RIMBÖCK Gift? Ottilie, das ist ein schlechter Scherz.

OTTILIE Ich freue mich, dir sagen zu können, daß unsere Konten ausgeglichen sind.

MAX *Entschuldige, es war wirklich ein schlechter Scherz. Denn diese Szene hat nie stattgefunden. Herr Rimböck und seine Frau Ottilie leben in bestem Einvernehmen. Ihr tägliches Frühstück ist ein Beispiel ehelicher Harmonie. Ihr Schweigen verbirgt kein Kontokorrent, ihr Gespräch kein Gift. Vergiß also die eben gehörte Szene und ersetze sie durch die folgende.*

OTTILIE Noch eine Semmel?

RIMBÖCK Wenn ich dich bemühen darf.

OTTILIE Honig oder Kirschkonfitüre?

RIMBÖCK Wie du meinst, Liebe.

OTTILIE Dann Konfitüre. Ich fürchte, der Honig schadet deinen Zähnen.

RIMBÖCK Danke. Hast du schon Zucker im Tee?

OTTILIE Zwei Stück bitte. Heute ist Zitronentag.

RIMBÖCK Schon wieder? Wie die Zeit vergeht!

OTTILIE Milch, Milch, Zitrone; Milch, Milch, Zitrone. Mein Rhythmus.

RIMBÖCK Meiner auch.

OTTILIE Alles gemeinsam.

RIMBÖCK Alles.

MAX *Und so weiter. Du kannst das nach Belieben fortsetzen, und die Sätze sind auswechselbar und ohne Wichtigkeit. Wichtiger ist der Auftritt einer dritten Person, eines jungen Mannes, der aus dem Hause auf die Terrasse kommt. Du weißt, daß ich mich selber meine. Ähnlich wie gestern abend in den öffentlichen Anlagen ist auch hier die Verworrenheit der Situation recht*

ärgerlich. Denn während ich in Gestalt von Frau Kommer-
zienrat Ottilie Rimböck am Frühstückstisch sitze, bin ich es
doch selber, der dort kommt, Maximilian Rimböck, ihr Sohn,
ich in einem früheren Stadium, vor der großen Häutung.
Du wirst es verstehen, daß einem in solchen Lagen die Sanft-
mut und die Weisheit des Alters verlorengehen kann.

MAX Guten Morgen, Mama. Guten Morgen, Papa.

RIMBÖCK Guten Morgen, Max.

OTTILIE Guten Morgen, Max.

RIMBÖCK Haben wir ihn jetzt hinter uns, den guten Morgen, der
gar nicht gut ist?

OTTILIE Hier wird gewünscht, nicht festgestellt.

RIMBÖCK Es ist erbitternd, wie doch Plattheiten immer den Nagel
auf den Kopf treffen.

MAX *vermittelnd:* Gehen wir zu den guten Semmeln über.

RIMBÖCK Die auch nicht gut sind. Da hilft kein Wunsch mehr.

OTTILIE Was ist eigentlich gut?

MAX Die Premiere gestern abend.

OTTILIE *verwundert:* Warst du?

RIMBÖCK In der Zeitung ist das Stück miserabel besprochen. Es
wäre ohne Handlung und völlig unverständlich.

MAX Ich finde Handlung langweilig. Ich kann sie mir selber ausdenken.

RIMBÖCK Und was die Unverständlichkeit betrifft?

MAX Es war in der Tat kein Kochrezept. Ich hatte auch keins erwartet.

OTTILIE Hoppla.

RIMBÖCK *unwillig:* Was hast du, Ottilie?

OTTILIE Ich bin ausgerutscht.

RIMBÖCK Auf deinem Stuhl?

OTTILIE Über eurem Gespräch. Alles zu glatt.

RIMBÖCK Es geht um Literatur.

OTTILIE Ich habe es bemerkt. Mir scheint aber, daß Max einen
hübschen Busen damit verwechselt.

RIMBÖCK Oho! Das klingt verheißungsvoll. Eine Metapher? Und
wofür?

MAX Eine neue literarische Theorie. Auch Mama möchte eine eigene haben.

OTTILIE Mein lieber Sohn, tu nicht, als mißverständest du mich.

MAX *unsicher:* Ich weiß wirklich nicht –

OTTILIE Nun, ich will dir gestehen, ich war der Tiger, der im Gesträuch lag. Meine Augen sahen aus wie zwei Leuchtkäfer.

RIMBÖCK *entzückt:* Surrealismus, nicht wahr?

OTTILIE Es handelt sich um ein psychologisches Stück. Für mich ist es ein Trauerspiel.

MAX Für mich ein Lustspiel, Mama.

OTTILIE Ich dachte mir, daß du es nicht ernst nimmst.

RIMBÖCK *enttäuscht:* Offenbar ein mittlerer Strindberg.

OTTILIE *wütend:* Knudsen heißt sie, Anita.

RIMBÖCK Anita? Klingt etwas gewöhnlich.

MAX Mit Recht.

OTTILIE *drohend:* So?

RIMBÖCK Hübsch?

MAX Sehr.

RIMBECK Ernsthaft: Was bringt sie mit, von welcher Firma ist sie?

MAX Von welcher Firma?

OTTILIE Die Frage ist ihm unangenehm.

MAX Nein, zu seriös. Bleiben wir dabei, daß es ein Theaterabend war.

RIMBÖCK Bleiben wir dabei. *Kichernd:* Zumal es eine ganze Menge gemeinsamer Vokabeln gibt.

OTTILIE *giftig:* Ihr werdet ordinär. Zeit, daß ich gehe.

RIMBÖCK Auf Wiedersehen, Ottilie!

Jetzt unter uns, Max –

OTTILIE *abgehend:* Pack!

MAX *Jussufs Zorn ist ja wohl verständlich, wenn man bedenkt, daß er zu einem Teil William war. Es gab also jemanden, der Anita, seine große Liebe, so wenig ernst nahm. Jussuf, um nicht zu sagen ich, in Ottiliens Gestalt, ergrimmte und beschloß, die Dinge für dich zu einem guten Ende zu führen.*

Vorerst freilich mußte ich mich um den Tiger kümmern. Hof-

fentlich hatte er inzwischen im Kohlenkeller keine Dummhei-
ten gemacht. In einer Apotheke besorgte ich Schlaftabletten und
in der nächsten Metzgerei zwanzig Pfund Rindfleisch ohne
Knochen. Mit einer Schüssel Wasser begab ich mich in den Koh-
lenkeller.

Ein Schlüssel wird gedreht und eine eiserne Tür geöffnet. Der Tiger
faucht und knurrt.

JUSSUF Entschuldigen Sie, es hat etwas lange gedauert.

OTTILIE *fauchend:* Ich entschuldige nichts.

JUSSUF Es gab anstrengende Gespräche.

OTTILIE Mit meiner Stimme geführt, die Sie mir gestohlen haben.

JUSSUF Jetzt bringe ich Ihnen etwas zur Stärkung.

OTTILIE Ich fühle mich stark genug. Hüten Sie sich!

JUSSUF Frisches Wasser, direkt aus der Leitung.

OTTILIE Es ist unerhört.

JUSSUF Und ein großes Stück Fleisch. Rind, ohne Knochen.

OTTILIE Nachdem Sie mein Frühstück verzehrt haben, wollen Sie
mir Wasser und rohes Fleisch anbieten?

JUSSUF Versuchen Sie es wenigstens. Tee und Konfitüre ist augenblicklich nichts für Sie.

OTTILIE Sie haben mich in ein Tier verwandelt. Es ist gegen die
Naturgesetze, und auch zivil- und strafrechtlich nicht zulässig.
Ich mache Sie haftbar. Wer sind Sie überhaupt?

JUSSUF Zur Zeit Frau Kommerzienrat Rimböck.

OTTILIE Ich sage Ihnen, mäßigen Sie Ihren Hohn!

JUSSUF Es war ganz harmlos gemeint, die pure Wirklichkeit. Sie ist
oft erbitternd.

OTTILIE Sie haben mich gestohlen. Das lasse ich mir nicht gefallen.

JUSSUF Es war dringend notwendig. Ich kann es Ihnen im einzelnen nicht erklären. Sie müssen auch noch etwas bleiben.

OTTILIE Hier im Keller? Als Tiger?

JUSSUF Ich dachte.

OTTILIE Ich falle Sie an!

JUSSUF Keine Dummheiten!

OTTILIE Ich kenne die Paragraphen nicht, aber ich habe einen guten Rechtsanwalt. Ich glaube, es ist Freiheitsberaubung.

JUSSUF Ich glaube auch. Aber verhalten Sie sich trotzdem ruhig! Man sucht Sie schon.

OTTILIE Mich?

JUSSUF Sie, den Tiger Jussuf. An jeder Ecke wartet ein Panzerwagen.

OTTILIE Um Gottes willen!

JUSSUF Bleiben Sie also brav. Ich hole Sie gelegentlich wieder ab. Essen Sie, trinken Sie, das beruhigt.

MAX *Als ich nach einer Stunde wieder nachschaute, hatten die im Wasser aufgelösten Schlaftabletten gewirkt. Der Tiger schlummerte, friedlich auf den Briketts ausgestreckt. Sein Gesicht drückte in Schmerzen erworbene Weisheit aus. Übrigens hatte er ein großes Stück Rindfleisch verzehrt. Ich stellte ihm frisches Wasser hin und schob ihm eine Rolle Packpapier als Stütze in den Nacken.*
Danach verließ ich das Haus, aber nicht mehr als Ottilie, – nein, meine lange, noch immer andauernde Zeit als Maximilian begann. Es gehörte zu meinen, zu Williams Plänen, daß ich Maximilians Gestalt annahm. Mein erstes Gespräch nach dieser Verwandlung war das mit dir, Anita.

ANITA Du bist anders als sonst, Maximilian.

MAX Wenn ich wüßte, wie ich sonst bin!

ANITA Wie mein Schimmel vor der Vorstellung. Eine edle Nervosität –

MAX Und jetzt?

ANITA Als wärst du Zahnschmerzen losgeworden.

MAX Das stimmt.

ANITA Losgeworden, indem man dir alle Zähne gezogen hat.

MAX Ach so.

ANITA Sanft, schüchtern.

MAX Kurzum langweilig.

ANITA So weit will ich nicht gehen.

MAX Aber beinahe so weit.

ANITA Nein. Ich kenne dein Jahreseinkommen. Solche Zahlen erreicht man nicht mit Sanftmut.

MAX *seufzt.*

ANITA *sehr erschrocken:* Was hast du?

MAX Einiges und einiges nicht. Jedenfalls noch meine Zähne.

ANITA Es war bildlich.

MAX Ich bin nicht beleidigt. Ich kenne meine Werte.

ANITA Ich kenne sie auch. Sie liegen eben anderswo. Kein Grund unglücklich auszusehen. Allein schon die Chemiefaser-Anteile –

MAX Die meine ich nicht. Außerdem sehe ich nicht unglücklich aus. Es ist der Ernst der Stunde, der mich überwältigt.

ANITA Um Gottes willen! Etwas Schlimmes?

MAX Ich liebe dich, Anita.

ANITA Und?

MAX Ich habe die Blumen vergessen.

ANITA Welche Blumen?

MAX Rosen, das richtige für solche Fälle, wie man allgemein sagt. Rote.

ANITA *erstaunt:* Ach?

MAX Auch weiße Lilien wären möglich. Aber ich dachte, in unserm Fall –

ANITA – ist es besser, Rosen zu vergessen.

MAX Nicht wahr?

ANITA Bis hierher hast du alles sehr gut gemacht. Sprich weiter, Maximilian, mein letzter Ritter!

MAX Ich dachte, die Trauung ohne Aufsehen, zwei Zeugen von der Straße, ein Essen im Restaurant, wir beide allein –

ANITA Diese Sparsamkeit leuchtet mir nicht ganz ein.

MAX Wir beide allein, auch ohne die Eltern, du lernst sie noch früh genug kennen. Alles um das Aufsehen zu vermeiden.

ANITA Und die Hochzeitsreise? Sollen wir die auch auslassen?

MAX Die machen wir.

Raumwechsel

MAX Und wir haben sie gemacht, wenn mich nicht alles täuscht. Der Felsklotz, und die Donau, wie du sagst –

ANITA Deine Erinnerungen sind mangelhaft.

MAX Ich gebe es zu.

ANITA Und verdächtig.

MAX Gewiß, die Flüsse gehen mir durcheinander. Ist es ein Charakterfehler?

ANITA Die Geographie will ich dir gern verzeihen.

MAX Aber?

ANITA Maximilian, warum habe ich deine Eltern noch nicht kennengelernt?

MAX Es ergab sich. Du drängtest so auf die Reise.

ANITA Oder drängtest du?

MAX Ich kann mich nicht erinnern.

ANITA Da ist es schon wieder, das schlechte Gedächtnis. Mir wird ganz wehmütig, wenn ich an meinen Schwiegervater und an meine Schwiegermutter denke. Traurig sitzen sie im leeren Haus und möchten doch gern ihre Schwiegertochter in die Arme schließen.

MAX *mürrisch:* Sie können es nachholen.

ANITA Man heiratet ja eine Familie mit.

MAX *abwesend:* Ganz recht.

ANITA Entwickelt einen gewissen Familiensinn.

MAX Hm.

ANITA *schluchzend:* Zumal meine Eltern nicht mehr leben.

MAX *dumpf:* Ich wußte nicht, daß du soviel Gefühl hast.

ANITA *hört auf zu schluchzen:* Ich wußte es auch nicht. Maximilian, ich leide unter Erinnerungen.

MAX Du leidest?

ANITA Seit heute. Es drängt sich so vieles ins Bewußtsein.

MAX Aus der Kindheit?

ANITA Das weniger. Alles aus der letzten Zeit. Ich muß geschlafen haben.

MAX Zehn Stunden ungefähr. Wollen wir frühstücken?

ANITA Semmeln, das ist es.

MAX Ich klingle gleich. Zweimal dem Kellner.

ANITA Warte. Erst muß ich die Semmeln einordnen.

MAX Einordnen?

ANITA Die Semmeln, die mir ins Bewußtsein steigen.

MAX *beunruhigt:* Daraus mache ich mir nicht viel.

ANITA Unverdaulich, ich fürchte es auch. Semmeln, Maximilian, und ein Backstubengeruch. Woher?

MAX Man nennt es Unterbewußtsein.

ANITA Wie man es auch nennt. Jedenfalls sehe und höre ich durch ein Schlüsselloch. Willst du wissen, was?

MAX Nein, will ich nicht.

ANITA Du hast mir so viel erzählt. Ich weiß auch einiges. Kleine Änderungen deiner Geschichte, Maximilian. Hör gut zu!

MAX *kauend:* Ich habe eine ganze Menge Angebote.

PAULA Jedenfalls schön, daß du endlich wieder da bist, mein Junge.

RICHARD *spöttisch:* Und mit so gutem Appetit.

PAULA *spitz:* Pfannkuchen hat er immer gern gegessen.

MAX Ein Fensterreinigungsinstitut, zum Beispiel, sucht einen Werbetext.

RICHARD *bewundernd:* Donnerwetter.

MAX Ein Dompteur ist von einem Tiger zerrissen worden.

RICHARD Was hast du damit zu tun?

MAX Man bemüht sich um mich.

PAULA Wenn ich wählen könnte, möchte ich lieber Tiger als Dompteur werden.

RICHARD Das ist beides nichts. Aber bei dem Werbetext, da würde ich zugreifen.

MAX Ich lasse mir Zeit.

RICHARD Nicht zu lange, lieber Max.

MAX Außerdem möchte man mich als Reiseleiter für Omnibusfahrten in die Steiermark.

PAULA Eine schöne Position. Steiermark ist doch da unten irgendwo.

MAX Ganz recht, Mama.

RICHARD Nimm noch einen Pfannkuchen!

MAX Und schließlich Dramaturg beim Fernsehen.

RICHARD Wenn ich mir das alles anhöre, – Junge, Junge, willst du nicht doch wieder in die Backstube zurück?

MAX Nein, Papa, um die Zeit schlafe ich.

PAULA Jetzt bleibst du erst mal da. Kannst dirs ja überlegen.

MAX Ich hätte noch ein paar Besorgungen.

PAULA Später, später.

MAX Nein, gleich. Ich nehme mir mal das Auto. Kann ich doch, Papa?

RICHARD *zögernd:* Ach –

PAULA Nun gibs ihm schon.

RICHARD Meinetwegen.

MAX Und dann, lieber Papa, könntest du mir mit einem Vorschuß aushelfen?

RICHARD Vorschuß worauf?

MAX Auf mein erstes Gehalt in meiner neuen Position.

PAULA Max hat ja soviel Möglichkeiten.

MAX Jedenfalls nehme ich die mit dem höchsten Gehalt.

PAULA Nun gib ihm schon zwanzig Mark, Richard!

MAX Tausend, Mama, brauchte ich dringend.

RICHARD Ich will dir was sagen, Max. Ich gebe dir hundert Mark Vorschuß auf den Backlohn, wenn du bei mir wieder als Geselle anfängst. Einverstanden?

MAX Wenn es sein muß. *Freundlich:* Alter Knauser!

RICHARD Hundertzwanzig, meine Junge, und die zwanzig werden nicht angerechnet.

ANITA Nun, was sagst du?

MAX Ganz gut, Anita. Woher weißt du das alles?

ANITA Wirf mir den Rock herüber!

MAX Warum plötzlich so eilig?

ANITA Wir fahren.

MAX Aber nicht weit. Ich habe gestern mittag schon auf Reservetank umgestellt.

ANITA Die hundertzwanzig Mark?

MAX Keine Summe für Vorwürfe.

ANITA Bis zum Bahnhof wird das Benzin noch reichen. Ich nehme den nächsten D-Zug. Wann geht er?

MAX Überhaupt nicht. Eine Station der Lokalbahn.

ANITA Ich sollte dir böse sein.

MAX Und bist es nicht? Du wirst sehen, Anita, es ist nicht so schlimm, Brezeln zu verkaufen. Der Ladentisch ist wie eine Rampe. Das Publikum kommt und geht, und du bist allein auf der Bühne, ohne Konkurrenz.

ANITA Ich werde keine Brezeln verkaufen.

MAX *matt:* Über die Art des Gebäcks kann man sich einigen.

ANITA Der Reißverschluß hängt. Steh nicht herum!

MAX Es ist William, der herumsteht, William, der den Reißverschluß repariert.

ANITA Und William, der mich geheiratet hat. Max wäre nicht auf die Idee gekommen.

MAX Ehrlich gesagt, er hätte sie nicht ausgeführt.

ANITA Diese Situation! In einem Ort ohne Bahnanschluß und ohne Geld für die Hotelrechnung. Keine Aktien, kein Bankkonto, keine Villa zum Ausruhen. Alle Mühe umsonst, und ich muß wieder von vorn anfangen. Man könnte rasend werden, und ich weiß nicht, warum ich es nicht bin.

MAX Das Klima hier, eine weichere Luft an der Donau. Meine Situation ist auch nicht rosig.

ANITA Wahrscheinlich eine kleine Urkundenfälschung. Sieh zu, wie du sie loswirst.

MAX Man betrachtet alles mit Gelassenheit.

ANITA Aber es ist nicht das Klima.

MAX Was auch immer, – deine Milde gibt mir Mut.

ANITA Hoffentlich nicht zuviel.

MAX Du sprachst vorhin von einem D-Zug. Ich schließe daraus –

ANITA Es reicht gerade für mich.

MAX Könntest du nicht zwanzig Mark abzweigen? Für deinen Ehemann?

ANITA William? Max? Und wie ist der Familienname? Alles ungültig.

MAX Wenigstens formal gültig.

ANITA Nicht einmal das. Wer bist du überhaupt?

MAX Das fragte ich mich zu Anfang.

ANITA Und wer bin ich?

MAX Bei dir ist es wenigstens klar.

ANITA So? Maximilian, wo ist eigentlich Jussuf?

MAX Ich habe ihn lange nicht gesehen. Er mußte sich selber durchschlagen. Ich sagte ihm die jeweiligen Adressen und gab ihm eine Landkarte mit.

ANITA *träumerisch:* Zwischen Frankfurt und Regensburg –

MAX Was?

ANITA Ich glaube, es war ein Forstgehilfe im Spessart, der ihn erschossen hat. Oder ein Jagdpächter im Steigerwald? In einer Tierkörperverwertungsanstalt ergab er noch neunundvierzig Mark fünfzig. Dieses leidige Geld!

MAX Jussuf ist tot?

ANITA Es bleibt der Trost, daß es vielleicht nicht Jussuf war. Um die andern täte es mir weniger leid, mich selber eingeschlossen. Maximilian, wir fahren.

MAX Wir?

ANITA Vielleicht kommen wir aus dem Hotel heraus, ohne zu zahlen. Für das Benzin würde es reichen.

MAX Ich bin ganz verstört.

ANITA Weil ich doch nicht den D-Zug nehme?

MAX Deine Augen. Anita. Waren sie nicht früher blau? Ich habe sie nie so genau angesehen.

ANITA Ich auch nicht.

MAX Die sanften, sandgelben Augen des Tigers.

ANITA Komm, nimm den Koffer!

Meine sieben jungen Freunde

Stimmen
Birowski · Karl · Leonard · Jaroslaw · Therese · Paula ·
Cäcilia · Erdmuthe · Agnes

I

BIROWSKI Seit einem Jahr, meine Damen, bin ich ein lebensbeja-
hender Mensch. Genauer gesagt, seitdem ich vom Bier zum Spiritus übergegangen bin.

THERESE Was?

PAULA *laut und akzentuiert:* Er trinkt Spiritus.

THERESE Spiritus? Na, hören Sie, Herr Birowski!

BIROWSKI Mit Wasser verdünnt.

PAULA Wenn schon.

BIROWSKI Bei 45 Mark monatlich braucht man ein billiges Ge-
tränk. Trinken Sie gar nichts?

PAULA Ab und zu einen Schluck Wermut. Aber Spiritus! Das kann
für die Gesundheit nicht gut sein.

BIROWSKI *verächtlich:* Gesundheit! Ich bin sechsundsiebzig.

PAULA Therese ist achtundsiebzig. Da wird die Gesundheit immer
wichtiger. Nicht wahr, Therese?

THERESE Morgens und abends je sechs Tropfen auf einen Eßlöffel
Traubenzucker. Ist es schon wieder soweit?

PAULA *laut:* Ich sage, er wütet gegen seine Gesundheit.

THERESE Wogegen soll er wüten, wenn er Erfolg haben will?
Gegen den Bürgermeister? Oder die Ratten?

BIROWSKI Jedenfalls schmeckt Spiritus nicht schlecht. Sie müßten
es versuchen.

Paula schüttelt sich.

Es ist alles Gewohnheit.

PAULA *laut:* Es schmeckt ihm.

THERESE Ja, immer zufrieden, nie so mürrisch wie wir.

BIROWSKI Ich habe Gesellschaft, das hilft mir.

PAULA Ach? Und sitzen den ganzen Tag hinter verschlossenen Türen!

THERESE Mit der Gesellschaft?

BIROWSKI Durch verschlossene Türen kommen sie gern.

PAULA Merkwürdige Leute. *Laut:* Durch verschlossene Türen.

BIROWSKI Sie brauchen nicht zu erschrecken.

PAULA Verbrecher am Ende?

BIROWSKI Ganz harmlos.

PAULA Das kommt mir nicht harmlos vor. Ich möchte wenigstens noch »herein« sagen dürfen und mich auf meinen Schlüssel verlassen.

BIROWSKI Mit Spiritus hat man zu allem ein anderes Verhältnis.

PAULA Das muß ein spätes Stadium sein.

THERESE Wovon sprichst du, Paula?

PAULA *laut:* Er sieht Gespenster.

THERESE Ach?

BIROWSKI Ich sage lieber: Ich habe Gäste, historische Persönlichkeiten von Adam und Eva an.

PAULA Hörst du das, Therese? Es muß interessant sein.

BIROWSKI Mit Thomas von Aquin war die Unterhaltung schwierig. Aber mit Margarete von Navarra habe ich mich gleich verstanden.

PAULA Wer ist das?

BIROWSKI Ich kannte sie auch vorher nicht.

THERESE Wir sollten trinken, Paula, und sie kennenlernen.

BIROWSKI Friedrich den Großen habe ich überzeugt, daß er Maria Theresia hätte heiraten sollen.

PAULA Hat er es eingesehen?

BIROWSKI Freilich. Und Columbus, daß er Amerika nicht hätte entdecken dürfen. Columbus war sehr ungehalten.

PAULA Das glaube ich.

BIROWSKI Er hat eine durchdringende Stimme. Ich dachte, Sie würden sich über den Lärm beschweren.

THERESE Ich höre sowieso nichts.

PAULA Niemand hört es außer Ihnen.

BIROWSKI Gott sei Dank. Ich habe oft gedacht: Die beiden Damen vorn werden nicht schlafen können.

PAULA Nachts kommen sie auch?

BIROWSKI Und laut sind sie: Musik, Tanz und Gesang. Da ist es ein Glück, daß es niemand hört.

THERESE Wenn ichs nur hörte! Wen erwarten Sie heute?

BIROWSKI Jaroslaw.

PAULA Auch historisch?

BIROWSKI Nein. Er ist zur Zeit in einer Heil- und Pflegeanstalt.

PAULA Ach so.

BIROWSKI Ehrlich gesagt, im Laufe der Zeit ist es mit den Besuchern bergab gegangen. Früher waren es Könige und Philosophen. Der letzte war Schopenhauer, und der war schon sehr mürrisch. Jetzt sind es eigentlich immer dieselben, sind nicht berühmt und sogar ziemlich fragwürdig. *Nachdenklich:* In verschiedener Hinsicht fragwürdig. Manchmal habe ich den Verdacht, daß sie im Telefonbuch stehen. Hören Sie wirklich nichts?

PAULA Nein.

BIROWSKI Warum kommen sie zu mir? Früher, da hätte ich es eher verstanden. Da war ich jemand.

PAULA Wir haben auch bessere Tage gesehen. Wirklich, Herr Birowski, wir haben nicht immer von der Fürsorge gelebt.

BIROWSKI Glaub ich gern.

PAULA Therese war Gesellschafterin in fürstlichen Häusern.

THERESE Was war ich?

PAULA *laut:* In Galizien. Im Lande Krain.

BIROWSKI Ich war Schriftsetzer, Spezialist für Griechisch und Hebräisch. Das setzt klassische Bildung voraus. Leider habe ich das meiste vergessen.

PAULA Ich bin auch ziemlich belesen. Ich hatte nämlich eine Buch- und Papierhandlung.

BIROWSKI So.

PAULA In Ostfriesland.

BIROWSKI Ja, das ist nun alles vorbei. Bei mir jedenfalls ist nichts mehr zu holen, nicht einmal Unterhaltung. Allenfalls Jaroslaw – *er denkt nach.*

PAULA Jaroslaw?

THERESE Ist er bescheidener als die andern?

BIROWSKI Er hat eine kleine Beziehung und hofft, daß er Aufseher in der Zuchthausbäckerei werden könnte.

PAULA Dann kommt er ins Beamtenverhältnis, das ist immer gut.

BIROWSKI Mir gibt er zweimal wöchentlich Sprachunterricht.

PAULA Englisch? Oder Französisch?

BIROWSKI Eigentlich wollte ich Englisch lernen. Aber Jaroslaw hat mich überzeugt, daß Hesperidisch vernünftiger wäre.

THERESE Hesperidisch? *Kopfschüttelnd:* Mein Gehör!

BIROWSKI Er hat eine ausführliche Grammatik und ein Wörterbuch des Hesperidischen verfaßt.

PAULA Nie gehört.

BIROWSKI Es ist natürlich ganz auf die Zukunft berechnet. Wenn die ersten Fahrzeuge den Planeten Hesperos erreichen – den Abendstern, verstehen Sie, die Venus –

PAULA *fassungslos:* Den Abendstern!

THERESE Dann ist es gut, wenn einige schon die Sprache verstehen.

BIROWSKI So meinte Jaroslaw.

THERESE Das überzeugt mich.

BIROWSKI Wenn Sie vielleicht Unterricht nehmen wollen? Er ist ein Genie in seiner Art.

PAULA Und kommt zweimal wöchentlich.

THERESE Leider nur zu Ihnen.

BIROWSKI Das vergesse ich immer.

PAULA Haben Sie schon viel gelernt?

BIROWSKI *ausdrucksvoll, mit verschiedener Betonung:* Mang mang mang mang.

THERESE Aha.

PAULA Und was heißt das?

BIROWSKI Das Hesperidische kann man nicht übersetzen.

THERESE Der Wortschatz scheint gering zu sein.

BIROWSKI Es kommt alles auf die Betonung an. In Jaroslaws Sprachlehre nimmt die Betonung allein dreihundert Seiten ein.

PAULA Enorm. Sind die andern auch so tüchtig?

BIROWSKI Erdmuthe ist Seifenvertreterin.

THERESE Erdmuthe? Gelungen!

BIROWSKI Leider etwas kleptomanisch.

THERESE Aber nicht existent. Dann schadet es nichts.

BIROWSKI Ja, es ist ein Widerspruch, aber der ist bei allen. Ich muß mich damit abfinden. Leonard zum Beispiel wäscht Fassaden, aber welche Fassaden, und wer bezahlt ihn dafür? Es ist übrigens eine Verlegenheitsarbeit. Er ist eigentlich Journalist und Schriftsteller.

THERESE Dann schreibt er wohl an Blättern, die im Jenseits erscheinen?

BIROWSKI Er ist der Ansicht, daß es auch noch in der Hölle ein blühendes Verlags- und Pressewesen geben müsse.

THERESE Dort weiß er also Bescheid.

PAULA Jaroslaw, Erdmuthe, Leonard, das wären drei.

BIROWSKI Dann Agnes, die Apothekerin.

PAULA Das klingt normal.

BIROWSKI Sie hat etwas auf dem Gewissen.

THERESE Auf ihrem?

BIROWSKI Aber ich weiß nicht was.

PAULA *seufzend:* Ich wüßte es bald.

BIROWSKI Dann Cäcilia, Vorsängerin in der Gnadenkapelle, sucht aber gerade nach einer besser bezahlten Stellung. Sie hat Angebote vom Kabarett.

PAULA Sind fünf.

BIROWSKI Der wohlhabendste ist Karl, Realitätenbesitzer.

THERESE Was?

BIROWSKI Verschiedene wenn auch feuchte Wiesengründe, eine Scheune in der Fränkischen Schweiz und ein Pferd.

PAULA Sind sechs.

BIROWSKI Sieben. Das Pferd zählt mit. Es heißt Marius. Ein Wallach.

THERESE Spricht es?

BIROWSKI Bisher nicht. Es schaut zum Fenster herein und frißt aus der Dachtraufe. Deshalb brauche ich eine ebenerdige Wohnung. Zuletzt wohnte ich vier Treppen hoch, das war für Marius zu schwierig. Hier ist es ideal.

PAULA Ideal? Na! Meinen Sie die Ratten?

BIROWSKI Das Zimmer und die Anordnung der Möbel.

PAULA Das möchte ich sehen, aber Sie haben ja immer verschlossen. Und das Schlüsselloch gibt nicht viel her.

BIROWSKI Das Bett haben wir in die Mitte gestellt. Endlich genug Sitzplätze, verstehen Sie! Und ost-westlich wegen der magnetischen Ströme. Für Agnes ein Stuhl in der Ecke, und wenn Cäcilia singt, steigt sie auf den Tisch. Es ist an alles gedacht.

THERESE Ein idealer Raum.

BIROWSKI Wir fühlen uns alle wohl.

PAULA Wissen Sie, wer früher hier gewohnt hat? Der Henker.

BIROWSKI Pfui Teufel.

THERESE Es ist über hundert Jahre her.

PAULA Ja, es ist ein altes Haus. Dicke Mauern, viel Angst, viel Tränen. Im Keller, heißt es, liegen noch der Strick, das Richtbeil und die Ketten.

BIROWSKI Gute Gesellschaft für uns.

PAULA Wer Freunde hat und erst vier Wochen da ist –

THERESE Es ist feucht um das Haus herum, das zieht den Blitz an. Ja, der kommt. Es ist immerhin eine Art von Besuch, wenn er in den Kamin einschlägt.

PAULA Drei- bis viermal im Hochsommer. Und im Herbst kommen die Flecken in der Wand heraus. Und wenn es auf den Winter zu geht – die Fenster sind nämlich nicht dicht. Haben Sie schon Kohlen beantragt?

BIROWSKI Jetzt! Hören Sies?

PAULA Was denn?

Sie horchen. Es bleibt alles still.

Ich höre nichts.

THERESE Ich höre immer was, aber ich bin nicht maßgebend.

BIROWSKI Wenn ich einen Schluck nehme, kann ich es besser unterscheiden: Ist es Marius, der über die Wiese trabt, oder übt Cäcilia für den Kirchenchor?

THERESE Oder Jaroslaw hält Sprachunterricht?

PAULA *erbittert:* Oder Erdmuthe stiehlt. Wer taub ist, hört am besten.

BIROWSKI Ich muß hinüber. Entschuldigen Sie mich!

PAULA Bitte, bitte.

Birowski geht.

THERESE Nun?

PAULA Nun?

THERESE Zum erstenmal aus der Nähe gesehen.

PAULA *mürrisch:* Und wenn einer keine Brille braucht? Der sieht nichts, darauf läuft es hinaus.

THERESE Unrasiert, graue Haare, rote Nase.

PAULA Sagte ich dir schon vor vier Wochen. Wie alte Männer eben aussehen. Es ist immer eine Enttäuschung.

THERESE Nichts Besonderes, du hast recht.

PAULA Was hattest du erwartet?

THERESE Eine Art älteren Prinzen.

PAULA Tut mir leid.

THERESE Als er sagte: Wir fühlen uns alle wohl, beugte er sich herüber.

PAULA Du hättest dir lieber seine Schuhe ansehen sollen.

THERESE Ein Gesicht, das zum Spiritus und zum Haus des Scharfrichters gehört.

PAULA Ist mir nicht aufgefallen.

THERESE Etwas hippokratisch.

PAULA Die Schuhe auch. Am linken schauen die Zehen heraus. Wie soll das im Herbst werden? Man muß ihm neue besorgen oder die alten richten lassen.

THERESE Eine Schattierung von Grün an den Schläfen.

PAULA Das hippokratische Gesicht ist keine Entschuldigung für zerrissene Schuhe. Ich werde zum Pfarrer und zum Roten Kreuz gehen.

THERESE Du hast ein geschäftiges Herz.

PAULA Weil die meisten Leute nicht wissen, was ihnen fehlt.

THERESE Aber du sagst es ihnen.

PAULA Ich werde ihm Schuhe besorgen und ihn unzufrieden machen.

THERESE Laß ihm die alten.

PAULA Und diese Anmaßung, sich mit Spiritus Freunde zu verschaffen! Mit fast achtzig Jahren und bei 45 Mark. Haben wir Freunde und haben wir rote Nasen?

THERESE Aber zur Kiesgrube und zurück, Sonntag nachmittag, das schaffen wir noch. Nein, Paula, wir teilen die Zeit falsch ein. Wir sollten Sprachunterricht nehmen, Kernseife auf Vorrat kaufen und im Kirchenchor singen.

PAULA Gib dich nicht auf, ich bitte dich! Wem sollte unser Geplärr nützen? Na also. Wir kommen noch früh genug dran.

THERESE Wir hätten Freunde. *In anderem Ton:* Hörst du was?

PAULA *nach einer Pause:* Nichts. Er hat dich angesteckt.

THERESE Ja, es ist das übliche Rauschen. Der Blutkreislauf, sagt
der Arzt. Und für die Schatten vor den Augen hat er eine ähn-
liche Entschuldigung. Die Nachmittagsbeleuchtung, die Nacht,
die näher kommt. Das stimmt immer.

PAULA Und wenn man gesund ist und schaut durchs Schlüsselloch?

THERESE Nichts.

PAULA Ich wette, er hat die Augen zu und die Flasche ist halb
leer. Allenfalls ein leichtes Schnarchen durch den geöffneten
Mund. Das nennt er dann Wiesengrundstück, Abendstern und
Gnadenkapelle.

THERESE Kurzum, wir beneiden ihn.

2

BIROWSKI Sieben junge Freunde, sagte ich, Musik, Tanz und Gesang.

KARL Das gibt einen falschen Eindruck. Marius und mir ist heute
elend zumute.

BIROWSKI Man merkt es. Marius hat nie so düster geschnaubt.
Marius schnaubt.
Und Cäcilia?

CÄCILIA *seufzend:* Ich kann meine Gefühle nicht sprechen lassen.

KARL Sie will fort.

BIROWSKI Fort?

CÄCILIA Meine Stellung ist nicht zum Leben und nicht zum Sterben. Ich habe so viele Einzelangebote, und wenn man sie sum-
miert –

BIROWSKI Dann reicht es für beides, ich verstehe.

CÄCILIA Zehn Tage Aushilfe in einem Kabarett in Freilassing.

BIROWSKI Das ist an der Grenze.

CÄCILIA Ein Sommerfest beim 1. FC Euskirchen. Gesangseinlagen
bei der Tagung des Deutschen Pappelvereins in Stadtprozelten.

BIROWSKI Du wirst bekannt.

CÄCILIA Wenn die Termine gut liegen, und wenn man wüßte, daß die Angebote nicht abreißen.

KARL Alles wäre einfacher, wenn ich ein Auto kaufen könnte. Aber Marius ist dagegen.

Marius schnaubt.

BIROWSKI Einfacher für Cäcilia? Ich kenne die Zusammenhänge nicht.

KARL Das Warten auf die Zuganschlüsse fiele weg. Mit meinem Leiterwagen ist das nicht zu machen. Wenn ich Marius zu dir in Pension geben könnte?

BIROWSKI Aber natürlich.

Marius schnaubt.

CÄCILIA Es gefällt ihm nicht.

KARL Ich denke an einen kleinen schnellen Alfa Romeo.

BIROWSKI In der Tat, da paßt Marius nicht hinein.

CÄCILIA Aber ich habe mich noch nicht entschieden.

KARL Und meine Entscheidung wiederum wäre dringlich. Ein Papierfabrikant aus Kevelaer will eine von meinen sumpfigen Wiesen kaufen. Ein Geschenk für eine Sekretärin, wenn ich recht verstanden habe. Es wäre eine Gelegenheit.

CÄCILIA Meine Schwierigkeit ist das Repertoire. Mit »Alles neu« und »Wie schön leucht uns der Morgenstern« kann man nicht auf Tournee gehen.

BIROWSKI Und die altrussischen Volkslieder? Mütterchen, die Birken leuchten, der rote Sarafan und die dunkle Wolga?

CÄCILIA Man möchte sich keine Anfälligkeit vorwerfen lassen. Hör zu, wie ein Lied sein muß, das niemanden kränkt.

BIROWSKI Wo ist die Stimmgabel?

KARL *gibt den Ton an:* a –

CÄCILIA *singt:*

Hans, was machst du?
Weinst du oder lachst du?
Ich lache nicht, ich weine nicht,
ich putz nur meine Schuh.

Ihre Stimme entfernt sich, während sie das Lied wiederholt.

THERESE Hörst du es auch?

PAULA Es ist so viel zu hören, daß ich nicht weiß, was du meinst. Etwa die Kohlmeise? Zizipä, zizipä.

THERESE Das wenige, was ich höre, kommt mir zu wichtig vor.

PAULA Windig ist es auch. Und dann der Zehnuhrzug.

THERESE Ein Geräusch, das schwer zu begreifen ist. Wenn ich je Gebetsmühlen gehört hätte –

PAULA *verächtlich:* Gebetsmühlen!

THERESE So müßten sie sich drehen.

PAULA Das grenzt an unsern Nachbar.

THERESE Knarrend, als wäre irgendwo ein Widerstand, aber doch regelmäßig. Heute nacht schon.

PAULA Also geträumt.

THERESE Ein Ereignis steht bevor.

PAULA So?

THERESE Nach dem ägyptischen Traumbuch.

PAULA Erst Tibet und jetzt noch Ägypten!

THERESE Ja, ich gehe zu weit.

PAULA Denk an die Holzwürmer im Gebälk und an die Ratte, die an den Dielen nagt. *Lauter:* Das ist alles Inland.

THERESE Inland? Ich glaube, du kommst auf dein Thema.

PAULA Der Dachstuhl müßte erneuert werden. *Lauter:* Giftweizen auslegen! Dann hättest du bessere Träume.

THERESE Ich weiß nicht, ob sie von Giftweizen besser werden.

PAULA Eine Schande, daß man alte Leute zu den Ratten sperrt.

THERESE Ja, für junge ist es eher was. Übrigens habe ich im Brehm gelesen, daß man Ratten zähmen kann. Sie werden reizende Haustiere, fressen ganz vorsichtig aus der Hand.

PAULA Sehr gemütvoll. Leider übertragen sie die Cholera. Ich habe eben mit dem Bürgermeister gesprochen. Er meint, es gäbe überall welche. *Lauter:* Es sind Rattenvernichtungstage geplant, hörst du!

THERESE In den Kalender eingebaut, zwischen Reformationsfest und Fronleichnam.

PAULA Planvoll, verstehst du, eine Großaktion. Sonst wandern sie einfach von einem Haus ins andere. Er sagt, man könne für die Fürsorgeempfänger keine eigenen Aktionen einleiten.

THERESE Das ist so vernünftig wie die Welt überhaupt.

PAULA Etwa nicht? Das ist ja das Ärgerliche. Du bist aufsässig, Therese, *lauter:* sanft und aufsässig.

THERESE Und taub und blind.

PAULA Und beides nur halb.

THERESE Was hältst du da in der Hand?

PAULA Endlich fragst du. Schwarze Halbschuhe, Größe zweiundvierzig. Hoffentlich passen sie ihm.

4

BIROWSKI Dieser behagliche Name: Erdmuthe.

ERDMUTHE Und wenn man genauer hinsieht – *Flüsternd:* Alter, ich habe heute eine Kollektion Frackhemden gestohlen. Kann ich sie bei dir unterbringen?

BIROWSKI Frackhemden?

ERDMUTHE Eine persönliche Note, daß ich Dinge stehle, die ich nicht brauche.

BIROWSKI Rosen aus Schaumgummi, Asbestanzüge. Wir müßten einmal Inventur machen.

ERDMUTHE Leonard hat hier Kellerräume entdeckt, gotische Gewölbe und Klinkerfußboden. Das Geeignete für ein Warenlager.

BIROWSKI Auch für Frackhemden?

ERDMUTHE Eine Umgebung, die alles verträgt. Wir schaffen die Sachen allmählich hierher, vorsichtig natürlich. Ich habe den Eindruck, man ist mir auf der Spur. Ich decke alles mit Waschpulver und Kernseife zu.

BIROWSKI Du machst mir Sorgen, Erdmuthe.

ERDMUTHE Du bist der einzige.

BIROWSKI Und Leonard?

ERDMUTHE Sorgt sich um seine Gedichte.

BIROWSKI Hat er geschrieben?

ERDMUTHE Um die ungeschriebenen, meine ich. Übrigens steht er draußen.

BIROWSKI Draußen?

ERDMUTHE Er traut sich nicht.

BIROWSKI *ruft:* Leonard! *Er öffnet die Tür:* Was ist denn?

LEONARD Ach, weißt du –

ERDMUTHE Das Gedicht, Alter, das ist es.

BIROWSKI Welches Gedicht?

LEONARD Es sollte zu deinem Einzug fertig sein. Jetzt wohnst du schon vier Wochen hier.

BIROWSKI Macht nichts. Gedichte werden nicht in vier Wochen fertig.

LEONARD Ich stelle es mir barock vor. Ein Fürst, der ein neues Lustschloß bezieht.

BIROWSKI *lacht:* Ja, so kann man es ansehen.

LEONARD Aber das war zu schwierig.

BIROWSKI Der Weg vom Kopf zum Papier, ich verstehe.

ERDMUTHE *spöttisch:* Lichtjahre!

LEONARD Und die Fassadenwäscherei daneben. Gestern ein Hochhaus im Jugendstil, und der Kollege war nicht erschienen.

BIROWSKI Und mitten in der Luft denkst du an Gedichte.

LEONARD Wenn die Häuser unter mir klein werden, wird alles einfach.

BIROWSKI So einfach wie der Sprung in die Tiefe.

ERDMUTHE Aber keine Sorge, wir halten uns am Seil fest.

LEONARD Ich merkte, daß ich mich übernommen hatte, und dachte: Man muß die Grenzen bescheidener ziehen, ein Sonett, vierzehn Zeilen.

ERDMUTHE Kam aber über Ansätze nicht hinaus. Ich saß daneben und wollte es in die Maschine tippen.

BIROWSKI Vielleicht hat ihn das irritiert.

LEONARD Schließlich nahm ich mir eine Siziliane vor.

ERDMUTHE Acht Zeilen.

LEONARD Und zuletzt ein Distichon.

ERDMUTHE Zwei.

BIROWSKI Je kürzer, desto schwieriger.

LEONARD Und endlich sagte ich mir – Erdmuthe, soll ich sagen, was ich mir sagte?

ERDMUTHE Natürlich.

LEONARD Ich sagte mir: Es ist kein Anlaß, wenn man das Zimmer wechselt.

BIROWSKI Das trifft es. Gibt es überhaupt Anlässe?

LEONARD Und zum Trost fiel mir ein, daß Schweigen die vollkommenste Art des Aussprechens ist.

BIROWSKI Siehst du, es ist alles in Ordnung.

LEONARD *gequält:* Ich weiß nicht.

BIROWSKI Du hast ja den Artikel über die Sozialrentner. Der wird Aufsehen erregen.

LEONARD Ja, er ist beinahe fertig, wenigstens im Kopf.

ERDMUTHE Jetzt nur noch den kurzen Weg vom Kopf zum Papier. Davon sprachen wir schon, nicht wahr?

BIROWSKI Erdmuthe meint es nicht so.

ERDMUTHE Doch, ich meine es so. Ich bin in jeder Hinsicht ein Scheusal. Mich gibt es, damit man sieht, wie vortrefflich die andern sind.

5

PAULA Ich habe ihm die Schuhe vor die Tür gestellt, aber da stehen sie seit drei Tagen. Er kommt nicht aus dem Bau. Wieviel Flaschen waren es?

THERESE Flaschen?

PAULA Wieviel?

THERESE Ich weiß nur, daß sie grün waren, dunkelgrün.

PAULA Vier oder fünf? Kurzum, es regt mich auf.

THERESE Vier oder fünf.

PAULA Und der schlechte Schlaf. Jeden Morgen der Sonnenaufgang durch die Gardinen.

THERESE Die Schöpfung taufrisch. Die Stunde, zu der man stirbt.

PAULA Ja, es ist, um rasend zu werden. Was wars für ein Lärm?

THERESE Lärm?

PAULA Mir fielen deine Gebetsmühlen ein. *Sie lacht.*

THERESE Bei mir ist es immer der Blutkreislauf. Aber du?

PAULA Schließlich wohnen wir doch abseits vom Ort, kein

Durchgangsverkehr, keine Gastwirtschaft. Wenn man die Indizien zusammenzählt, dann müßten es Hirsche sein. *Nach einer Pause:* Oder Füchse.

THERESE Oder Füchse. Oder Pferde.

PAULA Pferde?

THERESE Oder ein Pferd.

PAULA Hier ist nichts eingezäunt. Pferde laufen nicht frei herum. Ich habe hier noch kein Pferd gesehen.

THERESE Ich habe ein Pferd gesehen.

PAULA Ausgerechnet du.

THERESE Es kann auch klimatisch sein. Irrtümer durch Wind. Ich bin aufgestanden, weil es so laut war.

PAULA Also doch.

THERESE Hufe, und etwas in der Luft wie Gewieher.

PAULA Und dann hast du es gesehen?

THERESE Ein Schatten. Ich habe mich nicht getraut, die Gardine wegzuziehen. Schwarz mit weißen Flecken. Oder weiß mit schwarzen Flecken. Ein norddeutsches Rind in der Farbe.

PAULA Solche Pferde gibt es nicht.

THERESE Ich fürchte auch.

PAULA Ich habe mir die Ohren zugehalten.

THERESE Die Decke über den Kopf – dann wären es Hirsche gewesen. Oder Füchse.

PAULA Hat er gesagt, wie das Pferd aussieht?

THERESE Wer?

PAULA Stell dich nicht an!

THERESE Wir trinken nicht, Paula.

PAULA Ja, damit ist alles gesagt. Das entscheidende Argument.

THERESE Eine Schöpfung aus Spiritus, das gilt nicht.

PAULA Wenn du es auch so ansiehst – das beruhigt mich.

THERESE *nach einer Pause:* Oder?

PAULA Was oder? *Empört:* Therese!

THERESE Oder wir haben es noch nicht bemerkt, daß wir schon das Hesperidische lernen.

PAULA Aber im Rathaus die Bekanntmachungen am Schwarzen Brett?

THERESE In einer ausgestorbenen Sprache aufgezeichnet. Gleichgültig, ob man Spiritus trinkt oder Bier oder gar nichts.

PAULA Die Krankenscheine kannst du nicht ableugnen. Und die Rezepte auf der Nudelpackung sind auch ein Beweis.

THERESE Nachts hältst du dir die Ohren zu.

PAULA Ja, das spricht gegen mich.

THERESE Der Bürgermeister oder Jaroslaw? Was meinst du?

PAULA Später gibt es ganz natürliche Erklärungen.
Laut: Später!

THERESE Ich meine es nur vorläufig. Was vor der Dämmerung ums Haus trabt. Was wiehert. Was auch ein Hirsch sein könnte.

PAULA Ich hätte aufstehen sollen, dann wüßte ich mehr als du.

THERESE *erschöpft:* Oder Füchse, meinetwegen.

PAULA Schwarzweiß gefleckt. Und wenn das alles zum Kaffee käme oder wenn man die Kartoffeln schält? Wenn man an gar nichts Schlimmes denkt?

6

BIROWSKI Danke für die Pilze, Jaroslaw.

JAROSLAW Es sind Parasole. Ich suche sie mit dem Fernglas vom Fenster aus, wenn ich Depressionen habe.

BIROWSKI Frisch sind sie am besten. Man bräunt Zwiebeln in der Pfanne –
Er hantiert mit Kocher und Pfanne.
Was heißt Zwiebel auf hesperidisch?

JAROSLAW Zwiebeln wachsen auf dem Hesperos nicht.

BIROWSKI Schade.

JAROSLAW Die Universität Dijon hat mir die Sprachlehre zurückgeschickt. Meine letzte Hoffnung.

BIROWSKI Kein Lehrauftrag?
Jaroslaw lacht höhnisch.
Zögernd: Dann verdanke ich die Parasole –

JAROSLAW Der Universität Dijon. Man hat sich, wie sie schreiben, über den Scherz außerordentlich amüsiert.

BIROWSKI Da schmeckt mir das Essen nicht mehr. Diese Akademiker wissen nicht, was in der Welt vorgeht.

JAROSLAW Nein, laß dir den Appetit nicht verderben.

BIROWSKI Meinst du?

JAROSLAW Süß-sauer sind sie auch gut.

BIROWSKI Dafür ist es jetzt zu spät. Entschuldige mich ein paar Minuten, ich muß mich konzentrieren. *Murmelnd:* Das Messer, der Topflappen.

JAROSLAW *schmerzlich:* Mang mang mang.

Das Folgende erst geflüstert, dann mit sehr leiser Sprechstimme.

AGNES Auf ein Wort, Jaroslaw! Ich bins, Agnes. Die immer in der Ecke sitzt. Die nicht mitsingt.

JAROSLAW Singe ich mit? Abgelehnt. Keine Verwendung. Zurück auf den Abendstern!

AGNES Ich habe Arzneimittelkunde gelernt. Vier Semester. Das ist auch ohne Aussicht.

JAROSLAW Wer versteht mich?

AGNES Wir könnten uns einigen, Jaroslaw. Wenn du zuhören wolltest, einmal wöchentlich.

JAROSLAW *abwesend:* Außertellurische Philologie. Privatissime et gratis.

AGNES Es sind die Einzelheiten, Jaroslaw. Die Nabelschnur, die nicht getrunkene Milch in der Brust.

JAROSLAW Unbesetzte Lehrstühle überall. Dijon, Genf und Tübingen.

AGNES Die Nähmaschine hinter der Wand. Die Nadel bleibt oft hängen, es ist noch eine alte, die man mit den Füßen bewegt. Die Weißnäherin nebenan arbeitet nachts. Frage mich, warum. Ich weiß es nicht. Ich habe mich nicht rechtzeitig erkundigt, und die Tür war verschlossen.

JAROSLAW Keine Schüler, kein Kurs für Anfänger, keiner für Fortgeschrittene.

AGNES Ich sage dir, wir könnten uns einigen. Ich müßte nur sicher sein, daß ich dir den Waschtisch beschreiben dürfte, die Muster im Holz, daß du mich aufhältst, daß ich nicht hinauskomme über Marmor und Mahagoni. Du kannst mir Unterricht geben. *Sie seufzt.* Glas, Zahnbürste, Seife, Kamm, Kölnisch Wasser, einige Haarspangen. Die Wäsche in der rechten Schublade; Tinte, Federhalter, Briefpapier in der linken. Wonach wirst du fragen, Jaroslaw?

JAROSLAW Mang mang.

AGNES Das ist entscheidend, denn irgendwann ist der Waschtisch beschrieben, und der Tisch ist beschrieben und das Bett, die Gardine, die sich bauscht, und die abwaschbare Tischdecke, meine Kleider, meine Schuhe, meine Hüte. Und dann?

JAROSLAW Dann.

AGNES Wenn es keine Tapetenmuster mehr gibt, die einen retten, kein angebissenes Brot mehr im Schrank, kein Signal von der Ringbahn? Die Weißnäherin ist schlafen gegangen, ich presse mir ein Taschentuch in den Mund. Dann mußt du zuhören, bis du taub bist und zu zittern beginnst. Die Roste rasseln – gelbe und blaue Flammen, und du bist für ewig in der Hölle. Willst du zuhören, ich frage dich.

JAROSLAW Mang mang.

AGNES So zuhören, daß du mitschuldig wirst an Gardinen und Tischtüchern, an dem rosa überzogenen Kissen, an dem ersten Schrei und an dem letzten, an der Marmorplatte und dem Atem, der nicht lange auf der Welt ist.

JAROSLAW Mang mang.

Die Stimmen im folgenden wieder laut.

BIROWSKI Jetzt noch eine Prise Paprika. Wollt ihr mit essen?

JAROSLAW Nein.

AGNES Danke.

BIROWSKI Dann lasse ichs gleich in der Pfanne. *Er kostet und stößt einen Ruf des Entzückens aus.*

JAROSLAW *bitter:* Die Pilze der Universität Dijon.

Agnes öffnet die Fenster.

AGNES *atmet tief:* Der Morgen, schon wieder Morgen. Schon wieder Licht. Auch Hesperos noch.

JAROSLAW Aus der Welt entlassen. Abgelehnt. Ohne Verwendung.

AGNES Der Morgen, der die Nasen spitz macht. Der Morgen nach dem Fest. Entlassen, sagst du? Nie entlassen. Ein ewiger Sprachunterricht. Ist es entschieden, Jaroslaw?

JAROSLAW Mang mang mang mang.

BIROWSKI Das nächste Mal mache ich sie süß-sauer. Du mußt mir das Rezept aufschreiben, Jaroslaw!

THERESE Musik, Tanz und Gesang, groß angekündigt. Und dann fressen die Hirsche das Moos vom Dach, selbst die Ratten möchten vor Langerweile auswandern.

PAULA Sag das nicht. Ich höre doch Getuschel, Kichern, nachts halten Fuhrwerke vorm Haus.

THERESE Ich höre immer nur die Hälfte.

PAULA Die Hälfte wäre schon schlimm genug. Therese, weißt du, was ich glaube? Es ist ein Fall von Kuppelei. Er überläßt zweifelhaften Personen sein Zimmer. Das gibt es.

THERESE Was?

PAULA *laut:* Kuppelei.

THERESE Meinetwegen.

PAULA Wenn man auch nichts sieht. Was man hört, ist Laster und Ausschweifung. *Laut:* Laster und Ausschweifung.

THERESE Na, solange die Schuhe vor seiner Stube stehen.

PAULA Das ist das Alibi, das besagt nichts.

THERESE Laster und Ausschweifung, und er lädt uns nicht ein.

PAULA Könnte er doch, nicht wahr? Mein Gott, was man alles versäumt hat!

THERESE Versäumt?

PAULA Das Alibi, um ungestört gegen die Strafgesetze zu verstoßen. Davon lebt er. Deshalb ist er mit 45 Mark zufrieden.

THERESE Paula, was hast du versäumt?

PAULA Ich habe das so hingesagt. Es ist nicht wert, daß du darüber nachdenkst.

THERESE Worüber sollte ich schon nachdenken? Man hat so wenig Themen.

PAULA Versäumt? Einige Männer, wollte ich sagen.

THERESE Aber?

PAULA Von heute aus gesehen: Nicht der Rede wert. Oder doch? Einer hieß Valentin. Sein Schnurrbart blieb mir im Gedächtnis.

THERESE Valentin?

PAULA Er hätte auch Ferdinand heißen können.

THERESE Er hieß aber Valentin. Gerade das wollte ich wissen.

PAULA Du lieber Gott!

THERESE Und die andern?

PAULA Eigentlich vergessen. Ich müßte nachdenken. Jeder hat eben seine Art.

THERESE Wie er die Hand hebt oder lacht oder mit den Augen zwinkert?

PAULA Ganz recht.

THERESE Die Zähne entblößt, eine Brille trägt, blond ist?

PAULA Du weißt es wie ich.

THERESE Aber was haben sie gesagt?

PAULA Was sollen sie gesagt haben?

THERESE Eigentlich vergessen, nicht wahr?

PAULA Wahrscheinlich nichts Wichtiges.

THERESE Und wenn es wichtig gewesen wäre?

PAULA Hätte ichs auch vergessen.

THERESE Das beruhigt mich.

PAULA Was dich alles beruhigt!

THERESE Zum Beispiel dieser Birowski.

PAULA Aber –

THERESE Laß mich abschweifen. Wir bleiben immer bei der Sache.

PAULA Ein Vertrauen gegen das andere.

THERESE Ich habe nicht einmal einige Männer versäumt.

PAULA *ärgerlich:* Dann also Nachbar Birowski.

THERESE Wenn er gestorben ist –

PAULA Das soll man nicht sagen.

THERESE Wenn man sich an ihn erinnert, wird es heißen: Er trank Spiritus.

PAULA Und bei uns?

THERESE Sie hörte schlecht, sie ging zum Bürgermeister.

PAULA Was von uns bleibt!

THERESE Und kurz darauf hat man das auch vergessen.

PAULA Staub, es steht schon in der Bibel.

THERESE Und das regt dich nicht auf?

PAULA Nein.

THERESE Mich an diesen Gedanken zu gewöhnen, habe ich versäumt.

PAULA Wir haben ja das ewige Leben.

THERESE Glaubst du?

PAULA Es wäre allerhand, wenn sie uns darum auch betrügen würden!

THERESE Eine Erfindung für die unten, damit sie nicht hinauf wollen.

PAULA So kurz vorm Ziel fängt man nicht an zu zweifeln. Du mußt mit dem Pfarrer sprechen, der wird es dir sagen.

THERESE Keine Verbindung mehr.

PAULA Du übertreibst, weil du immer zu Hause hockst. Du solltest Besorgungen machen wie ich, auf Ämter gehen.

THERESE Du nimmst die Straße und den Bahnhof ernst. Schau dir an, wohin das führt. Es werden Zeitungen gedruckt, und man veranstaltet Gottesdienste und Fußballmeisterschaften. Wenn ein Apfel vom Baum fällt, tut er es nach den Newtonschen Gesetzen. Oder wenn du an die Wand klopfst, ist der Nachbar still. Aber bei uns?

PAULA Wir könnten auch klopfen, wenn du meinst.

THERESE Die Rente, und unsere einzige Verpflichtung, bald zu sterben. Wir sind unsozial, Paula, wir zögern zu lange damit.

PAULA Also der hippokratische Birowski ein Vorbild.

THERESE Wer uns hat, hat die Vergangenheit. Kinderdörfer, Paula, das ist es. Man braucht sie doch alle, die jungen Leute, braucht Grenadiere, Luftschutz und weibliche Brigaden, das ist alles wichtig, das muß herangezogen werden, und wer die Jugend hat, hat die Zukunft.

PAULA Du übertreibst, Therese.

THERESE Sagtest du mir schon.

PAULA Es hat doch alles auch sein Gutes.

THERESE Zum Beispiel: Im Krieg ist niemand arbeitslos.

PAULA Du schweifst ab.

THERESE Und wenn ich bleibe, hier im Hause, bei den Pferden und Hirschen, bei dem unterdrückten Kichern, bei den Schuhen vor der Tür? Paula, haben wir früher etwas gehört?

PAULA Das ist eine unbehagliche Frage.

THERESE Du gehst doch in die Stadt, du kennst doch alle Leute.

PAULA Aber die kenne ich nicht.

THERESE Und sie sind nebenan, hinten heraus, wo die Wände verschimmeln. Wir hören sie, Paula. Und –

PAULA Und?

THERESE Wenn wir sie nun eines Tages sehen?

PAULA Red nicht solche Sachen. Ich bin auch nicht so gesund, daß ich alles vertrage.

THERESE Hörst du?

Sie horchen. Unbestimmte Geräusche.

Willst du nicht durchs Schlüsselloch sehen?

PAULA Ich will niemanden sehen, der nicht gemeldet ist und den der Bürgermeister nicht kennt.

THERESE Jetzt singen sie.

PAULA Du hörst heute besser als ich. Das fällt mir auf.

THERESE Still!

Sie horchen.

Entfernter Gesang.

PAULA Das halte ich nicht aus. Jetzt klopfe ich an die Wand.

THERESE Der Besen steht hinter der Tür.

8

CÄCILIA *singt:*

Karl, was machst du?
Weinst du oder lachst du?

KARL *singt:*

Ich lache nicht, ich weine nicht,
ich putz nur meine Schuh.

ALLE *fallen ein:*

Ich lache nicht, ich weine nicht –

Es klopft mehrmals an die Wand. Der Gesang verstummt.

BIROWSKI Wir sind zu laut.

JAROSLAW Ich halte das für Morsezeichen. Lang-kurz-kurz.

AGNES Eine Nachricht?

JAROSLAW Wahrscheinlich wichtig.

LEONARD War es nicht lang-kurz-lang?

ERDMUTHE *spöttisch:* Lang-lang-kurz.

JAROSLAW *ernst:* Wir müssen achtgeben.

KARL Vom Hesperos selber?

JAROSLAW Was weiß man?

BIROWSKI Um genau zu sein: Zwei Damen nebenan.

ERDMUTHE Ein Doppelgestirn.

BIROWSKI Sie schlafen schlecht, sind auch mit der Schöpfung nicht einverstanden.

Marius schnaubt.

Pst!

KARL Heute nacht ist mir eingefallen: Vielleicht ist der Mensch an sich ein buckliges Wesen. Nur gibt es ganz wenige, die richtig gewachsen sind.

CÄCILIA Daran kann es liegen.

BIROWSKI Nein, es war nicht bloß der Mensch gemeint, wenn ich Therese richtig verstanden habe. Auch Regenwürmer und Blattläuse.

ERDMUTHE Das geht zu weit.

BIROWSKI Sie sprach vom heiligen Franziskus.

AGNES Wirklich?

BIROWSKI Oder sollte ich das geträumt haben?

ERDMUTHE Du bist in solchen Nachrichten nicht zuverlässig.

LEONARD Wenn schon! Was war mit Franziskus?

BIROWSKI Er hat den Fischen und den Vögeln gepredigt.

ERDMUTHE Aber nicht den Blattläusen.

BIROWSKI Therese ging noch weiter. Sie meinte, er hätte die Viren nicht auslassen dürfen.

AGNES Das läuft doch auf Atheismus hinaus.

ERDMUTHE Na hoffentlich.

BIROWSKI Den Virus Alpha und den Virus Beta. Und nun den großen Gedanken der Schöpfung noch einmal denken! Die Grippe und die Pocken eine Art von Gebet.

ERDMUTHE Sagt Therese.

KARL Ich habe auch schon gedacht. Besonders gut sind die Momente vorm Einschlafen und vorm Aufwachen.

BIROWSKI Wir sollten solchen Dingen mehr nachgehen. Wir sind doch zu acht. Wenn wir uns gemeinsam bemühen, müßte es möglich sein, einen Gedanken bis zu Ende zu denken.

Marius wiehert.

Aber Cäcilia will auf Tournee gehen, und Karl kauft sich einen Motorroller. Für das geistige Leben bleibt nicht genug Kraft. Erdmuthe –

ERDMUTHE Ich bin ohnehin mehr für den Gesang.

CÄCILIA Nein, die Wände sind zu dünn.

BIROWSKI Verlangt bitte nicht, daß ich nochmals umziehe.

LEONARD Außerdem stimmt das nicht. Die Wände sind dick. Überhaupt ist das Mauerwerk erstaunlich solide. Das Haus – *er hält inne.*

BIROWSKI Das Haus?

ERDMUTHE Was hast du?

LEONARD Papier! Bleistift!

BIROWSKI Ein Einfall? Der Vierzeiler?

LEONARD *zerstreut:* Der Artikel über die Sozialrentner. Ein paar Notizen.

BIROWSKI *flüsternd:* Still! Er schreibt.

Marius tritt vom Fenster weg und trabt ins Dunkel.

9

PAULA Steh auf, steh auf, Therese! Hörst du den Lärm nicht? Wir müssen fort.

THERESE Der Lärm tut mir wohl.

PAULA Das Pferd galoppiert im Kreis um das Haus, und der Kreis wird enger. Und das Lied, Therese! Ich putz nur meine Schuh. Eine Anspielung – habe ich das verdient?

THERESE Und weshalb müssen wir fort?

PAULA Ich habe durch das Schlüsselloch gesehen.

THERESE Ist es soweit? Hast du sie gesehen?

PAULA Eine zerschlissene Gesellschaft. Die Stube eine Theaterdekoration, und man weiß nicht, wird Charleys Tante oder König Lear gespielt.

THERESE Dann könnten wir bleiben. Mir wäre beides recht.

PAULA Nichts als fort! Wir müssen zum Arzt, Therese.

THERESE Zum Arzt? Mitten in der Nacht? Fühlst du dich schlecht?

PAULA Er hat eine Nachtglocke, und unsere Symptome sind ernst.

THERESE Aber ob sie eilig sind?

PAULA Bis morgen halte ich es nicht aus.

THERESE Gut, dann geh.

PAULA Und du?

THERESE Nein.

PAULA Das ist leichtsinnig. Das heißt mit dem Leben spielen.

THERESE Ich schaue inzwischen durchs Schlüsselloch.

PAULA Noch schlimmer.

THERESE Ich will auch teilnehmen. Ich bin auch zerschlissen. Schwank oder Tragödie, ich passe hinein. Wird keine Souffleuse gebraucht?

PAULA Mich würde ein weißer Kittel beruhigen, und wenn er mir ein Schlafmittel verschreibt. Oder mir wenigstens den Puls fühlt. Der Puls ist bestimmt beschleunigt.

THERESE Ich gehe nicht mit. Ich weiß, daß es zwecklos ist. Ich höre seit einigen Tagen immer besser, und meine Brille brauche ich kaum noch.

PAULA Gerade das ist beunruhigend.

THERESE Freilich. Gesundheit ist immer verdächtig. Ich halte auch nichts von einem gesunden Tod. Paula, wenn du nun in die Stadt gehst, mitten in der Nacht, wenn du an die Brücke kommst und du siehst, daß keine mehr da ist –

PAULA Keine Brücke mehr da? Wieso denn?

THERESE Es ist keine mehr da.

PAULA Aber Therese!

THERESE Nicht gesprengt und nicht vom Hochwasser weggerissen. Es war nie eine da.

PAULA Ich bin gestern noch drübergegangen.

THERESE Gestern? Das wundert mich. Und dann die Stadt. Der Arzt mit der Nachtglocke, die Bäckerei mit den Mohnsemmeln, die Straßenbeleuchtung und das Kriegerdenkmal, alles Irrtümer.

PAULA Was?

THERESE Wahrscheinlich Wüste, gelber Sand mit Fata Morgana. Wir merken es erst, wenn uns die Kehle ausdörrt und das Wasser fehlt. Nein, ich gehe nicht mit, ich fürchte mich. Schon die Straße vorm Haus könnte ein Erdspalt sein, in den man hineinfällt.

PAULA Ich fürchte mich auch, und deswegen gehe ich jetzt. Lieber eine Erdspalte als solche Lieder, und über den Fluß werde ich auch noch kommen.

THERESE Ja, geh und sag mir Bescheid.

PAULA *geht hinaus:* Ganz mondhell draußen. Also der Weg ist jedenfalls noch da. Du hast dich getäuscht. Ich bring dir was zum Einnehmen mit. Gute Nacht.

THERESE Gute Nacht.

10

LEONARD Man muß alles in dieses Haus verlegen. Ein interessantes Milieu als Anfang. Abgelegen, keine Verbindung zur Welt, eine Insel. Dann die dicken Mauern, die merkwürdige Vergangenheit des Hauses, die Träume des Henkers als Flecken in der Wand sichtbar – ist das gut?

BIROWSKI Es ist sehr gut.

ERDMUTHE Du bist ein Dichter.

LEONARD Hier wurde das Richtbeil verwahrt, das Rad, der Strick. Hier aß der Scharfrichter zu Abend.

KARL Pfui Teufel.

BIROWSKI Das gibt dem Ganzen Farbe, meint Leonard.

CÄCILIA Aber was für eine!

LEONARD Laßt mich weiter skizzieren: Die beiden alten Frauen.

BIROWSKI Eine halb taub, halb blind.

LEONARD Das wußte ich nicht. Um so besser. Und die andere?

BIROWSKI Wahrscheinlich weniger ergiebig.

LEONARD Um so mehr Spielraum für die Phantasie.

ERDMUTHE *überzeugt:* Es wird ein aufregender Artikel, bestimmt.

BIROWSKI Komme ich auch vor?

LEONARD Möchtest du?

BIROWSKI Lieber nicht, glaube ich.

LEONARD Also nicht ganz abgelehnt.

BIROWSKI Eine Entscheidung für morgen. Ich lege mich nieder.

CÄCILIA Sollen wir gehen?

BIROWSKI Ihr sollt bleiben. *Er legt sich.* Da bewährt sich das Bett in der Mitte. Setzt euch links und rechts auf den Rand.

ERDMUTHE *zärtlich:* Alter!

BIROWSKI Alle neben mir und wir fahren miteinander.

KARL Dreht es sich?

BIROWSKI Eine Luftschaukel, die im Kreis geht. Haltet euch gut fest!

KARL Ist dir schlecht?

BIROWSKI Mir ist sehr wohl. Der Spiritus war besonders gut.

CÄCILIA Aber vielleicht zuviel?

BIROWSKI Genau das rechte Maß, eine halbe Flasche. Ist Marius da?

KARL Er ist gerade unterwegs. Ich sage dir, wenn er kommt.

BIROWSKI Für ihn wäre das Schaukeln nichts.

KARL Nein, er ist mehr auf Kontemplation angelegt.

JAROSLAW Mang mang mang.

BIROWSKI Mang mang.

ERDMUTHE Das alles muß in deinem Artikel vorkommen.

LEONARD Alles?

ERDMUTHE Wir sechs auf dem Bett, Marius über die Wiese trabend, der Spiritus.

LEONARD Nichts davon.

ERDMUTHE Das willst du dir entgehen lassen?

LEONARD Zu sehr Einzelfall, unglaubhaft und gehäuft. Wir dürfen überhaupt nicht vorkommen. Es entwertet die Grundstimmung. Wo bleibt die Verlassenheit?

ERDMUTHE Dann wenigstens der Spiritus.

LEONARD Lenkt zu sehr vom Thema ab. Es muß eine Nuance sein, die nicht über das Stichwort »alt« hinausgeht.

ERDMUTHE Ach so.

BIROWSKI Immer festhalten!

ERDMUTHE Also zum Beispiel?

LEONARD Zum Beispiel! So einfach ist es nicht. Die guten Sachen brauche ich schon für Paula und Therese.

BIROWSKI Nimm ruhig schlechte!

LEONARD Gern. Aber was? Ich bin dankbar für jeden Einfall.

BIROWSKI Ich habe einen.

ERDMUTHE Also!

BIROWSKI Während du in dem Haus bist, sterbe ich.

LEONARD Während –

CÄCILIA Nein.

BIROWSKI Es handelt sich um einen Zeitungsartikel.

LEONARD *nachdenklich:* Schlecht ist es an sich nicht.

BIROWSKI *stolz:* Mein Einfall!

KARL Ihr geht da mit Sachen um –

ERDMUTHE Gefährlich, wie?

KARL Ich bin abergläubisch.

BIROWSKI Die beste Pointe, Leonard, glaube es mir! Es könnte deinem Artikel etwas Rührendes, etwas Erschütterndes geben. *Er lacht.*

LEONARD Gewiß, gewiß, aber ich habe Hemmungen.

AGNES Wenn man Marius fragen könnte.

BIROWSKI Und immer gut festhalten! Ich glaube, das Ganze müßte frisch geölt werden. Wenn es oben ist, gibt es einen Ton, der mir nicht gefällt.

ERDMUTHE Das legt sich wieder.

BIROWSKI Ihr habt immer Tröstungen bei der Hand.

CÄCILIA Sollen wir nicht?

BIROWSKI Es ist mir verdächtig.

KARL Verdächtig?

BIROWSKI Auch daß ihr meinen Einfall ablehnt.

LEONARD Er ist sehr gut, aber lieber nicht.

BIROWSKI Wenn man von jemandem schreibt, er sei gestorben, lebt er bekanntlich noch sehr lange.

LEONARD Ja, das sagt man.

BIROWSKI Ihr wollt also nicht, daß ich noch lange lebe.

ERDMUTHE Aber, Alter!

BIROWSKI So alt bin ich nicht. Es wird mir von Sekunde zu Sekunde verdächtiger. *Unruhig:* Wo ist Marius?

KARL Trabt über die Wiesen.

BIROWSKI Trabt über die Wiesen. Das sind Auskünfte.

KARL Was hast du?

ERDMUTHE Lieber!

BIROWSKI Einen ganz bestimmten Verdacht.

ERDMUTHE Du mußt jetzt schlafen.

BIROWSKI Das würde euch passen. Ein kleines Experiment zum Beispiel: Während ich mich festhalte, laßt ihr los. Einfach loslassen! *Drängend:* Na!

ERDMUTHE *will ihn besänftigen:* Wenn du willst, lassen wir los. Also!

BIROWSKI Ich dachte es mir: Ihr fallt nicht.

ERDMUTHE Jetzt laß du los!

BIROWSKI Das möchtet ihr.

ERDMUTHE Du wirst sehen, du fällst auch nicht.

BIROWSKI Und wenn ich gefallen bin, tut ihr sehr überrascht. Ich kenne die Unterschiede zwischen euch und mir.

ERDMUTHE *ratlos:* Vielleicht ein Schlaflied?

BIROWSKI *halb singend:* Morgen früh, wenn Gott will. *Er lacht.*

LEONARD Ich habe schon immer gemeint, Pflaumenschnaps wäre besser.

BIROWSKI Unglaubhaft und gehäuft, sagtest du, und ihr dürft überhaupt nicht vorkommen. Da hast du euch verraten.

ERDMUTHE Alter, wir sind es. Erdmuthe.

BIROWSKI Vertreterin in Waschmitteln und kleptomanisch. Das soll ich glauben.

LEONARD Du meinst, wir verbergen dir etwas?

BIROWSKI Nicht etwas, die Hauptsache.

AGNES Ich wäre froh, wenn ich jemand anders wäre als Agnes.

BIROWSKI Meine sieben jungen Freunde! Ihr habt mich belogen.

KARL Haben wir ihn belogen?

BIROWSKI Geht weg von meinem Bett! Ihr seid nicht meine Freunde. Ihr habt den Aussatz, ihr seid giftig.

AGNES Er hat recht.

BIROWSKI Geht weg!

Sie stehen auf.

Realitätenbesitzer. Sumpfige Wiesen und ein Leiterwagen. Führt auch Transporte aus: Koffer, Möbel, Särge.

CÄCILIA Eine Sängerin ohne Repertoire und Engagement.

BIROWSKI Schlecht erfunden.

JAROSLAW Der Verfasser der hesperidischen Sprachlehre.

AGNES Eine Kindsmörderin.

BIROWSKI Mit einem Schluchzen in der Kehle.

LEONARD Und so weiter.

BIROWSKI Meine sieben jungen Freunde. Marius?

KARL Fehlt noch.

BIROWSKI Sieben im ganzen, reichlich viel. Es war der Kalk und die Verlassenheit, daß ich es nicht früher bemerkt habe. Da steht ihr herum und wartet. Es langweilt euch schon, wie? Ich hätte gern jemanden um mich.

CÄCILIA Hör doch, du hast uns.

BIROWSKI Warum nicht einen Bäckermeister, einen Arbeiter aus der Papiermühle, einen Magistratsbeamten?

CÄCILIA Es hat sich so getroffen.

BIROWSKI Keine Verbindungen mehr. Bloß ein paar Geräte dagelassen: das Richtbeil, das Rad, den Strick.

ERDMUTHE Mach uns die Wohnung nicht zum Vorwurf!

BIROWSKI Und das Bett in der Mitte. Ringsherum nichts.

ERDMUTHE Es hat dir gefallen.

BIROWSKI Keine Wand zum Festhalten. Alles so durchdacht, eins greift ins andre.

CÄCILIA *leise:* Gehen oder bleiben, ich kenne mich nicht aus.

BIROWSKI Nur laut!

ERDMUTHE Wir reden über das Wetter, die Aussichten für morgen.

BIROWSKI Gar keine, nicht wahr? Sprecht euch nur aus! Lang-kurz-kurz. Wie heißt die Botschaft? Haltet mich nicht hin!

KARL Marius kommt.

BIROWSKI Das ist der Augenblick. Marius, ein uraltes Tier mit gelben Zähnen.

Marius rührt vorm Fenster die Hufe.

Endlich.

Marius wiehert.

II

PAULA Ich habe es mir gedacht. Die Brücke war noch da und die Nachtglocke gab es auch. Dr. med., alle Kassen. Baldrian, meinte er, das beruhigt. Therese, es gibt uns noch.

THERESE Hat er gesagt?

PAULA Hat er gesagt. Baldrian, am besten auf Zucker. Willst du gleich?

THERESE Danke.

PAULA Hast du inzwischen geschlafen?

THERESE Ganz kurz, und geträumt. Was wars doch gleich?

PAULA Und nebenan?

THERESE Alles still.

PAULA Ein Beweis. Außerdem gibt es im Jenseits keinen Baldrian. Wir haben uns getäuscht – überreizte Nerven. Ich nehme auch zwanzig Tropfen.

THERESE Ich hörte sie aber aufbrechen, im Trab, der Leiterwagen ratterte.

PAULA Fünfzehn, sechzehn, siebzehn –

THERESE Karl sollte sich Gummireifen anschaffen.

PAULA Ja, immer mit der Zeit gehen. Von wem sprichst du eigentlich?

THERESE Ein Fuhrunternehmer.

PAULA Wohl einer, der kaum die Butter aufs Brot hat?

THERESE Bei einem Fuhrunternehmer muß es mindestens zur Wurst reichen.

PAULA *bestimmt:* Jeder Stand hat sein Minimum an Aufstrich.

THERESE Das Rinderfett für uns.

PAULA Wir sind kein Stand.

THERESE Das gibt uns die Freiheit, Salz aufs Brot zu streuen, ohne daß man uns tadelt.

PAULA *zieht eine Gardine zurück:* Jetzt wird es schon hell.

THERESE Moment! Mir fällt ein, was ich geträumt habe. Meine Brille! Das Traumbuch! Nachsehen, bevor ichs vergesse!

PAULA Wieder Gebetsmühlen? *Sie lacht.*

THERESE Eine Luftschaukel, rundherum. Es war furchtbar.

PAULA Und du meinst, was da in deinem Traumbuch steht –

THERESE Ob es stimmt? Das ist in meinem Alter gleichgültig. Irgendwann ist der Verdacht fällig, daß es keine Wahrheiten gibt, sondern bloß Zwecke.

PAULA Bitte? In einem Traumbuch?

THERESE L – Lu –Luf – Luft – Luft – Luft. – Steht nicht drin.

PAULA Vielleicht unter Schaukel?

THERESE S –Sch – Scha – Schau. – Auch nicht.

PAULA Schon die alphabetische Anordnung ist blödsinnig.

THERESE Na ja.

PAULA Das war eine Nacht. Soll man noch schlafen gehen?

THERESE Wieder ein Sonnenaufgang, den man nicht will. Hört man was?

PAULA Was man immer hört, Mäuse und Fensterläden, eine zerknülltes Papier geht auseinander.

THERESE Keine Sonderfälle?

PAULA Keine Luftschaukeln, keine Gebetsmühlen. Das traut sich alles nicht heran, es stünde zu scharf in der Sonne. In der Siedlung kannst du jede Lindenblüte einzeln sehen. Und da –

THERESE *abwesend:* Blühen die jetzt?

PAULA *konsterniert:* Und da –

THERESE Beruhigen auch, wie Baldrian, ein Tee.

PAULA Und da ein Leiterwagen.

THERESE Den meinte ich. Marius zieht ihn. Es ist der ohne Gummireifen.

PAULA *lacht:* Nein, so etwas gibt es bei Tage nicht.

THERESE Stünde zu scharf in der Sonne. Wie die Lindenblüte oder ein zerknülltes Papier, das auseinandergeht, wie die akustischen Sonderfälle.

Der Wagen kommt inzwischen näher.

PAULA Wer sitzt denn darauf?

THERESE *laut:* Lauter Realitätenbesitzer wie wir selber.

Der Wagen hält vorm Haus.

PAULA Und worauf sitzen sie?

THERESE Ja, worauf?

PAULA Auf einem Sarg, Therese. Beschläge aus Pappmaché, ein Palmzweig in Silber.

THERESE Ach?

PAULA Da wir aber beide noch leben –

THERESE Meinst du?

PAULA Meine ich.

THERESE *hastig:* Ich muß mich anziehen. Mein schwarzer Rock! Oder ist Schwarz zu voreilig?

PAULA Nimm ruhig Schwarz. Du trauerst doch.

THERESE Ja, das tue ich.

PAULA Und die Schuhe stehen immer noch vor der Tür. Auch schwarz, auch voreilig. Ein halbes Jahr hätten sie gut noch gemacht. Ich werde sie ihm ins Grab legen. Ein letzter Gruß, statt Blumen.

THERESE Und was hältst du von den sieben jungen Freunden?

PAULA Gut beleuchtet in der aufgehenden Sonne. Heruntergekommene Engel. Eine Gesellschaft aus dem Wartesaal.

THERESE Vielleicht kann man sie mit einer Handbewegung verscheuchen wie Hühner: Pscht!

PAULA Jedenfalls, wir sehen sie. Die Gesichter im Morgenrot, deutlich wie die Lindenblüten. Es ist jetzt entschieden: Wir brauchen den Baldrian nicht mehr.

THERESE Ich bin fertig, bloß noch die Brosche.

PAULA Fertig wofür?

THERESE Man kann Besuche nicht im Nachthemd empfangen.
Es klopft. Erdmuthe kommt herein.

ERDMUTHE Guten Morgen.

THERESE Guten Morgen.

ERDMUTHE Sie kennen uns kaum.

PAULA Seit heute.

ERDMUTHE Darf ich die andern hereinrufen?

THERESE Ja.

ERDMUTHE Damit Sie uns alle gesehen haben.

PAULA Ist das nötig?

ERDMUTHE Karl, Cäcilia, Leonard, Agnes, Jaroslaw!

THERESE Ich mache für Marius das Fenster auf.
Die Gerufenen kommen herein.
Da sind Sie alle.
Marius schnaubt.

ERDMUTHE Weil nun unser Freund gestorben ist, dachten wir an Sie.

PAULA An uns beide?

ERDMUTHE Ab und zu abends ein Besuch, wenn es Ihnen recht ist.

PAULA Ab und zu? Und wenn es uns nicht recht ist?

ERDMUTHE Oder täglich, wenn Sie wollen.

PAULA Wollen wir das, Therese?

THERESE Wir wollen.

PAULA Ab und zu.

THERESE Oder täglich.

PAULA Immer, bald.

THERESE Willkommen, willkommen.

Die Mädchen aus Viterbo

Stimmen

Goldschmidt · Bottari · Giraldi · Emilio · Gabriele · Frau Winter ·
Angelica Bottari · Antonia · Luzia · Lena · Maria · Bianca

I

GABRIELE Wach auf! Wach auf!

GOLDSCHMIDT *erwachend:* Ja? Gabriele?

GABRIELE *flüsternd:* Schritte auf der Treppe!

GOLDSCHMIDT Schritte?

Sie horchen.

GOLDSCHMIDT Nichts. Es gehen viele Leute hinauf und hinunter. Nicht für uns.

GABRIELE Ich dachte es mir.

GOLDSCHMIDT Und hast mich trotzdem geweckt.

GABRIELE Es ist besser, wenn man wach ist. Deine Worte, Großvater.

GOLDSCHMIDT Ja, es ist besser.

GABRIELE Ich bin immer wach. Und sollte doch schlafen. Mit siebzehn Jahren, nicht wahr?

GOLDSCHMIDT Es ist gut, viel zu schlafen in deinem Alter.

GABRIELE Und in deinem, Großvater?

GOLDSCHMIDT Braucht man nur noch wenig Schlaf.

GABRIELE Diese Weisheiten!

GOLDSCHMIDT Was meinst du?

GABRIELE Erfahrungen für den Kehricht! Der tägliche Unsinn, den ich hören muß.

GOLDSCHMIDT So schlimm wird es nicht sein, Gabriele.

GABRIELE Kartoffeln bloß mit der Gabel, und mit siebzig schläft man wenig. Mein weiser Großvater, gib es zu, mit welchem Genuß du schläfst. Um nicht zu sagen: Gier.

GOLDSCHMIDT Ich war froh, als du mich wecktest.

GABRIELE Weil ich die Angst nicht allein haben wollte.

GOLDSCHMIDT Als ich die Augen öffnete, dachte ich einen Augenblick, ich sei woanders.

GABRIELE Die gestreifte Tapete solltest du kennen.

GOLDSCHMIDT Ich kannte sie nicht.

GABRIELE 365 Streifen, ich habe sie gezählt. Ein alberner Zufall, nicht wahr?

GOLDSCHMIDT Wahrscheinlich.

GABRIELE Oder?

GOLDSCHMIDT Was oder?

GABRIELE Soviele Streifen wie das Jahr Tage hat.

GOLDSCHMIDT Ich habe es verstanden. Ein alberner Zufall, wie du sagst.

GABRIELE Ich glaube es nicht. Daß das Jahr 365 Tage hätte, gehört zu dem Unsinn, den ihr mir erzählt, du und Frau Winter. Das Jahr hat 365 Streifen.

GOLDSCHMIDT *seufzend:* Gewiß, gewiß. Die Eintönigkeit in unserem selbstgewählten Gefängnis —

GABRIELE Wenn du doch widersprechen würdest, Großvater!

GOLDSCHMIDT Ach, Gabriele!

GABRIELE *ihn nachäffend:* Ach, Gabriele!

GOLDSCHMIDT Als ich aufwachte —

GABRIELE Warst du woanders. Sagtest du schon. Wahrscheinlich dort, wo wir wirklich sind.

GOLDSCHMIDT Wirklich sind wir leider hier: Berlin, Prinzregentenstraße —

GABRIELE Oktober 1943. Alles sehr unwahrscheinlich.

GOLDSCHMIDT Was?

GABRIELE Die Adresse, das Datum, die Streifen in der Tapete. Ich glaube nicht daran.

GOLDSCHMIDT Einen Augenblick lang ging es mir wie dir.

GABRIELE Als du aufwachtest. Aber ich glaube es nie. Hier ist alles falsch. Wenn ich zum Fenster hinaussehe, denke ich, es regnet. Du sagst, es sei die graue Wand des Nachbarhauses. Aber ist das eine Erklärung?

GOLDSCHMIDT Was denn sollte ich sagen?

GABRIELE Ein schlechter Traum, sag es doch! Ein siebzigjähriger

Mann und seine Enkelin, die sich verstecken müssen, drei Jahre in der Wohnung einer edelmütigen Vermieterin, können nicht auf die Straße – alles Geheimnisse der alten Mamsell, zu schlecht erfunden, als daß eine Sekunde davon wahr sein könnte, sag es doch!

GOLDSCHMIDT Ach, Gabriele!

GABRIELE *schluchzend:* Ich halte es nicht mehr aus. *Sie faßt sich:* Und als du aufwachtest?

GOLDSCHMIDT Ich erkannte dich nicht. Ich dachte, du wärst ein Mädchen, das Antonia heißt.

GABRIELE Antonia?

GOLDSCHMIDT Ich selber –

GABRIELE Wäre es nicht möglich, daß ich Antonia heiße? Daß alles anders ist, mit anderen Tapeten und ohne Frau Winter, ein ganz anderes Leben?

GOLDSCHMIDT Ich war ein Lehrer. Ich erinnere mich sogar an meinen Namen: Pietro Bottari.

GABRIELE Pietro?

GOLDSCHMIDT Bottari. Wir waren alle aus Viterbo.

GABRIELE Die Wirklichkeit so schön wie diese Namen.

GOLDSCHMIDT Eine Mädchenschulklasse. Wir hatten einen Ausflug nach Rom gemacht. Es kann auch Neapel gewesen sein.

GABRIELE Laß uns aufwachen, Großvater, in Neapel oder in Rom.

GOLDSCHMIDT Neapel oder Rom, ja. Wir waren in den Katakomben und fanden den Ausgang nicht.

GABRIELE *nachdenklich:* Woher weiß ich das alles schon?

GOLDSCHMIDT Ich kann es dir sagen.

GABRIELE Die Wirklichkeit, nicht wahr?

GOLDSCHMIDT Die illustrierte Zeitung, mein Kind. Eine von den alten Nummern, die Frau Winter uns brachte. Ein Bericht über die Katakomben, erinnerst du dich?

GABRIELE *dem Weinen nahe:* Ich will mich nicht erinnern.

GOLDSCHMIDT Es wurde von einer Schulklasse erzählt, die sich in den Gängen verirrt hatte. Fändest du das besser als hier?

GABRIELE Ich fände es besser.

GOLDSCHMIDT Ja, natürlich.

GABRIELE Erinnerungen aus einer Illustrierten! Ist das alles?

GOLDSCHMIDT Nein, nicht alles. Denn zugleich waren wir aus Berlin, aus diesem Haus, aus dieser Wohnung.

GABRIELE *wütend:* Deine überquellende Phantasie! Was du erzählst, ist so aufheiternd!

GOLDSCHMIDT Mit siebzehn sparte ich mir meinen Spott noch.

GABRIELE Wofür? Ich kann mich nicht dümmer machen, als ich bin. Verstehst du nicht, daß ich uns vergessen möchte, wenigstens für einen Augenblick?

GOLDSCHMIDT Ich verstehe es.

GABRIELE Aber?

GOLDSCHMIDT Sagte ich: aber?

GABRIELE Du hast es gemeint.

GOLDSCHMIDT *zögernd:* Keine Zeit mehr für Träume, Gabriele.

GABRIELE Mit siebzehn keine Zeit mehr?

GOLDSCHMIDT Mein Traum kam mir wie der letzte vor. Danach konnte es keine mehr geben.

GABRIELE *entschlossen:* Erzähle!

GOLDSCHMIDT Es ist der Geschmack des Traums. Er liegt mir auf der Zunge wie ein endgültiges Wort. Zu erzählen ist wenig.

GABRIELE Die Katakomben? Berlin?

GOLDSCHMIDT Wir hatten Berlin verlassen und näherten uns der Grenze.

GABRIELE Ich will nicht wieder deine Phantasie beleidigen. Sie entdeckt alte Zeitungen und läßt sich in schäbigen Wohnungen nieder. Und jetzt –

GOLDSCHMIDT Fällt ihr auch nichts Besseres ein als Siegfried Israel Hirschfeld und Edith Sarah Hirschfeld.

GABRIELE Von Hirschfelds geträumt! Wie soll da ein guter Geschmack auf die Zunge kommen.

GOLDSCHMIDT Wir waren an der Grenze.

GABRIELE Wir?

GOLDSCHMIDT Und schrieben eine Postkarte an ein Mädchen namens Gabriele.

GABRIELE Gabriele Sarah Goldschmidt.

GOLDSCHMIDT Und an ihren Großvater, es sei alles gut gegangen.

GABRIELE Die verabredete Postkarte von Hirschfelds. Sie müßte übrigens schon da sein. Ich vermute, Frau Winter hat sie im Handtäschchen.

GOLDSCHMIDT Dann aber –

GABRIELE Sprich, mein erfindungsreicher Vorfahr! Laß deine Einfälle sich überkugeln, Purzelbäume schießen, Kobolz! Vielleicht der Wehrmachtsbericht von gestern, die Brotkarte von Frau Winter? Was zögerst du?

GOLDSCHMIDT Dann war etwas, was ich nicht mehr genau weiß.

GABRIELE Du hast im Schlaf geschrien.

GOLDSCHMIDT Ich glaube, daß man uns in den Katakomben suchte.

GABRIELE Oder in Berlin oder an der Grenze?

GOLDSCHMIDT Man fand uns. Ich weiß nicht, war es gut oder schlecht, daß man uns fand.

GABRIELE Aber du hast geschrien.

GOLDSCHMIDT Es muß etwas Schlimmes dabei geschehen sein.

GABRIELE Ist es nicht schon das Schlimmste, wenn man gefunden wird?

GOLDSCHMIDT Was wars? Ich erinnere mich nicht. Nur der bittere Geschmack ist geblieben.

Entfernt schlägt eine Uhr.

GABRIELE – fünf, sechs.

GOLDSCHMIDT Es wird dunkel.

GABRIELE Das sagst du, weil es sechs schlägt. Gibt es denn etwas anderes als Dunkelheit? Schattierungen bestenfalls. Du würdest sie nicht bemerken.

GOLDSCHMIDT Möglich.

GABRIELE Nichts regt dich auf. Keine Gefühle, keine Bedürfnisse. Ich zum Beispiel habe Hunger.

GOLDSCHMIDT Frau Winter kommt bald.

GABRIELE Da es jetzt sechs ist.

GOLDSCHMIDT Es hat auch etwas für sich, daß ich wenig Hunger habe.

GABRIELE Großvater, Robert Israel Goldschmidt!

GOLDSCHMIDT Was?

GABRIELE Ich hasse dich dafür, daß du so wenig Hunger hast.

GOLDSCHMIDT Ich weiß es.

GABRIELE Nichts weißt du! Weil es nicht wahr ist.

GOLDSCHMIDT Manchmal ist es vielleicht wahr. Das fürchte ich oft: Wer eingesperrt ist, wird böse.

GABRIELE Wüßte ich nur, daß ich Zeit genug hätte, um böse zu werden! Ich würde es gewiß nicht. Oder nur ein paar kleine Flecken. Denke dir die Tugend, Großvater, wenn man ein halbes Jahrhundert vor sich hat!

GOLDSCHMIDT Ja, mein Kind.

GABRIELE Jetzt lasse ich die Verdunkelung herunter.

GOLDSCHMIDT Das wäre gut.

GABRIELE Es ist nicht gut, sondern völlig sinnlos. Dabei fällt mir auf, daß ich nichts mehr tue, ohne es vorher anzukündigen. Ich glaube, wenn ich mir selber begegnete, ich fände mich unausstehlich.

GOLDSCHMIDT Das ginge jedem so.

GABRIELE Diese Lebensweisheiten! Eine Dummheit, ins Allgemeine gezogen, und schon ist man weise. Ende gut, alles gut. Wer hat das gesagt? Wahrscheinlich einer, der am Galgen hing.
Sirenen. Fliegeralarm.

GOLDSCHMIDT Der dritte Alarm heute.

GABRIELE Aller guten Dinge sind drei. Man soll den Tag nicht vor dem Abend loben. Es paßt alles. Besonders für uns, wenn wir am Tage schlafen und nachts wach sind. Morgenstunde hat Gold im Munde. Am Abend wird der Faule fleißig. Ich sehe jetzt nach, ob die Wassereimer voll sind.

GOLDSCHMIDT Frau Winter ist zuverlässig.

GABRIELE Außerdem ist es gleichgültig. Aber ich sehe trotzdem nach. Das gibt dem Leben Rhythmus und hält die Werte der Ordnung aufrecht.

GOLDSCHMIDT Geh und schwatz nicht so viel.

GABRIELE Falle ich dir endlich lästig? Dann noch den alten Goethe: Was verkürzt die Zeit? Tätigkeit! Ungefähr der gleiche Grad von Phantasie wie bei dir. Er ahnte nicht, was es noch alles für Möglichkeiten gibt, die Zeit zu verkürzen. Jetzt gehe ich. Aber mach dir keine Hoffnungen: Ich bin in einer Minute wieder da. *Sie geht leise hinaus.*
Die Tür knarrt ein wenig.

GOLDSCHMIDT Ein paar Sekunden allein sein. Zum Beispiel überlegen, ob man eine Krawatte nehmen soll oder nicht. Braucht man eine Krawatte, wenn man geholt wird? Vielleicht doch, vielleicht ist sie wichtig. Vielleicht hängt alles davon ab, ob man sie hat. Oder ob man sie nicht hat. Darüber müßte man nachdenken, allein und eilig, denn heute wird es sein. Heute, kein Tag zwischen Gestern und Morgen, Cap Landsend, der äußerste Klippenpunkt, Finisterre. Aus der Tiefe weht der Geschmack von Salz auf die Lippen, der endgültige Geschmack, man weiß, es gibt keinen andern.

Gabriele kommt zurück.

GABRIELE Die Wassereimer sind in Ordnung.

GOLDSCHMIDT Und sonst?

GABRIELE Wahrscheinlich das Einzige auf der Welt, was in Ordnung ist.

GOLDSCHMIDT So großartig meinte ich es nicht. Unruhig im Haus?

GABRIELE Nicht besonders.

Es klingelt.

Von einem kleinen Besuch abgesehen.

GOLDSCHMIDT *flüsternd:* Der Portier. Oder der Luftschutzwart.

GABRIELE Der Portier. Ich kenne seine Art, zu klingeln. Er vermißt Frau Winter.

GOLDSCHMIDT Würde er nach ihr suchen, wenn es ein leichterer Angriff wäre?

GABRIELE Ich hätte das Radio einschalten sollen.

GOLDSCHMIDT Gott behüte, Gabriele.

GABRIELE Ja. Die Spielregeln sind mir bekannt. Kleine Einsätze, damit man nicht viel verliert.

GOLDSCHMIDT Hörst du? Er geht wieder.

GABRIELE Aber bei jedem Klingeln reizt es mich, die Tür zu öffnen. Wirklich, Großvater, das möchte ich: Sehen und gesehen werden! Ein für allemal.

GOLDSCHMIDT Du weißt, was das bedeutet.

GABRIELE Man muß mit dem Leben sparsam umgehen. Wer den Pfennig nicht ehrt. Ich habe den Verdacht, daß schon die Pfennige falsch sind, von den Talern ganz zu schweigen.

GOLDSCHMIDT Die Welt besteht nicht nur aus Falschmünzern.

GABRIELE Aus was sonst?

GOLDSCHMIDT Und das alles ist nicht dein Ernst.

GABRIELE Meine Wünsche sind mir sehr ernst.

GOLDSCHMIDT Heb sie noch auf, Gabriele.

GABRIELE Bis sie vertrocknet sind. Ein Herbarium, um es in Knie-
beuge dem lieben Gott zu überreichen. Sieh, wie tugendsam
ich war, wie sparsam!

*Schon während der letzten Worte Motorengeräusche. Flak-
schüsse. Entfernte Bombenabwürfe.*

GOLDSCHMIDT Sprengbomben.

GABRIELE Frau Hirschfeld sagte, sie würde wahnsinnig, wenn sie
noch einen Angriff in der Wohnung mitmachen müßte. Eine
freundliche Verabschiedung von uns.

GOLDSCHMIDT Ich sagte dir schon –

GABRIELE Wir können auch nicht in den Keller.

GOLDSCHMIDT Frau Hirschfeld ist sehr nervös.

GABRIELE Das sollte man nicht sein, wenn man bei Nacht und
Nebel in die Schweiz will.

GOLDSCHMIDT Jetzt sind sie schon hinüber.

GABRIELE Und ich hätte auch Lust, wahnsinnig zu werden.

GOLDSCHMIDT Vorige Nacht.

GABRIELE Aber wir! Ich bin siebzehn. Ich habe noch gar nicht gelebt.

GOLDSCHMIDT In der Schweiz zu sein. In Schaffhausen. Oder schon
in Zürich.

GABRIELE Träumtest du nicht, man hätte sie gefunden?

GOLDSCHMIDT Die Mädchen aus Viterbo.

GABRIELE Eine Schulklasse, nicht wahr? Vielleicht Mädchen in
meinem Alter. Abends gingen sie Arm in Arm, zu zweien und
dreien in Viterbo spazieren.

GOLDSCHMIDT In der Woche vorher hatte ein junger Tenor im
Stadttheater gastiert.

GABRIELE *erstaunt:* Was hatte?

GOLDSCHMIDT Sie sprechen von ihm und kichern. Es ist der Vor-
abend ihres Ausflugs nach Rom. Der Platz vor dem Theater.
Ein schöner Abend.

GABRIELE Alles von dir, Großvater?

GOLDSCHMIDT Man lernt zu.

GABRIELE Ein Wunder.

Die Flugzeuge sind jetzt näher.

GOLDSCHMIDT Der Tenor fiel mir zugleich mit meiner Krawatte
ein.

GABRIELE *lacht.*

GOLDSCHMIDT Du kennst meine Krawatte. Blau-rot gestreift.

GABRIELE Sie ist hübsch.

GOLDSCHMIDT Wenn ich wüßte, ob ich sie nehmen soll.

GABRIELE *lachend:* Weshalb nicht?

GOLDSCHMIDT Du meinst also? Als ich Pietro Bottari war, hatte ich auch einen Schlips.

GABRIELE Ja?

GOLDSCHMIDT Das ist nicht gerade verlockend. Wie wird den Mädchen zumute sein?

GABRIELE Ähnlich wie uns. Oder etwas besser. Bomben sind nicht über ihnen.

GOLDSCHMIDT Hör nicht darauf. Denk an die Katakomben und an die Mädchen aus Viterbo.

GABRIELE *nachdenklich:* Ich kann sie mir sehr genau vorstellen. Sie haben alle ihre schönsten Kleider für den Ausflug angezogen. Viele Rosa, auch Blau, Gelb, und eine in Weiß. Schöne Kleider mit Kragen und Gürteln, und Halsketten, die jetzt niemand mehr bewundert.

Die Geräusche des Angriffs brechen plötzlich ab.

2

In den Katakomben

BOTTARI Sparen wir die Kerze. Blase sie aus, Bianca!

BIANCA Reicht sie nicht, bis man uns findet?

BOTTARI Natürlich würde sie reichen.

BIANCA Ich blase sie aus.

MARIA Man sucht uns schon.

LENA Aber vielleicht dauert es noch eine Weile, bis man uns findet. Wenn wir nun den letzten Zug nicht mehr bekämen?

MARIA Was würden unsere Eltern sagen?

LUZIA Daß wir morgen früh kommen.

   Gelächter

Ich finde es interessant.

BIANCA Ich nicht. Ich habe Angst.

BOTTARI Angst? Unsinn!

LUZIA Siehst du!

BOTTARI Aber ich möchte wissen, wie das geschehen konnte. Ich war der letzte. Wer war die erste in der Reihe?

MARIA Warst du es nicht, Luzia?

LUZIA Ich war die dritte oder vierte.

BOTTARI Wer war vor dir?

LUZIA Das wechselte immerzu.

BOTTARI Wie war es möglich, daß wir die Leute vor uns und den Pater aus den Augen verlieren konnten?

Schweigen

Wer war die erste, als wir es bemerkten?

LUZIA Ich glaube, wir waren einen Augenblick stehen geblieben und standen alle beisammen.

BOTTARI Warum wart ihr stehen geblieben?

LENA Weil man auf einmal niemanden mehr vor uns sah.

BOTTARI Keine war also die erste?

BIANCA Es läßt sich jetzt nicht mehr sagen.

BOTTARI So, es läßt sich nicht mehr sagen. Dann bleibt es auf mir.

BIANCA Sie sind auf keinen Fall schuld, Herr Bottari. Sie waren der letzte in der Reihe.

BOTTARI Das wird eure Eltern wenig interessieren, ob ich der erste oder der letzte war.

LUZIA Ich werde meinen Eltern sagen, daß Sie nichts dafür können.

BIANCA Ich auch.

MARIA Wir alle. Sie können darauf rechnen, Herr Bottari.

BOTTARI Es war meine Idee, die Katakomben zu besichtigen. Das werden sie mir vorhalten.

ANTONIA Warum reden wir darüber? Was ist geschehen? Wir haben uns verlaufen und kommen mit ein paar Stunden Verspätung nach Hause. Das ist alles.

LENA Antonia hat recht.

MARIA Wie spät ist es jetzt?

BOTTARI Es ist dreiviertel sieben.

MARIA Dann müssen sie uns bald finden. Um acht geht der letzte Zug.

LENA Still! Mir ist so, als riefe jemand.

Stille.

Das Folgende sehr leise.

LUZIA Antonia?

ANTONIA Luzia?

LUZIA Ich möchte dir etwas sagen.

ANTONIA Ja?

LUZIA Ich war es.

ANTONIA Was warst du?

LUZIA Ich war die erste. Ich bin absichtlich in einen andern Gang abgebogen, keine hat es gemerkt. Findest du es schlimm?

ANTONIA Nein. Aber warum bist du abgebogen?

LUZIA Ich weiß nicht. Ich fand es langweilig. Ich finde alles so langweilig, das ganze Leben. Kannst du es verstehen?

ANTONIA Ja, ich kann es verstehen.

LUZIA Aber jetzt habe ich Angst.

ANTONIA Unsinn.

LUZIA Wenn sie uns nicht finden?

ANTONIA Natürlich finden sie uns.

Das Folgende wieder laut.

BOTTARI Wer flüstert immer? Seid doch still.

LENA Wie spät ist es, Herr Bottari?

BOTTARI *nach kurzem Zögern:* War es nicht vorhin auch dreiviertel sieben?

LENA Steht Ihre Uhr?

BOTTARI Weiß jemand hier die Zeit?

Stille

LENA Nein, ich glaube niemand.

BIANCA Vielleicht war es auch vorhin schon später.

MARIA Dann erreichen wir den Zug nicht mehr.

BOTTARI Wir bleiben im Wartesaal. Es wäre nicht das Ärgste.

LENA Oder hier.

ANTONIA Es wäre auch nicht das Ärgste.

LUZIA Sollten wir nicht doch lieber weitergehen?

ANTONIA Überlaßt das Herrn Bottari!

MARIA *bricht plötzlich in Weinen aus.*

BOTTARI *gereizt:* Was ist denn? Was soll das?

BIANCA Was hast du, Maria?

LENA *kichernd:* Hunger.

MARIA Ich habe keinen Hunger.

BOTTARI Was dann?

MARIA Wenn sie uns nicht finden?

BOTTARI Redet kein dummes Zeug.

ANTONIA Essen wir! Und dann legen wir uns schlafen.

BIANCA Legen? Ich kann mich hier nicht in den Schmutz legen.
Ich habe ein helles Kleid an.

LENA Dann bleib stehen. Wir werden alle schmutzig hier unten.

BIANCA Mir ist mein Kleid zu schade, ich habe es eigens für Rom
bekommen. Hinlegen? Hier ist es feucht und kalt, es geht ein
Luftzug. Tropft es nicht von den Wänden?

BOTTARI Einbildungen.

LUZIA Wir sollten singen.

BIANCA Singen?

LENA Damit wir überhaupt nichts mehr hören?

LUZIA Damit ihr nicht schlechter Laune werdet.

BOTTARI Niemand ist hier schlechter Laune. Wir sind alle vergnügt, nicht wahr?

ANTONIA *als niemand antwortet:* Ja.

BOTTARI Schließlich ist es ein Abenteuer. Ihr seid doch sonst sehr
auf Abenteuer aus! Denkt euch, was ihr zu Hause erzählen
werdet, euern Eltern, euern Geschwistern. Plötzlich seid ihr
die interessantesten Mädchen von Viterbo. Ist das nichts? Ihr
kommt in die Zeitung.

MARIA So schlimm ist es also.

BOTTARI Abenteuer sind eben unbequem.

LENA *für sich:* Es gibt auch sehr bequeme Abenteuer.
Eine kichert.

BOTTARI Was lacht ihr?

BIANCA Lena sagt, es gäbe auch Abenteuer, die sehr bequem sind.

LENA *rasch:* Dieses Abenteuer jedenfalls gehört nicht zu den bequemen. Ich sitze hier ziemlich hart.

LUZIA Jetzt sind meine Eltern an der Bahn und wollen mich abholen.

MARIA Meine auch!

LUZIA Und dann denken sie, daß wir mit dem letzten Zug kommen.

ANTONIA Der letzte Zug kommt gegen Mitternacht in Viterbo an. Alle Eltern werden am Bahnhof sein.

LUZIA Sie wissen noch nicht, daß wir auch mit dem letzten Zug nicht kommen.

BOTTARI Still jetzt!

LUZIA Ja. Weshalb habe ich auch davon begonnen?

BOTTARI Ich werde rufen. Das kann jedenfalls nicht schaden. *Er ruft:* Hallo! – Hallo! – Hallo!
Die Rufe ausblenden.
Pause

3

Entwarnungssignal

GABRIELE *abschließend:* So.

GOLDSCHMIDT Entwarnung?

GABRIELE Alles hat ein Ende, nur –

GOLDSCHMIDT Hör auf!

GABRIELE Oder gefällt dir das besser: Was nicht ist, kann werden.

GOLDSCHMIDT Ich hatte eine furchtbare Hoffnung, Gabriele.

GABRIELE Du übertriffst mich noch.

GOLDSCHMIDT Daß es mir erspart würde, über meine Krawatte nachzudenken.

GABRIELE Den Witz verstehe ich nicht.

GOLDSCHMIDT Er ist außerdem schlecht.

GABRIELE Daran liegt es.

GOLDSCHMIDT Es liegt daran, daß der schlechte Geschmack nicht von der Zunge geht.

GABRIELE Deine Träume kommen vom Hunger. Wo bleibt Frau Winter?

GOLDSCHMIDT Durch den Alarm aufgehalten.

GABRIELE Sie hätte schon vor dem Alarm kommen können, wozu gibt es Uhren, die sechs schlagen? Keine Krume Brot im Kasten. Ich habe den Verdacht, sie trödelt absichtlich.

GOLDSCHMIDT Sie tut alles für uns.

GABRIELE Bisher haben wir es bezahlt.

GOLDSCHMIDT Bezahlt? Die Gefahr, in die sie sich bringt? Wieviel rechnest du dafür?

GABRIELE Und während man das sagt, müßte man die Augen verdrehen und in die Knie sinken. Ach, ich hasse sie dafür, und nicht bloß Frau Winter.

GOLDSCHMIDT Deinen Großvater.

GABRIELE Alle.

GOLDSCHMIDT Das war immer noch das Bequemste.

GABRIELE Und besonders mich selbst.

GOLDSCHMIDT Pathetisch, als wärst du so alt wie du bist.

GABRIELE *amüsiert:* Und die Dummheiten?

GOLDSCHMIDT Als hättest du eben sprechen gelernt.

GABRIELE Dabei fühle ich mich wie siebzig. Was sage ich? Hundertsiebzig! Ach, Großvater, lieber Großvater! Du hast recht.

GOLDSCHMIDT Womit?

GABRIELE Wir sind beide fast gleich alt. Die fünfzig Jahre machen keinen Unterschied, jeder Tag zählt hier für ein Jahr.

GOLDSCHMIDT Zu wenig.

GABRIELE Und die vorher? Als sie Vater niederschlugen, als sie Mutter abholten? Tante Esther zählt mit und der fremde junge Mann in der Nachbarswohnung, der um Hilfe rief. Es kommen ein paar Jahrhunderte zusammen. Sieh mich nur richtig an: Ich bin eine strähnige Uralte.

GOLDSCHMIDT Und die Wünsche?

GABRIELE In eine Siebzehnjährige verwandelt, meinetwegen. Aber was wünsche ich mir denn? Es ist alles sehr unbestimmt.

GOLDSCHMIDT Nachts durch einen Park zu gehen, vielleicht?

GABRIELE *ernst:* Und jemand wäre bei mir, der mich liebt. Niemand liebt mich.

GOLDSCHMIDT Übertreibungen.

GABRIELE Bin ich häßlich?

GOLDSCHMIDT Nein.

GABRIELE Aber auch nicht besonders hübsch, schade! Ich wäre lieber eine gefeierte Schönheit. In der Oper richtet man das Glas auf meine Loge. Auf der Straße starrt man mir nach: Die Goldschmidt.

GOLDSCHMIDT Gabriele Sarah.

GABRIELE Fändest du den Namen nicht anziehend genug? Die

Schönheit würde das ändern. Er hätte einen ganz neuen Klang: Goldschmidt. Und außerdem –

GOLDSCHMIDT Still!

GABRIELE Schritte auf der Treppe?

GOLDSCHMIDT *flüsternd:* Das könnte Frau Winter sein.

Sie horchen. Die Wohnungstür wird geöffnet. Schritte auf dem Korridor.

GABRIELE Vielleicht hat sie Fisch. Kabeljau könnte mich trösten.

Die Schritte halten vor der Kammertür an. Die Klinke wird langsam heruntergedrückt, die Tür geöffnet.

FRAU WINTER Ah – ihr seid da.

GOLDSCHMIDT *lachend:* Das klingt, als wunderten Sie sich.

FRAU WINTER Nein, es war nur so hingesagt. Man spricht soviel Unsinn.

GABRIELE Wir wären gerne woanders.

GOLDSCHMIDT Sie dürfen Gabriele nicht mißverstehen.

GABRIELE Es war nicht so gemeint, wir sind Ihnen sehr dankbar, und so weiter.

FRAU WINTER *freundlich:* Kurzum: Es ist nichts Besonderes vorgefallen.

GABRIELE Drei Angriffe, zweimal Klingeln. Wir verstehen uns.

GOLDSCHMIDT Und bei Ihnen, Frau Winter?

FRAU WINTER Bei mir?

GOLDSCHMIDT Etwas Besonderes?

FRAU WINTER Nein.

GOLDSCHMIDT Sie sehen verstört aus.

GABRIELE Wir wahrscheinlich auch. Immerhin war eben ein Angriff.

FRAU WINTER Mehr nach Lichterfelde, Südende zu.

GABRIELE Das ist weit weg.

GOLDSCHMIDT Für viele ziemlich nahe.

GABRIELE Ein Wort, vor dem man ergriffen schweigen müßte. Hoppla, Großvater, wir kommen auch noch dran!

FRAU WINTER Ich mache jetzt das Abendbrot.

GABRIELE Während ich die passenden Sprichwörter suche.

GOLDSCHMIDT Hilf lieber Frau Winter!

GABRIELE Du weißt, sie will es nicht. Zu nahe an der Korridortür.

FRAU WINTER Es gibt Kabeljau.

GABRIELE Und? Was sagst du jetzt, Großvater? Meine Vorahnungen sind besser als deine.

GOLDSCHMIDT Schmackhafter.

FRAU WINTER *während sie hinausgeht:* Hier! Die Karte von
Hirschfelds.

GABRIELE Gib sie mir, Großvater!

GOLDSCHMIDT *liest:* »Herzliche Grüße von der Reise senden Richard und Klara. Es geht uns gut.«

GABRIELE *lacht:* Richard und Klara.

GOLDSCHMIDT Die verabredeten Worte.

GABRIELE Und dazu noch eine hübsche, kleine Ansicht! Ganz un-
verabredet. Ein Glück kommt selten allein.

GOLDSCHMIDT Laß mich sehen!

GABRIELE »Singen mit dem Blick auf den Hohentwiel«.

GOLDSCHMIDT Bis Singen sind sie gekommen.

GABRIELE Kennst du Singen? Ein sehr unwahrscheinlicher Name.
Und Hohentwiel mit t, w. Das gibt es nicht.

GOLDSCHMIDT Inzwischen müssen sie hinüber sein.

GABRIELE Wenn wir es nur erfahren könnten! Weißt du, Großvater, ich denke mir den ganzen Tag schon, daß es ein Zeichen
sein soll, wenn die Karte ankommt. Ein Zeichen, daß wirs überstehen.

GOLDSCHMIDT Ja.

GABRIELE Oder was meinst du, Großvater?

GOLDSCHMIDT Weshalb freute sich Frau Winter nicht über die
Karte?

GABRIELE Freute sie sich nicht?

GOLDSCHMIDT Es kam mir so vor. Sie gab sie uns erst zuletzt.
Und ohne ein Wort weiter.

GABRIELE Sie wünscht uns wahrscheinlich auch in die Schweiz.

GOLDSCHMIDT Die gute Seele, ja.

GABRIELE Falls in der Schweiz der Pfeffer wächst. Ich kann es
der guten Seele nicht verdenken.

GOLDSCHMIDT Fängst du wieder so an, Gabriele?

GABRIELE Und ist es nicht gleichgültig, ob sich Frau Winter freut?
Wir freuen uns. Alles geht gut. Die Mädchen aus Viterbo werden
gefunden.

GOLDSCHMIDT Sie wurden nicht gefunden.

GABRIELE So?

GOLDSCHMIDT Sie kamen nie wieder ans Licht.

GABRIELE *nach einem kurzen Zögern:* Ich glaube nicht daran, daß man sich in den Katakomben verirren kann. Eine Erfindung für die Leser von illustrierten Zeitungen. Nein, Großvater, alles endet so gut wie bei uns!

GOLDSCHMIDT Bei uns?

GABRIELE Ein Glückstag erster Ordnung.

GOLDSCHMIDT Vor allem der Kabeljau.

GABRIELE Spotte nicht!

GOLDSCHMIDT Dann die Karte, über die sich Frau Winter nicht freut.

GABRIELE Wie ich schon sagte: Ich freue mich. Und ich traute mir zu, die Mädchen aus Viterbo zu retten. Heute habe ich die Macht und das Recht.

GOLDSCHMIDT Dann nütze es, Gabriele! Man sucht sie also?

GABRIELE Man sucht sie.

GOLDSCHMIDT Einer von den Mönchen –

GABRIELE Nein, es müßte schöner sein.

GOLDSCHMIDT Schöner?

GABRIELE Um es genau zu sagen: Man sollte dabei weinen können.

GOLDSCHMIDT *lachend:* Keine Mönche, keine Feuerwehr, keine Polizei?

GABRIELE Nein, keine Rettung von Berufs wegen.

GOLDSCHMIDT Liebe, nicht wahr?

GABRIELE Ja.

GOLDSCHMIDT Die Liebe wird sie finden.

GABRIELE Das sage ich.

GOLDSCHMIDT Auch wenn keiner sie findet.

GABRIELE Was meinst du?

GOLDSCHMIDT Sie hat keine Stricke und keine Laternen und kann niemanden aus den Verliesen ziehen. Sie ist ohnmächtig.

GABRIELE Das ist nicht wahr. Ich gebe ihr Macht.

GOLDSCHMIDT Gib ihr Glück.

GABRIELE Glück ist kein Zufall, habe ich gelernt. Hör zu!

In den Katakomben

LUZIA Schläfst du, Antonia?

ANTONIA Du auch nicht, Luzia?

LUZIA Ich denke an so vieles. Woran denkst du?

ANTONIA Ich weiß es nicht. Ich weiß nicht, was ich mit soviel Zeit anfangen soll. Sie ängstigt mich.

LUZIA Mich ängstigen meine Gedanken.

ANTONIA Ich weiß nicht einmal, ob ich welche habe.

LUZIA Zum Beispiel denke ich – Denkst du an deinen Vater, Antonia?

ANTONIA Ich denke an meinen Vater.

LUZIA Und an deine Mutter?

ANTONIA Auch an meine Mutter.

LUZIA Und an deine Schwestern?

ANTONIA Ich denke auch an meine Schwestern.

LUZIA Und an wen noch mehr?

ANTONIA An wen noch mehr? *Nach einer Weile, ruhig:* An Pietro Bottari, unsern Lehrer.

LUZIA Ach!

ANTONIA Zufrieden?

LUZIA Und Bottari? Weiß er es?

ANTONIA Woher? Ich weiß es selber erst, seit du mich fragtest.

LUZIA Hältst du mich zum besten, Antonia?

ANTONIA Denk, was du willst.

LUZIA Ich hätte dich gerne zur Freundin, Antonia.

ANTONIA Haben wir noch Zeit dafür?

LUZIA Ich möchte zu dir reden können, dir alles sagen dürfen.

ANTONIA Dann sag es.

LUZIA Wenn man an einen mehr als alle andern denkt –

ANTONIA Ja?

LUZIA Liebt man den?

ANTONIA Weiß ich es? Du müßtest Margarita fragen. Sie kennt alle jungen Männer von Viterbo.

LUZIA Deshalb gerade vermute ich, daß sie es nicht weiß.

ANTONIA Und wir beide sollten es besser wissen?

LUZIA Spotte nicht. Sage mir: Liebt man den?

ANTONIA Man könnte es vermuten.

LUZIA *triumphierend:* Dann liebe ich Emilio Fostino.

ANTONIA Ja?

LUZIA Es macht keinen großen Eindruck auf dich.

ANTONIA Ich kenne ihn nicht.

LUZIA Siebzehn Jahre, Gehilfe in einer Tischlerei, ein paar Häuser von uns entfernt. Ich kenne ihn auch nur flüchtig.

ANTONIA Das Alter ist gut.

LUZIA Einmal, gerade vor unserer Tür fiel ihm eine Kommode von seinem Karren. Ich mußte lachen.

ANTONIA Und er war entzückt?

LUZIA Er war wütend. Es quält mich jetzt.

ANTONIA Von Zorn und von Gelächter habe ich gehört. Und wer wollte beweisen, daß es nicht mit umgeworfenen Kommoden beginnen könnte?

LUZIA Meinst du, Antonia?

ANTONIA *seufzt.*

LUZIA Oder hörst du nicht hin?

ANTONIA *gequält:* Ich höre schon.

LUZIA Woran denkst du?

ANTONIA Ich denke nicht. Ich möchte wissen, was Pietro Bottari denkt.

LUZIA Er schläft.

ANTONIA Bist du so sicher?

Raumlos

BOTTARI Eine Partie Billard mit dem Herrn Bürgermeister, an einem Wochentag, nachmittags um fünf. Man trifft sich, man gehört dazu. Es ist die Stunde, zu der Angelica Herrn Giraldi besucht. Man weiß es und weiß es nicht, je nach Bedarf. Draußen in der staubigen Sonne geht der Schuldirektor vorbei. Er winkt grüßend durch die Scheibe, gleich wird er eintreten. Mario, Kaffee!

Das Wetter? Die Frau Gemahlin? Die Dämmerung des Billardsaals gleich der Achtung der Stadt. 45 Jahre alt, Lehrer, verheiratet, ohne Kinder. Nichts getan, um aufzufallen, weder dem Himmel noch der Erde. Die Bälle treffen sich, wenig Stimmen, die Geräusche der Finsternis. Ich habe immer in Höhlen gelebt.

Der Partner kreidet die Queuespitze ein und hofft auf eine Serie. An der Tafel werden die Zahlen mehr, die Summe steht fest. Erreicht, was zu erreichen war: Ein Platz in der Finsternis. In Billardsälen, Erdspalten, Katakomben, seid gegrüßt, meine Höhlen, meine letzten Häuser! Ich bin da. Die Täuschungen schwinden, Stuhl, Streichholz und Uhr; es bleibt keine Leere, wo sie waren, leicht füllt die Dunkelheit ihre Stelle aus. Die Knie etwas angezogen, den Kopf an den Stein gelehnt, eine Stellung, um einzuschlafen, ein mittleres Idyll, gerade so unbequem, daß ein Behagen erlaubt ist.

Die roten und weißen Kugeln, die Figuren, die sie durch das grelle Grün ziehen. Mit wem spielt der Herr Bürgermeister heute? Mario, zahlen! Es ist der Augenblick, zu dem Angelica wieder in die Schuhe schlüpft. Die Hefte sind korrigiert, der Kaffee ist getrunken, kein Kopf mehr taucht in die Lampenhelle. Der versäumte Augenblick, unauffällig, vor allem unverbindlich zu sterben. Nie das Bedürfnis gehabt, aufzufallen, und nun atmet es um mich, fünfzehnfach. Ein Rascheln, ein Seufzen, gestärkte Wäsche oder Schlaf. Erreicht, was zu erreichen war: Ein Platz in der Schuld. Fünfzehnmal Schuld, keine geht, keine leere Stelle, die die Dunkelheit ausfüllt.

Auserwählt, ein Billardmeister, mit den Meriten, die gestattet sind, warum? Ich konnte den Kaffee schuldig bleiben, ich war immer gleich geachtet. Gelebt, wie es am bequemsten war, aber wer nicht? Die Sünden der Gleichgültigkeit und der Schwermut auf sich geladen, wer kennt sie? Angelica vielleicht, ich nehme sie aus. Sie weiß, daß alle andern Vorzüge haben, die ich nicht habe. Besonders wohl Giraldi, Kollege Giraldi. Er wird eine Hilfsaktion für uns organisieren, er kann großartig organisieren, dieser Dummkopf, und es wird ihm auch gelingen, uns nicht zu finden. Der Kellner öffnet die Tür. Ein Luftzug, dein Atem, Gott, der mich wegbläst, ich spüre ihn wohl. Guten Abend, Herr Bottari. Ich bin bemerkt worden, das ist schon das Urteil. Ich kann es verstehen, ich bin einverstanden, ich nehme an. Aber nur für mich, nicht für die, die bei mir sind.

Die Stühle auf den Tisch stellen, das Licht verlöschen, – so einfach ist es nicht, Herr Bürgermeister. Oder was finden Sie?

In den Katakomben

LUZIA Leg dich näher, Antonia.

ANTONIA Bottari spricht im Schlaf.

LUZIA Den Arm um mich!

ANTONIA Ist es so besser?

LUZIA Ja. Weniger Angst. Erinnerst du dich, was der Pater sagte: Staub?

ANTONIA Ich erinnere mich.

LUZIA Und Knochenreste, beides vermischt.

ANTONIA Was denn sollte er sagen?

LUZIA Dich beunruhigt es nicht?

ANTONIA Eine Fremdenführung, keine Prophetie.

LUZIA Oder beides? Vermischt wie der Staub mit den Knochen. Ach, Antonia, mir wäre Gras lieber.

ANTONIA Gras? Meine Wünsche kommen ohne Wiesen aus. Solcher Staub ist mir gerade recht.

LUZIA Dir. Wie gut du es hast!

ANTONIA Habe ich es besser?

LUZIA Ein paar Schritte von ihm entfernt.

ANTONIA Weiter als Viterbo. Die Entfernungen ändern sich, findest du nicht? Dein Emilio zum Beispiel –

LUZIA Ja?

ANTONIA Ist viel erreichbarer, seine Ferne ein Zufall. Und dicht am Glück.

LUZIA Und Bottaris Nähe?

ANTONIA *nachdenklich:* Es ist eine Physik mit ganz anderen Gesetzen.

LUZIA Theoretische Physik, Katakombenphysik?

ANTONIA *ohne auf sie zu achten:* Ganze Gebiete fallen aus, Wärmelehre, Optik, – du lieber Gott! Hingegen Magnetismus, die Formeln für die Melancholie –

LUZIA Dazu könnte ich manches X beisteuern; unterdrückte Seufzer und den Satz »Wenn ich wieder in Viterbo bin!«.

ANTONIA Schwer einzusetzen. Und mit welchem Vorzeichen?

LUZIA *plötzlich:* Antonia, ich werde Emilio eine Nachricht geben.

ANTONIA O ja, Luzia. Oben am Eingang steht auch ein Briefkasten.

LUZIA Was suchte der in unsrer Wissenschaft? Sagtest du nicht:

Andere Gesetze? Emilio! Wenn ich nun mit aller Kraft an ihn dächte?

ANTONIA Was habe ich angerichtet?

LUZIA Könnte er es nicht spüren?

ANTONIA Sicher. Du zeigst ihm den Weg.

LUZIA Und weshalb nicht?

ANTONIA Dreimal links, dreimal rechts. Reden wir nicht von Häkelmustern?

LUZIA Bis zu uns! Es käme auf den Versuch an, angewandte Physik.

ANTONIA Mach die Probe.

LUZIA Von ihm zu mir und von mir zu ihm gehen die Gedanken wie ein Band von Tönen.

ANTONIA Du bringst mich zum Lachen, Luzia!

LUZIA Solange er sie hört, ist er auf dem Weg.

ANTONIA Hoffentlich weiß er das alles. Wenn er jetzt zu studieren beginnt?

LUZIA Eine Wissenschaft von wenigen Minuten.

ANTONIA Ich ließe dich so gerne recht behalten. Denk an Emilio. *Seufzend:* Ich werde inzwischen an Bottari denken.

LUZIA Unsinn, ich weiß.

ANTONIA Sinn oder Unsinn, alles ziemlich das Gleiche in unserer Lage. Sie hat überhaupt etwas Komisches.

LUZIA Finde ich nicht.

ANTONIA Draußen dürfte es auch keiner finden. Aber wir? Meine liebe Luzia, du glaubst nicht, wie albern ich mich selber finde. Meine Schwärmerei für Bottari! Wenn Bottari nicht ein Name ist, den ich für einen andern eingesetzt habe.

LUZIA Für einen andern?

ANTONIA Neugierig? Und ich weiß nicht einmal, ob es einen andern gibt. Aber Frau Bottari gibt es.

LUZIA Man sagt, daß Frau Bottari –

ANTONIA Was man alles sagt.

Zimmer im Hause Bottari.

ANGELICA Tun wir, was wir können?

GIRALDI Du hast es gesehen, als du in Rom warst. Feuerwehr, Polizei, Pioniere, Suchtrupps. Alles so organisiert, wie es nicht besser möglich ist.

ANGELICA Ich meine uns. Tun wir alles?

GIRALDI Was können wir tun, Angelica? Wir sind zu schwach. In solchen Fällen müssen die öffentlichen Hilfsmittel eingesetzt werden. Und das ist Pflicht des Staates seinen Bürgern gegenüber.

ANGELICA Ich rede immer von uns.

GIRALDI Wir müssen Geduld haben, Angelica.

ANGELICA Kurzum –

GIRALDI Es sind jetzt fünf Tage vergangen. Sehen wir doch die Dinge an, wie sie sind: Die modernsten Geräte sind eingesetzt und einige hundert Männer. Du hast sie gesehen, ihre ernsten, gesammelten Gesichter unter Helmen und Mützen, ihren Willen, ihre Entschlossenheit, sie wissen, worum es geht. Hattest du nicht die Empfindung, daß man sich auf sie verlassen kann?

ANGELICA Rechne noch die Sonne dazu, die auf ihren Helmen blitzt, und es muß gut ausgehen. Die Dienstpläne, die Einteilung der Trupps und die Kommandos, auf die kann man sich verlassen. Und auf uns, Lorenzo?

GIRALDI Laß mich ausreden: Selbst dieser große Einsatz war bisher ohne Erfolg. Die Katakomben sind sehr verzweigt, niemand kennt die ganze Ausdehnung der Gänge, und dann – sie haben keine Lebensmittel.

ANGELICA Mit welchen Aussichten tröstest du mich?

GIRALDI Aber nein! Ich sage nur, daß wir selber viel weniger tun könnten, überhaupt nichts. Auch in Rom nicht. Man fährt hin –

ANGELICA Und tut, als täte man etwas.

GIRALDI Man kann nur warten.

ANGELICA Worauf?

GIRALDI Worauf?

ANGELICA Die Dinge ansehen, wie sie sind, so sagtest du doch! Wie sind sie denn? Blitzt da die Sonne noch auf den Helmen? Und was drücken die gesammelten Gesichter aus?

GIRALDI Unsere Beziehung, meinst du –

ANGELICA Die beginnt, das Gespräch von Viterbo zu werden. Giraldi und Frau Bottari, Frau Bottari und Giraldi, – dieses und dieses und immerzu.

GIRALDI Ein Wort, das mich glücklich macht.

ANGELICA Die Dinge, wie sie sind, ohne Perlmutterglanz, ich bitte dich. Alles verschossene Farben.

GIRALDI Schon?

ANGELICA Deine Gelegenheit, mich ungestört zu besuchen. Ein Glücksfall, der nicht vorauszusehen war. Der Mann auf unbestimmte Zeit – sagen wir: verreist. Vielleicht für immer. Lorenzo, was wollen wir mehr?

GIRALDI *unsicher:* Gewiß.

ANGELICA *heiser:* Immer höre ich diese Stimme: Noch ein paar Tage, noch ein paar Tage, dann hast du Ruh, dann bist du frei: Innen, verstehst du, da wo es keine Gesichter mehr gibt und keine Sonne auf den Helmen. Sag mir, worauf du wartest, Lorenzo.

GIRALDI Auf dich.

ANGELICA Es ist vernünftig, nicht wahr? Die Dinge, wie sie sind. Die Wendung des Schicksals – *leiser* – von Gott gefügt.

GIRALDI Wir kennen seine Gedanken nicht. Aber soweit wir sie kennen –

ANGELICA Sind sie beruhigend.

GIRALDI Besser, wir grübeln nicht.

ANGELICA Sondern?

GIRALDI Vergessen, für einander da sein.

ANGELICA Mehr nicht?

GIRALDI Darüber hinwegkommen.

ANGELICA Das wäre es. Aber wohin?

GIRALDI Hierhin und nirgends anders. Die kostbare Zeit für unsere Liebe. Keine Ablenkung. Haar, Augenbrauen, Haut, Umarmungen – Weltuntergang genug!

ANGELICA Genug, Lorenzo.

GIRALDI Was meinst du?

ANGELICA Geh jetzt!

GIRALDI Ich verstehe dich nicht.

ANGELICA Ich will allein sein.

GIRALDI Machst du mir Vorwürfe?

ANGELICA Mir selber. Ich hätte in Rom bleiben müssen, das war das geringste. Aber ich habe meine Sorge der Feuerwehr überlassen, der Polizei. Meine Tränen waren geheuchelt, das Warten vor den Katakomben war lästig. Ich bin mir sehr genau auf der Spur, eine eilige Fährte durchs Dickicht zu einer verborgenen Suhle hin, ein paar Schlammblasen steigen noch hoch, das ist der Rest von mir.

GIRALDI Du kränkst mich, Angelica.

ANGELICA Kränken? Mehr nicht?

Es klingelt.

GIRALDI Nur einen Augenblick noch!

ANGELICA Keinen Augenblick mehr! *Sie geht hinaus, durch den Flur, und öffnet die Tür.*

EMILIO Ich möchte Sie sprechen, Signora.

ANGELICA Irgendeine Nachricht?

EMILIO Nein. Keine Nachricht.

ANGELICA Was denn? Wer sind Sie?

EMILIO Ich heiße Emilio Fostino und bin in der Tischlerei Ruggiero beschäftigt.

ANGELICA Ich kann mich nicht erinnern.

EMILIO Es hat auch nichts mit dem zu tun, was ich wollte.

ANGELICA Was –

EMILIO Aber ich dachte, wenn Frau Bottari die Tür öffnet, sage ich es einfach und sie wird es verstehen.

ANGELICA Und? Was wollen Sie?

EMILIO Tausend Lire. *Nach einer Pause:* Ich wollte Sie bitten, mir tausend Lire zu borgen, damit ich nach Rom fahren kann.

ANGELICA Ist jemand aus Ihrer Familie dabei?

EMILIO Nein. Ich kenne nur eins von den Mädchen flüchtig. Verzeihen Sie, aber es kommt mir jetzt auch unsinnig vor.

ANGELICA Nachdem ich die Türe geöffnet und Sie mich gesehen haben?

EMILIO Nein, nein! Aber nein!

ANGELICA Warten Sie.

EMILIO *ihr nachrufend:* Es hätte ja auch sein können, – Sie sahen mich so an, – Sie bekommen alles wieder, Signora! So sicher wie –

ANGELICA *zurückkehrend:* Ich fahre mit.

EMILIO *glücklich:* So sicher, wie wir sie finden.

Die Tür schlägt zu. Im Freien.

Als ich heute nacht aufwachte, wußte ich es, seit heute nacht – ich wußte es ganz plötzlich, ich setzte mich im Bett auf und und da wars! *Atemlos und schon wie aus der Ferne:* Und ich dachte auch, man könne nicht alles der Feuerwehr und der Polizei überlassen!

In den Katakomben

LENA Wie lange? Was denkt ihr?

BIANCA Fünf Tage.

MARIA Sechs.

LUZIA Oder vier.

BOTTARI Wenn Tag und Nacht gleich sind, irrt man sich leicht.

LENA Und sonst auch. *Leiser:* Besonders Lehrer.

BOTTARI Man verliert das Gefühl für die Zeit. Ich glaube, wir sind höchstens drei Tage hier.

MARIA Wenn man sich leicht irrt, können es auch acht sein.

LENA Wenn man Licht hätte!

ANTONIA Dann wüßten wir es auch nicht.

LENA Man könnte Karten spielen.

ANTONIA Wenn man Karten hätte.

LUZIA Wenn, abschließend. Wer weiß noch etwas ohne wenn?

LENA Wie lange braucht man, um zu verhungern? Ganz ohne wenn?

BIANCA Der Weltrekord steht auf 45 Tagen.

MARIA Dann haben wir immer noch Zeit.

BOTTARI Redet nicht so infam!

LENA Ich kann leider an nichts anderes mehr denken. Rote Tomaten, Spaghetti, Parmesan. Ich kann Parmesan sonst nicht ausstehen.

BIANCA Maiskuchen und Kaffee.

ANTONIA Es ist gleichgültig, wie lange wir hier sind, wir werden befreit. Und jeder Tag bringt es näher.

MARIA Das glaube ich nicht mehr.

LUZIA Wer sagt das?

MARIA Ich, Maria. Und ich sage es noch einmal: Ich glaube es nicht mehr.

ANDERE Ich auch nicht. Ich auch nicht.

ANTONIA Ich, ich glaube daran.

LUZIA Ich auch.

LENA Nur zwei?

LUZIA Warum sagen Sie nichts, Herr Bottari?

BOTTARI Weil ich horchen muß, und weil es so schwer ist, bei eurem dummen Geschwätz.

ANTONIA Worauf horchen Sie?

LENA Sie hören immer etwas, Herr Bottari.

BIANCA Herr Bottari sagte schon: Wenn Tag und Nacht gleich sind, irrt man sich leicht.

Kichern

Still!

Stille

Es war mir, als riefe mich meine Frau.

LENA *lacht.*

ANTONIA Was lachst du, Lena? Gans!

LENA Selber Gans! Hochnäsige Pute!

LUZIA Mir wars, als ob Emilio riefe.

BIANCA Wer ist Emilio?

MARIA Emilio!

Gelächter

LENA Jedem das Seine.

MARIA *spöttisch:* Wir wollen auch horchen! Vielleicht, daß wir dann alle –

BOTTARI Still!

Man hört, sehr entfernt, rufen.

Hört ihr es nicht?

LENA Nein. Ich höre nichts. So lieb es mir auch wäre!

BIANCA Nichts.

LUZIA Aber ich höre es!

Unruhe

BOTTARI *ruft:* Jemand da? *Lauter:* He, ist jemand da?

ANGELICA *entfernt:* Wir kommen.

EMILIO *etwas näher:* Wir kommen, Herr Bottari!

Die Mädchen schreien durcheinander.

LUZIA Emilio!

BIANCA Wer ist Emilio?

LENA Hoffentlich bringen sie zu essen mit!

MARIA Die Mönche?

Gelächter

LENA Sie haben uns gefunden!

ANTONIA Sie haben uns gefunden!

EMILIO *immer näher:* Wir kommen – wir kommen –
Stille

5

GOLDSCHMIDT Gerettet.

GABRIELE Ja.

GOLDSCHMIDT Das hört man gerne.

GABRIELE Was meinst du, Großvater?

GOLDSCHMIDT Und von wem gerettet?

GABRIELE War es nicht ganz einfach?

GOLDSCHMIDT Von Emilio, Emilio Fostino.

GABRIELE *verlegen:* So habe ich ihn genannt.

GOLDSCHMIDT Sehr hübsch erfunden. Der Name, und er ist Tisch-
lergeselle, die Kommode, die vom Wagen fällt, die tausend
Lire –

GABRIELE Und? Was willst du sagen? Von wem gerettet, fragst
du?

GOLDSCHMIDT Nicht von Emilio. Von dir, Gabriele.

GABRIELE *unsicher:* Da ich die Geschichte erfunden habe.

GOLDSCHMIDT Erfunden, ja. Und gut. So daß man den Trick darüber kaum bemerkt. Eins, zwei, drei, das Kaninchen steigt aus
dem Hut. Drei, zwei, eins, in der Manschette verschwunden.
Oder im Halsausschnitt.

GABRIELE Ein Kaninchen? Das wäre auch etwas. Aber bei mir
war es kein Kaninchen.

GOLDSCHMIDT Ein Zauberkunststück. Aber werden Geschichten
von Taschenspielern erzählt? Du hast es dir leicht gemacht.

GABRIELE Es war sehr schwierig.

GOLDSCHMIDT Schwierig, und dadurch leicht. Nein, so ist sie
falsch, die Geschichte.

GABRIELE Ich lasse sie, wie sie ist.

GOLDSCHMIDT Mir ist, als müßtest du sie noch einmal erzählen.

GABRIELE Ich müßte? Wer soll mich dazu zwingen?

Frau Winter kommt herein.

FRAU WINTER So, das Essen.

Während der Tisch gedeckt wird.

GABRIELE Fisch!

FRAU WINTER Mit Kartoffeln und Petersiliensoße.

GOLDSCHMIDT Ein besonderer Tag.

FRAU WINTER Lieber kein besonderer Tag.

GOLDSCHMIDT Ich meinte den Kabeljau.

FRAU WINTER Selbst, wenn Sie den Kabeljau meinten –

GABRIELE Diesmal bist dus, Großvater.

GOLDSCHMIDT Ich bekenne und bereue.

GABRIELE Und noch ein schlechter Scherz dazu. Heute geht dir alles daneben!

FRAU WINTER Schon wieder: Heute.

GABRIELE Jetzt war ich es. Damit sind wir wieder auf Normal Null. Ein Tag wie jeder andere. Guten Appetit!

FRAU WINTER Wenn ich ihn hätte.

GOLDSCHMIDT Auch Sie nicht?

GABRIELE Keine Sorge! Ich habe ihn.

Sie essen.

Wie ist es im Büro gewesen heute?

GOLDSCHMIDT Laß Frau Winter essen!

FRAU WINTER Zwei Stunden Stenogramm aufgenommen. Siebzehn Briefe. Nichts Besonderes.

GABRIELE Ihr Tisch steht am Fenster, und manchmal sehen Sie hinaus, nicht wahr?

FRAU WINTER Manchmal, ganz gedankenlos. Braune Uniformen, graue Uniformen, schieferblaue, schwarze, – es lohnt nicht.

GOLDSCHMIDT Autos, Regenmäntel, – nein, Fenster lohnen sich wirklich nicht. Es gibt Länder, wo sie besteuert werden. Sehr mit Recht. Mein Kompliment übrigens: Die Petersiliensoße. Ein ergiebiges Thema.

FRAU WINTER Danke. Ein Rezept von meiner Mutter.

GABRIELE Man sollte es sich aufschreiben, für später. Ich fürchte, ich werde nie kochen lernen.

FRAU WINTER *hastig:* Es ist auch nicht wichtig. Es gibt Restaurants, Köchinnen und Konserven.

GABRIELE Frau Winter, stehen Bäume in Ihrer Straße?

FRAU WINTER Ja, Platanen, glaube ich.

GABRIELE Und jetzt ist Herbst, nicht wahr?

GOLDSCHMIDT Der 5. oder 6. Oktober. Dumme Fragen, Gabriele.

FRAU WINTER Der siebte.

GABRIELE Herbst.

GOLDSCHMIDT Das scheint nun klar.

GABRIELE Der Herbst ergibt bei den Platanen?

GOLDSCHMIDT Gelbe Blätter. Aber bei dir, Gabriele? Man könnte meinen –

FRAU WINTER Ja. Die Blätter sind jetzt gelb. Das ist das Hübscheste an der Straße.

GABRIELE Wirklich? Sind sie jetzt gelb?

FRAU WINTER Ich versichere dir –

GABRIELE Sie machen mir Mut.

GOLDSCHMIDT Was soll das, Gabriele?

GABRIELE Die Blätter gelb, und was dann?

FRAU WINTER Nun, sie fallen ab.

GABRIELE Fallen sie ab?

FRAU WINTER Jetzt noch nicht. Oder nur einzeln. Aber bald fallen sie ab.

GABRIELE Sie sagen das nicht etwa, um mich zu beruhigen?

FRAU WINTER Was wäre Beruhigendes daran?

GABRIELE Es ist sicher, daß die Blätter gelb werden und abfallen? Es ergibt sich, es geschieht jedes Jahr?

GOLDSCHMIDT Kann man sagen.

GABRIELE Gott sei Dank.

FRAU WINTER Hast du daran gezweifelt?

GABRIELE Ich wußte nicht mehr genau, ob es wirklich so ist, oder ob ich es mir ausgedacht hatte. Ich weiß es bei vielen Dingen nicht mehr, aber ich fürchte mich zu fragen. Bomben und Gefängnisse, die gibt es wirklich. Aber Bäume? Oder ein Tier, das Maulwurf heißt, in der Erde lebt und fast blind ist? Oder ein Land, das Schweiz genannt wird? Ich könnte mir denken, das wären alles Phantasien.

FRAU WINTER *legt die Gabel auf den Teller.*

GABRIELE Was haben Sie, Frau Winter?

FRAU WINTER Ich bin satt.

GABRIELE Niemand ißt hier zu Ende. Ich habe das meiste gehabt!

FRAU WINTER Den Maulwurf gibt es übrigens, und die Schweiz
auch.

GABRIELE Erzählen Sie noch etwas!

FRAU WINTER Es ist alles nichts Gutes.

GABRIELE Keine Sorge, das habe ich gelernt.

FRAU WINTER Plötzlich kam der Alarm. Ich war schon auf dem
Heimweg und ging in den Bunker am Zoologischen Garten.
Es war dunkel. Nein, wirklich nichts zu erzählen.

GABRIELE Die Karte, Frau Winter. Singen mit dem Hohentwiel.

FRAU WINTER Ja, ich habe sie gesehen.

GABRIELE Wir freuen uns, daß es Hirschfelds geglückt ist.

FRAU WINTER Fertig, Gabriele?

GABRIELE Ja. Und Sie, Frau Winter?

FRAU WINTER Dann räume ich jetzt ab.

GABRIELE Freuen Sie sich nicht?

FRAU WINTER Freuen?

GABRIELE Ja!

FRAU WINTER Ich freue mich nicht.

Schweigen

Ich habe jemanden gesprochen, der Hirschfelds gesehen hat.

GABRIELE In Singen?

FRAU WINTER In Berlin.

GABRIELE Berlin?

FRAU WINTER Polizeigefängnis Moabit.

GABRIELE Und die Karte?

GOLDSCHMIDT Bedeutet nichts? Sie sind nicht hinübergekommen?

Schweigen

FRAU WINTER Still!

GABRIELE Schritte, nichts Besonderes. Sie gehen vorbei.

FRAU WINTER *seufzt.*

GOLDSCHMIDT Ich habe heute geträumt, ich wollte über die
Grenze.

GABRIELE Du warst der Lehrer mit den Mädchen aus Viterbo.
Man fand sie.

GOLDSCHMIDT Man fand uns und ich schrie im Schlaf. Obwohl
man uns fand oder weil man uns fand? Gabriele –

GABRIELE Was?

GOLDSCHMIDT Ich weiß es jetzt.

GABRIELE Was weißt du?

GOLDSCHMIDT Man fragte uns, wo wir gewesen seien. Ich sagte unsere Adresse.

GABRIELE Unsere Adresse?

GOLDSCHMIDT Ohne nachzudenken. Aber dann fiel es mir ein, und ich schrie vor Schmerz darüber, daß ich es verraten hatte.

GABRIELE Unsere Adresse.

FRAU WINTER Darüber denke ich schon den ganzen Tag nach.

GABRIELE Jetzt sind Sie es, Frau Winter! Ein ganz besonderer Tag: Träume, Kabeljau, eine Karte aus Singen und unsere Adresse. Was fehlt noch?

GOLDSCHMIDT Vielleicht war es ein Irrtum und es waren nicht Hirschfelds.

FRAU WINTER Vielleicht.

GOLDSCHMIDT Und vielleicht werden sie nicht nach der Adresse gefragt.

FRAU WINTER Ja, das ist möglich.

GOLDSCHMIDT Und wenn sie gefragt werden: Vielleicht sagen sie eine andere.

FRAU WINTER Ja.

GABRIELE Soviel Vielleicht, soviele Möglichkeiten! *Nach einer Pause:* Und Sie glauben an keine.

GOLDSCHMIDT Wir müssen fort.

FRAU WINTER Wohin?

GABRIELE Im Freien leben. Meinethalben in Wäldern.

FRAU WINTER Wo sind deine Wälder?

GOLDSCHMIDT Keine Pässe, und kein Geld, uns falsche zu kaufen.

FRAU WINTER Was sind schon Pässe? Sie sehen es ja.

GABRIELE Sie haben den ganzen Tag nachgedacht, Frau Winter, diesen ganzen besonderen Tag.

FRAU WINTER Ein anderes Versteck für einige Tage. Bis die Gefahr vorüber ist.

GOLDSCHMIDT Weggehen, ohne gesehen zu werden?

FRAU WINTER Zu bleiben ist gefährlich. Ich glaube, auch für mich.

GABRIELE Ade Kabeljau, Essen ohne Marken und Blättern in Illustrierten.

GOLDSCHMIDT Du bist unausstehlich, Gabriele.

GABRIELE Vor allem bequem, lieber Großvater, hier geworden. Frau Winter hat uns verwöhnt.

FRAU WINTER Sicher wird es auch unbequem sein.

GABRIELE Siehst du!

GOLDSCHMIDT Aber wo gibt es ein anderes Versteck? Wir wissen niemanden.

FRAU WINTER Ich weiß auch noch niemanden.

GABRIELE Noch hat Frau Winter gesagt. Ich habe sie immer für einen Erzengel gehalten.

FRAU WINTER *etwas abwesend:* Bei mir handelt es sich nur um den Schlaf, um den gesunden Schlaf für den Rest meines Lebens. Und ich weiß nicht, ob ich etwas erreiche. Um acht Uhr – wie spät ist es?

GOLDSCHMIDT Halb.

FRAU WINTER Ich gehe jetzt. Um acht ist Frau Kallmorgen zu Hause.

GABRIELE Kallmorgen heißt sie.

FRAU WINTER Zwischen zehn und elf bin ich zurück.

GOLDSCHMIDT Und sehen nach, ob wir noch da sind.

FRAU WINTER Ich glaube nicht daran, daß es vor Mitternacht –

GOLDSCHMIDT Was weiß man.

FRAU WINTER Wie immer – Sie rühren sich nicht, aber machen Sie sich bereit. Kein Gepäck, nur den Mantel, eine Tasche.

GOLDSCHMIDT Ist es hell?

FRAU WINTER Mäßig. Abnehmender Mond, letztes Viertel.

GABRIELE Herrlich. Ein Spaziergang bei Nacht.

FRAU WINTER Etwa zwanzig Minuten zu Fuß.

GABRIELE So wenig.

FRAU WINTER Und das Wenige nicht sicher. Vielleicht tut es Frau Kallmorgen nicht. Und jemand anderer kommt mir nicht in den Sinn. Ihr müßt nachdenken, wie wir uns sonst helfen könnten. Ich denke auch nach, auf dem Hinweg.

GOLDSCHMIDT Und vielleicht auch auf dem Rückweg.

GABRIELE Kallmorgen klingt nicht schlecht; sogar verheißungsvoll.

FRAU WINTER Ich spüle noch rasch das Geschirr, beim Abspülen habe ich meine besten Gedanken. Nein, laß michs allein tun, Gabriele. *Sie geht hinaus.*

GABRIELE Ihr müßt nachdenken, hat sie gesagt. Ich hätte lieber abgewaschen und den Tag dabei gelobt. Es wäre mir Abend genug gewesen.

GOLDSCHMIDT Nicht vor Mitternacht.

GABRIELE Dabei fing er gut an, der Tag.

GOLDSCHMIDT Fing er gut an?

GABRIELE Ich dachte es heute morgen. Einer von den Tagen, denen man zuvorkommt, verstehst du, Großvater? Schon beim Schuhanziehen ein Streifen Wasser zwischen dir und den Schuhen, ein Glanz.

GOLDSCHMIDT Laß uns zuvor bleiben.

GABRIELE Schwierig, heute.

GOLDSCHMIDT Aber mir scheint, daß es sich lohnen könnte.

GABRIELE Müßten wir dann nicht gehen? Leise die Korridortür aufmachen, die Schuhe in die Hand nehmen und Abwasch und Illustrierte hinter uns lassen?

GOLDSCHMIDT Wohin?

GABRIELE Von meinen Wäldern willst du nichts wissen. Wie wäre es mit dem Landwehrkanal?

GOLDSCHMIDT Der bleibt uns noch.

GABRIELE Sag du etwas!

GOLDSCHMIDT Vielleicht: Unsere Geschichte?

GABRIELE Du hältst an den Illustrierten fest, Großvater! Anschließend ein Partie Halma und ein Duett –

GOLDSCHMIDT Kein Halma und keine Illustrierten. Keine Ausweichmöglichkeiten, kein Abbild, kein Bericht, nein, die Geschichte selbst!

GABRIELE Geschichten erzählen! Vor einer Stunde wars noch zu verstehen. Aber jetzt?

GOLDSCHMIDT *zögernd:* Eigentlich: Nur jetzt.

GABRIELE Die Mädchen sind gefunden. Was weiter?

GOLDSCHMIDT Wir sprachen schon über den Rechenfehler.

GABRIELE Sie werden also nicht gefunden. Auch gut.

GOLDSCHMIDT Ich weiß nicht, ob sie gefunden oder nicht gefunden werden.

GABRIELE Nein, wir wissen es nicht. Nur Frau Kallmorgen weiß es.

GOLDSCHMIDT Beginnen wir noch einmal! Die Gleichung ist noch nicht gelöst.

GABRIELE Wir mühen uns, und zuletzt heißt es: Gleich null!

GOLDSCHMIDT Versuch es!

GABRIELE Versuch du es! Wir sind beide gleich alt.

GOLDSCHMIDT Aber deine Augen sind besser. Ich sehe vor lauter Wald die Bäume nicht mehr.

GABRIELE Kein freundlicher Wald, keine freundlichen Bäume, ein Kinderwald voll Angst, und Räuber im Gesträuch. Die Geschichte will etwas von mir.

GOLDSCHMIDT Vielleicht finden wirs. Vielleicht ist ein Himbeerschlag darin verborgen?

GABRIELE Schlehen, Großvater. Aber komm, wenn du Lust danach hast. Ich nehme dich an meiner alten Hand.

6

LENA Wäre es nicht besser, Herr Bottari, wenn wir uns verteilten?

BOTTARI Es ist eins so gut wie das andere.

BIANCA Oder eins so schlecht wie das andere.

LENA Vielleicht fände man dann wenigstens einige.

BOTTARI Vielleicht fände man dann einige nicht.

MARIA Mir ist es, als wären wir schon eine Ewigkeit hier.

ANTONIA Du vergißt, daß wir fünfmal gewechselt haben.

BOTTARI Ja. Und welcher Platz ist besser?

LENA Wäre dieser besonders gut, so hätte man uns gefunden.

BOTTARI Vielleicht ist man aber auf dem Wege hierher. Und wenn wir woanders hingingen, fände man uns nicht.

LENA Oder umgekehrt.

BOTTARI Das mag sein.

BIANCA Überlaß es Herrn Bottari, zu entscheiden, Lena.

LENA Er entscheidet ja nichts, wir sitzen hier herum. Sollten wir nicht ab und zu wenigstens rufen? *Sie ruft:* Hallo!

BOTTARI Laß das. Die Kehle wird dir trocken.

LUZIA Und der Durst größer.

BIANCA Überlaß alles Herrn Bottari, Lena!

LENA Dann bleiben wir hier, bis wir verhungert sind.

BOTTARI Wir haben Kraft, bis man uns findet.

LENA *höhnisch:* Bis man uns findet. Aber ich möchte eher schon gefunden werden. Ich gehe. Wer geht mit?

MARIA Als spielten wir hier Kreis!

BIANCA Das spielen wir auch noch bald.

LUZIA Ich bleibe hier.

ANTONIA Und ich.

MEHRERE Ich gehe. Ich gehe auch. Ich halte es hier nicht aus. Wir wollen alle gehen!

BIANCA Laßt Herrn Bottari entscheiden!

MARIA Was sagen Sie, Herr Bottari?

Stille

BOTTARI Ich habe es schon gesagt: Ich halte es für klüger, hier zu bleiben.

LENA Aber Sie wissen so wenig wie wir, was klüger ist.

BIANCA Bleib hier, Lena!

LENA Wir gehen. Faßt euch an der Hand.

Sich entfernend.

Bückt euch, hier rechts. Der Gang wird niedriger.

BIANCA Lena!

MARIA Laß sie, Bianca!

BIANCA Wenn wir nach Hause kommen, und Lena und die andern sind nicht dabei! Herr Bottari, das ist furchtbar.

ANTONIA Wenn wir nach Hause kommen.

BIANCA Hört ihr sie noch?

MARIA Ich höre nichts mehr.

BOTTARI Wer ist mit Lena gegangen?

MARIA Margarita, Clara, Anna, –

BIANCA Elvira.

MARIA Noch vier.

BIANCA Sie hätten es nicht zulassen dürfen, Herr Bottari.

BOTTARI So, meinst du?

ANTONIA Herr Bottari hat es aber zugelassen.

BIANCA Ja, und das verstehe ich nicht.

ANTONIA Ich verstehe es.

BOTTARI Sei still, Antonia!

BIANCA Wie meint ihr das?

MARIA Ja, wie meint ihr das?

LUZIA *langsamer:* Was hast du gesagt, Antonia?

ANTONIA Entschuldige Luzia, ich habe nichts gesagt.

LUZIA *noch immer langsam:* Du hast dies gemeint: Herr Bottari hat es zugelassen, weil es gleichgültig ist, ob er es zuläßt oder nicht. Weil es gleichgültig ist, ob wir hier sind oder woanders.

MARIA Was redest du, Luzia?

LUZIA Weil wir ohnehin verloren sind.

MARIA Verloren!

BIANCA Denkst du, Herr Bottari hätte uns aufgegeben?

MARIA Herr Bottari, sagen Sie etwas!

BOTTARI Ich habe uns nicht aufgegeben.

BIANCA Aber wenn Sie uns nicht aufgegeben hätten, Herr Bottari, hätten Sie Lena und die andern dann gehen lassen?

Pause

MARIA Sagten Sie etwas, Herr Bottari?

BOTTARI Ich habe nichts gesagt.

BIANCA Nichts?

Schweigen

Aber ich bin sechzehn Jahre alt! Es ist doch unsinnig, beinahe lächerlich –

BOTTARI Was?

BIANCA Die Idee, ich würde hier verhungern. Anläßlich eines kleinen Ausflugs nach Rom, kurz vor den großen Ferien –

MARIA Sagen Sie endlich etwas, Herr Bottari!

BOTTARI Eure Reden bin ich über. Es ist mir unerträglich, alle drei Minuten das gleiche gefragt zu werden.

BIANCA Hört ihr!

BOTTARI Und immer das gleiche zu antworten: Wir werden nicht verhungern, wir werden gefunden werden.

MARIA Das ist es ja!

BIANCA Sie glauben nicht mehr, was Sie sagen, Herr Bottari.

MARIA Schon Ihrer Stimme hört man es an!

BOTTARI Gut, dann habe ich die Hoffnung, ihr gebt eure Fragen endlich auf. Meine Antwort wird durch ständige Wiederholung nicht eindrucksvoller. Das haben alle Wiederholungen an sich. Mehr wollte ich nicht sagen.

MARIA Sie glauben also doch –

BOTTARI *verzweifelt:* Ja, ja, ja –

BIANCA Sie wissen ebenso wenig wie wir.

BOTTARI Ich habe nichts anderes behauptet.

BIANCA Sie sind ebenso hilflos.

BOTTARI Ich habe die gleiche Hoffnung.

MARIA Hätte ich es gewußt, ich wäre nie mit Ihnen gegangen. Aber man glaubt doch, wenn Sie dabei sind –

BIANCA Sie sind schuld, Herr Bottari, Sie haben uns in die Irre geführt!

BOTTARI Also doch.

LUZIA Herr Bottari ist nicht schuld.

ANTONIA Sei still, Luzia!

LUZIA Ich bin schuld. Ich war die erste in der Reihe. Ich bin absichtlich in einen andern Gang abgebogen.

BIANCA Was bist du?

LUZIA Ich wollte einen Scherz machen, weiter nichts.

BIANCA Du warst es?

LUZIA Ja, ich.

MARIA Ich habe es noch nicht verstanden. Deinethalben sind wir hier, Luzia? Weil du einen Scherz haben wolltest?

LUZIA Ja.
   Stille

MARIA Dann bringe ich dich um. Hörst du?

BOTTARI Dummheit, Maria!

MARIA Ich habe hier einen schönen, schweren Stein, der ist gut. Warte, ich komme zu dir.

ANTONIA *lacht.*

MARIA *außer sich:* Nehmt alle einen Stein auf!

BOTTARI Haltet sie fest!

LUZIA Laßt sie. Erschlag mich ruhig, Maria.

ANTONIA Unsinn. Wir sterben ohnehin alle.
   Stille

BIANCA Wer war das?

ANTONIA Ich, Antonia.

BIANCA Jedenfalls klar. Und nicht wie Herr Bottari –

LUZIA *verzweifelt:* Ihr werdet es nicht einfach hinnehmen wollen, daß ich zum Sterben abgebogen bin!

MARIA Luzia Torrini, eine, mit der ich niemals umging, eine aus meiner Klasse, die ich nie beachtete. Nein, nicht einmal das

Schicksal, Luzia. *Mühsam, atemlos:* Solang ich atmen kann, will ich dir sagen, daß du schuld bist.

ANTONIA Dein Eifer, Maria, grenzt an Dummheit.

LUZIA Laß sie.

MARIA So weiß ich doch, wozu ich diese finstere Luft noch atme: Du bist schuld, Luzia, du bist schuld! Luzia Torrini, drittletzte Bank, Mitte –

LUZIA Verzeih mir!

BIANCA Geschwätz! Ich gehe Lena und den andern nach, mir ist es gleich, wer schuld ist.

ANTONIA Bianca, bleib!

BIANCA Und wenn ich auf allen vieren kriechen müßte: Ich will wieder hinaus, ich will ans Licht, ich will nach Viterbo, ich will leben.

Sie ruft: Lena, Lena!

ANTONIA Sie hören dich längst nicht mehr.

MARIA *ruhiger:* Du hast recht, Bianca, wir wollen gehen. Selbst, wenn wir sterben sollten: Nicht mit denen zusammen, die daran schuld sind. Kommt! Kommt alle!

LUZIA Verzeiht mir doch!

BIANCA Was macht es dir und mir aus? Ich verzeihe dir.

LUZIA Sag, daß du mir verzeihst, Maria.

MARIA Ich werde immer sagen, daß du schuld bist. Solange ich noch kann. *Sie ruft:* Lena, wo seid ihr? Bianca, Sofia!

Man hört mehrere sich entfernende, stolpernde, tappende Schritte. Das Rufen verklingt.

BOTTARI Jemand geblieben?

ANTONIA Ich, Antonia.

LUZIA Luzia.

BOTTARI Sonst niemand?

Stille

LUZIA Sonst niemand.

BOTTARI In Ordnung. Drei.

LUZIA In Ordnung?

BOTTARI Wir sind gezählt, das ist beruhigend. Oder wollt ihr ihnen nach?

ANTONIA Nein.

LUZIA Nein.

BOTTARI Das gefällt mir nicht.

ANTONIA Weshalb?

BOTTARI Für mich gibt es keine Möglichkeiten mehr. Aber ihr?

ANTONIA Möglichkeiten oder nicht. Wenn wir gefunden werden, wissen wir nicht, wo. Also bleiben wir. Das Prinzip ist einleuchtend.

LUZIA Wir sparen Kräfte. Sag es ihm, Antonia. Mir scheint, Herr Bottari kennt seine eigene Klugheit nicht mehr.

BOTTARI Das hört man gerne. Aber ich würde List sagen, und ich kenne sie ganz gut. Wie ist es, wenn wir nicht gefunden werden?

ANTONIA Dann ist es ohnehin gleich.

LUZIA Also bleiben wir.

BOTTARI Ist das noch klug? Ich hätte anderes von euch erwartet. *Zögernd:* In einer solchen Lage verläßt man sich nicht auf den Kopf, sondern auf die Füße.

ANTONIA Wir haben Gründe. Bei mir ist es romantisch.

LUZIA Bei mir: Leicht einzusehen.

BOTTARI Aber nicht wahr, ihr hofft noch?

ANTONIA Wenn ich es wüßte. Ich kenne mich selbst nicht. *Nach einer Weile:* Gehört es sich so? Hoffen oder verzweifeln?

BOTTARI Ja. Das andere überschreitet meine Lehrbefugnis.

ANTONIA Schwer, sich von den alten Lehrplänen zu trennen?

LUZIA Wir haben es da leichter, wir kannten sie noch gar nicht. Bei uns hätte ja immerhin die nächste Mathematikstunde noch alles bringen können.

ANTONIA *geringschätzig:* Die mittlere Reife fürs mittlere Leben.

BOTTARI Nicht so hochmütig!

ANTONIA Und wenn dies hier die nächste Stunde wäre? Das Ungewöhnliche das ganz Gewöhnliche?

BOTTARI Nicht vorgesehen.

ANTONIA Ich meine: So daß es sich nicht lohnte, viel Aufhebens davon zu machen. Die Stunde Finsternis. Gewöhnlich eben. Im besten Fall: Wahlfrei, Nachmittagsunterricht, ein leeres Schulhaus, der Abend schon am Himmel.

BOTTARI Bist du nicht die letzte in deiner Klasse, Antonia?

ANTONIA Die vorletzte.

BOTTARI Dann laß mir den Platz hinter dir. Ich bin ein schlechter

Schüler. Meine einzige Hoffnung ist, daß sich die Gleichgültigkeit von selber einstellt. So könnte ich das Ziel der Klasse noch erreichen, mit Nichtstun, mit Sitzenbleiben.

7

GOLDSCHMIDT Die Gleichgültigkeit, Gabriele?

GABRIELE Weißt du Besseres?

GOLDSCHMIDT Dein Herr Bottari meint, sie stelle sich wie der Schlaf von selber ein. Das ist ein Standpunkt, auf dem man zugleich sitzen kann.

GABRIELE *lacht:* Ansichten, die aus meinem Hang zur Bequemlichkeit kommen, eine Vorliebe für Sessel.

GOLDSCHMIDT Aber wer ist Akrobat genug und kann zu dem Sessel hingehen, auf dem er schon sitzt.

GABRIELE *müde:* Es liegt an deinen Bildern.

GOLDSCHMIDT Ja. Vielleicht.

GABRIELE Und an der Aussicht, die Kallmorgen heißt und keiner Weisheit mehr bedarf. Nicht verwunderlich. Es ist kurz vor zehn.

GOLDSCHMIDT Die Nacht rückt vor. Ich wartete auf das Verwunderliche. Da unten in den Katakomben –

GABRIELE Schlafen jetzt alle. Sie haben es erreicht.

GOLDSCHMIDT Wir brauchen etwas anderes als Schlaf.

GABRIELE Was soll das Spiel?

GOLDSCHMIDT Das Spiel? Laß den Leuten, die alt werden, Schlaf, Bridge und Fußball.

GABRIELE *dem Weinen nahe:* Aber ich will alt werden. Und ich werde alt werden. Frau Winter ist unterwegs. Sie eilt, sie geht eilig, sie spricht eilig, Frau Kallmorgen hört eilig. Sie erreichen uns noch. Mehr weiß ich nicht. Was willst du?

GOLDSCHMIDT Daß du uns findest, eh wir vielleicht gefunden werden.

GABRIELE Mehr als ich weiß.

GOLDSCHMIDT Ganz sicher.

GABRIELE Frau Kallmorgen, eine Frau mit weißem Haar und die

Güte selbst. Frau Kallmorgen, ach, ich hänge an diesem Namen wie an einem Strick. Großvater! Nein, nicht einmal mehr das – eine Anrede, keine Verwandtschaft mehr. Wie soll ich dich nennen?

GOLDSCHMIDT Merkst du es? Auf dem Wege zu werden was man ist. Umrisse in unsichtbarer Tinte, ein Kinderspiel, im Feuer treten sie hervor. Ein Haus, ein Gesicht, Möglichkeiten von Glück.

GABRIELE Möglichkeiten, Umrisse? Mit einem Wort: Das Unglück, Großvater.

GOLDSCHMIDT Ein Wort genügt nicht.

GABRIELE Still!

GOLDSCHMIDT Ja?

GABRIELE Es ist nichts. Nur unsere Unterhaltung, die mich zum Horchen trieb. Ich dachte plötzlich –

GOLDSCHMIDT Jetzt höre ich es. Schritte. Vielleicht Frau Winter.

GABRIELE Frau Kallmorgen. Nein. Den Namen gibt es nicht, die ist erfunden. *Sie lacht.*

GOLDSCHMIDT Es sind auch Stiefel, Gabriele.

GABRIELE Ja?
Sie horchen. Es klingelt.

GOLDSCHMIDT *ruhig:* Du hast recht. Frau Kallmorgen ist erfunden, es gibt sie nicht mehr. Aber die Katakomben? Rasch. Was sagt Antonia?
Es klingelt stärker.

8

ANTONIA Wer ruft mich?

BOTTARI Niemand ruft.

ANTONIA Ich hörte ein Signal.

LUZIA Still!

BOTTARI Nichts.

ANTONIA Vielleicht auch nur für mich. Die Klingel an unserer Wohnungstür, wenn Besuch kommt; die Stimmen von Vater und Mutter, die den Gast begrüßen.

LUZIA Stimmen, Antonia? Das ist ein schlechtes Zeichen.

ANTONIA Der Augenblick, eh man hereingerufen wird!

LUZIA Vergiß nicht, daß deine Träume dich verlassen werden. So nahe sind sie, eh sie gehen.

ANTONIA Ja.

LUZIA Ich habe stumpfere Ohren. Ich höre nur die Stille, die sich einkrallt.

ANTONIA *wie für sich:* Rettung. Kein Wasser mehr, keine Laternen und kein Brot. Auch keine Träume mehr und keine Stimmen. Nur Rettung, ungeschmälert. *Nach einer Pause, lebhafter:* Die andere Seite des Mondes, die wir sonst nie sahen! Dort will ich wohnen.

BOTTARI *spöttisch:* Gute Reise!

ANTONIA Ich hätte Sie gerne mitgenommen, Herr Bottari.

BOTTARI Mich?

ANTONIA Sie und Luzia und die ganze Klasse.

BOTTARI Danke. Aber ich halte mich da lieber an die fünf Sinne, an die schwachen Hoffnungen.

LUZIA Und ich an meinen Zorn, der wärmt mich doch noch! Die andere Seite des Mondes? Nein, Antonia, dort ist es auch nicht heller.

ANTONIA Dunkler, genügend dunkel, endlich. Es glänzt. Mir ist es, als liefe alles in meinem Leben darauf zu, die Schulaufgaben und die Kinderlieder, auf diesen Augenblick, in dem ich einverstanden bin.

LUZIA Vergiß nicht, daß wir verhungern werden, Antonia, verdursten, daß wir uns hier an diesen Boden klammern werden wie die Fliegen an ihre letzte Wand, auch du.

ANTONIA Ich habe nichts vor euch voraus als meinen Mut und damit eine Art von Glück. *Nach einer Weile:* Ich erinnere mich, daß alle beteten, als sie noch hofften, daß man uns hier findet.

BOTTARI Es hatte damals so wenig Zweck wie jetzt.

ANTONIA Ich glaube, man kann erst beten, wenn man nichts mehr von Gott will.

BOTTARI *zornig:* Dann bete!

ANTONIA Ja, Gott, ja, ja, ja.

Es klingelt.

GOLDSCHMIDT Doch vor Mitternacht.

GABRIELE Ja.

GOLDSCHMIDT Vielleicht gehen sie wieder.

GABRIELE Ja, vielleicht.

GOLDSCHMIDT Und vielleicht ist es überhaupt Frau Winter, die den Schlüssel vergessen hat.

GABRIELE *fast fröhlich:* Oder Frau Kallmorgen, die ohne Schlüssel kommt!

Schläge an die Tür.

Hörst du?

GOLDSCHMIDT *ruhig:* Sie brechen das Schloß auf.

GABRIELE Das war bisher nicht üblich. Wie schade, daß wir Ausnahmen sind.

GOLDSCHMIDT Sorge dich nicht, wir sind keine.

GABRIELE *spöttisch:* Sich nicht rühren, hat Frau Winter gesagt.

GOLDSCHMIDT Mach dich bereit, Gabriele.

GABRIELE Sorge dich nicht. Ich bin es.

Näherkommende Schritte. Die Tür wird aufgerissen.

GOLDSCHMIDT Ja, wir sind da.

Das Jahr Lazertis

Stimmen
Paul · Laparte · Bayard · Kingsley · Zeemans ·
Richards · Oliveira · Manuela · Die andere Manuela

PAUL Die Palmen vor der Kartause sind ein dichtes Gitter, vor
dem ein Menschenschritt ebenso anhält wie die Zeit. Sind
zwanzig, sind dreißig Jahre vergangen? Vielleicht könnte ich
es ausrechnen, wenn ich mir Mühe gäbe, – die Kreuze auf den
Grabhügeln würden mir helfen, auch wenn ihre Schrift vom
Regen ausgewaschen oder von wuchernden Ranken zugedeckt
ist. Zeit, das ist die Farbe einer wilden Rose geworden und
das Schillern einer Schlangenhaut.
So weiß ich auch die Ziffer für das Jahr nicht, das dem allen
vorausging. Möglicherweise hieß es 1880, aber ich habe es in
meiner Erinnerung Lazertis genannt, mit einem Wort, das da-
mals Bedeutung für mich hatte, obwohl es sinnlos ist und obwohl ich wußte, daß es nicht das richtige Wort war.
Das richtige Wort hörte ich in der Neujahrsnacht eben dieses
Jahres und ich hörte es im Schlaf.
In einem ebenerdigen Zimmer lag ich und das Fenster war einen
Spalt weit geöffnet hinter den Gardinen. In meinen Traum
schallte der Gesang der Betrunkenen, die heimgingen, und der
Stundenschlag der Paulskirche. Es war kurz nach sechs.
Ich fuhr empor, als ich das Wort vernahm. Jemand, der an
meinem Fenster vorüberging, mußte es ausgesprochen haben,
im Gespräch und nebenbei, obwohl es das Wort war, das alle
Geheimnisse löste. Für seine Dauer war die Welt verwandelt
und begriffen, aber im gleichen Hauch war es auch wieder vergessen.

Ich sprang aus dem Bett und stürzte ans Fenster. Ein Paar ging in der Richtung zur Wilhelmstraße. Beide trugen schwarze Mäntel, der Mann einen Zylinder, die Frau, die fast ebenso groß war, ein zierliches Hütchen. Es kam mir vor, als schwankten sie beide. Lachten sie auch? Ich rief, aber sie drehten sich nicht um und bogen links in die Fischergasse ein. Hastig zog ich mich an und rannte auf die Straße, in der Hoffnung, sie einzuholen.

In großen Flocken fiel Schnee auf ihre Spuren, die ich bald verlor. Ich hatte den Stein der Weisen besessen, so lange, wie ein Blitz währt. Findet man ihn zum zweiten Mal, wenn schon beim ersten alles Suchen vergeblich ist? Der Zufall war meine beste Hoffnung.

Ich begegnete dem Paar nicht; nicht einmal einem, das ihm ähnlich gewesen wäre. Überhaupt schienen die Straßen sich zu leeren, und als die Klingel einer Pferdebahn in der Ferne verstummt war, blieb ich allein in einer steinernen Mondlandschaft zurück, im Schleier des Schnees, der eisig aus dem Weltraum an die Hafenspeicher fuhr.

Nur an besonderen Zeichen konnte ich noch erkennen, wo ich war. Aus dem Dunkel tauchte der Engel auf, der die Fackel gesenkt hielt über den Namen der Gefallenen. Einen Augenblick schien es mir tröstlich, daß auch der Name meines Bruders auf der Gedenktafel stand, daß er also wohl zu denen gehörte, die das Wort kannten, und nicht durch den Schnee zu laufen brauchten, um es zu suchen.

Da war die halbhohe Mauer, über die hinweg man sonst den Hafen sah. Etwas Ungewöhnliches war heute daran. Hatte jemand eine Last niedergesetzt, einen halb gefüllten Seesack, und stehen lassen, so daß der Schnee ihn anwehte? Oder war hier inzwischen eine Plastik aufgestellt worden, die dem Kunstsinn der Bürger schmeicheln konnte bei Sonne und Schneetreiben?

Ich kam näher und sah einen Menschen auf der Brüstung hokken, halb zugeweht wie ein verlassener Seesack und wie eine steinerne Figur, die sich gegen kein Wetter wehrt.

Im Freien
PAUL Eine gute Stunde, um im Freien zu sitzen.

LAPARTE Wer findet mich, wenn ich zu Hause bleibe?

PAUL Wollten Sie gefunden werden? Nun: ich habe Sie. Und obwohl ich etwas anderes suchte.

LAPARTE Sie können in dieser Nacht nichts Besseres suchen und finden als mich.

PAUL Das hört sich gut an.

LAPARTE Möchten Sie meinen Buckel anfassen?

PAUL Weshalb?

LAPARTE Es soll Glück bringen. Denken Sie daran, daß heute die erste Nacht des Jahres ist. Mehr Glück als ein Hufeisen, als ein vierblättriger Klee, als ein Schornsteinfeger. Glück für das ganze Jahr, und es kostet nur fünfzig Silbergroschen.

PAUL Zu teuer für mich.

LAPARTE Fünfundzwanzig, es geht gegen Morgen.

PAUL Ich hätte das Gefühl, es zu billig zu bekommen. Hat es keinen festen Preis?

LAPARTE Sie sind unwissend.

PAUL Und?

LAPARTE Hätten die Anlagen, ein Kenner zu werden. Hier ist mein Buckel.

PAUL Sie sind eiskalt.

LAPARTE Das wundert mich nicht.

PAUL Kommen Sie mit mir, erwärmen Sie sich! Ich koche uns Tee.

LAPARTE Und wenn noch einer käme, der das Glück nötig hat?

PAUL Die Betrunkenen sind glücklich, die Nacht ist vorbei. Es kommt niemand mehr. Wirkt es noch, wenn die Nacht vorbei ist?

LAPARTE Es wirkt schwächer.

PAUL Kommen Sie!

Pause

Zimmer

PAUL Grog hätte noch besser gewärmt. Aber ich dachte, Sie hätten vielleicht genug von der Neujahrsnacht.

LAPARTE Und Sie?

PAUL Ich habe bis zwei Uhr getrunken. Punsch, Grog, Wein.

LAPARTE Sie sind Maler?

PAUL Wie Sie sehen.

LAPARTE Sehr naturgetreu.

PAUL Wird Ihnen schon wärmr?

LAPARTE Die Bergdohle, der Kiebitz. Und das begonnene dort? Man erkennt noch nicht viel.

PAUL Ein Fuchs, der aus der Schonung tritt. Ich male ihn oft, immer gleich. Ein beliebter erster Preis für Schützenvereine.

LAPARTE Wirklich sehr hübsch. Auch der Gekko hier.

PAUL Sie kennen sich gut aus. Nehmen Sie Zwieback?

LAPARTE Danke.

PAUL Zwieback ist das beste am Neujahrsmorgen.

LAPARTE Malen Sie auch anderes? Porträts, historische Szenen?

PAUL Nein.

LAPARTE Nur Tiere?

PAUL Nur Tiere.

LAPARTE Sehr gut.

PAUL Warum sollte das gut sein?

LAPARTE Es schien mir so.

PAUL Ich gieße Ihnen noch Tee ein.

LAPARTE Mir ist schon viel wärmer. Ich breche gleich auf.

PAUL War ich unfreundlich? Ich finde meine Bilder abscheulich.

LAPARTE Ich verstehe nichts von Bildern, aber von Tieren. Deshalb meinte ich, daß sie gut sind.

PAUL Vielleicht war ich auch unfreundlich, weil ich nicht Sie gesucht habe.

LAPARTE Sondern?

PAUL Sagen wir: Einen Mann im Zylinder und eine Dame mit einem verwegenen Hütchen.

LAPARTE Schade, daß ich es bin, und daß es deswegen anmaßend klingt –

PAUL Sagen Sie es trotzdem!

LAPARTE Was man findet, ist das, was man gesucht hat.

PAUL Eine Wahrheit, wie ein durchlöcherter Sack. Man kann alles hineinpacken, weil es doch hindurchfällt.

LAPARTE Das hat sie mit allen Wahrheiten gemein.

PAUL Eigentlich habe ich ein Wort gesucht.

LAPARTE Ein Wort?

PAUL Ein bestimmtes Wort.

LAPARTE Wofür? Und auf der Straße?

PAUL Warum nicht auf der Straße? Warten Sie! Ich bin jetzt nahe daran. Ziemlich am Anfang muß ein A gewesen sein, ich meine jedenfalls. Aber man kann sich so leicht täuschen.

LAPARTE Ist es ein Wort, das Sie g e h ö r t haben?

PAUL Nicht e i n Wort, sondern d a s Wort. Das einzige Wort.

LAPARTE Dann enthält es kein A.

PAUL Es kommt mir dennoch so vor. Es könnte griechisch oder lateinisch gewesen sein.

LAPARTE Meinen Sie?

PAUL Es klang so wie – ja, wie: Lazertis.

LAPARTE Lazertis?

PAUL Nein, das ist es nicht.

LAPARTE *lacht.*

PAUL Aber so ähnlich könnte es gewesen sein.

LAPARTE So ähnlich!

PAUL Näher komme ich nicht heran. Lazertis! Doch, das war es beinahe.

LAPARTE Beinahe! Das ist beinahe nicht. Zu früh ausgesprochen!

PAUL Wörter sind dazu da, um ausgesprochen zu werden.

LAPARTE Wörter! Aber war es nicht d a s Wort?

PAUL Lazertis –

LAPARTE Verspielt, mein Lieber! Sie finden es nicht mehr. Hätten Sie noch gewartet mit Ihrem Griechisch und Latein, mit Ihren Vokalen und Konsonanten!

PAUL Sie tun, als wüßten Sie es.

LAPARTE Ich weiß eine Menge Wörter, die ebenso weit davon entfernt sind wie Lazertis. Einmal ausgesprochen, fallen sie wie Steine zur Erde, das Schweben ist vorbei, die Möglichkeit, im Fluge noch näher heranzukommen.

PAUL Es ist nun geschehen.

LAPARTE Gut, seien wir barmherzig mit diesem mißratenen Kind Ihrer Phantasie.

PAUL Meines Gedächtnisses.

LAPARTE Lazertis –

PAUL Ziemlich sinnlos, wie?

LAPARTE Es klingt nach Lazerten, muß etwas mit Eidechsen zu tun haben.

PAUL *nachdenklich:* Mit Eidechsen?

LAPARTE *lacht.*

PAUL Warum lachen Sie?

LAPARTE Ich habe ein Buch über Eidechsen geschrieben.

PAUL *nach kurzem Zögern:* Das klingt unglaubwürdig.

LAPARTE Eine Liebhaberei von mir.

PAUL Und ich fände Sie auf der Straße, nachdem ich eben dieses Wort hörte?

LAPARTE Eben dieses Wort hörten Sie gar nicht.

PAUL *verwirrt:* Soviele Zusammenhänge.

LAPARTE Ja, fast zuviele. Die Eidechse hat übrigens auch eine Beziehung zur Wahrsagerei. Apollon zum Beispiel –

PAUL Das wiederum erinnert mich an gestern abend. Ist dies hier vielleicht eine Eidechse?

LAPARTE *spöttisch:* In Blei gegossen?

PAUL Manuela meinte, ein Torbogen.

LAPARTE Manuela wird recht haben. Viel eher ein Torbogen als eine Eidechse.

PAUL Schade, es hätte so gut gepaßt. *Er lacht.*
Sie lachen beide.

LAPARTE Hätten Sie Lust, mit mir nach Brasilien zu fahren?

PAUL Ein Neujahrsscherz?

LAPARTE Eine wissenschaftliche Expedition. Ich brauchte jemanden, der Eidechsen malen könnte.

PAUL *lacht:* So genau wie ich?

LAPARTE Die Hälfte der Kosten wird von der belgischen Akademie der Wissenschaften getragen, die Hälfte von mir.

PAUL Von Ihnen? Von den Erträgnissen der Silvesternacht?

LAPARTE Jahre hindurch habe ich mich gewundert, warum alle Welt mich zu Silvester einlud, während sich sonst niemand um mich kümmert – ich hätte statt in Antwerpen ebenso gut in der Sahara oder unter den Seehunden leben können.

PAUL Antwerpen also.

LAPARTE Dann begriff ich, daß es mein Buckel war, der mich so anziehend machte. Seitdem verlasse ich zu Silvester meine Heimatstadt. Ich bin in Paris oder Amsterdam, London, Köln oder Hamburg. Mein Buckel ist immer willkommen.

PAUL Für fünfzig Silbergroschen?

LAPARTE Man muß Geld verlangen. Das Glück gilt nicht, das man umsonst bekommt.

PAUL Von mir verlangten Sie nichts.

LAPARTE Sie werden ohnehin kein Glück haben.

PAUL Sie sagen es sehr direkt.

LAPARTE Fahren Sie also mit! Sie versäumen hier nichts.

PAUL Und dort?

LAPARTE Man hat den Bleiklumpen falsch gedeutet. Kein Torbogen, sondern ein Schiff. Das Schiff, das nach Pernambuco fährt. Ein gutes Vorzeichen.

PAUL Sagten Sie nicht, daß ich kein Glück habe?

LAPARTE Überlegen Sie es noch. Ich schreibe Ihnen. Zudem würde ich sagen: In mancher Hinsicht ist es das Glück, keines zu haben.

PAUL Ich begleitete meinen seltsamen Gast zum Bahnhof, wo er in geflickten Schuhen, zerschlissenem Mantel und barhäuptig in den Express nach Brüssel stieg und sich auf dem roten Samt der ersten Klasse zum Schlafen ausstreckte. Vielleicht war er wirklich aus Antwerpen, vielleicht besaß er wirklich Schiffe, die über die Weltmeere fuhren? Es war nichts unmöglich.

Als ich nach Hause ging, fiel mir ein, daß ich nicht einmal seinen Namen wußte. Wußte er meinen? Nun gleichviel, ich hatte keine Sehnsucht nach Brasilien.

In meinem Zimmer lag noch das Stück Blei auf dem Tisch. War es ein Schiff? Ich gab mir selber zu, daß die Deutung Torbogen einleuchtender war. Dann dachte ich daran, daß erst eine Nacht dazwischenlag, seitdem es zischend ins Wasser getropft war. Ich dachte auch, daß ich vielleicht Manuelas wegen ungern die Stadt verlassen würde, und es fiel mir ein, daß auch sie von Eidechsen gesprochen hatte, es war freilich in ihrer Erzählung ganz unwichtig gewesen.

MANUELA Unser Haus lag am Berghang oberhalb der Stadt und man sah über die Bucht hinüber auf den Felsen von Gibraltar. Eine weiße glänzende Straße führte vom Hafen herauf zu uns. Am liebsten kroch ich tief in die Hecke, die über der Mauer an der Straße lag. Dort konnte man alles am besten sehen, und man sah ganz unten die Menschen, sehr klein, mit sehr kleinen Karren und sehr kleinen Eseln und in sehr kleinen Booten, die rote Segel trugen. Auch die großen Schiffe im Hafen waren sehr klein und die viel größeren auf dem Meer draußen waren noch kleiner. Das alles war so weit entfernt, daß ich oft Angst bekam, man würde uns vergessen in unserm großen kühlen weißen Haus.

Manchmal kam jemand die Straße herauf, das beruhigte mich. Ich war dreizehn oder vierzehn Jahre alt und hatte großes Verlangen nach den Menschen. Aber ich wagte ihre Nähe nur, wenn ich ungesehen hinter meiner Hecke lag. Sonst lief ich vor ihnen davon wie ein Zicklein, das ein Fremder lockt. Dabei kannte ich sie doch alle, die kommen konnten: die alte Victoria, die uns Fleisch und Gemüse brachte, den Briefträger, die vier Arbeiter, die in dem halb aufgegebenen Steinbruch arbeiteten, wo die Straße endete. Ich weiß die Namen der vier noch: Ramón, José, Ricardo, Carlos. Wie lange habe ich nicht mehr an ihre Namen gedacht! Damals aber war es wie die vier Verse einer Strophe, wenn sie morgens der Reihe nach vorbeigingen: Ramón, José, Ricardo, Carlos, und abends, wenn sie herabkamen vom Steinbruch: Ramón, Ricardo, Carlos, José. Abends war die Reihenfolge immer etwas anders als am Morgen. Ein Glück, daß man die Verse austauschen konnte. Die Strophe blieb immer gleich schön.

Ein einziges Mal kam ein Fremder. Er kam in der heißesten Stunde des Nachmittags, und ich sah ihn von weitem, wie er auftauchte und wieder verschwand, je nach den Biegungen des Weges. Er trug eine Schirmmütze, die er ab und zu in den Nakken schob, um sich den Schweiß von der Stirn zu wischen, und als er näher war, sah ich, daß es ein Matrose von einem der beiden Schiffe sein mußte, die gestern unsern Hafen angelaufen hatten. Warum kam er herauf? Es war ein heißer und weiter Weg, der nirgends anders hinführte als zu uns und zu dem Steinbruch.

Jetzt hätte ich schon sein Gesicht erkennen können, aber er hielt den Kopf gesenkt, während er mit langsamen Schritten anstieg. Kurz vor der Mauer blieb er stehen und blickte die Mauer empor auf die Hecke und blickte genau auf die Stelle, wo ich versteckt lag. Obwohl ich sicher war, daß er mich nicht sehen konnte, fühlte ich mich gesehen. Aber ich blieb hocken, ebenso bewegungslos wie die Eidechse, die auf der Mauerhöhe in der Sonne lag.

Einige Augenblicke lang sah ich den Mann genau. Er mußte sehr jung sein, hatte eine helle, aber dunkel verbrannte Haut, dünne Lippen und blaue, sehr helle Augen. Mit diesen hellen Augen starrte er unverwandt auf mein Versteck, und es war mir, als bewegten sich seine Lider die ganze Zeit nicht. Noch als er den Kopf gehoben hatte, hatte ich ihn nicht gekannt, aber nach diesen wenigen Sekunden war er mir vertraut, ich kannte ihn seit langem, er war wie ein Bruder, mit dem ich aufgewachsen war, und ich liebte ihn.

Unversehens drehte er sich um und ging den Weg zurück, den er gekommen war. Mir zog sich das Herz zusammen, aber es war selbstverständlich, daß er ging. Er bog den Weg hinab, verschwand hinter Bäumen und Böschungen, tauchte wieder auf und wurde immer kleiner, bis er zuletzt eins der winzigen Wesen war, die in den Hafengassen sich bewegten, und bis ich nicht mehr wußte, welches dieser Wesen er war. Er war den Weg heraufgekommen, um die Hecke anzuschauen, hinter der ich verborgen lag, er war gekommen, damit er sich zu erkennen gebe. Das war geschehen, weiter bedurfte es keines Aufenthalts.

PAUL Während ich mich so an den Abend vorher und an Manuela erinnerte, schlief ich am Tisch sitzend ein. Sehr weit und lange sichtbar fuhr ein blendend weißes Segel in meinen Schlaf, das zugleich der Gedanke war, Manuela aufzusuchen.

Beim Erwachen indessen schien mir dieser Gedanke fragwürdig. Ich kochte Tee und arbeitete weiter an einem Bild, das ich eigentlich schon zu Weihnachten hätte abliefern sollen. Vielleicht war es besser, Manuela zufällig wieder zu begegnen.

In den nächsten Tagen malte ich das Bild zu Ende und begann das gleiche für eine Kunsthandlung in Ingolstadt. Besser als ein Besuch, für den ich keinen rechten Vorwand hatte, war ein Brief.

Auch das zweite und dritte Bild wurden fertig. Es schneite vor meinen Fenstern. Ich ging nur wenig hinaus.

Dann kam ein Brief von einem Herrn Laparte aus Antwerpen. Ich sollte bald kommen und alle Zelte abbrechen. Ich malte sehr schnell die letzten drei Bestellungen »Fuchs, aus der Schonung tretend«, verkaufte meine Möbel, und ging eines Morgens mit einem mittelgroßen Koffer zum Bahnhof. Mir war, als hätte es unterdessen nicht aufgehört zu schneien.

Ich lebte drei Wochen in Lapartes Haus, das er allein und mit zahlreicher Dienerschaft bewohnte. Dann lief das Schiff nach Pernambuco aus.

Im Freien. Schiffssirene und Geräusch der Maschinen.

PAUL Das Schiff nach Pernambuco. Anders kann ich nicht nach Brasilien gekommen sein. Aber ich suche in meinem Gedächtnis nach einem Schiff und nach einer langen Reise über das Meer. Mein Gedächtnis hat vieles entlassen, offenbar sind es Dinge, die nicht mehr gebraucht werden. Mich überkommt der unnütze Gedanke, was mit diesen Dingen geschieht, wo sie sich ansiedeln, die Heimatlosen. Vielleicht schreien die Möven, die ich gehört haben muß, im Traum eines Kindes, die Befehle des Kapitäns verstören die zärtlichen Worte eines Liebhabers, und das Klirren der Teller im Speisesaal erheitert einen Sterbenden. Wo aber bleibt vor allem die Zeit, die viele Zeit, die vergangen ist? Ich fürchte, daß sie zu einem Leben zusammengestückelt wird, das unnütz ist.

Das Schiff nach Pernambuco. Aber es ist niemand mehr da, den ich darum fragen könnte, wie lange die Überfahrt gedauert hat und welche Häfen wir angelaufen haben. Sollte das Vergessen eine Art des Sparens sein, so zweifle ich nicht, daß auch eine Gelegenheit vorgedacht ist, das angesammelte Kapital zu verbrauchen.

Ich sehe uns im Hause des Dr. Bayard. Ich sehe seinen grauen runden Bart und seine dunklen Augen hinter dem Kneifer. Er stammt aus der Normandie und Laparte schätzt ihn als Schlangenkenner. Er ist der Arzt der guten Gesellschaft von Pernambuco. Seine Schwester führt ihm den Haushalt, ein scheues altes Mädchen. Ich glaube, sie ist stumm oder sie ist ein Geist. Man erschrickt bisweilen vor ihrer Lautlosigkeit.

Das Schiff nach Pernambuco. Es ist abgewrackt und sein Name

ist vergessen in alten Schiffsregistern. Wieder dieses verdächtige Wort: Vergessen. Es schleicht sich überall ein. Ich will nicht denken, daß es die kleine Münze ist, die ich unter der Zunge trug und die ich dem Fährmann für die Überfahrt geben mußte. Wir waren doch sehr lustig im Hause des Dr. Bayard, tranken brasilianischen Rotwein und den von Burgund, und rauchten schwarze Zigarren. Wir müssen ein paar Wochen dort gewesen sein. Ich lernte etwas Portugiesisch, kaufte Proviant ein, warb Mulatten an und malte die Schlangen in Öl, die Dr. Bayard in Glaskästen hielt. Laparte war der Tätigste von uns, er bereitete alles sorgfältig vor. Die Indios fürchteten seine Mißgestalt. Das gab ihm zugleich Macht über sie. Aber ich vergaß zu sagen, daß wir vier waren. Zeemans war noch dabei und Kingsley. Alle wollten etwas sammeln. Zeemans Käfer und Fliegen, Kingsley Speerspitzen, Trinkbecher und Federschmuck. Es kann aber auch sein, daß Kingsley Käfer sammelte und Zeemans Speerspitzen, ich habe es vergessen, wie ich das Schiff nach Pernambuco vergessen habe. Manchmal überlege ich, ob es nicht Lazertis geheißen hat, denn seit längerem erscheint mir das Unwahrscheinliche besonders einleuchtend. Es läge ein gewisser Hohn für mich in diesem Namen. Denn offenbar diente diese Eidechsenreise dazu, mir zu zeigen, daß das Wort Lazertis sehr vieles bedeuten konnte, wenn man überhaupt annahm, daß es etwas bedeutete.

Was mir Dr. Bayard sagte, nahm ich zuerst nicht sonderlich ernst. Aber das Gespräch mit ihm ist mir deutlicher in Erinnerung geblieben als alles, was wir sonst in Pernambuco vor unserem Aufbruch gesprochen haben mögen.

Zimmer

BAYARD Achtzehn Monate will Herr Laparte bleiben?

PAUL Ja, ungefähr.

BAYARD Und Sie können bleiben, solange Sie wollen?

PAUL Ja.

BAYARD Was werden Sie tun, wenn Herr Laparte fort ist?

PAUL Ich tue immer das gleiche: Ich male.

BAYARD Meinen Sie, daß Sie in Brasilien davon leben können?

PAUL In Brasilien? Ich will in Europa leben.

BAYARD Herr Laparte erzählte mir, Sie würden nicht mehr nach Europa zurückkehren.

PAUL Sie müssen ihn mißverstanden haben.

BAYARD Er erzählte mir, daß Sie Ihre Wohnung aufgegeben hätten und daß nichts Sie in Europa hält.

PAUL Auch in Brasilien hält mich nichts.

BAYARD Ich kam auch eines Tages an, und es hielt mich nichts. Es war vor vierzig Jahren und seitdem bin ich hier.

PAUL Und warum sollte auch ich mein Leben hier verbringen?

BAYARD Ich kenne Sie nicht. Herr Laparte kennt Sie besser.

PAUL Ich habe ihn vor einem Vierteljahr zum ersten Mal gesehen.

BAYARD Und machen doch schon seine Reise mit?

PAUL Ein Zufall. Und eigentlich hing alles an einem Wort. Herr Laparte nahm es für ein Zeichen der Vorsehung, wenn man so großartig über unsere Bekanntschaft sprechen will.

BAYARD Ein Wort? Und welches Wort?

PAUL Es hieß Lazertis, und es erinnerte ihn an seine Eidechsen.

BAYARD Lazertis?

PAUL Ich hörte es eines Nachts.

BAYARD Woher?

PAUL Durch das geöffnete Fenster. Zwei Betrunkene. Ich vermutete, daß es etwas von Wichtigkeit für mich sei.

BAYARD *abwesend:* Von Wichtigkeit für Sie.

PAUL Eine Vermutung ohne viel Grund. Und ich könnte mich auch verhört haben.

BAYARD Das Wort könnte anders heißen.

PAUL Das meint Herr Laparte.

BAYARD Lazertis. Und eine Spur anders.

PAUL Da gäbe es viele Spuren.

BAYARD Ich habe Grund genug, die meine von den vielen zu unterscheiden.

PAUL Die Ihre? Wohin führt sie?

BAYARD Laertes hieß Ihr Wort.

PAUL Hätte das mehr Sinn?

BAYARD Der Vater des Odysseus.

PAUL Die Irrfahrten, Ithaka?

BAYARD Die Irrfahrten und Ithaka.

PAUL Von Bedeutung für mich, dachten Sie?

BAYARD Für mich.

PAUL Für Sie?

BAYARD Weil ich einen Sohn habe.

PAUL *lacht:* Odysseus?

BAYARD So habe ich ihn manchmal genannt, wenn ich an ihn dachte. Aber bisher war mir nicht deutlich, daß ich dann Laertes wäre.

PAUL Es ist möglich. Vielleicht hieß es auch Laertes, mein Wort. Vielleicht hieß es Laertes, und vielleicht ganz anders.

BAYARD Laertes. Das ist der Name, der mir zusteht.

PAUL Und ich hätte es nur Ihrethalben gehört? Nur um es Ihnen zu bringen? Nur um es Ihnen zu sagen, während wir hier auf diesen leeren, sonnigen Platz hinunterschauen?

BAYARD Ja. Darum.

PAUL *lacht:* So wüßte ich endlich, weshalb ich nach Pernambuco gekommen bin?

BAYARD Bekanntlich ist Odysseus zurückgekehrt.

PAUL Keiner von uns hat es anders gelernt. Wenn Sie Homer vertrauen wollen –

BAYARD Homer und den Betrunkenen in der Nacht. Auch zu mir wird Odysseus heimkehren, der zwölf Jahre lang über das Meer fährt.

PAUL Wir fuhren mit dem Flußdampfer den Amazonas aufwärts und schlugen einige hundert Kilometer oberhalb von Manaos unser Standquartier auf. Ich hatte genug damit zu tun, alles zu malen, was Laparte einfing; denn er fürchtete, daß nur wenige Tiere die Reise nach Europa überstünden, und wollte sie wenigstens als Bilder heimbringen. Auch für Kingsley und Zeemans malte ich einiges. Glückliche Zeit, wenn ich im Schatten vor der Hütte saß und die Farben mischte. Schwatzende nackte Indianerkinder standen um mich herum und es gelüstete sie immer wieder, von den bunten Klecksen zu kosten, wie es Kinder bei uns nach buntem Zuckerwerk gelüstet. Ich hatte viele Mühe, meine Tuben sicher zu verwahren, in der Furcht, daß giftige Farben darunter sein könnten. Manchmal war es auch leer um meine Staffelei, dann hörte ich ihr Geschrei unten am Fluß, wenn sie badeten, und es kam vielleicht eine uralte, Pfeife rauchende Indianerin, sehr häßlich und fast ebenso schmutzig und betrachtete mein Bild. Gegen Abend erhob sich der Duft von gebratenem Fisch oder Wildbret aus den Hütten, von Maisbrot und starken Gewürzen. Dann kamen die andern von ihren Streifzügen heim, wir aßen, was unser eingeborener Koch bereitet hatte, und sie begutachteten meine Bilder. Sie waren streng, wenn eine Rückenzeichnung nicht gelb genug und ein Rot nicht von natürlicher Schattierung war. Vor dem Einschlafen klagten sie oft über die feuchte Hitze. Ich vertrug sie gut und schlief in den schwülen Nächten unter dem Moskitonetz, als kennte ich es nicht anders.

Glückliche Zeit – ich weiß nicht, ob sie Wochen oder Monate dauerte. Eines Abends, als wir beim Essen saßen, ging sie vorüber; ohne daß ich es merkte, war sie mit dem, was Laparte sagte, zu Ende.

Halboffener Raum

LAPARTE Ich habe mich heute anderswohin rudern lassen als sonst. Ich hatte das Gefühl, daß die Gründe hier für mich erschöpft sind. Wie ist es bei euch?

ZEEMANS Mir ist es gleich. Ich finde überall, was ich brauche.

KINGSLEY Für mich wäre es besser, zu wechseln.

LAPARTE Übrigens hörte ich, daß es drei Tagereisen weiter, bei einem andern Stamm, einen Weißen gäbe.

ZEEMANS Den wir brauchen könnten?

LAPARTE Der dort krank liegt.

PAUL Seit wann?

LAPARTE Es war nichts Genaues zu erfahren.

ZEEMANS Malaria.

LAPARTE Ich weiß nicht. Es ist alles etwas unklar.

KINGSLEY *gähnt:* Man müßte der Sache nachgehen.

PAUL Ich frage mich, weshalb ihn die Indianer nicht fortschaffen.

KINGSLEY Man kann auch fragen, weshalb sie ihn nicht totgeschlagen haben.

ZEEMANS Man kann überhaupt vieles fragen.

PAUL Am besten ihn selber.

LAPARTE Das dachte ich. Einer von uns sollte hinfahren. Medikamente, etwas Tee, eine Decke –

ZEEMANS Sehr einleuchtend.

KINGSLEY Das macht aus vielen Fragen eine einzige.

LAPARTE Wer fährt?

ZEEMANS Ich komme mit der Katalogisierung nicht nach.

KINGSLEY Ich muß erst nicht erklären, weshalb es mir gerade in diesem Augenblick unmöglich ist.

PAUL Sie sehen mich an, Herr Laparte.

LAPARTE Nur um zu hören, weshalb Sie nicht fahren.

ZEEMANS Aber Ihnen macht es vielleicht am wenigsten aus.

KINGSLEY Ob Sie hier malen oder eine kleine Bootsreise unternehmen?

ZEEMANS Hübsche Motive unterwegs.

KINGSLEY Ja, und endlich eine andere Gesellschaft.

PAUL Die Hütte, wo der kranke Richards lag, war schadhaft. Es ging gegen Abend, und durch die Ritzen der Wand waren Stäbe von Licht gesteckt und bildeten eine Barriere zwischen ihm und mir. Er lag in einem Winkel auf einem Lager von trockenen Blättern. Eine Schüssel und ein Krug standen neben ihm, das war alles.
Als ich eintrat, richtete er sich auf und wandte mir sein Gesicht zu; das, was einmal sein Gesicht gewesen war.

In der Hütte

RICHARDS Gehen Sie hinaus!

PAUL Wir hörten von Ihnen und dachten, wir könnten Ihnen helfen.

RICHARDS Ich brauche nichts.

PAUL Ist es Malaria?

RICHARDS Es ist Lepra. Deswegen empfehle ich Ihnen, zu gehen.

PAUL So ansteckend wird es nicht sein.

RICHARDS Man kann sagen, überhaupt nicht.

PAUL Weshalb sollte ich dann gehen?

RICHARDS Ich lasse mir nicht gern zuschauen.

PAUL Man könnte manches für Sie tun. Sie liegen nicht bequem.

RICHARDS Insektenpulver, Desinfektionsmittel, ein vergittertes Fenster, Stacheldraht um die Anstalt. Ich habe genug davon gehört. Ich will sterben, wie es mir paßt.

PAUL So weit ist es nicht.

RICHARDS Dafür zahle ich mit Unrat und Ungeziefer, eine einfache Rechnung.

PAUL Wer bringt Ihnen Essen und Trinken?

RICHARDS Die Indianer. Sie helfen mir aus Angst.

PAUL Ich habe auch Angst, ich könnte Ihnen auch helfen.

RICHARDS Gehen Sie! Die andern sind auch gegangen.

PAUL Die andern?

RICHARDS Mir fällt etwas ein, was ich brauchen könnte.

PAUL Was ist es? Vielleicht –

RICHARDS Whisky.

PAUL Meinen Sie, er täte Ihnen gut?

RICHARDS Darauf kommt es nicht an.

PAUL Wer waren die andern?

RICHARDS Auch darauf nicht mehr. Haben Sie Whisky?

PAUL In unserem Lager. Ein paar Tagereisen entfernt.

RICHARDS Holen Sie ihn?

PAUL Ja.

RICHARDS Wir waren vier. Als sie merkten, was es war, sind sie davon. Ich bin seit einem Jahr hier. *Lebhaft:* Wirklich, Whisky wäre nicht schlecht. Aber ich glaube nicht, daß Sie wiederkommen.

PAUL Es bliebe abzuwarten.

RICHARDS Besser übrigens, Sie kämen nicht wieder, als daß Sie mich wie einen armen Lazarus behandeln.

PAUL Lazarus?

RICHARDS Es gibt eine Art von Mitleid, wissen Sie –

PAUL Wie kommen Sie auf Lazarus?

RICHARDS Wie hätte ich nicht darauf kommen sollen?

PAUL Es erinnert an Lazertis, nicht wahr?

RICHARDS Woran?

PAUL Vielleicht ist es auch ein anderer, der Ihnen den Whisky bringt. Wir sind vier. Ich muß es mit den andern besprechen.

RICHARDS Die andern, das sind die, denen man mißtrauen muß.

PAUL Mir wäre es lieber, Lazertis hätte nur etwas mit Eidechsen zu tun.

RICHARDS Wenn ich Sie so betrachte: Ich könnte mir denken, Sie wären an meiner Stelle hiergeblieben, auch ohne den Aussatz zu haben. *Er lacht.*

PAUL Sie sind hochmütig.

RICHARDS Es ist der kleine Hochmut derjenigen, die lange sterben. Er ist deswegen nicht weniger ärgerlich. Denken Sie übrigens nicht, daß ich mich beklage. Es ist eine angenehme Krankheit, die nicht weh tut. Man wird unempfindlich. Was kann man Besseres erreichen?

PAUL Ich war von Groll gegen Richards erfüllt, wie sehr ich ihn auch bemitleidete. Daß er von aller Welt verlassen bei lebendigem Leibe verweste, war es ein Grund, überheblich zu sein? War man ein Narr, nur weil man nicht krank war? Sollten ihm die andern den Whisky bringen! Ich hatte die erste Fahrt gemacht. Die zweite lag nicht mehr an mir.

Im Freien

PAUL Nicht ansteckend, sagt er.

ZEEMANS Ich hoffe, Sie haben sich dennoch desinfiziert.

LAPARTE Etwas Lysol ins Waschwasser.

ZEEMANS Das genügt nicht.

PAUL Wenn Sie ängstlich sind –

LAPARTE Keinen Streit jetzt!

KINGSLEY Wie auch immer: Wir können wenig für den Menschen tun.

ZEEMANS Armer Teufel!

KINGSLEY Wohin gehen Sie?

ZEEMANS Schlafen. Ich habe einen schweren Tag gehabt.

LAPARTE Schlafen Sie gut, Zeemans.

PAUL Haben wir leichte Tage gehabt?

KINGSLEY Nein. Oder ja. Versuchen wir doch, uns die nächsten zu erleichtern.

PAUL Nicht schwierig. Von Richards abgesehen.

LAPARTE Whisky also.

KINGSLEY Haben wir genug?

PAUL Er ist krank.

KINGSLEY Und Whisky eher schädlich für ihn.

LAPARTE Ich bin nicht sicher.

PAUL Ich bin sicher, daß es in seinem Zustand gleichgültig ist.

KINGSLEY *entschlossen:* Ich schlage vor, wir bringen ihn an die

Küste. Es wird irgendwo eine Anstalt für solche Fälle geben. Dort gehört er hin.

LAPARTE Diese Möglichkeit hat einen Vorteil: Es sieht aus, als hätten wir etwas für ihn getan.

KINGSLEY Und?

LAPARTE Zugleich könnte es aussehen, als hätten wir nichts getan.

KINGSLEY Der Transport, ist das nichts?

LAPARTE Gut. Bringen wir ihn an die Küste.

PAUL Und brechen die Expedition ab?

LAPARTE Wieso?

PAUL Sagten Sie nicht, wir bringen ihn an die Küste?

LAPARTE Einer von uns genügt.

PAUL Am nächsten Morgen waren Zeemans und Kingsley so früh aufgebrochen, daß ich sie nicht mehr zu Gesicht bekam. Ich packte meine Sachen für die zweite Reise zu Richards. Laparte kam hinzu und beobachtete mich aus seinen kleinen flinken Augen. Ich haßte ihn in diesem Augenblick.

Vor der Hütte

LAPARTE Schade, daß Sie weggehen. Soviele Tage, die Sie nicht malen, soviele Bilder weniger für mich.

PAUL Ich sollte die Wasserstiefel mitnehmen.

LAPARTE Wenn Sie noch eine Weile nachdenken, entdecken Sie, daß Sie alles mitnehmen müssen.

PAUL Sie haben recht. Ich packe zuviel ein.

LAPARTE Im Gegenteil: Zu wenig. Wollen Sie Ihr Malzeug hierlassen?

PAUL Meinen Sie, daß ich noch Zeit zum Malen haben werde?

LAPARTE Es dauert acht Tage, bis Sie in Manaos und drei Wochen, bis Sie in Para sind.

PAUL Wie soll er es überstehen? Es ist wie eine Reise nach einem andern Friedhof.

LAPARTE Das ist in jeder Reise eingeschlossen.

PAUL Oder bestenfalls in eine Art von Gefängnis.

LAPARTE Aber unter seinesgleichen.

PAUL Sagen Sie jetzt nicht: Geteiltes Leid.

LAPARTE Ich wollte es eben sagen. Oder sollen wir ihn nicht an die Küste bringen?

PAUL Ich bin es immer, der entscheiden muß, wenn beide Möglichkeiten gleich schlecht geworden sind. Ihr dreht euch um und sammelt Eidechsen oder Käfer.

LAPARTE Und Ihnen überlassen wir die Menschen. Im Mittelalter übrigens trugen die Aussätzigen Klappern, mit denen sie lärmen mußten, wenn sie an die Häuser kamen. Man warf ihnen Brot oder Geld zu.

PAUL Ich fürchte Ihre gelehrten Abschweifungen.

LAPARTE Lazarusklappern wurden sie genannt.

PAUL Versuchen Sie nicht, mir zu erklären, daß Richards nur mich anginge. Ich will ihm Whisky bringen, mehr ist nicht meine Sache.

LAPARTE Niemand macht Ihnen Vorwürfe.

PAUL Ich werde mich nur für einige Tage ausrüsten.

LAPARTE Wir wechseln in den nächsten Tagen das Quartier. Es ist besser, Sie haben alles bei sich, wenn Sie uns suchen.

PAUL Alles?

LAPARTE Ich dachte.

PAUL Und wenn ich einen Teil hierließe?

LAPARTE Wäre Diebstahl zu befürchten.

PAUL Und wenn Sie es mitnähmen?

LAPARTE Es stellt sich immer heraus, daß man das Falsche eingepackt hat.

PAUL Für jede Frage eine Antwort. Aber nicht mehr.

LAPARTE Und denken Sie daran, daß in Manaos, in Para und in Pernambuco Geld auf Ihren Namen liegt.

PAUL Lazarus. Während der Tage, wo mein Boot stromaufwärts gerudert wurde, dachte ich dieses Wort. Ich dachte es mit seinen drei Vokalen und vier Konsonanten, es ist mir wirklich, daß man ein Wort denken kann. Es bewegt sich, bewegt sich sehr schnell und immer geradeaus fort, ein Pfeil, von einer Bogensehne abgeschnellt – dort ruhte er einmal in gefährlicher Ruhe, aber in Ruhe. Der Schütze ist unbekannt; ungewiß, wo das Ziel ist oder ob er sinnlos ins Leere und in den Zufall geschossen wurde. Rechts und links, oben und unten erhellen sich kurz, wie von Blitzschlägen die Bilder. Sie sind zu deutlich, um zu bleiben.

Lazarus, biblische Gewänder, eine strenge Hand, die das Ungefähre ausschließt.

Die Schwären, alle Schwären der Welt, bunte Bilder aus medizinischen Werken, und man weiß, daß der Leib ein Grauen ist. Wie, wenn man die Seele koloriert erblickte? Die Häuser, Ansammlungen von Häusern, Gehöfte verzweifelt über die Landschaft gestreut, Kühe, Pferde, Schafherden, alles bemüht, aber vergebens. Bibliotheken, vollgeschrieben, um die Einsamkeit zu verheimlichen. Wege, auf denen man nichts anderes erreicht als den Ort, wo man herkam. Aussichtspunkte, als hätte man Aussichten.

Lazarus. Gibt es Wörter, die nicht die Welt enthalten? Der Mann, der in einer Urwaldhütte liegt und den Aussatz hat. Er erwartet den Tod. Es geht ihm nicht schlechter als allen. Es geht ihm gut. Man braucht sich nicht um ihn zu kümmern. Ein paar Flaschen Whisky und wieder abfahren. Schade um den Whisky. Man müßte sich um alle kümmern, das ist Sentimentalität. Der Ausweg: Die Kümmernis von Berufs wegen, Hebammen, Krankenschwestern, Ärzte, Priester, Totengräber, Klageweiber, die bezahlten Heilgehilfen aller Art, man muß es ihnen überlassen.

Dazwischen der Verdacht, nein schon die Gewißheit, daß Richards blind war. Hatte er überhaupt noch Augen? Konnte ich länger als eine Stunde dieses Gesicht ansehen, das keines mehr war?

Vom Ufer her schreit es. Es sind die Affen in den Bäumen, vielleicht Papageien. Gleich wache ich auf. Aber wo liege ich dann? Lazarus, Lazarus.

In der Hütte

PAUL Kein Soda, Sie müssen ihn pur trinken. Sie werden dürsten wie in der Hölle.

RICHARDS An die Hölle bin ich gewöhnt.

PAUL Wir denken, daß es unsere Pflicht wäre, Sie an die Küste zu bringen.

RICHARDS Sie soll auch der Teufel holen!

PAUL Ich kann Sie nicht zwingen.

RICHARDS In der Erinnerung war der Whisky besser. Aber ich werde mich wieder an den Geschmack gewöhnen.

PAUL Es ist nicht soviel da, um sich daran zu gewöhnen.

RICHARDS Eile, wieder fortzukommen?

PAUL Keine Eile, aber –

RICHARDS Stellen Sie die Flasche näher. Wieviel haben Sie?

PAUL Drei.

RICHARDS Man könnte sagen: Drei Tage.

PAUL Etwas mehr vielleicht.

RICHARDS Und Sie? Drei Tage, drei Stunden oder? *Als Paul nicht antwortet:* Angst? Aber es ist nicht leicht, sich anzustecken. Aussätzig zu werden, das ist fast so schwer wie glücklich zu werden. *Er lacht:* Es gehört viel Anlage dazu. Bedenken Sie, wie wenig Aussätzige es gibt.

PAUL Woher haben Sie es?

RICHARDS Ich bin in zuvielen Häfen gewesen und habe in zuvielen Betten geschlafen, als daß ich es wissen könnte. Vor fünf Jahren fing es an. Die Haut wurde an ein paar Stellen rot, am Oberschenkel und am Bauch, weiter nichts. Es ging weg und kam an andern Stellen wieder. Ich achtete nicht darauf. Aber ich will Ihnen keine Krankengeschichte erzählen. Und eigentlich weiß ich auch, woher ich es habe. Ich meine: Woher es kommt, daß ich es bekommen konnte.

PAUL Eine Veranlagung, sagten Sie.

RICHARDS Ich meine den Punkt in der Welt, wo sich alles entscheidet.

PAUL Gibt es den?

RICHARDS Ich fuhr damals auf einem türkischen Schiff, und wir hatten in Algeciras angelegt. In jedem andern Hafen ist mehr los. Es ist auch eigentlich kein Hafen, sondern ein Fischerdorf. Die einzige Kurzweil ist der Rotwein. Ich beklagte mich bei dem Wirt der Kneipe darüber, und er lachte und meinte, Algeciras sei der Mittelpunkt der Welt, weil dort alles stillstehe und ringsherum sich alles bewege.

PAUL Wo ist der Mittelpunkt der Welt?

RICHARDS In Algeciras. Ich glaube, Sie hören nicht zu.

PAUL Erzählen Sie trotzdem weiter.

RICHARDS Ich ging wieder an Bord, aber am nächsten Tag konnten wir aus irgendeinem Grund nicht auslaufen und langweilten uns weiter. Zu Mittag hielt ich es nirgends mehr aus. Ich schlenderte durch die Gassen und kam auf eine Straße, die in Serpentinen den Abhang hinaufführte. Es war kein Vergnügen, in der Hitze dort zu gehen, ich wollte nirgends hin, die Langeweile trieb mich. Plötzlich war ich am Mittelpunkt der Welt.

PAUL In Algeciras.

RICHARDS Genauer gesagt, etwas oberhalb von Algeciras. Der Weg machte eine Biegung, eine hohe Mauer war da und darüber eine Hecke. Eine Eidechse saß auf der Mauerkrone, mit erhobenem Kopf war sie wie in der Bewegung erstarrt. Es war aber, als sähen mich aus der Hecke ein Paar Augen an, die ich nicht sah.

PAUL Ja.

RICHARDS Algeciras liegt nahe bei Gibraltar. Man sieht den Felsen herüber.

PAUL Die Straße führte zu einem Steinbruch.

RICHARDS Zu einem Steinbruch? Es ist möglich.

PAUL Aber Sie sind nicht weitergegangen.

RICHARDS Ich bin nicht weitergegangen. Habe ich es schon einmal erzählt?

PAUL Nein.

RICHARDS Ich erzähle es oft. Den Baumstämmen und dem Wasserkrug.

PAUL Und weiter!

RICHARDS *verwirrt:* Weiter?

PAUL Ein paar Augen sahen Sie an.

RICHARDS Oder die Hecke selbst.

PAUL Aber Sie hörten nichts? Keinen Laut, kein Wort?

RICHARDS Nur die Stille von Algeciras, um die sich die Welt bewegte.

PAUL Und dann?

RICHARDS Dann? Kein Dann. Es gab kein Dann für mich in diesem Augenblick. Ich ertrug ihn auch nicht. Ich drehte mich um und ging, damit die Eidechse weiterliefe und die Augen in der Hecke einem Mädchen gehören konnten, das mir neugierig nachstarrte. Damit es so würde, drehte ich mich um und ging. Verstehen Sie: damit alles vergessen würde.

PAUL Ja. Aber wurde es vergessen?

RICHARDS Algeciras war wie vorher: Die Kneipe, der Hafen, das Schiff. Und doch versuchte ich vergebens, es so zu sehen, wie ich es noch vor einer Stunde gesehen hatte. *Lebhafter:* Jeder kennt das: Man sieht eine Stadt zum ersten Mal. Dann aber lebt man lange darin, die Ansicht verändert sich immer mehr, nie wieder sieht man sie wie im ersten Augenblick.

PAUL Nie wieder?

RICHARDS Vielleicht manchmal, kurz wie ein Blitz.

PAUL Aber es ist ein Blitz von Glück.

RICHARDS Als ich den Berg herunterkam, hatte ich viele Jahre in Algeciras gelebt. Aber es war noch etwas anderes: Ich sah nichts in der Welt mehr wie im ersten Augenblick. Ich kannte alles, ich hatte überall sehr lange gelebt. Und das ist eigentlich der Aussatz. Ich bekam ihn, weil ich ihn schon hatte.

PAUL Sind Ihre Augen noch gut?

RICHARDS Jetzt ändert es sich allmählich. Je schlechter ich sehe, desto neuer wird alles für mich. Ich lebe nach rückwärts. Der Tod, das ist der Augenblick, wo die Welt wie am ersten Tag ist.

PAUL Die Indianer, bei denen Richards Zuflucht gefunden hatte, räumten mir eine Hütte aus, wo ich für die Tage wohnen sollte, die ich blieb. Richards war immer nur wenige Stunden am Tage wirklich wach, die andern dämmerte er dahin. Ich hatte das Gefühl, daß er nicht mehr weit von dem Augenblick entfernt war, von dem er gesprochen hatte. Der Gedanke, ihn noch an die Küste zu bringen, war unsinnig.

Ich hatte viel Zeit in diesen Tagen und packte mein Malzeug aus. Ich malte keine Tiere, ich malte die Hütte, worin Richards sterben sollte, den Pfad, der zu der Hütte führte, und den Urwald dahinter. Ich dachte, daß ich es für Manuela malte. Ich brauchte ihr nicht zu sagen, daß der Tod in diesem Bild war. Es war eine Landschaft aus dem Urwald, weiter nichts. Es war das Beste, das ich je gemalt habe, und dennoch schlecht genug. Manuela hat das Bild nie gesehen. Es gibt sicher auch viele Dinge, die mich angehen und von denen ich nie erfahre.

Der Whisky reichte länger als vorgesehen, aber am sechsten Tag war er zu Ende. Ich dachte an die Möglichkeit, von der niemand gesprochen hatte, ja, sie schien mir die natürlichste.

In der Hütte

RICHARDS Sie bieten mir nichts mehr an.

PAUL Die Flaschen sind leer.

RICHARDS Und drei Tage vergangen?

PAUL Wir sind im fünften.

RICHARDS Sie sind länger geblieben als vorgesehen. Wollten Sie mich nicht an die Küste bringen?

PAUL Sie wollten es nicht.

RICHARDS Sie werden fort müssen, nicht wahr?

PAUL Ich bleibe noch.

RICHARDS Wie lange?

PAUL Ich weiß es nicht.

RICHARDS Ich weiß es.

PAUL Ich wollte solange bleiben, wie Sie wollen.

RICHARDS Wenn es so weit ist, will ich nichts mehr. Sie werden sich langweilen. Möchten Sie die Kerze anzünden?

PAUL Die Kerze?

RICHARDS Ja.

PAUL Ich habe keine Kerzen mehr.

RICHARDS Jetzt merke ich, daß es heller Tag ist. Die Sonne scheint mir auf die Hand. Jetzt wird es Zeit, sonst kenne ich die Dunkelheit zu lange.

PAUL Am zehnten Tage legte überraschend ein Boot an. Die Indianer lockten mich mit ihrem Geschrei ans Ufer. Auf der Ruderbank hockte Laparte, kleiner und buckliger denn je. In seinem weißen Hemd glich er wieder einem verschneiten Seesack, den jemand gleichgültig hatte stehen lassen. Eine Hafenmauer im Winter oder die Sonne am Amazonas – die Unterschiede waren geringer, als man vermutete, groß im ersten Augenblick, später hoben sie sich von selbst auf.

Im Freien

LAPARTE Mir wars, als wäre heute Ihr jour fixe, Paul.

PAUL Alle meine Tage seit kurzem. Etwas Besonderes?

LAPARTE Nur mein Unterhaltungsbedürfnis.

PAUL Das Haus vor uns ist meins.

LAPARTE Und Richards?

PAUL Daneben.

LAPARTE Er wohnt noch?

PAUL Ja.

LAPARTE Ganz gute Gegend.

PAUL Wofür?

LAPARTE Zum Wohnen natürlich.

PAUL Hier hinein. Nehmen Sie den Klappstuhl.

LAPARTE Ah, Sie malen wieder? Neue Motive?

PAUL Nur um mich zu beschäftigen.

LAPARTE Es fehlt Ihnen an Eidechsen.

PAUL Sie sagen es.

LAPARTE Ihre Hütte, nicht wahr? Ein Andenken.

PAUL Richards Hütte.

LAPARTE Dennoch ein Andenken.

PAUL Ja.

LAPARTE Es wundert mich, daß ich Sie noch antreffe. Wollten Sie nicht längst zur Küste unterwegs sein?

PAUL Ich bleibe noch. Das heißt, er bleibt noch.

LAPARTE Das läuft auf dasselbe hin.

PAUL Der Unterschied wäre keinen Streit wert.

LAPARTE Ich bin nicht gekommen, um zu streiten. Ich wollte Sie fragen, ob Sie mich begleiten.

PAUL Nein.

LAPARTE Natürlich nicht. Sie hatten die Frage ja schon beantwortet.

PAUL Alles in Ordnung im Lager?

LAPARTE Alles in Ordnung. Ich bin jetzt allein dort.

PAUL Wieso? Zeemans und Kingsley?

LAPARTE Wenn Sie sich erinnern können, der nördliche Nebenfluß erweitert sich nach einer Stunde seenartig.

PAUL Die andern sind allein fort?

LAPARTE Die Richtung lag mir nicht.

PAUL Unlängst hatten Sie selber vorgeschlagen –

LAPARTE Eine neue Überlegung.

PAUL Einen Streit?

LAPARTE Keinen Streit. Kingsley und Zeemans sind nur verärgert, und mit Recht.

PAUL Mit Recht?

LAPARTE Der Entschluß, für meinen Teil die Expedition abzubrechen, kam für die andern ziemlich unvermittelt.

PAUL Auch für mich.

LAPARTE Mangelnde Verantwortung, meinte Kingsley.

PAUL Und der Rest Ihrer Pläne?

LAPARTE Der Rest meiner Pläne! *Er lacht:* Es ist wahr, ich kann es schlecht erklären, es gibt keine Entschuldigung für mich. Mein Buckel ist die einzige. Übrigens hat niemand finanziellen Nachteil.

PAUL Für Geiz wird es keiner halten.

LAPARTE Vielleicht die Hitze. Vor zehn Jahren machte sie mir nichts aus. Jetzt schlafe ich nicht mehr.

PAUL So beginnen die Gedanken.

LAPARTE Und erschüttern meine Pläne. Zweifel beginnen, alle Zweifel, die möglich sind. Weshalb zum Beispiel Eidechsen? Große, ernsthafte Leute viele Monate unterwegs, um Eidechsen zu fangen. Das kann es nicht sein. Und man wälzt sich herum und hört die Moskitos. Alle Gründe für Eidechsen werden erfunden und alle sind gleich absurd. Unter anderm fiel mir ein, daß ich Eidechsen nur gesammelt habe, um Sie hierher zu bringen.

PAUL Zuviel gedacht.

LAPARTE Eines Morgens stehe ich auf und bin mir klar darüber, daß ich keine Eidechse mehr sehen möchte.

PAUL Und zu wenig geschlafen.

LAPARTE Die meisten Menschen kommen in der Tat ohne Eidechsen aus.

PAUL Ich bin nicht sicher.

LAPARTE Das war vorgestern.

PAUL Zu kurz für solche Entschlüsse.

LAPARTE Ich fahre von hier ins Lager zurück, lade meine Kisten auf und bin in ein paar Stunden schon unterwegs. Meine Frage von vorhin, ob Sie mich begleiten wollen –

PAUL Hat nun freilich ein anderes Gewicht bekommen.

LAPARTE Aber doch wohl die gleiche Antwort? *Als Paul nicht antwortet:* Sie brauchen mich nicht mehr. Das Bild übrigens wird immer besser. Doch, es ist Ihnen gelungen. Vielleicht kommen Sie allmählich überhaupt auf andere Motive.

PAUL Der Strom floß breit und schlammig, und als das Boot in die Strömung glitt und an Fahrt gewann, hob Laparte die Hand und winkte mir zu. Er stand aufrecht, aber es schien, als habe er den Kopf noch tiefer zwischen die Schultern gezogen und als habe er sich ermüdet niedergesetzt. Er rief mir etwas zu, was ich nicht mehr verstand. Es mochte das Wort sein, das ich schon einmal nicht verstanden hatte. Er war hier gewesen und vielleicht wußte er es und hatte es mir nicht gesagt. Es wäre aber auch möglich, dachte ich, daß man es mir erst sagen konnte, wenn man so weit fort war, daß ich es nicht mehr verstand. Die Ferne ist die Voraussetzung des Glücks.
Ich hob die Hand und winkte, obwohl das Boot nicht mehr zu erkennen war. Zugleich hob ich die Hand, um alles wegzuwischen, die Fragen, die vielen Möglichkeiten, den Abschied, Laparte, Zeemans. Adieu, der Strom fließt breit und schlammig, ich werde selber darauf fahren und nicht wiederkehren.

In der Hütte

RICHARDS Sie sind den ganzen Tag nicht gekommen. War jemand da?

PAUL Ja. Es geht uns gut, er hat Whisky gebracht.

RICHARDS Der Eidechsenmann?

PAUL Zwei Flaschen.

RICHARDS Es könnte reichen.

PAUL Und Konserven.

RICHARDS Das ist alles sehr gut.

PAUL Trinken Sie einen Schluck?

RICHARDS Ist er wieder fort?

PAUL Ja.

RICHARDS Wohin fährt er? Was wird er tun? Nein, das ist es nicht, was ich wissen will. Etwas anderes: Was werden S i e tun, wenn Sie von hier fortfahren?

PAUL Nichts Besonderes, glaube ich.

RICHARDS Man weiß nicht so genau, was etwas Besonderes ist. Für mich ist es besonders, weil es in einer Zeit spielt, wo ich nicht mehr da bin. Sie werden nach Manaos fahren, aber gibt es dann Manaos noch? Wenn es für mich zu den Irrtümern zählt, gehen Sie durch die elenden Gassen an den lächerlichen Basaren vorbei, am Kontor der Reederei Minhos y Filho, und alle machen ein wichtiges Gesicht, während es sie nicht mehr gibt. Denken Sie daran, daß die Lebenden die Gespenster für die Toten sind. Dennoch: Sie fahren weiter nach Para und Pernambuco. Inzwischen sind alle Räume aufgelöst und zu etwas geworden, was auch nicht Zeit ist. Die Boulevards, die Cafés, die Abendpromenade, die Zeitungen, die Geldmünzen in Ihrem Portemonnaie – alles geschieht noch, während schon die Sphärenmusik tönt. *Lachend:* Ich kann mich gut trösten, wie? *Da Paul nicht antwortet:* Dann fahren Sie über das Meer. Übrigens etwas, was ich mir noch vorstellen kann, wenn ich schon tot bin.

Sie fahren übers Meer. Aber was tun Sie nun eigentlich?

PAUL Ich werde die Augen suchen, die Sie aus der Hecke angesehen haben.

RICHARDS Guter Gott, Sie können nicht das Gleiche tun wie ich! Überlassen Sie mir das einzige Geschäft, das mir dann bleibt. Sie haben noch Zeit. Auf eine gute Reise!

Nun, wollen Sie mir nicht das Gleiche wünschen?

PAUL Auf eine gute Reise, Richards!

RICHARDS *lachend:* So ist es recht.

PAUL Richards starb zwei Wochen später. Den längsten Teil dieser Zeit war er ohne Sprache und ohne Bewußtsein. Die Indianer halfen mir, ihn zu begraben. Nachdem ich aus seinem Seesack an mich genommen hatte, was er an Papieren bei sich trug, verbrannten wir die Hütte und seine geringe Habe. Am Abend las ich in seinen Papieren und verbrannte sie auch.

Ich blieb lange wach in dieser Nacht und horchte auf ihre Geräusche. Bisweilen war sie laut von Getier, dann wieder hörte man nur den Fluß, ein eintöniges Brausen, das gewiß eines Tages für den nicht mehr zu vernehmen war, der blieb. Ich bedauerte, daß kein Whisky mehr da war, nur Tabak hatte ich und die Pfeife. Sie erhellte einen kleinen Raum in der Hütte. Draußen waren Sterne.

Ich dachte an das Denkmal, auf dem der Name meines Bruders geschrieben stand, und dachte an Richards, den ich heute begraben hatte, wie an einen anderen Bruder. Wenn ich die Augen schloß, sah ich die erste Nacht dieses Jahres wieder vor mir, und das Schneetreiben, das schon die Namen verhüllte. Die Flocken waren rasch wie die Gedanken der Nacht.

Wie kam ich hierher, an diesen einen Punkt der Welt? Hatten alle, Manuela, Laparte, Richards, hatten sie nicht alle das gleiche Wort zu mir gesprochen?

Gegen Morgen schlief ich ein. Ich träumte von Manuela.

Unwirklich

PAUL Da sind die Briefe, Manuela.

MANUELA So viele! Ein ganzer Sarg voll!

PAUL Ich habe mein Leben lang daran geschrieben.

MANUELA Wann soll ich sie alle lesen?

PAUL Es steht in allen das gleiche. Nur die Briefmarken unterscheiden sich. Das hier ist Deutschland, das Belgien, das Spanien.

MANUELA Waren Sie in Spanien?

PAUL In der Nähe von Gibraltar.

MANUELA Sie waren nicht in Spanien. Und die Briefe sind nicht von Ihnen. Es steht nichts darin. Leere Umschläge.

PAUL Mein Leben.

MANUELA Das Leben von andern.

PAUL Das alles war nicht ich?

MANUELA Nicht einmal eine eigene Krankheit.

PAUL Und ich meinte –

MANUELA Ich meinte es auch von mir. Aber es waren andere Augen, mit denen ich aus der Hecke schaute. Ich muß Ihnen etwas sagen, Paul: Der Weg führt nicht zu dem Steinbruch.

PAUL Ich habe es mir gedacht.

MANUELA Aber Sie dürfen es niemand verraten.

PAUL Ich muß abfahren, Manuela. Hören Sie die Schiffsglocke nicht?

MANUELA Es sind die Glocken aller gestrandeten Schiffe.

PAUL Und der Kapitän ist genau.

MANUELA Wußten Sie nicht, daß ich mit Ihnen fahre? Ich habe Urlaub genommen.

PAUL Es ist nur ein kleines Boot. Aber wenn Sie mitfahren, wird Platz für alle darin. Kommen Sie, rasch!

PAUL Als ich am Morgen im Fluß badete, entdeckte ich an meiner rechten Hüfte einige rote Flecken. Es war wohl nur, weil ich nachts schlecht gelegen hatte, und es gab noch keinen Grund, Angst zu haben. Bis Manaos, das war eine Reise von acht Tagen, verschwanden die Flecken wieder, aber dann hatte ich sie plötzlich am ganzen Körper, und als ich in Manaos den Flußdampfer nahm, fand ich keine guten Gründe mehr, unbesorgt zu sein.

Es ist ein sehr langsames Schiff. Oft gibt es Anlegestellen, deren Sinn man nicht begreift, es sei denn, sie dienen den Alligatoren und Papageien zur Unterhaltung. Der Dampfer nähert sich ihnen mit lautem Glockengebimmel, liegt eine Stunde oder auch mehrere still, keine Menschenseele zeigt sich; und die Räder bewegen sich wieder und man fährt ab, während die Schiffsglocke sinnlos in den Urwald tönt.

Ausfahren eines Raddampfers, Schiffsglocke. Geräusche langsam ausblenden.

Im Freien

PAUL Die Glocken aller gestrandeten Schiffe. Laparte sagte, ich brauchte ihn nicht mehr, welcher Irrtum! Ich brauche alle. Ich brauche die ächzenden Greise in der Nachmittagssonne, die Säuglinge in der Wiege, das Kind, das seine Schulaufgaben nicht weiß, die Frau, die unterm Petroleumlicht strickt, den Arzt, der das falsche Medikament verschrieb, den Betrunkenen, der nicht fröhlich wurde. Wer Angst hat, braucht sie alle. Ich habe Angst um mein Leben und bin doch meiner Krankheit noch gar nicht gewiß.

Bayard vor allem brauche ich. Er wird mir sagen, ob ich es habe; und wenn ich es habe, wird er Mittel wissen, aus Schlangengift und Orchideensäften. Es ist sehr beruhigend, Pernambuco, die Geräusche des Meeres, Dr. Bayard –

BAYARD Ich dachte mir, daß Sie kommen. Ich habe alles vorbereitet und die einschlägige Literatur studiert. *Er kichert.*

PAUL Die einschlägige Literatur scheint unterhaltend zu sein.

BAYARD Es ist eine seltene Krankheit und über seltene Krankheiten weiß man nicht ohne weiteres Bescheid. Laparte
habe ich auch schon der Vorsicht halber untersucht. Ich bin in
Übung.

PAUL Laparte? Ist er noch hier?

BAYARD Seit vorgestern nicht mehr.

PAUL Ja, ich dachte es.

BAYARD Sein Schiff ging zwei Stunden nach dem Begräbnis.

PAUL Begräbnis?

BAYARD Ziemlich rot diese Stelle. Schmerzen?

PAUL Nein.

BAYARD Meine Schwester ist plötzlich gestorben.

PAUL Ihre Schwester?

BAYARD Nun, Sie kannten sie kaum. Kein Grund, Ihre Gefühle
zu bemühen. Was den Laertes betrifft – – *unterbricht sich, gespannt:* Sehen Sie, wenn ich hier drücke, bleibt die Druckstelle
und die Haut spannt sich nicht wieder.

PAUL Ist das schlecht?

BAYARD Nichts ist besonders schlecht.

PAUL Die Haut spannt sich wieder, die Druckstelle bleibt nicht.

BAYARD Sie verstehen es besser.

PAUL Dann wäre ich nicht hier.

BAYARD Noch ein kleiner Einstich, kaum zu spüren.

PAUL Was wollten Sie über Laertes sagen?

BAYARD Daß es ein Irrtum war. Wie lange haben Sie diese Flecken
schon?

PAUL Fünf Wochen.

BAYARD Ich bin nicht dieser Laertes, Odysseus kommt nicht wieder, hier ist kein Ithaka. Hier ist Pernambuco, eine Stadt mit
Hafenanlagen und Postverbindung. Man kann zum Beispiel
einen Brief aus Kapstadt bekommen, er braucht höchstens vier
Wochen. Und es kann leicht darinnenstehen: Ihr Sohn ist im
hiesigen Gefängnis verstorben. Natürlich auch das Datum. Und
einige behördliche Schnörkel, die sich herumranken. Aber das

Wort »verstorben« bleibt unter allen Schnörkeln und Ranken lesbar.

Haben Sie guten Appetit, gute Verdauung?

PAUL Dr. Bayard –

BAYARD Es tut Ihnen leid, ich weiß. Aber ich fragte Sie –

PAUL Alles in Ordnung.

BAYARD Und weshalb macht sich das Schicksal diesen gemeinen Witz? Vielmehr: Sie? Weshalb haben Sie ihn gemacht?

PAUL Ich verstehe Sie nicht.

BAYARD So. Noch einmal Ihren Arm. Wir sind bald soweit. Eines Tages fängt meine Schwester an, irre zu reden, und eines andern Tages ist sie verschwunden, und eines dritten Tages fischt man sie tot aus dem Hafenbecken. Es wurde übrigens mir zuliebe als Unfall bescheinigt.

PAUL Wo ist der Witz, Dr. Bayard?

BAYARD Hören Sie ihn nicht? Noch immer nicht? Laertes. Wer brachte mich dahin, dem Namen zu vertrauen? Wer nannte mich so?

PAUL Sie selbst.

BAYARD Von Ihnen kam das Wort. Und was wir beide vergaßen: Es gibt noch einen anderen Laertes, nicht auf Ithaka, sondern in Helsingör. Seine Schwester Ophelia, die den Prinzen Hamlet liebte, ertränkte sich im Wahnsinn. Ein hübscher Witz; wenn man ihn nicht begriffe, man könnte ihn nicht begreifen. Einer von den großen heimtückischen Witzen!

PAUL Ein Witz?

BAYARD Laertes! Meine Schwester war neunundfünfzig Jahre alt, und wenn es einen Prinzen Hamlet dazu gab, muß er krummbeinig und glatzköpfig gewesen sein. Laertes. Nur eine kleine Verwechslung der Landstriche. Sehr komisch, nicht wahr?

PAUL Ja.

BAYARD Ich muß Sie jetzt für einen Augenblick allein lassen. Eine kurze Untersuchung in meinem Laboratorium, es geht rasch.

PAUL Mir war es, als zöge sich das Gericht zur Beratung zurück. Freispruch, mildernde Umstände – ich saß auf der hölzernen Bank und horchte auf Schritte, auf das Knarren von Dielen und das Gehen einer Tür. Es dauerte lange, bis Dr. Bayard zurückkam. Aber ich schöpfte Hoffnung, als ich sein Gesicht sah. Er schien zufrieden.

Sprechzimmer wie vorher

PAUL Nun?

BAYARD Was Ihr Wort betrifft, so kann ich Ihnen noch weitere Variationen geben.

PAUL Die meinen Zustand berühren?

BAYARD In meiner Muttersprache gibt es ein Wort, la certitude, die Gewißheit.

PAUL La certitude.

BAYARD Erinnert es nicht an Lazertis? Aber wessen ist man gewiß? La certitude, die Gewißheit – das ist wie eine Antwort, für die man die Frage nicht weiß.

PAUL Ist alles in Ordnung?

BAYARD Es ist alles in Ordnung.

PAUL Mehr wollte ich nicht wissen.

Es läutet.

BAYARD Besuch für Sie, nehme ich an.

PAUL Für mich?

BAYARD Jemand hat den Wunsch, Sie zu sprechen.

PAUL Wer außer Ihnen weiß, daß ich hier bin?

BAYARD Nur zwei Herren.

PAUL Bekannte von Ihnen?

BAYARD Ich habe sie nie gesehen.

Es läutet noch einmal.

BAYARD Geduld, ich öffne. *Man hört ihn hinausgehen und draußen sprechen:* Der Herr ist gleich so weit. *Er kommt zurück.* Es gibt Fälle von Lepra, die sehr schnell verlaufen, ich meine tödlich verlaufen, ein paar Wochen, ein paar Monate. Und wiederum gibt es Fälle, die sich über Jahre hinziehen, ja, über Jahrzehnte.

PAUL Das ist jetzt nicht mehr wichtig.

BAYARD Es bleibt immer gleich wichtig.

PAUL Ich meine für mich.

BAYARD Um noch eins zu sagen: Das brasilianische Leprosenheim war früher ein Kloster und lange Zeit hindurch von italienischen Mönchen bewohnt. Es heißt noch heute »die Kartause«, La Certosa.

PAUL Sie sind unerschöpflich, Dr. Bayard.

BAYARD Nicht wahr, es erinnert sehr an Lazertis? Ganz ohne Bedeutung ist das Wort nicht.

PAUL Es erinnert sehr daran.

BAYARD Und Sie werden noch viel Muße haben, das zu bedenken, die Ähnlichkeit gewissermaßen von innen kennenzulernen, wenn Sie erst dort sind.

PAUL Wo?

BAYARD In der Certosa. Die beiden Herren kommen, um Sie zu holen. Es ist alles in Ordnung, Monsieur, Sie haben den Aussatz.

PAUL Ein zweirädriger Karren, auf dem ich wie ein Bündel lag. Ein Maultier an der Deichsel, von vielen Schlägen wund, als hätte es selbst den Aussatz. Störrisch zog es uns durch das breite Tor der Certosa und ich wußte, daß ich am Ziel war. Eine halbe Hand groß und in Blei gegossen – hatten nicht die Pfeiler und der Bogen auf der Plüschdecke meines Tisches gelegen? Ich hatte es damals nicht zu deuten gewußt.

Gesträuch war an der Mauer rechts und links emporgeschossen. Durch das Wachstum hindurch erblickte man die eingelassenen Glasscherben auf der Mauerzinne, grün, braun, weiß. Es war kein Krankenhaus, das mich erwartete, sondern ein Gefängnis. Wofür immer, die Strafe stand fest.

In den Zellen hausten die Verwesenden, die Blinden, die Krüppel, die auf allen vieren krochen. Ihre Blechteller standen vor den Türen, als man mich durch den Gang führte, es war die Stunde, wo die Bettelsuppe ausgeschenkt wurde und kein Kranker seine Zelle verlassen durfte. Türen gingen verstohlen hinter uns auf, enttäuschte Augen, enttäuschte tastende Hände. Aber das alles verstand ich erst später, als ich selber hungernd wartete.

Viel mehr als diese Suppe kam von der Welt nicht zu uns, es sei denn, man rechnete Dr. Oliveira, den Arzt, hinzu, der alle

Wochen einmal flüchtig durch die Gänge schritt, und die Wärter, die sich in Entfernung hielten, wo es ging, eigentlich Wachtposten waren und Knüttel bei sich trugen. Einen Priester gab es unter den Kranken selbst, und Totengräber waren die leichten Fälle. Wer in die Certosa kam, war sich selbst überlassen.

Bald begann die Regenzeit. Sie begann und dauerte und endete, ein neuer Sommer kam, eine neue Regenzeit, es gingen drei Jahre hin, und auf einmal war es, als fingen die Uhren, die lange still gestanden hatten, noch einmal an zu gehen. Das war, als Manuela kam, die andere Manuela. Sie kam wie ich zur Stunde, als die leeren Teller in den Gängen standen, und wir öffneten die Tür und die Suppe war noch immer nicht eingeschöpft. Eine breite Mulattin in einem hellgrünen Kleid schnaufte durch den Gang.

Manuela war sehr krank, so deutlich, daß es schwer zu begreifen war, wie sie sich bis zu diesem Tage in der Freiheit hatte bewegen können. Sie hatte von Abfällen gelebt und unter den Bogen von Viadukten geschlafen. Eine andere Bettlerin hatte sie angezeigt, um den Schlafplatz nicht mit ihr teilen zu müssen. Für Manuela war die Kartause das Paradies.

MANUELA Die Suppe ist nicht so schlecht, wie alle sagen. Sie ist gut, sehr gut. Es sind Fleischstückchen darin.

PAUL Sie gefallen mir, Manuela.

MANUELA Oh, Senhor, wie kann ich Ihnen gefallen: ein altes Niggerweib, das den Aussatz hat.

PAUL Ich habe auch den Aussatz.

MANUELA Ich glaube es nicht. Sie sind ein schöner Mann.

PAUL *lacht:* Sie gefallen mir, Manuela, weil Sie Manuela heißen.

MANUELA Oh, das ist ein Grund. Es ist ein schöner Name, nicht wahr?

PAUL Ob nicht alle Manuelas der Welt sich ähnlich sind?

MANUELA Dann, Senhor, sagen Sie mir, wie die andere ist. Die, die Sie meinen.

PAUL Meine ich eine?

MANUELA Ich könnte mir Mühe geben, ihr ähnlich zu sein.

PAUL Nein, keine Mühe!

MANUELA *lacht:* Im Vertrauen gesagt: Ich bin es, ich bin die andere. Sie müssen nur meine Farbe vergessen und den Aussatz und ein weniges noch dazu. Kurzum: Vergessen Sie mich und ich bin es.

PAUL Die Probe, Manuela: wo sind Sie geboren?

MANUELA Ich weiß nicht.

PAUL Sie machen sichs zu leicht. Kennen Sie Algeciras?

MANUELA Den Kellner im Café Comercial?

PAUL Algeciras ist eine Stadt.

MANUELA Jetzt erinnere ich mich! Die Stadt, wo ich geboren bin. In der Nähe von Rio, nicht wahr?

PAUL Wieder falsch, meine Liebe. Nein, Sie kennen all die Namen nicht, Gibraltar, Antwerpen, Laparte, Bayard –

MANUELA Dr. Bayard?

PAUL Kennen Sie ihn?

MANUELA Ich griff einmal in einen Abfalleimer und eine Schlange biß mich.

PAUL Und?

MANUELA Ich ging zu ihm, er hat mir weh getan, ich habe keine gute Erinnerung an Dr. Bayard.

PAUL Mich hat er hergebracht.

MANUELA Kein Wunder, er ist jetzt auch in einem Haus, das wie ein Gefängnis ist.

PAUL In welchem Haus?

MANUELA In einem Irrenhaus.

PAUL Dr. Bayard?

MANUELA Es muß zwei, drei Jahre her sein, daß ich bei ihm war. Bald danach hat es sich gezeigt. Sie haben viel geredet darüber in Pernambuco. Man brachte ihn fort, als er seine Schlangen freiließ.

PAUL Vor ein paar Jahren?

MANUELA Als ich noch schön war, ja, vor ein paar Jahren.

PAUL Am andern Tag kam Dr. Oliveira in die Kartause. Nach einem flüchtigen Gang durch das Haus zog er sich in das Pförtnerzimmer zurück, wo er für gewöhnlich einige Stunden mit den Schreibarbeiten für die Anstalt zubrachte.

Ich packte meinen Koffer. Es war nicht viel, was ich einzupacken hatte, ein Paar Schuhe, drei Hemden, eine Hose, fünf

Taschentücher, vier Paar Strümpfe. Das reichte für den Anfang. Lapartes Geld lag immer noch auf der Bank für mich. Hoffentlich lief bald ein Schiff aus. Aber selbst wenn alles schlecht ging, konnte ich nach fünf Wochen in Europa sein. Ich überlegte mir, wie ich zu Dr. Oliveira gehen und was ich ihm sagen würde.

Es klopft an eine Tür.

OLIVEIRA *innen:* Ja?

Paul geht in das Zimmer.

OLIVEIRA Sie wissen, daß Kranke hier keinen Zutritt haben.

PAUL Ich bin nicht krank, Dr. Oliveira, und auch, wenn ich es wäre, käme ich herein.

OLIVEIRA *kalt:* Ich verstehe Sie nicht.

PAUL Dann hören Sie mich an.

OLIVEIRA Was soll der Koffer?

PAUL Ich bin jetzt drei Jahre hier.

OLIVEIRA Noch keine drei Jahre.

PAUL Die Hautröte, die ich zu Beginn hatte, war nach wenigen Monaten verschwunden.

OLIVEIRA Besagt nichts.

PAUL Seit dieser Zeit finde ich nichts mehr an mir, was auf Lepra hindeutet.

OLIVEIRA Sie sind jetzt zwei Jahre und sieben Monate hier.

PAUL Und Sie haben es nicht ein einziges Mal der Mühe wert gefunden, mich zu untersuchen.

OLIVEIRA Sie sind von einer Autorität untersucht worden.

PAUL Von einer Autorität für Schlangenbisse.

OLIVEIRA Wir hätten hier nie die Möglichkeit gehabt, eine so genaue Diagnose zu geben. Sie wissen, wer einmal den Aussatz hat, wird ihn nicht mehr los. Der Augenschein kann trügen. Es gibt Fälle, die sich sehr lange hinziehen.

PAUL Es ist möglich, Dr. Oliveira. Aber ich möchte kein medizinisches Gespräch mit Ihnen führen.

OLIVEIRA Was für ein Gespräch sonst?

PAUL Über Autoritäten. Über Dr. Bayard, der seit drei Jahren –

OLIVEIRA *rasch:* Nicht als Sie untersucht wurden.

PAUL Und auch nicht, als er bei Schlangenbissen heiße Bäder verordnete. Auf das Zeugnis eines Irrsinnigen bin ich drei Jahre hier.

OLIVEIRA Ich sagte Ihnen schon –

PAUL Zwei Jahre und sieben Monate, und ich mache Ihnen den Vorschlag, wir lassen es dabei.

OLIVEIRA Wir lassen es dabei?

PAUL Sie schreiben mir einen Entlassungsschein für den heutigen Tag.

OLIVEIRA Das ist Erpressung.

PAUL Sie dürfen es so nennen. Aber tun Sie, was ich sage, es ist das Beste für Sie.

OLIVEIRA Und ist es auch das Beste für Sie?

PAUL Ich würde keine Ansprüche stellen.

OLIVEIRA Senhor, was wollen Sie draußen?

PAUL Ich nehme das nächste Schiff.

OLIVEIRA Das nächste Schiff, natürlich. Immer denkt man, mit einer Reise käme man weiter.

PAUL Es hat alles erst angefangen.

OLIVEIRA Seien Sie froh, daß es erst angefangen hat. Es ist alles viel schlechter, wenn es zu Ende geht.

PAUL Wenn es zu Ende geht. Aber es geht weiter. Ich bin gesund.

OLIVEIRA Sehen Sie sich um in der Welt: Wie schwer ist es für einen, der nicht aussätzig ist.

PAUL *lacht:* Sie haben leicht reden.

OLIVEIRA Für den, der die Gewißheit hat, wird alles einfach.

PAUL Es war ein falsches Wort, das mich hierher geführt hat.

OLIVEIRA Dies ist der Ort, den Sie erreichen konnten.

PAUL Das falsche Wort an den falschen Ort. Ich muß das rechte suchen.

OLIVEIRA Sie Narr. Reisen Sie, wenn Sie meinen, daß Sie es anderswo fänden. Hier ist Ihr Schein.

PAUL Leben Sie wohl, Dr. Oliveira.

Die Tür geht.

PAUL Ja, das wäre das Letzte, was ich ihm sagen würde. Leben Sie wohl, Dr. Oliveira. So einfach wäre alles. Er würde nicht viel Schwierigkeiten machen, nein, er würde es nicht wagen. Dann käme der wunderbare Augenblick, wo ich hinausginge und am Torwächter vorbei und ich hielte ihm meinen Schein vor, und dann wäre die Palmenpflanzung da und der Blick auf das Meer, und vielleicht sähe man draußen schon eins von den Schiffen, das –

Ich erwachte aus den Träumereien, in die ich vor meinem halb gepackten Koffer versunken war. Ich erwachte mit einem jähen Schmerz, es war wie ein Messer, das meine Träume mitten durchschnitt und weiterglitt in mein Herz.

Es war der Gedanke, daß keiner der Kranken mich sehen dürfe. Ich mußte mich hinausschleichen, wenn ich zu Dr. Oliveira ging, ich mußte den Finger auf die Lippen legen, wenn ich beim Torwächter vorbeikam, hinter den Sträuchern verborgen mußte ich mich davonstehlen.

Aber war es damit getan? Auch wenn ich davonfuhr, mit dem Schiff, übers Meer, in die Freiheit – blieb nicht die einzige Gewißheit die, daß ich die anderen verlassen hatte? Fuhr ich in die Freiheit? Konnte es noch Zärtlichkeiten ohne Gift geben und Worte, die mich erquickten? Mir fiel ein, daß O'Connor immer elender wurde und Juanita schwanger war, in einigen Wochen sollte der Theaterabend stattfinden, und ich hatte Manuela versprochen, ihre Zelle zu weißen. Professor Fervao wartete darauf, daß ich ihm den siebenten Gesang der Lusiaden vorläse, und man mußte Jorge beschäftigen, dessen Frau sich von ihm hatte scheiden lassen. Feliz hatte mir gestern erzählt, daß Juanitas Kind von ihm war, und Maria würde nicht mehr lange die Teller waschen können, es ging plötzlich schlechter mit ihr. Gewiß, sie konnten alle auch ohne mich sterben, aber ich konnte nicht ohne sie leben.

Unwirklich

OLIVEIRA Immer denkt man, mit einer Reise käme man weiter. Hier ist der Ort, den Sie erreichen konnten.

PAUL Wer hatte das gesagt? Nein, nicht Dr. Oliveira. Ich selber. Jemand rief nach mir, eine Frauenstimme, wahrscheinlich war es Manuela.

Ich packte den Koffer wieder aus. Es war nicht viel, was ich auszupacken hatte, ein Paar Schuhe, drei Hemden, eine Hose, fünf Taschentücher, vier Paar Strümpfe, nicht viel, aber es genügte.

Dann rief Manuela wieder. Ich ging hinaus, um zu fragen, was sie wollte.

Zinngeschrei

Stimmen

Manuel Rubio · Calvo, Sekretär · Nicolas Valera, Journalist ·
Salinas, Valeras Freund · Jaques, ein Diener · Konsul · Wirt · Frau
Rubio · Rosa · Senorita Pardo · Die neue Sekretärin · Paulette, eine
Tänzerin · Dienerin · Telefonistin

»Zinn ist fast silberweiß und erteilt der Haut, wenn man es einige Zeit in der Hand hält, einen eigentümlichen Geruch. Es nimmt leicht kristallinisches Gefüge an, und beim Hin- und Herbiegen einer Zinnstange beobachtet man ein eigentümliches Geräusch infolge der gegenseitigen Reibung der Kristalle. Dieses Geräusch wird als Zinngeschrei bezeichnet.«
Meyers Konversations-Lexikon

I

Gartenfest

Im Freien

VALERA Wieviel Indios hat die Rosenhecke gekostet?

SALINAS Sprich deine sentimentalen Fragen leiser aus!

VALERA Ich bin erst seit kurzem darauf gekommen, daß es die Schönheit nicht ohne Schmerzen gibt.

SALINAS Wenn du willst, kann ich deine Erkenntnisse laut verkünden. Ein Gartenfest der bolivianischen Kolonie, das ist ein passender Ort.

DIENERIN Einen Cocktail, die Herren?

SALINAS Danke.

VALERA Was feiern wir? Die Gründung von La Paz, den Geburtstag Simon Bolivars?

SALINAS Vielleicht auch nur den Geburtstag des Konsuls. Auf jeden Fall eine Gelegenheit, daß sich alle treffen, die einverstanden sind.

VALERA Womit einverstanden?

SALINAS Mit der neuen Währung, die du eben eingeführt hast. Eine Rosenhecke etwa hundert Indios.

VALERA Sind wir auch einverstanden? Warum lud man uns ein? Verstehst du das?

DIENERIN Ein Imbiß gefällig, die Herren?

VALERA Danke.

SALINAS Im roten Rock die Schwiegertochter des Gesandten, Erbin einiger Zinn- und Kupferminen bei La Paz.

VALERA Und Rubio, wo ist der Sohn Rubio?

SALINAS Ich sehe ihn nicht.

VALERA Siebzehn Minen bei Oruro. Er ist sehr geeignet, ihm ins Gesicht zu spucken.

SALINAS Der Konsul steuert auf uns zu. Tu, als erbtest du selber!

VALERA Ich fürchte, er will freundlich sein.

SALINAS Haltung, Nicolas!

KONSUL *sich nähernd:* Diese jungen Leute! Sondern sich ab, zeigen finstere Mienen!

SALINAS Oh, keineswegs.

VALERA Sie haben ganz richtig gesehen, Herr Konsul.

KONSUL Woran fehlt es? Conchita, Cocktails für die Herren!

DIENERIN Bitte!

KONSUL Zum Wohl!

SALINAS Zum Wohl!

KONSUL Ich kann mir nicht denken, daß Sie sich langweilen!

SALINAS Keineswegs.

KONSUL Ich bilde mir ein, daß einige der schönsten Frauen von Paris an dieser Party teilnehmen. Ist nicht zum Beispiel –

VALERA Wir denken nach, Herr Konsul.

KONSUL Wie? Ich meine, ist sie nicht entzückend?

SALINAS Entzückend.

VALERA Erbt sie?

KONSUL Erben? *Lacht:* Jeder erbt irgend etwas. Ist es das, worüber Sie nachdenken?

VALERA Wir denken nach –

SALINAS Nicolas!

VALERA Warum Sie uns eingeladen haben.

KONSUL Je nun –

VALERA Gerade uns.

SALINAS Mich, einen simplen Studenten.

VALERA Mich, einen Journalisten ohne Anstellung, zurzeit Kellner in einem Nachtrestaurant?

KONSUL Meine lieben jungen Freunde! Die Einladungen des Konsulats richten sich nicht nach Besitz und Einkommen. Im idealen Fall sollte die ganze bolivianische Kolonie in Paris eingeladen sein. Das ist natürlich nicht möglich.

SALINAS *lachend:* Wir haben uns überschätzt. Wir glaubten uns in unserer Bedeutung gewürdigt.

KONSUL Aber gewiß! Sie sind die Zukunft unseres Landes. Von Ihnen wird es abhängen –

VALERA Und so weiter. Meinen Sie, wir hätten mit Ihnen die gleichen Ansichten über die Zukunft Boliviens?

KONSUL Ich zweifle nicht daran, daß sie ebenso verschieden sind wie unsere Ansichten über die Höflichkeit. Meine jungen Freunde, lassen Sie sich diesen Nachmittag als eine Huldigung an die Jugend gefallen. Zwingen Sie sich zu einem Lächeln. Tut es Ihnen zum Beispiel nicht wohl, die Grazie einer jungen Dame zu bewundern, wenn sie über den Rasen geht? Mademoiselle Isabella gehört dem Ballett der Oper an. Und dort sehe ich eben den jungen Rubio. Wollen Sie ihn kennenlernen?

VALERA Rubio?

KONSUL Rubio der Sohn. Er studiert seit einem Jahr in Paris.

VALERA *finster:* Ich hatte schon lange den Wunsch, ihn kennenzulernen.

KONSUL Herr Rubio, ich begrüße Sie –

MANUEL Guten Tag, Herr Konsul.

KONSUL – und darf Sie gleich mit zwei jungen Landsleuten bekannt machen, – das ist Herr Salinas, Student der Rechte – dies Herr Valera, Journalist –

VALERA Kellner bitte. Und Sie sind Herr Rubio, Sohn des großen Rubio. Ihr Vater besitzt, wenn ich nicht irre, siebzehn Minen, in denen Kupfer, Zinn und Wismut gefördert werden.

MANUEL *lachend:* Sie wissen es fast genauer als ich.

VALERA 57 000 indianische Arbeiter.

MANUEL Das ist zuviel, 7000 glaube ich.

SALINAS Herr Rubio hält dir immer noch die Hand zur Begrüßung hin.

VALERA Ich zähle die Toten mit, die 50 000, die an Tuberkulose, an Unterernährung, an allgemein schlechten Lebens- und Arbeitsbedingungen zugrunde gegangen sind. Ich freue mich, daß ich Sie endlich sehe, Herr Rubio, und Ihnen sagen kann, daß ich Sie und Ihre ganze Sippschaft verachte. Nehmen Sie ruhig die Hand weg, ich schlage nicht ein. Das Blut ist nicht abzuwaschen. Bonsoir, weiterhin einen guten Verlauf Ihres Festes, Herr Konsul!

II
Au Raisin Bleu

Nachtrestaurant. Während der Szene eine gedämpfte Barmusik.

PAULETTE Und, und, und?

VALERA Und? Ich drehte mich um und ging weg.

PAULETTE Und der junge Rubio?

VALERA Ich glaube, er war zu verblüfft, um sich gleich auf mich zu stürzen. Oder der Konsul trat dazwischen, oder Salinas. Ich weiß es nicht, ich schaute nicht mehr zurück.

PAULETTE *seufzend:* Ich hätte dabei sein mögen.

VALERA Gewiß, die Szene war nicht schlecht, jedenfalls selten für den jungen Herrn, dem alle die Stiefel küssen. Es hätte eine hübsche Prügelei geben können.

PAULETTE Eine vom Opernballett war dabei, sagst du?

VALERA Das Niedrigste war ich.

PAULETTE Ich werde bestimmt einmal woanders tanzen als hier im Schönheitsballett. Obwohl es mir nichts ausmacht, mich so zu drehen, daß ich die Kleider verliere. Ich möchte so weit kommen, daß ich selber bestimmen darf, wann sie fallen.

VALERA Gräme dich nicht, Paulette, mein Herz. Du wirst überall dabei sein. Außerdem ist es nichts Besonderes, dabei zu sein.

PAULETTE Ich möchte aber. Ach Nicolas – *In anderem Ton:* Was hatten sie an?

VALERA Ziemlich kurz, glaube ich. Aber ich habe nicht genau hingesehen.

PAULETTE Immer nur Gedanken aus Zinn. Das ist schade. Und er, wie sieht er aus. So südamerikanisch wie du?

VALERA Rubio? Interessiert er dich?

PAULETTE Wenn ihr euch ähnlich seid, – vielleicht hätte ich ihm auch gefallen?

VALERA Ihm willst du gefallen?

PAULETTE Besonders dir, aber eigentlich allen.

VALERA Was ihn betrifft, müßtest du dich beeilen. Er lebt nicht mehr lange.

PAULETTE Ist er krank?

VALERA Als ich heute morgen nach Hause kam, warteten zwei Herren auf mich, zwei sehr ernste, schwarz gekleidete Herren.

PAULETTE Wie? Schon gestorben?

VALERA *lacht.*

PAULETTE Ernst? Schwarz gekleidet? Mir ist ganz elend. Warum erzählst du mir jetzt erst davon?

VALERA Kurzum, Paulette, ich werde mich mit ihm duellieren.

PAULETTE *entsetzt:* Duellieren?

VALERA Ich schieße ganz gut.

PAULETTE Vielleicht schießt er besser.

VALERA Das wäre kein Grund abzulehnen.

PAULETTE Er schießt besser. Er hat nichts zu tun. Du mußt Tabletts tragen bis in die Frühe, hast keine Nachtruhe, bist nervös. Bestimmt zittert deine Hand.

VALERA Der Millionärssohn wird sich mit einem Kellner duellieren. Siehst du nicht ein, daß man diese Pointe nicht auslassen kann?

PAULETTE Lohnt es sich, für Pointen zu sterben?

VALERA Keine Tränen, Paulette! Sei zuversichtlich, mein Herz! Ich bin es nicht, der schießt, nicht allein. Die Toten helfen mir.

PAULETTE Deine 50 000 verhungerten Indios, die es nicht einmal geschafft haben, selber am Leben zu bleiben? Werden sie den Lauf ausrichten, deinen Finger krümmen?

VALERA Ja, das alles werden sie tun. Vor allem: Sie werden mich ruhig machen. Mein Herz wird nicht um einen Schlag schneller gehen. Ihn aber werden sie beunruhigen, ihm werden sie den Zweifel ins Ohr flüstern, Tag und Nacht.

PAULETTE Ich halte nichts von deinen Verbündeten. Er hat bessere: Ein paar Millionen Franken.

III

Kurz vor Mitternacht

Anderer Raum. Entfernte Musik.

MANUEL Was ist das für Musik, Jaques?

DIENER Schönberg, Herr Rubio. Ich hatte mir erlaubt, in meinem Zimmer eine Platte aufzulegen.

MANUEL Schönberg, so. Findest du es nicht kalt?

DIENER Ich habe den Heizofen bereits angestellt.

MANUEL Und die Musik?

DIENER Ziemlich. Aber was kalt ist, wärmt besser. Hier ist die Post.

MANUEL Ich hoffe, es ist dir klar, warum ich heute den ganzen Tag nicht zuhause war, Jaques.

DIENER Nicht klar, aber ich habe eine Vermutung.

MANUEL Nun?

DIENER Sie übten Pistolenschießen.

MANUEL Was für eine Idee!

DIENER Ein guter Sport, erzieht zur Konzentration, macht die Hand ruhig –

MANUEL Heraus mit der Sprache, Jaques!

DIENER Kombination, Herr Rubio. Ich habe viel Agatha Christie gelesen, auch Conan Doyle.

MANUEL Und das ergab in meinem Fall?

DIENER Ganz exakt: Pistolenschießen.

MANUEL Aber wozu? Warum nicht Boxen, Florettfechten, Hochsprung?

DIENER Herr Rubio, das Nachdenken darüber habe ich auf morgen verschoben. Heute benütze ich die Gelegenheit –

MANUEL Deswegen eben blieb ich weg. Wenn du einmal zu den Unsterblichen gezählt wirst, soll es nicht heißen, daß ich deinen Ruhm verwässert habe.

DIENER Ich weiß nicht, man hat in dieser Hinsicht Depressionen, wenn man auf die Siebzig geht. Immerhin, es war kein schlechter Tag.

MANUEL Ein Gedicht?

DIENER Ein Gedicht, Herr Rubio.

MANUEL Sags mir, mein Alter!

DIENER Wollen Sie nicht vielleicht erst wissen, wer angerufen hat?

MANUEL Nein, Gedichte sind wichtiger.

DIENER Danke. Der Titel steht noch nicht fest. Ich nenne es vorläufig »Kurz vor Mitternacht«.

MANUEL Kurz vor Mitternacht.

DIENER

Hinter verhangenen Scheiben
wird das Schaufenster geordnet.

Ich glaube nicht, daß wir leben, –
es ist der Tag, den wir zurückwünschten.

Am Morgen ermutigte uns der Seifengeruch.
Mittags kam der Zweifel zu Gast.
Er wohnt jetzt in unseren Zimmern,
die wir verlassen haben.

Bald wissen wir, was hinter den Tüchern ist,
wenn der Tag vorbei ist,
der uns wiedergegeben war.

MANUEL Das ist nicht sehr tröstlich, mein poeta.

DIENER Die Absicht, Sie zu trösten, Herr Rubio, lag mir fern.

MANUEL Schade.

DIENER Ein schlechtes Gedicht, das Sie auf solche Gedanken
bringt.

MANUEL Sagen wir: Ein schlechter Zuhörer.

DIENER Heute vormittag elf Uhr fünfzehn rief Herr Powell an.
Er wollte wissen, was Sie heute abend vorhaben. Zwölf Uhr
zwanzig Anruf Madame Découx. Sie hofft, Sie heute Chez An-
toine zu sehen. Zwölf Uhr fünfundzwanzig Anruf von Herrn
Farmento. Er hat zwei Karten für die René-Clair-Première.
Sie werden ferner gebeten, den heutigen Abend zu verbringen
mit Herrn Cambo, – Forellen in Passy –, mit einer Dame, die
lediglich ihren Vornamen, Geneviève, nannte, und Sie in der
Rhumerie Martiniquaise erwartet, mit Herrn Pereda, der Sie
für eine Erfindung auf dem Gebiete des Signalwesens im Ei-
senbahnverkehr interessieren möchte. Diese Anrufe erfolgten
alle kurz vor fünf.

MANUEL Mittags kam der Zweifel zu Gast –

DIENER Das betraf alles den heutigen Tag. Für morgen habe ich vorsorglich drei Verabredungen zum Mittagessen abgelehnt, zwei Cocktailparties, die Europameisterschaft im Freistilringen, einen Vortrag von Simone de Beauvoir und ein Konzert von Yehudi Menuhin. Die Namen der Anrufenden und die Anrufszeiten sind in dieser Aufstellung notiert, bitte.

MANUEL Er wohnt jetzt in unseren Zimmern, die wir verlassen haben. Ich glaube, das ist gut.

DIENER Ja, finden Sie? Dann war vielleicht der Tag nicht vergeblich.

MANUEL Das widerspricht dieser Aufstellung ebenso wie deinem Gedicht.

DIENER Ich habe nicht gesagt, was hinter den Tüchern ist.

MANUEL Aber du meintest Pralinen und Schlagsahne, gib es zu!

DIENER Man muß nicht immer das Schlimmste denken.

MANUEL Verkriech dich nicht hinter deine Worte! Jedenfalls mußt du zugeben, daß diese Aufstellung von Telefonanrufen eine merkwürdige Ähnlichkeit mit deinem Gedicht hat.

DIENER Diese Feststellung ehrt den Leser.

MANUEL Den Dichter, Jaques, den Dichter.

DIENER Danke, Herr Rubio. Ich sehe, daß Sie sich auf Verse verstehen.

MANUEL Halt, in deiner Aufstellung kommt ein Posten vor, auf den ich mir keinen Vers machen kann: 7 Uhr 30 Anruf Calvo.

DIENER Der Sekretär Ihres Vaters ist gemeint.

MANUEL Zur Zeit in London, nicht wahr?

DIENER Zur Zeit in Paris.

MANUEL Soll das heißen –?

DIENER Nein, Herr Calvo ist, wenn ich ihn recht verstanden habe, allein aus London gekommen. Er kündigte den Besuch Ihrer Mutter an.

MANUEL Meine Mutter nach Paris?

DIENER Wahrscheinlich morgen. Herr Calvo ist hier, um Zimmer zu bestellen.

MANUEL Ah, offenbar sind bisher weder das Telefon noch der Telegraf erfunden.

DIENER Mir scheint, Sie glauben Herrn Calvo nicht?

MANUEL Es ist kein Schein. Und nicht nur, daß ich ihm nicht glaube! Sieh in die Blumenvase!

DIENER In die Blumenvase?

MANUEL Ist kein Abhörapparat darin? Ich bin sicher, daß irgendwo ein Tonband läuft. Sieh in den Eisschrank, die Schreibmaschine, den Ventilator!

DIENER Herr Calvo war nicht hier, er hat nur telefoniert.

MANUEL Du unterschätzt Herrn Calvo.

DIENER Keineswegs. Er äußerte sehr beachtliche Gedanken über den mangelhaften Stil von William Faulkner.

MANUEL Ich wußte nicht, daß ihr euch kennt.

DIENER Nur telefonisch.

MANUEL Beachtliche Gedanken über Faulkner, aber um Zimmer zu bestellen, fliegt er nach Paris. War ers etwa, der dich auf das Pistolenschießen brachte?

DIENER Keineswegs. Aber er fragte, ob Sie schon vom Schießplatz zurück wären.

MANUEL Ach?!

DIENER Ich erwiderte: »Ich weiß nicht, wo sich Herr Rubio zur Zeit befindet.«

MANUEL Sehr gut.

DIENER Ich muß zugeben, daß mir Herrn Calvos Frage nicht überraschend kam.

MANUEL Auch ich, lieber Jaques, höre allmählich auf, Überraschung zu empfinden. Nicht einmal, wenn es schon in der Zeitung stünde.

DIENER Was?

MANUEL Das Duell.

DIENER Ich habe die Zeitungen nur flüchtig durchgesehen, doch über ein Duell las ich nichts. Ich darf auch darauf hinweisen, daß für uns Katholiken ein Duell nicht statthaft ist.

MANUEL So bin ich sicher, daß du in keine solche Affaire verwickelt bist.

DIENER Ich sagte: uns.

MANUEL Bald wissen wir, was hinter den Tüchern ist. Das ist, im ganzen gesehen, doch beruhigend.

DIENER Nicht wahr, es ist etwas an dem Gedicht!

MANUEL Aber die Einzelfälle sind zum Verzweifeln. Zum Beispiel Herr Calvo, diese charmante Viper im Dienste meines Vaters.

IV
Calvo am Telefon

In den Pausen summt Calvo eine Melodie, die seinem siegesgewissen Optimismus entspricht, – etwa den Toreromarsch aus »Carmen«.

CALVO London? – Hallo London! – Hier ist Calvo – Hallo! –

TELEFONISTIN Einen Moment! London kommt sofort!

CALVO *nicht ungeduldig, spielerisch singend, selbstgefällig:* Hier ist Calvo! Lockt Sie das gar nicht, Señorita Pardo? Wenn Sie wüßten, wer hier ist, hätten Sie sich längst gemeldet, nicht wahr? O holde Señorita, schönste aller Sekretärinnen, Ihr Kollege Calvo ist da, – ein ganz attraktiver Mann, – Sie mochten ihn doch sonst ganz gern. – *Es knackt im Apparat. Calvo in anderem Ton:* Na endlich!

PARDO Sekretariat Rubio.

CALVO Was Sie nicht sagen, Señorita! Und denken Sie, wer hier ist! Hier spricht Paris! Raten Sie, wer!

PARDO Paris soll drei Millionen Einwohner haben.

CALVO Vier, genauer gesagt. Und von allen kommt nur einer in Frage.

PARDO *kichert:* Das meinen Sie!

CALVO Es ist nicht schön in Paris.

PARDO Ich fand es immer sehr schön.

CALVO Ich wünschte, ich wäre in London.

PARDO Es ist nicht schön in London.

CALVO Wir sind uns also einig.

PARDO Ich dachte, wir sagen das Gegenteil!

CALVO Ich möchte in London sein, weil Sie in London sind. Und warum möchten Sie in Paris sein?

PARDO *kichert:* Sagte ich, daß ich in Paris sein möchte?

CALVO Mir scheint, Sie erwidern meine Liebe nicht.

PARDO Sie haben sie mir telefonisch schon zu oft erklärt.

CALVO Das klingt fast wie ein Vorwurf!

PARDO Nur telefonisch!

CALVO Es ist einer!

PARDO *seufzend:* Herr Calvo, ich muß Sie darauf hinweisen, daß Sie Ihre Telefonspesen etwas niedriger halten sollten!

CALVO Hinweis von Herrn Rubio?

PARDO Vorläufig von mir.

CALVO Danke, mein Herzblatt. Was gibt es sonst von Bedeutung?

PARDO Es scheint, daß wir noch zwei, drei Monate bleiben.

CALVO Jede Nacht habe ich den Angsttraum La Paz, Zinnminen, Kordillere.

PARDO Vielleicht auch vier Monate.

CALVO Mein Herz schlägt höher.

PARDO Unmöglich. Sie haben keins.

CALVO Ich beweise es Ihnen, wenn Sie nach Paris kommen.

PARDO Schade, daß Sie es nicht beweisen, wenn Sie nach London kommen.

CALVO Es gibt Städte, die sich für solche Beweise nicht eignen. Meine Taube, erinnerten Sie mich nicht eben an die Telefonspesen?

PARDO Also zur Sache!

CALVO Leider weiß man nicht, welches eigentlich die Sache ist.

PARDO In unserem Fall doch wohl ein Diktat.

CALVO Wenn Sie meinen –

PARDO Bitte!

CALVO Paris, und das Datum.

PARDO Und so weiter.

CALVO Nicolas Valera, 26 Jahre, Sohn eines Schriftsetzers in La Paz. Nach Absolvierung der Schulen in La Paz Studium in Lima, Mexiko, London, Paris. Nationalökonomie, Philosophie, Rechtswissenschaft. Das Studium scheint aus einem Fonds der Gewerkschaften bestritten zu sein. Nach Abschluß des Studiums Redaktionsvolontär an der »Humanité«. Später gelegentliche Verwendung als Lokalreporter. Keine feste Stellung mehr in der Presse. Seit fast einem Jahr Nachtkellner. Spielt eine Rolle unter den jungen südamerikanischen Studenten in Paris, ist offenbar Wortführer einer revolutionären Gruppe, die ohne feste ideologische Bindungen reale politische Ziele in Bolivien hat. Anscheinend ist weitgehende Sozialisierung des großen Minenbesitzes ein Hauptziel. Valera ist nach Begabung, Einfluß und Zukunftsmöglichkeiten ernstzunehmen. Seine Schwäche scheint ein Mangel an Feinheit und Diplomatie –

PARDO Ah, – das fiel Ihnen besonders auf – Mangel an Feinheit und Diplomatie –

CALVO Ironie, meine Holde?

PARDO Nur Neid. Ich bewundere Sie, daß Ihnen eine Schwäche auffällt, wo ich einen Vorzug gesehen hätte.

CALVO Der Angriff ist nicht mehr versteckt. Soviel Zorn, Señorita? *Mit gespielter Zärtlichkeit:* Ich habe den Eindruck, daß wir uns sehr gut verstehen könnten –

PARDO Ich weiß: Die Gegensätze, die sich anziehen. Fällt Ihnen nur diese Banalität ein?

CALVO Fiel sie nicht Ihnen ein, meine Schwalbe? Ach Carmen, – nicht wahr, Sie heißen Carmen?

PARDO Victoria! Wußten Sie das nicht?

CALVO Leider nicht! So wenig kennen wir uns, es ist traurig.

PARDO *seufzend:* Der letzte Satz aber hieß –

CALVO Ja, schreiben Sie: Mehrere Stellenangebote hat Valera ausgeschlagen. Es macht den Eindruck, daß er Paris ungern verlassen möchte. Punkt.

PARDO Fertig?

CALVO Es wäre eigentlich ein passender Abschluß, nicht wahr?

PARDO Aber das Duell?

CALVO Ja, das Duell! Und deswegen schreiben wir noch: Ich sehe Valera heute abend.

V

Einzelheiten

Musik wie in Szene II

CALVO Der Kalbsbraten war gut, aber nicht außergewöhnlich. Die pommes frites eine Spur zu wenig knusprig.

VALERA Ich werde es dem Koch bestellen.

CALVO Zu spät. Ich habe sie bereits gegessen. Die Musik entspricht dem Kalbsbraten, die Damen –

VALERA Führen Sie es nicht weiter aus! Einige immerhin –

CALVO Schon gut, auch die pommes frites waren eßbar.

VALERA Wünschen Sie mit einer der Damen eine Flasche Sekt zu trinken?

CALVO Mit einer der Damen, die auch schon mit mir essen wollten?

VALERA Verzeihung, warum kommen Sie in ein Nachtlokal? Essen können Sie anderwärts billiger.

CALVO Ich will es Ihnen sagen, warum ich gekommen bin: Ihretwegen.

VALERA Meinetwegen?

CALVO Wollen wir also eine Flasche Sekt miteinander trinken?

VALERA Verzeihung, aber Sie täuschen sich. Ich bin nicht –

CALVO Ich auch nicht.

VALERA Es geht auch nicht, weil ich bedienen muß.

CALVO Die fünf Gäste außer mir? Die Kollegen werden aushelfen. Sprechen Sie mit dem Wirt. Drei Flaschen, wenn Sie mithalten.

VALERA Es macht auch einen schlechten Eindruck. Der gute Ruf des Lokals –!

CALVO Ich verstehe.

VALERA Wenn wenigstens eine der Damen dabei wäre.

CALVO Wenn es durchaus sein muß. *Ruft:* Paulette!

VALERA Oh, Sie kennen sich aus?

CALVO Ich habe eine Schwäche für Frauen, die Paulette heißen. Und überall heißt eine so.

PAULETTE Ja.

VALERA Der Herr hat ein Auge auf dich geworfen.

PAULETTE Oh, nur eins? Trinken wir darauf?

VALERA Drei Flaschen, wenn ich Sie recht verstand?

CALVO Mindestens drei. Und noch drei Flaschen für die unversorgten Damen.

VALERA Sofort.

PAULETTE Ein so weiches Herz für Frauen, mein Liebling?

CALVO Was das betrifft, bin ich wie Wachs. Überhaupt verstehe ich mich auf die Wünsche der Frauen. Nicht wahr, du möchtest schönere Kleider haben, eine schönere Wohnung und ein Auto.

PAULETTE Du hast es wunderbar erraten, es grenzt an Zauberei.

CALVO Das alles ist möglich, hörst du! Ich habe ein kleines Geschäft mit ihm vor.

PAULETTE Mit ihm?

CALVO Deinem Freund Nicolas.

PAULETTE Ich dachte, mit mir.

CALVO Ist das nicht gleich?

PAULETTE Heute schon. Aber morgen?

CALVO Du mußt selber sehen, was du dir von dem Kuchen abschneiden kannst. Halt jedenfalls den Mund, und am besten auch die Ohren.

PAULETTE Ich werde die fleischgewordene Dummheit sein.

Für einige Augenblicke hört man nur die Musik.

CALVO Es ist gut, Herr Valera, daß die charmante Paulette neben uns sitzt.

PAULETTE Ja, ist es gut?

CALVO Das demonstriert sogleich, daß es nichts Geheimnisvolles ist, was ich Ihnen vorzuschlagen habe.

VALERA Sie kennen meinen Namen und sogar den von Paulette, – allmählich wird mir klar, worum es geht.

CALVO Das erspart mir viele Vorreden. Aber trinken wir!

PAULETTE Endlich. Mir ist von dem andauernden Stillsein die Zunge ganz ausgetrocknet.

CALVO Gut, daß man am Champagner außer der Temperatur nichts verderben kann.

Der Pfropfen knallt.

PAULETTE Ist schon verdorben.

CALVO Gleichviel! Zum Wohl!

VALERA Alle Duellanten sollen leben!

CALVO Welch verständnisvoller Trinkspruch!

VALERA Täuschen Sie sich nicht! Es war kein Vorschlag, sondern ein Test.

CALVO Natürlich. Da es ja ohnehin von den Einzelheiten abhängt, ob man sich über das Grundsätzliche einigt.

VALERA Ihr Zynismus sieht die Welt nicht richtig.

CALVO Möglich. Aber ich bin immer gut damit gefahren.

PAULETTE Der Herr hat nichts mehr zu trinken.

CALVO Ich bin in bester Stimmung.

VALERA Sie kommen also von Herrn Rubio?

CALVO Ich weiß nicht, ob Sie es richtig erraten haben, aber Sie haben es erraten. War es schwer?

VALERA Das Duell soll nicht stattfinden.

CALVO Ist das eine Frage, oder darf ich das bereits –

VALERA Sie dürfen gar nichts.

PAULETTE Bei mir darfst du, Liebling.

CALVO Der einzige Mensch mit Herz.

PAULETTE Wenn ich nur nicht so entsetzlich dumm wäre! Ach, ich möchte auch wissen, wovon ihr sprecht. Ein Duell? Wer hat wen erschossen?

CALVO Trink, Paulette.

VALERA Sagen Sie Herrn Rubio, daß ich ihn für einen Feigling halte.

CALVO Also doch falsch geraten! Und schon wieder ein Grund für ein Duell. Herr Valera, darf ich Ihnen im voraus sagen, daß ich Ihnen heute abend nichts übelnehme? Wollen Sie einverstanden sein, daß Sie auch mir nichts nachtragen, – zum Beispiel, wenn ich Sie im Laufe des Abends und in der Hitze des Gesprächs etwa einen Dummkopf nennen würde.

VALERA Das ist stark.

CALVO Ich wähle absichtlich ein starkes Beispiel.

PAULETTE Ach, das darfst du ruhig sagen, – Nicolas nimmt nichts übel.

VALERA Halt den Mund, Paulette!

PAULETTE Wie? Mir den Mund verbieten? Was fällt dir ein?

CALVO Um es also klarzustellen. Ich komme natürlich von Herrn Rubio senior. Es wird das Recht jedes Vaters sein, seinen Sohn daran zu hindern, einen Menschen zu töten.

VALERA Oder selber getötet zu werden.

CALVO Ganz recht.

PAULETTE Ich verstehe jetzt alles. Bei einem Duell kommt es darauf an, ob man schießen kann.

VALERA Du solltest nicht so schnell trinken, Paulette.

CALVO Es steht ihr gut. Und außerdem hat sie recht. Manuel Rubio schießt ausgezeichnet.

VALERA Nun, das wird sich zeigen.

CALVO Angenommen, Rubio erschießt Sie –

VALERA Über diesen Fall brauchen wir nicht zu sprechen.

CALVO Vortrefflich, Herr Valera, – aber immerhin daran denken, daß er möglich ist.

VALERA Fünfzig zu fünfzig.

CALVO Günstig für Sie gerechnet.

PAULETTE Und wegen diesem Fall sind Sie gekommen? Das ist nett!

CALVO Eine gute Antwort, die leider nicht Ihnen, sondern Paulette eingefallen ist. Aber weiter: Die andere Möglichkeit, Sie bleiben Sieger. Darf ich Sie darauf hinweisen, daß Ihnen das viel Ärger bereiten würde, gelinde gesagt. Ich glaube, das ärmste Leben in Paris wäre ein Ferienaufenthalt dagegen.

VALERA Die Drohung ist deutlich.

CALVO Ohne Drohungen, Herr Valera, – Sie werden leben wie eine Kellerassel. Wir wollen darüber nicht diskutieren. Ich will den Zynismus auf die Spitze treiben und von den Einzelheiten sprechen.

PAULETTE Das ist wahrscheinlich viel gemütlicher.

CALVO Man soll den Kapitalismus schädigen, wo es geht. Wenn Herr Rubio unbedingt zahlen will, lassen Sie ihn doch zahlen! Kein Geld hat einen schlechten Geruch, wenn es der revolutionären Bewegung zugute kommt.

PAULETTE Sind Sie auch einer von denen?

VALERA In der Tat –

CALVO Ich erlaubte mir, Ihre Beweisführung, Herr Valera, vorwegzunehmen.

PAULETTE Ich finde, daß man sich immer nur über die Summe einigen muß.

CALVO Paulette trifft mit ihrem gesunden Verstand das Richtige.

PAULETTE Champagner erleuchtet mich immer.

CALVO Endlich ist das erlösende Wort gefallen: Summe! Wirklich, ein gutes Wort. Man sollte es sich näher ansehen. Warum trinken wir eigentlich nichts?

PAULETTE Du bist nämlich auch ein ganz Gescheiter! Sofort gemerkt, daß kein Sekt mehr da ist!

VALERA Genug. Ich habe einfach genug.

PAULETTE Gar nichts hast du! Hungerleider sind wir.

VALERA Das ist doch viehisch, das alles! Mich kaufen wollen!

PAULETTE Weißt du, Nicolas, ich verschwinde mal für einen Moment! Ich glaube, ich störe. *Flüsternd:* Machs nicht zu billig!
Die Musik wird langsam ausgeblendet.

VI

Ein Widerruf

Raum wie in Szene III

FRAU RUBIO Doch, Manuel, es ist mir, als freutest du dich nicht.

MANUEL Mama, es ist wunderbar, daß du in Paris bist. Aber, versteh mich recht, ich habe das Gefühl, du bist nicht von selber gekommen.

FRAU RUBIO Sondern?

MANUEL Ja, du bist nicht einmal selber gekommen. Ein anderer kam in deiner Person.

FRAU RUBIO *bricht in Tränen aus:* Oh, Manuel, Manuel –

MANUEL Mama, ich wollte dich nicht kränken! Meine liebe gute Mama!

FRAU RUBIO *hat sich gefaßt:* Also gut: Rosa hat mich geschickt.

MANUEL Rosa?

FRAU RUBIO Ich tue nichts ohne Rosa.

MANUEL Aber Mama, eine alte Indianerin aus dem bolivianischen Hochland, keine Ahnung vom Alphabet –

FRAU RUBIO Das gerade ist es.

MANUEL Hast du sie etwa mit nach London genommen?

FRAU RUBIO Nach London? Nicht nur nach London.

MANUEL Willst du behaupten, daß du mit ihr im Ritz wohnst?

FRAU RUBIO Warum soll Rosa nicht auch Paris sehen!

MANUEL Du bist köstlich, Mama, und ich bewundere dich! Ich würde es nicht wagen, mit Rosa ins Ritz zu ziehen. Riecht sie nicht ein bißchen?

FRAU RUBIO Oh, das schadet dem Ritz nichts.

MANUEL Also deine alte Amme bestimmt auch in Europa über dich.

FRAU RUBIO Nicht Rosa, sondern die Karten.

MANUEL Und was sagten Herz Dame, Karo neun, Pik sieben?

FRAU RUBIO Du seist in Gefahr.

MANUEL Ah! Hattest du Rosa etwas erzählt?

FRAU RUBIO Wovon?

MANUEL Mama, wir wollen nicht um die Sache herumreden. Du hältst dir Rosa, um dir selber sagen zu können, du richtetest dich nach ihren Karten, du täuschst eine Freiheit vor, die du nicht hast, und du zeigst mit dem Finger dahin, wo der Zwang nicht ist.

FRAU RUBIO Ich verstehe dich nicht, Manuel.

MANUEL Ich denke seit einiger Zeit viel über Papa nach.

FRAU RUBIO Wieso muß man über ihn nachdenken? Nein, ich glaube, es ist besser, man tut das nicht.

MANUEL Man gehorcht ihm nur, nicht wahr? Selber ist man nichts mehr, nur das, was er ist. Riet er dir nicht, nach Paris zu fahren?

FRAU RUBIO Ich äußerte den Wunsch.

MANUEL Meine gute Mama, einen schlechten Sohn hast du!

FRAU RUBIO Oh Manuel, behalte ich ihn immer?

MANUEL Was soll das, Mama! Hast du Angst wegen –?

FRAU RUBIO Angst überhaupt, Rosa sagt –

MANUEL Was sagt Rosa?

FRAU RUBIO Ach, nichts.

MANUEL Konnte ich das widerspruchslos hinnehmen! Er hatte ja nicht nur mich beleidigt, auch Papa, die ganze Familie.

FRAU RUBIO Hm.

MANUEL Habe ich nicht recht, Mama?

FRAU RUBIO Ich sehe es weniger heroisch.

MANUEL Wie siehst du es dann?

FRAU RUBIO Eigentlich überhaupt nicht. Und ich wünschte, du hättest es auch nicht gesehen.

Es klopft.

MANUEL Ja?

DIENER *tritt ein:* Die Post, Herr Rubio.

MANUEL Danke. Gestattest du, Mama?

FRAU RUBIO Lies nur!

MANUEL Was macht eigentlich Calvo in Paris?

FRAU RUBIO Hast du einen Brief von Calvo?

MANUEL Nein.

FRAU RUBIO Wahrscheinlich verhandelt er mit Banken oder Kaufleuten oder – Ich weiß es nicht. Interessiert es dich?

MANUEL Es hätte mich interessieren sollen. Der Brief ist von Herrn Valera. Darf ich dir vorlesen? »Offenbar in einem Augenblick der Zerstreutheit habe ich Ihre Duellforderung akzeptiert. Ich widerrufe hiermit diese Zusage. Natürlich wäre es nicht schade, wenn Sie der Welt verloren gingen. Mich aber braucht mein Vaterland, und die Jugend Boliviens würde es mir nicht verzeihen, wenn ich dem Wunsch der Blutsauger folgend, mich vor die Pistole eines Müßiggängers stellte.«

FRAU RUBIO Unverschämt, Manuel, aber für mich sehr beruhigend.

MANUEL Ich soll das wiederum nicht sehen?

FRAU RUBIO Was bleibt dir anderes übrig? Man könnte ihn gesellschaftlich boykottieren, aber ich weiß nicht, ob das auf Pariser Nachtkellner einen Eindruck macht.

MANUEL Du bist wirklich gut unterrichtet. Das macht mich traurig.

FRAU RUBIO Traurig?

MANUEL Du bist mit in dem Spiel, das mit mir getrieben wird.

FRAU RUBIO Spiel, das mit dir getrieben wird?

MANUEL Meinst du, ich bemerkte Calvo nicht hinter diesem Brief?

FRAU RUBIO Ich bin nicht Calvo.

MANUEL Aber du hast davon gewußt. Offenbar ist er doch zu keinem anderen Zweck nach Paris gekommen, als um das Duell zu hintertreiben. Danke, daß du wenigstens nicht widersprichst! Und wer hat ihn geschickt? Ich habe kein Leben, Mama, ich werde an Drähten gezogen.

FRAU RUBIO Du übertreibst, Manuel.

MANUEL Es bleibt mir nichts weiter übrig, als hinzugehen und ihn zu verprügeln. Für die Müßiggänger, für die Blutsauger, für die 50 000 Indios.

FRAU RUBIO Wofür?

MANUEL Die 50 000 Indios, die wir auf dem Gewissen haben.

FRAU RUBIO Hat er das gesagt?

MANUEL Wußtest du es nicht?

FRAU RUBIO Ich habe sie nicht auf dem Gewissen.

MANUEL Aber Mama, du brauchst dich doch nicht zu verteidigen. Diese Verleumdungen sind doch zu absurd.

FRAU RUBIO *tonlos:* Es beruhigt mich, daß du das sagst. *Traurig:* Manuel, ich bin ein bißchen müde.

MANUEL Ich bring dich ins Hotel, Mama.

VII
Die neue Sekretärin

CALVO Hallo London!

TELEFONISTIN Einen Moment! London kommt sofort!

CALVO So eilig ist es nicht! Es ist mein Prinzip, immer Zeit zu haben. Damit ist man allen überlegen. Hören Sie mich, Fräulein? Nicht! Umso schlimmer für Sie. Sie hätten einen Gewinn fürs Leben gehabt. Hallo, Señorita Pardo! Holde Kollegin, Calvo ist da! Schlägt Ihr Herz höher?

DIE NEUE SEKRETÄRIN Nein.

CALVO Bitte? Wer ist denn da?

SEKRETÄRIN Sekretariat Rubio. Bitte sprechen Sie!

CALVO Ich habe nicht gemerkt, daß Sie schon in der Leitung sind! Hier ist Calvo. Wie gehts, Señorita? Alles in Ordnung? Etwas Neues? – Hallo? Sie antworten nicht? Hören Sie mich nicht?

SEKRETÄRIN Sekretariat Rubio. Bitte sprechen Sie!

CALVO Ich fragte, wie es Ihnen geht, ob alles in Ordnung ist, ob es etwas Neues gibt.

SEKRETÄRIN Es geht mir gut, es ist alles in Ordnung, es gibt nichts Neues.

CALVO Señorita Pardo, – sind Sie es überhaupt?

SEKRETÄRIN Hier ist nicht Señorita Pardo.

CALVO Bin ich falsch verbunden?

SEKRETÄRIN Sie sind richtig verbunden, Herr Calvo.

CALVO Eine neue Kollegin offenbar. Ich freue mich, Sie zu hören. Wo ist Señorita Pardo?

SEKRETÄRIN Señorita Pardo ist nicht mehr in dieser Stellung.

CALVO Oh! Gestern war sie es noch.

SEKRETÄRIN Möglich.

CALVO Ich habe also jetzt mit Ihnen zu tun. Hier ist Calvo. Haben Sie meinen Namen schon gehört?

SEKRETÄRIN Ich bin orientiert und erwartete Ihren Anruf. Welche Nachricht kann ich Herrn Rubio übermitteln?

CALVO Das Duell findet nicht statt. Das genügt für heute.

SEKRETÄRIN Die Direktiven von Herrn Rubio erhalten Sie diesmal schriftlich.

CALVO Schriftlich? Das bin ich nicht gewöhnt.

SEKRETÄRIN Sie enthalten die näheren Anweisungen über die Fühlungnahme mit Herrn Valera.

CALVO Fühlungnahme mit Herrn Valera? Ich denke, die Sache ist erledigt.

SEKRETÄRIN Ich nehme an, daß Sie der Brief noch heute erreicht. Schluß!

CALVO Moment!

SEKRETÄRIN Noch etwas?

CALVO Ich würde nun eigentlich gern wissen, mit wem ich spreche.

SEKRETÄRIN Ich halte das für unwichtig, für so unwichtig, daß Sie meinen Namen sogar erfahren können. Ich heiße Pilar. Auf Wiederhören, Herr Calvo!

CALVO Pilar, ist das Ihr Vorname? Hallo! Weg! *Er hängt den Hörer ein:* Wenn sie mit einem spricht, verdammt, fühlt man einen Strick um den Hals.

VIII

Antwort auf die soziale Frage

FRAU RUBIO Es ist der Fahrstuhl, der summt. Schnell, wirf die Karten!

ROSA Geld ins Haus.

FRAU RUBIO Geh zum Teufel damit!

ROSA Reisen, viele Reisen.

FRAU RUBIO Willst du zeigen, wie unnütz die Karten sind?

ROSA Am besten ist, man erfährt nur, was man weiß. Es stärkt den Glauben.

FRAU RUBIO Ja doch, ja doch. Es ist sehr beruhigend, daß das Leben keine anderen Einfälle hat. Die Fahrstuhltür, Rosa! Sags, eh er kommt, sags!

ROSA Links die Trauer, Señora, rechts der Verlust.

FRAU RUBIO Und das Glück?

ROSA Zuviel Pik, Señora. Es ist ein Fehler vom lieben Gott, daß es ebensoviel Pik wie Herz gibt. Es ist die Gerechtigkeit in der Schöpfung, die uns erbittert.

Es klopft an der Tür.

FRAU RUBIO Sag das Glück, Rosa.

ROSA Ich weiß nichts.

FRAU RUBIO Herein. – *Manuel tritt ein.*

MANUEL Mama!

FRAU RUBIO Manuel!

ROSA Aber der junge Herr, Señora, trägt das Glück unter den Sohlen.

FRAU RUBIO Danke, Rosa.

MANUEL Einen Dreifuß hätte ich dir mitbringen sollen, Rosa. Statt dessen nur ein Päckchen Tabak. Vielleicht kann auch der Rauch weissagen?

ROSA Danke, junger Herr. Ich will gleich in mein Zimmer gehen und den Tabak kosten. *Sie geht hinaus.*

MANUEL Das Programm, Mama?

FRAU RUBIO Wenn du mich begleiten könntest? Ein paar Einkäufe.

MANUEL Gut. Wir essen irgendwo in der Stadt.

FRAU RUBIO Und ich möchte mich amüsieren. Wie macht man das?

MANUEL Das ist furchtbar schwer, Mama.

FRAU RUBIO Habe ich dir meine Talentlosigkeit vererbt? Armer Sohn!

MANUEL Aber Moulin Rouge soll rasend komisch sein.

FRAU RUBIO Das beruhigt mich. Und die Laster, Manuel, wo sind die Laster?

MANUEL Beim Gemüsehändler um die Ecke. Aber du kannst natürlich auch in ein Nachtlokal gehen. Zum Beispiel weiß ich jetzt, wo Herr Valera Kellner ist.

FRAU RUBIO Du wirst nicht hingehen, Manuel, bitte!

MANUEL Ich werde nicht hingehen.

FRAU RUBIO Deine Bereitwilligkeit ist mir verdächtig.

MANUEL Er warf mir 50 000 Indios vor.

FRAU RUBIO Was ist damit?

MANUEL Ja, was ist damit?

FRAU RUBIO Unsinn.

MANUEL *lachend:* Ich fange nämlich an, mir den Kopf zu zer-
brechen –

FRAU RUBIO Ach, Manuel!

MANUEL Ob ich nicht unrecht habe. Vielleicht hätte er mich zum
Duell fordern können. Einfach, weil ich blutige Hände habe.
Das wäre Beleidigung genug.

FRAU RUBIO Man muß mir nur lange genug sagen, daß ich eine
Mörderin bin, zuletzt erinnere ich mich, sogar an die Einzelheiten.

MANUEL Ach, Mama, so ist es leider nicht. Ich fürchte, es genügt
schon, ein Sohn oder ein Enkel zu sein.

FRAU RUBIO *zögernd:* Das ginge auch mich an.

MANUEL *nach einer Pause, entschlossen:* Ja, Mama.
Pause
Verzeih, diese Gedanken! Ich möchte gern mit Papa darüber
sprechen.

FRAU RUBIO Ich möchte gern über vieles mit Papa sprechen.

MANUEL Du kannst es leicht.

FRAU RUBIO Ich weiß nicht. *Sie zögert.*

MANUEL Was?

FRAU RUBIO Ich glaube, ich kann es nicht.

MANUEL Das verstehe ich nicht.

FRAU RUBIO Ich auch nicht. Oft ist mir, als wäre er gar nicht der,
den ich kenne. Das wird mit den Jahren stärker. Als wäre er
noch ein anderer, den ich nie gekannt habe und nie kennen-
lerne. Dem sagt er weiter, was ich sage. Aber ich fürchte, von
dort kommen keine Antworten.

MANUEL Müßten sie gerade von dorther kommen?

FRAU RUBIO Ja.

MANUEL Auch die Indios?

FRAU RUBIO Das sind nicht meine Fragen.

MANUEL Kann man solche Fragen auslassen?

FRAU RUBIO Wenn man die Antworten weiß.

MANUEL Ich frage also dich.

FRAU RUBIO Eine ist das Minenkrankenhaus in Oruro. 350 Betten, 17 Ärzte, Laboratorium, 100 Personen Pflegepersonal.

MANUEL Soviel Einzelheiten weißt du?

FRAU RUBIO Noch viel mehr, wenn du willst. Und das alles auf Kosten eines Privatmannes gebaut.

MANUEL Welche Gründe mag er gehabt haben?

FRAU RUBIO Eine zweite Antwort: Das Erholungsheim für Bergarbeiter in Cochabamba. Kostenloser Aufenthalt für 500 Personen jährlich. Schwimmbassin, Sportplätze, Ausflüge, Unterhaltungsabende.

MANUEL Es ist des Nachdenkens wert.

FRAU RUBIO Ist das Ausbeutung? Ist das Gleichgültigkeit gegen Krankheit, Hunger und Not?

MANUEL Weißt du noch mehr?

FRAU RUBIO Viel mehr.

MANUEL Das eben wundert mich. Wer hat es dich gelehrt?

FRAU RUBIO Leben wir nicht in Bolivien? Ich habe Augen.

MANUEL Ich hätte die Zahl der Ärzte nicht gewußt.

FRAU RUBIO Es hat mich interessiert.

MANUEL Schon immer?

FRAU RUBIO *zögernd:* Schon – schon lange. Wieso fragst du mich aus?

MANUEL Sagtest du nicht, du wüßtest die Antworten?

FRAU RUBIO Aber du fragst wie ein Fremder.

MANUEL Ich bin sozusagen Valera.

FRAU RUBIO Es sind lauter Fremde um mich.

MANUEL Nicht, Mama!

FRAU RUBIO Daß ich es gewagt habe, so vertraut mit ihm zu sein! Hat sich der andere versteckt, oder lag es an mir, daß ich ihn nicht bemerkt habe? Oder liegt es an mir, daß es ihn gibt?

MANUEL Nein, Mama, nicht an dir.

FRAU RUBIO Vielleicht mißverstehst du mich. Ich meine keine Entfremdung. Es ist alles, wie es immer war. Nur bemerke ich, daß es nie so war, wie ich meinte.

MANUEL Wir sprechen, als wäre er unerreichbar.

FRAU RUBIO Er ist es. Es führt kein Telefondraht zu ihm, kein Flugzeug, kein Auto. Und er ist stumm, taub und blind.

MANUEL Ich brauche ihn, Mama, ich brauche ihn.

FRAU RUBIO Versuch es nicht.

MANUEL Es ist kein Spiel, Mama. Ich bin in Not, wirklich.

FRAU RUBIO Mein Sohn, mein Sohn!

MANUEL Er muß es mir sagen!

FRAU RUBIO Ich habe es dir gesagt, Manuel: Krankenhaus, Erholungsheim, Sportplätze, alles über das Maß hinaus, Manuel, alles groß, großzügig, weit geplant.

MANUEL Man muß auf den Verdacht kommen, daß das Gewissen so über alle Maßen schlecht ist.

FRAU RUBIO Dein Vater ist ganz ohne Schuld.

MANUEL Jetzt sind wir nahe daran, Mama! Es gibt also eine Schuld.

FRAU RUBIO Mag sein.

MANUEL Und?

FRAU RUBIO Kein Und! Das Und geht uns nichts an.

MANUEL Doch, Mama. Was ist mit den Indios?

FRAU RUBIO Alles maßlos übertrieben. Natürlich waren früher die Arbeitsbedingungen schwieriger, die technischen Einrichtungen nicht so sicher.

MANUEL Und die Löhne fast so niedrig wie jetzt. Und wie wurden die Arbeiter angeworben? Gab es niemals Gewalt?

FRAU RUBIO Du mußt die Geschichtsforscher fragen.

MANUEL Wirklich?

FRAU RUBIO Oder sogar prähistorisch.

MANUEL Die Prähistorie reichte bis zu meinem Großvater, nicht wahr?

FRAU RUBIO Es gibt Anschuldigungen, aber keine Beweise.

MANUEL Und keine Beweise dagegen. Warum weicht Papa mir aus? Warum antwortet er nicht?

FRAU RUBIO Es ist unnütz, darüber zu reden.

MANUEL Wie man es nimmt. Und wie ist es mit der Zahl?

FRAU RUBIO Übertrieben, und ich sage dir: Nicht beweisbar.

MANUEL Übertrieben. Also vielleicht nur 20 000.

FRAU RUBIO Du quälst mich, Manuel.

MANUEL Würde es dich beruhigen, wenn es nur 20 000 wären? Sag mir eins, Mama: Hat es Papa beunruhigt, als er die Minen erbte?

FRAU RUBIO Vielleicht hat er nicht darüber gesprochen.

MANUEL Aber er hat nicht gezögert, die Erbschaft anzutreten.

FRAU RUBIO Was hätte er denn tun sollen? Er war der einzige Sohn.

MANUEL Ich bin auch der einzige Sohn.

FRAU RUBIO Und weißt du etwas Besseres?

MANUEL Ich denke darüber nach.

FRAU RUBIO Draußen ist Sonne, Manuel. Komm, das Zimmer bedrückt mich.

MANUEL Ich bedrücke dich, verzeih, Mama!

FRAU RUBIO Vielleicht ist es auch die Stadt. Eine triste Stadt.

MANUEL Man sagt, sie sei schön. Mama, ich verspreche dir: Heute kein Wort mehr, das dich traurig machen könnte.

FRAU RUBIO Rosa sagt, du trägst das Glück unter den Sohlen. Der Spruch könnte vieldeutig sein.

MANUEL Überlaß jetzt Rosa ihrem Tabakrauch.

FRAU RUBIO Ach, Manuel, ich möchte so gern glücklich sein.

MANUEL Alle denken, du bist es. Ich auch. Komm, einkaufen, Mama. Ein Kleid, – vielleicht ist es das.

FRAU RUBIO Nein, einen Hut. Hüte fand ich immer sehr tröstlich.

IX

Die Denkschrift

Musik wie in Szene II

CALVO Wie neulich, Valera. Sekt für die Damen. Paulette und Sie an meinen Tisch.

VALERA Sehr wohl, Herr Calvo. Paulette!

PAULETTE Ah, endlich ein lieber Gast!

CALVO Sagen wir: Ein freigebiger.

PAULETTE So weltfremd, mein Schatz? Du machst Unterschiede, wo es keine gibt. Um was für ein Duell handelt es sich heute? Ich wäre bereit.

VALERA Sekt, Sekt, Sekt. Die Damen trinken schon. Er ist diesmal besser gekühlt.

CALVO Es ist rasend lustig hier.

PAULETTE Es könnte im Grab nicht lustiger sein. Gleich tanzen wir.

CALVO Ist das eine Drohung?

VALERA Schwatz nicht, Paulette, der Herr ist in Geschäften hier.

CALVO In Geschäften? Sehe ich so aus?

PAULETTE Du siehst immer so aus, Liebling.

CALVO Wie sieht man dann aus?

PAULETTE Ich würde mich fürchten. Aber ich nehme an, daß es dich betrifft, Nicolas.

CALVO Fürchten Sie sich?

VALERA Nein.

CALVO Darauf.

PAULETTE Und auf alle Zweikämpfe.

CALVO Es ist wirklich nicht zum Fürchten. Wir werden schnell einig sein. Eine Sache, die in Ihr Fach schlägt.

PAULETTE Du sollst bei einer Party servieren.

CALVO Herr Valera ist Journalist.

VALERA Es würde mich verwundern, wenn ich als Journalist bei Ihnen eine Arbeit hätte.

CALVO Strengste Verschwiegenheit natürlich.

VALERA Das hört sich schlecht an.

CALVO Hat es sich nicht schon einmal bewährt?

PAULETTE Und was mich betrifft, ich bin betrunken und auch sonst langsam von Auffassung.

CALVO Oder sollte ich annehmen, es sei irgendetwas nicht zu Ihrer Zufriedenheit geregelt worden?

VALERA Ich wäre froh.

CALVO Ja, man hat merkwürdige Anwandlungen. Lassen Sie mich sagen, worum es sich handelt.

PAULETTE Stärke dich vorher mit einem Schluck.

CALVO Um eine Denkschrift nämlich, eine Jubiläumsschrift.

VALERA Ah –

CALVO Die Minen seit fünfundsiebzig Jahren im Familienbesitz, das ist der Anlaß.

VALERA An sich kein schlechtes Thema.

CALVO Nicht wahr?

VALERA Eine Gelegenheit, alles zu schreiben, was man auf dem Herzen hat.

CALVO Lyrik ist freilich nicht gemeint. Viel Fotos vor allem, die sozialen Errungenschaften, das Bergwerkskrankenhaus in Oruro, Assistentin am Mikroskop. Erholungsheime, der Fußballplatz, Tanz unter Lampions, die Freude auf allen Gesichtern. Im Text dann Zahlenmaterial, gut verteilt, man denkt, man läse einen Badeprospekt und behält Zahlen, eindrucksvoll.

VALERA Ich verstehe.

CALVO Alles Material steht Ihnen natürlich zur Verfügung. Ich dachte an Sie, dachte, daß die Aufgabe Sie reizen könnte. Auch sind Sie in Paris, man könnte sich besprechen, es eilt nämlich. Doch glaube ich, läßt es sich leicht in drei Tagen machen. Sie lassen sich hier beurlauben, es lohnt sich.

PAULETTE Jetzt ist der Moment gekommen, wo ich gehen muß, nicht wahr?

VALERA Bleib!

PAULETTE Herr Calvo sagte: Es lohnt sich. Zahlen machen mich melancholisch.

VALERA Du wirst keine Zahlen hören.

PAULETTE Was dann?

VALERA Daß ich Herrn Calvo abweise.

PAULETTE Bitte.

CALVO Warum, Herr Valera? Ich garantiere Ihnen: Strengste Diskretion.

VALERA Daß ich das Duell absagte, läßt sich noch begründen. Das hier ist Lumperei.

CALVO Ich bestreite das entschieden. Es gibt Millionen Menschen, die Dinge tun, für die sie nicht sterben würden. Sind sie alle Heuchler und Lumpen?

VALERA Ich rede von Dingen, für die ich leben will.

PAULETTE Das hört sich gut an.

CALVO Ich glaube, wir meinen das gleiche.

PAULETTE Leben und Sterben, – alles der gleiche Topf.

VALERA Paulette, dein Geschwätz bringt mich durcheinander.

PAULETTE Ich sage dir: Stärke dich!

CALVO Aber sie hat etwas Überzeugendes, unsere Paulette.

PAULETTE Atempause. Neue Gründe für und wider.

CALVO Es sind immer die gleichen.

VALERA Ja, es ist langweilig.

PAULETTE Und was sind Gründe! Begründen läßt sich alles.

CALVO Bitte!

PAULETTE Einfach marschieren. Die Begründung folgt.

CALVO Sie beeilt sich sogar.

VALERA Ihr seid euch einig?

PAULETTE Schon lange.

VALERA Nein.

CALVO Nun, ich will Sie nicht länger damit belästigen.

VALERA Mißverstehen Sie mich nicht, Herr Calvo. Es lag mir fern, Sie zu beleidigen.

CALVO Ich fühle mich nicht beleidigt. Aber die Sache eilt. Wenn Sie ablehnen, ist es schade um die Zeit, die ich hier verbringe.

PAULETTE Ach, bleiben Sie ruhig noch ein bißchen.

VALERA Natürlich.

CALVO Die Rechnung bitte.

VALERA Wie lang sollte der Text sein?

CALVO Zehn Schreibmaschinenseiten.

VALERA Vielleicht weiß ich jemand anderen.

CALVO Sechs Flaschen, nicht wahr?

PAULETTE Sagen wir: Tausend Dollar.

CALVO Für sechs Flaschen?

PAULETTE Für zehn Seiten.

CALVO Sagen wir: Für sechs Flaschen. Einverstanden, Herr Valera?

VALERA Dein Auftritt, Paulette!

PAULETTE Gerade, wo es spannend wird. Pech!
Musik lauter, dann ausblenden.

X
Kreislaufstörungen

DIENER Ich vermute, es sind Kreislaufstörungen, Herr Rubio. Ein Schwindel erfaßt mich, daß ich mich am Türpfosten festhalten muß.

MANUEL Geh zum Arzt, gleich heute.

DIENER Ich wäre schon gegangen, aber dann, wenn ich mich am Türpfosten halte, merke ich plötzlich, daß sich der Boden bewegt. War nicht ein Erdbeben in den letzten Tagen?

MANUEL Ich habe nichts bemerkt. In den Zeitungen stand auch nichts.

DIENER Ich meinte, die Vasen auf dem Kamin hätten sogar geklirrt. Dann verwerfe ich auch wieder den Gedanken an das Erdbeben. Denn ich merke, wie ich mit den Füßen einsinke. Das Parkett ist eine Art Moor oder Triebsand.

MANUEL Ich verstehe. Das Ganze ist ein Gedicht. Zieh den Zettel aus der Tasche, Jaques, lies es vor!

DIENER Herr Rubio, das Altwerden ist kein Gedicht.

MANUEL Vielleicht kann man eins daraus machen.

DIENER Sie sehen die Poesie mit Zynismus an.

MANUEL Keineswegs. Ich suchte eine Gelegenheit, ein Gedicht von dir zu hören.

DIENER Ich denke zur Zeit über einen Roman nach. Aber ich komme über den Anfang nicht hinweg. Der Anfang ist immer das Leichteste.

MANUEL Ich dachte, es gäbe da ein Sprichwort.

DIENER Lassen Sie sich nichts weismachen. Was mich betrifft, so habe ich an Anfängen keinen Mangel, aber was nachher?

MANUEL Das scheint eine Beobachtung zu sein, die ins Allgemeine zielt.

DIENER Ich meinte sie nur speziell. Wie finden Sie zum Beispiel das: Jemand auf einer Autoreise, vielleicht auch mit seiner Frau oder seiner Freundin. Wochenende, sie finden kein Hotelzimmer, schließlich irgendwo auf dem Dorf. Eben sprechen sie mit dem Wirt, da geht das Telefon. Der Mann wird verlangt.

MANUEL Wie?

DIENER Der Reisende wird am Telefon verlangt.

MANUEL Aber es weiß doch niemand, daß er dort ist.

DIENER Das ist das Merkwürdige. Niemand weiß, daß er dort ist, und dennoch wird er angerufen.

MANUEL Von wem?

DIENER Aber Herr Rubio! Ich hätte Ihnen mehr Verständnis zugetraut.

MANUEL Ich schäme mich.

Telefon

MANUEL Ich hoffe, das ist nicht auch ein metaphysischer Anruf.

Es klingelt wieder.

Sag auf jeden Fall, daß ich verreist bin.

DIENER *nimmt den Hörer ab:* Hier bei Rubio.

CALVO Hier Calvo.

DIENER Ich nehme an, daß Sie Herrn Rubio sprechen wollen.

CALVO Wenn er nicht da ist, auch Sie.

DIENER Also mich. Haben Sie ein literarisches Thema?

CALVO Wo ist er denn?

DIENER Verreist. Ich glaube Riviera. Er ließ keine Adresse zurück.

CALVO Riviera? Das ist merkwürdig. Während seine Mutter in Paris ist?

DIENER Vielleicht ist sie auch an der Riviera.

CALVO Nein, das ist sie nicht. Es ist alles merkwürdig. Finden Sie nicht auch?

DIENER Es ist so merkwürdig, daß es einem gar nicht mehr auffällt.

CALVO Doch. Mir fällt noch einiges auf.

DIENER Der Stil von Faulkner.

CALVO Telefonieren Sie manchmal mit London?

DIENER Sehr selten.

CALVO Früher meldete sich immer Señorita Pardo. Aber sie ist nicht mehr da. Jetzt ist eine Pilar da. Kennen Sie sie?

DIENER Pilar? Ist das ein Vorname?

CALVO Wenn ich das wüßte. Ich weiß eben gar nichts und das irritiert mich. Aber vielleicht weiß Herr Rubio etwas.

DIENER Was er weiß, hat er mitgenommen. Ich habe schon manchmal gedacht, wie gut es wäre, wenn man dergleichen abgeben könnte wie einen Koffer.

CALVO Einen Koffer, Monsieur Jaques, packen Sie einen solchen Koffer für mich zusammen und ich werde mich erkenntlich zeigen.

DIENER Alles über die Dame Pilar?

CALVO Ist sie zwanzig oder fünfzig? Mag sie Schokolade? Wovor hat sie Angst? Ist sie musikalisch? Und so weiter. Rufen Sie sie an, unter irgend welchen Vorwänden. Ich bin dankbar für die geringsten Details, die luftigsten Impressionen.

DIENER Ich wußte nicht, daß Sie so erhabener Gefühle fähig sind.

CALVO Wie?

DIENER Haben Sie sich in ihre Stimme verliebt?

CALVO Sozusagen.

DIENER Ja. Das kommt vor. Erinnern Sie sich an die Stelle bei Gautier »Toi, qui meurt en moi-«?

CALVO Freilich. Überhaupt, ein Gespräch über literarische Gegenstände, – vielleicht treffen wir uns, wenn Sie den Koffer gepackt haben?

DIENER Ich verstehe. Sie sind in Eile.

CALVO Und Sie entschuldigen es?

DIENER Das kommt mir nicht zu, denn ich bin selber in Eile.

CALVO Danke. Auf Wiederhören, Monsieur Jaques.

DIENER Auf Wiederhören, Herr Calvo! Ergebenster Diener!
Er hängt ein.

MANUEL Was ist das für eine Gautier-Stelle?

DIENER Er behauptete, sie zu kennen, obwohl sie ungedruckt und nicht von Gautier, sondern von mir ist.

MANUEL Er hat einen sechsten Sinn.

DIENER Wahrhaftig. Immer wieder brauchte er das Wort Koffer. Woher weiß er, daß ich vor einem halb gepackten Koffer stehe?

MANUEL Beruhige dich. Er weiß es nicht.

DIENER Sie hatten einmal eine höhere Meinung von ihm.

MANUEL Du meinst, eine niedrigere.

DIENER Man weiß bei Diagrammen nicht, was oben und unten ist. Ich habe zum Beispiel den Verdacht, daß der liebe Gott sie umdreht.

MANUEL Oder meinst du, er hätte etwas bemerkt?

DIENER Der liebe Gott?

MANUEL Sei nicht albern! Jaques, du mußt die Koffer heute noch packen. In die Aufbewahrung Gare de Lyon.

DIENER Herr Rubio, nicht wahr, Sie fahren nicht an die Riviera!

MANUEL Was soll das heißen?

DIENER Verzeihen Sie! Ich habe kein Recht, Sie zu fragen. Aber ich bin schon so lange bei Ihnen, – ich –

MANUEL Danke, lieber Jaques! Aber frag nicht!

DIENER Ich glaube, Sie bleiben in Paris. Es kränkt mich, daß Sie mich nicht mehr haben wollen.

MANUEL Du mußt fest dabei bleiben, daß ich an die Riviera fahre, hörst du!

DIENER Natürlich, Herr Rubio.

MANUEL Und ich brauche dich. Ich brauche deine Verse. Du wirst jetzt hier allein in der Wohnung bleiben und Verse schreiben! Hörst du!

DIENER Ach, es werden traurige Verse sein, Herr Rubio!

MANUEL Die lustigen trösten mich nicht.

XI
Ein erstklassiger Schneider

Auf der Straße

SALINAS He, he, Nicolas! Nicht so schnell!

VALERA Entschuldige, Salinas! Ich bin in Eile.

SALINAS Ich auch. Addieren wir unsere Eile und wir haben Zeit.

VALERA Du hast die Vorzeichen vertauscht.

SALINAS Plus oder Minus, – du kommst mir jetzt nicht davon! Meinst du, diese Gelegenheit, dich zu sprechen, ließe ich mir entgehen!

VALERA Wir können uns jederzeit sehen.

SALINAS Wir fürchten alle, daß du keinen Wert darauf legst. Jedenfalls bist du seit vierzehn Tagen unsichtbar.

VALERA So neu ist das alles noch? Ich bin selber erstaunt.

SALINAS Und gerade du! Der eifrigste von uns allen! Du fehlst uns bei den Diskussionen. Es ist alles ledern ohne dich. Mein Gott, was rede ich da! Als ob ich wüßte, daß du noch zu uns gehörst!

VALERA Weißt du das nicht?

SALINAS Es gehen Gerüchte, Nicolas.

VALERA Mich interessieren sie nicht.

SALINAS Der Brief, auf den du so stolz warst –

VALERA Was soll damit sein?

SALINAS Aber das wäre noch nicht das Schlimmste.

VALERA Und was wäre das Schlimmste?

SALINAS Und was ist neu seit vierzehn Tagen?

VALERA Lauter Fragen.

SALINAS Und keine Antwort. Nicolas, sag es mir, und ganz ehrlich!

VALERA Ehrlich, gern! Aber was soll ich sagen?

SALINAS Wenn nichts daran wäre, müßtest du dich über dieses Gespräch wundern.

VALERA Zuviel Konjunktiv. Ich wundere mich.

SALINAS Ich auch. Zum Beispiel über deinen Schneider. Du mußt einen erstklassigen Schneider haben.

VALERA Er ist nicht schlecht. Soll ich dir die Adresse geben?

SALINAS Er heißt Calvo, nicht wahr?

VALERA Legrange, 59 Boulevard Haussmann.

SALINAS Nicolas –

VALERA Was?

SALINAS Warum hast du es getan?

VALERA Die Ellbogen waren durchgewetzt.

SALINAS Was berechtigt dich zu diesem Hohn?

VALERA Hohn? Du bist der Sohn eines Rechtsanwalts, nicht wahr? Immer gesicherte Verhältnisse, das gibt dir das Recht zu moralischer Entrüstung. Ich denke an das Lager von Sägespänen, auf dem meine Mutter starb. Armut und Schmutz – das reimt sich gut. Aber die Sprache, diese Hure, verbirgt es. Armut und Schmutz, das klingelt einem zwanzig Jahre im Ohr, bis man daran gewöhnt ist, und sich bei den restlichen dreißig nichts mehr denkt.

SALINAS Aber Nicolas, – um diese Dinge ist es uns doch immer gegangen.

VALERA Warum plagst du mich also?

SALINAS Weil du ein Überläufer bist.

VALERA Ich habe die Konsequenzen gezogen.

SALINAS Die Konsequenzen des bequemen Lebens, des Verrats, der Prostitution.

VALERA Ich habe dich nicht um ein Gespräch gebeten. Warum beschimpfst du mich also?

SALINAS Nicolas, du kannst noch zurück, trotz allem.

VALERA Ah, habt ihr das beschlossen in eurem Rat des Hochmuts? Danke.

SALINAS Heute ist Freitag. Bis Montag um zwölf, ja?

VALERA Eine angemessene Frist. Und nach zwölf?

SALINAS Nichts.

VALERA Keine Drohung.

SALINAS Nur die, daß du nicht mehr angenommen wirst.

VALERA Furchtbar!

SALINAS Wir könnten eines Tages etwas sein.

VALERA Das muß einkalkuliert werden.

SALINAS Einmal ohne Rechnung, Nicolas!

VALERA Dort kommt mein Bus.

SALINAS Nicolas!

VALERA Mein Guter!

SALINAS Bei unserer alten Freundschaft!

VALERA Ich kann deinen treuen Augen nicht widerstehen.

SALINAS Sei nicht ironisch!

VALERA Ich bins nicht.

SALINAS Nicolas –

VALERA Ja, ja, ja, ich werde es mir überlegen. Ich brauche es nicht zu überlegen.

SALINAS Du bist also –

VALERA Bis Montag! Auf jeden Fall bis Montag!

XII

Adieu, Mama!

Hotelzimmer

MANUEL Adieu, Mama! *Er geht hinaus.*
Die Tür fällt hinter ihm zu.

FRAU RUBIO Adieu, Manuel!

ROSA *geschäftig:* Sieben, neun, Bube, As, und alles Herz. Es liegt nicht so schlecht, wie es im ersten Augenblick aussieht.

FRAU RUBIO Alles über den großen Weg.

ROSA Dann Pik Dame –

FRAU RUBIO Der kleine Weg – Rosa, zwanzig Schritte von hier – lauter Karten, die Tränen bedeuten, alles Abschied, ein ganzes Hotel voll – Hörst du den Fahrstuhl?

ROSA Der junge Herr benützt immer die Treppe. Und Abschied? Der kürzeste Weg zu jemand.

FRAU RUBIO Manchmal.

ROSA Haben Sie nicht bemerkt, wie liebevoll der junge Herr zu Ihnen war? Nie so wie in diesen Tagen.

FRAU RUBIO Fandest du? Ach, Rosa, –

ROSA Ich habe vorhin nicht richtig gemischt.

FRAU RUBIO Seine Verachtung gibt er mir als Gruß für seinen Vater mit. Er verachtet auch mich.

ROSA Nein.

FRAU RUBIO Es war nur Höflichkeit, daß er es nicht sagte!

ROSA Er verachtet Ihr Geld, Ihre Kleider, Ihre Hüte.

FRAU RUBIO Woraus bestehe ich denn sonst?

ROSA Ich sage es Ihnen nicht.

FRAU RUBIO Aus Angst bestehe ich noch. Angst fortzugehen, Angst anzukommen. Angst vor Paris, Angst vor London. Vor London, – was sage ich in London?

ROSA Nichts. Er weiß alles.

FRAU RUBIO Warum tut er nichts dagegen?

ROSA Man muß länger mischen. Bis die Karten so liegen, wie sie sich wohlfühlen. Dann verbergen sie nichts mehr, sind ganz wehrlos.

FRAU RUBIO Du strengst mich an.

ROSA Es ist wirklich nur für die Karten gemeint.

FRAU RUBIO Damals fühlten sie sich wohl, als du Trauer sagtest und Verlust. So gut hast du noch nie gemischt.

ROSA Heute wird es.

FRAU RUBIO Sie müßten liegen wie damals. Aber nicht wahr, er sagte nicht, daß wir uns nie mehr sehen würden.

ROSA Kein Wort davon.

FRAU RUBIO Vielleicht meinte er es.

ROSA Er meinte es nicht. Verlassen Sie sich auf die Karten!

FRAU RUBIO Schau hinaus, ob du ihn auf der Straße siehst, Rosa!

ROSA *nach einem Augenblick:* Nein. Oder doch. Eben stieg jemand in ein Taxi.

FRAU RUBIO Er sah nicht hinauf?

ROSA Ich sah nichts als eine Hand.

FRAU RUBIO Adieu, Mama –

ROSA Heben Sie ab, Frau Rubio!

XIII

Gespräch mit Pilar

Telefonklingeln. Der Hörer wird abgenommen.

CALVO Calvo.

TELEFONISTIN Ihre Anmeldung London. Ich verbinde.

CALVO *räuspert sich.*

SEKRETÄRIN Sekretariat Rubio.

CALVO Hier Calvo. Guten Tag, Fräulein Pilar.

SEKRETÄRIN *antwortet nicht.*

CALVO Guten Tag – *Er räuspert sich:* Hallo?

SEKRETÄRIN Bitte.

CALVO Herr Rubio junior ohne Angabe der Adresse an die Riviera abgereist.

SEKRETÄRIN Wann?

CALVO Gestern.

SEKRETÄRIN Mit welchem Zug?

CALVO Mit – mit dem Abendzug.

SEKRETÄRIN Merkwürdig. Nach unseren Informationen befand sich Herr Rubio junior noch vor einer Stunde in Paris.

CALVO In Paris? Nach Ihren Informationen? Ich glaubte, i c h sei Ihre Information.

SEKRETÄRIN Sie genügte Herrn Rubio nicht.

CALVO Ah –

SEKRETÄRIN Und offenbar mit Recht.

CALVO Diese Kritik steht Ihnen nicht zu.

SEKRETÄRIN Wissen Sie das? Herr Rubio erwartete von Ihnen die neue Adresse seines Sohnes. Gleichgültig, ob Paris oder Riviera, – aber sie muß richtig sein.

CALVO Ich rufe nochmals an.

SEKRETÄRIN Bitte.

CALVO Was Valera betrifft –

SEKRETÄRIN Valera?

CALVO Keine weiteren Aufträge?

SEKRETÄRIN Herr Valera wird in den nächsten Tagen in London eintreffen.

CALVO In London eintreffen?

SEKRETÄRIN Sie scheinen nicht zu wissen, daß er von Herrn Rubio engagiert worden ist.

CALVO Von Herrn Rubio engagiert –

SEKRETÄRIN Aber Herr Calvo, womit haben Sie sich seit unserem Gespräch beschäftigt? Offenbar doch weder mit Herrn Rubio junior noch mit Herrn Valera.

CALVO Mit Ihnen, Fräulein Pilar.

SEKRETÄRIN Mit mir?

CALVO Es hat meine ganze Zeit gekostet. Mühsam habe ich Mosaik an Mosaik gefügt.

SEKRETÄRIN Und ist es ein Bild geworden?

CALVO Ein genaues Bild. Ich kenne Sie, als wären wir miteinander aufgewachsen.

SEKRETÄRIN Was natürlich gar nicht möglich gewesen wäre.

CALVO Nein, denn Sie sind ja viel älter als ich.

SEKRETÄRIN Älter?

CALVO Ich bin sechsunddreißig.

SEKRETÄRIN Diesen Mosaikstein müssen Sie auswechseln. Ich bin einunddreißig.

CALVO Ich setze ihn ein. Er fehlte mir noch.

SEKRETÄRIN Sind Sie sicher, daß ich die Wahrheit gesprochen habe?

CALVO Es kam mir auf Ihre Meinung über Ihr Alter an.

SEKRETÄRIN Zeigen Sie, was Ihre Informationen wert sind.

CALVO Sie sind am 5. Juli 1923 geboren.

SEKRETÄRIN Also habe ich gelogen.

CALVO Aber nur sehr wenig. Stimmt das Datum?

SEKRETÄRIN Erzählen Sie mir noch etwas über mich.

CALVO Rotblondes Haar, graue Augen –

SEKRETÄRIN Es klingt nach Reisepaß.

CALVO Aber es stimmt, nicht wahr?

SEKRETÄRIN Sehr nüchtern.

CALVO Sollte ich Sie falsch eingeschätzt haben? Verbergen Sie eine poetische Seele?

SEKRETÄRIN Weiter!

CALVO Gefällt es Ihnen?

SEKRETÄRIN Für den Augenblick. Aber ich warne Sie.

CALVO Sie wissen nicht, was ich erwarte.

SEKRETÄRIN Ich weiß es genau. Notfalls sogar eine Liaison.

CALVO Erraten.

SEKRETÄRIN Trotz meiner Häßlichkeit, die Sie bisher nicht erwähnt haben.

CALVO Sie sehen das mit anderen Augen als ich.

SEKRETÄRIN Natürlich. Jedenfalls bin ich froh, daß Sie mir nicht stürmisch widersprechen.

CALVO Das tue ich außerdem. Ich könnte mir vorstellen, daß Ihr Mund, Ihr kleiner festgeschlossener Mund alle Energie verliert. Davon zum Beispiel träume ich.

SEKRETÄRIN Für wie dumm halten Sie mich eigentlich?

CALVO Ich weiß, Sie hören mir nur aus Langeweile zu. Immerhin: Sie hören zu.

SEKRETÄRIN Und Sie betrachten das als einen großen Erfolg.

CALVO Das wäre übertrieben. Aber ich habe Sie zuerst – entschuldigen Sie – für einen Automaten gehalten.

SEKRETÄRIN Und dieser Nimbus ist dahin.

CALVO Wenn es ein Nimbus war.

SEKRETÄRIN Und wissen Sie so genau, ob Sie nicht mit einem Automaten besser gefahren wären?

CALVO Ich verlasse mich auf eine Spur von Wohlwollen in Ihrer Stimme.

SEKRETÄRIN Eine akustische Täuschung, Herr Calvo.

CALVO Ihre Stimme ist hinreißend, Fräulein Pilar.

SEKRETÄRIN Und Ihre Verführungskünste sind von bemitleidenswerter Komik.

CALVO Was bringt Sie so gegen mich auf? Bin ich Ihnen im Weg?

SEKRETÄRIN Du lieber Gott!

CALVO Sie sind ehrgeizig.

SEKRETÄRIN Richtig. Aber Sie überschätzen sich. Ich glaubte, Sie wären mir im Weg. Herr Rubio meinte, Sie würden alt. Er hat recht.

CALVO Ah –

SEKRETÄRIN Er wollte Sie entlassen. Nun, ich habe mich überzeugt, daß Sie keine Gefahr sind. Ich werde ein Wort für Sie einlegen. Irgendwo werden Sie schon noch zu brauchen sein. Wie? Sagten Sie noch etwas?

CALVO Nein.

SEKRETÄRIN Wollen Sie nicht wenigstens Danke sagen?

CALVO *nach einer Pause:* Danke, Fräulein Pilar.

XIV
Ablösung

»Au Raisin Bleu«

WIRT Nein, Herr Valera, ganz ausgeschlossen.

VALERA Ausgeschlossen oder nicht –

WIRT Sie können mich jetzt nicht im Stich lassen.

VALERA Ich bin nicht gekommen, Patron, um zu hören, wie unentbehrlich ich bin.

WIRT Eine Viertelstunde vor Geschäftsbeginn! Wo soll ich in der Eile einen neuen Kellner hernehmen?

VALERA Sie kommen für ein, zwei Abende ganz gut ohne mich aus.

WIRT Und nach den zwei Abenden?

VALERA Man kann ganze Jahre so zusammensetzen.

WIRT Wo verdienen Sie mehr?

VALERA Ich gehe in meinen alten Beruf zurück.

WIRT Was für ein Unsinn! Sie haben ein angeborenes Talent zum Kellner. Was brauchen Sie einen anderen Beruf!

VALERA Alles Gute, Patron!

WIRT Gar nichts Gutes! Denken Sie an das Schild!

VALERA »Se habla español«?

WIRT Wer versteht bei mir spanisch außer Ihnen! Grade wo es sich herumgesprochen hat und ganz Südamerika –

VALERA Sie werden anbauen müssen.

WIRT Schließen werde ich. Und die Speisekarte auf spanisch, wer schreibt die? Wir werden Schinken statt Hummer servieren und Pommes frites statt Roquefort.

VALERA Ja, Patron, die Welt ist kurz vorm Untergang.

WIRT Ist sie auch! Ein letztes Wort, Herr Valera –

VALERA Das letzte Wort heißt –

WIRT Dreißig Prozent höherer Garantielohn.

VALERA Heißt: Leben Sie wohl!

WIRT Heißt: Gehen Sie zum Teufel! *Er geht fort.*

VALERA Es ist nicht ausgeschlossen, daß ichs tue, Patron!

PAULETTE Nicolas!

VALERA Paulette!

PAULETTE Entschuldige!

VALERA Was, mein Herz?

PAULETTE Heute morgen sollte es der Abschied sein.

VALERA Ich bin froh, daß wirs nicht eingehalten haben.

PAULETTE Wirklich?

VALERA Du bist etwas Besonderes, etwas Liebes.

PAULETTE Ach Nicolas –

VALERA Ich hätte dich nach London –

PAULETTE Es bleibt, wie wirs gesagt haben, ein Schnitt mit einem scharfen Messer. Punkt. Wir sehen uns nicht mehr. Ist es schon ein Widerspruch, wenn ich dich zur Métro bringe?

VALERA Bring mich zur Métro, – das heißt –

PAULETTE Was hast du?

VALERA Den jungen Rubio habe ich hier nicht erwartet.

PAULETTE Aber er vielleicht dich.

VALERA Sieht ganz gut aus, nicht wahr?

PAULETTE Blaß. Als wollte er dich zum zweiten Mal zum Duell fordern.

VALERA Vergiß nicht, daß er jetzt der Sohn meines Chefs ist.

PAULETTE Das behindert dich, aber nicht ihn. Bitte gib acht!

MANUEL Herr Valera –!

VALERA Entschuldige mich einen Augenblick, Paulette!

PAULETTE Und denk daran, daß dein Zug um halb zehn fährt.

MANUEL Sie verreisen, – wie schade –!

VALERA Bitte setzen Sie sich.

MANUEL Hoffentlich sind Sie nicht lange fort.

VALERA Diese Hoffnung verstehe ich nicht, Herr Rubio.

MANUEL Ich hätte mich gern ausführlich mit Ihnen unterhalten. Übrigens nennen Sie mich bitte nicht Rubio, ich habe diesen Namen abgelegt.

VALERA Wie, – Ihren Namen –

MANUEL Dubois, bitte, Camille Dubois.

VALERA Dubois?

MANUEL Ziemlich gewöhnlich, wie? Ich wollte möglichst wenig auffallen. Ich habe deshalb auch das Viertel gewechselt, habe jetzt ein Zimmer hier ganz in der Nähe.

VALERA Keine gute Gegend.

MANUEL Aber billig. Ich muß mich ja einschränken.

VALERA Einschränken?

MANUEL Nun ja, es ist natürlich nicht nur der Name. Man legt damit auch das andere ab: Elternhaus, Erbe, Einkünfte.

VALERA Ich komme nicht so schnell mit.

MANUEL Ihnen verdanke ich, daß ich angefangen habe, nachzudenken.

VALERA Elternhaus, Erbe, Einkünfte?

MANUEL Vor allem die Toten, Herr Valera, die Schuld!

VALERA Wovon leben Sie?

MANUEL Ich suche grade etwas. Man sagte mir, die Straßenreinigung suchte junge Leute. Aber das ist vielleicht zu romantisch für einen gewesenen Millionär.

VALERA Aber Herr Rubio –

MANUEL Dubois –

VALERA Herr Dubois – warum?

MANUEL Ich glaubte, ich hätte es schon gesagt.

VALERA Sind das Gründe?

MANUEL Ich möchte nicht pathetisch werden.

VALERA Müßten Sie das?

MANUEL Im Augenblick fällt es mir noch schwer, es einfach zu sagen. Die Begeisterung, verstehen Sie – *Er lacht.* Aber stellen Sie sich vor, eines Tages wollte ich hierherkommen und Sie ohrfeigen.

VALERA Auch das wäre vielleicht nicht falsch gewesen. *Er lacht etwas krampfig, Manuel stimmt ein.*

MANUEL Es beruhigt mich, daß Sie es komisch nehmen. Ich hatte mir eine späte Stunde ausgedacht, viele Gäste – Nein, es ist zu albern. Es hat lange gedauert, bis ich begriffen habe, wie recht Sie hatten.

VALERA Herr Dubois, Sie quälen mich.

MANUEL Nein, seien Sie nicht zu bescheiden. Sie hatten recht, mir die Hand zu verweigern, mir diesen Brief zu schreiben.

VALERA Wenn es Ihnen gleichgültig ist, welche Arbeit –

MANUEL Ich wäre froh, wenn ich mir Ihre Freundschaft erwerben könnte.

VALERA Ich – verreise eben.

MANUEL Für lange?

VALERA Ganz. Eine Stellung in London.

MANUEL Schade, ich hatte gehofft, Sie oft zu sehen. Es ist so, als ob man eben das Gehen lernte.

VALERA Vielleicht könnten Sie sich in meine Stelle einarbeiten?

MANUEL Ihre Stelle?

VALERA Hier, als Kellner.

MANUEL Ich verstehe nichts davon.

VALERA Ach was!

MANUEL Ich ließe die Teller fallen.

VALERA Ungeschickter als ich zu Anfang war, können Sie auch nicht sein. *Ruft:* He, Patron! Mein Nachfolger ist da!

WIRT *etwas entfernt:* Laß mich in Frieden, ich brauche keinen Kellner!

MANUEL *leise:* Sehen Sie?

VALERA *laut:* Was dann?

WIRT Jemanden, der spanisch kann.

VALERA Kann er.

WIRT *nahe:* Sie sprechen spanisch?

MANUEL Meine Muttersprache.

WIRT Kommen Sie in mein Büro!

VALERA Nichts Büro! Er bekommt nicht weniger als ich!

WIRT Bin ich ein Halsabschneider? Kommen Sie, Herr –

MANUEL Dubois, Camille Dubois.

WIRT Herr Dubois!

Sie entfernen sich.

VALERA Paulette, ich muß ein Taxi nehmen.

PAULETTE Ein hübsches Gespräch, Nicolas. Es hat mir gefallen.

VALERA Fort, ehe er zurückkommt!

PAULETTE Du kennst meine Umsicht! Ein Taxi steht vor der Tür.

VALERA Hab ein Auge auf ihn, Paulette!

PAULETTE Keine Sorge, es wird ihm kein Haar gekrümmt, diesem
Narren!

VALERA Sag ihm, daß er recht hat. Sag ihm nicht, wohin ich gegangen bin!

PAULETTE Die Wahrheit in homöopathischen Dosen. Er erfährt es
ja doch.

VALERA Er muß bleiben, wie er ist, Paulette!

PAULETTE Ich verspreche es dir. Und ich glaube auch fest, daß er
ein ganzes Leben lang ein Narr sein wird. Fort, Nicolas! Geh,
keinen Abschied!

VALERA Adieu, Paulette! *Er stürzt hinaus.*

PAULETTE Sie suchen noch Herrn Valera? Er ist schon fort, mußte sich schrecklich beeilen.

MANUEL Zwei Sekunden zu spät. Und es lag mir soviel daran,
ihm zum Abschied die Hand zu geben.

PAULETTE Alte Freunde, wie?

MANUEL Ich wünschte, es wäre so.

PAULETTE Er sorgte sich um Sie, trug mir auf, Ihnen behilflich zu
sein, wo es nur möglich ist –

MANUEL Ich bin ihm dankbar, er ist ein großartiger Mensch.

PAULETTE Ach ja.

MANUEL Und Ihnen, Fräulein –

PAULETTE Paulette –

MANUEL Fräulein Paulette.

PAULETTE Heute abend haben Sie diese Tische!

MANUEL Ich heiße Camille, Camille Dubois.

PAULETTE Aha.

MANUEL Gefällt Ihnen mein Name nicht?

PAULETTE Es gibt schönere. Aber wer kann sich das aussuchen!
Man muß ihn nehmen, wie er einem gegeben wurde.

MANUEL *lacht.*

PAULETTE Lachen Sie nicht zu früh. Ihre Kollegen freuen sich über alles, was Sie falsch machen. Wieso liegen zum Beispiel keine Servietten auf Ihren Tischen?

MANUEL Gott sei Dank, daß Sie da sind, Paulette.

PAULETTE Sie müssen anfangen!

Die Stunde des Huflattichs

Stimmen

*Alpha · Beta · Gamma · Delta · Epsilon (alle fünf ohne Alter und
Geschlecht) · Raimund · Cornelia · Vater · Mutter · Silvester ·
Bahnbeamter · Viktor · Emma · Lautsprecher · Jänisch · Frau
Vogel*

I

In der Auvergne. Eine Höhle

ALPHA Das Gewitter läßt nach.

BETA Es ist kein Gewitter.

ALPHA Die Blitze –

BETA Es sind keine Blitze.

ALPHA Laß mich Gewitter sagen und laß mich Blitz sagen.

BETA *zornig:* Wenn es keine sind!

ALPHA Wie willst du es nennen? Hast du andere Wörter?

BETA Ich will es nicht nennen.

ALPHA Sei freundlicher! Denke daran, daß ich im Sterben liege.

BETA In unserer Lage ist Sterben kein Ereignis.

ALPHA Ein kleines vielleicht, für den Betroffenen.

BETA Du stirbst, seit ich dich kenne. Seit dreißig, vierzig Jahren.

ALPHA Vielleicht auch fünfzig. Was sind schon Jahre.

BETA Du begründest deine Trägheit.

ALPHA Und wer hat die Höhle hier eingerichtet. Den Schutt weg-
geräumt? Die Steinplatten ausgesucht?

BETA Du, wenn ich deinen Erzählungen trauen darf.

ALPHA Und wer ist hereingekommen, hat sich auf die gemachten
Blätter gelegt und sich wohlgefühlt?

BETA Ich. Aber wir wollen weder die Einrichtung noch das Wohl-
gefühl übertreiben.

ALPHA Damit du recht behältst. Aber es ist mir gleich.

BETA Alles ist dir gleich. Keine Initiative.

ALPHA In unserer Lage – nicht wahr, so sagst du doch immer?

BETA Gelegentlich.

ALPHA In unserer Lage ist Initiative überflüssig. Es ist überhaupt keine Lage.

BETA Dann machen wir eine daraus.

ALPHA Bitte.

BETA Sei nicht so verdrossen, Alpha!

ALPHA Ich passe mich an. Wenn die andern lachen, lache ich auch.

BETA Heute nacht habe ich zum Beispiel über unsere Kleidung nachgedacht.

ALPHA Kleidung? Auch ein Wort, das zu groß geworden ist.

BETA Das meine ich. Grün und ohne Phantasie.

ALPHA Und die Gedanken einer Nacht nicht wert.

BETA Dabei gäbe es manche Möglichkeiten. Ich bin sicher, daß die Fasern sich verarbeiten lassen.

ALPHA Verarbeiten?

BETA Eine Art Webstuhl, verstehst du?

ALPHA Nein.

BETA Maschinell.

ALPHA Für uns vier? Es muß eine schlechte Nacht heute gewesen sein.

BETA Bist du zufrieden mit deinem grünen Hemd?

ALPHA Huflattichblätter sind groß und es ist eine geringe Mühe, sie alle paar Tage zu erneuern.

BETA Man könnte eine Taillierung versuchen. Auch die Frage, ob gerade oder hängende Schultern, Knie- oder Wadenlänge –

ALPHA Nein.

BETA Fragen, die eure Trägheit nicht zuläßt.

ALPHA Nicht Trägheit, Beta. Aber ich möchte nicht daran rühren. Ich möchte nicht, daß Kleidungsfragen erörtert werden. Es geht um mein Schamgefühl.

BETA *kichert:* Schamgefühl.

ALPHA Ich weiß jedenfalls nicht – Es ist schon so lange her.

BETA Was?

ALPHA Beta, weißt du, ob du ein Mann oder eine Frau bist?

BETA Nun ja.

ALPHA Ich habe den Verdacht, daß es das überhaupt nicht gibt. Es ist nur eine Erfindung von mir, so etwas wie »Dauerlauf« oder »Geburtstag«. Unfaßbar und eine Täuschung meiner Erinnerung.

BETA Man könnte vielleicht –

ALPHA Nein, man könnte eben nicht. Ich muß gestehen, Beta, ich sehe keinen Unterschied. Möglicherweise gibt es einen, aber ich sehe ihn nicht.

BETA Ich achte nicht darauf.

ALPHA So ist es. Ich achte nicht darauf. Ich sehe nichts. Ich bin vor dem Sündenfall. Und wenn ich an all die Verwicklungen denke, möchte ich auch keinesfalls einen Apfel essen. Danke.

BETA Ich möchte gern einen Apfel essen.

ALPHA Dann diese Geschichten, die wir uns erzählen. Ein Zwang, der uns Kehle, Zunge und Lippen bewegt und unsere Ohren verwirrt. Welches ist deine, welches ist meine Geschichte? Ich weiß es nicht mehr. Hat Gamma die Rose erfunden und Delta den Sauerteig? Mir geht die Dezimalrechnung mit der Erbsünde durcheinander, und ich habe bei allen Geschichten den Verdacht, ich könnte hineingehen und die Tür hinter mir zumachen. Aber man möchte niemand den Platz am Kamin wegnehmen.

BETA Niemand ist eifersüchtig. Wir leben schon zu lange.

ALPHA Und bemerken, daß auch die Weisheit an Wert verliert. Als ich so alt war wie du – wie alt bist du, Beta?

BETA Ich weiß nicht.

ALPHA Ungefähr.

BETA Hundertfünfzig.

ALPHA Dann bin ich zweihundert.

BETA Wir wollen uns nicht um den Vorrang streiten.

ALPHA Als ich so alt war wie du, hatte ich auch manchmal schlaflose Nächte.

BETA Und hast nachgedacht?

ALPHA Über die Hierarchie unseres Unglücks. Ganz oben – was meinst du?

BETA Der Mangel an Bakterien.

ALPHA Dachte ich auch. Aber es ist nicht das einzige, und auch die Reihenfolge ist mir gleichgültig geworden.

BETA Trotzdem –

ALPHA Was?

BETA In manchen Dingen könnten wir es besser haben.

ALPHA *gelangweilt:* Ja, du sprachst schon von der Kleidung.

BETA Und du sprachst von Äpfeln.

ALPHA Kannst du dich an Äpfel erinnern?

BETA Ganz entfernt.

ALPHA Wahrscheinlich auch eine Täuschung.

BETA Man könnte es nachprüfen.

ALPHA Diese schreckliche Initiative.

BETA Huflattich roh, gekocht und gebacken. Huflattichwurzeln, -spitzen und -blätter, Huflattichspinat, Huflattichsalat –

ALPHA Spitzen sind ganz gut.

BETA Huflattichtee, Huflattichtabak.

ALPHA Du bist ungerecht. Säßen wir in Schierling und Wolfsmilch –

BETA Bleib, wo du bist.

ALPHA Im Huflattich. Das sage ich ja. Er kleidet und nährt uns.

BETA Ich habe genug davon.

ALPHA Und daß wir genug davon haben, ist unser Glück.

BETA Alpha, es gibt eine Art von Bescheidenheit –

ALPHA – die an Trägheit grenzt. Jetzt hast dus wieder, dein Thema. Halt es nur fest!

BETA Ich meine die Konserven.

ALPHA Webstühle und Konserven!

BETA Es muß noch Unmengen davon geben.

ALPHA Und alle in unserm Alter. Und ebenso ungenießbar.

BETA Das sollte man nachprüfen.

ALPHA Versuch es, Beta. Krall dich in den Schutt, kratz im Staub, grab im Sand, bis du auf glänzendes Metall stößt.

BETA Alles muß ich allein tun.

ALPHA Man nennt es Archäologie. Freilegung alter Kulturen. Ein Gebiet, wo ich dir nicht helfen kann. Ich liege im Sterben. *Er ruft:* He, Gamma, he, Delta!

GAMMA *draußen:* Ja?

DELTA *draußen:* Ja?

ALPHA Beta will sich nach Konserven umsehen. Geht ihr mit?

GAMMA Nein.

DELTA Keine Lust.

ALPHA Da hörst dus.

GAMMA Was sind Konserven?

BETA Diese Art, sich dumm zu stellen!

ALPHA Du wirst allein gehen müssen, Beta.

BETA Ich werde dann auch allein essen. Leb wohl.

ALPHA So war es nicht gemeint. Wohin denn?

BETA Tiefer in die Höhle.

ALPHA Ideen!

BETA *entfernter:* Möglichkeiten!

ALPHA He, laß mich hier nicht liegen!

BETA *entfernt:* Spinat, Steinpilze, Ölsardinen.

ALPHA Keine Vokabel dabei, die mich lockt. *Er ruft:* Gamma, Delta, seid ihr noch da?

DELTA *draußen:* Wir sind immer da.

ALPHA Das ist gut. *Für sich:* Konserven aus Tausendundeiner Nacht und versteckt von den Brüdern Grimm. *Ächzend:* Mein Gedächtnis, immer neue Beleuchtungen und kein Bild. Wenn ich nur wüßte, wenn ich nur wüßte – *Er ruft:* Gamma, woher stammst du?

GAMMA Stammen, was heißt das?

ALPHA Hast du von Barcelona gehört?

GAMMA Freilich, da bin ich her.

ALPHA Und von Nijmwegen?

GAMMA Freilich, da bin ich her.

ALPHA Und von Cuneo?

GAMMA Freilich, da bin ich her.

ALPHA *seufzt.*

DELTA Und was fragst du mich?

ALPHA Nein, Delta, solche Antworten erträgt man nicht zweimal am Tage. Morgen.

DELTA Es wird keine Überraschungen geben.

ALPHA *für sich:* Nein. Kopenhagen, Poitiers, Rothenburg ob der Tauber. Auch kleinere Orte, eine Landkarte für meinen Zorn. *Laut:* Was haltet ihr von Ottobrunn?

GAMMA Wenig.

DELTA Nichts.

ALPHA *für sich:* Die letzte Eintragung. Einige hundert Häuser,

Kirche, Bahnhof, Bürgermeisteramt. Der Zweifel nach Längen- und Breitengrad festgelegt. Ist es mein Ort? Ein dummer und vertrauter Klang ist in dem Namen. Ottobrunn. Aber wer könnte ich sein von dem Dutzend Personen, die ich zur Auswahl habe? Der Lebensmittelhändler bewegt sich mit einer Tüte durch meine Erinnerungen, der Seifenvertreter zieht den Hut vor ihnen. Ein Wesen aus dem Altersheim verstrickt meine Vergangenheit zu einem Pulswärmer. Oder war ich das Kind Silvester? Es macht mich nicht froh, daß ich den Schlüssel für alle Häuser habe. Cornelia, Raimund, Namen, Namen, und die Requisiten sind so unwahrscheinlich: Fenster, Türen und Liebe.

2

Ein Haus in Ottobrunn, hundert Jahre früher.

RAIMUND *stößt die Tür auf:* Hier ist es.

CORNELIA Eine Mansarde.

RAIMUND Enttäuscht?

CORNELIA Ich bemitleide die Leute, die sich mit geraden Wänden begnügen müssen.

RAIMUND Es ist weniger ein Zimmer, es ist ein Thronsessel. Du siehst es richtig, wenn ich das Fenster öffne.

Er öffnet es.

Nachts sind meine Besitztümer fast unbegrenzt: Beteigeuze, Aldebaran – aber sie gehen noch ein Stück über die sichtbaren Sterne hinaus.

CORNELIA Ich möchte mir einen aussuchen.

RAIMUND Bitte.

CORNELIA Einen von den kleineren. Sie werden zu wenig beachtet.

RAIMUND Ich schlage den dritten Deichselstern am Großen Wagen vor.

CORNELIA Ja, danke.

RAIMUND Nicht der Rede wert.

CORNELIA Und bei Tage?

RAIMUND Ich fahre schon früh in die Stadt. Übrigens in der letzten Zeit kaum noch, um zu studieren.

CORNELIA Sondern?

RAIMUND Verabredungen in leeren Caféhäusern, in der Mensa Stuhl an Stuhl, auf Parkbänken; schlecht ist es bei Regen, da bleibt nur die Bibliothek, du weißt es.

CORNELIA Wir sprechen von der Aussicht bei Tage.

RAIMUND Perspektivisch verkürzt.

CORNELIA Wen interessiert Perspektive!

RAIMUND Wir verstehen uns.

Eine Turmuhr schlägt.

CORNELIA Es ist etwas wie Rauch in der Luft.

RAIMUND Die Zeit, Cornelia.

CORNELIA Ein besonderer Geruch. Wie nach einer Speise, die es nicht gibt.

RAIMUND Und nach der man verlangt.

CORNELIA Ach, Raimund, ich sollte kochen können.

RAIMUND Frau Vogel, meine Wirtin, meint, sie koche vorzüglich. Vielleicht rührt sie gerade in der alchimistischen Speise. Aber sie schätzt Besucher nicht.

CORNELIA Ich dachte es mir.

RAIMUND Es ist der Vorstadtgeruch, Cornelia; genauer gesagt, Vorstadt mit Siedlung gemischt. Dort ein Kiefernwäldchen. Im Garten hängen noch Äpfel am Ast, Astern am Zaun. Addiere dazu den Geruch von Weißbier, die Teertonne und die vergessene Wäsche im Mondschein. Der Papierkorb am Bahnhofsplatz läßt mich manchmal die Rätsel der Welt begreifen.

CORNELIA Und die perspektivische Verkürzung? Hat sie Nachteile?

RAIMUND Eher nein. Der Eindruck von Herrschaft verstärkt sich. Zum Beispiel die Tür des Kolonialwarenladens, die jetzt nicht sichtbar ist. Frau Jänisch fährt nächstes Frühjahr nach Spanien. Ich gebe ihr Sprachunterricht.

CORNELIA Du sprichst Spanisch?

RAIMUND Nein. Aber ich wäre auch bereit, Chinesisch zu unterrichten.

CORNELIA Unkenntnisse werden immer zu wenig genutzt.

RAIMUND Verachtest du mich?

CORNELIA Ich rechne mich zu deinen Untertanen.

RAIMUND Drüben, wo das Licht brennt, Silvester Forbach, Sohn eines Seifenvertreters. Ein gescheiter Tertianer von unsagbarer Faulheit. Ich zögere es zu gestehen: Ich gebe ihm Nachhilfeunterricht in Französisch.

CORNELIA Unter der Lampe sitzen und französische Vokabeln lernen –

RAIMUND Bist du nicht zufrieden mit dem Augenblick?

CORNELIA Sehr, mein Raimund. Aber Lampe und Vokabeln – es ist so unwiederholbar.

RAIMUND *traurig:* Der Rauch ist immer noch da.

CORNELIA Und etwas wie Knistern in der Luft. Was sind das für gelbe Punkte in der Dachrinne?

RAIMUND Gelbe Punkte?

CORNELIA Es blüht etwas.

RAIMUND Das finde ich überraschend. Warte, ich hole es dir. *Er klettert hinaus.*

CORNELIA Vorsicht!

RAIMUND Es ist Löwenzahn.

CORNELIA Oder Huflattich.

RAIMUND *wieder im Zimmer:* Jedenfalls gelb. Und blüht sonst nicht im Herbst. Ich ahnte nicht, daß meine Herrschaft so mächtig ist.

CORNELIA Meine. Ich habe mir gewünscht, daß etwas blühe.

RAIMUND Es gibt Pflanzen, die poetischer sind.

CORNELIA Mir gefällt auch Huflattich.

RAIMUND Aber in meiner Dachrinne?

CORNELIA Ich habe es dir erklärt.

RAIMUND Sag nichts mehr. Ich glaube dir alles, was du nicht sagst.

3

In der Auvergne

ALPHA Reizende gelbe Blumen in der Dachrinne. Beta, wenn eine Blume einem Gewitter ähneln kann – was meinst du? Die Anfänge, die man nicht wichtig nimmt, und die Namen, die nicht

ganz stimmen. Eine Blume mehr als eine Blume und das Ge-
witter mehr als ein Gewitter – oder weniger –
Warum antwortest du nicht, Beta? – *Stille*
Ach ja, das Innere der Höhle, Initiative, Konserven. *Er ruft:*
Gamma!

GAMMA *draußen:* Was?

ALPHA Das Gewitter läßt nach, nicht wahr?

GAMMA Es ist kein Gewitter.

ALPHA Wie schön, die alten Antworten zu hören. Man fühlt sich
geborgen. *Er ruft:* Und die Blitze?

GAMMA Es sind keine Blitze.

DELTA Und sie lassen nicht nach.

ALPHA Was tut ihr draußen?

DELTA Dasselbe, was du drinnen tust.

ALPHA Nachdenken? Da hättet ihr mich rufen sollen. Einen Augenblick! *Er geht aus der Höhle ins Freie.*

GAMMA Alpha, vom Blätterbett aufgestanden? Bist dus wirklich?

ALPHA Wenn ich das wüßte.

DELTA Wie lange bist du nicht aus der Höhle heraus?

ALPHA Da die Welt überall schön ist, kann man auch zu Hause
bleiben. Aber nichts gegen euern Platz: schattig und angenehm
warm. Geradezu gemütlich. Besonders –

GAMMA Besonders das Gewitter, das keines ist.

ALPHA Und die Blitze, die keine sind. Sonst etwas Neues?

DELTA Kein Regen.

ALPHA Das ist das Alte.

DELTA Ein Gewitter ohne Regen ist kein Gewitter.

ALPHA Darüber denkt ihr nach?

GAMMA Wir denken nicht nach.

DELTA Auch nicht über das Feuer, das du Blitz nennst.

ALPHA Obwohl es keiner ist.

DELTA Und über den Donner.

GAMMA Den man nicht hört.

ALPHA Eine Frage der Entfernung. Ich kenne das Wort dafür:
Wetterleuchten.

DELTA *lacht.*

ALPHA Erinnert ihr euch nicht?

DELTA Ungefähr.

GAMMA Wenn es aber nahe ist?

DELTA Dann ist es kein Wetterleuchten.

ALPHA Wir laufen im Kreise, das ist ermüdend für mich. Ich fühle mich nicht besonders.

DELTA Wir auch nicht.

ALPHA Was hättet ihr für Gründe? Kaum hundertfünfzig Jahre alt, gesund, das Essen und der Schlaf fallen euch zu.

DELTA Und nichts als Vergnügungen.

ALPHA Ich aber –

DELTA – bist nahe am Sterben, ja.

ALPHA Weil ich mich erinnere und mich nicht erinnere.

GAMMA Und wenn du einmal hinschautest, ganz ohne Erinnerungen?

DELTA Vielleicht ergäbe sich aus dem Wetterleuchten etwas anderes?

ALPHA Ein Wort oder ein Bild? Ich reiße die Augen weit auf. Aber alles fließt ineinander, und es zu ordnen, macht mir Schmerzen. Ganz körperlich, versteht ihr wohl, in der Milz beginnend und quer herüber zur rechten Rippe, Schmerzen.

DELTA Dann laß es.

ALPHA *ärgerlich:* Aber es drängt mich dazu.

DELTA Uns drängt nichts.

ALPHA Ich nehme es auf mich.

DELTA Wetterleuchten und Ottobrunn.

ALPHA Die Schmerzen und die Sätze. *Erregt:* Sätze, Satzfetzen, ganze Geschichten. Wohin damit?

GAMMA *geduldig:* Orte genug.

ALPHA Zum Beispiel, hört zu! *Mit Pathos:* Mon père –

DELTA – et ma mère –

ALPHA – sont mes parents.

GAMMA Sagen wir Barcelona.

DELTA Poitiers.

GAMMA Oder Cuneo.

ALPHA Lieber Ottobrunn.

DELTA *spöttisch:* Unter der Lampe sitzen und französische Voka·beln lernen.

ALPHA Wie unwiederholbar.

MUTTER Mein Vater –

SILVESTER Mon père –

MUTTER – und meine Mutter –

SILVESTER – et ma mère.

MUTTER – sind –

SILVESTER – sont –

MUTTER – meine Eltern.

SILVESTER – mes parents.

MUTTER Mein Vater und meine Mutter sind meine Eltern.

SILVESTER Mon père et ma mère sont mes parents.

MUTTER Jetzt weiter!

SILVESTER Setz dich zu mir, ma mère.

MUTTER Ist das der nächste Satz?

SILVESTER Der übernächste heißt: Warum stehst du am Fenster, ma mère? Kannst du ihn übersetzen?

MUTTER Draußen ist es wie Winter.

SILVESTER Hiver, ma mère.

MUTTER Warm und wie Winter.

SILVESTER Und erst Oktober, ma mère.

MUTTER Oktober, warm und wie Winter.

SILVESTER Du merkst nicht, daß ich ma mère sage.

MUTTER *abwesend:* Daß du was sagst?

SILVESTER Ma mère.

MUTTER Ma mère et mon père –

SILVESTER Das hatten wir schon.
Eine Uhr schlägt hastig acht Schläge.
Sieben, acht. Wo bleibt mon père?

MUTTER Hör auf, Silvester!

SILVESTER Ist Silvester ein schöner Name?

MUTTER Wir fanden ihn schön, er ist selten.

SILVESTER Ich kenne noch jemanden, der so heißt.

MUTTER *zu sich:* Warm, Winter und die Luft wie Watte.

SILVESTER Der 31. Dezember. *Er lacht triumphierend.*

MUTTER Was?

SILVESTER Heißt auch Silvester. Mon père macht eben die Garagentür zu. La porte de la garage.

MUTTER Du garage. Ich habe nichts gesehen und nichts gehört.

SILVESTER Die Luft wie Watte. Daran liegt es. Was heißt Watte? Und an meinen Ohren. Was heißt Ohr?

MUTTER Oreille.

SILVESTER Das hast du dir ausgedacht. Übrigens könnte mein Ohr auch Silvester heißen. Das rechte. Dann wären wir schon drei, der 31. Dezember, mein rechtes Ohr und ich.

MUTTER Mit welchem hörst du so gut?

SILVESTER Mit Melanie.

MUTTER Melanie?

SILVESTER Das linke.

MUTTER Wo hast du all den Unsinn her?

SILVESTER Aus dem Kalender. Mir tun die vielen Namen leid, die nicht gebraucht werden.

Der Vater kommt herein.

Mon père.

VATER Guten Abend.

SILVESTER Mama hat Angst gehabt.

VATER Angst?

MUTTER Das Wetter.

VATER *lacht:* Es ist wie Frühling draußen.

SILVESTER Wie Winter, warm und die Luft wie Watte.

MUTTER Und Oktober.

SILVESTER Man kennt sich nicht aus, mon père.

VATER Was?

SILVESTER So heißt du auf französisch.

MUTTER Er prahlt ein bißchen.

VATER Ich habe dir Blumen mitgebracht, selber gepflückt.

MUTTER Wo blüht das jetzt?

VATER Die Straßengräben sind gelb davon.

MUTTER Ende Oktober.

SILVESTER Aber warm und die Luft wie –

MUTTER Hör auf!

SILVESTER Huflattich, Tussilago.

MUTTER Und blüht im März. Such eine kleine Vase, Silvester.

SILVESTER Oder gleich eine größere.

VATER Nicht nur die Straßengräben. Es war überall. Im Scheinwerfer sah es aus wie Schnee.

SILVESTER La neige.

MUTTER Es muß eine andere Art sein. Die Blüten sind sehr groß.

VATER Als ich sie pflückte, waren sie klein.

SILVESTER Gleich eine größere Vase, mon père et ma mère. Er
wächst noch. Hört ihr nicht, wie er wächst?

Sie horchen. Es ist alles still.

VATER Ich höre nichts.

MUTTER Aber ich sehe es.

SILVESTER Wie er wächst?

VATER Als ich sie pflückte, – ich stoppte den Wagen –

SILVESTER Wir schauen am besten in meinem Botanikbuch nach.

VATER Ich dachte: Das ist selten im Oktober.

MUTTER Wirf sie weg, ich bitte dich.

SILVESTER Hört ihrs jetzt?

VATER Draußen?

Sie horchen. Man hört ein leises, aber eindringliches Knistern.

MUTTER Es knistert.

VATER Der Wind. Föhn. Es kommt warm herein.

MUTTER Durch die geschlossenen Fenster.

VATER Als ich sie pflückte –

SILVESTER Es ist das Wachsen. Melanie hört es. Welches Ohr kann
es hören, wenn ich wachse?

VATER Jetzt ist auch bei uns alles gelb draußen.

MUTTER Ich ziehe die Vorhänge zu.

SILVESTER Hier steht es: Tussilago farfara. Die Blüte vor den
Blättern. Ein Hustensaft.

5

In der Auvergne

ALPHA Watte, Oktober, Hustensaft, alles ganz recht, aber die Geschichte hat einen Fehler.

GAMMA Welche Geschichte hat keinen?

ALPHA Es kann aber auch sein, daß der Fehler in der früheren
Fassung war.

DELTA Was dann?

ALPHA Es ist ebenso schlimm.

DELTA Und dir lieber.

ALPHA Ja. Meine Antipathie gegen Barcelona spielt mit.

GAMMA Still! Der Huflattich rührt sich.

ALPHA Nur Ruhe! Wir werden schon sehen.

GAMMA Er läßt eine Gasse frei.

ALPHA Und das deutet auf Besuch. Nun, es sollte mich wundern.

GAMMA Vielleicht Beta, der mit den Konserven kommt.

ALPHA So schnell nicht. Er ist freilich ein ungeduldiger Mensch.

DELTA *lacht:* Er bringt es fertig und geht einfach in den nächsten Laden.

ALPHA *entzückt:* Ein Laden um die Ecke, das wärs! Kolonial –

DELTA Also nicht Beta.

GAMMA Also ein Fremder.

ALPHA Ihr lenkt von Barcelona ab.

GAMMA Oder Cuneo.

ALPHA Es war nicht Ottobrunn, das ist die Enttäuschung.

GAMMA Möchtest du, daß wir widersprechen?

DELTA Laß dich täuschen, wenn du enttäuscht bist.

ALPHA Schnee kam früher in der Geschichte nicht vor. Das gibt mir zu denken. Eine Korrektur, um Ottobrunn zu ermöglichen?

GAMMA Wolltest du nicht?

ALPHA Es geht nicht um meine Wünsche, es geht um die Wissenschaft.

DELTA Uninteressant.

ALPHA Also viel eher Barcelona. Schade.

DELTA Nicht schade. Gleichgültig.

ALPHA Geographie und Meteorologie sind nicht gleichgültig. Disziplinen im Kardinalshut. Aber ihr glaubt nicht mehr an die Wissenschaften.

DELTA Nein.

GAMMA Wir glauben an den Huflattich.

DELTA *kichernd:* Keine roten Hüte mehr. Nur noch Grün, nur noch Hoffnung.

ALPHA Und ihr lacht? Zum Beispiel Geschichte.

GAMMA Geschichten!

ALPHA Laß meine Wörter in Ruh! Ich sagte Geschichte. Wenn

man nicht fähig ist, den Fortschritt zu sehen – er ist offenkundig! Alles entwickelt sich, das ist das Merkwürdige und ist doch sehr tröstlich. Da, das Gewitter.

GAMMA Es ist kein Gewitter. Ein offenkundiger Fortschritt.

ALPHA Der Blitz.

DELTA Ist kein Blitz.

ALPHA Das Feuer.

GAMMA Ja.

DELTA Merkwürdig und nicht sehr tröstlich. Der Donner fehlt nämlich.

ALPHA Wenn er sich nicht verspätet.

DELTA Uns wäre ein Gewitter auch lieber als etwas, was so ähnlich, aber doch keins –

GAMMA Und vielleicht schlimmer ist.

ALPHA Schlimmer? Das glaube ich nicht.

GAMMA Ich sagte: vielleicht.

ALPHA Die Meteorologie ist unergiebig. Um auf die historischen Wissenschaften zurückzukommen –

DELTA *seufzt.*

ALPHA Wie war es im Anfang?

GAMMA Anfänge gab es viele.

ALPHA Ich meine den, als die Angst aufkam.

GAMMA Die gab es immer.

ALPHA Die Angst und die Gartenschere.

GAMMA Gab es auch.

ALPHA Aber ihre Wichtigkeit, die gab es nicht. Ist es nicht ein seltsames Instrument? Zwei Messer, die man gegeneinander bewegt.

DELTA Kein besseres Thema als das Gewitter.

ALPHA Wo hatte sie sich vorher aufgehalten? In Schuppen und Gerätekellern.

GAMMA Da lag auch die Angst. Man hätte hinsehen sollen.

ALPHA Mit verrosteten Klingen, stumpf geworden in den Händen unfähiger Lehrburschen. Sand, Spinnweben und in den Griffen der Holzwurm. Und dann die Wahl, die Krönung, die nicht vorauszusehen war. Ein unsichtbarer Purpurmantel und die Versetzung unter die Tierkreiszeichen.

GAMMA *gleichgültig:* Jawohl.

ALPHA Was heißt jawohl?

GAMMA Eine Bejahung. Der Versuch dazu.

DELTA Müde und höflich.

ALPHA Warum widersprecht ihr nicht? Ist die Gartenschere ein Tier?

GAMMA Der Huflattich hat sich bewegt.

DELTA Und läßt eine Gasse frei.

ALPHA Nun, ich will es euch sagen: Die Gartenschere gab es auch vorher unter den Tierkreiszeichen. Skorpion oder Krebs. Niemand hat es bemerkt. Deshalb kam alles so unerwartet.

GAMMA Du vergißt, daß du im Sterben liegst. Schone unsere Ohren.

ALPHA Es muß gesagt werden, was noch zu sagen ist. Man muß sich über die Situation klar werden. Also: der Anfang war Angst.

GAMMA Schon gesagt.

ALPHA Ihr erinnert euch.

DELTA Wenn du Wert darauf legst, erinnern wir uns.

ALPHA Barbarei und Zerstörung.

DELTA Meinetwegen.

GAMMA Wie das klingt!

ALPHA Ottobrunn.

DELTA Und Gartenscheren. Was du willst.

ALPHA Aber bestimmt Ottobrunn. Darauf konzentriert es sich. Findet ihr nicht auch?

6

Entfernt zwei Schläge einer Turmuhr

RAIMUND Das ist der Bahnhof.

CORNELIA *dem Weinen nahe:* Ganz reizend. Backsteingotik, soweit ich sehe.

RAIMUND Noch drei Schritte, Cornelia.

CORNELIA Überhaupt ein schöner Ausflug. Und nur anderthalb Stunden.

RAIMUND Sonst fünf Minuten. Ich bin nicht schuld.

CORNELIA Der Neunuhrzug wird schon weg sein.

RAIMUND Oder hat dieselbe Verspätung wie wir.

CORNELIA Am Ende erreichen wir noch den Zug von gestern abend. Soviel Glück, daß es einem über den Kopf wächst.

RAIMUND Mit weißem Flaum unter den Blättern. Wenn wir es nun einfach schön fänden, Cornelia?

CORNELIA Die Stengel, die in die Schalterhalle wachsen, dick wie Schiffstaue?

RAIMUND Und geschuppt wie Drachen. Komm, da sind die Stufen.
Sie gehen in den Bahnhof.

CORNELIA Ziemlich grau, ziemlich leer. Und der Zeitungskiosk ist auch zu. Ach Raimund, ich habe keinen Mut, es schön zu finden.

RAIMUND Schade.

CORNELIA Keine Lust. Sieh mich doch an, wie ich aussehe, und der Mantel ist auch hin. Klopf an den Schalter!
Raimund klopft.
Zur Förderung der öffentlichen Gesundheitspflege. Raimund, schon ohne Huflattich ist die Welt ein Greuel.

RAIMUND Mir scheint, sie will sich gerade ändern.

CORNELIA War es nötig? Ich hatte es bei dir vergessen.
Der Schalter wird geöffnet.

BEAMTER Sie wünschen?

RAIMUND Zweimal zweiter Deisenhofen.

BEAMTER *nachdenklich:* Zweimal zweiter Deisenhofen.

RAIMUND Was kostet es?

BEAMTER Heute ist noch kein Zug gekommen.

RAIMUND Der Neunuhrzug?

BEAMTER Und keiner abgefahren.

RAIMUND Wir haben also nichts versäumt.

BEAMTER Der Wartesaal ist drüben. Zu den Zügen wird ausgerufen.

CORNELIA Wird ausgerufen? Das ist beruhigend.
Der Beamte schließt den Schalter. Raimund und Cornelia gehen in den Wartesaal.
Auch hier alles leer.

RAIMUND Zumindest dunkel.

CORNELIA Es wartet niemand mehr. Ich lege mich auf die Bank.

RAIMUND Halt den Kopf an mich.

CORNELIA Ja.

Pause

RAIMUND Da sitzt jemand.

EMMA Guten Tag.

RAIMUND Guten Tag. Auch unterwegs?

EMMA Jeden Morgen. Wir sammeln Papier.

RAIMUND Aha.

EMMA Die andern sind auf dem Bahnsteig

RAIMUND Die andern?

EMMA Wir sind fünf Geschwister. Zwei Brüder und drei Schwestern. Alle über siebzig.

RAIMUND Tüchtig, tüchtig.

EMMA *zufrieden:* Ja.

VIKTOR *von draußen:* Emma!

EMMA Emma, das bin ich nämlich.

VIKTOR Emma, ein Flugzeug!

Emma geht hinaus.

RAIMUND Noch wach, Cornelia?

CORNELIA Ich denke an das Seminar, das ich heute versäume.

RAIMUND Mach dir keine Sorgen. Was ist es denn?

CORNELIA Tintoretto.

RAIMUND Nicht ersten Ranges.

CORNELIA Und Hunger habe ich auch.

RAIMUND Wenn der Kiosk auf wäre!

CORNELIA Raimund!

RAIMUND Cornelia!

CORNELIA In meinem Zimmer hängt eine rote Schleife am Spiegel. Ich habe sie als Kind in den Zöpfen getragen.

RAIMUND Weiter!

CORNELIA Es fiel mir nur ein.

Emma kommt zurück.

EMMA Es war ein Hubschrauber. Er hat Flugblätter abgeworfen.

CORNELIA Wer wird sie lesen?

EMMA Nachher kleine Fallschirme.

RAIMUND So?

EMMA Sie waren rot. Viktor, das ist mein jüngerer Bruder, hat gesagt –

RAIMUND Was war an den Fallschirmen?

EMMA Hier kamen keine herunter.

CORNELIA Brot? Medikamente?

EMMA Viktor meint, Gartenscheren.

RAIMUND Darauf wäre ich nicht gekommen. Mein Mangel an Phantasie.

EMMA Gartenscheren sind dringend.

RAIMUND Sagt er?

EMMA Dringender als Brot.

CORNELIA Ich weiß nicht.

EMMA Aber Viktor weiß es.

RAIMUND Man müßte mit ihm reden.

EMMA Er ist draußen. Ich bin lieber drin. Hier ist es schön kühl. Ich leide nämlich unter der Hitze. Die andern schwitzen nicht so.

RAIMUND Warten Sie auch auf den Neunuhrzug?

EMMA Ich richte mich da immer nach Viktor.

RAIMUND Ja, das ist das beste.

Ein Lautsprecher wird eingeschaltet. Es rauscht.

EMMA Jetzt schalten sie wieder den Lautsprecher ein.

RAIMUND Ein Zug wird ausgerufen, nicht wahr?

EMMA Ach wo. Es ist immer dieselbe Platte. Ich kenne sie schon auswendig. Die sollten Musik senden. Wissen Sie, was schön ist?

RAIMUND Nein.

EMMA Undine, das Vorspiel. *Sie trällert ein paar Takte.*

RAIMUND Sehr schön.

EMMA Na, gute Nacht!

STIMME *im Lautsprecher. Geschwindigkeit und Tonhöhe wechseln. Die beunruhigenden Erklärungen werden schnell und mit hoher Stimme gegeben, die beruhigenden tief und langsam Auch werden, wie hier zu Anfang und zu Ende angedeutet wird, einzelne Wörter und Wortteile wiederholt:* – nacht – gestern nacht – seit gestern nacht aus allen Teilen Europas anormales Pflanzenwachstum gemeldet. Insbesondere handelt es sich um den Huflattich, der plötzlich auch an Stellen auftritt, wo er bisher nie beobachtet worden ist, und innerhalb von wenigen Stunden überall Baumhöhe erreicht hat. Auch die Großstädte blieben nicht verschont. Stellenweise ist es zu starken Verkehrs-

behinderungen gekommen sowie zu Störungen in der Strom-
und Wasserversorgung. Von den zuständigen Stellen wird indessen darauf hingewiesen, daß zu Besorgnissen kein Anlaß
besteht. Wenn auch die Ursachen der Erscheinung noch unge-
klärt sind, so ist doch Vorsorge getroffen, daß keinerlei
ernsthafte Behinderungen eintreten – lei ernsthafte Behinderungen eintreten – lei ernsthafte Behinderungen eintreten – *Die*
Stimme wird leiser und verstummt endlich ganz.
Pause

CORNELIA *erwachend:* Geschlafen und zu früh aufgewacht.

RAIMUND Mitten aus dem Traum, und eine Stimme sagte »Kaffee
und Kuchen«.

CORNELIA Bei mir sprach niemand. Lauter Ecken und Winkel voll
Kehricht. Es waren die zuständigen Stellen. In Wartesälen wie
hier. Ist der Zug da?

RAIMUND Sollten wir zu spät aufgewacht sein? Emma ist auch
verschwunden.

CORNELIA Vielleicht auf dem Bahnsteig?

RAIMUND Ich suche sie. *Er öffnet eine Tür.* Hier waren einmal
Gleise, hier liefen Züge ein.

CORNELIA Zu spät aufgewacht.

RAIMUND Oder zu früh.

CORNELIA Hier haben sie Flugzeuge gesehen? Wo ist der Himmel?

RAIMUND Man könnte den Schalterbeamten fragen. *Er klopft*
mehrmals.

CORNELIA Niemand.

RAIMUND Man muß doch Auskunft bekommen. *Er schlägt die*
Scheibe ein. Hallo?

CORNELIA Zu spät, zu früh. Allein mit Bahnhofstoiletten und
Wartesälen.

RAIMUND Und Emma und Viktor?
Er ruft: Emma! Viktor!

CORNELIA Keine zuständigen Stellen.

RAIMUND Tickt da nicht ein Apparat?

CORNELIA Es ist das Knistern von draußen.

RAIMUND *ruft:* Emma! Viktor!

CORNELIA Ich möchte mich wiegen.

RAIMUND Das gibt eine Auskunft, die stimmt. *Er steckt eine Münze ein.* Warten, bis die Waage zum Stillstand gekommen ist.

CORNELIA 47 Kilo.

RAIMUND Ich trage dich, meine Flaumfeder.

CORNELIA Wohin?

RAIMUND *ruft:* Emma, Viktor!

CORNELIA Nichts.

RAIMUND Ich vermute, das waren sie.

CORNELIA Wer?

RAIMUND Die alles wissen. Fünf ältere Geschwister.

CORNELIA Aber ob sie sagen, was sie wissen?

RAIMUND Uns fehlen die drei andern Namen.

CORNELIA Und die Reihenfolge.

RAIMUND Und die Spielregeln.

CORNELIA Raimund, Raimund, Raimund.

RAIMUND Cornelia, Cornelia, Cornelia. – *Pause* Gib acht! Das zwingt sie. Gleich werden sie erscheinen.

CORNELIA Mit Papier in den Körben.

RAIMUND Und froh, daß man sie gerufen hat.

7

In der Auvergne

ALPHA Namen sind merkwürdig. Rai-mund. So ganz außer der Welt. Es könnte einen erschrecken.

GAMMA Al-pha, Be-ta.

ALPHA Ich weiß. Unsere sind auch nicht besser.

GAMMA Gam-ma, Del-ta.

ALPHA Und wer hat uns so genannt? Hießen wir früher nicht anders?

DELTA *geringschätzig:* Früher!

GAMMA Wir hießen immer so.

ALPHA Nichts beunruhigt euch. Angelehnt an eine Felswand –

DELTA Hinter uns eine Höhle, Tierkreiszeichen und Schmerzen in der Milz.

ALPHA Kennt ihr das, was man Trauer nennt?

DELTA Auch in der Höhle. Ganz hinten.

GAMMA Es gibt manches, was uns beunruhigt.

ALPHA Schon der weiße Flaum unter den Blättern?

GAMMA Nein, der nicht. Aber der Weg quer durch die Stämme, die Gasse, die der Huflattich öffnet.

DELTA Daß jemand kommen wird.

GAMMA Und wer.

ALPHA Wir sind nur vier. Die Antwort ist leicht.

GAMMA Und wenn es ein andrer als Beta wäre?

ALPHA Warten wir ab.

DELTA Nichts beunruhigt dich, Alpha.

ALPHA Alles. Die Stengel biegen sich auseinander, und kein Wind, der sie berührt hat. Sie biegen sich nach rechts und nach links und ein Weg wird frei. Wer befiehlt es ihnen? Wie bemerkt uns der Huflattich? Früher war es anders.

DELTA Früher!

GAMMA Als es Gartenscheren gab.

ALPHA Und den Urwald und die Expeditionen Schritt für Schritt. Ihr solltet mir nachdenken helfen. Ist es nicht ein Fortschritt? Der Huflattich macht Platz, wenn wir kommen. Er nimmt Umgangsformen an.

DELTA *lacht.*

ALPHA Ja, er befleißigt sich einer gewissen Gesittung. Wo kommt das her? Aus den Wurzeln? Aus den Staubfäden? Aus den schuppigen Stengeln? Woher aus der ganzen Unvernunft der Pflanze? Sie macht uns einen Weg frei, – was heißt das denn?

DELTA Was heißt es?

ALPHA Daß sie die Stellung, *zögernd* – ich möchte sagen den höheren Rang des Menschen bemerkt.
Geräusche, die entferntem Donner ähneln.

GAMMA Was war das?

ALPHA Donner.

DELTA Wenn es Donner war.

ALPHA Der Donner, der euch zum Gewitter fehlte.

GAMMA Nein, es ist kein Gewitter.

ALPHA Und die Blitze?

DELTA Sind keine Blitze.

ALPHA Überall seid ihr anderer Ansicht. Nicht einmal das Gewitter haben wir gemeinsam. Uns verbindet nur das griechi-
sche Alphabet. Und das ist doch recht zufällig.

GAMMA Was ist griechisch, was ist Alphabet?

ALPHA *seufzt:* Es ist schwer, ohne Beta ein Gespräch zu führen.
Er hatte noch Reste von Bildung.

DELTA Bildung?

ALPHA Wissen, Menschenwürde, Dauerlauf, Geburtstag, Freude
an Literatur.

GAMMA Weiter!

ALPHA Erinnerungen.

GAMMA Haben wir auch.

ALPHA Aber keine Unruhe darüber. Ihr habt es leicht, ewig zu
leben.

DELTA Während du eine Krankheit daraus gemacht hast.

GAMMA Die dich verpflichtet zu sterben.

ALPHA Beta hatte doch Einfälle. Er sprach von einem Webstuhl.
Dann die Initiative und die Konserven.

DELTA Auch keine große Auswahl an Themen.

ALPHA Habe ich euch schon gefragt, was ihr von Konserven haltet?

DELTA Schon oft.

ALPHA Spinat, Steinpilze, Mirabellen.

GAMMA *wird aufmerksam:* Mirabellen, das ist neu.

ALPHA Kann sein, daß Beta etwas anderes sagte. Aber Mirabellen
sind ebenso gut. Erinnerst du dich? Kühl im Mund, man
drückt die Zunge dagegen, – denke nur nach!

GAMMA Mirabellen? Pomeranzen?

ALPHA Nicht so gut. *Argwöhnisch:* Denkst du an Cuneo?

GAMMA Eher an Barcelona.

ALPHA *enttäuscht:* Das läuft auf eins hinaus.

GAMMA *nachdenklich:* Delikateß, Manufaktur, Kolonial.

ALPHA *befriedigt:* Dann liegt Ottobrunn näher.

DELTA Ist das wichtig?

ALPHA Einen Ort muß es haben.

GAMMA Weshalb?

DELTA *höhnisch:* Ein Spannungsmittel.

ALPHA Eher ein Schmerz. Gewiß, man müßte etwas Neues erfin-
den, Orte ohne Erinnerungen. Aber könnt ihrs?
GAMMA Bleiben wir also dabei: Mirabellen, Barcelona, Cuneo.
ALPHA *fast bittend:* Bleiben wir bei Ottobrunn.
GAMMA Ach, nicht unbedingt.

8

JÄNISCH *klopft an die Haustür:* Silvester?
SILVESTER *innen:* Wer ist da?
JÄNISCH Jänisch.
SILVESTER Kenne ich nicht.
JÄNISCH Delikateß, Manufaktur, Kolonial.
SILVESTER Wir kaufen heute nichts. Heute nicht und morgen
nicht.
JÄNISCH Laß mich herein, Silvester.
SILVESTER Und gestern auch nicht. *Er öffnet die Tür.* Und vor-
vorgestern. Herr – wie war doch der Name?
JÄNISCH Als kenntest du mich nicht!
SILVESTER Es muß schon lange her sein. Jänisch?
JÄNISCH Der Weg über die Straße –
SILVESTER Ein Nachbar, wie es scheint.
JÄNISCH Seitdem der Weg zum Nachbarn eine Reise geworden
ist –
SILVESTER *kühl:* Kurzum, wir sehen uns nicht oft. Und Sie wün-
schen?
JÄNISCH Daß wir uns öfter sehen.
SILVESTER Wir haben einige Male an einen Laden geklopft. Deli-
kateß, Manufaktur, Kolonial. Es war auch eine Reise bis dort-
hin.
JÄNISCH *verlegen:* Nun ja.
SILVESTER Damals genügte Ihnen das Schlüsselloch.
JÄNISCH Damals! Man kannte die Zukunft nicht.
SILVESTER Jetzt kennt man sie. Sie hat Wurzeln und ist ein Un-
kraut.
JÄNISCH Leider ist unser Lager schon recht klein geworden. Keine

Lieferwagen mehr. Es war hübsch, wenn sie vorm Laden hielten, gelb und blau und eilig. Jetzt merkt man erst, wie hübsch es war. Diesen Sommer wollten wir anbauen.

SILVESTER Es wäre noch hübscher geworden.

JÄNISCH Ich wollte deiner Mutter und dir den Vorschlag machen, – das heißt, auch dem Studenten von nebenan und seiner Freundin – wir sind doch Nachbarn, nicht wahr?

SILVESTER Ja?

JÄNISCH Siehst du, Silvester, wir haben keinen Winter gehabt. Keine Flocke Schnee, jeden Tag Temperaturen bis zwanzig Grad. Und ringsherum nichts als dieser Huflattich, der immer weiter wächst.

SILVESTER *ungeduldig:* Welchen Vorschlag?

JÄNISCH Vielleicht auch die alte Frau Vogel. Man sollte näher zusammenrücken, dann ist alles leichter. Ich wollte fragen, ob ihr nicht zu uns ziehen wollt, deine Mutter und du.

Eine Uhr schlägt hastig.

SILVESTER Schon sieben.

JÄNISCH Habt ihr so viel zu tun?

SILVESTER Wir beschäftigen uns. Geographie, Uhren aufziehen, der Abwasch. In der Malerei sind wir jetzt bei den Niederländern.

JÄNISCH Ja? Wir haben auch ein echtes Ölgemälde. Heimkehr der Fischerboote. Es muß etwas Ernstes vorgegangen sein. Die Frauen weinen.

SILVESTER Wir teilen uns die Zeit genau ein.

JÄNISCH Was ich noch sagen wollte: Meine Frau kocht ganz gut und wir haben auch noch einiges, Rauchfleisch, Eingemachtes, Mirabellen. Gemüse ist ohnehin immer frisch. Huflattich schmeckt ja nicht schlecht. Habt ihr es schon als Pudding versucht? Man rührt Butter und Eigelb sahnig –

SILVESTER Edler Menschenfreund!

JÄNISCH Bitte?

SILVESTER Ein Zitat. Schiller.

JÄNISCH Ich selber hielte es vielleicht noch aus, aber meine Frau –

SILVESTER Frau Jänisch hält es nicht aus?

JÄNISCH Und ich bin so weit, daß ich es verstehe. Am meisten fiel es mir mit den Fliegen auf.

SILVESTER *als ob er verstünde:* Die Fliegen, ja.

JÄNISCH Ihr habt es auch bemerkt?

SILVESTER Ich habe überhaupt keine Fliege gesehen.

JÄNISCH Das meine ich. Und was bei euch weniger auffällt: Mäuse, Ratten, Mehlwürmer. Wie ist es mit Motten?

SILVESTER Was?

JÄNISCH Ihr habt doch Kleider und Wäsche.

SILVESTER Ich werde mit Mama über Ihren Vorschlag sprechen.

JÄNISCH Nicht viel besprechen, Silvester, einfach herüberkommen. Es ist uns ernst.

SILVESTER Ja?

JÄNISCH Und wenn man die Uhren aufzieht, gehen sie. Das schnürt mir die Kehle zusammen. Ein Strick, der jeden Tag enger wird. Natürlich liegt es auch am fetten Essen.

SILVESTER Meinen Sie?

JÄNISCH Es schlägt aufs Herz, vielleicht mit dem Umweg über die Leber. Aber meine Frau – du kennst sie ja, sie hat dir immer Bonbons gegeben.

SILVESTER Als ich klein war.

JÄNISCH Ja, du bist mächtig gewachsen.

SILVESTER Ich werde fünfzehn.

JÄNISCH Ich denke nach, wie es mit den Menschen ist. Das Ganze hat ja Folgen für die Ernährung, eins ergibt sich aus dem andern. Wo soll das Vollkornbrot und der Honig herkommen? Und das sind nur zwei Artikel unter hunderten.

SILVESTER Freilich.

JÄNISCH Meine Frau hat einen Schinkenknochen offen hingelegt. Das hat doch Hautgout, nicht wahr?

SILVESTER Hautgout hat es.

JÄNISCH Nichts, einfach nichts. Es gibt keine Fliegen mehr, ihr habt es auch bemerkt. Es gibt aber auch keine Ratten mehr.

SILVESTER Hat auch was für sich.

JÄNISCH Nein, nein, nein. Wenn wir herauskämen aus unserm grünen Gefängnis, wüßten wir noch mehr. Von den Hühnern, die keine Eier legen, von den Rindern, die nicht kalben. Das alles nenne ich den Strick.

SILVESTER Den Strick?

JÄNISCH Um den Hals. Ich, meine Frau, deine Mutter, du –

SILVESTER *schreit gellend auf:* Mama!

MUTTER *oben:* Was gibts, Silvester? *Sie kommt herunter.*

SILVESTER Herr Jänisch meint –

JÄNISCH *erregt:* Ja, den Strick meine ich. Eine Schlinge aus Draht, aus Huflattichfasern. Ganz dünn, so dünn, daß es sie gar nicht gibt. Und ganz fest.

SILVESTER Ach, Mama!

MUTTER Setzen Sie sich doch, Herr Jänisch.

JÄNISCH Ich mache meine Beobachtungen. Früher an den Ladenpreisen, jetzt an der Natur. Es ergab sich so und zuletzt werden die Unterschiede immer kleiner. Beides hört auf.

MUTTER Aber der Huflattich?

SILVESTER Tussilago.

JÄNISCH *geringschätzig:* Der! Die letzte Anstrengung.

MUTTER Aber die Menschen? Was meinen Sie?

JÄNISCH Schluß! Kinderwäsche ist nicht mehr gefragt. Und deshalb meine ich – *ruhiger:* Ich lasse Ihnen die Gartenschere da, damit Sie herüberkommen können. Wir haben mehrere.

MUTTER Danke, Herr Jänisch.

JÄNISCH *während er hinausgeht:* Meine Frau will es nicht wahrhaben und sagt, im Schatten wächst kein Gras. Aber ich glaube nicht daran. Es gibt einfach keins mehr. Ausgestorben. Und wir sind auch im Schatten.

MUTTER Ja, Herr Jänisch.

9

In der Auvergne. Donner, sehr laut.

ALPHA War euch das laut genug? Oder zweifelt ihr immer noch?

DELTA Nein, es war kein Donner.

ALPHA Aber mir hat es einen Brocken auf die Schulter geworfen. Leugnet ihr den auch?

GAMMA Schlimm?

ALPHA Nein. Mein eigentliches Leiden ist nicht die Schulter.

GAMMA Wir wissens.

DELTA Wenn der Staub sich legt, schau hin, Alpha, und laß dein

Leiden spielen: Erinnere dich! Da, wo der Eingang war, die Spalte, der Riß in der Felswand.

ALPHA Die Höhle!

GAMMA Verschüttet.

ALPHA Verschüttet. Und ich habe alle meine Sachen darin.

GAMMA Welche Sachen?

ALPHA Mein Nachthemd zum Beispiel.

GAMMA Es wachsen hier Nachthemden genug.

ALPHA Meines hatte ausgesucht kleine Blätter. Ich habe viel Mühe und Zeit darauf verwendet.

DELTA Erinnere dich, Alpha!

ALPHA Ihr nehmt zu wenig Anteil an meinen Verlusten. Soll ich von meinem Bett sprechen, von der Konsole, von den Wandzeichnungen?

DELTA Oder von Beta, der in der Höhle geblieben ist.

ALPHA Beta?

DELTA Hinter dem verschütteten Eingang.

ALPHA Ich weiß, was du sagen willst, Delta: Es war kleinlich, an das Nachthemd zu denken.

GAMMA Wir werfen dir nichts vor.

DELTA In unserer Lage.

ALPHA Es ist überhaupt keine Lage. *Da die andern nicht antworten:* Es ist überhaupt keine Lage. *Nach einer weiteren Pause:* Nun?

GAMMA Was meinst du?

ALPHA Dann machen wir eine daraus. Ein Satz von Beta. Ich sehe jetzt, wie er mir fehlen wird.

GAMMA Wir könnten versuchen, den Eingang wieder frei zu machen, die Steine wegzuräumen.

DELTA Eine Lage zu schaffen, die eine ist.

ALPHA Mit den Händen?

DELTA Und du, ein Sterbender?

GAMMA *lacht.*

DELTA Still!

GAMMA Wofür? Ich beginne jetzt zu graben. Wir sind zu lange vier gewesen. Ich hänge an der Zahl.

DELTA Aber der Huflattich.

ALPHA Bewegt sich. Nichts Neues mehr.

DELTA Es kommt jemand.

GAMMA Beta?

ALPHA Jedenfalls der vierte. Warte noch mit dem Graben.

GAMMA Er fällt.

ALPHA Helft ihm! Helft ihm doch!

Pause

DELTA Es ist nicht Beta.

ALPHA Nicht Beta? *Er beginnt zu lachen, bekommt einen Husten-anfall. Noch hustend:* Es gibt niemand außer Beta und uns.

GAMMA Jemand mit versengtem Haar.

DELTA Versengten Brauen.

ALPHA Die Initiative ist schuld. Was ist dir zugestoßen, Beta?

GAMMA Es ist ein anderer.

ALPHA Bringt ihn zu mir. Ein anderer?

DELTA Ein anderer.

ALPHA Das ist ein Tag!

Man hört Epsilons Atemzüge.

GAMMA Wer bist du, Fremder?

EPSILON *unartikulierter Laut.*

DELTA Woher kommst du?

EPSILON *unartikulierter Laut.*

ALPHA Wie heißt du?

EPSILON *unartikulierter Laut.*

ALPHA Legt ihn neben mich. Und ein paar Blätter unter den Kopf. Ist es besser?

GAMMA Er hat die Augen geschlossen.

DELTA Ich glaube, er ist eingeschlafen.

GAMMA Ja, er schläft.

ALPHA Erschöpft.

DELTA Nein, er ist ohnmächtig.

ALPHA Und wir hätten soviele Fragen, Fremder.

DELTA Wer weiß, wieviele er hat.

ALPHA Sein Gesicht, das wir noch nicht gesehen haben. Wie wird es euch, Gamma, Delta?

GAMMA So wie dir, wenn du Erinnerungen hast. Quer durch den ganzen Leib.

DELTA Eine Lähmung.

GAMMA Blutandrang.

ALPHA Wenn es ihn gibt, könnte es auch noch andere geben. Es ist nicht auszudenken. Was haltet ihr von seinem Gesicht?

DELTA Kopenhagen, irgendeine Küste, ziemlich nördlich.

ALPHA So genau, Delta?

DELTA Es sind nur Einfälle, unbeweisbar.

ALPHA Und du, Gamma?

GAMMA Konferenzen, Politik, Kursnotierung.

ALPHA Auch unbeweisbar. Jedenfalls viel Neues. Es wird die Gespräche beleben. Vielleicht tauchen Wendungen auf, die uns erfrischen. *Nachdenklich:* Rostfleck auf der Rüstung des Kreuzfahrers.

GAMMA Auch unbeweisbar.

ALPHA Und wie alt mag er sein?

DELTA Wenn es noch Menschen gibt, so sind sie alle in unsern Jahren.

ALPHA Und sein Name?

DELTA *ungeduldig:* Er hat nicht gesagt, wie er heißt.

ALPHA Wie könnten wir ihn nennen?

DELTA Wozu überhaupt in unserer Lage?

GAMMA Die keine ist.

ALPHA Gut, gut. Aber wenn wir eine daraus machen wollen? Was sich von selbst anbietet: der fünfte Buchstabe im griechischen Alphabet.

DELTA Also.

ALPHA Alpha, Beta, Gamma, Delta. Leider kann ich es nicht mehr. Wie geht es weiter? Alpha, Beta, Gamma, Delta. Man könnte ihn auch einfach Beta nennen, da doch Beta ohnehin –

GAMMA Ich weiß nicht.

DELTA Es wäre mir nicht angenehm.

ALPHA Bürgerliche Vorurteile.

GAMMA Was sagst du?

ALPHA Es kam mir über die Zunge. Bür-ger-li-che-vor-ur-tei-le. Was heißt das? Keine Ahnung.

GAMMA Der Huflattich ist heute besonders lebhaft.

DELTA Es kommt jemand.

ALPHA Zuviel an einem Tag. Und dann die Verlegenheit wegen des fünften Buchstabens.

GAMMA Es ist Beta.

ALPHA Beta? Durch den verschlossenen Eingang?

DELTA Mit Konserven. Er zieht ein ganzes Bündel hinter sich her.

BETA *nähert sich mit den klappernden Dosen. Strahlend:* Nun, was sagt ihr?

ALPHA Ja, was soll man da sagen?

GAMMA Wir freuen uns, daß du da bist.

ALPHA Aber du kommst von der falschen Seite.

BETA *ärgerlich:* Falsche und richtige Seiten, was soll das?

GAMMA Wir haben dich in der Höhle vermutet.

BETA *mürrisch:* Sie hat einen zweiten Ausgang.

ALPHA Deshalb hat es immer gezogen.

BETA Und zu den Konserven sagt ihr nichts?

GAMMA Nichts.

DELTA Nein, nichts.

ALPHA Ich sage: Initiative.

GAMMA Was ist das?

ALPHA Zu schwer zu erklären.

BETA Es ist das, was euch fehlt.

ALPHA Aber du bist zu spät gekommen, Beta. Einer, der auf Händen und Füßen kroch, hat dich überholt. Hier!

BETA Wer ist das?

ALPHA Weißt du den fünften Buchstaben im griechischen Alphabet?

DELTA Jedenfalls ein Fremder.

GAMMA Und er schläft.

BETA Das sehe ich.

DELTA Weshalb so unwirsch, Beta?

ALPHA Er kränkt sich, weil wir seine Konserven nicht würdigen.

DELTA Wir wissen, was du für uns getan hast, Beta.

ALPHA Man erkennt dich an.

DELTA Sind noch viele Büchsen da?

BETA Für uns wird es reichen.

GAMMA Ich wollte auch nicht zu Betas Leistungen schweigen, sondern über meinen Magen. Ehrlich gesagt, er hat sich gewöhnt. Mir schmeckt Huflattich ganz gut.

DELTA Man stellt sich schwer um.

BETA Wartet ab! Wenn ihr erst seht, was in den Büchsen ist!

ALPHA Was ist denn drin?

BETA Ich mache sofort eine auf.

GAMMA Ich sagte dir schon: Mein Magen. Laß sie zu.

DELTA Ja, warte noch. Ich habe heute schon gegessen.

BETA *enttäuscht:* Wie ihr wollt.

ALPHA Geringer Appetit. Und wenn man bedenkt, daß wir der Konserven wegen hierher gekommen sind.

GAMMA Du irrst dich. Wir waren immer hier.

ALPHA Und wer war in Poitiers, in Rothenburg, wer war in unsern Geschichten?

GAMMA Unsere Geschichten sind nicht meine Geschichten.

ALPHA Es geht um die Wahrheit.

DELTA Und die, meint Alpha, wäre in Poitiers. *Er lacht.*

ALPHA *seufzt:* Die Wahrheit, ihre mit Sand behafteten Wurzeln, ihre Fußspur –

GAMMA Ist dir nicht gut?

ALPHA Mir ist nie besonders.

DELTA Ach ja.

ALPHA Aber ich bin nicht das Thema. Bleibt bei der Wahrheit!

BETA Zum Beispiel?

ALPHA Wie ging es zu, als man hierher aufbrach?

GAMMA Wir waren immer hier.

ALPHA Als wir aufbrachen in die Auvergne, zu den Konserven, hierher.

GAMMA Erinnerungen an Aufbrüche? Das erschwert alles.

DELTA Und woher?

BETA Frag doch nicht, Delta!

ALPHA Meinethalben Ottobrunn.

BETA Da hast dus. Das alte Spiel.

ALPHA Von allen Orten brach man auf. Tatsachen, die ihr nicht leugnen könnt.

GAMMA Man kann alles leugnen.

ALPHA Aber nicht unsere Erzählungen, ich bitte euch!

BETA Tut ihm den Gefallen!

ALPHA Unsere Sicherheit, die einzige.

DELTA *mürrisch:* Also!

SILVESTER Iller, Lech, Isar, Inn fließen nach der Donau hin.

JÄNISCH Es ist gut, daß Silvester etwas lernt.

MUTTER Mir fehlt leider so vieles. Er käme jetzt in die Sekunda.

RAIMUND Ich ginge gerade ins Referendarexamen.

SILVESTER Altmühl, Naab und Regen kommen ihnen entgegen.

JÄNISCH Und die Auvergne, wo ist die? Schlag die Karte von Frankreich auf, Silvester!

CORNELIA Auvergne? Das ist kein Fluß.

JÄNISCH Nein, ein Gerücht.

SILVESTER Hier. *Er liest Buchstaben für Buchstaben in deutscher Aussprache:* A-u-v-e-r-g-n-e. Ziemlich südlich.

JÄNISCH Ziemlich weit von hier.

RAIMUND Macht aber nichts, da wir nicht hin wollen.

JÄNISCH Es soll Höhlen dort geben.

RAIMUND Die gibt es. Vorgeschichte, Schädelfunde, die ersten Menschen.

JÄNISCH Zu Fuß, nun, sagen wir fünf Jahre.

RAIMUND *lacht:* Mindestens.

JÄNISCH Ich frage mich nur, wie Gerüchte entstehen, wenn wir immer unter uns sind. Oder habe ich es aus der Zeitung? Von früher? Es soll Lebensmitteldepots dort geben.

RAIMUND So?

JÄNISCH Riesige Bestände in den Höhlen.

RAIMUND Habe ich nicht gelesen.

MUTTER Vielleicht geträumt, Herr Jänisch?

JÄNISCH Aber lebhaft geträumt: Aufträge an Konservenfabriken, die Unterschrift auf den Lieferscheinen, alles ist da, Lagerpersonal in blauen Kitteln, – es kommt mir glaubwürdig vor.

CORNELIA Wie die erste Dämmerung.

JÄNISCH Noch glaubwürdiger. Wie der Mittag selber, der Augenblick, wo der Laden geschlossen wird.

FRAU VOGEL Frankreich? Ich habe auch sowas gelesen.

MUTTER Und wer hat Aufträge gegeben, unterschrieben, Personal angestellt?

JÄNISCH Die Regierung, es lag nahe.

FRAU VOGEL Die Regierung? Glaube ich nicht.

MUTTER Was glauben Sie, Frau Vogel?

FRAU VOGEL Die dunklen Mächte. Die gegen die Religion sind. Das gibt es.

JÄNISCH Jedenfalls war es für Notzeiten gedacht.

CORNELIA Also für uns.

JÄNISCH Das meine ich.

FRAU VOGEL Wir sollten hin.

MUTTER Das sagen Sie, Frau Vogel?

FRAU VOGEL Ich bin immer gern gereist.

RAIMUND In die Gerüchte, in die Träume, fünf Jahre zu Fuß?

FRAU VOGEL *genießerisch:* Je länger, je lieber.

JÄNISCH Was versäumen wir?

FRAU VOGEL Eben. Wir haben Zeit. Wie müßte man denn gehen?

CORNELIA Quer durch den Huflattich.

JÄNISCH Silvester hat den Atlas.

RAIMUND *spöttisch:* Dann los!

Eine Uhr tut hastig sechs Schläge.

MUTTER Aber verlassen wir nichts?

JÄNISCH Wanduhren, Tapeten, Hängelampen.

CORNELIA Ein Ölgemälde.

RAIMUND Das nichts taugt.

CORNELIA Erinnerungen.

JÄNISCH Die auch nichts taugen.

FRAU VOGEL Und wenn man will, kann man sie mitnehmen.

JÄNISCH Alles ganz einfach.

MUTTER Ja, wenn ich euch höre.

RAIMUND Nur schade, daß vielleicht alles erfunden ist. Eine Nachricht für flaue Tage, ein Lesefehler, und die Depots gibt es nicht.

JÄNISCH Was machte das schon?

FRAU VOGEL Er hat recht.

CORNELIA Und wenn wir nicht hinfinden?

JÄNISCH Irgendwohin finden wir.

MUTTER Alles so einfach, daß mir schwindelt.

SILVESTER Etwas anderes als Huflattich wäre schon gut. Ich denke an Rote Grütze.

FRAU VOGEL Rote Grütze wird nicht dabei sein. Überhaupt interessieren mich die Konserven nicht. Aber die Reise –!

RAIMUND Überall das gleiche Dickicht.

JÄNISCH Eine Vermutung. Vielleicht anderswo Löwenzahn, Libellen, Schnecken. Ein Kind.

RAIMUND Ich glaube nicht daran.

CORNELIA Mir genügte es, wenn ich einer Katze begegnete oder einer Brennessel.

JÄNISCH Das alles müßte man nachprüfen.

FRAU VOGEL Frankreich sagt ihr?

SILVESTER Im Südwesten von Frankreich.

FRAU VOGEL Als wir neulich zum letztenmal Feuer anmachten, habe ich meinen Paß verbrannt.

CORNELIA Man braucht keinen Paß mehr.

FRAU VOGEL Seht ihr, manches ist doch besser geworden. Praktischer. Wie müßte man denn gehen?

JÄNISCH Etwas Orientierungsgabe braucht man, nicht über den Durchschnitt. Die Eisenbahnstrecken müssen zu erkennen sein. Seen und Flüsse helfen. Hin und wieder ein Überblick von Türmen und Hochhäusern.

RAIMUND Über alle Möglichkeiten von Grün.

JÄNISCH Geographische Erinnerungen sind gut.

CORNELIA Und Silvester hat den Atlas.

RAIMUND Die Donau aufwärts, nicht wahr?

SILVESTER Dann Bodensee.

FRAU VOGEL Ich habe einmal eine Omnibusreise an den Bodensee gemacht. Ich weiß Bescheid. Lindau, Konstanz und immer geradeaus.

RAIMUND Generalrichtung Westen.

FRAU VOGEL Da ist ein Balkon auf halber Höhe und zum Ufer hinunter geht ein Obstbaumstreifen. Es sind Äpfel. Unten eine Badehütte mit Schilf. Über den Balkon hängt ein rotes Oberbett.

JÄNISCH Ein rotes Oberbett? Aber Frau Vogel!

FRAU VOGEL Ihr versteht es nicht besser. Ich kenne den Bodensee.

MUTTER Laßt! Sie hat recht.

FRAU VOGEL Na also.

MUTTER München erkennt man an einem zerknüllten Silberpapier, das auf der Fensterbank liegt.

CORNELIA Meine Mutter an einem Birnenspalier, wenn es Winter ist.

RAIMUND Es ist nie Winter.

FRAU VOGEL Der ewige Frühling. Wie ich es immer gewünscht habe.

JÄNISCH Nun?

RAIMUND Was: nun?

JÄNISCH Brechen wir auf?

RAIMUND Aber Herr Jänisch!

JÄNISCH Wir können es ja überlegen.

MUTTER Zeit haben wir.

JÄNISCH Worauf sollen wir warten?

RAIMUND Ich denke immer, der Bahnhof müßte wieder zum Vorschein kommen.

JÄNISCH Deshalb?

RAIMUND Deshalb. Ich wußte nicht, daß ich an Backsteingotik hänge.

JÄNISCH Gibt es vielleicht in der Auvergne auch.

RAIMUND Hören Sie auf!

JÄNISCH Wir können ja morgen –

RAIMUND Hören Sie auf!

JÄNISCH Oder übermorgen.

FRAU VOGEL Man sollte es wenigstens überlegen.

I I

In der Auvergne

BETA *öffnet eine der Büchsen:* Und wer hat gesagt, man brauchte einen Büchsenöffner?

ALPHA Nun?

BETA Was nun?

ALPHA Was ist drin? Gemüse?

BETA Thunfisch, er sieht noch nicht schlecht aus.

ALPHA Thunfisch?

BETA Eine Vermutung.

ALHPA Er ist zumindest etwas nachgedunkelt.

BETA Ihr habt an allem zu mäkeln.

GAMMA Ich mäkle nicht.

DELTA Ich auch nicht.

BETA Eine leichte Verfärbung hat auf die Qualität keinen Einfluß.

ALPHA Was ungenießbar ist –

BETA Das wollen wir erst feststellen.

GAMMA Ich nicht.

DELTA Ich auch nicht.

BETA Hat keiner Appetit?

ALPHA Wie ist es mit dir selber?

BETA Oder sollen wir noch eine andere Büchse aufmachen?

ALHPA Und unser Gast? Vielleicht daß er –?

EPSILON Nein, danke.

GAMMA *erregt:* Er spricht!

DELTA Ist dir jetzt besser?

ALPHA Er erholt sich.

GAMMA Wer bist du? Woher kommst du? Wovon ist dein Haar versengt?

ALPHA Hat dich der Blitz getroffen?

EPSILON Soviel Fragen auf einmal.

ALPHA Und wieso konntest du nicht sprechen? Das deutet auf eine Lähmung durch Blitzschlag.

GAMMA Es ist kein Blitz.

ALPHA Blitz oder nicht.

EPSILON Ganz gleichgültig ist es nicht.

DELTA Da hörst dus, Alpha.

GAMMA Weißt du mehr als wir?

EPSILON Ich weiß nicht, was ihr wißt.

BETA In unserer Lage kommt es nicht auf Wissen, sondern auf Handeln an.

ALPHA Auf Handeln heißt in unserer Lage –

BETA Ganz gleich, was es heißt.

ALPHA Büchsen öffnen, das Handeln schlechthin.

BETA Ja, das ist es. *Er beginnt auf eine Büchse zu schlagen.*

ALPHA Aber nicht hier! Man versteht sein eigenes Wort nicht.

BETA Das wäre kein Nachteil. Aber ich will dich nicht stören, Alpha. *Er geht beiseite und hämmert weiter.*

GAMMA Du hast ihn gekränkt.

ALPHA Es tut mir leid, aber er nimmt zu wenig Rücksicht.

DELTA Und was soll unser Gast von solchen Streitigkeiten denken?

EPSILON Ach Gott –

ALPHA Wir sind alle nervös. Man reibt sich aneinander.

EPSILON Ich erinnere mich. Aber ich bin schon lange allein.

ALPHA Immer am gleichen Ort?

EPSILON Immer unterwegs. Kapstadt, Kairo, Walachei, Coimbra. Soweit man das erkennen konnte. Bei Kairo halfen mir die Pyramiden.

ALPHA Und was half dir in der Walachei?

EPSILON Die Freiheit, Namen zu geben. Sie kommen bei mir aus dem Gemütszustand. Damals war ich fröhlich. Der Huflattich hatte einen Geruch von Wein aufbewahrt, so daß sich der Name Walachei geradezu aufdrängte.

ALPHA Ach?

EPSILON Ich war so kindisch, sogar nach den Reben zu suchen.

ALPHA Und?

EPSILON Nein. Aber eine starke Erinnerung, die selbst der Huflattich übernehmen mußte.

ALPHA Und sonst?

EPSILON Nichts. Kein Gras, kein Vogel.

DELTA Und nirgendwo ein Kind?

EPSILON Nein, nirgendwo.

GAMMA Keine Menschen?

EPSILON Es ist lange her. Ich kann sagen, ihr seid die ersten.

ALPHA Die ersten Menschen, hört ihr? Das ist nicht schlecht. *Er lacht.*

DELTA Gut ist es auch nicht.

ALPHA Und wie ist dein Gemütszustand? Würdest du Walachei sagen? Oder gibt es Namen, die noch fröhlicher sind?

EPSILON *verlegen:* Noch fröhlicher?

ALPHA Bei den ersten Menschen!

DELTA Alpha überschätzt uns.

EPSILON Es wäre Grund genug. Seit Jahrzehnten Huflattich.

ALPHA Überall, nicht wahr?

EPSILON Ja, überall.

ALPHA Wieso wurde er auserwählt? Alle Fruchtbarkeit hat er für sich allein. Es erbittert mich doch.

EPSILON *zögernd:* Ich weiß nicht. Es sieht so aus. Aber es könnte auch sein –

BETA *tritt herzu:* Da, schaut her, Birnenkompott, ganz frisch.

GAMMA Wirklich, ganz frisch.

BETA Wollt ihr euch nicht nehmen?

ALPHA Nein, danke.

GAMMA Vielleicht später.

DELTA Ich ziehe frischen Huflattich vor.

BETA *essend:* Mir schmeckt es.

ALPHA Guten Appetit.

BETA Danke.

ALPHA Aber?

BETA Was aber?

ALPHA Es fiel das Wort. Unser fünfter sagte –

BETA Dann kann ich also gehen.

ALPHA Du kannst auch bleiben.

BETA Den ganzen Tag nichts zu tun, liegt mir nicht. *Er beginnt, etwas entfernt, wieder zu hämmern.*

ALPHA Aber es könnte auch sein – Was könnte sein?

EPSILON *wieder zögernd:* Ich glaube, seine Stunde ist vorbei.

ALPHA Stunde vorbei? Welche Stunde? Das erinnert mich wieder –

EPSILON Die Stunde des Huflattichs.

ALPHA Vorbei? Ich sehe nichts anderes.

EPSILON Siehst du nichts anderes?

GAMMA Wir sehen den Himmel.

EPSILON Früher, wenn man hinaufsah, die Unterseite der großen Blätter, eine grüne Dämmerung mit weißem Flaum versetzt.

ALPHA In der Tat, wenn ich nachdenke –

DELTA Ich dachte, du tätest nichts anderes.

ALPHA *bestürzt:* Man sieht den Himmel.

DELTA Seit einiger Zeit.

GAMMA Bewölkt und unbewölkt.

EPSILON Ein Ausschnitt, aber immerhin.

ALPHA Blau – wie konnte mir das entgehen!

GAMMA Und morgens rosa.

ALPHA Den Himmel! Eine Veränderung, die ich nicht leugnen kann. *Nach einer kurzen Pause:* Aber ich ordne sie ein.

EPSILON In die Zusammenhänge, die sich anbieten, in den Staub, ins Feuer.

ALPHA In eine Fröhlichkeit.

EPSILON *seufzt.*

ALPHA *mit Überzeugung:* Die ich Fortschritt nenne. Der Huflattich und wir, Wesen, die sich miteinander einrichten müssen. Denkt daran, daß er uns Platz macht, daß er uns bemerkt.

GAMMA *spöttisch:* Eine Hauspflanze, so wie es Haustiere gab.

EPSILON Er hört uns.

ALPHA Nicht lange mehr, und er wird uns sehen. Ist das ein Ende? Nein, mir scheint, seine Stunde hat eben begonnen.

EPSILON Und weshalb ängstigt er sich?

ALPHA Ängstigen?

EPSILON Man kann es an bestimmten Blattstellungen erkennen. An bestimmten Wendungen des Samens im Wind. An Schatten und Nichtschatten.

ALPHA Führt das nicht zu weit?

EPSILON Oft habe ich mir eine Blüte heruntergebogen und sie betrachtet. Manchmal zuckt ein Blütenblatt.

ALPHA Und? Hältst du es für ein Zeichen? Das würde mich bestätigen. Aber wofür?

EPSILON *ruhig:* Er weiß, was vorgeht.

ALPHA Wieso? Und was geht vor?

BETA *entfernt, ruft:* Hier! Das muß Truthahn sein.

GAMMA Sagt endlich, daß ihr etwas davon wollt.

DELTA Sag du es.

GAMMA Aber Truthahn? Diese Neuerungen!

DELTA Ich hänge auch am Hergebrachten. Es geht nichts über Huflattich. Aber ich meine, wegen der Freundlichkeit, wegen Betas Verdiensten –

GAMMA Vielleicht möchte unser Gast?

EPSILON O ja. *Er ruft:* Gibst du mir etwas ab?

BETA *kommt näher:* Gut, daß du gekommen bist! Ein Mensch ohne Vorurteile, das habe ich lange entbehrt. Hier!

EPSILON Danke.

BETA Ein Bruststück.

EPSILON Zart und ganz frisch.

BETA Ein Tier, wenn ich mich recht erinnere, das im Zorn den

Hals aufbläht und sich verfärbt. Willst du auch ein paar Birnen als Nachtisch?

EPSILON Bitte.

BETA Birnen, eine eigentümliche Form.

ALPHA Birnenförmig.

BETA Ganz recht. Aber im Kompott nicht zu erkennen.

EPSILON Das macht nichts.

BETA Das Wichtige ist der Geschmack.

EPSILON Und der ist gut.

BETA Da hört ihrs.

ALPHA Solltest du bei deinen Nachforschungen auf Kürbis stoßen, wäre ich nicht abgeneigt.

BETA *entzückt:* Ich schaue sofort nach.

ALPHA *leise:* So eilig war es nicht.

GAMMA Laß ihn.

Man hört Beta klopfen.

ALPHA Sein Eifer strengt mich an. Aber noch schlimmer ist die Verachtung in allem, was ihr sagt. Was geht vor? Ihr verbergt mir etwas.

DELTA Den Himmel hast du inzwischen bemerkt.

ALPHA Und eingeordnet.

GAMMA Unser Ordnungssinn ist geringer. Aber wir haben Augen, wir sehen.

ALPHA *unruhig:* Nichts Besonderes, hoffe ich.

DELTA Und nichts, was wir für uns behalten wollen. Da wären die Stengel, die weniger hoch wachsen. Sind sie dir aufgefallen?

GAMMA Manche dörren aus, manche verfaulen. Das ist auch neu.

ALPHA Nun ja, wie sollte anders der Himmel sichtbar werden? Das gehört ins Bild.

GAMMA Und die Knospen, die immer seltener ansetzen?

DELTA Nicht nur seltener.

GAMMA Und daß wir das Himmelsblau gewonnen haben und nicht reicher geworden sind. Weißt du es schon?

ALPHA *matt:* Ich verlasse mich auf die Zwischentöne. Was meint ihr?

DELTA Das Gelb ist verlorengegangen, Alpha. Keine Blüten mehr.

GAMMA Kein fliegender Same über uns. Seine Stunde ist vorbei.

DELTA Gehört denn das ins Bild? Wo ordnest du es ein?

ALPHA *verwirrt:* Einen Augenblick! Man könnte die Sonnenauf-
gänge ins Treffen führen. Rosa – immerhin.

DELTA Schattierungen, die nichts bedeuten.

ALPHA *faßt sich:* Was der Huflattich verliert, kommt vielleicht
uns zugute.

GAMMA Zu spät.

EPSILON Wir spielen nicht mehr mit.

ALPHA Nein, nein, ihr redet leichtfertig. Keine Welt ohne uns.
Vergeßt nicht, daß wir den Apfel gegessen haben.

DELTA Das ist lange her.

GAMMA Oder du sprichst von Konserven.

ALPHA Immer wieder euer Spott und euer unerträgliches Einverständnis! Ich verstehe es nicht. Sprich du, Fünfter, du aus der
Walachei, aus der Fröhlichkeit. Erkläre mir die Schwermut!

EPSILON Sie ergab sich aus meinen Wanderungen. Man kommt in
keinen Landstrich mehr, den man benennen möchte. Das setzt
Hoffnungen voraus. Seitdem meine Brauen versengt sind – obwohl ich doch weit entfernt war –

GAMMA Näher als wir.

EPSILON Die Sprache verloren.

ALPHA Das ist vorüber.

EPSILON Und kann wiederkommen. Eine Pause, die Berge ruhen
aus; oder schlafen.

ALPHA *erstaunt:* Die Berge?

EPSILON Ja.

ALPHA Wir redeten vom Feuer, von dem, was ich für Blitze hielt.

EPSILON Es waren keine.

GAMMA Hörst du!

ALPHA Es gibt nämlich ein altes Spiel zwischen uns. Man sieht etwas, und ich sage Blitz. Es hilft mir, wie dir die Pyramiden
helfen. Die Antwort heißt dann –

GAMMA Es waren keine.

ALPHA *verzweifelt:* Wie findest du das? *Da Epsilon nicht antwortet, mit künstlicher Munterkeit:* Mir scheint du willst nicht
mitspielen. *Leise:* Aber was war es dann?

EPSILON Die Berge, Alpha. Es waren die Berge.

ALPHA Vulkane?

EPSILON Nein, die Berge, die gewöhnlichen, die Falten in der Erdrinde. Erinnere dich: Bergrücken, Bergkuppen, Unterkunftshäuser, Aussichtstürme.

ALPHA *zögernd:* Gewiß, mir kommt manches wieder: Zittergras, Krüppelkiefern. Aber die Gegend ist vulkanisch. Es sind Krater erhalten. Das weiß ich.

EPSILON Längst erloschen! Nein, das ist es nicht. Alle Berge sind gleich geworden, und es rührt sich zwischen ihnen. Man kann sich Querschnitte ausdenken, Karst, Vulkane, Kettengebirge, Erdfälle in Gips, sie erklären nichts mehr.

ALPHA Und die versengten Brauen? Ihr verwirrrt mich. Es muß in die Geologie gehören. Wie bringt man Berge und Feuer anders zusammen? Und den Huflattich laßt ihr überhaupt schon aus.

GAMMA Du hast gefragt. Wir gehen auf alles ein.

DELTA Und ich sagte dir schon: ich bin auch nicht für das Neue. Es läßt sich doch gut leben unterm Huflattich. Er macht alles einfach, gibt Schatten –

GAMMA Gab!

DELTA Gab Schatten. Man hatte es warm und kühl genug.

GAMMA Jetzt weiß niemand, wie es mit der Temperatur werden wird.

EPSILON Es war unser goldenes Zeitalter, als er lebte und mächtig war. Man verstand sich mit ihm und, was noch besser war, man verstand ihn. Eine Pflanze, das zieht etwas aus der Erde, das atmet, das ist mit uns verwandt. Aber wenn die Berge anfangen zu leben? Es verwirrt mich auch.

ALPHA Die Steine? Das Trockene? Nein, die leben nicht. Wenn ihr das fürchtet, kann ich euch beruhigen. Eine Meinung, die sich nicht halten läßt.

EPSILON Sie werfen sich Feuer zu.

ALPHA Die Berge? Ihr vergeßt immer die Wissenschaft. Der Vulkanismus würde alles erklären.

GAMMA War es nicht die Wetterkunde? Waren es nicht die Blitze und der Donner?

ALPHA Es handelt sich um Magma aus dem Erdinnern.

EPSILON Nein, Alpha. Es handelt sich um einen Gruß, um eine Zärtlichkeit.

ALPHA Zärtlichkeit?

EPSILON Um Sätze, um Zuneigungen.

ALPHA Aus Lava?

EPSILON Keine Lava, begreif es endlich! Feuerschleier, Feuertücher, fein und durchdringend, nichts, was sich verfestigt.

ALPHA Sicherlich gäbe uns die Wissenschaft auch da eine Antwort.

EPSILON Die Wissenschaft, das sind jetzt wir.

ALPHA Und was sagen wir? Lebende Berge? Feuersprache? Die Empfindungswelt der Steine und Erden?

EPSILON Ja, so etwas.

ALPHA Ganz unwissenschaftlich. Nachweisbar ist nur dein Einverständnis damit.

EPSILON Du übertreibst.

ALPHA Die verdächtigte Eile, mit der du uns abschreibst. Sie ist schlimmer als die Untergänge. Ach, wärst du nie gekommen!

EPSILON Entschuldigung!

Die Berge rühren sich. Es klingt wie entfernter Donner.

ALPHA Wir sollten uns unterstellen. Oder weg aus dieser Gegend! Beta soll es entscheiden, er hat die Initiative.

DELTA Er sucht nach Kürbis für dich.

ALPHA Kürbis! Während ein Sausen in den Wipfeln ist!

GAMMA Und Wellen von warmer Luft. Nicht anders als vorhin.

ALPHA Ganz anders. Weil man die Wahrheit kennt.

GAMMA Beruhige dich! Wer weiß, ob es nicht doch ein Gewitter war.

DELTA Oder Vulkane, die wieder ausbrechen.

Der Donner, jetzt näher.

ALPHA Nein, ich habe den Mut verloren, daran zu glauben. Es klingt mir anders. Es beginnt anders, es hält anders an und es endet anders. Plötzlich ist alles klar, die Unruhe des Huflattichs und unsere eigene. Die Angst vor dem freien Ausblick, heute der Himmel und morgen die steinige Erde, über die das Feuer gegangen ist. Nein, wir wollen nicht verbrennen. Fort! Es gibt doch Ebenen, wo die Gefühle nicht aus Feuer sind und die Sprache der Berge nicht verstanden wird. Dahin!

GAMMA Ich dachte – wie soll ich es sagen?

ALPHA Du dachtest, ich sei das Sterben gewöhnt. Aber es ist noch zu früh, ich habe noch etwas vor.

GAMMA So?

ALPHA Und ihr auch.

DELTA Wir? Nicht daß ich wüßte.

ALPHA Uns zu erinnern, meine ich.

GAMMA Mir reicht es schon.

ALPHA Mich bedrängt es. Ein Name, Poitiers oder Cuneo. Ein Stein liegt in meinem Gedächtnis. Ich kann ihn allein nicht heben. Ihr müßt mir helfen.

Donner

EPSILON Jetzt ist es viel näher.

ALPHA Fort also! *Ruft:* Kommst du, Beta?

Die Erde erzittert. Dann ist alles still.

BETA *kommt heran:* Kürbis, Karotten, Spinat. Das Feuer, habt ihrs gesehen? *Stille.* Warum sagt ihr nichts? Starrt mich nicht so an! Hier das Gemüse. Alles ganz frisch, als ob es gestern eingemacht worden wäre.

Die Brandung vor Setúbal

Stimmen

Pedro, Catarinas Diener · Felipe Wirt · Ojao, Diener des Camoes ·
Hofmarschall · Catarina de Ataide · Rosita, ihre Zofe · Die Frau
des Wirtes · Die Mutter des Camoes

Daran glauben müssen

Rosita tritt in Dona Catarinas Schlafzimmer.

ROSITA Die Schokolade, Dona Catarina.

CATARINA Die Schokolade. *Sie reckt sich und setzt sich auf.*

ROSITA Das Tablett auf die Bettdecke, so daß es den Schlafrock
berührt.

CATARINA Befolge meine Befehle, Rosita, wiederhole sie nicht
wie ein Papagei! Zehn Uhr?

ROSITA Genau.

CATARINA Genau kann es nicht sein.

ROSITA Es schlug, als ich zur Tür hereinkam.

CATARINA Zur Tür herein! Als du draußen warst oder drin? Den
ersten Schlag oder den zehnten? Wie schlampig ist diese Aus-
drucksweise! Sagte ich dir nicht, du sollst mich so wecken, daß
ich den zehnten Schlag noch höre? Ich habe ihn nicht gehört.

ROSITA Es ist schwierig, Dona Catarina. Eigentlich ging es richtig nur im ersten Jahr. Ich wartete vor der Tür auf den fünften Schlag, dann drückte ich auf die Klinke. Aber ich weiß
nicht, wie es kam: War etwas am Schlagwerk geändert oder an
meiner Geduld? Es gelang mir nicht mehr. Öffnete ich aber
schon beim vierten Schlag die Tür, so bestand die Gefahr, daß
sich eine Haut auf der Schokolade bildete.

CATARINA Entsetzlich!

ROSITA Um die Wahrheit zu sagen, es ist mit den Jahren immer schlimmer geworden. Ja, es kann vorkommen, daß mich vor der Tür ein Herzklopfen befällt.

CATARINA Das wird andere Gründe haben, Rosita. Du warst siebzehn, als du zu mir kamst, und bist jetzt fünf Jahre bei mir. Es sind die Jahre für starkes Herzklopfen.

ROSITA Nicht nur Herzklopfen. Auch die Zähne klappern, und ich fürchte, das Tablett fällt zu Boden.

CATARINA Deine Zustände langweilen mich. Jedenfalls habe ich von deiner Vorgängerin, die zwölf Jahre bei mir gedient hat, nie dergleichen gehört.

ROSITA Versteht sich, Dona Catarina, sie hatte ja keine Zähne mehr.

CATARINA Genug geschwatzt. Nimm die Tasse weg! Das Wetter?

ROSITA Verhangen.

CATARINA Die Brandung?

ROSITA Wie immer.

CATARINA Still! – *Pause.* – Ja. Das ist beruhigend. Weißt du, wie ich mich fühle, wenn ich dieses Geräusch höre?

ROSITA Sie sagten es, Dona Catarina: Näher bei Gott.

CATARINA Wie unsäglich albern es klingt, wenn du es aussprichst!

ROSITA Es klingt so albern wie – *Sie hält erschrocken inne.*

CATARINA Wie?

ROSITA Nein, nichts.

CATARINA Manchmal hast du etwas Aufsässiges.

ROSITA *offen:* Nein, bestimmt nicht.

CATARINA Was ist das für ein Fleck auf der Bettdecke? Alles verkommt, alles verdreckt, weil ihr nicht achtgebt!

ROSITA Es ist Rotwein, Dona Catarina. Von gestern.

CATARINA *betroffen:* Rotwein? Ich selbst? *Da Rosita schweigt:* Wieviel war es?

ROSITA Vom zweiten Liter blieb eine Neige.

CATARINA *traurig:* Immerhin, eine Neige. *Nach einer Pause:* Das Merkwürdige ist, daß ich es zuerst nicht hören konnte. Ich hielt mir die Ohren zu.

ROSITA Die Brandung?

CATARINA Es war mir der Inbegriff meiner Verbannung. Ach, ich hatte das fröhliche Gelächter aus dem Königspalast im Ohr, zärtliche Worte aus den Laubengängen im Park, Verse –

ROSITA Heute ist es das Gedicht: »An den Ufern des Mondegos gedenkt er seiner Natercia.«

CATARINA Aber siebenundzwanzig Jahre sind genug, um das Rauschen der Höllenflammen zu verwandeln in das beruhigende Murmeln göttlicher Vergebung.

ROSITA *unsicher:* Aus einem Gedicht?

CATARINA Um den Haß in Liebe zu verwandeln.

ROSITA Und die Liebe, wenn ich mir die Frage erlauben darf?

CATARINA Nein, du darfst sie dir nicht erlauben. *Sie weint.*

ROSITA *hilflos:* Dona Catarina!

CATARINA *ruhig:* Welches Gedicht?

ROSITA Das dritte aus dem zweiten Band.

CATARINA Tu nicht, als könntest du lesen! Pedro hat rechte Mühe mit dir.

ROSITA Und Sie nicht weniger, Dona Catarina.

CATARINA Ich muß zugeben, mein Kind, daß es nicht zu den üblichen Diensten einer Zofe gehört, Verse zu rezitieren. Stell dich neben den Schrank.

ROSITA Und den Blick zum Fenster hinaus aufs Meer.

CATARINA Sag es nicht, Rosita, sondern tu es!

ROSITA

Die Zeit, die wir getrennt sind: Sieben Tage.
Wie sieben Wellen rinnen sie im Fluß,
ein Nichts in seiner Wasser Überfluß,
wie ichs zum Trost mir unaufhörlich sage.

Wie aber kommts, daß ich sie nicht ertrage,
die kurze Spanne, die ich fern sein muß,
daß ein versäumter Blick und ein versäumter Kuß
die schlimmsten Gründe sind für meine Klage?

Kein Maß mehr gilt; nur an dir selber messen,
Natercia, sich jetzt Ewigkeit und Zeit
und Blick und Kuß und Bitternis und Leid.

Uhr und Kalender hab ich lang vergessen.
Vor deinem Auge endet jede Stunde,
die Ewigkeit beginnt an deinem Munde.

CATARINA Die Ewigkeit, ja. Aber siebenundzwanzig Jahre!

ROSITA Es ist schwer, etwas zu sprechen, was man nicht versteht.

CATARINA Daß du es nicht verstehst, macht dich erst fähig. Du sprichst das Gedicht vortrefflich, mein Kind.

ROSITA Es kann nur der Schrank sein und der schräge Blick auf das Meer.

CATARINA Wieso übrigens verstehst du das nicht? Was ist da nicht zu verstehen?

ROSITA Ich verstehe die Gefühle nicht, die in Reime gebracht sind.

CATARINA *verdutzt:* Ach? *Nach einer Pause:* Wirklich, du hast etwas Aufsässiges. Solche Gedanken geziemen den Dienstboten nicht.

ROSITA Ich bitte um Verzeihung, Dona Catarina.

CATARINA Ach was! Beginnen wir ein revolutionäres Gespräch. Die Reime also –

ROSITA Und Natercia. Warum sagt er Natercia, da Sie doch Catarina heißen?

CATARINA Im Laufe der Jahre bin ich unsicher geworden, ob ich nicht doch Natercia heiße.

ROSITA Aber damals?

CATARINA Ja gewiß, damals hieß ich noch Catarina. Wir müssen systematisch vorgehen, mein Kind. Die Reime und Natercia sind zwei gänzlich getrennte Fälle. Wir dürfen das nicht durcheinander bringen. Die Reime sind wegen der Unnatur.

ROSITA *verständnislos:* Aha.

CATARINA Die menschliche Gesittung nämlich beginnt, wenn sich das Geschöpf Gottes über die bloße rohe Natur erhebt. Was sind schon Gefühle! Da reibt sich Haut an Haut, das haben die Stallmägde und die Müllerburschen auch. Erst wenn die Gefühle sich reimen, Rosita, das ist etwas!

ROSITA Aha.

CATARINA Verstehst du das? *Da Rosita schweigt:* Ich sehe deinen verstockten Augen die Fragen an. Wie unziemlich doch ein hübsches Gesicht ist, wenn es ein älteres anblickt, wie grob! Stell dir vor, daß ich mir die Nase zuhalte und das Kleid raffe, während ich die Treppe in den Hof hinabsteige, wo die Schweine am Trog schmatzen und die Äpfel der Maultiere fallen.

ROSITA Gewiß, wir haben nur die Natur, Dona Catarina.

CATARINA Ich ja auch, Rosita, ich auch. Sei nicht gekränkt.

ROSITA Um bei den Schweinen zu bleiben: Man läßt sie im Dreck und nimmt es ihnen übel, daß sie stinken.

CATARINA *ohne auf sie zu achten:* Nein, ich finde keine Reime, ich auch nicht. Ich bin nichts, bin nur etwas durch ihn, mit ihm, neben ihm, bei ihm, – fern von ihm.

ROSITA *mitleidig:* Liebe Dona Catarina.

CATARINA Schon gut. Es hängt alles damit zusammen, daß ich dir erlaubte, über den Reim zu sprechen. Ich ahnte selber nicht, wie gefährlich das Thema ist.

ROSITA Und Natercia?

CATARINA Ich fürchte, auch da – Nun, versuchen wirs. Nimm das Tablett weg und beginne mit der Frisur! Was hältst du von meinen Haaren?

ROSITA Sie sind noch sehr schön.

CATARINA *zweifelnd:* So? Ich vermute, sie sehen aus, als wären Motten darin.

ROSITA Ich glaube, daß ich mich auf Frisuren ganz gut verstehe.

CATARINA Das ist deine Art von Reimen.

ROSITA *glücklich lachend:* Ja, Dona Catarina.

CATARINA Hingegen hat er mich Natercia genannt, weil niemand wissen sollte, daß ich gemeint war.

ROSITA Ah, niemand wußte es?

CATARINA Zuerst wußte es niemand.

ROSITA Und wenn er die Gedichte für sich behalten hätte?

CATARINA Rosita! Wäre er dann der größte Dichter Portugals geworden? Säßen wir dann hier und sprächen von ihm?

ROSITA Nein, aber Sie hätten vielleicht Kinder und Enkel. *Hastig, als wollte sie diesen Satz verbergen:* Ich kann es mir vorstellen. Es ist, wie wenn das Huhn ein Ei gelegt hat. Soll ich die Haare noch höher hinauf kämmen?

CATARINA *schreit auf.*

ROSITA Habe ich Ihnen weh getan, Dona Catarina?

CATARINA Ich sehe die Tasse im Spiegel.

ROSITA *hastig:* Vielleicht sollte man einmal eine neue Frisur versuchen.

CATARINA Es ist die Tasse mit dem Lilienmuster.

ROSITA Wenn man das Haar seitlich hochkämmte –

CATARINA *scharf:* Ich spreche von der Tasse.

ROSITA *unsicher:* Ja, gewiß.

CATARINA Nun?

ROSITA Ja, es ist die Tasse mit dem Lilienmuster.

CATARINA Ich aber hatte das Rosenmuster befohlen. Hat dir Pedro das nicht gesagt?

ROSITA Es ist möglich, Herrin.

CATARINA Möglich?

ROSITA Oder vielmehr unmöglich. Die Tasse mit den Rosen hat schon meine Vorgängerin zerbrochen.

CATARINA Deine Vorgängerin? Du bist seit fünf Jahren bei mir. Mindestens so lange also lebe ich in dem Irrtum, daß ich meine Morgenschokolade aus der Rosentasse trinke.

ROSITA Ist das arg?

CATARINA Nicht arg, aber folgenreich.

ROSITA Wenn ich mir noch eine Frage erlauben darf: Nannte er Sie immer Natercia?

CATARINA Es ist merkwürdig, nicht wahr?

ROSITA Wer käme schon darauf? Nur ein Dichter.

CATARINA Ich spreche von der Tasse und von den fünf Jahren. Der Gedanke ist wie ein Nebel, aber man weiß, alles wird klarer, wenn er vorbei ist.

ROSITA Aber immer? Nannte er Sie immer Natercia?

CATARINA In den Gedichten, versteht sich.

ROSITA Und manchmal auch sonst?

CATARINA Und manchmal auch sonst.

ROSITA Daß er Sie Natercia nannte, auch wenn Sie allein waren! Obwohl doch dann nichts zu verbergen war und obwohl er nicht reimte?

CATARINA *betroffen:* Es ist wahr. Warum tat er es dann?

ROSITA Vielleicht wegen der Unnatur.

CATARINA Das Tassenmuster aber, das falsche Tassenmuster, die Lilien statt der Rosen? Das falsche Muster und der falsche Name! Was noch? Wieviel verbirgt sich?

ROSITA Vielleicht tat er es ganz ohne Grund.

CATARINA Was ohne Grund?

ROSITA Vielleicht einfach – eine Art Spiel.

CATARINA *verstört:* Eine Art Spiel?

ROSITA Die Frisur ist fertig. Wie gefällt sie Ihnen?

CATARINA Rufe Pedro!

ROSITA *öffnet die Tür und ruft:* Pedro!

CATARINA War in all der Zeit nie von dem Rosenmuster die Rede?

ROSITA Gewiß, Dona Catarina, aber eigentlich gefragt haben Sie nicht.

CATARINA So habe ich mich täuschen lassen.

ROSITA Ich habe nicht gewußt, daß es Ihnen so wichtig ist.

CATARINA Ich habe mich täuschen lassen. *Pedro klopft und tritt ein:* Nun?

PEDRO Dona Catarina?

CATARINA *wütend:* Dona Catarina im Schlafrock! Der richtige Augenblick für fehlerlose Verbeugungen, für zierliche Sekretärswendungen. Der Teufel soll dich holen oder sprich ohne Umschweife!

PEDRO *verwirrt:* Aber wovon, Dona Catarina?

CATARINA Von den Lilien, von den Rosen! Pedro, ich werde hintergangen.

PEDRO Hintergangen?

ROSITA Die Tasse, Pedro.

CATARINA Zehn Jahre lebe ich in einem Irrtum und niemand sagt es mir.

PEDRO Dona Catarina, es ist vor etwa sieben Jahren geschehen. Dem Mädchen glitt das Tablett aus der Hand.

CATARINA *scharf:* Der 10. Juni 1580 ist etwas über zehn Jahre her.

ROSITA Sie wissen das Datum! So müssen Sie auch wissen, daß ich Ihnen jeden Morgen das Lilienmuster brachte!

CATARINA An diesem Tage, so hieß es, sei Luiz Vaz de Camoes in Lissabon an der Pest gestorben. Pedro, denke darüber nach, in welchen Irrtümern man mich läßt!

PEDRO Dona Catarina, wollen Sie zweifeln –

CATARINA Wer spricht von Zweifel? Bring Rotwein, Rosita!

ROSITA Vor Sonnenuntergang?

CATARINA Es ist ein ungewöhnlicher Tag.

ROSITA Wie Sie befehlen, Dona Catarina. *Sie geht hinaus.*

CATARINA Gewißheit, Pedro. Das Tassenmuster hat mir den Star gestochen. In welcher Blindheit lebt man! Und nur weil man nie fragt.

PEDRO Dona Catarina, auch wenn Sie mich fragen –

CATARINA Es ist zu spät, Pedro, du kannst mich nicht mehr täuschen. Wir müssen jetzt die Einzelheiten besprechen.

PEDRO *zögernd:* Mir erschien das Muster unwesentlich.

CATARINA So unwesentlich wie die Pest, an der Camoes starb. Die Einzelheiten der Reise, Pedro!

PEDRO Der König befahl Ihnen, Setúbal nie zu verlassen.

CATARINA Zehn Jahre versäumt und ich soll noch länger zögern? Jetzt weiß ich, daß Camoes lebt, und ich will zu ihm.

PEDRO Wer lebt? Zu wem?

CATARINA Ich habe an seinen Tod geglaubt wie an das Rosenmuster!

PEDRO Das Rosenmuster?

CATARINA Wir reisen nach Lissabon.

Auf der Terrasse in Dona Catarinas Haus

PEDRO Zuerst meinte ich, diese Reise paßte schlecht in unsere Pläne. Aber nach einigem Nachdenken –

ROSITA Gut, daß du nachdenkst. Ich selber habe damit aufgehört. Es wird schwarz um mich, wenn ich nachdenke. Wie hältst du das aus?

PEDRO Aushalten? Was hat das mit dem Nachdenken zu tun? Man muß doch Entschlüsse fassen, nicht wahr?

ROSITA Gut, übernimm die Entschlüsse. Ich übernehme das Schwarz für dich.

PEDRO Sei nicht albern! Hat Dona Catarina genug Rotwein?

ROSITA Zwei Liter. Wenn es nicht reicht, wird sie läuten.

PEDRO Ich werde ihr klar machen, daß wir eine zweite Kutsche brauchen. Diese Reise ist ein Glück für uns. Auf diese Weise können wir sogar Dinge mitnehmen, die uns sonst zu sehr behindert hätten, das Porzellan, das schwere Silber.

ROSITA Ach, Pedro.

PEDRO Was?

ROSITA Einen Diebstahl vor sich zu haben, ist wie eine große Erwartung. Ich habe nie gedacht, daß ich ihn einmal hinter mir haben könnte.

PEDRO Diebstahl? Es handelt sich um mehr als um Diebstahl. Es handelt sich um unser gemeinsames Leben, Rosita, vergiß das nicht!

ROSITA Ich vergesse es nicht, aber das Gewissen –

PEDRO Es würde mir ein schlechtes Gewissen machen, soviel Geld und Gut in der Hand einer Verrückten zu lassen. Was braucht sie schon! Rotwein, Brot und ein bißchen Brandung.

ROSITA Ist sie wirklich verrückt? Sieh, Pedro, das Fenster ist offen, aber hörst du etwas?

PEDRO Was soll ich hören?

ROSITA Die Brandung, sei still!

Pause

PEDRO Ich höre nichts.

ROSITA Das meine ich ja! Ich höre auch nichts. Aber sie hört es.

PEDRO Das eben ist ihre Verrücktheit. Sie hört die Brandung und fährt nach Lissabon, um einen Toten zu besuchen.

ROSITA Ich habe darüber nie nachgedacht, ob er tot ist oder nicht. Aber warum soll er nicht leben? Hat ihn jemand sterben sehen?

PEDRO Meinetwegen mag er auch leben. Dann wird er entzückt sein, seine schöne Natercia als rotweinduftende alte Vettel wiederzusehen. Mag er leben oder tot sein, er gibt uns Gelegenheit, nach Lissabon zu fahren und die Schätze dieses Hauses in unsern Besitz zu bringen. Ich bin bereit, meinen Hut vor ihm zu ziehen oder an seinem Grabe eine Träne zu vergießen. So oder so, er beschleunigt unsern Wohlstand, Rosita.

ROSITA Rosita?

PEDRO Was meinst du?

ROSITA Wenn du mich vielleicht einmal anders nennen könntest!

PEDRO Anders? Wie anders? Gefällt dir Rosita nicht?

ROSITA Ich meine nur: anders.

PEDRO Zum Beispiel?

ROSITA Zum Beispiel: Natercia.

PEDRO Natercia! *Er bricht in Gelächter aus.*

ROSITA Ich meinte es als Beispiel. Der Name klingt dumm.

PEDRO Aber?

ROSITA Ich hätte mich doch gefreut, wenn du mich einmal so genannt hättest.

PEDRO Natercia.

ROSITA Oder anders.

PEDRO Antonia, Inez, Esther, Francisca, Margarida, Maria --

ROSITA Zu spät.

PEDRO Genug auch von diesen Torheiten. Du bist zu gefühlvoll.

ROSITA Ich machte einen Scherz.

Es läutet.

PEDRO Die Alte!

ROSITA Und jetzt werde ich mir den Scherz machen, ihr zu sagen, daß wir sie ausplündern wollen.

PEDRO Bist du wahnsinnig?

ROSITA Ich habe meine Pflichten Dona Catarina gegenüber. Sie erwartet von mir nicht nur die Schokolade und den Rotwein, sondern auch ein Gebäck dazu. Die Liebesaffären des Hafeneinnehmers sind ihre Rosinenkuchen, der Klatsch um den Bischof ihr Mandelteig. Sie ißt zuviel Süßes.

PEDRO Rosita, du willst –

Es läutet wieder.

ROSITA Etwas Salzgebäck, etwas Käseschnitten, Pedro! *Sie eilt die Treppe hinauf.*

PEDRO *ruft ihr nach:* Rosita!

Rosita klopft an Dona Catarinas Tür und tritt ein.

ROSITA Noch etwas Wein, Dona Catarina?

CATARINA Er reicht noch für ein Gespräch mit dir. Setz dich auf mein Bett!

ROSITA Hören Sie jetzt die Brandung, Dona Catarina?

CATARINA Freilich. Es ist überhaupt so, daß ich sie besser höre, seitdem mein Gehör schlechter geworden ist. Was wollte ich dir aber sagen?

ROSITA Vielleicht etwas über die Reise?

CATARINA *nachdenklich:* Natürlich über die Reise.

ROSITA Oder soll ich Ihnen etwas sagen? Ich wüßte etwas.

CATARINA Du?

ROSITA Pedro und ich haben uns nämlich zusammengetan.

CATARINA Ihr müßt nicht denken, daß ich das noch nicht bemerkt hätte. Für aufkeimende Liebe habe ich immer ein feines Gefühl gehabt.

ROSITA Zusammengetan, um Sie auszuplündern. Wir wollen die

Reise nach Lissabon benützen, um Ihr Hab und Gut an uns zu bringen.

CATARINA *lachend:* Das ist gut.

ROSITA Nicht nur gut, sondern auch wahr.

CATARINA Ich kenne euch, ihr Schelme!

ROSITA Wie meinen Sie das, Dona Catarina?

CATARINA Immer neue Versuche, die Reise zu hintertreiben! Gib es zu, Rosita!

ROSITA Ich gebe alles zu.

CATARINA Erst ist die Kutsche zu klein, dann lahmen die Pferde, dann ist das Rad zerbrochen, dann haben wir kein Geld, und nun wollt ihr mich sogar ausplündern. Wenn ich dich nicht gern hätte, könnte ich es dir übelnehmen. Warum nimmst du teil an der Verschwörung gegen mich?

ROSITA Verschwörung?

CATARINA Meint ihr, ich hätte das nicht bemerkt? Nun, kein Wort mehr darüber! Aber auch kein Wort mehr von dir, was mich abhalten soll, nach Lissabon zu fahren. Bestehlt mich doch, ihr armseligen kleinen Diebe, bestehlt mich doch! *Sie lacht.*

Im Freien. Die Kutsche nähert sich im Schritt und hält an.

PEDRO Der Goldene Schlüssel, Dona Catarina.

CATARINA Hier also war es. Aber das Haus ist schwarz gestrichen. War das damals auch?

ROSITA Ein schwarz getünchtes Gasthaus? Wer soll das glauben? Dona Catarina, das ist ein Sarg. Lassen Sie uns weiter fahren.

CATARINA Das goldene Wirtshausschild macht sich gut dagegen.

ROSITA Auch Särge haben goldene Beschläge, wenn ich mich recht erinnere.

CATARINA Und die Fensterkreuze sind weiß, – es hat bei allem Geschmack. Keine Widerrede, meine ängstliche Taube! Es gehört zu unserer Reise, daß wir hier übernachten. He, Wirt! *Zu Pedro:* Ist es derselbe wie damals?

PEDRO So krumm war er damals nicht. Das machen die einkehrenden Herrschaften, die ziehen einem den Kopf zur Erde.

WIRT *herantretend:* Zu Diensten, Euer Gnaden, es machen die

Zeitläufte, wenn ich mir erlauben darf, gehört zu haben. Sie halten hier vor dem Goldenen Schlüssel, wie es das Schild ausweist. Der Goldene Schlüssel ist der Sage nach –

PEDRO Danke, wir suchen Herberge für eine Dame.

WIRT So sucht nicht weiter. Auch wenn meine Zimmer schlecht wären: sie sind die einzigen zwischen Setúbal und Lissabon.

PEDRO Ah, die Zimmer sind schlecht?

CATARINA Ich erinnere mich.

WIRT Ich sprach im Konjunktiv.

CATARINA Am Konjunktiv erkenne ich ihn.

PEDRO Es ist eine hochgestellte Dame mit Gefolge. Zwei Kutschen.

WIRT Ich sehs. Sie wird in Leopardenfellen versinken. Wir haben indische, afrikanische und chinesische Zimmer.

CATARINA Ich erinnere mich immer besser. Auch diesen Spruch gab es schon vor zehn Jahren.

WIRT Vor zehn Jahren aber pflegte ich hinzuzufügen: Die Fenster blicken auf ein Weltreich. Sie blicken nicht mehr auf ein Weltreich. Seitdem halte ich das Haus schwarz getüncht.

PEDRO Ein Patriot.

WIRT Es hält manchen von der Einkehr ab. Aber ich weiß, was ich dem Unglück meines Vaterlandes schuldig bin.

CATARINA Kein Zweifel. Er ists. Laß ausspannen, Pedro! Stütze mich, Rosita!

WIRT Euer Gnaden werden zufrieden sein.

CATARINA Dafür brauchte ich anderes als ein Leopardenfell. Fürs erste würde es mir genügen, wenn Sie den Flöhen etwas Zurückhaltung empfehlen könnten.

WIRT Das will ich veranlassen. Und die sonstigen Wünsche dero Gnaden?

CATARINA Rotwein auf mein Zimmer.

WIRT Zu dienen. Er ist vortrefflich. Ich trinke ihn selbst.

CATARINA So werden Sie ihn mit mir trinken. Ich habe mit Ihnen zu sprechen. Wo wohne ich?

WIRT Der ganze erste Stock steht zur Verfügung.

CATARINA Pedro wird Sie rufen.

WIRT Zu Diensten.

CATARINA Mir scheint, Sie erkennen mich nicht?

WIRT Ich habe das Gefühl, Sie ungewöhnlich gut zu kennen, obwohl ich Sie gewiß nicht oft gesehen habe.

PEDRO Eine diplomatische Antwort.

WIRT Die Wahrheit.

PEDRO Wir sagten: Vor zehn Jahren.

WIRT *nachdenklich:* Vor zehn Jahren? Das war kurz bevor ich das Haus schwärzte, ungefähr die Zeit, als Camoes starb.

CATARINA Ist Camoes gestorben?

WIRT An der Pest, in Lissabon. Am 10. Juni 1580. Ich habe ihn früher selbst gekannt, war mit ihm in Indien, kenne seine Sonette auswendig –

ROSITA

Kein Maß mehr gilt; nur an dir selber messen,

Natercia, sich jetzt Ewigkeit und Zeit –

WIRT Wie? Die Jugend kennt seine Verse? Ich höre auf, an Portugal zu zweifeln. Ein Grund, mein Haus in Rosa oder Grün umzufärben.

PEDRO Warten Sie noch!

WIRT Was Natercia betrifft: Kurz darauf war eine Dame da. *Er stutzt:* Eine Dame –

PEDRO Natercia?

WIRT Ja, gewiß: Natercia. *Ehrerbietig:* Ich sagte es, meine Gnädigste: Ich stehe ganz zur Verfügung.

CATARINA Komm, Rosita!

Catarina und Rosita ab.

WIRT Ein bedeutender Tag für mein Haus. Aber, um ehrlich zu sein: Etwas verwirrend.

PEDRO Verwirrend?

WIRT Die Kutschen am besten in den Hof.

PEDRO Da schaue ich selber nach.

WIRT Es ist etwas Dummes geschehen.

PEDRO Etwas Dummes?

WIRT Nicht wichtig, aber doch sehr dumm. Vielleicht bemerkt sie es nicht.

PEDRO Um was handelt es sich?

WIRT Hm.

PEDRO Jedenfalls wird sie Sie ausfragen.

WIRT Ich werde es vorher in Ordnung bringen. Ich eile!

PEDRO *ruft ihm nach:* Was ist das für eine Art – *mürrisch für sich:*
– einen neugierig zu machen und dann davonzurennen! Manchmal sollte man glauben, es gäbe auf der Welt nur Verrückte!
Der einzige, der hier zielbewußt handelt, bin ich. Hüh!
Die Kutsche rollt in den Hof.

Zimmer im Gasthof

CATARINA Wenn Sie sich erinnern können: Ich wohnte in dem gleichen Zimmer wie heute.

WIRT Ich bitte um Verzeihung, die Einzelheiten weiß ich nicht
mehr. Ich darf aber sagen, daß mir Ihr Besuch unvergeßlich
war.

CATARINA Mir käme es auf Einzelheiten an.

WIRT Sie kehrten um, weil in Lissabon die Pest herrschte.

CATARINA Das ist schon falsch: Ich kehrte um, weil ich erfuhr,
daß Camoes gestorben war.

WIRT Auch deshalb. Sie hatten zwei Gründe, umzukehren.

CATARINA Es gibt einen Grund oder zwei Entschuldigungen.

WIRT Das kommt mir allzu entschieden vor. Aus dem Umgang
mit Dichtern kennen wir doch die Zwischentöne, Dona Catarina.

CATARINA Die Zwischentöne kommen aus der guten Gesellschaft.
Dichter, die niemanden erschrecken, sind zu nichts anderem
wert, als daß man sich über sie unterhält.

WIRT Sie nehmen dreihundert Jahre vorweg, Dona Catarina.
Bleiben wir, wo wir sind!

CATARINA Aber nur eine Nacht im Goldenen Schlüssel. Ich bin
auf dem Wege nach Lissabon, um Luiz Vaz de Camoes zu besuchen.

WIRT Luiz Vaz de Camoes.

CATARINA Das ist eine Wiederholung, ich erwarte eine Antwort.

WIRT Wenn ich mir eine Korrektur erlauben darf: Sie sind auf
dem Weg nach Lissabon, um ein Grab zu besuchen.

CATARINA Sie geben es also nicht zu?

WIRT Was sollte ich zugeben?

CATARINA Das hingegen ist eine Frage und auch keine Antwort.

WIRT Wenn ich wüßte, worauf Sie hinauswollen?

CATARINA Vermutlich wissen Sie es. Ist Ihnen der Kragen zu eng?

WIRT Ein Wetterumschlag. Ich spüre das vorher. Seitdem ich in den Tropen war, bin ich wetterempfindlich. Und die Gicht –

CATARINA Sie vertrauen den Kräften des Rotweins zu wenig. Wo ist das Grab, das ich besuchen will?

WIRT So genau hatte ich es wiederum nicht gemeint.

CATARINA Genauigkeit erlernt man von den Dichtern. Erzählten Sie mir damals nicht, Sie hätten Monate hindurch unterm gleichen Dach mit ihm gewohnt? Sie haben ihn mit einem seiner Erklärer verwechselt. Nun, wo ist das Grab?

WIRT Ich glaubte, Sie wüßten, daß es kein eigentliches Grab gibt.

CATARINA Was gibt es dann?

WIRT Die an der Pest Gestorbenen wurden in einem gemeinsamen Grab beigesetzt.

CATARINA Wie einleuchtend!

WIRT Selbst dabei ist man auf Vermutungen angewiesen. Es starben so viele und niemand kannte ihn.

CATARINA Finden Sie nicht selbst, daß das alles, gelinde gesagt, etwas unbestimmt ist?

WIRT So bestimmt, wie es die Verhältnisse zuließen. Als ich zwei Jahre später in Lissabon war, befragte ich seinen Diener.

CATARINA Sein Diener lebt noch?

WIRT Damals lebte er jedenfalls noch.

CATARINA Und?

WIRT Ich weiß nicht, warum ich es erzähle.

CATARINA Der Wetterumschlag, die Gicht. Morgen wird es regnen, nicht wahr?

WIRT Alles was ich sagte, weiß ich von ihm, und er wußte nicht mehr als das, was ich Ihnen sagte.

CATARINA Alles ist verdächtig. Jedes Wort verbirgt etwas. Wie heißt der Diener, wo wohnt er?

WIRT Ein javanischer Diener, Ojao mit Namen. Damals in der Travessa da Boa Hora.

CATARINA Er wird inzwischen gestorben sein. Alle Zeugnisse sind aufs Unsichere angelegt.

WIRT Es kommt auch vor, daß man umzieht.

CATARINA Menschen, die nichts zu verbergen haben, ziehen nicht um.

WIRT Auf die Zwischentöne wage ich nicht mehr hinzuweisen.

CATARINA Alles, was Sie wissen, stammt von diesem Diener. Aber schon zwei Jahre, bevor Sie ihn befragten, sagten Sie mir, Camoes sei tot. Woher wußten Sie es damals?

WIRT Ojao bestätigte mir, was ich schon wußte.

CATARINA Von wem wußte?

WIRT Ein Postillon, der jede Woche nach Lissabon kam –

CATARINA Wie heißt er?

WIRT Er hieß Manuel Azevedo.

CATARINA Wohnt?

WIRT Er ist gestorben, fiel in der Trunkenheit vom Kutschbock und –

CATARINA Gestorben! Also alle Zeugen unerreichbar. Oh ich Närrin, daß ich Ihnen damals glaubte! Zehn Jahre verloren!

WIRT Dona Catarina, es liegt kein Grund vor, am Tode des verehrten –

CATARINA Doch, alle Gründe liegen vor. Und ich glaube auch nicht, daß es nur ein fahrlässiger Bescheid war, den Sie mir gaben. Es war Absicht!

WIRT Ich bin bestürzt.

CATARINA Mit Recht. Aber Ihre Bestürzung genügt mir nicht.

WIRT Sie ist bereits mehr, als ich meiner Selbstachtung zumuten kann.

CATARINA Wohin kämen wir, wenn wir auf die Selbstachtung der Kröten Rücksicht nehmen sollten.

WIRT Dona Catarina, Sie erleichtern mir das Gespräch. Bisher glaubte ich, Ihnen etwas geheim halten zu müssen.

CATARINA Sieh an!

WIRT Ich instruierte mein Gesinde, daß kein Wort darüber verlaute, und vor allem der Name –

CATARINA Sie wollen es endlich eingestehen!

WIRT Daß ich meine Eselin Natercia genannt habe.

CATARINA Daß Sie Ihre Eselin –

WIRT Gewiß, Dona Catarina, meine Eselin heißt Natercia. Ein ungewöhnlicher, aber durch den großen Camoes in Gebrauch gekommener Name. Finden Sie nicht, daß er eine störrische Geisteshaltung überaus treffend bezeichnet?

CATARINA Sie müssen einen besonderen Grund gehabt haben.

WIRT Erst, als Sie von Kröten sprachen, wußte ich ihn.

CATARINA Nun, ich will ihn aussprechen: weil Sie an meine Dummheit gedacht haben, an die Dummheit, mit der ich Ihnen Glauben schenkte.

WIRT Ich sehe, es gibt mehr Möglichkeiten, als ich ahnte.

CATARINA Leugnen Sie es?

WIRT Ihre Ansicht hat etwas Überzeugendes.

CATARINA *ohne auf den Hohn in seiner Stimme zu achten:* Daß Sie der Verschwörung angehören, hindert Sie an der Wahrheit. Man will mir verheimlichen, daß er lebt. Geben Sie es doch zu!

WIRT Jeden zweiten Donnerstag im Monat tagt die Verschwörung im Goldenen Schlüssel. Camoes selbst führt den Vorsitz. Man bespricht die Statuten, gibt neue Richtlinien aus. Dazu wird gegessen und getrunken. Sie werden Verständnis dafür aufbringen, daß ich auf diese Einnahmen nicht gern verzichten möchte.

CATARINA Sie haben es zuerst mit untertäniger Bereitwilligkeit versucht, und ich habe Sie durchschaut. Dann verführte ich Sie zu Beleidigungen, aus denen ich ebenfalls die Wahrheit herauszuhören verstand. Jetzt versuchen Sie es mit Spott, und es geht Ihnen nicht besser. Es gibt noch eine Möglichkeit: Akzeptieren Sie einmal versuchsweise die Wahrheit.

WIRT *seufzend:* Ihre Wahrheit, Dona Catarina. In einer Hinsicht aber will ich Ihnen nachgeben: Meinen nächsten Esel werde ich Felipe nennen. Ich heiße nämlich Felipe. Wirklich, ich gehe im Kreise und bewege ein Göpelwerk. Aber es handelt sich nicht um Wasser und nicht um Korn. Es handelt sich um Steine, Dona Catarina, und Sie meinen, man könne Öl daraus pressen.

CATARINA *fast bittend:* Versetzen Sie sich in mich, Don Felipe!

WIRT *wieder seufzend:* Also gut. Aus welchem Grunde verheimlicht man Ihnen, daß Camoes lebt?

CATARINA Die Verschwörung besteht ja auch darin, daß man mir den Grund der Verheimlichung verheimlicht.

WIRT *etwas erschöpft:* Ah!

CATARINA Jetzt sind Sie auf dem Wege.

WIRT Und aus welchem Grunde verheimlicht es Ihnen auch Camoes selbst?

CATARINA Wenn Sie es fassen können: Gerade dies ist ja ein Beweis für die Verschwörung.

WIRT Nein, ich kann es nicht fassen.

CATARINA Sie wollen immer wieder den Gegenbeweis führen. Springen Sie endlich über den Strich.

WIRT *schnaufend:* Ich bin gesprungen. Sie werden es nicht glauben, aber es hat mich körperlich angestrengt. Es muß ein Sprung über einen Abgrund gewesen sein.

CATARINA Und nun?

WIRT Ja: und nun? Ein recht unfruchtbares Gelände.

CATARINA Und jetzt einen Augenblick Aufmerksamkeit, Don Felipe!

WIRT *stöhnend:* Der Wetterumschwung, verstehen Sie!

CATARINA Es gibt keinen Beweis dafür, daß Camoes gestorben ist.

WIRT Ich gebe zu, daß die Nachrichten –

CATARINA Die Nachrichten sind alle aus zweiter und dritter Hand. Sie sind also nichts wert. Niemand hat ihn sterben sehen.

WIRT Gewiß.

CATARINA Daraus schließe ich, daß er lebt.

WIRT Man kann es zum mindesten nicht ohne weiteres widerlegen.

CATARINA Nicht wahr!

WIRT Gewiß, er könnte krank sein, vielleicht unfähig, eine Nachricht zu geben.

CATARINA Wie? Er ist krank? Sehen Sie! Das ist die Erklärung.

WIRT Nicht so schnell, Dona Catarina! Ich bin zu kurzatmig für solche Schlüsse! Ich habe kein Wort gesagt, daß er krank ist.

CATARINA Halten Sie mich außerdem noch für taub?

WIRT Dona Catarina, ich bin bereit, alles zuzugeben, was Sie wollen. Dennoch rate ich Ihnen: Kehren Sie morgen wieder um!

CATARINA Wie? Ich sollte nicht nach Lissabon?

WIRT Es ist heute wie vor zehn Jahren, Dona Catarina. Die Pest ist wieder in Lissabon, sie kam Ihnen zuvor.

CATARINA Diesmal können Sie mich mit der Pest nicht schrecken! *Lachend:* Die Pest! Eine gefährliche Krankheit, wie? Eine wundervolle Krankheit, um einen vom Reisen abzuhalten! Eine Krankheit, an der schon Camoes gestorben ist! Die Pest, Don Felipe, ist eine Erfindung. Es gibt keine Pest, weder

in Lissabon noch anderswo. Es hat nie eine gegeben! Macht euch keine Mühe, mich täuscht ihr nicht mehr! *Immer heftiger lachend:* die Pest, die Pest –
Ausblenden

Im Vorraum

ROSITA Die Pest, Pedro, die Pest!

PEDRO Ich hörte es, Rosita. Jetzt weg vom Schlüsselloch!

ROSITA Wir müssen es ihr ausreden, Pedro.

PEDRO Sie hat nicht den geringsten Verdacht. Es ist keine Gefahr.

ROSITA Keine Gefahr?

PEDRO Geh hinein und sag ihr, daß ich ihre Juwelen unter dem Kutschbock verborgen habe. Ihr Vertrauen zu mir wird noch größer sein.

ROSITA Aber die Hunderte, die Tausende, die an der Pest gestorben sind?

PEDRO Wenn du bedenkst, wie viele n i c h t an der Pest gestorben sind!

ROSITA Sei vernünftig, Pedro!

PEDRO Sei vernünftig, Rosita!

ROSITA Wir müssen umkehren.

PEDRO Sage es Dona Catarina.

ROSITA Auch, wenn sie nicht will.

PEDRO Wir werden nach Lissabon fahren, auch wenn sie nicht will. Es ist entschieden.

ROSITA Wenn es die Umstände erfordern –

PEDRO Ich bin kein Krebs.

ROSITA Es gibt falsche Entscheidungen.

PEDRO Genug jetzt. Mir ist der Gedanke an die Nacht schon arg genug, die ich sitzend in der Kutsche verbringen soll.

ROSITA Welch törichte Vorsicht!

PEDRO Immerhin: Die Goldstücke drücken mich. Das ist erfreulich, so unerfreulich es ist. Die Pest hingegen –

ROSITA Ich bin gewiß, daß du in Lissabon sehr sorgfältig deine Fingerspitzen beobachten wirst.

PEDRO Die Pest ist eine Erfindung der Gastwirte, wie Dona Catarina sehr richtig bemerkt hat. Überhaupt sind ihre Argumente besser als deine.

ROSITA Hast du nicht Angst um mich?

PEDRO Zuerst hat jeder für sich selber Angst. Daran siehst du, wie sicher ich bin.

ROSITA Schade.

PEDRO Es war auch schade, daß ich dich nicht Natercia genannt habe. O süße Eselin, – da mir die Nacht schon bitter sein wird, warum verbitterst du mir auch den Tag? Denke an unsere Zukunft, an unsern Reichtum.

ROSITA Ich denke immer daran, und immer fällt mir zugleich Dona Catarinas Armut ein.

PEDRO Ganz recht. Es ergibt sich eins aus dem andern. Aber vergiß nicht, daß sie den Rotwein hat und einen unerschöpflichen Vorrat von Träumen.

ROSITA Ich glaube nicht, daß sie angenehme Träume hat. Du weißt, wie oft sie schreit, wie oft sie mich weckt.

PEDRO Und wie oft du mich rufen mußt! Der Teufel soll sie holen, wenn sie uns heute nacht nicht in Frieden läßt!

Schlafzimmer der Dona Catarina im Goldenen Schlüssel

CATARINA Rosita, Rosita! Was so ein junges Ding zusammenschläft! Kein Wunder, daß es ihr an Verstand fehlt! Rosita!

ROSITA Dona Catarina?

CATARINA Du hast vergessen, das Fenster zu öffnen.

ROSITA Es ist offen, Dona Catarina.

CATARINA Warum höre ich die Brandung nicht?

ROSITA Weil wir nicht in Setúbal sind.

CATARINA Das ist eigentlich kein Grund, aber –

ROSITA Aber?

CATARINA Den Schlafrock, und hilf mir aufstehen.

ROSITA Es dürfte gegen drei Uhr sein.

CATARINA Eine gute Zeit.

ROSITA Wofür?

CATARINA Für Diebe. Wußtest du das nicht? Wir werden uns auf leisen Sohlen durchs Haus schleichen – komm!

Die Tür geht.

ROSITA Wohin, Dona Catarina? Und mitten in der Nacht?

CATARINA Fürchtest du dich?

ROSITA Vielleicht gibt es einen Hund im Haus.

CATARINA Die Tür in den Hof wird sicher offen sein, was meinst du?

ROSITA Wollen Sie in den Hof, Dona Catarina?

CATARINA Etwas frische Luft.

Sie öffnen die Hoftür.

CATARINA Sterne, Mond. Unsere beiden Kutschen gut beleuchtet. Sie stehen eigentlich recht frei, recht einladend da.

ROSITA Meinen Sie, daß – Sie hatten vorhin von Dieben gesprochen – Pedro hatte auch gemeint, daß es unvorsichtig sei –

CATARINA Hatte er es auch gemeint? Ja, wenn wir Pedro nicht hätten! Dann ist er es am Ende, der dort in der Kutsche sitzt?

ROSITA Ja.

CATARINA Ich hatte gemeint, es sei ein Dieb.

ROSITA Nein, es ist Pedro.

CATARINA Wollen wir versuchen, etwas zu stehlen? Ich glaube, er merkt es nicht. Er schnarcht.

ROSITA Etwas stehlen?

CATARINA Eine Perlenkette, ein Brokatkleid, einen Beutel Dukaten, man könnte ein Vermögen unter dem Sitz hervorziehen, er würde es nicht bemerken.

ROSITA Schade, daß kein Vermögen unter dem Sitz liegt.

CATARINA Ja, du hast recht, es lohnt sich nicht. Zumal ich hier Wichtigeres zu tun habe.

ROSITA Was gibt es Wichtiges in diesem Hof um drei Uhr nachts?

CATARINA Einen Besuch, Rosita.

ROSITA Sie haben recht: Es ist eine gute Zeit.

CATARINA Ich schreckte vorhin aus dem Schlaf hoch, weil ich allen Anstand vergessen hatte. Gehört es sich nicht, daß man seiner Namensbase einen Besuch macht?

ROSITA *kichernd:* Sie sind allzu formell, Dona Catarina.

CATARINA Lache nicht, alberne Person. Ich halte es nicht für ausgeschlossen, daß sich Natercia beleidigt fühlt.

ROSITA Natercia?

CATARINA Wo ist die Stalltür?

ROSITA Hätten Sie sich nicht auch beleidigt fühlen können?

CATARINA Bin ich nicht Natercia?

ROSITA Soviele Fragen! Hier könnte es sein.

Sie öffnen die Stalltür, die etwas knarrt.

CATARINA Was siehst du?

ROSITA Hühner, glaube ich. Warten Sie, bis sich meine Augen gewöhnt haben.

CATARINA Weiter.

ROSITA Hafersäcke.

CATARINA Das könnte stimmen. *Sie horcht.* Hörst du?

ROSITA Es rührt sich im Verschlag. Vielleicht unsere Pferde?

CATARINA Oder Don Felipes Eselin. *Sie ruft halblaut:* Natercia!

ROSITA *ebenso:* Natercia!

CATARINA Natercia!

ROSITA Es poltert gegen den Verschlag.

CATARINA Natercia!

Der Esel stößt einen durchdringenden Schrei aus.

CATARINA Das genügt, Rosita. Komm!

ROSITA Mein Gott, wie mich das Tier erschreckt hat. *Sie schließt die Stalltür.*

CATARINA Es war eine deutliche Antwort.

ROSITA Sie sind blaß geworden, Dona Catarina.

CATARINA Es ist der Mond, Rosita.

ROSITA Sie frösteln.

CATARINA Manchmal sind die Nächte kühl.

ROSITA Ja.

CATARINA Hoffentlich hat es unseren Freund Pedro nicht geweckt.

ROSITA Es wäre wohl nicht schlimm.

CATARINA Rosita, was hast du gedacht, als der Esel schrie?

ROSITA Nichts. Ich bin erschrocken.

CATARINA Ich habe auch nichts gedacht. Ich bin auch erschrocken.

ROSITA Wir sollten zu Bett gehen.

CATARINA Aber als ich den Schrei hörte, wußte ich plötzlich, daß wir alle sterben müssen.

ROSITA *gepreßt:* Das ist nichts Neues.

CATARINA Nein, aber ich erfuhr es eben erst.

ROSITA Gewiß werden wir alle sterben.

CATARINA Ja, auch der da in der Kutsche.

Pause. Dann hört man die Kutsche rollen, die Pferde traben, die Peitsche knallen. Die Geräusche entfernen sich.

OJAO Es war ungefähr sechs Uhr morgens, da ging ich um Schellfische an den Hafen.

CATARINA Du! ich will aber wissen, was e r tat. Am 10. Juni
1580, – du weißt, welchen Tag ich meine.

OJAO Die Schellfische haben auch ihre Wichtigkeit. Essen Sie nie
zu Mittag, Madame?

CATARINA Wir sind jetzt um sechs Uhr morgens.

OJAO Ich sagte es bereits. Und an jenem Tag sagte es das Geläut.

CATARINA Es läutet nicht nur um sechs.

OJAO Wohl wahr! Eine lärmende Religion, zu der ich mich be-
kehrt habe! Glocken und Kanonen. Ich bin aus Java, Dona
Catarina.

CATARINA Zum ersten: Du bist ein schlechter Christ. Zum zweiten: Bis Java heißt zu weit abgeschweift. Was sagte Don Luiz,
als du gingst?

OJAO Er sagte nichts.

CATARINA Schlief er noch?

OJAO Er schlief nicht und war auch nicht wach.

CATARINA Rosita, hier hast du jemanden, der noch schlechter zu
antworten versteht als du.

ROSITA So wurde Don Luiz in vielem das gleiche Schicksal zuteil wie Ihnen, Dona Catarina.

CATARINA Woher hast du das, Rosita? Diese Jugend! Kaum in
der Hauptstadt, zwitschert das wie der Zeisig. Was also sagte
Don Luiz nicht?

OJAO Er stöhnte. Ich kochte ihm einen Tee aus Magnolienblät-
tern.

ROSITA Aus Magnolien –?

OJAO – blättern. Ein Rezept aus Java.

ROSITA Das konnte ihm freilich nicht gut tun. Wo ist dieses
Java?

OJAO Es ist ein Land, – oh, Palmen, Zimtgerüche –

CATARINA Halt, halt! Bleiben wir bei Don Luiz.

OJAO Ich blieb zehn Jahre bei ihm. Ich lag mit ihm auf den Plan-
ken der Schiffe, wenn die Segel zerfetzt waren. Bei Empfängen stand ich entfernt, in den Gefängnissen war ich neben ihm.
Ich wusch seine Kleider, ich reinigte seine Stiefel, ich –

CATARINA Und was tatest du an jenem Tage?

OJAO Nachdem er ein wenig getrunken hatte, – das Schlucken fiel ihm schwer – stellte ich den Krug neben das Stroh.

ROSITA Stroh?

OJAO Neben das Stroh, auf dem er lag.

ROSITA Eine javanische Sitte?

OJAO Nicht rein javanisch. Überall verbreitet, wo es Armut und Stroh gibt.

CATARINA Armut?

OJAO Die Armut war von selbst gekommen. Das Stroh hatte ich aus den königlichen Stallungen gestohlen, die Magnolien an den Uferrändern gepflückt, unsern Fisch pflegte ich am Hafen zu erbetteln.

CATARINA Was aß ich am 10. Juni 1580?

ROSITA Damals war ich noch nicht in Ihren Diensten.

CATARINA Wie gut! So kann ich also sagen, ich hätte gefastet.

OJAO Ich mußte um sechs Uhr gehen, das war die günstigste Zeit. Dann konnte ich einen Händler treffen, der die Gedichte von Don Luiz schätzte. Leider ein Mensch von großem Geiz.

CATARINA Und Don Luiz blieb allein?

OJAO Die Leute aus dem Haus kamen hin und wieder vorbei, wenn sie in den Keller stiegen. Wir wohnten damals in einem Winkel unter der Kellertreppe. Als ich ging –

CATARINA Um sechs. Don Luiz auf dem Stroh.

OJAO Er war schon ganz braun.

CATARINA Braun?

OJAO Dunkelbraun. Die Pest.

CATARINA Und du?

OJAO Ich habe sie in Java gehabt.

ROSITA Es gibt also Leute, die nicht daran sterben?

OJAO Selten, aber es kommt vor. Vielleicht wurde ich aufgespart, um Ihnen antworten zu können.

CATARINA Man muß sich vor Augen halten, daß es vorkommt.

OJAO Ich hatte Glück an diesem Tag. Ich bekam zwei Schellfisch-köpfe. Vielleicht, dachte ich, würde Don Luiz doch etwas davon essen.

CATARINA Und aß er davon?

OJAO Er starb, bevor ich sie gekocht hatte.

CATARINA Halt, nicht so hastig! Du kamst zurück, –

OJAO Er atmete kaum noch.

CATARINA Hatte er getrunken?

OJAO Ich glaube, er war zu schwach dazu. Ich feuchtete seine Lippen an.

CATARINA Und dann kochtest du den Fisch?

OJAO Ich sah, daß es nicht der rechte Augenblick war, um Fisch zu kochen. Ich blieb bei Don Luiz.

CATARINA Und, – wann –?

OJAO Eine Stunde ungefähr.

CATARINA Das war –?

OJAO Um neun etwa kam ich vom Hafen zurück. Es war kurz vor zehn. Bald, nachdem ich ihm die Augen geschlossen hatte, hörte ich die Glocke. Und bald darauf hörte ich die Pestklapper. Der Wagen fuhr in der Nähe vorbei. Ich lief hinaus und rief die Leichenknechte. Sie luden ihn auf den Karren.

CATARINA Zu den übrigen.

OJAO Zu den übrigen.

CATARINA Wohin fuhr der Wagen?

OJAO Mir wurde in diesem Augenblick übel. Ich erbrach mich und schleppte mich dann in den Keller. Dort schlief ich bis zum Abend.

CATARINA Wie? Du hast nicht gesehen, wo man Don Luiz begraben hat?

OJAO Nein. Aber er ist in meinen Armen gestorben.

CATARINA Das hörte ich bereits. Merkwürdig ist jedoch, daß er gar nicht gestorben ist.

OJAO Wie?

CATARINA Ja, du hast richtig gehört. Don Luiz de Camoes ist am Leben. Wie ist das möglich, da er doch in deinen Armen gestorben ist? Oder solltest du dich getäuscht haben?

OJAO *verwirrt:* Sollte ich mich getäuscht haben? Aber wo ist Don Luiz? Warum kommt er nicht?

CATARINA Solltest du dich getäuscht haben?

OJAO Wenn er lebt, ist es möglich, daß ich mich getäuscht habe. Er soll kommen.

CATARINA Er wird kommen, wenn wir die Wahrheit wissen.

OJAO Ich war weniger schwierig. Ich ging mit ihm nach Portugal.

Ein fremdes Land, gelinde gesagt, und ich glaube nicht, daß es mehr Wahrheit enthält als Java. Warum verbirgt er sich vor mir?

CATARINA Ja, warum?

OJAO *nachdenklich:* Wenn er noch lebt, könnte er entweder bei Ihnen sein –

CATARINA Oder?

OJAO Oder bei seiner Mutter.

CATARINA Bei seiner Mutter?

OJAO Doch wäre es merkwürdig, wenn sie es mir hätte verbergen können. Es gibt nicht viel, was mir in unserem Viertel verborgen bleibt.

CATARINA So wohnt sie im selben Viertel? Ich wußte nicht, daß sie noch lebt.

OJAO Sie ist achtzig, vielleicht auch neunzig.

CATARINA Da er aber doch in deinen Armen gestorben ist, wie kannst du vermuten, daß er bei seiner Mutter sei?

OJAO Sie sagten, daß er lebt.

CATARINA Du mußt dich also getäuscht haben, gib es zu!

OJAO Man widerruft ungern eine Behauptung, die man zehn Jahre hindurch wiederholt hat. Immerhin, für Don Luiz!

CATARINA Es gereicht zur Ehre, einen Irrtum zu bekennen.

OJAO Gereicht es aber auch zur Ehre, eine Lüge zu bekennen?

CATARINA Eine Lüge?

OJAO Don Luiz wird es mir verzeihen. Denn wenn man es allzu genau nehmen will, ist er nicht in meinen Armen gestorben. Er lebte noch, als ich zum Hafen ging, das ist gewiß.

CATARINA Und als du zurückkamst?

OJAO Als ich zurückkam? Ich muß hinzufügen, daß ich mich etwas verspätet hatte.

CATARINA Etwas? Wann kamst du zurück?

OJAO Ich traf ein Mädchen, und wir aßen den Fisch zusammen. Es mag früher Nachmittag gewesen sein.

CATARINA Also nicht vor dem Abend.

OJAO Ich gebe zu, daß es dunkelte.

CATARINA Und als du kamst, war er tot?

OJAO Er war weder lebendig noch tot. Er war fort.

CATARINA Fort? Fortgegangen?

OJAO Es hieß, er sei gegen Mittag gestorben und der Pestkarren habe ihn fortgebracht. Es kann aber auch sein –

CATARINA Was kann sein?

OJAO Sie können sich denken, daß es die Leute nicht gern sehen, wenn ein Pestkranker im Hause ist. Es ist also auch möglich –

CATARINA Daß man ihn noch lebend –

OJAO Das ist die Möglichkeit, auf die mich Ihre Worte bringen.

ROSITA Noch ein paar Fragen mehr, und Sie haben ihn zum Leben erweckt, Dona Catarina.

CATARINA Jetzt zu seiner Mutter. Führe uns, Ojao!

Pause

Anderer Raum

MUTTER Dona Catarina de Ataide. Gewiß, ich kenne Ihren Namen. Sie haben meinem Sohn kein Glück gebracht.

CATARINA Sagt er das? Ich hatte geglaubt.

MUTTER Ich sage es. Aber die jungen Leute wissen vor Übermut nicht, wohin. Eine kapriziöse Person! Rothaarig, nicht wahr?

CATARINA Blond.

OJAO Wohin führt diese Tür, Dona Antonia?

MUTTER Wohin soll sie schon führen, Dummkopf! In die Unterwelt, sonst Keller genannt.

OJAO Warum sagen Sie Unterwelt?

CATARINA Ja, das ist verdächtig.

OJAO Nicht wahr, dahinter ist er, Dona Antonia?

MUTTER Natürlich ist er dahinter. Wo soll er sonst sein!

OJAO Wir haben ihn.

ROSITA Den Keller meint Dona Antonia.

MUTTER Wovon schwatzt ihr? Ihr müßt lauter reden!

CATARINA Kommt Don Luiz jeden Tag zu Ihnen, Dona Antonia?

MUTTER Jeden Tag.

CATARINA Wohnt er bei Ihnen?

MUTTER Es ist, als ob er bei mir wohnte und als ob er noch lebte. Wir sprechen über alles zusammen. Er hat mir erzählt, daß er Ihretwegen den Hof verlassen mußte, Dona Catarina. Wieso waren Sie bei Hofe?

ROSITA Dona Catarina war Hofdame Ihrer Majestät der Königin.

MUTTER *zärtlich:* Ein Taugenichts, dieser Luiz. Später hat er Verse geschrieben.

ROSITA Damals auch schon. Natercia --

CATARINA Halt den Mund! *Zur Mutter:* Ich möchte Don Luiz auch gern sprechen.

MUTTER Dann hat er ein Duell gehabt, auch Ihretwegen. An allem sind Sie schuld. Indien, China, Madagaskar, eine Flintenkugel ins linke Aug, Gefängnis, Verbannung, – alles Ihre Schuld! Wenn ich nur besser sehen könnte, – ich möchte mir wirklich diese rothaarige Person genau ansehen, die ihn so zugrunde gerichtet hat. Komm näher, meine Tochter!

CATARINA *murmelnd:* Ich habe auch gelitten. Siebenundzwanzig Jahre Setúbal.

MUTTER Ja, jetzt kann ichs mir vorstellen. Diese hübschen Larven, wenn man jung ist.

CATARINA Ja, sehen Sie mich so wie er?

MUTTER Ja, ich sehe dich wie er.

CATARINA Nicht wahr, er lebt?

MUTTER Er lebt für immer, meine Tochter.

OJAO Dona Catarina! Er ist hinter dieser Tür!

MUTTER Wohin? Es ist stockfinster da unten. Wollt ihr meine Kohlköpfe zählen?

Ojao und Dona Catarina steigen in den Keller hinab.

Jetzt sprich du! Du scheinst die Vernünftigste von euch dreien zu sein.

ROSITA Ich bin die Zofe von Dona Catarina.

MUTTER Was wollen die beiden in meinem Keller?

ROSITA Sie suchen Don Luiz.

MUTTER *fröhlich:* Er ist wirklich in dem Keller.

ROSITA Hat Dona Catarina also doch recht!

MUTTER Aber sie werden ihn nicht finden.

ROSITA Ist er es wirklich? Verbirgt er sich vor ihr?

MUTTER Er verbirgt sich nicht. Aber wenn sie ihn hier oben nicht gesehen haben, werden sie ihn auch unten nicht sehen.

ROSITA War er vorhin hier oben?

MUTTER Freilich. Hat er nicht mit euch gesprochen?

ROSITA Ich habe nichts gehört.

MUTTER Er saß neben mir auf dem Schemel.

ROSITA Ach?

MUTTER Natürlich saß er auch nicht auf dem Schemel, sondern
auf der Bank.

ROSITA Und zugleich war er im Keller.

MUTTER Endlich begreifst du es.

ROSITA *ungeduldig:* Ich möchte wissen, ob meine arme Herrin –

MUTTER Sie wird ihn sehen, sorge dich nicht.

Ojao und Dona Catarina kommen zurück.

MUTTER *heiter:* Nun?

CATARINA Es ist recht finster da unten.

MUTTER Nicht wahr?

OJAO Aber hell genug, um zu sehen –

ROSITA Was zu sehen?

MUTTER Vielleicht meinen Sohn? Ist er unten?

OJAO Nichts. Dona Catarina, wozu habe ich meine Lüge bekannt?

CATARINA Es war so dunkel, daß ich die Dunkelheit begreifen
lernte.

MUTTER Wie gut!

CATARINA Komm, Rosita! Die Alte spottet, und ich weiß warum.

MUTTER Da ich nicht spotte, Töchterchen, kannst du auch nicht
wissen warum.

CATARINA Ich bin ihm zu alt, zu häßlich. Der Keller hat eine Tür,
die ins Freie führt. Er flieht mich. Er verbirgt sich vor mir.
Jetzt ist mir alles deutlich, Rosita. Er selber ist das Herz der
Verschwörung. Er selber hat mir die Nachricht zugespielt, daß
er gestorben sei, er selber!

ROSITA Er selber?

CATARINA Komm, Rosita!

Im Schloß

HOFMARSCHALL Dona Catarina de Ataide.

CATARINA Ja, ich komme.

HOFMARSCHALL Seine Majestät bedauert, Sie nicht empfangen zu
können.

CATARINA Es ist von Wichtigkeit.

HOFMARSCHALL Sonst kämen Sie nicht zum König.

CATARINA So ist es.

HOFMARSCHALL Seine Majestät bedauert.

CATARINA Ich hörte es. Vielleicht morgen?

HOFMARSCHALL Versuchen Sie es morgen.

Pause. Raumwechsel

CATARINA Dona Catarina de Ataide bittet um eine Audienz.

HOFMARSCHALL Seine Majestät bedauert.

CATARINA Ich fragte schon gestern. Seine Majestät scheint sich nicht zu erinnern, daß meine Familie zu den ersten des Landes zählt.

HOFMARSCHALL Seine Majestät erinnert sich, bedauert indessen –

CATARINA Ich hörte es.

HOFMARSCHALL Vielleicht morgen.

CATARINA Es handelt sich nämlich um meine Verbannung.

HOFMARSCHALL Sehr wohl.

CATARINA Vor dreißig Jahren. Es war mir untersagt, nach Lissabon zurückzukehren.

HOFMARSCHALL Jetzt aber sind Sie zurückgekehrt.

CATARINA Um den König zu bitten –

HOFMARSCHALL Sie taten recht daran, zurückzukehren, hätten es schon zwanzig Jahre früher tun können.

CATARINA Niemand sagte mir etwas davon.

HOFMARSCHALL Weil Ihre Verbannung, Dona Catarina, längst vergessen ist.

CATARINA Unglücklicherweise vergaß ich sie nicht. Ich hielt das Wort des Königs für königlich.

HOFMARSCHALL Sagte ich etwas anderes?

CATARINA Ja.

HOFMARSCHALL Ein Mißverständnis, Dona Catarina. Nun, wie auch immer, verlassen Sie sich auf mich. Der König wird Ihre Verbannung aufheben.

CATARINA Sie übersahen, daß ich sie bereits selbst aufgehoben habe.

HOFMARSCHALL Aber wollten Sie nicht –

CATARINA Es handelt sich um eine andere Bitte.

HOFMARSCHALL Wollen Sie nicht vielleicht mir –? Ich habe das Ohr des Königs.

CATARINA Ihnen? *Zögernd:* Es handelt sich --

HOFMARSCHALLL *ermunternd:* Ja?

CATARINA Als ich vor dreißig Jahren verbannt wurde, war ich noch jung.

HOFMARSCHALL Wenn es Sie tröstet, Dona Catarina: Wir sind alle in diesen dreißig Jahren dreißig Jahre älter geworden.

CATARINA Es tröstet mich nicht. Denn ich war nicht nur jung, – ich war schön.

HOFMARSCHALL Dona Catarina, ich sehe es noch heute.

CATARINA Aber Don Luiz Vaz de Camoes sieht es nicht.

HOFMARSCHALL Camoes? Der Dichter?

CATARINA Er vermeidet es, mit mir zusammenzutreffen.

HOFMARSCHALLL Ich glaubte, er sei gestorben.

CATARINA Gerüchte! Ich weiß, was wahr ist!

HOFMARSCHALL Nun, mag sein. Ich selbst bin auch an Poesie weniger interessiert. Ich sammle Schmetterlinge.

CATARINA Und nun wollte ich den König bitten, da er mich doch verbannt und mir dreißig Jahre meines Lebens genommen hat, – es war alles sein Befehl, verstehen Sie!

HOFMARSCHALL Ich verstehe.

CATARINA Ich wollte ihn bitten, mir meine Schönheit wiederzugeben.

HOFMARSCHALL Ihre Schönheit wiederzugeben?

CATARINA Ja.

HOFMARSCHALL *nachdenklich:* Die Schönheit. Das ist freilich etwas, was nur der König selber entscheiden kann.

CATARINA Nicht wahr? Deshalb dachte ich an eine Audienz.

HOFMARSCHALL Gut, ich werde sehen.

CATARINA Vielleicht morgen?

HOFMARSCHALL Ja, versuchen Sie es morgen.

Pause.

Raumwechsel

CATARINA Dona Catarina de Ataide bat Seine Majestät um eine Audienz, – aber ich nehme an, daß Seine Majestät auch heute bedauert –

HOFMARSCHALL Oh nein, Dona Catarina.

CATARINA Wie, ich darf den König sehen?

HOFMARSCHALL Ich bitte Sie, Dona Catarina, mir zu folgen. Ich führe Sie in den Thronsaal.

Sie gehen durch Türen, über Gänge und Treppen.

CATARINA Es ist alles umgebaut. Ich fände mich hier allein nicht mehr zurecht. Oder es ist schon zu lange her.

HOFMARSCHALL Wahrscheinlich ist es schon zu lange her.

Sie bleiben stehen.

HOFMARSCHALL Der Thronsaal, Dona Catarina. *Er öffnet die Tür.*

CATARINA Aber –

HOFMARSCHALL Was meinten Sie, Dona Catarina?

CATARINA Das ist kein Thron, – das ist ein Sarg –!

HOFMARSCHALL Seine Majestät der König ist heute in der Frühe an der Pest gestorben.

Draußen beginnen die Glocken zu läuten.

Die Glocken werden lauter. Vor dem Schloß

ROSITA Dona Catarina! Haben Sie mit dem König gesprochen?

CATARINA Er war sehr gnädig, Rosita. Wo ist Pedro, wo ist die Kutsche?

ROSITA Ich bin froh, daß Sie mit dem König gesprochen haben. Es ist nämlich –

CATARINA Was?

ROSITA Ich meine, dann ist es vielleicht weniger schlimm.

CATARINA Weniger schlimm?

ROSITA Dona Catarina, es ist nämlich keine Kutsche mehr da und kein Pedro mehr da.

CATARINA Aber du bist noch da.

ROSITA Ja, ich bin noch da.

CATARINA Wir werden zu Fuß gehen müssen.

ROSITA Ja.

CATARINA Ich bin sehr froh, daß du noch da bist, Rosita. Mach dir keine Gedanken! Es ist ja, wenn wir nach Setúbal zurück wollen, ganz gut, daß wir die Sorge um das Gepäck nicht haben.

ROSITA Wenn Sie es so ansehen, Dona Catarina –

CATARINA Ja, so sehe ich es an.

Pause

Im Freien. Auf der Schiffsfähre

CATARINA Adieu, Lissabon, Hügel am Tejo!

ROSITA Ein guter Tag für die Überfahrt, viel Wind in den Segeln.

CATARINA Und die Delphine spielen. Man möchte das Wetter so gern mit dem Abschied zusammenbringen. Adieu Lissabon!

ROSITA So blau der Himmel!

CATARINA Der Himmel blau oder grau, jede Farbe verdoppelt den Schmerz. Ich weiß es, Rosita: Das Wetter selbst ist eine Art Abschied. Warum winkst du nicht?

ROSITA Wem soll ich winken?

CATARINA Dem Himmel, den Delphinen, den Kindern am Ufer. Aber du winkst nicht, weil du die Hände verbirgst.

ROSITA Die Hände verbergen?

CATARINA Der König lag mit schwarzem Gesicht auf dem Katafalk. Ich glaube nicht, daß man ihn in der Kathedrale aufbahrt. Aber ich meine nicht den König, ich meine dich. Ich habe bemerkt, daß du dir verstohlen die Fingerspitzen anschaust.

ROSITA Sie müssen sich geirrt haben, Dona Catarina. Ich schaue mir die Finger nicht an. Ich habe keine Angst.

CATARINA Mit Recht. Wie ich hörte, sind diesmal weniger Menschen gestorben als vor zehn Jahren.

ROSITA Ja. Diesmal ist es nicht so schlimm.

CATARINA Zeig deine Hände!

ROSITA Da! Ganz weiß.

CATARINA Wahrhaftig, ganz weiß. Es ist kaum zu glauben.

ROSITA Haben Sie es denn anders erwartet?

CATARINA Nein.

ROSITA *lachend:* Und Ihre Hände, Dona Catarina?

CATARINA Still, – damit mich die Schiffsleute nicht über Bord werfen, noch kurz vorm Ufer.

ROSITA Warum?

CATARINA Genügts dir nicht, daß ich sie nicht zeige, Rosita? *Nach einer Pause:* Aber glaube mir, daß ich es erst auf dem Schiff bemerkt habe. Ich hätte dich nicht gebeten, mitzukommen.

ROSITA Es macht nichts, Dona Catarina.

CATARINA Kehre um, nimm das gleiche Schiff zurück!

ROSITA Wohin?

CATARINA Zu Pedro. Es wäre mir ein Trost, wenn ich dich versorgt wüßte.

ROSITA Mir wäre es kein Trost. Dona Catarina, ich habe keine Angst mehr vor der Pest, seitdem ich weiß, daß es sie gibt.

CATARINA Das mußt du mir gelegentlich wiederholen. Ich glaube, es ist der Satz, worin die Welt für mich anfängt. Immerhin ist es eine königliche Pest, ich habe den Purpur auf dem Sarge berührt.

ROSITA So kann ich schon aus Standesgründen annehmen, daß ich verschont bleibe.

CATARINA Dennoch befehle ich dir, mir nie näher als auf drei Schritte zu kommen. Man weiß nicht, ob der Sinn für Aristokratie überall verbreitet ist.

Die Schiffsglocke läutet. Ausblenden

Im Goldenen Schlüssel

WIRT Frau, Frau!

FRAU Du brauchst mich nicht so laut zu rufen. Ich schlafe so wenig wie du.

WIRT Und bei dir ist es nicht das Wetter. Was ist es also?

FRAU Der Mond, weil er so hell ins Zimmer scheint. Oder die Hunde in der Ferne. Auch die Tiere rühren sich im Stall, sie klirren mit den Ketten. Und warum schläfst du nicht?

WIRT Eben dachte ich daran, daß der Goldene Schlüssel mehr und mehr verfällt. Es lohnt sich nicht.

FRAU Der weiße Putz wird bald wieder unter dem schwarzen hervorkommen. Das ist auch ein Vorteil.

WIRT Und dann dachte ich daran, was ich sagen sollte, wenn ich beim Jüngsten Gericht gefragt werde. Man hat nichts Rechtes vorzuweisen.

FRAU Immerhin, das dauert noch eine Zeit. Außerdem wird man dich nicht geradewegs nach dem Goldenen Schlüssel fragen. Ein Wirtshaus gilt so viel und so wenig wie ein Fleischtrog oder wie das königliche Szepter.

WIRT Das weiß ich. Es geht auch nicht um Werte.

FRAU Sondern?

WIRT Um meine Gicht. Frau, ich spüre nicht den Regen voraus, sondern die Engel mit den Schwertern.

FRAU Laß gut sein, Felipe, – das ist dein Umgang mit den Dichtern.

WIRT Hörst du nicht?

FRAU Etwa die Posaune?

WIRT Ein Händeklatschen. Still!

FRAU Ich höre auch etwas.

WIRT Laß uns aufstehen und Licht machen. Ich wußte, daß es heute nacht kommt.

FRAU Dein Hang zu dramatischen Wirkungen, Felipe. Was soll kommen?

WIRT Die Gicht. Und vielleicht späte Gäste.

FRAU Wie wärs, wenn man das Fenster öffnete?

WIRT Ein guter Gedanke. *Er öffnet das Fenster und ruft hinaus:* Hallo?

ROSITA *draußen:* Don Felipe! Wirt!

WIRT Wer ists? *Ins Zimmer hinein, halblaut:* Zwei Frauen.

ROSITA Dona Catarina und ihre Zofe.

WIRT Ah! Einen Augenblick! Ich komme hinunter. Wo ist die Kutsche?

ROSITA Wir sind zu Fuß.

FRAU Damen und zu Fuß! Hörst du das?

ROSITA Dona Catarina hat sich die Füße wund gelaufen und kann nicht mehr weiter.

WIRT Dann muß sie zu Bett.

FRAU Es ist auch die Zeit. Lang Mitternacht vorbei.

ROSITA Wir müssen eilen, Wirt, müssen nach Setúbal. Die Brandung wartet auf Dona Catarina.

WIRT Die Brandung gibt es morgen auch noch. *Ins Zimmer:* Das bestärkt mich in meinen Gedanken. Es ist eine Nacht voller Gicht. *Laut hinaus:* Wie ist es mit der Pest in Lissabon?

ROSITA Der König ist gestorben.

WIRT Das also ist es.

CATARINA Unsinn, Rosita! Sag ihm die Wahrheit!

WIRT Sind Sies, Dona Catarina?

CATARINA Camoes ist vor zehn Jahren an der Pest gestorben.

WIRT Ah, sind Sie sicher?

CATARINA Ganz sicher.

ROSITA Dona Catarina ist es nicht gewohnt, barfuß zu gehen. Wenn Sie uns um Gottes Barmherzigkeit willen einen Esel satteln könnten!

FRAU Sag: Nicht um Gottes Barmherzigkeit willen, aber um portugiesische Dukaten! *Für sich:* Der König gestorben. Ich glaube, er war ein Dummkopf. Wer ist sein Nachfolger?

WIRT Er ist kinderlos.

FRAU Das sieht ihm ähnlich.

WIRT Wie wir.

FRAU Was ist nun mit dem Esel?

WIRT Hm.

FRAU Sattle ihnen Natercia. Wir werden zugrunde gehen, aber vielleicht hilft es deiner Gicht.

Eine Tür geht.

ROSITA *unten:* Sind Sie noch da, Don Felipe?

FRAU *ruft hinunter:* Er ist in den Stall gegangen. Gedulden Sie sich!

Im Freien

ROSITA Es wird alles gut, Dona Catarina.

CATARINA Das sagt uns bereits unsere Religion. Du brauchst es nicht zu wiederholen. Und im besonderen Falle: Es ist schon alles gut.

ROSITA Es ist schon?

CATARINA Der Mond ist hell genug, daß ich sehen kann, wie du vor Mitleid zerfließt. Wie dumm! Verzeih, Rosita, daß ich es dir sage.

ROSITA Sagen Sie alles!

CATARINA Wer das könnte! Immer zu Übertreibungen geneigt, mein Kind. Nein, es ist viel einfacher: Seitdem ich die Pest habe, weiß ich, daß es die Pest gibt. Und da es die Pest gibt, gibt es auch das andere.

ROSITA Das andere?

CATARINA Tu nicht, als verstündest du das nicht! Du verstehst mehr, als du weißt. Sagtest du nicht: Ich habe keine Angst mehr vor der Pest, seitdem ich weiß, daß es sie gibt?

ROSITA Ja.

CATARINA Da es wahr ist, daß Camoes gestorben ist, so ist es auch wahr, daß er nach mir verlangt hat. Seine Liebe, das ist die Wahrheit, und die Pest hat sie mir zurückgegeben. Welch schöner Zirkel, würdig den Bahnen des Mondes und der Sonne! Sieh mich an, Rosita: Die Pest gab mir die Jugend zurück. Dem König sei gedankt.

ROSITA Ja, Dona Catarina.

CATARINA Wenn es ein gutes Tier ist, können wir bei Morgengrauen in Setúbal sein. Die Brandung hört man übrigens schon vorher.

ROSITA Lange vorher.

Die Stalltür wird geöffnet.

WIRT Geh, Natercia!

ROSITA Kommen Sie nicht näher, Don Felipe!

WIRT Ich habe Ihnen doch gesagt, Dona Catarina, daß die Pest in Lissabon ist.

CATARINA Danke, Don Felipe, danke.

ROSITA Komm, Natercia!

WIRT Links eine Lederflasche voll Wein, rechts Brot, Ziegenkäse und Datteln.

Der Esel setzt sich in Trab.

Kommen Sie gut heim!

CATARINA Danke, Don Felipe, danke.

Der Hufschlag des Esels entfernt sich.

Allah hat hundert Namen

Stimmen

Ein Jüngling · Hakim · Die Stimme des Propheten · Mädchen,
Fatime · Der Imam von Alamut · Dupont · Kellner · Wirt · Wirtin ·
Janine · La Patronne · Ninon · Frau Dupont · Bankbeamter
Postbeamtin, Odette · Botschafter

Im Treppenhaus der ägyptischen Botschaft zu Damaskus

JÜNGLING Euer Wort, Vater der Weisheit!

HAKIM Nicht Vater der Weisheit! Ich bin Hausmeister der ägyptischen Botschaft in Damaskus. Stört mich nicht, junger Herr, ich habe die Treppe zu fegen.

JÜNGLING Weist mich nicht ab! Ich komme von weither, meine Füße sind wund.

HAKIM Zu Fuß? Wie unsinnig! Es gibt Schiffe, Autos, Flugzeuge.

JÜNGLING Der Prophet sagte zu mir: Geh! Er sagte nicht: Fahre!

HAKIM Mohammed starb im zehnten Jahr unserer Zeitrechnung.

JÜNGLING Er erschien mir und sagte –

HAKIM Er erschien Euch? Das ist etwas anderes! Setzt Euch hier neben mich auf die Stufen!

JÜNGLING Er sagte: Mache dich auf und gehe nach Damaskus zu Hakim dem Ägypter. Er wird dir sagen, wie er den hundertsten Namen Allahs erfuhr.

HAKIM Ist Euch der Prophet oft erschienen?

JÜNGLING Dieses eine Mal.

HAKIM Woher wußtet Ihr, daß er es war?

JÜNGLING Ich weiß nicht, woher ich es wußte, aber es war darüber kein Zweifel.

HAKIM Er erschien Euch leibhaftig?

JÜNGLING Er erschien nicht eigentlich. Ich hörte seine Stimme.

HAKIM Ganz wie bei mir.

JÜNGLING Wie bei Euch?

HAKIM Früher. Seit Jahrzehnten nicht mehr.

JÜNGLING Das liegt daran, daß Ihr schon alles wißt.

HAKIM Ich?

JÜNGLING Der hundertste Name Allahs!

HAKIM Junger Herr, Ihr irrt Euch. Ich weiß ihn nicht.

JÜNGLING Aber der Prophet sagte –

HAKIM So irrte sich auch der Prophet.

JÜNGLING Nie!

HAKIM Wiederholt die Worte des Propheten!

JÜNGLING Mache dich auf und geh nach Damaskus zu Hakim dem Ägypter. Er wird dir sagen, wie er den hundertsten Namen Allahs erfuhr.

HAKIM Das Gehen habt Ihr genau genommen. Aber der Prophet verhieß nicht, daß ich Euch den hundertsten Namen Allahs sage.

JÜNGLING Ihr wollt ihn nicht sagen?

HAKIM Nein, o mein sehr junger Herr.

JÜNGLING Warum nicht?

HAKIM Weil ich ihn nicht weiß. Aber ich will Euch erzählen, wie ich ihn erfuhr.

JÜNGLING Was ist der Unterschied, Vater der Weisheit?

HAKIM Hausmeister der ägyptischen Botschaft.

JÜNGLING Nicht dieser Unterschied.

HAKIM Es ist der gleiche. Nun hört zu!

JÜNGLING Aber die Treppe! Ihr spracht von der Treppe.

HAKIM Wollt Ihr zuhören oder mit mir die Treppe fegen?

JÜNGLING Ich höre.

HAKIM Ich war siebzehn Jahre alt, als ich die Stimme zum erstenmal hörte.

STIMME (*hier und später stimmlich und räumlich unverkennbar von den Stimmen der anderen Figuren abgesetzt.*) Hakim, iß nichts von dem Hammel! Iß nichts von dem Hammel! Iß nichts von dem Hammel!

HAKIM Ich befand mich, als ich das hörte, im Palast des Imams von Alamut. Ich war der jüngste in einer Abordnung von sechzehn Männern, die mit dem Imam über Erbstreitigkeiten verhandeln sollten. Übrigens waren die andern fünfzehn alle Onkel von mir, mein Großvater hatte 123 Söhne, über die Zahl der Töchter weiß ich nichts Genaues. Ich war mitgenommen worden, damit ich einmal etwas von der Welt kennenlernte. Nun stand ich in einem Zimmer des Palastes und richtete mich für das Festmahl her. Ich war ganz allein, und obwohl ich eigentlich gleich wußte, daß die Stimme nirgendswoher gekommen war, schaute ich doch hinaus vor die offene Tür. Eben kam ein verschleiertes Mädchen die Treppe herab. Es war genug, ihre Augen zu sehen, denn sie waren wie Sonne und Mond zusammen.

An der Treppe

HAKIM Hast du mich gerufen, Schönste?

MÄDCHEN Dich gerufen? Wie sollte ich? Ich kenne dich nicht.

HAKIM Ich bin Hakim der Ägypter.

MÄDCHEN Hakim der Ägypter? So gehörst du zu den Fremden, die heute –

HAKIM Die heute was?

MÄDCHEN Die heute bei uns essen.

HAKIM Ja. Es gibt Hammel, nicht wahr?

MÄDCHEN Es gibt immer Hammel.

Raumwechsel

HAKIM Obwohl es doch sehr unschicklich für sie war, blieb sie noch einen Augenblick bei mir stehen und sah mich aufmerksam an. Dann drehte sie sich um und ging weiter. Bevor sie aber in einem der Zimmer verschwand, rief sie mir etwas Merkwürdiges zu.

An der Treppe

MÄDCHEN Hakim, iß nichts von dem Hammel!

Raumwechsel

HAKIM Das war eine ganz andere Stimme als vorhin, aber sie sagte dasselbe. Vielleicht war doch etwas an dieser Warnung. Ich seufzte tief, aus zwei Gründen. Zum ersten hatte ich mir meinen ganzen Hunger für das Festmahl aufgespart, zum zweiten wußte ich nicht, ob meine fünfzehn Onkel auch gewarnt waren. Ich rannte durch die Gänge in den Hof, wo die Festtafel aufgebaut war. Aber ich kam zu spät. Das Mahl war schon in vollem Gange. Ich wurde ziemlich unsanft auf einen freien Platz am Ende der Tafel geschoben und bekam ein dampfendes Stück Hammelfleisch in die Hand gedrückt. Aber ich brauchte mich nicht zu entscheiden, es zu essen oder nicht zu essen, denn in diesem Augenblick fiel bereits mein erster Onkel um.

Ein dumpfer Fall, einem Paukenschlag ähnlich.

Es war Onkel Ibrahim, der Führer der Abordnung. Die andern vierzehn fielen in schneller Folge.

Vierzehnmal das gleiche.

Der Imam von Alamut hatte die Erbstreitigkeiten auf seine Weise gelöst. Freilich nur teilweise, denn von den 108 Onkeln, die ich noch im Rückhalt hatte, abgesehen: Ich selber war übriggeblieben. Der Imam und seine Leute sahen mich gespannt an und warteten offenbar darauf, daß ich ebenfalls umfiele. Mir wurde etwas heiß, und mein Hunger war völlig vergangen. Ich sah meinerseits dem Imam trotzig ins Gesicht. Meine Lage war aussichtslos. Der Imam zwinkerte erst mit dem linken, dann mit dem rechten Auge, worauf von links wie von rechts je ein riesiger Negersklave mit verträumtem Lächeln auf mich zutrat. Wenn ich auch nicht wußte, wie sie es vorhatten, – was sie vorhatten, wußte ich. In diesem Augenblick hörte ich –

STIMME Hakim, fall um und tu, als seist du tot.

Hakim fällt um.

Und jetzt, Hakim, jetzt spring auf! Zwischen den Füßen der Neger hindurch!

Geschrei

Durch die Tür und die Treppe hinauf!

Hakims Atemzüge, während er läuft.

Jetzt rechts! Links! Jetzt in diese Tür! In den Alkoven! Wickle den Vorhang um dich! Jetzt verhalte dich still!

Man hört Hakim in seinem Versteck atmen, während er zugleich im Treppenhaus der ägyptischen Botschaft weitererzählt.

HAKIM Es war das Zimmer des Mädchens, mit dem ich vorhin gesprochen hatte. Während ich durch den Raum eilte, erblickte ich sie ohne Schleier. Sie war erschrocken, aber faßte sich schnell. Durch den Vorhang des Alkovens sah ich, wie sie sich den Schleier wieder vors Gesicht zog. Sie tat es gelassen und sehr langsam.

Zimmer

HAKIM Fatime!

MÄDCHEN Ich heiße nicht Fatime.

HAKIM Du siehst aus, als hießest du so. Es ist ein Name, den ich besonders liebe.

MÄDCHEN So nenne mich also Fatime.

HAKIM Ich wollte dir danken, Fatime.

MÄDCHEN Wofür?

HAKIM ›Iß nichts von dem Hammel!‹

MÄDCHEN Das bedeutet nichts. Ich sagte es so vor mich hin.

HAKIM Daß ich noch lebe, verdanke ich dir.

MÄDCHEN Danke mir nicht zu früh. Ich nehme an, daß mein Vater dich sucht. Ich werde ihm sagen, wo du verborgen bist.

HAKIM Wer ist dein Vater?

MÄDCHEN Der Imam von Alamut.

HAKIM Man wird ihn zukünftig den ›Gastfreundlichen‹ nennen.

Lärm im Hause

MÄDCHEN Still!

HAKIM Warum soll ich mich nicht selbst verraten, wenn du mich doch verraten willst?

IMAM He, he, he!

MÄDCHEN Was gibt es, Vater?

IMAM Hast du ihn nicht gehört? Hast du ihn nicht gesehen?

MÄDCHEN Wen?

IMAM Das Milchgesicht.

MÄDCHEN Wen?

IMAM Der den Hammel aß und nicht tot war.

MÄDCHEN Wen?

IMAM Den Ägypter, den Hundesohn, den Erbschleicher, den –

MÄDCHEN Wen?

IMAM Du hast ihn also nicht gesehen?

MÄDCHEN Wen?

IMAM Nicht gehört?

MÄDCHEN Wen?

IMAM Wie bin ich doch mit meiner Nachkommenschaft geschlagen! Du bist blind, du bist taub, kurzum du bist ein Weib.

MÄDCHEN Allah hat es so gewollt.

IMAM *wütend:* Ach was, Allah, Allah, – *im Abgehen:* – Allah soll –

MÄDCHEN Was meintest du, was Allah soll?

HAKIM Schon weg!

MÄDCHEN Sei still, Milchgesicht!

HAKIM Sei still, Blinde!

MÄDCHEN Erbschleicher!

HAKIM Taube, Taube, Taube!

Raumwechsel

HAKIM Drei Tage blieb ich in Fatimes Zimmer verborgen. Obgleich wir die Zeit mit Zärtlichkeiten hinbrachten, hatte ich doch Muße genug, über die Stimme nachzudenken, die mich so wunderbar errettet hatte. Ist es verwunderlich, daß ich ihr völlig vertraute? Eigentlich wartete ich sogar darauf, daß sie mir sagen würde, wann und wie ich aus dem Palaste des Imams entweichen könnte. Aber seitdem ich Fatimes Zimmer betreten hatte, war die Stimme verstummt. Vermutlich nahm sie an, ich könne mir jetzt ganz gut selber weiterhelfen. Am vierten Tag lag ich im Alkoven hinter Fatimes Bett und schaute zur Decke empor, wo eben eine Spinne dabei war, ein Netz zu bauen, ein schönes, großes Netz, sozusagen ein Netz für die Ewigkeit.

Im Zimmer

HAKIM Höre, Fatime!

MÄDCHEN Mein Geliebter!

HAKIM Ich muß fort, Fatime.

MÄDCHEN Warum mußt du fort?

HAKIM Ich kann nicht für immer hier –

MÄDCHEN Nicht für immer, aber für einige Zeit.

HAKIM Ich bin schon den vierten Tag hier.

MÄDCHEN Erst den vierten Tag.

HAKIM Ich fürchte für dich.

MÄDCHEN Wirklich?

HAKIM Mißverstehe mich nicht. Weinst du?

MÄDCHEN Ja.

HAKIM O Fatime!

MÄDCHEN Tag und Nacht sind Wächter vorm Tor. Du kannst nicht fort.

HAKIM Wächter!

MÄDCHEN Fünf riesige Neger.

HAKIM Und sie schlafen nie?

MÄDCHEN Nie zugleich.

HAKIM Und es gibt keinen andern Ausgang?

MÄDCHEN *zögernd:* Nein.

HAKIM Und übers Jahr werden die fünf riesigen Neger immer noch vor der Tür stehen?

MÄDCHEN Ja.

HAKIM Und es wird noch immer keinen andern Ausgang geben?

MÄDCHEN Nein.

HAKIM Dann gehe ich heute.

MÄDCHEN Dann rufe ich sogleich meinen Vater, den Imam von Alamut, damit du dich von ihm verabschieden kannst!

HAKIM *vorwurfsvoll:* Fatime!

MÄDCHEN *kühl:* Hakim!

STIMME Hakim, nimm sie mit und mach sie zu deinem Weibe! Nimm sie mit und mach sie zu deinem Weibe! Nimm sie mit und mach sie zu deinem Weibe!

HAKIM Und wenn du mit mir kämest, Fatime?

MÄDCHEN Ja.

HAKIM Und ich dich zu meinem Weibe machte?

MÄDCHEN Ja.

HAKIM Gäbe es dann keine fünf riesigen Neger mehr vor dem Tor?

MÄDCHEN Nein.

HAKIM Und gäbe es auch einen andern Ausgang?

MÄDCHEN Ja.

Raumwechsel

HAKIM So ging Fatime mit mir und wurde mein Weib. Indessen entzweite ich mich wegen dieser Heirat mit meiner Familie.

Von meinen 108 überlebenden Onkeln sowie von etwa der Hälfte meiner unzähligen Tanten wurde sogar der Verdacht geäußert, ich sei der Urheber jenes fünfzehnfachen Mordes, ich hätte dem Imam von Alamut dazu geraten und mir zur Belohnung seine schöne Lieblingstochter zum Weibe geben lassen. Meinen etwa fünf- bis sechshundert Vettern und Basen muß ich nachrühmen, daß sie bei diesem Familienzank fast alle zu mir hielten. Aber was half das? Es blieb mir nichts weiter übrig, als mich mit Fatime aus dem Bereich meiner Familie zu entfernen. Da wir natürlich auch nicht nach Alamut, zu meinem Schwiegervater, gehen konnten, und da zu allem Unglück die Stimme, die mir sonst so vortrefflich geraten hatte, beharrlich schwieg, beschloß ich eine Pilgerreise nach Mekka, was in solchen Fällen der beste Ausweg ist. Wir umwandelten den schwarzen Stein und bedeckten ihn mit Küssen und baten Allah in vielen Gebeten, uns zu erleuchten. Nachts aber, in der Herberge, sprach mein Weib so zu mir:

In der Herberge

FATIME Laß uns nach Damaskus gehen und mit Fischen handeln.

HAKIM Wohin gehen? Womit handeln?

FATIME Nach Damaskus. Mit Fischen.

HAKIM *spöttisch:* Es bedurfte eines besonderen Scharfsinns, um darauf zu verfallen.

FATIME Man weiß von Damaskus und weiß von Fischen. Man braucht nur beides zusammenzubringen.

HAKIM So kommen große Gedanken zustande.

FATIME Kennst du Damaskus?

HAKIM Hast du mit Fischen gehandelt?

FATIME Ich habe welche gegessen.

HAKIM So sind alle Voraussetzungen erfüllt! O Fatime, mein Weib!

FATIME O Hakim, mein Mann!

HAKIM Nach Damaskus! Mit Fischen! Wenn du ahnest, wie weit Damaskus vom Meer und von den Fischen entfernt ist.

FATIME Eben deshalb.

HAKIM Wie?

FATIME Eben deshalb. Am Meer mit Fischen zu handeln bringt wenig ein. Wie gut, daß Damaskus weit vom Meer ist!

HAKIM So willst du mit verfaulten Fischen handeln?

FATIME So weit ist es?

HAKIM Noch weiter. Nicht einmal verfaulter Fisch kommt nach Damaskus. Die Gräten allenfalls. Das übrige haben die Geier und Schakale inzwischen längst verdaut.

FATIME Aber vielleicht könnte man mit Flußfischen –

HAKIM Aus den gewaltigen Strömen rings um Damaskus. O Fatime, Fatime! Ich meinte, ich hätte ein kluges und verständiges Weib, – aber ich muß beinahe annehmen, daß dein Vater recht hatte: Du bist blind, du bist taub –

FATIME *kläglich:* Der Gedanke kam mir so gut vor.

HAKIM Kurzum, ein Weib.

FATIME Ja.

HAKIM Siehst du ein, daß du Torheiten schwätzest?

STIMME Hakim, dein Weib hat recht, und du hast unrecht. Geh nach Damaskus und handle mit Fischen! Hakim, geh nach Damaskus und handle mit Fischen!

FATIME Ich sehe ein, daß es eine Torheit ist.

HAKIM Fatime, laß uns nach Damaskus gehen und mit Fischen handeln.

FATIME Ich sehe es ein.

HAKIM Hör, was ich dir sage, Fatime! Laß uns nach Damaskus gehen und mit Fischen handeln!

FATIME Wie?

HAKIM Soll ich es zum drittenmal sagen?

FATIME Bitte!

HAKIM Laß uns nach Damaskus gehen und mit Fischen handeln.

FATIME Die Geier, die Schakale, die Entfernung vom Meer –

Raumwechsel

HAKIM Ich wartete etwas ungeduldig, was die Stimme auf die Einwände meines Weibes sagen würde, die zugleich meine Einwände waren. Aber die Stimme sagte gar nichts, und da kein Mann auf der Welt verpflichtet ist, vor seinem Weibe seine Entschlüsse zu begründen, begnügte ich mich mit einer weitausholenden Handbewegung und bemerkte gelassen dazu:

In der Herberge
HAKIM Der Prophet wird uns helfen.
FATIME Der Prophet –?

Raumwechsel
HAKIM – fragte Fatime und sah mich merkwürdig an. Damals
deutete ich ihren Blick so, als wolle sie damit ausdrücken, ich
hätte den Verstand verloren. Wahrscheinlich schaute ich sie ebenfalls recht abwesend an, denn im gleichen Augenblick war mir
ein überwältigender Gedanke gekommen: der Prophet würde
uns helfen, – das hatte ich so hingesagt, aber er würde uns helfen, denn er war ja die Stimme! Er war die Stimme, kein anderer, Mohammed der Prophet, und er sprach zu mir, von
allen Gläubigen hatte er mich ausgewählt! Er hatte etwas Großes mit mir vor, daran war kein Zweifel. Fischhändler in Damaskus war zwar kein erhabenes Ziel, aber ich dachte daran,
daß Mohammed selbst bis zu seinem vierzigsten Lebensjahr
Kaufmann in Mekka gewesen war. Ich aber war erst achtzehn
Jahre alt. Das alles schoß mir durch den Kopf, viel weniger
geordnet, aber auch viel schneller, als ich es hier erzähle. In
angenehmer Träumerei wiederholte ich nur:

In der Herberge
HAKIM Der Prophet wird uns helfen.
FATIME Wir kennen keinen Menschen in Damaskus.
HAKIM Der Prophet wird uns helfen.
FATIME Das Geld, Hakim!
HAKIM Der Prophet wird uns helfen.
FATIME Ich habe gemeint, ich hätte einen klugen und verständi-
gen Mann.
HAKIM Der Prophet wird uns helfen.

Raumwechsel
HAKIM Und er half uns.

Raumwechsel
STIMME Hakim, geh zu Okba, dem Geschäftsführer der Mekka
Transport Company, hinter der Kaaba links. Er wird dir fünf
Kamele leihen, wenn du ihm dein Weib als Pfand läßt.

STIMME Hakim, verkaufe die fünf Kamele in der Karawanserei zur grünen Fahne an den Räuber Ormuzd. Verlange tausend Pfund dafür. Er wird sie dir geben, weil er die Absicht hat, sie dir morgen wieder zu stehlen.

STIMME Hakim, geh aufs Gericht und verlange die fünf Kamele. Sage, Ormuzd, der eben gehenkt wird, habe sie dir gestohlen.

STIMME Hakim, nimm die fünf Kamele und tausche sie bei der Mekka Transport Company gegen dein Weib um!

STIMME Hakim, reise jetzt mit deinem Weib und tausend Pfund nach Damaskus.

STIMME Hakim, miete für ein Pfund monatlich den Laden des Pastetenbäckers Ismael.

STIMME Hakim, bestelle bei der Firma Minhos e Filho in Setúbal in Portugal dreitausend Büchsen Ölsardinen und bei der Firma Mönkenpuhl in Cuxhaven in Deutschland hundert Büchsen Brathering. Es sind die einzigen Firmen, die Bezahlung erst nach Lieferung verlangen.

STIMME Hakim, setze dein Weib in den Laden und schlage auf den Einkaufspreis fünfhundert Prozent auf!

STIMME Hakim, geh durch die Straßen und rufe billigen Fisch aus, zu haben im Laden des Pastetenbäckers Ismael.

STIMME Hakim, bestelle neue Konserven!

STIMME Hakim, kauf ein Lastauto!

STIMME Hakim, hol frische Fische aus Beirut!

STIMME Hakim, bau ein Kühlhaus!

STIMME Hakim –

STIMME Hakim –

STIMME Hakim –

STIMME Hakim, überlaß den Fischhandel deinem Weibe! Überlaß den Fischhandel deinem Weibe!

Raumwechsel

HAKIM Fatime erwarb nach und nach zwölf Lastwagen, errichtete Filialen in Beirut und Aleppo und ich sah die Zeit herankommen, wo wir den ganzen Vorderen Orient mit Fisch versorgten. Inzwischen lag ich in dem schönen Haus, das wir uns inmitten von blühenden Gärten erbaut hatten, auf seidenen Kissen, rauchte die Wasserpfeife, und wartete auf weitere

Anweisungen des Propheten. Er hatte mir den Müßiggang befohlen und das ist eine der anstrengendsten Tätigkeiten auf der Welt. Ich kam auf merkwürdige Gedanken, auf seltsame Entdeckungen.

Haus in Damaskus

FATIME *zärtlich:* Faul bist du, faul, faul, faul! Mein fauler Mann!

HAKIM Allah hat die Frauen geschaffen, damit sie für den Mann arbeiten.

FATIME Du weißt auch noch andere Dinge, wofür er uns geschaffen hat.

HAKIM Ich weiß keine.

FATIME Manchmal weißt du sie.

HAKIM Ich will sie nicht wissen.

FATIME Und dich? Wozu hat Allah dich gemacht?

HAKIM Ich denke.

FATIME Worüber?

HAKIM Daß du ein törichtes Weib bist.

FATIME Dann hilf mir denken.

HAKIM Ja, ich bemerke es immer öfter: Du bist töricht.

FATIME Eine englische Flugzeugfirma hat geschrieben. Sie werden einen Vertreter schicken.

HAKIM Wie konnte ich das früher übersehen! Ein merkwürdiges Wesen, zugleich dumm und gescheit. Oder vielmehr abwechselnd. Manchmal dumm, manchmal gescheit.

FATIME *erschrocken:* Jetzt hast du es bemerkt!

HAKIM Früher fiel mir die Gescheitheit auf, jetzt die Dummheit.

FATIME *hastig:* Ein Transportflugzeug. Fünf Tonnen Last. Man sollte vielleicht doch mit der Zeit gehen. *Mutlos:* Man könnte dann immer den Fang vom Tage, ganz frische Ware – *Sie bricht in Tränen aus.*

HAKIM *bestürzt:* Fatime, was –?

FATIME Daß ich nichts kann, daß ich nichts weiß.

HAKIM Ich muß dich verteidigen.

FATIME Daß ich töricht bin.

HAKIM Ich habe es gesagt, um dich zu ärgern. Und ich wollte dich ärgern, weil ich mich über mich selbst ärgerte.

FATIME Hakim, daß du es nicht früher bemerkt hast!

HAKIM Das einzig Törichte an dir ist, daß du darauf bestehst, töricht zu sein.

FATIME Alles, was ich in meinem Leben Kluges getan und gesagt habe, war nicht von mir.

HAKIM Nicht von dir?

FATIME Der Prophet hat mir gesagt, was ich tun und was ich sagen soll.

HAKIM Der Prophet?

FATIME Als ich dich zum erstenmal sah, sprach er zum erstenmal zu mir: ›Sag ihm, daß er nicht von dem Hammel essen soll!‹

HAKIM Ach?!

FATIME ›Tu deinen Schleier ab, damit Hakim dich sieht!‹

HAKIM Ach?!

FATIME ›Beeile dich nicht, deinen Schleier vors Gesicht zu ziehen!‹

HAKIM Ach?!

FATIME ›Sag ihm, daß ihr nach Damaskus gehen und mit Fischen handeln sollt!‹

HAKIM Und ich hielt mich für auserwählt.

FATIME Und eben sprach er zu mir: ›Fatime, sag ihm, daß du meine Stimme hörst!‹

HAKIM Mir befahl er es nicht. Mir schweigt er, immer, immer!

FATIME Dies alles aber wäre kein Grund zu weinen.

HAKIM Das meine ich.

FATIME Aber ich sollte nichts anderes tun als weinen.

HAKIM *zärtlich:* Fatime! Fatime!

FATIME Er sagte: ›Verbirg ihn!‹ Hätte ich dich aber verborgen, wenn er es nicht gesagt hätte?

HAKIM Du hättest es gewiß.

FATIME Er sagte auch: ›Sei zärtlich zu ihm!‹ und ich war zärtlich zu dir. Wäre ich aber zärtlich gewesen –

HAKIM *traurig:* Wenn er es nicht gesagt hätte?

FATIME Liebe ich dich, Hakim, oder hat der Prophet befohlen, daß ich dich lieben solle?

HAKIM Es ist kein Unterschied.

FATIME Mich quält es, daß es ein Unterschied sein könnte.

HAKIM Deine Augen sind klar, deine Haut ist glatt.

FATIME Ach, wäre meine Haut welk und mein Herz fröhlich!

HAKIM Und du bestellst Thunfisch aus Beirut und Sardinen aus

Portugal. Ach, Fatime, wie merkwürdig ist die Welt! Laß uns nur noch über das englische Flugzeug reden! Fünf Tonnen, sagst du?

Raumwechsel

HAKIM Bei dem Gedanken an die Ausbreitung unseres Fischhandels überfiel mich immer tiefere Schwermut. Ich versenkte mich in den Koran und in die Schriften unseres Glaubens. Ich will nicht sagen, daß ich ein weiser und heiliger Mann geworden wäre, ich muß sogar zugeben, daß ich über dem Koran und den heiligen Schriften ein Laster entdeckte, dem ich ganz verfiel: Das Laster des Lesens. Ich las über Astronomie und über die Übungen der Fakire, die Schriften des Averroes und die Sprüche des Zeltmachers Omar, vertiefte mich in die Lehren des Al-Farabi und lernte Persisch und Französisch. Der Prophet schwieg indessen, er schien sich in dieser Zeit ausschließlich mit Handelsgeschäften zu befassen, wie ich aus den Bilanzen unseres Unternehmens schließen konnte.

Der Tag, an dem Fatime den fünfzigsten Lastwagen und das achte Flugzeug kaufte, war der gleiche, an dem ich begriff, wohin ich mein Sinnen und Trachten zu lenken hatte: Auf den hundertsten Namen Allahs. In ihm liegt das Geheimnis der Welt verborgen. Aber soviel ich auch las, nirgends stand er geschrieben. Wir mußten wegen der Bücher unser Haus unablässig vergrößern, ich stellte drei Sekretäre an, die aus fremden Sprachen für mich lasen, ich kam in Briefverkehr mit allen gelehrten Gesellschaften und allen Bibliotheken der Welt. Inzwischen schwieg der Prophet unablässig.

Haus in Damaskus

HAKIM Was ist das für ein Lärm draußen?

FATIME Drei Lastwagen, die in den Hof fahren.

HAKIM Lagern wir jetzt die Fische auch im Wohnhaus ein?

FATIME Die Kühlhäuser reichen aus. Nein, eine Überraschung für dich. Ich hatte ein Flugzeug nach Deutschland geschickt.

HAKIM Cuxhaven?

FATIME Keine Fische. Bücher. Die deutschen Philosophen.

HAKIM Drei Lastwagen.

FATIME Gesamtausgaben. Ich dachte, weil du jetzt den Sekretär hast, der deutsch versteht.

HAKIM Du bist ein aufmerksames, ein liebes Weib! Laß dich umarmen!

STIMME Hakim, laß die Bücher ungelesen! Hakim, laß die Bücher ungelesen!

FATIME Was hast du, Hakim? Wohin schaust du?

STIMME Hakim, fahre nach Paris, in die Rue Geoffroy 17, zu dem Schuhmachermeister Albert Dupont. Er weiß den hundertsten Namen Allahs! Hakim, fahre nach Paris –

HAKIM Rue Geoffroy 17, Schuhmachermeister Albert Dupont.

FATIME Was redest du?

HAKIM Ich reise, Fatime! Laß die Koffer packen! Anzüge von europäischem Schnitt, weiße Hemden, bunte Hemden, Manschettenknöpfe, warme Strümpfe, es ist ein eisiges Land, und einen Scheck für den Crédit Lyonnais –

FATIME Wenn du vielleicht bei dieser Gelegenheit nach Boulogne fahren könntest? Wir haben dort mit der Firma –

HAKIM Keine Fische, Fatime! Rue Geoffroy 17, Schuhmachermeister Albert Dupont.

Pause

In Paris

HAKIM Rue Geoffroy 17, Schuhmachermeister Albert Dupont. *Er tritt in den Laden, eine Türklingel geht.* Herr Dupont?

DUPONT Das bin ich.

HAKIM Ich weiß nicht, ob Sie mich erwarten.

DUPONT Ist es eine Reparatur? Wie war der Name?

HAKIM Nein, keine Reparatur. Ich hatte gedacht, ich sei angemeldet.

DUPONT Maßschuhe, nicht wahr? Ich schaue gleich in mein Buch. Wollen Sie nicht Platz nehmen?

HAKIM Danke. Ich weiß nicht, ob Sie mich in dem Buch finden. Ich bin zum erstenmal hier.

DUPONT So nehmen wir gleich Maß.

HAKIM Nicht doch!

DUPONT Tragen Sie immer Sandalen?

HAKIM Meistens.

DUPONT Nicht gesund! Es fördert das Rheuma, und der Fuß hat nicht genug Halt. Ich nehme rechts und links Maß, die Füße sind nicht immer gleich.

HAKIM Gewiß. Aber die Füße sind nicht eigentlich –

DUPONT Finden Sie auch, daß Füße etwas recht Merkwürdiges sind?

HAKIM Es ist mir bisher nicht aufgefallen.

DUPONT Ich weiß nicht, wie ich es ausdrücken soll. Aber daß es Hohlfüße gibt, und schon die Zehen an sich, mit Falten und Nägeln und Adern! Und gerade fünf an jeder Seite!

HAKIM Ich habe gehört, daß es Leute mit sechs Zehen gibt.

DUPONT Ich habe es auch gehört, aber vorgekommen ist mir bisher keiner. Das war der rechte Fuß.

HAKIM Sind Sie Christ?

DUPONT Aber gewiß doch. Wie meinen Sie das?

HAKIM Ich hatte geglaubt –

DUPONT Ich bin katholisch getauft und meine Ehe ist kirchlich geschlossen.

HAKIM Sie sind wirklich der Schuhmachermeister Albert Dupont, Rue Geoffroy 17?

DUPONT Dupont, Geoffroy und 17.

HAKIM Ich hatte geglaubt, Sie wären Mohammedaner.

DUPONT Sie sind der erste, der das von mir geglaubt hat. *Er lacht.*

HAKIM Es ist unverständlich, daß mich der Prophet zu einem Ungläubigen schickt.

DUPONT Wer ist Ihr Prophet? Gehören Sie einer Sekte an? *Plötzlich:* Ah, ich verstehe, – ich habe es hier in dem Halbdunkel gar nicht bemerkt, – der Herr ist offenbar nicht aus Paris?

HAKIM Erkennen Sie mich endlich? Sie können ganz offen zu mir sprechen. Ich bin Hakim der Ägypter, aus Damaskus.

DUPONT Sie bringen mich in Verlegenheit, mein Herr!

HAKIM Fürchten Sie nichts! Nicht wahr, ich bin angemeldet?

DUPONT Das mag schon sein. Ich kann mich nicht an alles erinnern. Offen gesagt, interessieren mich auch Köpfe nicht so sehr. Was die Füße betrifft, – verstehen Sie, ich bin ein ausgesprochener Anhänger der Füße!

HAKIM Ich komme wegen des hundertsten Namens, Herr Dupont, wegen des hundertsten Namens.

DUPONT Dürfte ich jetzt den linken –

HAKIM Bitte.

DUPONT Ihr Knöchel ist ungewöhnlich.

HAKIM Wieso?

DUPONT Er steht weiter vorn, als ich vermutete.

HAKIM Vermutungen über meinen Knöchel?

DUPONT Auch über Ihre Zehenabstände, über die Nagelform –

HAKIM Hören Sie auf!

DUPONT *gekränkt:* Ich hatte gerade bei Ihnen einiges Verständnis erwartet.

HAKIM Gerade bei mir? Warum gerade bei mir?

DUPONT Wegen des ungewöhnlichen Vorfalls des Knöchels.

HAKIM Herr Dupont, halten Sie mich nicht hin! Wie heißt er, wie heißt der hundertste Name Allahs?

DUPONT Ich weiß nicht, wie ich zu der Ehre komme.

HAKIM Weil mich der Prophet zu Ihnen geschickt hat. Es muß einen Grund haben.

DUPONT Gewiß. Sonst hätte Sie Ihr Prophet nicht gerade zu mir – Ich muß jetzt den linken notieren, möchte auch eine Zeichnung Ihres Knöchels anfertigen.

HAKIM Denken Sie doch nach!

DUPONT Ich gebe zu, daß ich für alles etwas vergeßlich bin, was nicht mit Füßen zusammenhängt.

HAKIM *hoffnungsvoll:* Bestimmt ist es so! Versuchen Sie sich zu erinnern!

DUPONT Ich kenne Ihren Glauben zu wenig. Ich hatte immer gemeint, Allah hieße Allah.

HAKIM Allah ist Allah und hat hundert Namen. Neunundneunzig davon sind bekannt.

DUPONT Aha! Zum Beispiel?

HAKIM Der Einzige, der Ewige, der Erste.

DUPONT *listig:* Ich weiß ihn.

HAKIM Ja?

DUPONT Der Letzte.

HAKIM Name vier in der Liste des Ibn Madja.

DUPONT *ebenso enttäuscht:* Eine Festung muß im ersten Ansturm genommen werden, Belagerungen sind Niederlagen. Kehren wir zu den Füßen zurück.

HAKIM Nein.

DUPONT Ich werde Ihnen im linken Schuh eine Stütze eigener Erfindung --

HAKIM Ich bitte Sie!

DUPONT Zwecklos. Im rechten brauchen Sie nichts Besonderes.

HAKIM Versuchen Sie weiter!

DUPONT Ich ziehe die Schäfte etwas hoch. Es wird die Mitte zwischen einem Halbschuh und einem Stiefel.

HAKIM Meinetwegen.

DUPONT Wünschen Sie braun oder schwarz? Oder vielleicht eine Modefarbe?

HAKIM Ich will überhaupt keine Schuhe, zum Teufel!

STIMME Hakim, sage Grün, und du holst sie in acht Tagen ab. Hakim, sage Grün, und du holst sie in acht Tagen ab.

DUPONT Das muß ein Mißverständnis sein.

HAKIM Grün.

DUPONT *entzückt:* Grün! Grün ist die richtige Farbe.

HAKIM Und ich hole die Schuhe in acht Tagen ab.

DUPONT Grün ist die Farbe für Sie! Daß ich nicht gleich darauf gekommen bin! Sie sind etwas Besonderes, mein Herr. Sozusagen das Grün in Person.

HAKIM Dann haben Sie acht Tage Zeit, nachzudenken.

DUPONT Grün, grün –

HAKIM Er bringt mich zur Verzweiflung! *Er geht hinaus, die Ladenglocke bimmelt.*

DUPONT *ihm nachrufend:* Auf Wiedersehen! Und die Schäfte hochgezogen, nicht wahr?

Raumwechsel

HAKIM Das war Monsieur Dupont in Paris, Rue Geoffroy 17, Schuhmachermeister und offenbar ein Irrtum des Propheten. Was sollte ich mit grünen Schuhen? Und war der Termin wirklich verläßlich? Bei uns in Damaskus kann der Ausdruck ›acht Tage‹ acht Wochen bedeuten, auch acht Monate und nicht selten acht Jahre. Möglicherweise hatte der Prophet gemeint, ich würde in acht Tagen Allahs hundertsten Namen von Herrn Dupont erfahren. Was tat ich nur die ganze Zeit in Paris? Es ist mir schon rätselhaft, was die Bewohner von Paris in Paris tun. Für jemanden, der Kairo, Mekka und Damaskus kennt, liegt diese Stadt doch ziemlich am Rande, an der Grenze des Erträglichen sozusagen, aber schon jenseits. Ich konnte doch gut nach Damaskus und zu Fatime fliegen und in acht Tagen wieder zurück sein, wobei man sich außerdem noch der Damaszener Auslegung des Begriffs ›acht Tage‹ bedienen mochte. Leider unterbrach der Prophet diese freundlichen Träume und stieß mich unbarmherzig in die frostige Wirklichkeit von Paris zurück.

STIMME Hakim, geh in das Restaurant ›Au Poisson Rouge‹ in der Rue de la Harpe und frage nach der Köchin Janine. Sie weiß den hundertsten Namen Allahs. Hakim, geh in das Restaurant ›Au Poisson Rouge‹ in der Rue de la Harpe und frage nach der Köchin Janine.

Auf der Straße
HAKIM Rue de la Harpe. Das Restaurant ›Au Poisson Rouge‹. *Er tritt in das Restaurant ein.*

KELLNER Guten Tag, mein Herr.

HAKIM Guten Tag. Ganz leer?

KELLNER Falls Sie zu essen wünschen –

HAKIM Eigentlich, – hm, – muß ich unbedingt essen?

KELLNER Die Küche hat jetzt Pause. Erst wieder um sechs. Sie könnten aber ein Choucroute alsacienne – Vielleicht an diesem Tisch?

HAKIM Die Küche hat Pause? Das trifft sich.

KELLNER Da gibt es die verschiedensten Standpunkte. In der Deputiertenkammer sagte man neulich, – man brachte einen Antrag ein, verstehen Sie, – die Radikalsozialisten, nun meine Freunde sind das nicht –

HAKIM Dann könnte ich vielleicht die Köchin Janine sprechen.

KELLNER Wie?

HAKIM Die Köchin Janine.

KELLNER Hm.

HAIKM Warum schauen Sie mich so merkwürdig an?

KELLNER Eine Köchin Janine gibt es hier nicht.

HAKIM Doch.

KELLNER Wenn Sie es besser wissen –

HAKIM Ich weiß es besser.

KELLNER Wenn Sie nichts verzehren wollen, ist es am vernünftigsten, Sie gehen wieder.

HAKIM Ich bleibe.

KELLNER *unschlüssig:* Hm, hm, hm! *Rufend:* Patron!

WIRT *im Hintergrund:* Was?

KELLNER Jemand möchte die Köchin Janine sprechen.

WIRT Wer ist der Jemand?

KELLNER Ein jüngerer Herr, dunkelbraun.

WIRT Auch ein Neger?

HAKIM Ich bin Ägypter. Was heißt ›auch‹?

WIRT *kommt herbei:* Der Name? Sind Sie verwandt mit Janine?

HAKIM Verwandt? Ist Janine eine Araberin?

WIRT Ist Janine eine Araberin?

KELLNER Eine Kreolin.

HAKIM Dann ist sie nicht mit mir verwandt.

WIRT Aber braun ist sie auch.

KELLNER Noch dunkler.

WIRT Vielleicht entfernt verwandt.

HAKIM Nein.

KELLNER Um so schlimmer, wenn Sie nicht mit ihr verwandt sind.

WIRT Sehr richtig.

KELLNER Es gibt hier keine Janine.

WIRT So ist es. Noch ein Wunsch, mein Herr?

HAKIM Ich möchte die Köchin Janine sprechen.

WIRT Ein Hartnäckiger.

KELLNER Neulich bei der Abstimmung über die landwirtschaftlichen Kredite, – man kann über die Einfuhrzölle denken wie man will – *Er besinnt sich:* Was machen wir mit dem Kerl?

WIRT Mama!

WIRTIN *im Hintergrund:* Was gibts?

WIRT Ein Schwarzer möchte die Köchin Janine sprechen.

WIRTIN Die Köchin Janine? Ein Schwarzer? Das ist verdächtig.

WIRT Das finden wir auch.

WIRTIN Vielleicht ist es auch nicht verdächtig. Moment!

WIRT *zu Hakim:* Moment!

KELLNER Wie ist es denn bei Ihnen?

HAKIM Was meinen Sie?

KELLNER Mit der Politik. Bei uns ist das Furchtbare, daß sich niemand für Politik interessiert. So bleibt die Karre ewig im
Dreck.

HAKIM Da mögen Sie wohl recht haben.

WIRTIN *kommt herbei:* So, nun wollen wir sehen –

WIRT Jetzt wollen wir sehen –

KELLNER Der Vordere Orient, – nun ja – unsere Interessen dort –

WIRT Der Herr ist aus Ägypten.

HAKIM Damaskus. Hakim mein Name.

WIRTIN Und Sie wollten –

HAKIM Die Köchin Janine.

WIRTIN Um was handelt es sich?

HAKIM Eine Frage.

WIRTIN *zweifelnd:* Diese Fragen kenne ich.

HAKIM Meine wohl kaum.

WIRTIN ›Wollen Sie nicht bei uns?‹ Oder so ähnlich. Habe ichs erraten?

HAKIM Das verstehe ich nicht. Es handelt sich um Allah.

WIRTIN Um –? Der ist harmlos.

WIRT Er ist harmlos.

WIRTIN Um Allah?

WIRT Eine orientalische Gottheit.

WIRTIN Wenn er nicht lügt! *Ruft:* Janine!

KELLNER Janine gibt es hier nicht.

WIRT Das ist überholt! *Ruft:* Janine!

KELLNER Zu dumm! Immer wenn ich den Namen Janine höre,
sage ich automatisch: Gibt es nicht. *Ruft:* Janine!

HAKIM *ruft:* Janine!

JANINE *aus dem Hintergrund:* Ich komme. *Sie betritt prustend
und ächzend die Szene. Ihr Auftritt gleicht dem eines asthma-
tischen Elefanten. Sie bleibt stehen.* Ja?

WIRTIN Besuch, Janine.

KELLNER Aus Ägypten.

WIRT Ein Verwandter.

JANINE Ja, ein Neffe von mir.

WIRTIN Ein Neffe?

JANINE Guten Tag, Hugo.

WIRTIN Er heißt Hakim.

JANINE Das ist die ausländische Form von Hugo. Laßt mich mit ihm allein! *Sie setzt sich stöhnend. Die andern außer Hakim ab.*

WIRTIN *abgehend:* Daß ihrs wißt: Die Eingangstür ist abgesperrt.

JANINE *geringschätzig:* Ja, ja, ja! *Zu Hakim:* Setz dich, Hugo!

HAKIM Hakim!

JANINE *flüsternd:* Nun, wie stehts?

HAKIM Was?

JANINE *ihn nachäffend:* Was?

HAKIM Verwechseln Sie mich vielleicht?

JANINE Mit wem denn? Ich kenne dich ja überhaupt nicht.

HAKIM Mit Hugo.

JANINE Sage ich doch nur, damit diese Narren keinen Verdacht schöpfen. Nun sprich schon!

HAKIM Es handelt sich –

JANINE Worum es sich handelt, wissen wir ja.

HAKIM Ah! Sie erwarten mich also?

JANINE Natürlich.

HAKIM Dann sagen Sie es!

JANINE Was? Ich? Sprich du, du kleiner Narr!

HAKIM Mich schickt der Prophet.

JANINE *stirnrunzelnd:* Prophet? Prophet?

HAKIM Mohammed.

JANINE Ah! Ein neuer Interessent? Wo ist das Lokal?

HAKIM Lokal? *Ärgerlich:* Ich glaube, ich gehe.

JANINE Warum? Wir fangen ja eben erst an zu sprechen. Ein orientalisches Restaurant, nicht wahr?

HAKIM *erbittert:* Sie reden von einem Restaurant!

JANINE Oder ein Hotel?

HAKIM Unsinn.

JANINE Nun, nun, man wird doch fragen dürfen.

HAKIM Ich rede vom Propheten Mohammed.

JANINE Was bietet er?

HAKIM Bieten?

JANINE Will er mich als Köchin oder will er nicht? Pst! Die da hinten dürfen es nicht wissen! Sie versuchen mit aller Gewalt mich hier zu halten. Natürlich, wenn sie mich verlieren, ist es

aus mit dem ›Poisson rouge‹. Die weltbekannte Küche, –
Monsieur, das bin ich!

HAKIM *gleichgültig:* Das glaube ich.

JANINE Hast du je hier gegessen?

HAKIM Nie.

JANINE Dann weißt du nicht, was essen ist.

HAKIM Hm.

JANINE *verschmitzt:* In gewisser Hinsicht habe ich einen furchtbaren Fehler begangen. Ich habe meine eigene Konkurrenz
großgezogen.

HAKIM Lehrlinge?

JANINE Söhne, elf Söhne.

HAKIM Elf! Und wieviel Töchter?

JANINE Nur vier.

HAKIM Elf und vier.

JANINE Sind fünfzehn. Und alle kochen. Meine Schule. Es gibt
eine Knoblauchsuppe, die nach mir benannt ist: A la Mai-
tresse Janine.

HAKIM Fünfzehn. Ein schönes Familienleben.

JANINE Gewesen. Alle sind in Stellung. Der Älteste ist Schiffs-
koch, Eglantine beaufsichtigt die Speisewagen im belgischen
Kongo.

HAKIM Und von den übrigen dreizehn reden wir das nächste
Mal.

JANINE Wie?

HAKIM Den Namen, Janine! Allahs Namen, den hundertsten!
Sie wissen ihn!

JANINE Ein Losungswort?

HAKIM Möglicherweise eine Art Losungswort. Aber nicht die
üblichen neunundneunzig, Janine! Damit lasse ich mich nicht
abspeisen!

JANINE Bei mir wird niemand abgespeist! Meine Ehre als Köchin –

HAKIM Den hundertsten Namen Allahs!

JANINE Hugo, sage deinem Auftraggeber, – Mohammed, nicht
wahr? – sage ihm, daß es etwas schwierig ist, mit dir zu verhandeln.

HAKIM Den hundertsten Namen Allahs!

JANINE Diese Gedankensprünge! Und das bei meiner Statur!

HAKIM Den hundertsten Namen Allahs!

JANINE Wenn es dich beruhigen würde, könnte ich ein Gericht so benennen. Ich habe schon seit längerer Zeit ein Muschelragout im Kopf. Verstehst du, das alles sind Kompositionen. Ich nenne es Kompositionen. Man ist schließlich auch ein Künstler.

HAKIM Sie enttäuschen mich, Janine.

JANINE Oh!

WIRTIN *aus dem Hintergrund:* Janine!

JANINE Die Abendküche, ich weiß. *Zu Hakim:* Wir sind gar nicht zum Thema gekommen.

HAKIM Nein.

JANINE Du bist ein Wirrkopf, daran liegt es. Trotzdem, mir gefällst du ganz gut.

HAKIM Sie gefallen mir auch gut. Aber –

JANINE Bevor wir weiter verhandeln, mußt du erst einmal hier essen. Nicht heute! Ich koche etwas Besonderes für dich.

HAKIM Das ist nicht nötig.

JANINE Freilich ist es nötig, du Narr! Und an einem Tag, wo wir ungestört reden können. Nächsten Donnerstag, ja? *Während der folgenden Sätze erhebt sie sich und geht ab.*

HAKIM Nächsten Donnerstag.

JANINE Und du bist von mir eingeladen.

HAKIM Danke.

JANINE Hast du eine Freundin?

HAKIM Nein.

JANINE Vielleicht hast du bis Donnerstag eine. Dann bring sie mit.

Raumwechsel

HAKIM Die Hoffnung, meinen Aufenthalt in Paris durch einige Tage in Damaskus zu verschönern, verwandelte sich nach diesem zweiten Fehlschlag in die verzweifelte Überlegung, ob es nicht besser sei, Paris überhaupt zu verlassen. Dieser Gedanke war letzten Endes theologischer Art: Konnte Mohammed sich irren? Weder Dupont noch Janine hatten vom hundertsten Namen Allahs auch nur die geringste Ahnung gehabt, sie kannten nicht einmal die neunundneunzig anderen. Wozu sollte ich in Paris auf ein Paar grüne Schuhe warten oder auf ein Abendbrot, das möglicherweise sogar Speisen enthielt, die mir verboten waren.

Ich begann Kursbücher und Flugzeiten zu studieren und verbrachte viele Stunden auf verschiedenen Reisebüros. Eine gewisse Unentschlossenheit in meiner Natur ließ mich nicht zu einer Entscheidung zwischen Schiff, Flugzeug und Eisenbahn kommen. Gerade in dem Augenblick, als ich mich nach langem inneren Ringen für den Mittagsexpreß nach Brindisi entschlossen hatte, griff der Prophet nochmals ein. Es lag ihm offenbar daran, den Ruf seiner Unfehlbarkeit wiederherzustellen, der in meiner Brust einigen Schaden erlitten hatte.

STIMME Hakim, geh zu Mademoiselle Ninon Dufresne in der Rue du Beau Soupir 18. Sie weiß den hundertsten Namen Allahs. Geh zu Mademoiselle Ninon Dufresne in der Rue du Beau Soupir 18 –

Auf der Straße

HAKIM Rue du Beau Soupir 18. *Er tritt in das Haus.*

PATRONNE Guten Tag, mein Herr!

HAKIM Guten Tag, Madame. Bitte, wohnt hier im Hause Mademoiselle Ninon Dufresne?

PATRONNE Mademoiselle Ninon? Aber gewiß! Die meisten Herren kennen nur ihren Vornamen. Sie, mein Herr, wissen sogar, daß sie Dufresne heißt. Ein besonderer Grad von Vertrautheit! Merkwürdigerweise kann ich mich nicht erinnern, Sie schon gesehen zu haben.

HAKIM Nein.

PATRONNE Oder kommen Sie von einer Behörde?

HAKIM Von keiner Behörde.

PATRONNE Ein Kunde also?

HAKIM Ein Kunde? Gewiß, das heißt –

PATRONNE Kein Grund zur Verlegenheit, mein Herr!

HAKIM Man hat nämlich vergessen, mir den Beruf von Fräulein Dufresne anzugeben.

PATRONNE Aha. Wollen Sie nicht Platz nehmen?

HAKIM Kann ich vielleicht sofort Fräulein Dufresne sprechen?

PATRONNE Sofort ist es nicht möglich. Ninon schläft noch. Es ist eine anstrengende Zeit so kurz nach dem Ersten.

HAKIM Es tut mir leid, daß ich ungelegen komme.

PATRONNE Ungelegen? Welch schrecklicher Irrtum, mein Herr! Wir freuen uns! Ninon wird sich besonders freuen. Wollen Sie nicht in den Salon gehen?

HAKIM In den Salon?

PATRONNE Da Sie gleich nach Ninon fragten, habe ich nicht gewagt, Ihnen einen anderen Vorschlag zu machen. Kennen Sie die übrigen Mädchen?

HAKIM Ich kenne nicht einmal Ninon.

PATRONNE Ah, dann handelt es sich um eine Empfehlung?

HAKIM Ja, es handelt sich um eine Empfehlung.

PATRONNE Nun, was Empfehlungen betrifft, so verlassen Sie sich lieber auf mich. Ich glaube, für Sie käme Geneviève fast noch mehr in Frage als Ninon.

HAKIM Es kommt nur Ninon in Frage.

PATRONNE Ich möchte Ihnen raten, zu variieren. Handelt es sich um eine Spezialität?

HAKIM Ja.

PATRONNE Sie können offen reden.

HAKIM Um den hundertsten Namen Allahs.

PATRONNE Um –? Das ist mir noch nicht vorgekommen. Könnten Sie etwas ins Detail gehen?

HAKIM Eigentlich nicht. Ich weiß auch nicht mehr darüber. Aber Mademoiselle Ninon Dufresne weiß mehr.

PATRONNE Ach? Da muß ich sie fragen. Und wer hat Sie zu uns empfohlen?

HAKIM Mohammed.

PATRONNE Dieses Namens kenne ich auch niemanden.

Es klingelt.

Ah, die Klingel von Ninon. Sie ist jetzt frei. Sie haben Glück, mein Herr.

HAKIM Das ist noch nicht sicher.

PATRONNE Warten Sie, ich bringe Sie hinauf, es ist im ersten Stock, Zimmer 11. Hallo! Ninon!

NINON Ja?

PATRONNE Ein Besucher für dich. Der Herr behauptet, der hundertste Name Allahs sei deine Spezialität.

NINON Er soll nur hereinkommen!

PATRONNE Hier, mein Herr!
Hakim tritt ein und schließt die Tür hinter sich.
HAKIM Guten Tag, Ninon!
NINON Guten Tag, –
HAKIM Hakim.
NINON Guten Tag, Hakim.
HAKIM Der Name sagt Ihnen nichts?
NINON Was soll er mir sagen?
HAKIM Ich dachte, Sie wüßten, daß ich komme.
NINON Ich wußte es nicht, aber ich freue mich.
HAKIM Um alle Mißverständnisse gleich aus der Welt zu schaffen –
NINON Es wird keine Mißverständnisse geben.
HAKIM Ich kam nicht in dieses Haus, weil es ein solches Haus ist.
NINON Sondern?
HAKIM Wissen Sie den hundertsten Namen Allahs?
NINON Wenn Sie es mir erklären würden –!
HAKIM Nicht die neunundneunzig Namen, die jeder kennt! Den
hundertsten, den Namen, der alles begreift, der Himmel und
Erde bewegt –
NINON Seien Sie mir nicht böse, aber ich verstehe nichts von all
dem.
HAKIM Dann ist auch das ein Mißverständnis.
NINON *aufrichtig bekümmert:* Es tut mir furchtbar leid.
HAKIM Ich verstehe den Propheten nicht.
NINON Aber, nicht wahr, Sie verlangen nicht, daß ich ihn ver-
stehe?
HAKIM Eigentlich doch.
NINON Und deswegen kamen Sie?
HAKIM Ja.
NINON Und gerade zu mir.
HAKIM Ja.
NINON Ich möchte Sie nicht enttäuschen. Offen gesagt: Ich bin
nicht besonders klug.
HAKIM Mit Klugheit hat es auch nichts zu tun.
NINON Ich bedaure es oft. Mancher möchte unterhalten sein. Sie
glauben nicht, wieviel Probleme es auf der Welt gibt, nach de-
nen ich gefragt werde. Da ist Allah eines von den kleinsten.
HAKIM Es ist das größte.

NINON Entschuldigen Sie!

HAKIM Das einzige!

NINON Und nie weiß ich eine Antwort! Wenn sich ein kluger Mensch meiner annehmen würde!

HAKIM Wie gesagt, ein Mißverständnis.

NINON Schade.

HAKIM Eine falsche Adresse vielleicht.

NINON Was das Haus betrifft: Es gibt kein besseres.

HAKIM Mich interessiert nicht das Haus.

NINON Sie sagten es.

HAKIM Dann will ich wieder gehen, Mademoiselle Dufresne. Verzeihen Sie, daß ich Sie aufgehalten habe.

NINON Schade, daß Sie wieder gehen wollen!

STIMME Hakim, verbringe die Nacht bei ihr! Hakim, verbringe die Nacht bei ihr! Hakim, verbringe die Nacht bei ihr!

HAKIM Das überrascht mich.

NINON Was überrascht Sie? Sie sehen verstört aus.

HAKIM Mir ist ganz elend. Ich weiß nicht, was der Prophet mit mir vorhat.

NINON Ist Ihnen nicht gut? Setzen Sie sich!

HAKIM Der Prophet befiehlt sogar, daß ich mich lege. Bestell ein Abendessen für uns beide, Ninon!

Raumwechsel

HAKIM Als ich am nächsten Morgen alles noch einmal gründlich überdachte, erwog ich auch die Möglichkeit, die bisherigen Enttäuschungen könnten eine Art Prüfung für mich gewesen sein. Der Prophet hatte sich vielleicht absichtlich geirrt, die Seele bedurfte vielleicht einer gründlichen Vorbereitung, um würdig oder fähig zu werden, den großen Namen aufzunehmen. Mit diesem Gedanken lag die Abfahrtszeit des Mittagsexpresses in Widerstreit. Das Ergebnis war, wie so häufig, ein Kompromiß: Ich wollte am Vormittag noch die grünen Schuhe abholen, dann aber gleich zur Bahn gehen und auf das Abendessen im Poisson Rouge verzichten. Jedoch der Prophet fügte, ohne ein Wort zu sagen, alles wieder ganz anders.

Hakim tritt von der Straße in den Laden.

HAKIM Guten Tag, Madame.

FRAU Ich glaubte, ich hätte die Tür abgesperrt. Entschuldigen Sie, mein Herr, es ist keine günstige Stunde, zu der Sie kommen.

HAKIM Ich bitte gleichfalls um Verzeihung, ich war bestellt.

FRAU Sie waren bestellt?

HAKIM Soll ich später wiederkommen?

FRAU Um was handelt es sich?

HAKIM Um ein Paar grüne Schuhe, Maßanfertigung, hochgezogene Schäfte.

FRAU *lebhaft:* Die grünen Schuhe. Er hat die ganze Zeit davon gesprochen. Sie sind fertig. Hier.

HAKIM Sehr schön.

FRAU All seine Gedanken waren davon gefangen.

HAKIM Ich hätte gern Herrn Dupont noch selber gesprochen.

FRAU Zu spät. Es kam alles so überraschend, wissen Sie! Aber Ihre Schuhe waren das, was ihn bis in die letzte Minute hinein beschäftigte. Ist es nicht merkwürdig, wie sich auch dieses Wort auf sein Handwerk bezieht: beschäftigen? Ach, alles auf der Welt hängt mit ihm zusammen.

HAKIM Ich verstehe nicht ganz – Madame Dupont, wenn ich richtig vermute?

FRAU Ich gab ihm die grünen Schuhe und er sah sie an und sagte: Madeleine, sagte er, es ist eine Art von l'art pour l'art. Denn niemand auf der Welt, außer mir selber, weiß, was eine Brandsohle ist. *Sie schluchzt.*

HAKIM Verstehe ich Sie recht: Ist Herr Dupont etwa gestorben?

FRAU Sie wußten es nicht? Mein Gott, ich nahm an, die ganze Welt wüßte es.

HAKIM *bestürzt:* Dann bin ich wirklich zu spät gekommen!

FRAU Heute morgen. Es war überraschend, obwohl er seit längerer Zeit leidend war.

HAKIM Und er hat keine Nachricht für mich hinterlassen?

FRAU Eine Nachricht? Nein, nur die Schuhe.

HAKIM Kein Wort?

FRAU Er hielt sie in der Hand, als er starb. Er murmelte noch einiges, was man nicht verstand.

HAKIM Gerade das wäre wichtig gewesen.

FRAU Nicht wahr? Es ist wie bei Mozart, von dem ich unlängst hörte, daß er noch im letzten Augenblick komponierte, und niemand weiß die Noten.

HAKIM Sie hätten achtgeben sollen, Frau Dupont.

FRAU *etwas gekränkt:* Nun, was Sie betrifft, so hat er alles gesagt. Er sagte, sie kosteten zwölfhundertundfünfzig Francs.

HAKIM Zwölfhundertfünfzig Francs.

FRAU Ja. Soll ich sie in Papier einwickeln?

HAKIM Lassen Sie, ich nehme sie so.

FRAU Er hatte nichts anderes mehr im Kopf als diese Schuhe.

HAKIM Ja, das ist schade.

FRAU Schade?

HAKIM Es ist, als wenn eine Absicht dahinter stünde.

FRAU Wohinter? Welche Absicht?

HAKIM Ich komme ganz nahe an den Namen heran und dann, im letzten Augenblick, – *Plötzlich in anderem Ton:* Verdammt!

FRAU Wollen Sie noch eine Schuhkrem dazu?

HAKIM Ja, meinetwegen.

FRAU Grün oder farblos?

HAKIM Grün oder farblos. Was meinen Sie?

FRAU Wenn ich Sie ansehe. – Was haben Sie?

HAKIM Mein Portemonnaie –

FRAU Nur nicht die Ruhe verlieren. Schauen Sie in allen Taschen nach!

HAKIM Es ist mein gesamtes Geld darin!

FRAU Das ist aber auch unvorsichtig. Haben Sie es?

HAKIM Nein.

FRAU Wann haben Sie es zuletzt gebraucht?

HAKIM Heute überhaupt nicht. Das heißt, – hm –

FRAU Sie haben es sicher in Ihrem Hotel liegenlassen.

HAKIM Das ist möglich. Nun, jedenfalls hole ich dann die Schuhe erst später ab.

FRAU Unsinn, nehmen Sie sie mit! Ich vertraue Ihnen.

HAKIM Sie kennen mich gar nicht!

FRAU Die Schuhe kann nur jemand bestellt haben, der ihrer würdig ist.

HAKIM Danke, Frau Dupont. Ich verspreche Ihnen –

FRAU Hier ist die Schuhkrem. Nehmen Sie farblos!

HAKIM *seufzend:* Auch noch Schuhkrem! Ich danke Ihnen, Frau Dupont! *Er stößt die Tür auf.*
Das Gebimmel der Ladenglocke verklingt sehr rasch.

Straße in Paris

HAKIM Rue du Beau Soupier 18. *Er tritt in das Haus.*

PATRONNE Guten Tag, mein Herr.

HAKIM Guten Tag, Madame.

PATRONNE Ah, Sie sinds!

HAKIM Ich bins.

PATRONNE Wie gerufen.

HAKIM Sie machen mir Hoffnung. Ist etwas gefunden worden?

PATRONNE Nicht die geringste Spur.

HAKIM Zimmer 11. Darf ich hinauf?

PATRONNE Also doch Geneviève. Ich sagte es Ihnen gleich.

HAKIM Ninon meine ich.

PATRONNE Zimmer 11 ist Geneviève.

HAKIM Gestern war es Ninon.

PATRONNE Ein kleiner Umzug. Ich habe jetzt Geneviève auf elf gelegt. Ich fand die Tapete besser zu ihrem Teint.

HAKIM Und Ninon? Welcher Teint, welche Tapete –?

PATRONNE Ninon? Ich dachte, gerade Sie –

HAKIM Ich?

PATRONNE Jedenfalls hatte ich Sie in Verdacht.

HAKIM Ich glaubte, das Verdachthaben stünde mir zu.

PATRONNE Ninon arbeitet nicht mehr bei uns. Ich dachte, sie wäre mit Ihnen gegangen, – jedenfalls waren Sie ihr letzter Besucher.

HAKIM Hat sie nichts gesagt? Keine Nachricht für mich?

PATRONNE Sie ging ohne Abschied. Eine undankbare Person. Ich bin enttäuscht. Ich habe sie für immer aus meinem Gedächtnis verbannt.

HAKIM Wie? Sie ist einfach verschwunden?

PATRONNE Einfach verschwunden. Ein Zettel auf dem Tisch, das war alles. Da, lesen Sie.

HAKIM ›Madame, es war sehr hübsch bei Ihnen. Tausend Dank. Ich ziehe mich ins Privatleben zurück. Einen Kuß von Ihrer Ninon.‹

PATRONNE Was sagen Sie dazu?

HAKIM Sie wird wiederkommen.

PATRONNE Meinen Sie?

HAKIM Fast könnte man es ausrechnen, wann.

PATRONNE Wann?

HAKIM Wenn das Privatleben verbraucht ist. Einhundertachtund-
zwanzigtausend Francs.

PATRONNE Ich muß nämlich gestehen, daß Ninon recht anstellig
war.

HAKIM O ja.

PATRONNE Die Kunden waren immer zufrieden mit ihr.

HAKIM Wie man es nimmt.

PATRONNE Wie nehmen Sie es?

HAKIM Mit Gelassenheit, Madame.

PATRONNE *nachdenklich:* Gelassenheit? Ich weiß nicht, ob das der
richtige Standpunkt ist – Geneviève ist der Typ für Sie, das
sah ich im ersten Augenblick.

HAKIM Auf Wiedersehen, Madame!

PATRONNE Nicht doch, mein Herr! Welch barbarischer Aufbruch!
Warten Sie, ich rufe Geneviève sofort. Monsieur! Monsieur!
Ausblenden

Raumwechsel

HAKIM Mir war eingefallen, daß noch nicht alles verloren war.
Ich hatte ja den Scheck auf den Crédit Lyonnais. Immer hatte ich ihn zusammengefaltet in meiner Geldbörse getragen,
aber o Wunder, gerade gestern hatte ich ihn herausgenommen
und in mein Exemplar des Korans gelegt, da wo die sechste
Sure aufhört und die siebente beginnt. Ich ging ins Hotel und
dann auf die Bank.

Im Schalterraum der Bank

BEAMTER Der Scheck ist in Ordnung.

HAKIM Ich zweifelte nicht daran.

BEAMTER Ich meine damit: Obwohl der Scheck in Ordnung ist,
kann ich nicht auszahlen.

HAKIM Warum nicht?

BEAMTER Das Konto ist gesperrt.

HAKIM Wieso? Von wem?
BEAMTER Auskünfte darüber sind leider nicht möglich.

Raumwechsel
HAKIM Im Koran, zwischen der dreizehnten und der vierzehnten Sure, fand ich noch einen kleineren Geldschein. Der Glaube hilft in den schwierigsten Lagen.

Auf einem Postamt
HAKIM Ein Telegramm.
BEAMTIN *sachlich während des ganzen Gesprächs:* Damaskus. Da muß ich in den Tarifen nachsehen.
HAKIM Wenn Sie ein Herz haben, Mademoiselle, sehen Sie nicht in den Tarifen nach.
BEAMTIN Ein Herz hätte ich.
HAKIM Wenn wir es mit den fünfzig Francs, die ich habe, zusammentäten!
BEAMTIN Dann reicht es leicht.
HAKIM Danke. Hingegen könnte ich ein Abendessen –
BEAMTIN Gern.
HAKIM Im Poisson Rouge, Rue de la Harpe, heute um acht.
BEAMTIN Poisson Rouge, Rue de la Harpe, heute um acht.
HAKIM Verwechseln Sie das bitte nicht mit dem Telegrammtext. Er heißt –
BEAMTIN Scheck nicht eingelöst. Erbitte dringend telegraphische Überweisung.
HAKIM Danke.

Raumwechsel
HAKIM Einige Stunden später erhielt ich Fatimes telegraphische Antwort. Sie lautete ›Überweisung nicht möglich. Erwarte baldige Rückkehr‹. Ich steckte mir eine Zahnbürste und ein Stück Seife ein und zog Duponts grüne Schuhe an. Den Koran verstaute ich in der Brusttasche. Ich verließ das Hotel ohne Koffer und ohne nach der Rechnung zu fragen, in der festen Absicht, es nie wieder zu betreten. Alles deutete darauf hin, daß der entscheidende Augenblick nahe war, die Stunde, in der mir der hundertste Name zugeflüstert würde.

Nicht ohne Absicht verstärkte ich die Schwierigkeiten meiner Lage, zum Beispiel dadurch, daß ich meinen Paß im Hotelzimmer liegen ließ. Der Prophet mußte gezwungen werden, so daß es schließlich keinen Ausweg mehr für ihn gab. Zu diesen Maßnahmen gehörte es auch, daß ich im Poisson Rouge einen ziemlich teuren Wein zum Essen bestellte, nicht wissend, ob ich auch zu den Getränken eingeladen war, und wohl wissend, daß der Prophet den Moslims den Wein verboten hat. Dem Propheten stand es frei, ein Wort dazu zu sagen, ein Wort der Zustimmung oder der Mißbilligung, bitte sehr, ich wartete darauf, er hatte mein Ohr.

Im Poisson Rouge

HAKIM Chinesische Seide?

ODETTE Chinesische. Eine Freundin von mir hat eine billige Quelle.

HAKIM Reizend! Gelb steht Ihnen.

ODETTE Finden Sie? Wenn man den ganzen Tag in der Mantelschürze hinter dem Schalter sitzt –

HAKIM Das Schwarz stand Ihnen auch.

ODETTE Schwarz und gelb sind meine Farben. Das hängt mit den Tierkreiszeichen zusammen. Ich bin ein Wassermann.

HAKIM *verständnislos:* Aha.

ODETTE Mein Stein ist der Amethyst.

HAKIM So?

KELLNER *tritt heran:* Verzeihung, Janine läßt fragen, ob der Kalbsbraten gut ist.

ODETTE Der beste, den ich je gegessen habe.

HAKIM Der beste, den ich je gegessen habe.

KELLNER Janine läßt Ihnen zum besseren Verständnis noch folgendes sagen: Sie vertritt in der Kochkunst die Richtung, die sich Purismus nennt. Die reine Speise, verstehen Sie?

HAKIM Ich verstehe es nicht. Warum erklärt es uns Janine nicht selbst?

KELLNER Sie kommt nicht durch.

ODETTE *kichert.*

KELLNER Erst wenn die Mitteltische frei sind, wenn man die Stühle zurückschieben kann.

HAKIM Wir warten, bis die Mitteltische frei sind. Ich muß Janine unbedingt noch sprechen. Sie wird mir das Wichtigste sicher selber sagen wollen.

KELLNER Sehr wohl. Ich fahre fort: Kein Blumenkohl, der nach Lorbeer, und kein Hase, der wie Kalb schmeckt. Im allgemeinen Vermeidung von Soßen.

HAKIM Gewürze durch Kommentare ersetzt.

KELLNER Verzeihung, – ich übermittelte nur, was mir aufgetragen war. Ich ziehe mich zurück.

HAKIM Danke.

ODETTE Aber diese Janine in Ehren. Bis heute wußte ich nicht, was Essen sein kann.

HAKIM Sie hat nicht zu viel versprochen. Trinken wir einen Schluck zu ihren Ehren.

Sie trinken.

ODETTE Ah! Niemals war mir so wohl wie heute!

HAKIM Wirklich? Niemals? Auch nicht, wenn Sie verliebt waren?

ODETTE Ich war nie verliebt.

HAKIM Wie?

ODETTE Niemals, bis heute!

HAKIM Odette, sehr liebe Odette!

ODETTE Obwohl ich doch viel Zeit hatte. Wenn der nächste Januar kommt – ich bin ein früher Wassermann, verstehen Sie!

HAKIM *versteht nicht:* Ich verstehe.

ODETTE Im nächsten Januar feiere ich, – das heißt, ich werde nicht viel feiern, – meinen sechzigsten Geburtstag.

HAKIM Wenn Sie wirklich sechzig werden, Odette, – Sie sehen mindestens zwanzig Jahre jünger aus.

ODETTE Danke, Hakim. Immer noch zu alt für Sie. Aber Janines Kalbsbraten und der rote Wein dazu lassen mich träumen, ich wäre vierzig und sähe wie dreißig aus. Es ist ein schöner Abend, ein schöner Abend, ein schöner Abend –

HAKIM Ja, Odette.

ODETTE Ein Abend, der, – ohne daß ich sagen könnte, wie –, ein Abend, der alle Geheimnisse löst.

HAKIM Auch für Sie?

KELLNER *tritt atemlos heran, flüsternd:* Monsieur, Monsieur, –

HAKIM Was ist geschehen?

KELLNER Sie sind doch mit ihr verwandt!

HAKIM Verwandt? Mit Janine? Wieso?

KELLNER *in äußerster Erregung:* Verwandt oder nicht, – Sie müssen uns sagen, wohin man Janine bringt!

HAKIM Ich?

KELLNER Ein Auto am Hintereingang. Man hat sie entführt! Die Konkurrenz, Monsieur –

Hakim springt auf.

ODETTE Wohin, Hakim?

HAKIM Zu Janine! Die Geheimnisse, Odette! Die Lösung entführt! Ich muß sie finden! *Sich entfernend:* Janine, Janine!

Raumwechsel

HAKIM Aber Janine war längst fort. Verzweifelt rannte ich durch die Straßen, so erfüllt von dem Gedanken, sie zu finden, daß ich sie gar nicht suchte. Ich mußte ihr, sie mußte mir in die Arme laufen, anders war eine Begegnung nicht möglich. Was galten Autos, wenn sie nur in einem saß, was Menschen, wenn es nur um Janine ging. Es verbot sich von selbst, sie auszusortieren wie eine Erbse.

Doch bald wurde mir das Atmen schwer. Den Kellner und Odette, die mir zuerst gefolgt waren, hatte ich verloren. Als ich verschnaufend stehenblieb und mich zu orientieren suchte, befand ich mich auf einem der großen Boulevards, nicht weit, wie mir schien, von der Rue de la Harpe und dem Poisson Rouge. Ich war wohl im Kreise herumgelaufen, nun, der Kreis war in diesem Fall nicht besser und nicht schlechter als jede andere Figur. Die Straße war um diese Zeit voller Menschen. An einen Lichtmast gelehnt, beobachtete ich sie: Janine konnte ja vielleicht als ein üppig beladener Frachter in der Strömung dahertreiben und am gleichen Lichtmast vor Anker gehen. Diese Hoffnung war ebenso vergeblich wie es die Hoffnungen auf Ninon Dufresne und den Schuster Dupont gewesen waren.

Plötzlich jedoch entdeckte ich in der Menge ein anderes Gesicht. Eine Frau ging nahe an mir vorüber, ich weiß nicht, ob sie mich bemerkte. Sie summte etwas vor sich hin, doch das Lied galt nur sich selber. Ihr Gesicht enthielt ein Glück, das keiner Mitteilung mehr bedurfte. Kein Zweifel: Odette war jetzt dreißig und sah wie zwanzig aus.

Als sie in der Menge verschwunden war, stieß ich mich mit dem Rücken leicht von dem Lichtmast ab und setzte meine Füße in der andern Richtung in Bewegung. Meine Reise nach Damaskus hatte in diesem Augenblick begonnen.

In Damaskus

FATIME Lange bist du fort gewesen, Hakim!

HAKIM Zehn Tage Paris und der Fußweg zurück.

FATIME Drei Monate aufs Haar.

HAKIM Ein Auto nahm mich von Vöcklamarkt nach Wien mit, sonst hätte es länger gedauert. Und die Schuhe, Fatime, die Schuhe, sie laufen von selbst, grün und eine Gelenkstütze aus Duponts eigener Erfindung, die Schäfte hochgezogen, – wenn ich mir diese Worte wiederhole, es ist wie eine Sure, – Allah verzeihe mir die Sünde, aber ich vermute, daß Dupont trotz seinem abwegigen Glauben auf gutem Fuß mit ihm stand.

FATIME So wars der richtige Weg, über Wien, Belgrad, Konstantinopel.

HAKIM Die Route ergab sich. Ich wußte nicht, daß du neuerdings so stark in Geographie bist.

FATIME Ich meine es weniger geographisch.

HAKIM Oho! Sollte da der Prophet –?

FATIME Der Prophet spricht nicht mehr zu mir.

HAKIM Zu mir auch nicht. Das letzte, was er sagte, war: ›Verbringe die Nacht bei ihr.‹ Das dreimal wiederholt. Kein besonderes Schlußwort für den Propheten, finde ich.

FATIME Vielleicht kommt noch etwas.

HAKIM Lieber nicht. Er hat mich in die größten Verlegenheiten gebracht. Das weißt du ja. Was hat er zu dir gesagt?

FATIME Er hat mir gesagt, daß er nichts mehr sagen wird.

HAKIM Auch nichts Besonderes.

FATIME Aber immerhin ein Abschluß. Wörtlich: ›Fatime, du bist jetzt arm genug, daß du dir selber helfen kannst!‹

HAKIM Hohn.

FATIME Aber nein, Hakim!

HAKIM Ich versteh es immer noch nicht. Wie kann man in vier oder fünf Tagen eine solche Firma zugrunde richten?

FATIME Mir selbst wäre es so schnell nicht gelungen, aber mit Hilfe des Propheten –

HAKIM Ich sage ja, er hat immer das Falsche geraten! Und dann diese heimtückische Art, uns etwas einzublasen und uns dann in der Verlegenheit sitzen zu lassen.

FATIME Eines Tages wurde eine staatsanwaltliche Überprüfung angeordnet.

HAKIM Überhaupt: Sich nie sehen zu lassen! Wenn ich ihn in die Finger bekäme – nun sagen würde ich es ihm jedenfalls, und zwar gehörig!

FATIME Eine Stunde später war eine national-syrische Angelegenheit daraus geworden. Wir als Ausländer – jedenfalls hieß die Formel: Bereicherung an syrischem Nationalvermögen. Es fanden Demonstrationen statt. Man stürmte unser Haus. Deine Bücher –

HAKIM Was ist mit meinen Büchern?

FATIME Sie waren ebenfalls ein Beweis gegen uns. Antiislamische Umtriebe, hieß es.

HAKIM Vielleicht die Scholastiker? Oder Schleiermacher?

FATIME Alle Bücher wurden auf einem Scheiterhaufen verbrannt. Gelesen hat sie niemand.

HAKIM Das Haus?

FATIME Der syrische Wirtschaftsminister wohnt darin.

HAKIM Die Filialen in Aleppo und Beirut?

FATIME Geschlossen. Ich konnte gerade noch in die ägyptische Botschaft flüchten. Die Konten wurden gesperrt.

HAKIM Das merkte ich.

FATIME Die Flugzeuge, der Autopark –

HAKIM Alles dahin?

FATIME Alles.

HAKIM Kein Schmuck, kein Bargeld?

FATIME Nichts. Der Botschafter wollte mich nicht aufnehmen, aber dann war die Stelle als Putzfrau frei und ich wurde exterritorial.

HAKIM Und ich? Was fange ich an?

FATIME Inzwischen hat ja der Botschafter gewechselt. Ich habe mit der Frau vom neuen gesprochen. Du wirst Hausmeister hier.

HAKIM Herrlich weit hat uns der Prophet gebracht.

FATIME Sei froh, daß du exterritorial bist.

HAKIM Und nicht aus dem Haus darf. Ich weiß nicht einmal, wie ich durch die Stadt gekommen bin.

FATIME Glücklicherweise bist du so zerlumpt, daß dich niemand erkannt hat.

HAKIM Was alles ein Glück sein kann!

FATIME Sei nicht ungerecht. Allah hat es so gewollt.

HAKIM Hm.

FATIME Der Botschafter ist gerade auf einem Empfang. Du könntest seine Badewanne benützen. Sie ist nicht ganz, aber doch fast so schön, wie unsere war.

Im Bad

FATIME Und dann, weißt du: Das Ganze ist eine politische Angelegenheit, man weiß nicht, was sich daraus entwickelt. Noten werden gewechselt, unser Fall kommt vielleicht vor den Haager Gerichtshof.

HAKIM Seife mir den Rücken ein!

FATIME Außerdem kann ich um mein Erbrecht in Alamut prozessieren. Man hat dort Ölfelder entdeckt.

HAKIM Ach, Fatime!

FATIME Wir haben so vieles in Aussicht, mein Hakim!

HAKIM ›Ein heißes Bad gegen die Schwermut.‹ Wo habe ich das nur gelesen? Werden wir genügend heiße Bäder haben?

FATIME Das hängt von den Empfängen ab, und die Empfänge sind unzählig.

HAKIM Ach, Fatime!

FATIME So vieles in Aussicht!

HAKIM An das du nicht glaubst! Alles umsonst: Die Reise nach Paris, der Fischhandel und die Worte des Propheten! Laß heißes Wasser nachlaufen!

FATIME Dabei fällt mir ein: An dem Tag, als ich dir das Telegramm schickte –

HAKIM Der Unglückstag: Dupont gestorben, Ninon mit meinem Geld davon, Janine entführt!

FATIME An diesem Tag sagte mir der Prophet noch etwas.

HAKIM Geschäftlich?

FATIME Das Geschäftliche hieß um elf Uhr: ›Ruf eine Pressekonferenz ein und erkläre, daß die syrische Auslegung des Handelsvertrages absurd sei.‹ Und um sechzehn Uhr: ›Übergib der United Press eine Liste der Bestechungsgelder mit den Namen der Empfänger.‹

HAKIM Genug, genug! Und nie wieder tragt mir Fisch auf! Diese Gräten, dieser leicht salzige Geschmack!

FATIME Aber um vierzehn Uhr, während meine Nerven angespannt waren, daß ich an allen Gliedern zitterte, um vierzehn Uhr sagte er etwas ganz und gar Ungeschäftliches. Ich brach in Tränen aus.

HAKIM So gingen dir seine Worte zu Herzen?

FATIME O nein! Ich erwartete Rat und Hilfe von ihm. Statt dessen fing er an, von Botanik zu reden.

HAKIM Ein neues Gebiet.

FATIME ›Eine Dattelpalme‹, sagte er, ›ist eine Dattelpalme.‹

HAKIM O Weisheit!

FATIME ›O Wunder, ich sage sie dir ins Ohr.‹

HAKIM Wie?

FATIME Er sagte: ›O Wunder, ich sage sie dir ins Ohr.‹

HAKIM Kein besonderes Wunder. Er hat dir ein Wort ins Ohr gesagt. Natürlich. Es gibt überhaupt nur Wörter und keine Dattelpalmen.

FATIME Und dann fuhr er fort: ›O Wunder aller Wunder, das nie Gehörte ist eine Dattelpalme.‹

HAKIM Jetzt aber gibt es nur Dattelpalmen und keine Wörter. Sollte das noch Botanik sein?

FATIME Eine Art Orakel, nicht wahr?

HAKIM Hm.

FATIME Es fiel mir jetzt eben ein.

HAKIM Und warum hat er es gesagt? Und dir?

FATIME *scherzend:* Vielleicht, damit es mir jetzt eben einfällt.

HAKIM *bestürzt:* Fatime!

FATIME Und ich es dir erzähle.

HAKIM Ich habe den Verdacht, Fatime, daß du recht hast.

FATIME Damals dachte ich lange nach, wie die Dattelpalme unserm niedergehenden Fischhandel aufhelfen könnte. Ich fand die Verbindung nicht.

HAKIM An welchem Tag? Als du mir das Telegramm schicktest!

FATIME Der Tag, als Dupont starb, als Ninon mit dem Geld davonging, als Janine entführt wurde.

HAKIM Es war ein anderer Tag!

FATIME Aber du sagtest doch –

HAKIM Es war der Tag, als ich neben Ninon erwachte, als ich die grünen Schuhe bekam, als ich den Kalbsbraten aß.

FATIME Der gleiche Tag!

HAKIM Der gleiche Tag und ein ganz anderer! O Fatime, Fatime!

FATIME *bescheiden:* Die Dusche?

HAKIM Die Dusche. Erst warm, dann kälter. Wie sagte der Prophet zuletzt?

FATIME ›O Wunder aller Wunder, das nie Gehörte ist eine Dattelpalme.‹

HAKIM Und von einem Paar grüner Stiefel hat er nichts gesagt?

FATIME Wie sollte er?

HAKIM Wenn ich aber doch in Paris keine Dattelpalme gesehen habe!

FATIME Wie? Meinst du etwa –?

HAKIM Ja.

FATIME Der hundertste Name Allahs ein Paar grüner Stiefel?

HAKIM Ein Kalbsbraten, eine schöne Nacht.

FATIME Welche Blasphemie! Genug! *Sie stellt die Dusche ab.*

HAKIM Vielleicht meint der Prophet, ich würde die Blasphemie in Paris besser verstehen als die Einfalt in Damaskus.

FATIME Welch ein Aufwand!

HAKIM Tant de bruit, um es noch deutlicher zu sagen. Ich muß zugeben, daß mich der Prophet überschätzt hat.

FATIME *zornig:* Und du den Propheten!

HAKIM So ist es. Der hundertste Name Allahs: Ein Kalbsbraten. Wie enttäuschend!

In der ägyptischen Botschaft

JÜNGLING Auch mich enttäuscht das, o Vater der Weisheit.

HAKIM Inzwischen sind dreißig Jahre vergangen, o Jüngling, und es enttäuscht mich nicht mehr.

JÜNGLING Zum Beispiel die Schuhe. Was war Besonderes daran? Sie liefen von selbst, nicht wahr?

HAKIM So sehr von selbst, wie gute Schuhe eben laufen.

JÜNGLING Janines Kalbsbraten?

HAKIM Gut wie ein guter Kalbsbraten ist.

JÜNGLING Die Nacht mit Ninon?

HAKIM So schön wie eine schöne Nacht.

JÜNGLING Nirgends etwas, das über die Sache hinausgeht.

HAKIM Zugegeben.

JÜNGLING *unbefangen:* Oder Ihr habt es nicht bemerkt.

HAKIM Ich will Euch nicht abhalten, junger Herr, weiter nach dem Wunder zu suchen, aber sucht es nicht bei mir!

JÜNGLING Die Nacht mit Ninon ist vorbei, o Vater der Weisheit, und der Kalbsbraten gegessen. Aber die Stiefel, wenn es gestattet ist, dürfte ich die Stiefel sehen?

HAKIM Die Stiefel habe ich weggeworfen, als sie mir nicht mehr dienten.

JÜNGLING Den hundertsten Namen Allahs weggeworfen?

HAKIM O unverbesserlicher Narr! Narr freilich, wie ich selber einer war! Als mir der Star gestochen war, sah und hörte ich den hundertsten Namen Allahs hundert- und tausendfach übersetzt. Im Ruf eines Vogels und im Blick des Kindes, in einer Wolke, einem Ziegelstein und im Schreiten des Kamels.

JÜNGLING Das alles ist also –

HAKIM Es k a n n sein!

JÜNGLING Schattierungen!

HAKIM Die vor Eurer Ungeduld nicht gelten.

JÜNGLING O Vater der Weisheit, Ihr übersetzt.

HAKIM So nenne ichs.

JÜNGLING Ich aber will den Namen, wie er ist.

HAKIM Man muß übersetzen, wenn das Original nicht zu verstehen ist.

JÜNGLING Ich bestehe darauf.

HAKIM Geduldet Euch, junger Herr, Ihr besteht auf Eurem Tod! *Ein Tor wird aufgestoßen.*

BOTSCHAFTER *zornig:* Was für ein Gemurmel hier im Treppenhaus? Habe ich einen Hausmeister oder einen Märchenerzähler? Wie, und das nennst du die Treppe gefegt? Abkömmling eines

Schakals, Exkrement einer Wanderratte, Bazillus im Darm einer Hornviper! Nicht genug, daß du mein Bad benützest, verdreckst du auch meine Treppe mit dem Abdruck deines Hinteren! Allah verwandle dich in einen Mistkäfer! *Er schlägt die Tür zu.*

HAKIM *ehrerbietig:* Allahs Wille geschehe nach Ihrem Wunsch, mein Gebieter.

JÜNGLING Der Botschafter?

HAKIM Er selbst.

JÜNGLING Mir ist vor Schrecken fast das Herz stehengeblieben.

HAKIM Ein reizender alter Herr.

JÜNGLING Wirklich?

HAKIM Folkloristisch sehr interessiert. Er schreibt zur Zeit mit mir zusammen ein wissenschaftliches Werk.

JÜNGLING Theologisch?

HAKIM Eine Sammlung arabischer Schimpfwörter, unter besonderer Berücksichtigung des Damaszener Dialekts. Ein Kairoer Verlag interessiert sich schon für das Buch.

JÜNGLING Ach?

HAKIM Über dem Gespräch mit Euch aber habe ich versäumt, den hundertsten Namen Allahs aufs neue zu übersetzen.

JÜNGLING Ich bin begierig!

HAKIM In den Glanz dieser Treppe, junger Herr! Nehmt den Besen und helft mir!

Festianus, Märtyrer

Stimmen

Festianus · Laurentius · Petrus · Belial · Hilfsteufel · Salpicius ·
Octavia · Faustinus · Faustina

I

FESTIANUS Du wirst mich nicht kennen, Bruder.

LAURENTIUS *unsicher:* Wir sind hier so viele.

FESTIANUS Paulus erwähnt mich im Brief an die Römer.

LAURENTIUS *wird aufmerksam:* Ah!

FESTIANUS »Grüßet, die da sind von des Aristobulus Hausgenossen.«

LAURENTIUS Aristobulus also?

FESTIANUS Ein Hausgenosse.

LAURENTIUS *gleichgültiger:* Ein Hausgenosse.

FESTIANUS Festianus.

LAURENTIUS Von Paulus erwähnt.

FESTIANUS Später wurde ich von den Löwen im Circus Maximus zerrissen.

LAURENTIUS *unaufmerksam:* Aha.

FESTIANUS Nicht, daß ich mich rühmen wollte.

LAURENTIUS Gewiß.

FESTIANUS Denn was ist mein Martyrium im Vergleich zu deinem! Die Angst war freilich bei uns beiden dieselbe.

LAURENTIUS Angst? Ich hatte keine.

FESTIANUS So hast du auch das voraus. Ich hatte leider große Angst. Als sich die Tore öffneten und ich die Tiere sah – es waren zwei Löwen und drei Löwinnen.

LAURENTIUS Hm.

FESTIANUS Man stieß mich vorwärts und das Tor schloß sich hinter mir.

LAURENTIUS Und?

FESTIANUS Es ging dann rasch.

LAURENTIUS Warst du allein?

FESTIANUS Nicht einmal das. Wir waren vier oder fünf. Du hingegen!

LAURENTIUS Laß!

FESTIANUS Auf dem Rost langsam verbrannt werden, o Bruder, Bruder, du hast leiden müssen, lange und allein.

LAURENTIUS Das ist vorbei. Kein Grund mehr, hier an der Stätte der Glückseligkeit daran zu erinnern.

FESTIANUS *zögernd:* Gewiß, gewiß.

LAURENTIUS Oder bist du anderer Meinung?

FESTIANUS Ich wollte es dir einmal sagen.

LAURENTIUS Was?

FESTIANUS Daß mich dein Tod immer am meisten ergriffen hat, Bruder Laurentius.

LAURENTIUS Von Löwen zerrissen oder auf dem Rost gebraten.

FESTIANUS Es ist ein Unterschied. Denn wie gesagt, ich hatte Angst, ich wäre gern am Leben geblieben. Ich gestehe, ich weiß nicht genau, wieso ich hier bin.

LAURENTIUS Wenn du das meinst, für uns alle ist er das gleiche Wunder, dieser Ort. Aber die Maße und Gewichte, Bruder Festianus, wir wissen doch, daß sie genau sind.

FESTIANUS Ja, daran zweifle ich nicht.

LAURENTIUS Aber?

FESTIANUS Laß mich noch das sagen Laurentius: Es ist nicht eigentlich der Rost, nicht dein Tod selber, der mich ergreift. Sondern warum du starbst. Sie kamen zu dir, nicht wahr, und wollten, daß du ihnen die Schätze der Kirche herausgabst, die sie bei dir vermuteten.

LAURENTIUS So war es.

FESTIANUS Und dann sagtest du, – nein, sag es selber, ich möchte es aus deinem Munde hören.

LAURENTIUS Ich sagte –

Er besinnt sich.

FESTIANUS Ja?

LAURENTIUS Die Schätze der Kirche sind die Armen und Kranken der Gemeinde.

FESTIANUS Die Armen und Kranken – wie wunderbar!

LAURENTIUS Genau, nicht wunderbar.

FESTIANUS Mag sein, daß nicht viele meiner Ansicht sind.

LAURENTIUS Was gelten uns Ansichten.

FESTIANUS An der Stätte der Glückseligkeit, – gewiß.

LAURENTIUS Bruder, das klingt fast –

FESTIANUS *hastig:* Ich wollte nur sagen, daß ich allzu gefühlvoll bin. Das war immer mein Fehler. Mir gingen leicht die Augen über.

LAURENTIUS *murmelt:* Nicht unbedingt ein Fehler.

FESTIANUS Aber bedingt.

LAURENTIUS Was meinst du?

FESTIANUS Natürlich Petrus, Paulus vor allem und die Großen. Streiter und mächtig im Wort. Aber wir Kleinen damals –

LAURENTIUS Große und Kleine – was soll das!

FESTIANUS Wir Kleinen hatten damals nur eine einzige Kraft: das Mitleiden.

LAURENTIUS Prahlst du nicht, Bruder?

FESTIANUS Ich wollte mich tadeln.

LAURENTIUS Ein versteckter Vorwurf.

FESTIANUS *seufzend:* Du bist so genau.

LAURENTIUS Also?

FESTIANUS Ich habe mir heute ein Herz gefaßt, Laurentius, und dich angesprochen.

LAURENTIUS Mußtest du dir ein Herz fassen?

FESTIANUS Ich bin schüchtern und kenne hier so wenige. Ja, eigentlich geht es darum: Daß ich so wenige kenne.

LAURENTIUS Du kennst uns alle, und wir haben alle den gleichen Rang.

FESTIANUS Nun, jedenfalls habe ich lange nachgedacht und bin schließlich auf dich gekommen. Ich sagte schon –

LAURENTIUS *ungeduldig:* Nicht wegen des Rostes.

FESTIANUS Die Armen und Kranken.

LAURENTIUS Ja.

FESTIANUS Bei den meisten hatte ich die Furcht, sie würden mich auf die Genauigkeit der Waage verweisen.

LAURENTIUS Bruder, du beschämst mich.

FESTIANUS Aber du, der du doch weißt, daß die Armen und Kranken die Schätze der Kirche sind, – ich dachte: Laurentius ist mehr als ein Streiter. Er wird mich anhören, er wird mir raten.

LAURENTIUS Er wird dich anhören, Bruder Festianus, wenigstens soviel.

FESTIANUS Du bist genau, sagte ich. Vielleicht wirst du mich darauf stoßen, daß ich nicht von Armen und Kranken –

LAURENTIUS – der Gemeinde –

FESTIANUS – nicht von diesen und nicht von Armen und Kranken überhaupt spreche.

LAURENTIUS Was bleibt dann noch?

FESTIANUS *zögernd:* Dein Mitleid, dachte ich. Ich bin nicht so genau wie du.

LAURENTIUS Du hast noch nicht gesprochen, Bruder Festianus. Nimm nicht meine Einwände vorweg.

FESTIANUS Verzeih, es liegt alles an meiner Ängstlichkeit.

LAURENTIUS Wenn du vielleicht nun ohne Umschweife, ohne Vorreden, geradewegs –

FESTIANUS Geradewegs, Bruder Laurentius, ich vermisse meine Eltern.

LAURENTIUS *stirnrunzelnd:* Deine Eltern.

FESTIANUS Faustinus und Faustina. Er ein Zeltmacher wie Paulus.

LAURENTIUS Noch keine Gewähr auf himmlische Glückseligkeit.

FESTIANUS Sie mischte Salben für die Schönheit der Haut.

LAURENTIUS *mißtrauisch:* Hm.

FESTIANUS Gewiß keine Beschäftigung, die schon auf die Seligkeit hindeutet.

LAURENTIUS Aber auch nicht auf die Verdammnis.

FESTIANUS *dankbar:* Ja? Findest du?

LAURENTIUS Es muß an Einzelheiten liegen.

FESTIANUS Woran auch immer.

LAURENTIUS Das ist entscheidend.

FESTIANUS Nochmals, Bruder Laurentius, ich zweifle nicht an der Genauigkeit der Maße und Gewichte.

LAURENTIUS Sondern?

FESTIANUS An mir.

LAURENTIUS *zornig:* Du bist aufgenommen. Wenn du an dir zweifelst, so zweifelst du an der Gerechtigkeit.

FESTIANUS *bedrückt:* So genau!

LAURENTIUS Man muß genau sein.

FESTIANUS Bruder Laurentius, bist du genau genug?

LAURENTIUS Wie?

FESTIANUS Es ist freilich schwer auszudrücken, ohne daß es wie ein Zweifel an der Gerechtigkeit klänge.

LAURENTIUS Hör zu, ich glaube, ich kann dir leicht helfen.

FESTIANUS *hoffnungsvoll:* Ja, bitte.

LAURENTIUS Wenn du nun deine Eltern nicht vermissen müßtest?

FESTIANUS Wenn sie hier wären?

LAURENTIUS Ja.

FESTIANUS Ich bin gefühlvoll, aber doch nicht so sehr.

LAURENTIUS Ich dachte, meine Frage wäre eine Antwort.

FESTIANUS Wie froh wäre ich!

LAURENTIUS Aber sie scheint dich eher zu enttäuschen. Geradewegs, Bruder!

FESTIANUS Nein, es wäre nichts geholfen. Wenn ich nicht meine Eltern vermißte, vermißte ich andere.

LAURENTIUS Auch andere?

FESTIANUS Alle.

LAURENTIUS Nicht gleich so allgemein, Festianus! Einzelheiten!

FESTIANUS Zum Beispiel ging ich abends oft in eine Weinschenke.

LAURENTIUS *mißtrauisch:* Hm.

FESTIANUS Nein, ich will nicht von mir reden. Gewiß ich war ein Säufer, aber offenbar ist das verziehen worden.

LAURENTIUS So erübrigen sich Zitate, Jesus Sirach zum Beispiel.

FESTIANUS Erübrigt sich.

LAURENTIUS Nun, für wen gäbe es keine Zitate. Was mich betrifft –

FESTIANUS Du hast alle Zitate zunichte gemacht.

LAURENTIUS Durch ein anderes Zitat. Nein, wiederhole es nicht!

FESTIANUS Die Weinschenke also.

LAURENTIUS Ja, die Weinschenke.

FESTIANUS Der Wirt darin. Ein Mensch von Witz und Kenntnissen.

LAURENTIUS Noch keine Gewähr.

FESTIANUS Salpicius mit Namen. Weitgereist, ein früherer See-
mann. Ich saß jeden Abend bei ihm.

LAURENTIUS Jeden Abend?

FESTIANUS Ist verziehen, Laurentius. Aber ihm? Außerdem war
er mäßig.

LAURENTIUS Es kann nicht daran liegen, daß er ein Wirt war.

FESTIANUS So dachte ich auch.

LAURENTIUS Wir kommen wieder auf die Einzelheiten.

FESTIANUS Einzelheiten, je nun.

LAURENTIUS Versuch es immerhin!

FESTIANUS Eine rote Nase.

LAURENTIUS Willst du dich lustig machen?

FESTIANUS Er konnte erzählen.

LAURENTIUS Nichts Böses an ihm?

FESTIANUS Offenbar doch. Aber ich habe es nicht bemerkt. Er
war –

LAURENTIUS Was?

FESTIANUS Er war mir ein Freund.

LAURENTIUS Das Böse ganz in der Tiefe.

FESTIANUS *traurig:* Wahrscheinlich.

LAURENTIUS Umso böser.

FESTIANUS Ja.

LAURENTIUS Und wenn er nun hier wäre?

FESTIANUS Nein, nein, nein. Dann fehlte Octavia, die Kellnerin.

LAURENTIUS Die Kellnerin?

FESTIANUS Augen wie die Seen im Albanergebirge.

LAURENTIUS *spöttisch:* Ach?

FESTIANUS *versunken:* Ihr Gang, ihre Fußgelenke, ihre Stimme,
vielleicht etwas rauh – *Seufzend:* Aber sie konnte sehr sanft
sein.

LAURENTIUS Die Stimme?

FESTIANUS Auch sie selbst.

LAURENTIUS Ich weiß nicht, Bruder Festianus, ein gewisses Mißtrauen –

FESTIANUS Freilich.

LAURENTIUS Es wird da wohl Einzelheiten geben.

FESTIANUS Es gibt sicherlich welche.

LAURENTIUS Nun also.

FESTIANUS *beharrlich:* Bruder Laurentius, ich zweifle nicht an den Maßen und Gewichten.

LAURENTIUS *ungeduldig:* Das sagtest du schon.

FESTIANUS Um weiter zu kommen.

LAURENTIUS Vermißt du noch andere?

FESTIANUS Wenn ich Octavia nicht vermißte, wäre es Saufeja, und wenn ich Saufeja nicht vermißte, wäre es Titus, und wenn ich Titus nicht vermißte, wäre es –

LAURENTIUS Genug!

FESTIANUS Und dann die Gäste, die einmal und nie wieder kamen.

LAURENTIUS Was solls?

FESTIANUS Zuletzt die, Bruder Laurentius, die ich nie gesehen habe.

LAURENTIUS Auch die?

FESTIANUS Die ertrunkenen Matrosen, die niemand sterben sah.

LAURENTIUS Es zieht dich zur Seefahrt.

FESTIANUS Eine Seiltänzerin, die herabstürzte, als Herculanum unterging.

LAURENTIUS *mit ernstlichem Tadel:* Und zu fragwürdigen Mädchen.

FESTIANUS Alles nur Beispiele.

LAURENTIUS Wen noch?

FESTIANUS Die erdolcht, die vergiftet, die enthauptet, die verbrannt wurden.

LAURENTIUS Die findest du hier genug.

FESTIANUS Ich meine immer die, die ich nicht finde. *Heftig und etwas plötzlich:* Man sollte nachfragen, Bruder.

LAURENTIUS Nachfragen?

FESTIANUS Ich kam zu dir um deinen Rat und deine Hilfe.

LAURENTIUS Petrus bewahrt die Schlüssel.

FESTIANUS Ich habe es dreimal versucht.

LAURENTIUS Dreimal gefragt?

FESTIANUS Gefragt nicht.

LAURENTIUS Dann ist es schwer, eine Antwort zu bekommen.

FESTIANUS Eine Antwort für mich, aus dem gleichen Munde,

der zum Herrn selber gesprochen hat? Bruder, gibt es da nicht
Ränge? Wärs nicht gewesen, als fragte ein dürres Blatt den
Sturm selber?

LAURENTIUS Denk an den Hahn damals am Ende der Nacht.

FESTIANUS Ich wagte es nicht.

LAURENTIUS Nun, ich wollte dir helfen.

FESTIANUS Wenn du mitgehen könntest? Mir fehlt es an Mut,
ich habe es damals im Circus Maximus gesehen.

LAURENTIUS Ich gehe mit.

FESTIANUS Und fragst?

LAURENTIUS Und frage.

FESTIANUS Faustinus, Faustina, Salpicius.

LAURENTIUS Gewiß. Ich fürchte nur –

FESTIANUS *ängstlich:* Immerhin, Bruder.

LAURENTIUS Immerhin.

2

In der Torhalle

LAURENTIUS Eine Frage, Bruder Torhüter.

PETRUS Eine Frage?

LAURENTIUS Eine Nachfrage.

PETRUS Ich öffne und schließe.

LAURENTIUS Aber du weißt, wer kommt und wer nicht kommt.
Man rühmt dein Gedächtnis. Es geht das Wort um –

PETRUS *im Scherz:* Auch der Himmel hat böse Zungen!

LAURENTIUS In deinem Kopf sei Paradies und Hölle vereinigt.

PETRUS Ich weiß nicht, wie ich das nehmen soll?

LAURENTIUS Anerkennend, bewundernd.

PETRUS Ja? Ich bin immer mißtrauisch. Man kommt gern mit
einem Lächeln zu mir.

LAURENTIUS Lächeln?

PETRUS Alles im Zeichen des Hahnes.

LAURENTIUS *erschrocken:* Daran dachte ich nicht.

PETRUS Offen vor aller Welt! Das hämische Kikeriki, das hämische Augenzwinkern, die tägliche Erinnerung an mich in

allen Dörfern. Dazu die Wetterfahnen, die sich drehen, ein Klirren in jedem Wind: Petrus, Petrus!

LAURENTIUS Zu deiner Ehre. Unsere Sünden sind Maulwürfe.

PETRUS *dankbar:* Eine andere Möglichkeit, es zu sehen.

LAURENTIUS Die einzige.

PETRUS Verzeih mir, ich errege mich leicht.

LAURENTIUS Bitten und verzeihen, wir wollen nicht die Rollen tauschen. Halte ich dich auf?

PETRUS Du wolltest nach jemand fragen?

LAURENTIUS Ist das ungewöhnlich?

PETRUS Bisher hat niemand gefragt.

LAURENTIUS Niemand?

PETRUS Wundert es dich?

LAURENTIUS Ja. Und nein.

PETRUS Da es kein Ort ist, wo wir sind, sondern ein Anschauen. Und das Anschauen vergessen macht.

LAURENTIUS Fast ein Vorwurf. Aber er geht nicht auf mich. Sieh den Schmächtigen dort!

PETRUS Der sich abwendet? Warum fragt er nicht selbst?

LAURENTIUS Er ist schüchtern.

PETRUS Im Paradiese?

LAURENTIUS Sieh ihn an, wie er die Hände ringt. Wenn es ein Mausloch im Himmel gäbe, er würde hineinschlüpfen.

PETRUS Der erste, der fragt. Wenn man davon absieht, daß du für ihn fragst.

LAURENTIUS Er ist von einer Ängstlichkeit, die mich erbittert.

PETRUS *freundlich:* Muß dir der zornige Petrus deinen Zorn vorhalten?

LAURENTIUS Ich fürchte, er hat noch nicht gewagt, sein Angesicht zu erheben. Wie soll er vergessen, wenn er immer in den Boden starrt? Das ist ein unguter Zug an ihm!

PETRUS Wir wollen uns nicht über ihn erheben. Wir wollen ihm helfen.

LAURENTIUS Du hast recht.

PETRUS Festianus, Märtyrer aus Rom, von wilden Tieren zerrissen.

LAURENTIUS Dein Gedächtnis!

PETRUS Einer von den Guten, der fast nur mit Bösen umging.

LAURENTIUS Ich vermute, er hat es nicht bemerkt.

PETRUS Nein. Mit seiner Unkenntnis der Bösen war er nahe daran, sie gut zu machen. Was das betrifft, starb er zu früh.

LAURENTIUS Diese Sünder sind es, die er hier vermißt.

PETRUS Faustinus, Faustina, Salpicius.

LAURENTIUS Octavia, Saufeja, Titus. Du weißt die Namen, die ich mir nur mit Mühe eingeprägt habe!

PETRUS Und andere.

LAURENTIUS Er sprach noch von Gästen, Matrosen, Seiltänzerinnen. Aber begnügen wir uns zuerst mit den Namen.

PETRUS Namen oder keine Namen, es ist bei allen das gleiche.

LAURENTIUS Welches gleiche?

PETRUS Betrachte das dornige Dickicht vorm Tor.

LAURENTIUS Ich kenne es.

PETRUS Dahinter führt die breite Straße hinab.

LAURENTIUS Und dort?

PETRUS Noch weiter.

LAURENTIUS Dort sind sie?

PETRUS Dort sind sie.

LAURENTIUS *seufzend:* Das dachte ich.

PETRUS Und er? Was denkt er?

LAURENTIUS Er ringt die Hände. Ein Charakterzug.

PETRUS Sei ihm nicht gram. Bedenke, wie du ihn tröstest.

LAURENTIUS *nachdenklich:* In die Gewißheit geführt und es ist ein wüster Ort.

PETRUS Ein Nachtquartier, das man erreichen muß.

LAURENTIUS Mit Schakalen und Vogelspinnen. Und am Morgen?

PETRUS Sieht man, wie nahe der Trost ist: eine funkelnde Stadt, ein Tor, das sich auftut!

LAURENTIUS Du verstehst es besser. *Ruft:* Festianus!

PETRUS Geh zu ihm, es ist nicht meine Aufgabe.

LAURENTIUS *entfernter:* Festianus!

PETRUS Ich öffne und schließe.

Pause

Offenes Gelände

LAURENTIUS Festianus.

FESTIANUS Außer Atem, mein Bruder?

LAURENTIUS Ich sah dich nicht mehr.

FESTIANUS Verzeih. Ich war fortgegangen.

LAURENTIUS Dauerte es zu lange?

FESTIANUS Ich sah euch sprechen und sah, daß eine Antwort gegeben wurde. Ich fürchtete mich vor der Antwort und lief davon.

LAURENTIUS Deine Ängstlichkeit!

FESTIANUS Ich bemerkte, daß man durch das offene Tor hinausschauen kann, und bemühte mich, alles wieder so zu sehen, wie ich es sah, als ich ankam. Das dornige Dickicht zur Linken, zur Rechten die düstere Schlucht, ich konnte mich nicht erinnern, ein Schaudern überfiel mich, war es die Landschaft vor dem Tor oder die Antwort?

LAURENTIUS Die Landschaft, Festianus, ist die Antwort.

FESTIANUS Und macht schaudern?

LAURENTIUS Er sagte –

FESTIANUS *bittend:* Beginnen wir mit Faustinus!

LAURENTIUS Nein. Keine Einzelheiten.

FESTIANUS Keine?

LAURENTIUS Er sagte ganz allgemein –

FESTIANUS Ganz allgemein?

LAURENTIUS Ohne die Einzelnen zu berühren –

FESTIANUS So hatte ich recht, daß ich davonlief.

LAURENTIUS »Betrachte das dornige Dickicht vorm Tor. Dahinter ist die breite Straße, die hinabführt.«

FESTIANUS Und das heißt –?

LAURENTIUS *beklommen:* Ja, das heißt es.

FESTIANUS Und so sagte er es?

LAURENTIUS Genau so.

FESTIANUS Das ist merkwürdig.

LAURENTIUS Es wird bei allen seine Gründe haben.

FESTIANUS Ich meine, wie er es sagte.

LAURENTIUS Das dornige Dickicht vorm Tor?

FESTIANUS Die breite Straße, die hinabführt.

LAURENTIUS Um das Wort zu vermeiden.

FESTIANUS Dennoch merkwürdig.

LAURENTIUS Ein Bild!

FESTIANUS *nach kurzem Schweigen:* Mir klingt es wie eine Weg-angabe.

LAURENTIUS Das liegt bei Torhütern nahe.

FESTIANUS Bedeutet also nichts?

LAURENTIUS Was sollte es bedeuten?

FESTIANUS *seufzend:* Ach, Laurentius!

LAURENTIUS Die Gewißheit, – wie war das nur?

FESTIANUS Die Gewißheit?

LAURENTIUS Ein Satz von Petrus, der mir nicht mehr einfällt. Warte! *Stockend:* Die Gewißheit, ein Tor, das sich auftut!

FESTIANUS Nach außen auftut?

LAURENTIUS Was soll das?

FESTIANUS Alles Wegbeschreibungen.

LAURENTIUS Willst du etwa sagen: Für dich?

FESTIANUS Ich sage es immerfort.

LAURENTIUS Festianus!

FESTIANUS Petrus ein Torhüter. Aber trug er nicht auch ein Schwert? Warf er nicht Netze aus? Man muß auf mehr gefaßt sein. Auf den Schauder, Laurentius, wenn man hinaussieht und nicht mehr weiß, wie es damals war.

LAURENTIUS Festianus!

FESTIANUS Das Tor ist offen, Bruder. Ich nehme es wörtlich: Durch das Dickicht und auf die breite Straße, die hinabführt.

LAURENTIUS Festianus! *Entfernter:* Festianus!

3

Eine Gruppe von Verdammten am Eingang zur Hölle.

BELIAL Schneller, schneller!

HILFSTEUFEL Laufschritt!

Die Schritte beschleunigen sich.

Halt!

BELIAL Alles drin?

HILFSTEUFEL Alles drin.

Das Tor wird geschlossen.

HILFSTEUFEL Hinlegen!

Die Verdammten werfen sich nieder.

Auf!

Ihre Schritte.

BELIAL Anhalten! Wer ist da zwischen euch? Ja, du!

FESTIANUS Ich?

BELIAL Tritt heraus!

Die Gruppe entfernt sich unter wechselnden Kommandos.

Ein Heiligenschein in der Hölle?

FESTIANUS Festianus.

BELIAL Belial.

FESTIANUS *verwirrt:* Du erwartest mit Recht eine Erklärung.

BELIAL Schon gut, mein Lieber. Ich muß mich bei dir entschuldigen.

FESTIANUS Entschuldigen?

BELIAL Hinlegen, Laufschritt, Anhalten – alles keineswegs für
dich gedacht!

FESTIANUS Ich wollte nicht auffallen, weil ich ohnehin befürch-
tete –

BELIAL Du hast nichts zu befürchten.

FESTIANUS Unannehmlichkeiten.

BELIAL Welche Vorstellung!

FESTIANUS Schwierige Situationen.

BELIAL Wir freuen uns über jeden Gast. Eine kleine Erfrischung?

FESTIANUS Nein, danke.

BELIAL Unser Kasino ist gut versehen.

FESTIANUS Ich bin in einer anderen Angelegenheit hier.

BELIAL Wir wollen nicht gleich von Geschäften sprechen.

FESTIANUS Geschäfte?

BELIAL *rasch:* Im weitesten Sinne: Alles was unmittelbar mit unserer Institution zu tun hat. Interne Sprachgebräuche.

FESTIANUS *schweigt.*

BELIAL Du schweigst, Festianus. Dann doch lieber von Geschäften?

FESTIANUS Wenn ich das Wort vermeiden dürfte.

BELIAL Außerhalb des Dienstes gibt es hier keine Vorschriften.
Am wenigsten für Gäste.

FESTIANUS Dienst?

BELIAL Nun ja.

FESTIANUS Das Vokabular ist mir etwas fremd.

BELIAL Unsere Arbeit. Wir haben drei Schichten zu je acht Stunden.

FESTIANUS Drei Schichten.

BELIAL Wir sind sachlich und sprachlich angeglichen.

FESTIANUS Ach so.

BELIAL Nun, wir werden uns recht und schlecht verständigen. Zum Schluß werden wir uns gut verstanden haben.

FESTIANUS *murmelt:* Sehr liebenswürdig.

BELIAL Wenn ich mir einen Vorschlag erlauben darf –

FESTIANUS Bitte.

BELIAL Wer unser Kasino nicht besucht, hat etwas versäumt, – nein, nein, ich will es dir nicht aufdrängen.

FESTIANUS Danke.

BELIAL Die Fresken, das Porzellan, die Innenarchitektur! Chippendale, Empire.

FESTIANUS Meine Absicht war –

BELIAL So laß uns die Anlagen besichtigen!

FESTIANUS Bäume, Hecken, Rasenflächen?

BELIAL *lacht:* Die Betriebsanlagen.

FESTIANUS Betriebsanlagen?

BELIAL Kesselhäuser, Appellplätze, Gefrierkammern.

FESTIANUS Ja.

BELIAL Von hier aus nicht zu sehen. Für den Eintretenden soll der Anblick freundlich sein.

FESTIANUS Die Häuser drüben?

BELIAL Unsere Wohnungen. Hübsch, nicht wahr?

FESTIANUS *zögernd:* Für mich etwas fremd.

BELIAL Alles im Schweizer Stil. Geranien vor den Fenstern, behaglich eingerichtet, Kuckucksuhren, Schnitzereien, gekachelte Bäder. Im größten Hause wohnt der Kommandant.

FESTIANUS *schaudernd:* Sehr behaglich.

BELIAL Unsere Gäste sind oft entzückt.

FESTIANUS Gäste?

BELIAL Solche wie du.

FESTIANUS Kommen viele?

BELIAL Zuweilen, von der Erde. Dichter, weltfremde Leute. *Vertraulich:* Denn wer müßte die Erde verlassen, um die Hölle kennenzulernen? Wir mußten uns anstrengen, um aufzuholen und auf der Höhe der Zeit zu bleiben. Die Beschleunigung des Fortschritts!

FESTIANUS *verzweifelt:* Ja.

BELIAL *wieder sachlich:* In dem großen Gebäude hier ist unsere wissenschaftliche Abteilung. Freilich mit Ausnahme der Theologie. Sie hat daneben ihr eigenes Studio. Interessiert es dich?

FESTIANUS Ich bin überrascht.

BELIAL Wir kämen sonst rettungslos ins Hintertreffen. Und der Gedanke, daß die Hölle eines Tages ganz auf die Erde verlegt würde, wäre ja nicht auszudenken, weder theologisch noch sonstwie.

FESTIANUS *verständnislos:* Das ist richtig.

BELIAL Ein weites Feld! Und dann die Praxis! Es ist auch bei uns so, daß konservative und fortschrittliche Strömungen nebeneinander laufen. Der Kommandant zum Beispiel schwört noch auf Dante und alle unsere Dienstanweisungen sind noch auf Inferno abgestellt. Wir Jüngeren haben es schwer, uns dagegen durchzusetzen. So sehr wir auch überzeugt sind, auf dem richtigen Wege zu sein. Auch hier alles im Fluß, unaufhaltsam letzten Endes dem Fortschritt zu.

FESTIANUS Das hatte ich hier nicht erwartet.

BELIAL Du müßtest einen Blick in die wissenschaftliche Abteilung tun.

FESTIANUS Nein.

BELIAL Lochkartenmäßig durchorganisiert.

FESTIANUS Ja.

BELIAL Wenn auch ich für meinen Teil bezweifle, daß das noch dernier cri ist.

FESTIANUS *mit dem Mut der Verzweiflung:* Ich bezweifle es auch.

BELIAL Unser betriebswissenschaftlicher Leiter ist ein Fehlgriff. Diesen Verdacht habe ich.

FESTIANUS Euer –? *Sich verbessernd:* Ja, ja.

BELIAL Dagegen der Chefingenieur! Kybernetisch sind wir ersten Ranges.

FESTIANUS Ich bin wegen einiger Besuche hier.

BELIAL Unsere schwache Stelle ist die Personal- und Meldeabteilung.

FESTIANUS Gerade die!

BELIAL Sie finden nie, was man sucht. Ein heilloses Durcheinander. Aber der Leiter ist ein Studienfreund des Kommandanten.

FESTIANUS Hat studiert?

BELIAL Theologie. Wir Jüngeren halten uns mehr an die technischen, wirtschaftlichen und gesellschaftlichen Fächer.

FESTIANUS Das alles verstehe ich nicht. Ich dachte, es käme – *stockend:* es käme auf das Feuer an.

BELIAL Auch Dante. Ganz überholt.

FESTIANUS Worauf sonst? Was ist es dann? Ihr Jungen, sagst du?

BELIAL Wir begnügen uns nicht damit. Die Heeresdienstvorschriften, die Akten der Inquisition, die Dokumente aus Konzentrations- und Arbeitslagern haben uns ganz neue Impulse gegeben. Nur um ein paar Beispiele zu nennen. Das Material ist für einen Einzelnen ja kaum noch zu überblicken, Team-work ist für uns betriebsnotwendig geworden.

FESTIANUS *hilflos:* Alles revolutionär, wie mir scheint.

BELIAL Der Grundgedanke wird nicht angetastet. In dieser Hinsicht ist es wie bei euch.

FESTIANUS Wie bei uns. *Ablenkend:* Kommen viele von uns?

BELIAL Niemand.

FESTIANUS Ach?

BELIAL Das heißt: Früher gab es eine gewisse Verbindung. Sogar missionarische Bestrebungen.

FESTIANUS Von eurer Seite?

BELIAL *lacht:* Was denkst du! Von drüben.

FESTIANUS Von drüben.

BELIAL Etwas ungeschickt, ich darf es offen sagen.

FESTIANUS Bitte, bitte.

BELIAL Origines hat da Verwirrung angerichtet.

FESTIANUS Origines? Ich sah ihn neulich.

BELIAL *interessiert:* So?

FESTIANUS Von ferne.

BELIAL Ach so.

FESTIANUS Hätte ichs gewußt!

BELIAL Wie immer – die Gefahr ist glücklich abgewendet, seitdem Irenäus und Augustin diese Lehre verworfen haben.

FESTIANUS *zaghaft:* Irenäus und Augustin kenne ich auch.

BELIAL Von ferne?

FESTIANUS Ja.

BELIAL Später hat Schleiermacher sich bemüßigt gefühlt, die Sache aufzugreifen.

FESTIANUS *mutig:* Das ist mir bekannt.

BELIAL Überhaupt sind die Protestanten immer eine gewisse Gefahr gewesen.

FESTIANUS Überhaupt die Protestanten.

BELIAL *kalt:* Wir haben kein Interesse daran, uns in Frage stellen zu lassen. Solche Theorien sind ganz unrealistisch.

FESTIANUS Ja.

BELIAL Darin stimmen wir auch mit der Theologie überein.

FESTIANUS *verwirrt:* Worin?

BELIAL *ungeduldig:* Die endliche Vergebung aller Sünden und schließlich die Bekehrung des Teufels selbst!

FESTIANUS *hoffnungsvoll:* Das wird gelehrt?

BELIAL Aber Festianus! Das wäre das Ende der Hölle!

FESTIANUS Laß mich nachdenken!

BELIAL Allgemein als Irrlehre verworfen.

FESTIANUS Eine Irrlehre?

BELIAL Und als solche verworfen.

FESTIANUS *seufzt.*

BELIAL Wen willst du sehen?

FESTIANUS Origines, sagtest du?

BELIAL Später Schleiermacher.

FESTIANUS Kann ich ihn sprechen?

BELIAL Er dürfte bei euch sein.

FESTIANUS Ist nicht verworfen?

BELIAL Nur seine Lehre.

FESTIANUS Trotz dieser Lehre nicht verworfen? Das gibt mir eine Spur von Zuversicht.

BELIAL Ins Kasino, Festianus? Eine kleine Erfrischung?

FESTIANUS Nein. Ich möchte weiter.

BELIAL Von hier aus kannst du jetzt die Anlagen überblicken. Die Steinbrüche, die Schwefelseen, alles unmoderne Einrichtungen natürlich. Dort, wo die Baracken beginnen, wird es schon anders.

FESTIANUS Und kein Schrei?

BELIAL Alles schalldicht abgedämpft. Der Kommandant ist lärmempfindlich.

FESTIANUS Ach Belial, Belial!

BELIAL Du hättest auf mich hören sollen!

FESTIANUS Ich möchte weiter.

4

Halle mit Echo

BELIAL Hier zum Beispiel. Ein Druck auf den Knopf.
Ein kurzes Läutezeichen. Eine Maschine, die in Gang kommt und plötzlich wieder stillsteht.
Wird dir übel, Festianus?

FESTIANUS Es ist nichts.

BELIAL Man müßte es auch als ein Zeichen schwächlicher Veranlagung nehmen, wenn dir hier schon –

FESTIANUS Kein Schrei? Leiden sie so wenig oder leiden sie zuviel?

BELIAL Wir können die Stimmen regulieren. Wie gesagt, unser Kommandant ist lärmempfindlich. Außerdem ist Schreien dem Erlösenden zuzurechnen, nicht unser Metier. Wir gehen sparsam damit um.
Das Läuten und der Mechanismus wie zuvor.
Teilnehmend: Willst du wieder gehen, Festianus?

FESTIANUS Nein.

BELIAL Technisch ist das Ganze präzis, aber in der Idee doch sehr kindlich, eine Spielerei letzten Endes, für die Schwachen unter den Sündern.

FESTIANUS Gibt es Unterschiede, Belial? Abstufungen?

BELIAL Eigentlich nicht, aber in der Praxis doch. Freilich sind die Abstufungen willkürlich und leicht aufhebbar. Wenn zum Beispiel die Abteilung »Erprobung und Entwicklung« Material nötig hat.

FESTIANUS Berichte?

BELIAL Gliedmaßen. Ich erklärte dir schon, daß wir neue Methoden entwickeln müssen. Vieles wird nur aus Motiven der Tradition in Betrieb gehalten, alles, was mit Dante zusammenhängt.

FESTIANUS Dies hier auch?

BELIAL Biedermeier, ganz hübsch, fast rührend.

Das Läuten und der Mechanismus wie zuvor.

FESTIANUS *stöhnt.*

BELIAL Es hat etwas von Spieluhr, von Freude an den ersten Maschinen. Und wie gesagt, die handwerkliche Präzision.

FESTIANUS Ich habe mich überschätzt, Belial.

BELIAL Ja? Mir war es gleich so.

FESTIANUS Ich möchte hier weg.

SALPICIUS *wie aus einem anderen Raum:* Festianus!

BELIAL Ein Bekannter!

FESTIANUS Ich kann nicht.

SALPICIUS *flehend:* Festianus!

BELIAL Ich sagte dir, man braucht nicht die Listen durchzublättern. Wer bist du?

SALPICIUS Salpicius, Schankwirt aus Rom.

FESTIANUS *verzweifelt:* Salpicius.

SALPICIUS Bleib, Festianus! Einen Augenblick!

FESTIANUS Ich bleibe.

BELIAL Es kommt auf einen Augenblick nicht an. Wie du aus der Theologie weißt, ist die Hölle ohne Dauer.

FESTIANUS *leise:* Das klingt wie ein Trost.

BELIAL Und ist das Gegenteil, Festianus: Das Endgültige.

FESTIANUS Salpicius, Bruder!

SALPICIUS Festianus.

BELIAL *kichernd:* Die Zeit ist ein Irrtum. Und somit alles, was du hier siehst, eine Täuschung.

SALPICIUS Eine Täuschung?

FESTIANUS Es gibt diese Maschinen gar nicht. Du leidest nicht. Hörst du, Salpicius?

SALPICIUS Ich leide.

BELIAL Gibt sie und gibt sie nicht, gibt die Zeit und gibt sie nicht. Pausen und keine Pausen. Ein Wiedersehen und keins, freudi-

ge Begrüßung alter Freunde ohne eine Ahnung von Theologie.
Ihr glaubt an Pausen? Es gibt sie, gibt sie nicht, gibt sie – Habt
ihr Knöpfe genug, um zu zählen?

SALPICIUS Nicht einmal grau geworden, mein Freund?

FESTIANUS Nein, nicht einmal grau.

SALPICIUS War es gestern, daß wir uns trennten?

FESTIANUS Es war gestern. Du gingst mit mir.

SALPICIUS *erfreut:* Hast du mich bemerkt?

FESTIANUS Hinter den Soldaten links, etwas entfernt.

SALPICIUS Es war nicht anders möglich.

FESTIANUS Aber ich sah dich. Bis zum Tor.

SALPICIUS *bitter:* Bis wir uns trennten.

FESTIANUS Aber weshalb trennten wir uns?

SALPICIUS *zögernd:* Es gibt da Ausdrücke, ich wende sie nicht
gerne an.

FESTIANUS Es ist auch gleich.

SALPICIUS Betrug zum Beispiel. Kennt man schon aus der
Rechtsprechung.

FESTIANUS Und gilt weiter?

SALPICIUS Und wiegt schwer.

FESTIANUS Das wundert mich.

SALPICIUS In der Weinschenke. Ein ganzes Leben lang: Betrug.

FESTIANUS Ich bin gern zu dir gekommen.

SALPICIUS Und wußtest nichts, nie.

FESTIANUS Es muß seinen Grund haben, daß alle mich für einen
Dummkopf halten.

SALPICIUS Der Wein war gefälscht.

FESTIANUS *ohne Entrüstung:* Ja?

SALPICIUS Wasser, Honig, kunstvolle Gewürze.

FESTIANUS Ich hätte immer gefälschten Wein getrunken?

SALPICIUS Nur ich trank ihn rein.

FESTIANUS Ich gestehe: Er hat mir geschmeckt.

SALPICIUS Allen.

FESTIANUS Das ist wahr, deine Schenke war nie leer.

SALPICIUS Aber dein Kopf am andern Morgen, Festianus? Hast
du nie Kopfweh gehabt?

FESTIANUS *nachdenklich:* Ich glaubte, es sei der Schirokko.

SALPICIUS Es war mein Wein.

FESTIANUS Wie soll ich je begreifen, daß eine solche Strafe darauf steht? *Nach einer Pause:* Wenn ich mich freilich an manchen Morgen erinnere – *Er hält bestürzt inne.*

SALPICIUS Dann begreifst du es?

FESTIANUS Der Gedanke kam mir.

SALPICIUS Dann findest dus gerecht?

FESTIANUS Ich ziehe von der Hölle an!

SALPICIUS Die Verdammnis schon ausgesprochen für einen schwarz gesprenkelten Morgen, für eine Stunde ohne Zuversicht, ein kleines Wettergefühl!

FESTIANUS *verzweifelt:* Nur einen Augenblick, aber was war es anderes, als daß ich mir sagte: dem geschieht es recht? Nur einen Augenblick: aber ich war mit deinem Leiden einverstanden!

SALPICIUS Wie sollte mich die Hölle dann verwundern? Es gab noch Schlimmeres als das Kopfweh meiner Gäste. Ich war ein Hehler.

FESTIANUS Still! Still!

SALPICIUS Ein Kuppler.

FESTIANUS Du warst mein Freund.

SALPICIUS Es zählte nicht, Festianus.

FESTIANUS Es zählte nicht.

SALPICIUS Ich hatte meinen festen Glauben an die Hölle.

FESTIANUS Und jetzt?

SALPICIUS Wird er bestätigt. Ich glaube, daß der Teufel mich geschaffen hat, ich glaube an Neid, Rache und Haß und an das Böse von Anbeginn, von Ewigkeit zu Ewigkeit –

FESTIANUS O Freund, Freund, Freund!

SALPICIUS Dachtest du denn, dein Heiligenschein bewiese es anders?

FESTIANUS Ein Augentrug, wohl möglich.

SALPICIUS Das sagst du?

FESTIANUS Was sonst kann ich an diesem Orte sagen? Was gilt noch? Die Kinder, die Rosen? Alles von Feuer zugedeckt.

SALPICIUS Die einzige Entschuldigung für ihn: daß es ihn nicht gibt!

FESTIANUS Dennoch! Ich versichere dir –

BELIAL Fertigmachen!

SALPICIUS *hastig:* Festianus, kommst du wieder?

FESTIANUS Ach, Salpicius –

SALPICIUS Ach, Salpicius! Redensarten! Die Heuchelei der Seligen. Spaziergänge im Paradies, nicht wahr, und der Anblick deines Kumpans ist dir nur schwer erträglich.

FESTIANUS Du hast recht.

SALPICIUS *angstvoll:* Gleich beginnt es wieder.

FESTIANUS Warte noch, Belial! Noch einen Augenblick!

BELIAL Wie ich dir sagte: Augenblicke genug!

SALPICIUS Eins verstehe ich nicht.

FESTIANUS Eins?

SALPICIUS Ich habe doch mancherlei Kenntnis vom Schiffsbau her. Ich habe doch einen Blick –

FESTIANUS Schiffsbau?

SALPICIUS Ich verstehe den Mechanismus nicht. Man sollte annehmen, daß es sich um Messer, Sägen, Nadeln handelt.

FESTIANUS *mit Mühe:* Messer, Sägen, Nadeln.

SALPICIUS Es ist ärger. Endgültig, wie Belial sagt. Aber wie bringt man die Endgültigkeit in die Räder?

FESTIANUS Das wüßtest du gerne?

SALPICIUS Die Anlage, ja.

FESTIANUS Während es mich manchmal nach rotem Wein gelüstet.

SALPICIUS Auf unsere Weise sind wir noch auf der Erde.

FESTIANUS Was wären das für Möglichkeiten!

BELIAL Schluß!

SALPICIUS Festianus!

Das Läutewerk, der Mechanismus.

5

FESTIANUS Octavia!

OCTAVIA Wer bist du?

FESTIANUS Erinnere dich! Rom, die Schenke des Salpicius, der Tisch unter dem Schiffsmodell, der Falerner, – er war übrigens gefälscht –

OCTAVIA Ich erinnere mich nicht.

FESTIANUS Die Lieder, die wir sangen. Ich zitierte Gedichte. Horaz.

OCTAVIA Ich erinnere mich nicht.

FESTIANUS Die Straßen um Mitternacht. Die Magd mit dem Licht. Das Gemach, durch das der Morgenwind ging.

OCTAVIA Ich erinnere mich nicht.

FESTIANUS Ach, Octavia.

OCTAVIA Einer von vielen also?

FESTIANUS Wahrscheinlich.

OCTAVIA *spöttisch:* Erinnerungen!

FESTIANUS Ich habe gute an dich.

OCTAVIA Und nichts Besseres?

FESTIANUS Besseres?

OCTAVIA Ich leide. Siehst du es nicht?

FESTIANUS Ich weiß nicht –

OCTAVIA Du siehst es nicht.

FESTIANUS Nein.

OCTAVIA Und niemand sieht es.

FESTIANUS Soviel ich auch schaue –

OCTAVIA Keine Gerüste, keine Maschinen, kein Feuer, kein Eis.

FESTIANUS Nein.

OCTAVIA Eigentlich ist es wie früher. Das Gemach, durch das der Morgenwind geht. Nur die Magd mit dem Licht fehlt.

FESTIANUS Verzeih, daß ich nichts sehe!

OCTAVIA *stöhnt.*

FESTIANUS Was ist es? Schmerzen?

OCTAVIA *höhnisch:* Wenn es Schmerzen wären!

FESTIANUS Dein Gesicht blieb still.

OCTAVIA Wenn ich wüßte, wieso.

FESTIANUS Es geht schnell vorbei?

OCTAVIA *lacht.*

FESTIANUS Eine Versuchsstation, sagte mir Belial. Es könnte sein, daß man sie wieder aufgibt.

OCTAVIA Etwas Besseres weißt du nicht?

FESTIANUS Etwas Besseres?

OCTAVIA Irgendetwas. Eine schwache Linderung nur –

FESTIANUS *denkt nach:* Erinnerungen, Gedichte, Schilderungen des Paradieses?

OCTAVIA Um einen Augenblick zu vergessen!

FESTIANUS Es ist alles nichts!

OCTAVIA *stöhnt.*

FESTIANUS Wenn ich deinen Kopf hielte?

OCTAVIA Ja. Kannst du so bleiben?

FESTIANUS *hoffnungsvoll:* Ich bleibe.

OCTAVIA Festianus, nicht wahr?

FESTIANUS Erinnerst du dich?

OCTAVIA Ich will es vergessen.

FESTIANUS Eine Form von Reue?

OCTAVIA Eine Form von Angst.

FESTIANUS *eifrig:* Angst kenne ich gut. Vor Löwen, vorm Paradies.

OCTAVIA Ich liege nicht gut.

FESTIANUS Ist es so besser?

OCTAVIA Nein.

FESTIANUS Warte, Octavia! Sei geduldig!

OCTAVIA Laß los, es hilft nichts.

FESTIANUS *verzweifelt:* Wenn ich etwas wüßte!

OCTAVIA Ich wüßte es vor dir.

FESTIANUS Origenes vielleicht?

OCTAVIA Ein Name?

FESTIANUS Oder Schleiermacher?

OCTAVIA Ein Beruf?

FESTIANUS *für einen Augenblick belustigt:* Origenes, ein Schleiermacher!

OCTAVIA Eine Geschichte, Festianus?

FESTIANUS Nein. Keine Geschichte!

OCTAVIA Erzähle, Festianus, eh es wieder beginnt!

FESTIANUS Es ist keine Geschichte, Octavia.

OCTAVIA Erzähle!

FESTIANUS Was ich selbst nicht weiß?

OCTAVIA Ja! Vielleicht hilft es. Origenes, ein Schleiermacher, sagtest du –

FESTIANUS *stockend:* Es war einmal ein Mann im alten Rom, der machte Schleier und färbte sie ein. Er lebte in der Färbergasse.

OCTAVIA *klatscht in die Hände:* Gut!

FESTIANUS Der Mann hatte zwei Töchter.

OCTAVIA *fast fröhlich:* Das kann genügen!

FESTIANUS Die eine hatte schwarzes, die andere weißes Haar.

OCTAVIA Ja?

FESTIANUS Aber die weiße war viel schöner.

OCTAVIA Gut, Festianus.

FESTIANUS Gut?

OCTAVIA Jetzt haben wir den Anfang! Zwei Töchter. Die eine schwarz, die andere weiß. Die weiße war viel schöner. Natürlich!

FESTIANUS Aber dann?

OCTAVIA Die Eifersucht, nicht wahr?

FESTIANUS Das läge nahe.

OCTAVIA So war es, mußt du sagen!

FESTIANUS Ja, Octavia.

OCTAVIA Erzähle doch, Festianus!

FESTIANUS Ich kann nicht.

OCTAVIA *erbittert:* Früher konntest du erzählen!

FESTIANUS Eines Tages hatte die Schwarze –

OCTAVIA Was hatte sie?

FESTIANUS *zögernd:* Einen Topf mit Hirse aufs Feuer gestellt.

OCTAVIA *enttäuscht:* Einen Topf mit Hirse.

FESTIANUS Aber weshalb?

OCTAVIA Weil dus erzählst.

FESTIANUS Weil ichs erzähle? Ist das Grund genug?

OCTAVIA Die Hirse kochte über. So war es doch?

FESTIANUS Wohl möglich.

OCTAVIA Und weiter?

FESTIANUS Weiter?

OCTAVIA Was geschah?

FESTIANUS *entschlossen:* Während die Hirse überkochte, klopfte es an die Tür.

OCTAVIA Es klopfte. Es war nachts, nicht wahr?

FESTIANUS Und eine Stimme sagte –

OCTAVIA Was sagte sie?

FESTIANUS Ja, was?

OCTAVIA Erzähle!

FESTIANUS Die Stimme sagte –

OCTAVIA *flehend:* Erzähle, erzähle! Es fängt an.

FESTIANUS Der Schmerz?

OCTAVIA Der Augenblick.

FESTIANUS Dein Leiden? Meine Geschichte?

OCTAVIA *schreiend:* Erzähle!

FESTIANUS *hastig:* Die Stimme sagte: Schwarze, die Häscher stehen vor der Tür, die Häscher stehen – *Er stockt:* Schwarze,
die Häscher stehen, die Häscher –

OCTAVIA Vorbei.

FESTIANUS Und genug.

OCTAVIA Nicht genug. Die Häscher stehen noch immer vor der
Tür. Was tun?

FESTIANUS Ich weiß es nicht, Octavia.

OCTAVIA Beginnen wir noch einmal!

FESTIANUS Was nützt es?

OCTAVIA Eine angefangene Geschichte, Festianus?

FESTIANUS Gar keine.

OCTAVIA *zornig:* Wozu bist du gekommen?

FESTIANUS Noch einmal also! Die Stimme sagte: Schwarze, die
Häscher stehen vor der Tür. Sie sagte: Schwarze –

OCTAVIA *fällt ein:* Sie stehen vor der Tür.

BEIDE *immer langsamer und stockender:* Schwarze, die Häscher
stehen, die Häscher –

6

In der Torhalle des Paradieses

PETRUS Es war meine Schuld, Laurentius. Das Tor stand offen.

LAURENTIUS Das durfte es, Bruder. Niemand kam bisher, der
nicht erwählt ist.

PETRUS Nein.

LAURENTIUS Und daß jemand gehen würde, aus dem Licht des
Glücks fortgehen in die Finsternis – wer sollte das ahnen?

PETRUS Vielleicht ich.

LAURENTIUS Nein, Bruder, nein.

PETRUS Wozu dann Amt, Schlüssel und Tür?

LAURENTIUS Du beginnst zu grübeln. Unser ist es, freudig hinzunehmen und nicht zu fragen. Wie du den Schlüssel auch drehst, wie sich das Tor auch bewegt, – die Seele deines Amtes bleibt unsichtbar.

PETRUS Und müßte doch sichtbar und nichts anderes sein als das Drehen des Schlüssels selber. O Bruder, du tröstest mich schlecht. Ich höre den Hahn krähen in jedem Wort.

LAURENTIUS *überzeugt:* Nein, Bruder Petrus, du hast keine Schuld.

PETRUS Meintest du nicht, Festianus würde bald wiederkommen?

LAURENTIUS Bald? Er nannte schon sechs Namen und wußte noch mehr.

PETRUS Und ist es sicher, daß er nicht alle meinte?

LAURENTIUS Ich bin schuld. Ich habe ihm seine Fragen nicht verwiesen, ich habe ihn zu dir geführt.

PETRUS Du willst mich trösten, Bruder.

LAURENTIUS Ohne mich wäre das Unglück nicht geschehen.

PETRUS Ja, es ist ein Unglück. Und es wird immer größer.

LAURENTIUS *nach kurzem Schweigen:* Wir können nur warten.

PETRUS Warten?

LAURENTIUS Was sonst? *Erschrocken:* Was dachtest du?

PETRUS *zögernd:* Mein Amt –

LAURENTIUS Dein Amt?

PETRUS Ich kann es nicht verlassen. Am wenigsten nach dem, was hier geschehen ist.

LAURENTIUS Wer verlangte das auch?

PETRUS Die Umstände, Bruder Laurentius.

LAURENTIUS Verlangen und verbieten es zugleich.

PETRUS So ist es.

LAURENTIUS Daraus ergibt sich, daß wir warten müssen. Meine Meinung von Anfang an.

PETRUS Oder es ergibt sich, daß ein anderer geht.

LAURENTIUS Ein anderer?

PETRUS Ich dachte.

LAURENTIUS So meinst du mich?

PETRUS Ich meinte dich.

LAURENTIUS *etwas ärgerlich:* Es ist schwer, nein zu sagen.

PETRUS Wolltest du nein sagen?

LAURENTIUS Ich habe von meiner Schuld gesprochen.

PETRUS Keine Schuld, Bruder Laurentius. Es ist eine Bitte.

LAURENTIUS Gut, ich gehe.

PETRUS Ich danke dir. Quer durch das Dornendickicht, bis du auf die breite Straße kommst.

LAURENTIUS Und dann abwärts.

7

LAURENTIUS Festianus, Bruder!

FESTIANUS Hielt es auch dich nicht länger, Laurentius?

LAURENTIUS Einen Augenblick ausruhen bei dir!

FESTIANUS Augenblicke genug, wie Belial sagt.

LAURENTIUS Sich bergen in einer Mantelfalte und wissen, daß man erlöst ist.

FESTIANUS Ja, schon die Luft hat ihre Zweifel.

LAURENTIUS Das Atmen wurde mir schwer. Der Wind, Festianus.

FESTIANUS Der Wind ist das Geringste hier.

LAURENTIUS Ein Anhauch gesammelt aus durchschnittenen Gurgeln. Ich glaubte nicht, daß ich den Weg ertragen würde. Das Heimweh ergriff mich nach unserm Paradies, das niemand aufräumt. Welche Untiere haben diese Stangen aufgerichtet, diese Drähte gezogen? Wie erträgt es dein Gaumen, vom Herzen zu schweigen? Wenn ich den Kopf nur hebe –

FESTIANUS *von Schmerz überwältigt:* Bruder, wie gering sind doch Roste und Löwen.

LAURENTIUS *zögernd:* Ja.

FESTIANUS Besonders Löwen.

LAURENTIUS Gering und nicht gering.

FESTIANUS Ich habe meinen Vater und meine Mutter gefunden, Laurentius.

LAURENTIUS Hier geschieht alles zu Recht.

FESTIANUS Und versuche, sie zu erwärmen. Aber was ist schon mein Atem?

VATER Dein Atem ist zu wenig.

FESTIANUS Und was ist meine Hand?

MUTTER Deine Hand ist zu wenig.

VATER Keine Wärme.

MUTTER Keine Wärme.

LAURENTIUS Du hörst es!

FESTIANUS Ich höre es.

LAURENTIUS Ihr Trotz, ihre Heimtücke, ihre Empörung.

FESTIANUS Wenn du mir helfen könntest. Vier Hände, doppelt der Atem, der ins Eis haucht –

LAURENTIUS Das ist kein Ort für uns, Festianus.

FESTIANUS Für wen, wenn nicht für uns?

LAURENTIUS Hier ist es schrecklich.

FESTIANUS Weshalb bist du gekommen?

LAURENTIUS Deshalb.

FESTIANUS Deshalb kam ich.

LAURENTIUS Wir mißverstehen uns.

FESTIANUS *fragend, unsicher:* Du hast selber Freunde zu trösten, vielleicht Verwandte?

LAURENTIUS *erbittert:* Ich habe keine Freunde und Verwandten hier.

FESTIANUS Ich wollte dich nicht kränken.

LAURENTIUS Und es geht um die Verdammnis, nicht um unsere Bekanntschaften.

FESTIANUS Wie wahr! Ich klage mich selbst an, daß ich erst nach denen suchte, die mir nahe waren. Eine Schwäche, vielleicht verzeihlich. Meine Familie ist ausgedehnt und offenbar voller Sünder. Die deine hingegen –

LAURENTIUS Familie? Wenn ich mich recht erinnere, etwas zwischen Geburt und Tod. Ich kenne nur eine Verwandtschaft: Unser aller Vater.

FESTIANUS Ein Vorwurf?

LAURENTIUS Trösten, helfen! Wie unsinnig die Wörter sind, die du gebrauchst!

FESTIANUS Die Übersetzungen der Ohnmacht. Während ich mit ihnen spreche, – nein, nicht mit ihnen, mit dem, was von ihnen da ist!

LAURENTIUS Und nicht einmal von ihnen. Mit dem, was da ist.

FESTIANUS Während wir uns erinnern an die unbegreifliche Erde, quält es mich, daß ich nicht zerstückt bin wie sie, und ich sehne mich danach, endgültig in dem Leib gefangen zu sein, der leidet, wie ich mich auf Erden sehnte nach den Krankheiten der andern. Mir war kein Aussatz zugedacht und wenig Schwermut, was konnte aus mir werden? So stehe ich mit allem Willen vor ihnen, aber mit den Fragen des Geretteten.

LAURENTIUS Und deine Taten?

FESTIANUS Wenig, fast nichts. Ich habe in den Archiven gewühlt.

LAURENTIUS In den Archiven?

FESTIANUS Für Salpicius. Er wollte gern wissen, wie die Maschine gebaut ist.

LAURENTIUS *fasssungslos:* Ach.

FESTIANUS Aber wir verstehen die Zeichnungen nicht. Belial, den ich fragte, lachte nur. Offenbar steckt über alle Konstruktion hinaus noch eine metaphysische Bosheit darin.

LAURENTIUS Damit beschäftigst du dich?

FESTIANUS Nicht nur. Ich suchte in der Bibliothek.

LAURENTIUS Werke über Maschinenbau?

FESTIANUS Märchen, Geschichten, Erzählungen, vielleicht einen Roman. Octavia meint, es könnte sie ablenken, es könnte lindern, wenn ich ihr Geschichten erzähle. Aber es geht mir merkwürdig, ich bringe keine zusammen. Es müßte sich alles von selbst ergeben, der Kapitän, der Sturm, der Meeresgott. Aber dann kommen die Verwicklungen, – sie mögen noch hingehen –

LAURENTIUS Und?

FESTIANUS Die Lösungen, – und alles ist falsch. Laurentius, ich habe den Verdacht, daß es keine Lösungen gibt. Stelle dir vor: es klopft an dein Haus und eine Stimme sagt: Die Häscher stehen vor der Tür!

LAURENTIUS Was denn?

FESTIANUS Wie kann es weitergehen? Auf hunderterlei Arten. Aber wie muß es weitergehen?

LAURENTIUS Lohnt es sich, darüber nachzudenken?

FESTIANUS Octavia meinte.

LAURENTIUS Octavia! Wohin läßt du dich treiben? Und schließlich wärmst du deinen Eltern die Hände!

VATER Wenn er es nur täte!

MUTTER Wenn er es täte!

VATER Er hat keine Wärme für uns.

MUTTER Keine Wärme.

VATER Sein Atem ist kalt.

FESTIANUS Vater, Mutter!

LAURENTIUS Begreife endlich, Festianus!

FESTIANUS Alles zu wenig.

LAURENTIUS Alles zu wenig.

FESTIANUS Wir mißverstehen uns.

LAURENTIUS Nicht die Einzelnen sind es, Faustinus, Faustina, Salpicius.

FESTIANUS Wurden sie nicht einzeln gewogen?

LAURENTIUS Und verworfen in die Unkenntlichkeit der Verdammnis. Vertraue dich hier nicht deinem Mitleid an, Festianus. Vertraue deinem Ekel. *Schaudernd:* Ich sah den Sumpf, gemischt aus Quellwasser und Kot. Blasen, die hochsteigen, in den Farben des Regenbogens schillern und Gestank über dich werfen, wenn sie platzen.

FESTIANUS Ich sah Menschen.

LAURENTIUS Würmer in Gehirnen, Schwären auf Rippenbögen, Eiter in einer Haut, die herabgefallen war wie Baumrinde.

FESTIANUS *schlägt die Hände vors Gesicht:* Leiden!

LAURENTIUS Kein Leiden und kein Mitleiden, Bruder Festianus, wer einmal die Herrlichkeit geschaut hat –

FESTIANUS *mehr für sich:* Hatte ich sie nicht auch geschaut?

LAURENTIUS In ihrem Glanze brennend, so stehe ich hier.

FESTIANUS Ich fand die Asche, Bruder.

LAURENTIUS *zornig:* Feuer und Asche, das unterscheidet uns.

FESTIANUS So ist es.

LAURENTIUS Ich kenne nur noch dieses Feuer. Unser Mitleiden, Festianus? In seiner Glut ist es zum Irrtum geworden.

FESTIANUS So muß es angelegt sein. Sonst hätten wir doch längst gesucht, was wir hier finden. Sonst hätten wir die Herrlichkeit verlassen, nein: nie betreten.

LAURENTIUS O Bruder, Bruder, es gibt nichts außer ihr. Das andere, die Welt, die Hölle, Gefühle und Gedanken –

FESTIANUS Kapitäne, Schankwirte, Zeltmacher. Zu Irrtümern geworden. Du sagst es.

LAURENTIUS Und du, Festianus?

VATER *weinerlich:* Die Herrlichkeit des Paradieses, besprochen vor unsern Ohren.

MUTTER Geschwätz, während wir zittern.

VATER Leichte Reden!

MUTTER Gaffen!

LAURENTIUS Im Geifer, der aus ihren Mäulern tropft, die Niedrigkeit des Leidens.

FESTIANUS *verzweifelt:* In den giftigen Tränen aus ihren Glotzaugen, in den Läusen, die in ihrer Achselhöhle nisten, im Gestank, der von ihnen aufsteigt – oh, schämt euch, schämt euch, daß ihr euch zeigt.

VATER Wir haben dich genährt.

MUTTER Gekleidet.

VATER Im Garten deinen Spielen zugeschaut.

MUTTER Und später –

FESTIANUS Zu Irrtümern geworden, habt ihr es nicht gehört? Einzelne ohne Bedeutung, Blasen aus dem Pfuhl!

LAURENTIUS Die Niedrigkeit des Mitleids, das sie anrufen, die Selbstsucht!

FESTIANUS Und nun geh!

LAURENTIUS Wer?

FESTIANUS Du. Und sage Petrus, ich sei zu den Irrtümern zurückgekehrt. Von den Heiligen zu den Fischern und Zeltmachern.

LAURENTIUS Zu Köpfen, Gliedmaßen und Haarsträhnen –

FESTIANUS Die ich wärme, ohne sie zu wärmen. Geh zurück in die Herrlichkeit, die keiner Liebe bedarf.

LAURENTIUS *schmerzlich:* Festianus!

FESTIANUS Ich sagte dir schon: Ich bin zu gefühlvoll. Ich weiß nicht, woran es liegt, aber die Armen und Kranken kommen mir nicht aus dem Sinn.

LAURENTIUS Eine Versuchung des Hochmuts. Begreife doch die Grenzen der Barmherzigkeit und den gerechten Zorn!

FESTIANUS Da alles unbegreiflich ist, weshalb soll ich den Zorn begreifen? Die Grenzen der Barmherzigkeit? Könnte sie nicht auch unbegreiflich das in ihre Arme nehmen, was du Köpfe, Gliedmaßen, Haarsträhnen nennst?

LAURENTIUS Du mußt mit mir gehen, Bruder! Befreie dich von

den Gespenstern, komm! Vergiß es nicht, was du verlassen hast: Das Paradies.

FESTIANUS Eine Versuchung des Hochmuts.

LAURENTIUS Von Aposteln und Kirchenvätern nicht bemerkt. Nur Festianus, aus dem Circus Maximus ohne Umwege aufgestiegen –

FESTIANUS Gleichsam aus Versehen, das ist auch mein Verdacht. Wie gesagt, meine Verwandtschaft, meine Freunde, meine Liebschaften –

LAURENTIUS Hör auf! Du begreifst es nicht.

FESTIANUS Meinst du nicht auch, Laurentius, daß wir besser sind als die Sünder in der Hölle?

LAURENTIUS Es ist entschieden worden. Nicht von uns.

FESTIANUS Wir sind nur froh darüber.

LAURENTIUS Auch du.

FESTIANUS Und der Geruch der Sünde ist uns ein Greuel.

LAURENTIUS Auch dir, Festianus!

FESTIANUS Das Blut und der Schmutz an den Händen, die man abwaschen möchte, den Gestank, den man unentrinnbar einatmet, das Würgen in der Kehle!

LAURENTIUS Alles ist sichtbar, und der Schrei in deinen Augen: Fort, fort!

FESTIANUS Und deshalb bleibe ich.

LAURENTIUS Du bleibst?

FESTIANUS Weil ich fliehen möchte.

LAURENTIUS Aber die Folgen, Festianus?

FESTIANUS Kennst du sie?

VATER UND MUTTER Hilf uns, wärme uns.

8

Torhalle des Paradieses
LAURENTIUS Sei gegrüßt, Bruder Torhüter.
PETRUS Zurück von der Reise, Laurentius?
LAURENTIUS Allein.
PETRUS Aber zurück.

LAURENTIUS Was sonst?

PETRUS Es gab die Möglichkeit, zu bleiben.

LAURENTIUS Drüben zu bleiben?

PETRUS Wie er.

LAURENTIUS Was ist dir, Bruder Petrus?

PETRUS *schweigt.*

LAURENTIUS Du fragst nicht?

PETRUS War der Weg beschwerlich?

LAURENTIUS Der Weg? Nun, die Dornen, nachher leicht.

PETRUS Das Wetter?

LAURENTIUS Was sind das für Fragen?

PETRUS Schnee, Regen, Hagel?

LAURENTIUS Und Festianus?

PETRUS Ein erschöpftes Thema. Er ist drüben geblieben.

LAURENTIUS Damit begnügst du dich?

PETRUS Während du zurückkamst und ich hier blieb.

LAURENTIUS Was ist dir, Bruder Petrus?

PETRUS Eine leichte Übelkeit. Ich betrachte das Gestrüpp vorm Tor. Beschwerlich, wie du sagst, aber doch gangbar. Ich ging nicht.

LAURENTIUS Ich bin für dich gegangen.

PETRUS Ich habe den Verdacht, daß Festianus für mich gegangen ist.

LAURENTIUS Petrus!

PETRUS Torhüter, mit dem täglichen Anblick der Grenzen, mit dem Wissen um Dickicht, Schluchten und breite Wege. Gegangen ist ein anderer. Du ringst die Hände?

LAURENTIUS Bruder!

PETRUS Torhüter, aber warum zum Torhüter bestellt?

LAURENTIUS Zu öffnen und zu schließen.

PETRUS Hast du noch nicht bemerkt, wie morsch das Tor ist? Vom Schlüssel ist der Bart abgebrochen, er schließt nicht mehr. Und das alles hat keine Folgen: Die Seelen kommen, wenn es ihre Zeit ist, und sind herinnen ohne Tor und Schlüssel. Was also ist mein Amt?

LAURENTIUS Wie der Leib auf Erden: Sichtbar und einzig, bis man erkennt, daß er nichts ist.

PETRUS Und die Seele meines Amtes?

LAURENTIUS Noch immer die gleichen Fragen!

PETRUS Da auch der Anlaß noch immer der gleiche ist. *Als Laurentius schweigt:* Ich hätte gehen müssen, das war es. Die Möglichkeit vertan, das große Erwarten nicht erfüllt. Mir war der Schlüssel gegeben, hinauszugehen und Seine Barmherzigkeit zu bezeugen.

LAURENTIUS Besinne dich, Bruder! Sein Anschauen –

PETRUS Ohne Leiden und also ohne Mitleiden. Die Hölle einfach unsichtbar, eine Mondfinsternis. Und wenn ich nun sagte: Es ist nicht die Hölle, die wir nicht sehen, – Ihn sehen wir nicht.

LAURENTIUS Der Himmel ein Vorhimmel? Festianus sagte: Eine Versuchung. Mir wird schwindlig.

PETRUS Eine leichte Übelkeit.

LAURENTIUS Zuviel Fragen.

PETRUS Festianus hat nach seinen Freunden gefragt, weiter nichts. Dann ist er gegangen. Und wir, Laurentius? Sollen wir für ihn beten oder ihm nachgehen?

9

Geräusche, die aus einer Maschinenhalle stammen könnten. Zum Teil schwellen sie rhythmisch an und ab, zum Teil kehren sie taktmäßig wieder, zum Teil bleiben sie gleichmäßig. Doch entstehen Pausen, in denen ein einzelner Klang vernehmbar ist, der als unterdrücktes Stöhnen gedeutet werden könnte. Alle diese Geräusche, Töne, Klänge sollen genügend unbestimmbar bleiben.

BELIAL Ich hoffe, mein lieber Gast Festianus, daß du alles gefunden hast, was du suchtest.

FESTIANUS Nicht alles, aber ich habe Zeit.

BELIAL Hast du Zeit?

FESTIANUS Ich weiß: Die Dauer, der gefrorene Augenblick, das Endgültige.

BELIAL *kichernd:* Schon ganz gut.

FESTIANUS *seufzend:* Man lernt zu.

BELIAL Aber du weißt, daß ich nicht empfindlich bin. Ich nehme den Spott über meine Studien eher als Schmeichelei.

FESTIANUS Es war nicht als Spott und nicht als Schmeichelei gemeint.

BELIAL *scheinbar mitfühlend:* Du warst einfach traurig.

FESTIANUS Letzten Endes.

BELIAL Letzten Endes? Das hört sich schon wieder recht relativ an. *Eindringlich:* Festianus, hast du Zeit?

FESTIANUS Nein.

BELIAL Du sagtest –

FESTIANUS Eine unbedachte Redensart.

BELIAL Sehr unbedacht.

FESTIANUS Sogar schändlich. Ich verlasse Salpicius, um Octavia zu finden. Ich verlasse Octavia, um Faustinus und Faustina zu finden. Ich verlasse auch sie.

BELIAL Und müßtest doch bleiben.

FESTIANUS Bei allen bleiben.

BELIAL *seufzend:* Die Fische sollen singen, die Elefanten auf Wolken schlafen, – es ist immer der gleiche Fehler.

FESTIANUS Kein Blick auf das Mögliche.

BELIAL Noch weniger für das Unmögliche. *Verächtlich:* Lehrstoff für Klippschulen.

FESTIANUS *gleichgültig:* Und das Ziel der Klasse nicht erreicht.

BELIAL Vernunft, Einsicht, Wirklichkeit! Hat dir Laurentius nicht dasselbe gesagt?

FESTIANUS Wir sprachen von anderen Dingen.

BELIAL Oder mit anderen Worten. Jedenfalls war er da und mahnte dich.

FESTIANUS Er mahnte mich.

BELIAL An die Zeit.

FESTIANUS Letzten Endes.

BELIAL Da haben wirs wieder.

FESTIANUS Keine Zeit also, in jedem Sinn.

BELIAL Sehr sympathisch, dieser Laurentius. Abgesehen von einer gewissen Beziehung zu uns.

FESTIANUS Wieso?

BELIAL Eine äußerliche Beziehung: Der Rost.

FESTIANUS *belustigt:* Laurentius mit mehr Beziehung zur Hölle als ich?

BELIAL Äußerlich.

FESTIANUS In der Tat: An Löwen fehlt es.

BELIAL Großtiere haben sich überlebt. Wir halten uns mehr an Insekten. Eier, Larven, Puppen, – die Verwandlungen geben mehr her.

FESTIANUS Gewiß.

BELIAL Sehr sympathisch. Nicht nur von Bildung, ein Charakter!

FESTIANUS *erfreut:* Nicht wahr!

BELIAL *nachdenklich:* Ganz ungewöhnlich sympathisch.

FESTIANUS Mir ist Laurentius sehr lieb.

BELIAL *abschließend:* Und dennoch bist du geblieben.

FESTIANUS Ja.

BELIAL Die Zeit, letzten Endes.

FESTIANUS Ich werde nicht fertig.

BELIAL *befriedigt:* So ist es.

FESTIANUS Faustinus, Faustina, Salpicus, Octavia.

BELIAL Du bleibst also.

FESTIANUS Ich dachte.

BELIAL Es ist entschieden. *Die Geräusche enden.* Angesichts der besonderen Umstände, Festianus –

FESTIANUS Besondere Umstände?

BELIAL Ich meine: Innerhalb deiner Entscheidung.

FESTIANUS Alles so amtlich.

BELIAL Bliebe dir noch die Wahl.

FESTIANUS Ich möchte, so bitter es mir ist, die einen zu verlassen, doch noch die andern, wenigstens kurz, –

BELIAL Saufeja, Titus?

FESTIANUS Ja, und noch einige Seeleute, Gäste in der Schenke, Seiltänzerinnen –

BELIAL Zu spät.

FESTIANUS Wie meinst du?

BELIAL Keine Zeit mehr.

FESTIANUS Ich kann nicht mehr bleiben?

BELIAL *ohne die Stimme zu erheben:* Du bleibst für immer.

FESTIANUS Ich bleibe?

BELIAL Für immer.

FESTIANUS *beklommen:* Einer deiner liebenswürdigen kleinen Scherze, nicht wahr?

BELIAL Scherze an ihrem Platz.

FESTIANUS Fallgruben, Stolperdrähte, Grimassen für Schaden-
freude. Soll ich mit den Zähnen klappern? Eine Bandaufnah-
me für euer Archiv?

BELIAL Gelächter an seinem Platz.

FESTIANUS Oder um Erbarmen flehen, in die Knie fallen, die
Hände erheben? Ein lehrhafter Kurzfilm?

BELIAL Freundlichkeit an ihrem Platz.

FESTIANUS Platz, Platz, – wo ist er?

BELIAL *mit dem Vergnügen, ihn hinzuhalten:* Revier wäre das
genauere Wort. Wie es Rehböcke und Jagdpächter haben. Auch
Anemonen.

FESTIANUS Keine Blumen, Belial! Platz oder Revier, aber zieh
die Grenzen!

BELIAL Schon überschritten.

FESTIANUS Überschritten?

BELIAL Keine Zeit mehr.

FESTIANUS Eine Nachricht von drüben?

BELIAL Es bedarf keiner. Deine Entscheidung, Festianus, ist die
Nachricht.

FESTIANUS Entscheidung?

BELIAL Für die Hölle.

FESTIANUS So war es nicht gemeint.

BELIAL *höhnisch:* Nur als Gast, besuchsweise, nicht wahr? *Als
Festianus schweigt:* Ein wenig zuschauen. Eine Messerspitze
Mitleid, aber nicht so viel, daß der Geschmack verdorben wird.
Ganz unverbindlich kommen und unverbindlich gehen.

FESTIANUS *gequält:* Ich wollte nicht gehen. Ich wollte ja bleiben,
aber nicht so. Ich wollte helfen, trösten.

BELIAL Geschwätz.

FESTIANUS Ein Mißverständnis.

BELIAL Wie ärgerlich. Ein Mißverständnis also.

FESTIANUS *zögernd:* Scheint mir.

BELIAL Schein und Sein, welche Möglichkeiten für neue Blumen-
sträuße! Wo fangen wir an zu pflücken? Asphodelen, Weber-
karden, es gibt auch Hühnerfedern zu Blüten gestutzt. Ein
philosophischer Strauß, und was tun wir damit?

FESTIANUS Wirf ihn weg.

BELIAL *betroffen:* Ach?

FESTIANUS Und laß mich nachdenken.

BELIAL Oh, du denkst nach!

FESTIANUS Ja.

BELIAL Gehen oder bleiben. Aber alles ohne Zwischentöne.

FESTIANUS Ich denke nach.

BELIAL Ich gebe dir die Freiheit der Wahl zurück.

FESTIANUS *schweigt.*

BELIAL Hörst du mich?

FESTIANUS *abwesend:* Welche Freiheit sagtest du?

BELIAL Dein Entschluß?

FESTIANUS Ich will bleiben.

BELIAL *befriedigt:* So können wir es dahingestellt sein lassen, ob du bleibst, weil du willst, oder bleibst, weil du mußt.

FESTIANUS Du hast recht, es ist kein wesentlicher Unterschied.

BELIAL *ehrlich:* Ich hatte einen Widerspruch erwartet.

FESTIANUS *schweigt.*

BELIAL Nun also die Wahl innerhalb deiner Entscheidung. Kein Recht übrigens, sondern lediglich wegen meiner Sympathie für dich, – nicht geringer als für Laurentius.

FESTIANUS Danke.

BELIAL Weil du es bist.

FESTIANUS Sehr freundlich.

BELIAL Besondere Wünsche, Festianus?

FESTIANUS *hört nicht recht hin:* Ach –

BELIAL Du kennst unsere Anlagen. Wenn es auch ein Unterschied ist, ob das Wasser kocht, oder ob man verbrüht wird.

FESTIANUS Lassen wir ihn beiseite.

BELIAL In die Kältekammern oder bist du für Hitze? Lieber die altbewährten historischen Abteilungen oder eine Versuchsstation? Erde, Eis, Wind, – alle Elemente zu deiner Verfügung. Zange, Messer, Säge, sprich dich nur aus. Wir können, wenn du willst, auch einige Löwen anschaffen. Ich stelle meine Ansicht darüber völlig zurück.

FESTIANUS Ich danke dir, Belial.

BELIAL Aber du hörst nicht zu. Denkst du noch immer nach?

FESTIANUS Nicht mehr über Gehen und Bleiben.

BELIAL Und dennoch so weit fort?

FESTIANUS Nun ja.

BELIAL Ich verstehe es freilich. Alles so plötzlich, so neu. Die andere Mondseite. Und auf die Dauer, die keine ist. *Da Festianus schweigt:* Fällt dir die Wahl schwer? Dann strenge dich nicht weiter an. Spar deine Kräfte. Schließlich bin ich auch sonst derjenige –

FESTIANUS Warte, Belial!

BELIAL Du weißt, was Augenblicke betrifft, sind wir großzügig. Ich will nicht wiederholen, weshalb.

FESTIANUS Auf ein Wort noch!

BELIAL Die Früchte deines Nachdenkens!

FESTIANUS War ich im Paradiese, Belial?

BELIAL Du warst im Paradiese.

FESTIANUS Ist es sicher?

BELIAL Wenn ich schwören könnte! Aber es ist ganz sicher.

FESTIANUS Dann also, Belial!

BELIAL Was?

FESTIANUS Entschieden!

BELIAL Davon sprachen wir.

FESTIANUS Erde, Eis, Wind, auch die Zähne der Löwen –

BELIAL Zange, Messer, Säge, und alles für dich.

FESTIANUS *fast jubelnd:* Alles für mich, und für mich entschieden.

BELIAL Wenn du es so auffaßt, so schmeichelt es uns natürlich.

FESTIANUS Ein Triumph, Belial. Die Zeichen werden sichtbar.

BELIAL Du schwärmst. Bei aller Sympathie: Vielleicht solltest du die höllische Seligkeit doch mit weniger Verzückung begrüßen.

FESTIANUS Das Paradies ist nicht mehr endgültig.

BELIAL Still! Auch bei uns werden keine Zweifel am Paradiese geduldet. Das verbietet die gegenseitige Abhängigkeit.

FESTIANUS Und wenn das Paradies nicht endgültig ist –

BELIAL Halt ein!

FESTIANUS – so ist es auch die Hölle nicht.

BELIAL *böse:* Für dich endgültig, Festianus. Wir werden dafür sorgen, daß dir keine Zweifel mehr kommen.

FESTIANUS Du hast verspielt.

BELIAL *während der Lärm der Hölle wieder beginnt:* Laß alle Hoffnung fahren!

FESTIANUS Sie fährt, Belial. Ein Boot, das uns alle aufnimmt. *Schon mühsamer:* Auch dich.

Man bittet zu läuten

Die Abschnitte 1–7 und 9–14 werden von der gleichen Männer-
stimme gesprochen.
Die Personen des Intermezzos (Abschnitt 8) sind: Theobald ·
Viktorine · Rosa · Solange · (Alle vier alt. Viktorine hat eine
Befehlsstimme, Solange spricht piepsig.) · Titus · Alpha · (Beide
jung)
Die Gedichte im Abschnitt 8 sollen von einer Schulklasse im Chor
aufgesagt werden. Die Verfasser sind Caspar Stieler, Simon
Dach, Friedrich von Spee · Das Läuten soll an allen angegebenen
Stellen gleich sein und nicht an Telefon oder Haustür erinnern ·
Die Gedankenstriche bedeuten Pausen

> Suonare la campana
> Please ring the bell
> Man bittet zu läuten
> Sonnez la cloche s. v. p.
> *Am protestantischen Friedhof in Rom*

I

Läuten
500 Din A 4, 500 halbes Format, die untere Grenze für einen
Preisnachlaß, Betitelung oben links, kursiv und Fraktur, meiner
Lage angemessen, und sagen Sie nicht, meine Liebe, das gäbe es
nicht. Ich verlasse mich auf Sie: Kursiv und Fraktur, ein Zu-
sammenklang wie Grün aus Gelb und – wie bitte? – offene Fragen
bleiben immer, Leinen oder Elfenbein, Ihre Einfühlung wird sich
beweisen.

–

Durchaus nicht unwichtig. Ich kann nicht ununterbrochen
vibrieren. Am Telefon wirkt es außerdem ganz abstrakt. Sagten
Sie nicht, ich sollte mit allem zu Ihnen kommen, was mich bewegt?
Na also.

–

Seele kann man auch in Briefköpfe legen. Zum Beispiel oben links: Verein der Pilzfreunde e. V. Rennweg 37.

–

Genau, Frau Kallmorgen, genau: Wieder eine offene Frage. Ich bin bereit, eine Klammer darunter zu setzen. Klammer auf, Taubstummenheim, Klammer zu. Das heißt, ich bin eigentlich nicht bereit.

–

So?

–

Sehe ich nicht ein.

–

Das Taubstummenheim okkupiert m i c h. Eine Portierloge von drei zu drei Meter, eine Zelle, Kontemplation oder Strafverschärfung, wie Sies nehmen. Und ringsherum Krüppel, das sind die Knollenblätterschwämme unter uns.

–

Ja, Aufopferung, das ist das Wort. Und dafür soll ich mein Vereinsleben nicht in die Portierloge verlegen dürfen?

–

Doch, die sind ansteckend. Ein Gebresten, das freundlich tut. Mein Gott, diese armen harmlosen Leidenden alle! Aber dann kommt ein freier Tag, bei mir ist es Mittwoch, ich bin sechzehn Stunden wach, und wenn ich mir die Decke unters Kinn ziehe, fällt mir ein: Sechzehn Stunden kein Wort geredet, und ich fahre erschrocken wieder hoch und liege noch drei Stunden wach. Also neunzehn im ganzen. Da muß etwas geschehen sowohl für den Schlaf wie für die Sprache. Seitdem rede ich, auch wenn ich allein bin. Immer reden, immer reden, reden, nur keine Pause, Pausen sind der Anfang und die Taubheit kommt von allein.

–

Laut, auch wenn ich mit den Krüppeln gestikuliere. Ohne Taubstummensprache komme ich hier nicht aus, kenne alle Variationen, Varianten, Finessen, Dialekte, Mundarten, Handarten, Augenarten, Schattierungen, Lichtierungen, bin sprachbegabt, könnte jederzeit taubstumm werden, das ist es ja.

–

Außerdem lesen sie es mir vom Mund ab. Wenn sie mich nicht verstehen sollen, spreche ich französisch. Das beherrsche ich von den Nasalen bis zu Stenografie und Handelskorrespondenz.

–

Oui, madame.

–

Kurzum, wir lassen die Klammer weg und okkupieren das Telefon für die Pilzfreunde. Die paar Anrufe, mein Gott, und kein Vereinsvermögen.

Die Druckkosten sind auch ein Problem, ähnlich wie die Knollenblätter. Aufklärung oder Antitoxine? Alles Fragen für Angstträume und Donnerstagsgespräche. Wer war Shakespeare, Geld-, Bank- und Börsenwesen, alles zentrifugal. Nur die Religion steht fest.

–

Frau Kallmorgen, Sie haben einen unfreundlichen Abend. Ich habe nicht die Druckkosten in meinem Glauben untergebracht. Andererseits gehören selbst Briefumschläge in die Heilsbotschaft. Christus ist total, da gibt es keine Verstecke hinter harmlosen Einkäufen in Bäckereien.

–

Und keine hinter Pilzausstellungen, gewiß nicht. Und selbst die Heiligen müssen es sich gefallen lassen, daß sie erlöst werden.

–

Könnte noch höher. Je mehr man redet, desto mehr fällt einem ein. Schweigen ist Dummheit. Oder Atheismus. Die Taubstummen sprechen gegen Gott, deswegen sind sie taubstumm.

–

Erde, Europa, Rennweg, Petersilienstraße, na gut. Mein freier Tag ist Mittwoch, das wissen Sie ja. Aber Sie widersprechen immer, ob es da erbaulich wäre, sich zu treffen? Auf einen Kaffee mit Wermut, eine Bittermandeltorte?

–

Ja, begonnen mit steigender Temperatur, fortgeführt mit Telefonaten. Es ist noch alles möglich. Wie bitte?

–

Aha, eine Stiftung für die Religion.

–

Für den Verein?

–

Für mich, und es kommt auf dasselbe heraus, wegen der Totalität, ja, witzig, Frau Kallmorgen, witzig. Ich wußte gar nicht – Man kennt sich eben zu wenig, müssen es dringend nachholen. Vielleicht doch Mittwoch? Für mich ist die Disharmonie das Entnervende, und die Armut legt sich auf mich wie Asthma. Man möchte doch etwas aus seinem Leben machen, etwas Ausgefallenes, aber zeitgemäß. Wo ist die Zukunft des Portiers? Melancholie ist mir zuwider, und manchmal bin ich nahe daran. Ein Grundstück in Florida, ein Raiffeisenkonto, das wären Möglichkeiten von Therapie.

–

Die Druckkosten, ach so. Danke, Frau Kallmorgen, es ist auch schon etwas, Sie haben Herz, Sie sind schön –

–

Doch. Ich fliege zum Beispiel auf Augen. Und ich habe Sinn für Schönheit überhaupt. Ich sehe überall nur das Schöne, ich bin ein freudiger Mensch, allen Anwandlungen zum Trotz, optimistisch letzten Endes. Hallo?

–

für sich: Schachtel!

2

Läuten
Unmanierliche Leute, immer Hierarchien im Kopf, halten mich ernstlich für den Bruder Pförtner, die unterschätzen meine Expansionskraft. Einfalt und Demut erst, wenn ich oben bin, Konrad von Parzham hat noch andere Eisen im Feuer gehabt als ein Schiebefenster und die Klosterglocke. Kein Vergleich mit niederbayrischen Heiligen, und nicht mit solchen aus Yorkshire oder aus Norditalien, aber Eisen habe ich auch. Und wie sagt man? Solange sie heiß sind, solange sie heiß sind. *Er lacht vor sich hin.* Grobschmied, Fahnenschmied, Goldschmied, und auch seines Glückes.

Da glühts, da glückts, da raucht die Esse, da fallen die Hammerschläge, nicht bloß hier, ich habe Filialen, Ambosse auf Bundesebene, vielleicht sogar europäisch. Zu blöd, daß ichs dem Friseur gesagt habe. *Ärgerlicher Seufzer.* Das kostet mich vier, fünf oder sechs Punkte in meiner Tagesbilanz.

21 Uhr 50. Die wäre überhaupt fällig, meine Lagebesprechung, mein Feldherrenhügel. Auch das Dasein verlangt seine Abgaben, und wenn man die Schliche nicht kennt, zieht man nichts heraus als den Todesunterhalt. 21 Uhr 50, aber monochron. Ort bekannt, monologisch, Wetter Nieselregen, monophon. Temperatur gemütlich. *Lachstoß.* Monosyllabisch. Zentralheizung von Bekker & Söhne, Öl. Ölanstrich Bungart Nachfolger, aufgehelltes Preußisch Blau, Minus, aber nicht bei mir.

Notation in Sütterlin, meine rundliche schönheitsdurstige Schrift – doch: Bilanzen sind die reine Wollust. Hie Plus, hie Minus, man kann auch sagen männliches und weibliches Prinzip, die Schöpfung schimmert bis in die Gewinn- und Verlustrechnung durch, und von den Kosmogonien bis zum Schlüsselbrett ist es ein Katzensprung. Von 35 Schlüsseln 2. Fehlt Zimmer 7 und Zimmer 23, immer dieselben. Eine einzelne Maier und Ehepaar Rumford. Die Punktwertung macht mir Sorgen. Die Maier – *schreibend* – a i, eine Art von trüber Erinnerung, ein Kinderwintermantel, ein Gesicht, immer unterm Nullpunkt, minus 5, minus 6, minus 7, die perforiert jeden Saldo.

Und das Ehepaar, r, u, m, f, o, r, d, taubstumme Bohème, vorgeschrittener Suff. Rumford, vielleicht degenerierter Adel, eine Suppe ist nach denen benannt, pfui Teufel! Fettaugen, Glubschaugen, Triefaugen, zusammen 130 Jahre alt, alte Leute und dann noch Krüppel und dann noch saufen und dann noch Suppen erfinden! Alles Minus, Unappetitliches aus 35 Zimmern.

Aus 34. Eine Ausnahme, ein rosiges Aktivum, Zimmer 9. Rosie wäre beim Stummfilm was geworden, für Tonband ist sie nicht programmiert, ein leichtes Grunzen wäre das Äußerste. Im Eisschrank aufgewachsen, aber wie ist es, wenn eine Sicherung ausfällt? Ich sags ihr auf französisch. *Er murmelt:* Eh, Mademoiselle, faire l'amour, hein? Versteht sie Gott sei Dank nicht. Na, du kommst noch dran, r, o, s, i, e. Bei Frauen habe ich so Vorahnungen.

Und immer mehrere Eisen, beim Hufschmied und beim Silber-schmied, in jeder Windrose, erotisch und finanziell, nur keine Schwerpunktbildung. Gott hat jemanden bestimmt, im Huber-tusheim selig zu werden, bitte sehr, aber nicht mich. Ich habe meine Fühler ausgestreckt, – *er schreibt* – hei, rats, an, zei, ge. Neun Punkte, neun Antworten, neun Genüsse, wenn die Schlüssel vom Brett sind, neun Lektüren, wenn die Etagenschwestern dö-sen, neun ernstliche Offerten, und die Kallmorgen denkt, sie wäre allein im Rennen, spielt sich auf, geborene Solovioline, aber eine Saite ist verstimmt und das bin ich. Con sordino, Kallmorgen, k, a, l, l, con sordino!

Denn – *glucksend:* Mein Fühler im Feuer, mein ausgestrecktes Ei-sen, meine Guillotine mit g, u, i. Niemand ahnt, möchte ich sagen, aber der Friseur hat ein Subjekt in den Satz gebracht, ein unangenehmes, das meine Prädikate in Frage stellt. Nur eins ist klar: Sie wird wieder eingeführt.

Eine sittliche Pflicht, die weichen Herzen kommen nicht drum her-um, auch unsere Professoren sagen es: naturrechtlich begründet. Humanitätsduselei, ist ein treffliches Wort, das man wieder auf-werten müßte. Das Gegenteil von human ist nicht inhuman, son-dern divin, wo hab ich das gelesen? Unformuliert in der Natur natürlich, da gibt es kein Erbarmen, da schwärts, da schäumt das Blut, und wir sind ja in diese Schöpfung hineingestellt, höchste Zeit, daß wir sie annehmen. Jedenfalls bin ich in diesem Sektor ziemlich vorne. Viele können es nicht sein, die sich gemeldet ha-ben, und wenn die Sonne über der Sache aufgeht, dann liegt mein Gesuch zuoberst, gut beleuchtet. Meine Riesendummheit ist der Friseur. Ein Kernschatten, furchtbar. Es fiel mir nur ein, als er mir mit dem Messer an der Kehle herumfuhr, Pech mit Assozia-tionen, peinlich. Und er hat so verdächtig gestutzt, ich höre direkt seine innere Stimme: Mensch, da wäre ich doch ebensogut, an der Kehle bin ich schon oft gewesen. Muß man die innere Stimme des Friseurs ansprechen? Vielleicht ein Naturgesetz, aber eine Blödheit, ein Passivum. Ein Minus.

Die schöne Aussicht halb verregnet. Früher hat man pro Exeku-tion 300 Mark bekommen, aber alles ist teurer geworden, auch die Beilschärfer, der Strom, das Galgenholz. Also sagen wir 500, vielleicht 1000, und das bloß nebenbei, und 5 könnten es doch sein im Jahr. Wenn die Zeiten unruhiger werden, kommen noch die politischen dazu.

Grob gerechnet könnte man für die Guillotine 6 Pluspunkte rechnen, für die Annonce 9, macht 15, Pförtnerei 1 Punkt, Kallmorgen 1 Punkt, macht 17, Rosie 18, die Pilzfreunde 19.

An Minuspunkten rechne ich für den Friseur 5, Rumford 6, Maier 7 – dann kann ich sogar für die Kallmorgen und für mich selber je 1 Minus nehmen, macht 9, 19 weniger 9 macht 10, immer noch zehn Pluspunkte. An manchen Abenden habe ich 20 gehabt, aber schließlich ist heute Freitag, – hoppla, Laurenz habe ich vergessen, Frau l, a, u, siebte im internationalen Stenotypistenwettbewerb, r, e, n, z. Die 33 Schlüssel täuschen, hinter dem Schlüsselloch 17 wartet Frau Laurenz, Gregor macht es richtig, jedesmal in einer anderen Kneipe, schadhaft, aber listenreich, ein Odysseus, der nicht heimkommt, Bier und Korn, mir läuft auch alles 50-prozentig im Mund zusammen, wo ist der Magenbitter von der Weihnachtsfeier?

Also gut, Laurenz, ein Punkt weniger, macht 9, das ist für einen miesen Abend immer noch genug.

3

Läuten
Sagt nichts, gelbe Armbinde, ja, vielleicht sind wir zuständig.

–

Lassen Sie ihn doch knurren. Nach so einer Zeche!

–

Wird irgendwie und wann bezahlt, – keine Sorge, wenn er aus unserem Heim ist, Sankt Hubertus, eine gemeinnützige Stiftung, ursprünglich für Jagdunfälle.

–

Also so? *Er knurrt.* Als ob er bellen wollte? *Er knurrt noch einmal.* Ja, etwas Vierfüßiges in der Stimme.

–

Einer heißt zum Beispiel Laurenz. Ganz in Ordnung, aber heute ist Freitag.

Ich gebe Penelope Bescheid. Sie strickt, wenn sie wartet, aber das ist auch alles. Ihre Muster sind nicht verlockend. Die Freier bleiben aus.

—

Sie bekommt ein Bulletin und holt ihn. Kann er noch gehen?

—

Goetheklause, ja, weiß ich. In der Uhlandstraße. Der Wirt hat vielleicht was gegen Uhland. Goethe hat dreißig Bände geschrieben, Uhland bloß einen. Wir hatten das alles zu Hause.

—

Gut, ich schicke noch einen kräftigen Mann mit. Doch, doch, haben wir, eine Auswahl von schluchzenden Möbelpackern.

—

Wieso hat er eigentlich nicht bezahlt? Na, nicht meine Sache. Sie verdient ja auch. Ist beim Rundfunk.

—

Ein Ehepaar, was dachten Sie? Kuppelei gibt es bei uns nicht. Besuche nur bis 21 Uhr 30. Darauf wird geachtet.

—

Er feixt.

—

Und alles stumm. *Er kichert.* Und wenn sie lachen, hören sies nicht. Furchtbar. Das heißt – na ja.

—

Danke.

4

Läuten
Abend, meine gnädige Frau, – hoppla, bleiben sie vertikal! Abend, Herr Rumford. Einen guten Abend gehabt, na, das sieht man. Der Schlüssel, die Herrschaften. Lauter gute Abende, es ist eine Anstalt für gute Abende.

—

Den guten Abend woanders, verstehe ich, aber die gute Nacht nur hier.

Gern laut, haha, so witzig, Herr Rumford, heute sind alle so witzig, das muß an Windverteilung und Luftdruck liegen. Fallend, glaube ich, ich reagiere auf steigend, bin ganz außer Kurs heute, Formkrisen, Wackelkontakte, Fadings, hauswirtschaftlich ein ausgewrungener Lappen, mit Rückgrat natürlich.

—

Also, da versage ich. Was Subtiles, wie es scheint. Schreiben Sies auf? Na, na, na, immer geradeaus, von links nach rechts, wir sind doch keine Hebräer, – was ist denn das? Gedichte? Nein, nichts für mich, ich bin anders strukturiert, was über Dreizehnlinden hinausgeht, ist verdächtig, und Gertrud von le Fort hat sich in der Atombewaffnung verirrt. Im Grunde genommen gibt es nur den Schott, weil Thomas von Aquin zu schwierig ist.

—

Nie gehört. Wieso meine Meinung? Ich habe alles gesagt, wußte nicht, daß Sie sich für Literatur interessieren.

—

Nur Freitag abend, das ist ein Ausnahmetag. Haben Sie schon mal Pilze gesammelt? Wenn Sie das tun, dann wissen Sie, daß Gedichte Blödsinn sind.

—

Pilze Blödsinn? Ich ein Pilz? Sind Sie Literatur?

—

Mischen Sie sich nicht ein, Frau Rumford, mulier taceat.

—

Was für die Kirche gilt, gilt sinngemäß auch fürs profane Leben.

—

Das müssen Sie mit einem Pfarrer besprechen.

—

Das Heim ist nicht konfessionell gebunden. Aber nach dem Grundgesetz befinden wir uns auf dem Boden des Christentums. Schließlich werden Sie doch auch irgendeinen Pfarrer haben.

—

Rabbiner?

—

Das überrascht mich. Rumford klingt gar nicht so.

—

Gewiß, gewiß, nichts für ungut, wir haben manches wieder gut-
zumachen. Vielleicht können wir mal zusammen einen heben?
Mittwoch habe ich frei. Und Sie sollten Pilze sammeln, das geht
quer durch alle Religionen. Höchstens die Buddhisten, die hätten
vielleicht Angst, eine Reizkermade zu kränken, die kennen die
Wahrheit nicht.

–

Gerade, wo die Unterhaltung in Fluß kommt.

–

Wie kommen Sie auf Laurenz? Spirituell oder spirituos? *Er kichert.* Was man auch gegen Analogieschlüsse hat, hier ist er nicht
zu schlagen. Goetheklause, Uhlandstraße, Sie interessieren sich
ja für Literatur, voilà!

–

Sie? Nochmal in die schwankende Nacht? Beide? Zu Goethe und
Uhland? Heißt das nicht die Literatur zu weit treiben? Wie?
Kann man nur zu weit treiben? Wenn Sie meinen. Frau Laurenz
ist freitags immer parat.

5

Läuten
St Hubertus, Taubstummenheim.

–

Keineswegs falsch verbunden, wenn Sie den Verein der Pilzfreunde meinen. Eine Art Symbiose.

–

Doch. Ich habe Fremdwörter gern.

–

Vorstand, Chef, Boss, Direktor, am Apparat.

–

Wenn es sein muß, geben wir auch über Kochrezepte Auskunft.
Sind Sie Mitglied?

–

Macht nichts. Wenn Sie nicht zum Verein gehören, sind Sie doch
eine Pilzfreundin, gnädige Frau.

–

Fräulein.

–

Das ist das richtige Alter für Mykologen. Später macht das Bükken Mühe und zum Beispiel das Reizkersammeln wird ein Problem.

–

Kriechend unter Fichten. Nehmen Sie einmal an unseren Exkursionen teil. Jeden Sonntag sechs Uhr Treffpunkt Ruine der Philharmonie.

–

Dann kennen Sies ja. Was?

–

Sie verwechseln uns.

–

Weder gelb-grün, noch überhaupt eine Flagge. Nein, auch kein Pilzsymbol, obwohl das hübsch sein könnte. Und keine andere Verlockung. Beim Sammeln sind zwei Hände zu wenig, da fehlte die Wimpelei gerade noch.

–

Gewiß, wir pflegen auch Geselligkeit, aber ein Kammerquintett haben wir nicht. Und wenn Sie Harfenistin waren, nicht bei uns. Das ist alles zu bacchantisch. Und ich bin überhaupt unmusikalisch. Nein, nicht unmusisch und nicht ungeistig. Der Zweck unseres Vereins ist letzten Endes die Verehrung Gottes in der Natur, sicher nur auf einem kleinen Sektor, aber doch.

–

Ja, muß sehr lustig gewesen sein.

–

Dann bringen Sie die Fotos mit.

–

Und die Bandaufnahmen, ist mir recht.

–

Ich komme gern zur Sache, aber ich kenne Ihre Sache nicht.

–

Pilzkochbücher gibt es einige.

–

Einlegen.

–

Pilzsalat mit Essig und Öl.

–

Trocknen.

–

Pilzpulver.

–

Pilzwein, das halte ich für Mumpitz. Wie denn?

–

Den Alkohol zu den berauschenden Eigenschaften der Pilze addieren? Dann müßten Sie Giftpilze nehmen.

–

Pantherpilze, höchst gefährlich.

–

Solche Sentenzen habe ich schon öfter gehört. Das ist Nihilismus. Unser Verein ist aufbauend. Abgesehen davon, daß wir Schönheit ins Leben tragen, für uns ist auch die Nahrungsaufnahme ethisch begründet.

–

Wenn Sie das Quatsch nennen, sind Sie für die Mykologie verloren. Schade bei soviel Interesse.

–

Das meine ich doch. Immer sachlich, immer dicht am Thema. Wenn Sie Pilzextrakt gesagt hätten!

–

Worauf? Rausch? Ich trinke Kognak auch ganz gern. Und dann gibt es eine Sorte von Birnenschnaps, wie heißt sie doch?

–

Lethe? Nein, nie gehört. Ein Likör?

–

Ach so, der Name für den Pilzwein. Wollen Sie es kommerziell betreiben?

–

Wieviel denn?

–

Wahrscheinlich reicht das für eine kleine Fabrik. Wir können mal drüber reden.

–

Vielleicht nicht, vielleicht doch. Man muß sorgen, daß Ihr Geld nicht verschleudert wird. Eine gesunde Risikoverteilung.

–

Doch. Immer der harte Versuch: Über sich selbst hinaus. Unsere Aufgabe, einfach schon vom göttlichen Gebot her. Selbst im Finanziellen.

–

Danke für das Kompliment. Aber ich hatte mir keine Parenthese vorgestellt. Schlichte Punkte. Sind Sie enttäuscht?

–

Ach so, kein Kompliment. Für Ironie habe ich nichts übrig. Es widerspricht dem Gebot, nicht zu lügen.

–

Wahrscheinlich schon im Alten Testament.

–

Nein? Sie überraschen mich. Muß ich mal nachsehen.

–

Ich sage Ihnen doch. Ich kenne Ihre Sache und Ihr Thema nicht.

–

Als wenn es Fleisch wäre: Suppe, Gulasch, Braten, Schnitzel, Klopse, Knödel.

–

Ich preferiere das ganz gewöhnliche Dünsten im eigenen Saft. Pilze nicht waschen. Deckel fest schließen, kleine Flamme. Ein bißchen Fett und 20 Minuten genügen. Dann Salz und zum Binden Mehl.

–

Alles nach Geschmack: Zwiebel, Pfeffer, Petersilie, Majoran, Paprika. Es kommt natürlich auch auf die Pilze an.

–

Zwei Kilo, aber was?

–

Knollenblätter? Amanitin, Protoplasmagift, – Sie sind doch eine gebildete Person. Oder handelt es sich um eine kleine Nachlaßbesprechung, ein Rendezvous mit mir? *Er lacht.* Hallo?

–

Hallo? Wirklich, man hätte Lust grob zu werden. Aber zu wem?

Läuten

23 Uhr 30, eine liebe Zeit, eine herzige Zeit. Alles Zartfühlende meiner Natur drängt zu Träumereien, wenn meine Nachtfliege voll Raserei ans elektrische Licht bumst. Soviel Zorn, soviel Einsatz ohne Lohn. War die Glühbirne vorgesehen bei der Erschaffung der musca domestica? Wie immer ist die Genesis unergiebig, und wie immer darf man es anthropologisch nehmen: Der wütende Aufprall dient der Einleitung von Portiersträumen, speziell solcher Portiers, die Pilzkenner sind, aber von der Iconographia Mycologica nur den Band 11 besitzen. In Mailand 1927 bis 32 erschienen, oh, meine Stubenfliege, du kennst dich aus, 27 Bände, lateinischer Text, eine Enzyklopädie, die weiterwuchert, 23 Uhr 30, ach du liebe Zeit, Exkursionen in die tropische Pilzflora, Leuchtpilze, Abende am Amazonas und in Mittelafrika, Farbaufnahmen, die Aufsehen erregen, und die endgültige Monographie über die Schleierlinge, staatliche Mittel, Stichproben in die südliche Halbkugel, Patagonien, Kap Horn und die Inseln, wie heißen sie doch? Wie heißen sie doch? Wie heißen sie doch? Ein Gedächtnisausfall, massiv, nicht nur an Inseln gebunden. Vielleicht sind die Träume unter Glühbirnen doch für die Fliegen gedacht, ganz Feuerland für die Fliegen, Feuerfliegen, für ein menschliches Ego aber Wein, Weib und Gesang, der Gesang aber ist das größte unter ihnen, eine fatale Gedankenverbindung – das billigste, monsieur, das billigste, und man könnte darauf am ehesten verzichten.

Natürlich ist niemand ohne Fragen, aber sie müssen aus der Welt geschafft werden. Nicht durch Antworten, damit haben sie verhältnismäßig wenig zu tun, sondern mit der Peitsche, da denke ich radikal und realistisch. An mich wären staatliche Beihilfen nicht verschwendet, weiß Gott. Ich weiß, wo die geistige Mißbildung beginnt. Ich könnte da manches wirken, wahrhaft segensreich, und nur für Ignoranten ist die Pilzkunde problematisch, Verlautbarungen für die Guillotine. Idiotie hat einer gesagt, wie das Sammeln von Streichholzschachteln und das Bergsteigen.

Mir muß man nicht klar machen, was der Normalpegel bedeutet, Basis, sittliche Forderung, und nach der anderen Seite

Anarchie. Man kann Wetterempfindlichkeit nicht mit echter Melancholie verwechseln, und einen Mykologen von einigem Rang nicht mit Blinden und Lahmen, Taubstummen und Stotterern. *Er feixt:* Schizophrenen, Koprophilen, Eunuchen und Hirngeschädigten. Das einzige, was ich gegen mich sagen kann: Daß ich in letzter Zeit die Glutaminsäure vernachlässigt habe. Aber alle Zentrifugalkraft ist an mir verloren. Ich bin durchschnittlich im positiven, im staatsbürgerlichen Sinn, der Rest ist Unterholz. Das steht vor Sonnenuntergängen und will Millionen umarmen, fades Gelichter, Triefaugen, schwerhörig und anstaltsreif. Legen die Stirn auf die Tasten und signieren Scardanelli, ein Glück, daß es sie erst gibt, wenn sie tot sind, die würden das ganze Dessin verderben. Wir brauchen Persönlichkeiten, die auf Parties möglich sind.

Dabei habe ich für alles Verständnis, bin ja selber ein Träumer, zum Beispiel war ich eben am Amazonas oder in einem Antiquariat, wo 26 Bände der Iconographia Mycologica für ein Spottgeld angeboten werden, weil Band 11 fehlt, genau der, den ich schon habe. Ein Träumer, der Prototyp eines Träumers, oh breiter gelbflüssiger Amazonas. Die Fliege haut immer noch gegen das Glas, oh Amazonas, vielleicht blauflüssig oder grünflüssig. Man erfährts aus den Quellen nicht. *Er lacht.* Gut gesagt, aus den Quellen! »Mancher trägt Scheue.« Das hätte mir Hölderlin nicht zugetraut. Aber der wäre auch hier, bestenfalls, pubertär, der käme schon mit den Schlüsseln nicht zurecht. Abgeholte Schlüssel am Brett, hängengebliebene, Meditations-Möglichkeiten. Jetzt hängt auch der Laurenz, statt weniger werden es mehr. Und die Fliege bumst. Und aufs Klosett müßte ich auch dringend. Fragen gehören zum Stuhlgang, gehören in die Kanalisation gespült.

7

Läuten
Auch für Sie keine Ausnahme, Rosie, obwohl Sie eine neue Mütze haben und überhaupt schick sind. La plus jolie de la rive gauche et de la rive droite et de toutes les rives. Quel dommage que vous ne comprenez pas. Wenn ich Ihren Schlüssel nicht am

Haken habe, sind Sie in Ihrem Zimmer. Und wenn Sie dennoch von der Straße hereinkommen, sind Sie eine Erscheinung.

–

Nein, fühlt sich nicht so an. Gespenster, das wäre wie durch Musselin und Taft. Das ist Kunstfaser, wie?

–

Außen. Meine ich doch. Wieso blitzen Ihre Zähne?

–

Er lacht. Wie die Mütze! Aber ich glaube es nicht. Wer den Schlüssel mitnimmt, wird unglaubwürdig. Es ist übrigens gegen die Hausordnung.

–

Sie sind die Königin der Ausnahmen, sicher, sicher. Mir gefällt am besten die: Daß Sie noch nicht in Ihrem langweiligen Bett liegen.

–

Nicht langweilig? Verstehe ich Sie recht?

–

Warum spreche ich dann französisch zu Ihnen? Haben Sie was gegen Magenbitter? *Während er einschenkt:* Noch von Weihnachten. Prost.
So, Ihre Flasche ist schon leer. Ich habe Sie falsch eingeschätzt. Ich habe Sie für völlig – na, nichts für ungut, notfalls kann man ja mit Kognak nachhelfen, rauchen Sie?

–

Nichtraucher, immer dieses Negative. Wissen Sie, daß so der Nihilismus anfängt?

–

Er kichert: Nicht schlecht, Rosie, nicht schlecht. Und alles streng nach der Hausordnung.

Sie haben das Herz auf dem rechten Fleck. Aber ich möchte es doch nachprüfen. *Er kichert.* Alte schöne Scherze.
Man hört etwas, was ein Kichern von Rosie sein könnte.
Noch ein Gläschen? Na, diesen schäbigen Rest! *Er gießt ein.*
Sie stoßen an.
Der Klang war nicht besonders. Aber egal.
Sie trinken.

Rosie, wir verstehen uns. Obwohl Sie doch gar nichts verstehen. *Er trinkt.* Ich bin sicher, Rosie, Sie sind taubstumm nur mit Mund und Ohr. Sonst aber verstehen Sie alles, können alles sagen.

–

Mit Augen, Händen.

–

Haut.

–

Trau ich mir nicht.

–

Zu fein?

–

Rosie, du machst mich zu früh fertig.
Etwas wie ein Kichern von Rosie.
Wo hast du das alles gelernt? Studiert! *Er prustet.* Fürs höhere Lehrfach, wie? Die Prüfung ist heute, was meinst du? Ich nehme dich dran. In allen Fächern, da hast du nichts zu lachen.

Intermezzo
Die Stimmen der Pilzfeinde

Geschlossener Raum

THEOBALD Gib mir den Stachelbeertäubling!

VIKTORINE Seit siebzig Jahren schaust du mir in die Karten.

ROSA Du bist zu nachtragend. Vor siebzig Jahren schoß Vater den letzten Wolf.

SOLANGE An den erinnere ich mich. Der Balg hing lange unter den Geweihen. War es nicht der Wolf, der Großmutter gefressen hatte?

ROSA Eine alte Geschichte.

VIKTORINE Ihr schweift ab, ihr steckt mit Theobald unter einer Decke.

SOLANGE Mir gehen die Decken alle durcheinander.

THEOBALD Gib mir den Weinroten Graustieltäubling!

SOLANGE Oh Gott.

VIKTORINE Keiner von uns ist mit Theobald verehelicht.

ROSA Das macht nichts. Quatorze für Theobald.

VIKTORINE Er gewinnt.

THEOBALD Gib mir das Stockschwämmchen.

VIKTORINE *triumphierend:* Gib du mir den Pappel-Schüppling.

SOLANGE *versonnen:* Aber schon auf manchen Hochzeiten getanzt. Das war lustig. Unser einsames Vaterhaus –

VIKTORINE Gib mir lieber den Reifpilz.

SOLANGE Ja? Hab ich den?

ROSA Quatre-vingt-douze für Viktorine.

SOLANGE Am Waldesrand, die Jäger, die Gitarre unter den Fenstern schlugen.

VIKTORINE Eine überhitzte Phantasie. Allenfalls · das Wasser ab.

SOLANGE Waren wir nicht neulich gerade eingeladen?

ROSA Zu welcher Hochzeit?

THEOBALD Bei der Gottesanbeterin.

SOLANGE Die Mesnerin?

VIKTORINE Ein Insekt.

SOLANGE Spaßig, Theobald. Oder wars Viktorine?

VIKTORINE Die Gottesanbeterin ist gut. Ich weiß nicht, ob es schon im Brehm steht. Männchen und Weibchen.

SOLANGE Immer diese Zweiteilung.

THEOBALD Er bildet sich was drauf ein.

SOLANGE Wer? Worauf?

ROSA Spielen wir oder spielen wir nicht? Wer ist dran?

VIKTORINE Unterbrecht nicht. Seid einverstanden!

SOLANGE Ich bin gern einverstanden. Aber womit?

VIKTORINE Mit quatorze für Theobald, mit dem Vaterhaus, mit der Gottesanbeterin.

THEOBALD Dem Männchen sägt sie den Kopf ab.

ROSA Mir fehlt der Ansehnliche Schüppling.

THEOBALD Und verzehrt seinen Vorderleib, während sein Hinterleib sie begattet.

SOLANGE Donnerwetter, das ist praktisch.

ROSA Ich wiederhole: Der Ansehnliche Schüppling.

SOLANGE Aber wars nicht ein bißchen stark von Theobald?

VIKTORINE Theobald hat das nicht erfunden.

SOLANGE Ich dachte.

VIKTORINE Hier hast du deinen Schüppling.

ROSA Soixante-treize für mich.

SOLANGE Soviel Biologie! In meiner Jugend hat man sich an einen kernigen Gottesglauben gehalten. Es gab nur Predigt und Choral. Alles andere war unsittlich.

VIKTORINE Dann darf ich an manches erinnern.

ROSA Unsittlich?

SOLANGE Meinst du die Jäger? Ich habe nur gesungen. Man ist so jung mit achtzig. Wie denkst du darüber, Theobald?

THEOBALD Rosa ist immer noch dran.

SOLANGE Diese fröhlichen Choräle damals!

Raumlos

CHOR

Es ist ein Ort in düsterer Nacht,
wo Pech und blauer Schwefel brennet,
deß hohler Schlund nie wird erkennet,
als wenn ein Blitz ihn heiter macht.

Mit Schlamm und schwarzen Wasserwogen
ist sein verfluchter Sitz umzogen.

Freies Gelände

TITUS Näher zu mir, meine zerriebenen Sporen, mein stäubender Bovist!

ALPHA Die Namen für dich, du sagst sie mir alle voraus!

TITUS War nicht eine Pergola da, ein Erlengang, der uns unsichtbar machte? Ich kenne mich in den Müllplätzen nicht mehr aus. Früher gabs mehr Emaille.

ALPHA Hier, hier war es. Keine Waldwiesen, sie sind immer abgegrast.

TITUS Erinnere dich, wir nahmen nichts aus den Flußauen und von den Feldrändern, nichts von Grün, wir hatten andere Farben.

ALPHA Und weit von der Unterwäsche, die in der Sonne bleicht. Waren es nicht Dickichte?

TITUS Dickichte waren es.

ALPHA Mein Lamellenherz.

TITUS Drahtzäune im Fernglas gesehen, Tannen, Fichten, Kiefern, unter den Zweigen Kolonien und Hexenringe.

ALPHA Und die Schwimmschule, und Gras treten vor Sonnenaufgang.

TITUS Das verwechselst du. Es waren Nadeln, alles knackend und trocken. Nadeln, die in den Nacken fallen, zwischen Haut und Hemd. Mit den Zecken zusammen, erinnere dich. Ein Gasthausschild, ein trabender Wolf, ausgeblichene Farben, aber erkennbar.

ALPHA Kurz nach der Autographenauktion.

TITUS Ja, in Alaska. Ein Küstenort.

ALPHA Ein Generalsname. Zusammenhänge in eine Flasche gefaltet. 20 Dollar für einen Dempsey.

TITUS So kamen wir ins Geschäft.

ALPHA Titus und Alpha. Es war, als wir die Buchstaben in die Lamellen bissen. Und dann?

TITUS Unbetretene Gesichter, die man einlädt. Und die kommen!

ALPHA Später. Tröste dich, mein Titus.

TITUS Ist es nicht schon später?

ALPHA Es ist die Dunkelheit unter den Zweigen. Wir haben 5 Dollar zuviel gegeben.

TITUS Im Dunkel leuchtet dein Fleisch weißer. Nachgiebig und fruchtbar.

ALPHA Kriechend unter Zweigen, der Mensch ginge zu verbessern. Tausendfüßler, das wärs.

TITUS Ein einmaliger Versuch, schade. Wir könnten der Zeit davonlaufen, und die Zeit ist schnell.

ALPHA Liefen wir nicht? Zwischen Alaska, den Maschenzäunen, den Dickichten. Immer ein Fuß vor den andern, die Breitengrade entlang.

TITUS Nein, es ist die Polarroute. Der Champagner schwappt aus den Gläsern.

ALPHA Oder waren wir etwa einverstanden?

TITUS Nie. Die Schlupfwespe genügte uns.

ALPHA Eins greift ins andere. Das genügt auch. Aber schreib es dir auf. Man läßt dann doch wieder fünf gerade sein.

TITUS Kaum, wenn man die Längen- und Breitengrade kennt, das Gittersystem kräftigt.

ALPHA Hier, Titus, hier war es. Hier fanden wir ihn. Hier schmeckten wirs, eine große rote Flüssigkeit, ungefähr wie Beaujolais, und ganz erdacht.

TITUS Hier wars.

ALPHA Hatten wir nicht Kiesel mitgebracht? Eine Markierung. Da liegen sie. Unser Augenblick.

TITUS Ein Dollar-Schein, aus dem Umlauf gezogen. Was die andern Ewigkeit nennen.

Raumlos

CHOR

Wer sich hat vorgenommen
der Heirat zu entkommen,
der siehet würdig nicht
der Sonnen güldnes Licht,
sonst ist ja dieses Leben
mit Sorg und Qual umgeben,
wenn Heirat auch entfällt,
was soll uns diese Welt?

Geschlossener Raum

VIKTORINE Soixante-dix-neuf für Rosa.

ROSA Und wie wäre es mit dem Jodoform-Täubling?

SOLANGE Meinst du mich?

THEOBALD Diese ewigen Täublinge.

ROSA Eine große Familie, fast so groß wie unsere.

VIKTORINE Theobald ist zugewandert.

SOLANGE Das macht nichts, ich zähle alle mit, die mich einmal auf
dem Klavier begleitet haben. Erinnerst du dich, Theobald?

THEOBALD Du bist an der Reihe, Solange.

SOLANGE *trällert:* Die muntere Forelle –

VIKTORINE Spielen wir oder spielen wir nicht?

SOLANGE Man wird doch Erinnerungen austauschen dürfen. Hast
du die Bauchweh-Koralle?

THEOBALD Neulich hörte ich ein Gespräch.

SOLANGE Zufällig oder hast du gehorcht?

THEOBALD Das sind windschiefe Vokabeln. Ich halte mich an die
Evangelien. Es fällt kein Sperling vom Dache undsofort.

VIKTORINE Undsofort. Du greifst zu tief in die Register. Gib mir
die Krause Glucke.

THEOBALD Du bist nicht dran.

VIKTORINE Ich wollte auch einmal von der Ablenkung profitie-
ren.

SOLANGE Laß ihn erzählen, Viktorine. Ein Gespräch also?

THEOBALD Die lustige Witwe.

SOLANGE Aha. Mit wem?

THEOBALD Faust.

SOLANGE Heinrich?

THEOBALD Heinrich.

ROSA Hätte ich nicht gedacht, daß die beiden was miteinander
haben.

SOLANGE Doch, die verstehen sich, die haben viel Gemeinsames.

VIKTORINE Als da wäre?

ROSA Und was ist mit der Krausen Glucke?

VIKTORINE *grimmig:* Die war sicher auch dabei.

THEOBALD Als da wäre: Sie sind beide einverstanden.

ROSA Ich dachte, darum wärs gegangen.

SOLANGE Theobald hat vertrackte Gedanken. Da kannst du die

ganze Literatur dazunehmen, von Sappho bis zur Dreieckigen
Birne.

ROSA Ein Pilz?

SOLANGE Alle sind einverstanden.

THEOBALD Ich hab was gegen alle.

SOLANGE Mein Anarchist, gib mir die Krause Glucke.

THEOBALD Natürlich habe ich sie.

SOLANGE Du marschierst geradewegs in die Hölle.

THEOBALD Cinquante-cinq für dich.

Raumlos

CHOR

    Auf, meine Seele, nimm in acht,
    wie emsig dein Verderben wacht,
    laß dich mit nichten übertäuben,
    sei auf dein Amt und Pflicht bedacht,
    du mußt den Feind jetzt hintertreiben,
    ihn in der ersten Blüt aufreiben!

Freies Gelände

TITUS Unwiederholbar, Alpha, wir müssen fort. Kein Weinge-
schmack auf der Zunge, keine Initialen auf Stein oder Holz.

ALPHA Dringende Autographen, siebzehn Skimeister, alle vom
Mittelpodest. Man darf sie nicht alt werden lassen.

TITUS Auch die Kiesel kommen mir wieder fremd vor. Ich glaube, wir irren uns. Meinst du nicht, daß es umsonst war, fast
umsonst?

ALPHA Der kleine Raum zwischen Auktion und Sterben.

TITUS Und wenn der Strahlenpilz in der Kehle wächst? Eine
Kolonie von Schwefelköpfen sieht die Lage historisch. Sie sind
zufrieden. Aber warum jubeln wir nicht? Es gibt so vieles:
Walzwerke und Marienkäfer, auch der Samenfluß ist so tröstlich, alles in einem, sparsam und praktisch und durch Jahr-
tausende bewährt.

ALPHA Nur mein Wort in dein Ohr.

TITUS Und Erinnerungen an ein Antiquariat. Die Welt als
Sekundärliteratur. Bebilderte Insektenwerke, und niemand
spricht uns frei.

ALPHA Hörst du mich?

TITUS Ja, ein Muschelrauschen. Sonst bin ich taub.

ALPHA Unschuldig. Ein Bündel Novalisbriefe für 20 Dollar. War das nichts?

TITUS Dein Wort in mein Ohr. Keine Gespräche mit Gleichgesinnten. Wir verstummen jetzt. Fort, fort!

ALPHA Alles Gute, adieu!

Raumlos

CHOR

Wo nur das Aug man wendet hin,
mit Lüsten wirds ergetzet;
ergetzet wird fast jeder Sinn,
und alles Wunder schätzet;
ohn Maß ist alle Welt geschmückt,
wer Künstler möchts erdenken?
Wers recht bedenkt, wird gar verzückt,
das Haupt tut niedersenken.
O Gott, ich sing von Herzen mein,
gelobet muß der Schöpfer sein!

Geschlossener Raum

VIKTORINE Man wird nun langsam die Punkte zählen müssen, was meint ihr?

THEOBALD Ich bin weit zurück.

SOLANGE Und ich bin dagegen. Nur keine Abschlüsse.

ROSA Einfach mischen und weiter?

SOLANGE Ein Lebensprinzip.

VIKTORINE Lauter Prinzipien, es geht mir auf die Nerven. Manchmal auf die Milz.

SOLANGE Man hat mich Solange getauft, und so bin ich auch geworden.

THEOBALD Ich habe noch so wenig. Gib mir den Hallimasch.

SOLANGE Pilze sind eine Verirrung.

ROSA Soixante-deux für Theobald.

SOLANGE Überall kleine Mycele, das gehört sich doch nicht.

VIKTORINE Deine Kritik ist unangebracht.

ROSA Und ergebnislos. Eine Elegie.

THEOBALD Ein Steinwurf und ganz mit Recht.

ROSA Ich finde Mycele spannend.

VIKTORINE Was sind das für Attribute?

ROSA Schließlich ist alles so entstanden.

THEOBALD Aus den Mycelen?

ROSA Ich dachte. Vom Bovist bis zu Homer.

VIKTORINE Quer durch. Ein einziges Wunder. *Sie schluchzt.* Ach, ihr seid alle so zartfühlend.

ROSA Na, na.

THEOBALD Ich nicht.

SOLANGE Doch, es gibt Augenblicke. Ich glaube, wir spielen einfach weiter.

9

Läuten

Wir wollen es Frühlingsfest nennen, lieber Frithjof, so haben wirs immer gehalten, wenn es auch im Grunde eine Art Fasching ist. Meinetwegen ein geografisches Adjektiv davor: siamesisch, venezianisch, patagonisch. Originell, aber keine Experimente. Es muß sich harmlos anhören, auch kleine Töchter haben Zutritt. Das Mycel unter der Oberfläche wird schon gedeihen. Eintritt frei ist falsch. Man muß das Glücksgefühl haben, etwas Unbezahlbares für 3 Mark 90 zu bekommen.

—

Ich zweifle nicht, daß Sie eine Hirschtrüffel von einem Pantherpilz unterscheiden können und daß Ihnen der Fuchsrote Trichterling ein Begriff ist. Aber Organisation lernt man nicht aus aquarellierten Pilztafeln und wenn sie noch so naturgetreu sind. Vertrauen Sie mir, lieber Frithjof, ich stehe seit zehn Jahren in der populären Pilzbewegung, ich weiß, wie man ein Vereinsfest aufzieht. Na also.

—

Natürlich. Wir sind ja demokratisch. Sie können sich entschuldigen wie Sie wollen. Aber die Dekorationen müssen wir sparen. In allen Sälen bleibt etwas vom Vorgänger übrig, und wer kann schon Tahiti von Granada unterscheiden? Beides ist gleich trostlos, die Stimmung machts. Und die kriegen wir hin. Erinnern Sie sich, wie Reitzenstein den Zahnstocher aß?

—

Richtig, das war vor Ihrer Zeit, Reitzenstein ist ja tot. Lächerlich, an sowas zu sterben, würdelos, ja. So ist alles nebeneinander im Dasein wie in der Frühlorchel, das Gift und der Wohlgeschmack.

—

Hallo? Sind Sie noch da?

—

Sie antworten ja nichts.

—

Ich sagte, wie in der Frühlorchel.

—

Haben Sie mitgekriegt, na gut.

—

Die Einladung? Nichts zu ändern: Wir erwarten Sie undsoweiter in froher Zuversicht undsoweiter zum traditionellen undsoweiter undsoweiter. Im Ordner Veranstaltungen finden Sie ein Exemplar. Dort können Sie auch gleich die Gedichte nachsehen.

—

Lieber Frithjof, ich bin auch nicht poetisch, aber ein Gedicht muß hin. Wo alles vorkommt, 63 Mitglieder. Ich habe die Poesie zu tief innen und die schlagenden Reime fallen mir nicht ein. Aber ich will Ihnen mit Tatsachen gern zur Hand gehen.

—

Völlige Freiheit natürlich. Jeder muß am empfindlichen Punkt getroffen werden und darf keine Miene verziehen. Das stärkt den Charakter und die Fröhlichkeit. Denken Sie an die vorjährigen Höhepunkte unserer vereins-internen Geselligkeit.

—

Keine Erinnerung? Hat man das gehört? Und Reimanns Referat über Morcheln und Phalluskult? Keine Erinnerung? Obwohl er die Bischofsmütze mit der Elastischen Lorchel verwechselte? Und die Striptease-Vorführung unseres Steuerberaters? Lauter wertvolle Anregungen. Auch die Tätowierungen, Sie wissen schon. Und daß unser Kassenwart ein Korsett trägt.

—

Ich? Das ist schwierig. Wenn Sie natürlich finden –

—

Das können Sie ruhig erwähnen. Ist unter Männern eher schmeichelhaft.

—

Auch.

—

Warum nicht selbstzufrieden? Keine Leiden am Ich, keine Kontaktschwächen, ich kann mit den Leuten umgehen. Fünf Jahre Vertreter, machen Sie mir das nach! Die Artikel waren nicht besonders, Kartonagen, mindere Qualität. Aber den Umsatz um sieben Prozent gesteigert.

—

Sie können Stoff für das Festgedicht sammeln, aber beleidigen lasse ich mich nicht.

—

Ich? Tätowierungen sind nicht beleidigend. Es gibt Könige, die stolz darauf sind.

—

Ich wußte nicht, daß ich Feinde im Verein habe.

—

Bis zur nächsten Generalversammlung gewählter Vorsitzender. Na also. Schluß!

10

Läuten
24 Uhr, 0 Uhr, neues Datum.
Vor einer Stunde 23 Uhr, vor zwei Stunden 22, zum Rasendwerden. Vor drei Stunden 21, vor vier Stunden, vor fünf Stunden, – alles so ordentlich, alles so volle Stunden, es rührt einen, oder nicht? Oder doch? In dieser Art 37 Jahre, lauter Rührung, lauter volle Stunden, lauter Preis und Dank, und ich habe den Verdacht, daß etwas nicht stimmt. Daß ich benachteiligt bin. Sind die Uhren nicht in Ordnung oder der Kalender oder liegt es nur an den verdammten winzigen Augenblicken, so winzig, daß sie gar nicht da sind, nach vorn geöffnet und nach hinten, null und vierundzwanzig, Sperma und Furz, Vergangenheit, Gegenwart und Zukunft, eine Erfindung für Dickhäuter und Gottseidank, wir sinds. Wo aber fuhr der Mopedfahrer in diesem Augenblick, in diesem verdammten? Ein Blick durch verregnete Scheiben, ein erhobenes Schwert, das ein steinerner Narr über die Bäume hält, eine Wirtschaft mit schlafenden Fliegen, Limonade und Teutoburger Wald, eine altdeutsche Situation, setz einen Moment das Methorn ab und horch. Aber worauf? Ja richtig, der Mopedfahrer, er kommt zuerst ganz gut herauf, aber die Steigung, gar keine besondere Steigung, ist ein bißchen lang, und du erhebst dich vom germanischen Bärenfell und horchst: Schafft ers, oje, es muß Varus sein, der in die Sümpfe steuert, hat vorher noch die Externsteine besichtigt, immer noch nicht befriedigend gedeutet, nein, er schafft es nicht, oder doch? Tak, tak, tak, er schafft

es, er ist schon an allen dösenden Fliegen vorbei, an allen Bärenhörnern, Metfesseln, Schwertschluckern, – hoppla, ja und jetzt: Da ist er, der alte Augenblick, wo die Welt verdächtig wird, haben nicht die andern, während er herauffuhr, Kinder aufgezogen und Häuser gebaut, sind sie nicht nach Sansibar gefahren, haben sie nicht illustrierte Pilzwerke gedruckt, langfristige Darlehen abgezahlt, haben sie nicht gesoffen und gehurt und vergnügte Jahre gehabt ohne Mutisten und Dreisinnige? Wieso sind sie alle so zufrieden damit, daß der Tag 24 Stunden hat und das Jahr 365 Tage und daß es Schaltjahre gibt? Keiner erhebt Einwände, alle schauen freundlich und angestrengt an mir vorbei, ich bin einer von denen, die nur Augenblicke abkriegen, sie wissens, aber ich weiß es nicht, wenn ich ins Zimmer komme, schweigen sie, sie lassen mir die Fliegen und die Externsteine, gedeutet und ungedeutet, ihnen ist es nicht wichtig, sie haben noch etwas zwischen vierundzwanzig und null und wollen mir einreden, es sei eine Spitzfindigkeit der Eisenbahn. Bei den Fahrplänen haben sie sich verraten, da zeigt Gott den Pferdefuß. Eine üble Nachrede über die Pferde. All diese Hermannsschlachten, all diese lyrischen Monde, für mich und vielleicht noch für ein paar andere erfunden, sonst braucht man sie nicht, die haben andere Sachen, was für Sachen, welche Sachen? Spiele, Glückseligkeiten, Paradiese, es wird nichts verraten, man besteht aus Knochen und irgendwelche Gebisse an Kapitellen sind uns gewiß, mir und vielleicht noch einigen andern. Für uns sind die Mopedfahrer ausreichend, Schwierigkeiten für den Motor, der Teutoburger Wald und altdeutsche Limonaden. *Er grunzt.* Wach auf, gefrorner Christ, der Mai steht vor der Tür, der Mai, aber auch der Juli und verspätete Taubstumme, verfrühte Blinde, Pankreasinvaliden, Geschlechtskrüppel. Hoppla, blüh auf, blüh auf, keine verdächtigen Reden, kein deutbares Unterbewußtsein, das ist alles reif für Euthanasie und ich hoffe, niemand hat mich gehört. Eine Schlafstunde. *Er gähnt.* Unverantwortlich. Aber jetzt bin ich wieder normal, reif für das Schwert, reif für Läutewerke an protestantischen Friedhöfen, natürlich auch an katholischen, wo es die Parität erfordert.

Es läutet.

Na bitte – *Pause*

Läuten

Nicht so schnell vorbei, einzelne Maier, man möchte eine Ansprache haben mitten in der Nacht. Kommt es jetzt noch auf zehn Minuten an?

—

Zerzaust, in der Tat, ziemlich zerzaust, und es kann nicht allein der Mond gewesen sein.

—

Vierzig Kilometer und in diesen Schuhen, die sind ja auch hin. Da müssen Sie gleich nach Büroschluß gestartet sein und immer die Frankfurter Straße, das sind zwei Kilometer, zehn Mal hin, zehn Mal her, richtig, macht vierzig. Wars schön?

—

Er lacht. Man trifft immer die gleichen Bäume und einmal ist der Polarstern links und einmal rechts, das haben unsere Straßen an sich. Man wundert sich überhaupt, daß es Querstraßen gibt. Wer mag das erfunden haben?

—

Eine gedachte Linie durch die beiden hinteren Sterne. Und die Entfernung fünfmal. Dann haben Sie immer die Richtung.

—

Heute sind alle so negativ. Eine Luftfeuchtigkeit, um an der Weltordnung zu zweifeln. Vorhin war ich halb eingenickt. Ich habe Sachen gesagt, die ich sonst nie sage. Oder ein Anruf, jemand beleidigt mich, sonst ein ausgesprochener Verbeugungstyp. Ich vermute, heute sind selbst die Steinpilze giftig. Warum sind Sie eigentlich nicht in meinem Pilzverein? Einzelgänger, wie? Vierzig-Kilometer-Gänger, ja, das schont die Nerven. Bei uns können Sie auch marschieren. Parasole zum Beispiele wachsen weit auseinander, manche suchen sie vom Auto aus. Ja, die Welt ist im ganzen unglaubwürdig und im einzelnen auch. Aber wo bleibt das Positive, Genosse? Bruder in Christo, wo bleibts? Das Nichts ist eine Bakterie und was den Tod betrifft, der ist dir vielleicht vital! Gut, daß Sie das alles nicht verstehen, Fräulein Maier, das ist die Geisterstunde, sind Sie nicht auch einer, mindestens bilokal?

–

Vierundzwanzig von der Art, das geht nicht, da nimmt man
den Strick.

–

Ach so.

–

Und alles unter dem gleichen Dach. Ich sage ja, ich muß weg hier.
Ich will ein Leben führen, reif, erfüllt und daseinsfreudig.

–

Teufelszwirn, Kletten, Wolfsmilch – das ist alles unmykologisch,
ohne Interesse für mich. Man muß sich halten, Fräulein Maier,
nicht so schwächlich, Elise.

–

Emilie. Aber mit e, das wußte ich. Wenn schon keine Pilze, dann
lernen Sie wenigstens Latein.

–

Was? Sogar Euripides? Und dann vierzig Kilometer? Das ist kein
Verhältnis. Es fehlt Ihnen an Harmonie, Fräulein Maier, das innere Gleichgewicht –

–

Dann, gerade dann.

–

Ich habe Phantasie. Und der tägliche Anschauungsunterricht.

–

Bin nie gebissen worden, es gibt hier keine Schlangen.

–

Sie? Aber Elise, das hätten Sie doch gemeldet.

–

Ach so. Symbolisch ist mir verdächtig. Und was solls?

–

Den Schlüssel, ganz unsymbolisch, natürlich, den kriegen Sie.
Voilà. Müde?

–

Gute Nacht, Fräulein Maier, und halten Sie sich an den Polarstern! Da haben Sie eine gute Richtung.

Läuten

So schnell kann ich nicht schalten. Mein Gehirn gähnt, reibt sich die Augen. Null Uhr 59 auf meiner Hausmeisteruhr. Das ist verdammt früh für Ihre Nachrichten. Wie war das, bitte?

—

Aber Frau Kallmorgen! Wäre da nicht Mittwoch besser? Warum schlafen Sie nicht?

—

Natürlich auch nachts. Immer. Höchstens wenn man aus dem Schlaf gerissen wird und es einem nicht gleich einfällt. Aber sonst auch mittwochs und alle zweiten Feiertage. Dann weiß ich wieder: Christus ist für uns gestorben und das ewige Leben ist uns gewiß. Das hebt alles Entsetzen auf. Ich freue mich meines Daseins, unbeirrbar.

—

Auch durch die Inquisition sind Menschen heiter und weise geworden.

—

Wenn Sie wollen, können Sie es so ausdrücken. Ja, ich bin Christ, ich habe ein dickes Fell.

—

Reden Sie nicht das Glück aus der Welt. Sie leiden mir ja die Loge voll.

—

Die Zahl ist übertrieben. Bedauerlich, aber meine Daseinsfreude wird davon nicht berührt. Und schließlich haben die anderen ja auch was auf dem Kerbholz. Und wie sich die Juden nach dem Krieg benommen haben! Das können Sie im Stern nachlesen, österreichische Ausgabe. Und die Abfindungen, ist das nichts? Die Empörung über diese Ausplünderung ist doch allgemein.

—

Was hätte er auch sagen sollen, war ja alles zwecklos. Gott selber hat ja auch nichts gesagt.

—

Da riß der Tempelvorhang in Stücke, ganz recht. Doch, wenn er will, kann er ein Zeichen geben. Er wollte nicht, wir haben darüber nicht zu rechten. Vielleicht ist auch irgendwo eine Gardine zerrissen und man hat es nicht erfahren. Er macht es schon richtig, verlassen Sie sich drauf.

–

Mückenstiche, meine Liebe. Argumente jucken erst, wenn man sich kratzt. Ich halte es ohne aus.

–

Sagen Sies ihm.

–

Hm

–

Meinetwegen. Und ich habe das entscheidende Wort schon gebraucht: Unbeirrbar. Ich finde auch was anderes für meine freien Tage.

–

In dieser Richtung kommen Sie weiter, Madame. En avant! Richtig, die Druckkosten haben Sie versprochen. Kursiv und Fraktur, erinnern Sie sich?

–

Die Gesundheit und die Erinnerung, ja. Das hat Paul Lincke schon so hinreißend gesungen. »Wenn auch die Jahre enteilen«. *Er seufzt:* Ach ja, versäumte Leuchtkäfer überall. Sie können sichs ja überlegen. Rufen Sie einfach wieder an. Um vier, oder um sieben.

–

Wenn ich wach bin? Denke ich an eine gelungene Heirat. Geradeaus, Frau Kallmorgen, wieviel haben Sie?

–

Für mich oder überhaupt?

–

Ich dachte mir, daß Sie Unterschiede machen. Na gute Nacht denn!

–

Wieviel?

–

Zu wenig, Frau Kallmorgen, zu wenig.

Läuten

Tochter eines Gemüse-Grossisten, ein Kind ohne eigene Schuld, aber herzig. Vielleicht war es doch der falsche Moment. Auf die unrasierte halbe Stunde vorm Frühstück hätte ich warten sollen. Ein neues Datum, das erste Aufstoßen, da stimmt einen hellblaue Ölfarbe freudig und bezahlte Druckkosten halten vor bis halb zehn.

Stattdessen abstrakte Fotos und vergilbt. Vier erwachsene Kinder um eine Frohnatur gruppiert. Meine Sätze ziehen die Armut an. Wo sind die Millionärstöchter, neunzehnjährig und proportioniert? Man startet eine unterschwellige Verführung und bekommt Antworten auf eine demoskopische Umfrage. Und Großhandel? Wie groß? Wie oft ist der Schwiegervater auf den Tomaten sitzengeblieben? Wieviel Wagenladungen Spinat hat er auf die Abfallhalde gefahren? Von den erbberechtigten Geschwistern zu schweigen. Da teilt sich jeder Wirsingkopf in Thomas, Ute, Emilie und Ingeborg. Während wiederum Annemarie – wer war Annemarie? Sucht ein liebes Papilein, ach ja, herzig. Und alles ohne Schuld, alles mit Schleifen im Haar und mit verdächtiger Unterwäsche. Kinder sind entnervend, ganz erträglich, wenn sie erwachsen sind und keine Erbschaft erwarten. Stattdessen immerfort Lyrik: Haus in Hanglage, Ponyzucht, Champignonkulturen, kleine Marmeladenindustrie, nicht anstrengend. Ich mags nicht, daß man Geld hat und hungrig ist. Ich hasse schwärmerische Augen und auf 16 Zimmer sind 4 Klosetts zu wenig. In einen Swimming Pool gehört Wasser, ein Flügel muß gestimmt sein, sonst hat man eben die Sachen nicht. Zur Ehe braucht man gesunde Anschauungen. Wo keine Kanalisation ist, bleibt man besser draußen. Ich kenne die Welt, nachher ist doch alles einbeinig oder mongoloid. Die Überraschungen können nicht früh genug kommen. Bar, Bibliothek, drei Hausangestellte. Und die Hypotheken. Ein riesiger Park, aber jede Krähe, die einmal drüberfliegt, muß Zinsen bringen. Champagnerluft, die man nur mit Prünellengeist erträgt. Heilquellen, Dreifelderwirtschaft, Pelztierfarmen, die ewigen Metzgereien, auf dem Lande mit Gastwirtschaft verbunden, Ausblicke für Diplomkaufleute und

Agrarjournalisten. Wer weiße Mäuse züchtet, sagt es nicht, das ist die Misere. Die Welt ist nicht vollkommen, Ketzereien also das Ergebnis. Wer wandelt mit mir auf Höhen, wer will alles Schöne der Welt mit mir teilen? Auf defekter Schreibmaschine geschrieben, wird die Melancholie zu der Unverschämtheit, die sie ohnehin schon ist. Bei Heiratsanzeigen kann man sich schlecht auf die Kastanienblüte berufen. Und dann die ausgewogene Büroschrift von Frau Kallmorgen, mußte sie mir das antun? So sieht es also mit unserer Liebe aus: Sie antwortet auf chiffrierte Anzeigen. Geistige Interessen, die kenn ich. Natur und Musik, die Zusammenstellung ist alt. Und alles in Spinnenzügen, rauf, runter, rauf, Pünktchen drauf, gut erlernt und ohne Vitalität. Altweibersommer, Altpapier, alles reif für den Korb, der Brief und die Dame, das raschelt noch ein bißchen und dann ist Frau Kallmorgen eine Vergangenheit, keine Spur mehr von Morgen. Die Druckkosten, daß ich nicht lache, und die Ersparnisse für mich gevierteilt, diese Art von Hochmut ist jetzt vorbei, meine Liebe, ich habe Sie zwischen Daumen und Zeigefinger und reibe Sie zu Pilzpulver, Niespulver und Schnupftabak. Frau Kallmorgen antwortet auf Kurzanzeigen, und noch dazu auf meine. *Er beginnt ein halbblaues Gelächter, das unversehens abbricht.*

14

Läuten
Drei Uhr 25. Die Interessenten für die letzten Schlüssel. Wars schön? Guten Morgen, guten Morgen. Na, ich glaube, da muß ich nachhelfen. *Er lacht.* Ja, auf allen Vieren, geht auch viel besser.
Jemand grunzt – ein Laut, den man auch als Bellen bezeichnen könnte.
Sie bluten ja am Kopf, Herr Laurenz.
Das gleiche Grunzen
Hingefallen. Ich könnte Ihnen einen Umschlag machen.
Grunzen
Ich will mich nicht aufdrängen. Ich bin in erster Hilfe komplett

ausgebildet, ich möchte sagen, auch in der letzten. Na, denn nicht, Sie sind ein freier Mensch. Wie ist es denn passiert? Schade um die Bettwäsche.

Grunzen

Ein Schwindelanfall, aha. Und dann gegen die Mauer. Schlimm. Nicht frei, wie meinen Sie das? Sie können in einen Verband bluten oder aufs Kopfkissen. Auch Alternative genannt.

—

Einen Strick um den Hals. Ich sehe nichts.

—

Und Siegellack in den Ohren. Immer dieses Bildliche. Ich bin nicht dafür. Tapferkeit, meine Damen und Herren, man muß Ja zum Schicksal sagen, das ist entscheidend.

Grunzen

Na hören Sie! Mit der Faust drohen, was sind das für Manieren! Was meinen Sie dazu, Frau Rumford?

—

Sagen Sie noch, er hätte die hellblaue Ölfarbe gemeint! Ja, ich weiß schon, in diesem nihilistischen Jargon: Das ganze Leben ein Wandanstrich.

Wiederholtes Grunzen, immer entfernter.

Die Faust heben! Das könnte euch einfallen.

Läuten

Zeittafel

1907   Günter Eich wird am 1. Februar in Lebus an der Oder ge-
        boren. Sein Vater hat zu der Zeit eine eigene Landwirt-
        schaft in Lebus. Die Familie zieht in den anschließenden
        Jahren häufig um.
1918   Übersiedlung nach Berlin, wo der Vater Bücherrevisor ist.
1925   Günter Eich macht sein Abitur in Leipzig. Anschließend
        beginnt er in Berlin Sinologie zu studieren.
1927   Erste Gedichtveröffentlichung unter dem Pseudonym Erich
        Günter in der *Anthologie jüngster Lyrik,* von Willi Fehse
        und Klaus Mann herausgegeben.
1929   Eichs erstes Hörspiel, das er zusammen mit Martin Raschke
        geschrieben hat, wird gesendet, *Das Leben und Sterben
        des Sängers Caruso.*
1929–30 Eich verlebt ein Studienjahr in Paris, weil in Deutschland
        »während dieses Semesters keine Vorlesungen in Sinologie
        gehalten wurden«.
1930   Erster eigener Gedichtband *Gedichte* im Wolfgang Jess
        Verlag, Dresden.
1930–32 Versuch, auf der Handelsakademie Ökonomie zu studieren.
1932   Eich gehört dem Kreis um die »Kolonne« an; er entschließt
        sich endgültig, Schriftsteller zu werden.
1933   Rückkehr nach Berlin.
1933–39 Arbeit beim Rundfunk. Eich schreibt Auftragsarbeiten,
        keine Gedichte.
1939–45 Aktive Teilnahme als Soldat am Zweiten Weltkrieg.
1945–46 Kriegsgefangenschaft. Eich schreibt wieder Gedichte.
1946   Nach der Entlassung aus der Gefangenschaft zieht Eich
        nach Geisenhausen bei Landshut.
1947   Eich ist Gründungsmitglied der Gruppe 47.
1948   Gedichtband *Abgelegene Gehöfte.*
1949   Gedichtband *Untergrundbahn.*
1950   Sendung des Hörspiels *Geh nicht nach El Kuwehd.*
        Preis der Gruppe 47.
1951   Literaturpreis der Bayerischen Akademie der Schönen
        Künste.
1952   Hörspielpreis der Kriegsblinden.
1953   Eich heiratet die österreichische Schriftstellerin Ilse Aichin-
        ger. Er lebt nun in Lenggries in Oberbayern.
1954   Literaturpreis des Kulturkreises im Bundesverband der
        Deutschen Industrie.

1955   Gedichtband *Botschaften des Regens*.
          Eich wird Mitglied der Bayerischen Akademie der Schönen
          Künste.
1950–59   Eich schreibt seine wichtigsten Hörspiele.
1959   Georg-Büchner-Preis.
          Schleußner-Schueller-Preis des Hessischen Rundfunks.
1964   Gedichtband *Zu den Akten*.
1965   Förderungspreis der Stadt München für Literatur.
1966   Gedichtband *Anlässe und Steingärten*.
1968   Prosabuch *Maulwürfe*.
          Schiller-Gedächtnispreis.
1970   *Ein Tibeter in meinem Büro. 49 Maulwürfe.*
          Prosa.
1972   *Gesammelte Maulwürfe.*
          Günter Eich. Ein Lesebuch.
          Günter Eich stirbt am 20. 12. in Salzburg.
1973   *Gesammelte Werke in vier Bänden.*
          Gedichte. Ausgewählt von Ilse Aichinger
1974   *Katharina*. Erzählungen
1976   *Aus dem Chinesischen.*
          Marionettenspiele: Böhmische Schneider. Unter Wasser.

Deutschsprachige Literatur
in den suhrkamp taschenbüchern:
Drama

Becker, Jürgen: Die Abwesenden. Drei Hörspiele. st 882

Bernhard, Thomas: Alte Meister. Komödie. st 1553

– Der Italiener. st 1645

– Stücke 1. Ein Fest für Boris. Der Ignorant und der Wahnsinnige. Die Jagdgesellschaft. Die Macht der Gewohnheit. st 1524

– Stücke 2. Der Präsident. Die Berühmten. Minetti. Immanuel Kant. st 1534

– Stücke 3. Vor dem Ruhestand. Der Weltverbesserer. Über allen Gipfeln ist Ruh. Am Ziel. Der Schein trügt. st 1544

– Stücke 4. Der Theatermacher. Ritter, Dene, Voss. Einfach kompliziert. Elisabeth II. st 1554

Braun, Volker: Stücke 1. Die Kipper. Hinze und Kunze. Tinka. st 198

– Stücke 2. Schmitten. Guevara oder Der Sonnenstaat. Großer Frieden. Simplex Deutsch. st 680

Bertolt Brechts Dreigroschenbuch. Texte, Materialien, Dokumente. 2 Bde. Herausgegeben von Siegfried Unseld. st 87

Brecht, Bertolt: Frühe Stücke. Baal. Trommeln in der Nacht. Im Dickicht der Städte. st 201

Broch, Hermann: Dramen. st 538

Dorst, Tankred: Merlin oder Das wüste Land. Mitarbeit Ursula Ehler. st 1076

– Stücke 2. Herausgegeben von Gerhard Mensching. Mit einem Nachwort von Günther Rühle. st 438

Eich, Günter: Fünfzehn Hörspiele. st 120

Fallada, Hans / Tankred Dorst: Kleiner Mann – was nun? Eine Revue. st 127

Fleißer, Marieluise: Ingolstädter Stücke. st 403

Franke, Herbert W.: Keine Spur von Leben. Hörspiele. PhB 62. st 741

Frisch, Max: Andorra. Stück in zwölf Bildern. st 277

– Herr Biedermann und die Brandstifter. Rip van Winkle. Zwei Hörspiele. st 599

– Stücke 1. st 70

– Stücke 2. st 81

Handke, Peter: Stücke 1. st 43

– Stücke 2. st 101

– Über die Dörfer. Dramatisches Gedicht. st 1072

– Die Unvernünftigen sterben aus. st 168

Hildesheimer, Wolfgang: Die Hörspiele. Herausgegeben und mit einem Nachwort versehen von Volker Jehle. st 1583

– Theaterstücke. Über das absurde Theater. st 362

Deutschsprachige Literatur
in den suhrkamp taschenbüchern:
Drama

Hildesheimer, Wolfgang: Die Theaterstücke. Herausgegeben und mit einem Nachwort versehen von Volker Jehle. st 1655

Horváth, Ödön von: Band 1: Zur schönen Aussicht und andere Stücke. st 1051

– Band 2: Sladek. st 1052

– Band 3: Italienische Nacht. st 1053

– Band 4: Geschichten aus dem Wiener Wald. st 1054

– Band 5: Kasimir und Karoline. st 1055

– Band 6: Glaube Liebe Hoffnung. st 1056

– Band 7: Eine Unbekannte aus der Seine und andere Stücke. st 1057

– Band 8: Figaro läßt sich scheiden. st 1058

– Band 9: Don Juan kommt aus dem Krieg. st 1059

– Band 10: Der jüngste Tag und andere Stücke. st 1060

– Band 12: Der ewige Spießer. st 1062

Kraus, Karl: Band 16: Brot und Lüge. Aufsätze 1919-1924. Herausgegeben von Christian Wagenknecht. st 1326

– Band 10: Die letzten Tage der Menschheit. Tragödie in fünf Akten mit Vorspiel und Epilog. st 1320

– Band 11: Dramen. Literatur. Traumstück. Wolkenkuckucksheim. Traumtheater. Die Unüberwindlichen. st 1321

– Band 14: Theater der Dichtung. Nestroy. Zeitstrophen. Herausgegeben von Christian Wagenknecht. st 1324

Kroetz, Franz Xaver: Stücke I -IV. Vier Bände in Kassette. st 1677-1680

– Stücke I. st 1677

– Stücke II. st 1678

– Stücke III. st 1679

– Stücke IV. st 1680

Plenzdorf, Ulrich: Freiheitsberaubung. Ein Stück. st 1737

Spectaculum. Band 16-25. st 1050

Sperr, Martin: Bayrische Trilogie. st 28

Theater heute. st 1190

Theater. Stücke von Achternbusch, Bernhard, Bond, Dorst, Hampton, Kroetz, Wilson. Herausgegeben von Rudolf Rach. st 1298

Walser, Martin: In Goethes Hand. Szenen aus dem 19. Jahrhundert. st 1077

– Die Ohrfeige. st 1457

– Stücke. st 1309

Walser, Robert: Band 14: Komödie. Märchenspiele und szenische Dichtungen. st 1114

254/2/8.90

Deutschsprachige Literatur
in den suhrkamp taschenbüchern:
Lyrik

Artmann, H. C.: Gedichte über die Liebe und über die Lasterhaftigkeit. Ausgewählt von Elisabeth Borchers. st 1033
– How much, schatzi? st 136
The Best of H. C. Artmann. Herausgegeben von Klaus Reichert. st 275
Becker, Jürgen: Gedichte. 1965-1980. st 690
Brasch, Thomas: Der schöne 27. September. Gedichte. st 903
Braun, Volker: Gedichte. st 499
Brecht, Bertolt: Gedichte. Ausgewählt von Autoren. Mit einem Geleitwort von Ernst Bloch. st 251
– Gedichte für Städtebewohner. Herausgegeben und mit einem Nachwort versehen von Franco Buono. st 640
– Gedichte über die Liebe. Ausgewählt von Werner Hecht. st 1001
Celan, Paul: Gesammelte Werke. Band 1-3: Gedichte. st 1331
– Atemwende. st 850
Deutsche Lyrik: Eine Anthologie. Herausgegeben von Hanspeter Brode. st 1607
Enzensberger, Hans Magnus: Gedichte. 1950-1985. st 1360
– Der Untergang der Titanic. Eine Komödie. st 681
Handke, Peter: Als das Wünschen noch geholfen hat. Fotos von Peter Handke. st 208
– Das Ende des Flanierens. st 679
Hesse, Hermann: Die Gedichte. 1892-1962. 2 Bde. Neu eingerichtet und um Gedichte aus dem Nachlaß erweitert von Volker Michels. st 381
Huchel, Peter: Gezählte Tage. Gedichte. st 1097
Kaschnitz, Marie Luise: Kein Zauberspruch. Gedichte. st 1310
Kolleritsch, Alfred: Gedichte. Ausgewählt und mit einem Vorwort versehen von Peter Handke. st 1590
Kraus, Karl: Band 9: Gedichte. st 1319
Loerke, Oskar: Die Gedichte. Herausgegeben von Peter Suhrkamp. Neu durchgesehen von Reinhard Tgahrt. st 1049
Malkowski, Rainer: Gedichte. Eine Auswahl. st 1641
Mayröcker, Friederike: Ausgewählte Gedichte. 1944-1978. st 1302
Sachs, Nelly: Fahrt ins Staublose. Gedichte. st 1485
Schneider, Reinhold: Gedichte. Auswahl und Nachwort von Christoph Perels. st 1418
Walser, Robert: Band 13: Die Gedichte. st 1113
Zschorsch, Gerald: Glaubt bloß nicht, daß ich traurig bin. Prosa, Lieder, Gedichte. Mit einem Text von Rudi Dutschke. st 1784

Deutschsprachige Literatur
in den suhrkamp taschenbüchern:
Essays, Reden, Briefe, Tagebücher

Andreas-Friedrich, Ruth: Der Schattenmann. Tagebuchaufzeichnungen 1938-1945. Mit einem Nachwort von Jörg Drews. st 1267
– Schauplatz Berlin. Tagebuchaufzeichnungen 1945- 1948. st 1294
Arendt, Hannah: Die verborgene Tradition. Acht Essays. Den Essay »Der Zionismus aus heutiger Sicht« übersetzte Friedrich Griese ins Deutsche. st 303
Ball, Hugo: Der Künstler und die Zeitkrankheit. Ausgewählte Schriften. Herausgegeben und mit einem Nachwort versehen von Hans Burkhard Schlichting. st 1522
Ball-Hennings, Emmy: Briefe an Hermann Hesse. Herausgegeben und eingeleitet von Annemarie Schütt-Hennings. st 1142
Benjamin, Walter: Angelus Novus. Ausgewählte Schriften 2. st 1512
– Deutsche Menschen. Eine Folge von Briefen. Auswahl und Einleitungen von Walter Benjamin. Mit einem Nachwort von Theodor W. Adorno. st 970
– Illuminationen. Ausgewählte Schriften. Herausgegeben von Siegfried Unseld. st 345
– Über Haschisch. Novellistisches. Berichte. Materialien. Herausgegeben von Tillman Rexroth. Einleitung von Hermann Schweppenhäuser. st 21
Benjamin, Walter / Gershom Scholem: Briefwechsel 1933-1940. Herausgegeben von Gershom Scholem. st 1211
Böni, Franz: Die Fronfastenkinder. Aufsätze 1966-1985. Mit einem Nachwort von Ulrich Horn. st 1219
Brecht, Bertolt: Schriften zur Politik und Gesellschaft 1919-1956. st 199
Broch, Hermann: Schriften zur Literatur 1. Kritik. st 246
– Schriften zur Literatur 2. Theorie. st 247
– Philosophische Schriften. 2 Bde. st 375
– Politische Schriften. st 445
– Massenwahntheorie. Beiträge zu einer Psychologie der Politik. st 502
– Briefe 1 (1913-1938). Dokumente und Kommentare zu Leben und Werk. st 710
– Briefe 2 (1938-1945). Dokumente und Kommentare zu Leben und Werk. st 711
– Briefe 3 (1945-1951). Dokumente und Kommentare zu Leben und Werk. st 712
Broch, Hermann / Volkmar von Zühlsdorff: Briefe über Deutschland. Die Korrespondenz mit Volkmar von Zühlsdorff. Herausgegeben und eingeleitet von Paul Michael Lützeler. st 1369

256/1/8.90

Deutschsprachige Literatur
in den suhrkamp taschenbüchern:
Essays, Reden, Briefe, Tagebücher

Enzensberger, Hans Magnus: Ach Europa! Wahrnehmungen aus sieben Ländern. Mit einem Epilog aus dem Jahre 2006. st 1690
– Politik und Verbrechen. Neun Beiträge. st 442
– Politische Brosamen. st 1132
Franke, Herbert W.: Leonardo 2000. Kunst im Zeitalter des Computers. st 1351
Frisch, Max: Forderungen des Tages. Porträts, Skizzen, Reden 1943–1982. Herausgegeben von Walter Schmitz. st 957
– Tagebuch 1946–1949. st 1148
– Tagebuch 1966–1971. st 256
Mein Goethe. Günter Kunert, Siegfried Lenz, Peter Rühmkorf, Wolfdietrich Schnurre, Martin Walser, Gabriele Wohmann. st 781
Handke, Peter: Als das Wünschen noch geholfen hat. Fotos von Peter Handke. st 208
– Das Ende des Flanierens. st 679
– Ich bin ein Bewohner des Elfenbeinturms. st 56
Hasselblatt, Dieter: Marija und das Tier. Science-fiction-Texte. PhB 209. st 1511
Hesse, Hermann: Ausgewählte Briefe. Erweiterte Ausgabe. Zusammengestellt von Hermann Hesse und Ninon Hesse. st 211
– Briefe an Freunde. Rundbriefe 1946–1962. Zusammengestellt von Volker Michels. st 380
– Eine Literaturgeschichte in Rezensionen und Aufsätzen. Herausgegeben von Volker Michels. st 252
– Politik des Gewissens. Die politischen Schriften. 1. Band: 1914–1932. 2. Band: 1933–1962. Vorwort von Robert Jungk. Herausgegeben von Volker Michels. st 656
– Die Welt der Bücher. Betrachtungen und Aufsätze zur Literatur. Zusammengestellt von Volker Michels. st 415
Hildesheimer, Wolfgang: Das Ende der Fiktionen. Reden aus fünfundzwanzig Jahren. st 1539
Johnson, Uwe: Berliner Sachen. Aufsätze. st 249
Kaminski, André: Schalom allerseits. Tagebuch einer Deutschlandreise. st 1637
Koeppen, Wolfgang: Die elenden Skribenten. Aufsätze. Herausgegeben von Marcel Reich-Ranicki. st 1008
Kracauer, Siegfried: Kino. Essays, Studien, Glossen zum Film. Herausgegeben von Karsten Witte. st 126

256/2/8.90

Deutschsprachige Literatur
in den suhrkamp taschenbüchern:
Essays, Reden, Briefe, Tagebücher

Kracauer, Siegfried: Das Ornament der Masse. Essays. Mit einem Nachwort von Karsten Witte. st 371

Kraus, Karl: Band 1: Sittlichkeit und Kriminalität. st 1311
– Band 2: Die chinesische Mauer. st 1312
– Band 3: Literatur und Lüge. st 1313
– Band 4: Untergang der Welt durch schwarze Magie. st 1314
– Band 5/6: Weltgericht I / Weltgericht II. st 1315/1316
– Band 7: Die Sprache. st 1317
– Band 12: Dritte Walpurgisnacht. st 1322
– Magie der Sprache. Ein Lesebuch. Herausgegeben und mit einem Nachwort von Heinrich Fischer. st 204

Krolow, Karl: Ein Gedicht entsteht. Selbstdeutungen, Interpretationen, Aufsätze. st 95

Kühn, Dieter: Auf der Zeitachse. Biographische Skizzen, kritische Konzepte. st 1619

Lenk, Hans: Kritik der kleinen Vernunft. Einführung in die jokologische Philosophie. st 1771

Loerke, Oskar: Tagebücher 1903-1939. Herausgegeben von Hermann Kasack. st 1242

Mayer, Hans: Das unglückliche Bewußtsein. Zur deutschen Literaturgeschichte von Lessing bis Heine. st 1634

Mitscherlich, Alexander: Toleranz – Überprüfung eines Begriffs. Ermittlungen. st 213

Muschg, Adolf: Empörung durch Landschaften. Vernünftige Drohreden. st 1482
– Goethe als Emigrant. Auf der Suche nach dem Grünen bei einem alten Dichter. st 1287

Penzoldt, Ernst: Die Kunst, das Leben zu lieben und andere Betrachtungen. Ausgewählt von Volker Michels mit einem Nachwort von Peter Suhrkamp. st 267

Platschek, Hans: Von Dada zur Smart Art. Aufsätze zum Kunstgeschehen. Mit Abbildungen. st 1657

Schneider, Reinhold: Band 9: Dem lebendigen Geist. st 1419
– Band 11: Schwert und Friede. Essays. Auswahl und Nachwort des Bandes von Rita Meile. st 1421
– Portugal. Mit einem Nachwort von Peter Berglar. st 1073

Schwarze, Michael: Weihnachten ohne Fernsehen. Kulturpolitische Essays, Glossen, Portraits. Herausgegeben von Volker Hage. Mit einem Nachruf von Joachim Fest. st 1143

256/3/8.90

Deutschsprachige Literatur
in den suhrkamp taschenbüchern:
Essays, Reden, Briefe, Tagebücher

Walser, Martin: Heilige Brocken. Aufsätze, Prosa, Gedichte. st 1528
– Liebeserklärungen. st 1259
Walser, Robert: Briefe. Herausgegeben von Jörg Schäfer unter Mitarbeit
von Robert Mächler. st 488
Weiß, Ernst: Die Kunst des Erzählens. Essays, Aufsätze, Schriften zur
Literatur. Zusammengestellt von Volker Michels. st 799

256/4/8.90